浙江省普通高校"十三五"新形态教材

U0673051

公众史学读本

钱茂伟 / 编著

P U B L I C　　　H I S T O R Y

ZHEJIANG UNIVERSITY PRESS
浙江大学出版社

图书在版编目(CIP)数据

公众史学读本 / 钱茂伟编著. —杭州:浙江大学出版社，2018.5

ISBN 978-7-308-17965-2

Ⅰ. ①公… Ⅱ. ①钱… Ⅲ. ①史学－通俗读物 Ⅳ. ①K0-49

中国版本图书馆 CIP 数据核字（2018）第 021099 号

公众史学读本

钱茂伟　编著

责任编辑	李　晨
责任校对	杨利军　李增基　戴依依
封面设计	春天书装
出版发行	浙江大学出版社
	（杭州市天目山路 148 号　邮政编码 310007）
	（网址:http://www.zjupress.com）
排　　版	杭州中大图文设计有限公司
印　　刷	嘉兴华源印刷厂
开　　本	787mm×1092mm　1/16
印　　张	22.75
字　　数	555 千
版 印 次	2018 年 5 月第 1 版　2018 年 5 月第 1 次印刷
书　　号	ISBN 978-7-308-17965-2
定　　价	60.00 元

目　录

公众时代需要公众史学

如今是人人可用手机记录信息、人人可用网络信息的时代。笔与书，曾是精英的专利。史学走出学术，走向历史书写；走出上层，走入民间。由听故事到讲故事，由纸、笔到手机、网络，就有了公众史学。听专家讲大历史故事，自己讲小历史故事，是公众史学的主旨。

一、史学由服务组织到服务公众、由服务小众到服务大众的转型

传统史学是在直接服务政府及其精英的历史需求下诞生的。"政府型国家"时代的历史书写，偏重政府组织史，偏重精英史，与下层百姓史无关，可谓"史不下庶人"。后来，至多给下层提供上层故事的消费而已。直接服务于公众的史学的产生是近古以来的事，始于宋元的"讲史""话本"及后来的"演义"。通俗史学的产生过程是与城市民众的成长相关联的。20世纪以来的专业史学，虽然强调服务人民，但多为间接的服务，实际也远离大众。因为史学论著的写作门槛高，普通人直接消费不了。近代以来，民间公众的成长速度更快，到21世纪进入了公众时代，提出了新的"民史""公众史"写作要求。大历史知识的民间消费，本质上仍是大历史。只有书写对象下移，提倡"公众史"或"小历史"写作，才能拉近史学与民间的关系。以前的历史建构方式是适合少数人的、也是书写少数人的方式。公众历史是一种全新的历史建构方式，是一种真正大众的历史建构方式。可以说，三千多年中国史学的发展，经历了历史书写对象由政府上层向民间下层的转移。书写对象与参与对象的变化，这正是梁启超区分"君史"与"民史"的核心指标所在。以前只讲国家史即可，今日要同时讲国家史与公众史。前者适合官员与学者，后者适合普通人。普通人更适合听个人、家族故事。公众史与国家史在讲的方式上相比，更符合现代社会的特征，也更实事求是。

二、由生活世界而文本世界的历史书写

历史和现实生活世界是息息相关的。史学不能成为故纸堆，也不能过于高大上，要进入现代生活世界。历史是人类的历史，自然应回归生活世界，让广大公众所享用。史学如何进入生活世界？历史研究是不太可能的，只有通俗化作品可以，只有图像可以，只有视频可以，只有小历史作品可以。具体地说，有以下几种途径：一是提供大历史通俗消费知识。近三十年通俗史学的发展，让史学重新进入生活世界，让普通人得以享受。二是重视当代公众历史书写。历史研究多有贱今尚古倾向，前朝史研究往往只有专家可以做。当代史是与生活世界距离最近的领域，必须优先发展当代史的书写活动。当代史的深加工研究可能一时难以展开，但初加工的历史书写是可以做的。历史记录是第一层面的，没有当代历史记录，后人无法做深度加工研究。

历史，发生于生活世界，存在于文本世界。生活世界是人类在地球上实际生活的空间，

文本世界是通过文字、图像、声音来反映人类生活的空间。文本世界是对生活世界的建构，生活世界借文本世界得以永生。"实体历史"瞬间消失，留下的是大脑记忆。人类的大脑记忆，一部分外化后在一定时空内流传，一部分封存了，最后可能全部消失。要想长久传承下来，必须转化为文本，成为"文本历史"。生活世界的全部活动都是过去，只有一部分会被打捞起来成为文本，那部分就是后人可知的"历史"。由大脑记忆到文本记忆，似一步之遥，实为一大突变。人类身后的世界是一个历史的世界，历史的世界是一个文本世界；如果没有留下文本，人在身后世界的存在是残缺不全的。没有文本记录，几十年以后就是一笔糊涂账，谁也搞不清；有了文本历史，既可记录下身前的言行及荣耀，也可在身后继续得到长久传承。所以，公众与其每天多看别人写的东西，不如多将自己的思想变成作品，这才是利己的真正存在。史学源于生活，服务于生活，史学就在生活之中，将生活变成史学，公众史学可以称为"生活中的历史学"。

三、人人参与当代历史的书写

从历史参与人员来看，古今中国史学经历了传统"小众参与"到今日"大众参与"的转型。在"政府型国家"时代，只要小众来做历史记录即可，先是职业史官，后是专业史家。史官是政府专职官员，是政府历史的专门记录人；史家一开始就是学者型的，是一种历史再加工、再编纂的职业学人称号。当代史记录是人人可以做的领域，人人都是历史记录者。"人人都是"，完全是"社会型国家"时代的产物。"人人即国家"，是一种典型的以人为本位的国家观念。在人人的社会，史学自然要关注人人。在纯文本时代，人人成为记录者是不可能做到的；但在技术发展、公民观念盛行的时代，这是可以做到的。历史参与是一种历史自主权，是文化参与权的一个部分。人人参与写历史，可写大历史，更提倡写小历史。小历史书写离公众近，直接关乎其历史利益权，更容易发挥长项。人得用天上地下的立体眼光来思考，人在天地之中行走，天地都看见，得留下影、留下声、留下故事。人人是历史的记录者，手机是我们记录历史的主体工具，人人可享受历史故事。公众史学是适合业余玩的史学，是终身可玩的史学，是生活化的史学，是实践化的史学，是应用的史学。人人参与，是一种新的事物。要适应这样的局面，形成这样一种新的传统，得有一个较长的过程。

四、口述史是实现当代公众史记录的最好路径

笔书是读书人的专利，而口述是非读书人的主渠道。所以，"口述史"对应"笔书史"，是大众参与历史书写的主要途径。口述史离生活世界最近，口述史搜集到的是大脑记忆，大脑记忆是对生活世界的直接反映，大脑本身就处于生活世界之中，有内在的感悟力。口述史是通过个人的嘴巴来叙述的个人历史，所以一定是个人本位的。口述是人类最基本的表达手段，有可能成为新的强势的历史再现方式。人人有自己的历史认识，人人会说。在技术发达的时代，就有可能人人参与，从而人人有可能成为历史书写的对象。以前的历史建构活动都是史家单方向进行的，口述史是一种全新的多方面的历史建构活动。多方的参与，让多人有了参与的机会。口述史是一种直接的历史研究，能直接从生活世界中筛选有传承价值的人物与事件，在生活世界询问相关的人物。这样的历史建构更为全面，更有自觉的历史意识。自觉历史意识视野下的选择判断，可能留下更有价值的当代史记录。

五、公众史学是一个以公众为本位的史学体系

史学得以与当代生活、当代人相结合。当代普通人生活中可以看到的史学就是公众史学。建立这样的生活型公众史学，是我的理想所在。现代社会是公众社会，史学自然应服务公众。什么是最好的历史学，能服务当代公众的史学无疑是最好的史学之一。历史可以是当代的，其书写对象可以是你本人，也可以是你身边的人，人人的历史都是历史。历史记录的手段，不再仅是文字，也可以是照相、录音、录像。历史是什么？是他的故事。公众史学是人文史学，重在讲人类的故事。人得学会讲故事，那样会使你在生活中更有吸引力。我们想通过公众史学，让大家活得更明白，更有文化意义。

笔者所理解的中国公众史学，可归纳为如下几点。

1. 一个中心点：以公众为本位，以个人为本位。它是相对于"国家"这个组织本位而言的。公众史学是"公众本位"的史学，区别于传统"国家本位"的史学。"公众"是对应"组织"产生的一个现代"人群"概念，公众是一个人人集合概念，是由无数公民主体组合而成的群体概念，"个人"的集合即为"公众"，是一个不否认单数存在的复数概念。使用"公众"可以建构起更为清晰的"个人本位"的公众史学体系。所以，坚持使用"公众史学"而不是模糊的"公共史学"。

2. 三大关注领域：书写公众、公众参与、公众消费。史学与人世间的结合，至少可以从被书写者、参与者、服务者三大方向来联想。书写帝王、史官参与、帝王消费的史学，就是君史/国家史学体系；反之，书写公众、公众参与、公众消费的史学体系，或者说"书写大众的历史""写给大众阅、听的历史""由大众来书写的历史"，就是公众史学体系。公众史学是史学的公众化，意味着书写公众、公众参与、公众消费三大方向的变革。

3. 四大理论：书写小众与书写大众、生活世界与文本世界、历史书写与历史研究、小众参与和大众参与。

用历史记录对象视野来重新解读梁启超的君史与民史说。不同的历史观察视野决定了不同的历史书写方式与书写内容。中国史学正由传统的国家书写向民间书写转型。民史理论，解决了人人入史问题，即从书写小众向书写大众的转型。"国家历史"与"公众历史"的二分建立在国家与社会二元划分之上。这是两种不同的国家历史观察与建构体系，前者"组织本位"，后者"个人本位"。公众史学的理论基础是民史理论。没有民史理论作支撑，公众史学学科建设会迷失方向。

由生活世界向文本世界的过程就是历史书写，将生活变成文本就是历史书写的任务。历史学是一门以记录人类历史为己任的学科。生活世界是一个真实的人类活动世界，文本世界是通过文本来呈现的生活世界。生活世界具有一度性，必须成为大脑记忆，进入文本世界，才能超时空传承。人要超越世俗社会，进入永久的彼岸世界，最基本的手段是留下历史记录。历史书写是历史学的基本层面，历史研究是更高水平的提升面。

历史学是一门处理人类活动记忆的学科，主要工作可分为历史记录与历史研究两大层次。历史记录是"无中生有"，是当代人借助大脑记忆等进行的当代历史建构活动，是历史知识的初加工或历史文本的初生产，借助已有历史记录等作进一步推理分析的历史研究是历史知识的深加工或再生产。之所以要区分历史记录与历史研究，主要是为了凸显"历史记录"的重要性，丰富历史学活动的想象空间。在单一"历史研究"下，历史记录完全边缘化，处

于自生自灭状态。今日中国公众史学的建设，最要发扬的就是传统的历史书写。中国史学要走一条由下而上的改良道路，基本的途径是恢复历史记录功能，弥补历史记录上的短板。

人人都是历史记录者。公众史学的发展，可以实现史学由小众参与到大众参与的转变。历史上的史学参与者主要是史官与史家，人数不多，可称为"小众参与"；公众史学则提倡人人参与，因为数量太多，必须人人参与才可能完成。所谓公众参与，主要是记录、研究、欣赏、接受、实践、保护，是一项多类型的非常广泛的活动。要鼓励更多的业余爱好者来参与到民间历史的书写与解释活动中来。

4.六大分支：公众历史书写、公众口述史学、公众影像史学、公众历史档案、公众文化遗产、通俗普及史学。公众史学是研究公众历史的学问体系。它是一个学科群，是由几门分支学科组合而成的体系。

公众历史书写，主要关注了个人史、家族史、社区史三大领域。

个人史就是个人的成长历史，是独立的个人历史建构方式。个人史书写有五大特征：一是主体性写作，二是独特的人性体验，三是由微观到宏观看历史，四是发现身边的历史，五是动态化的写作。个人史在形式上是私人史，但在本质上是公共史。

家谱是具有中国特色的家族文化载体，没有家谱就没有完整的家族传承。传统宗谱编纂成本过高，当今更适合编五世小家谱。

社区是公众直接生活的区域，社区史可以凸显小共同体建构，公众社区史是公众的历史。"大家来写村史"解决了书写对象与参与者的民众性问题，但没有从体裁上保证人人进入历史书写之中。传统村史的"大历史"缺陷，可以借宗谱的"小历史"精神来弥补。

建构之途，除了传统的笔书史外，更强调现代的口述史与影像史。公众口述史学，既是当代历史记录的主要手段，也是多学科、多领域的交叉与融合。口述史解决了公众写史主题与写史路径两大难题，使人人入史、人人参与得以可能，这是一种全新的真正大众化的历史建构方式。口述史打通了生活世界与文本世界的隔阂。口述史是直接从大脑中挖掘历史记忆资源的活动，是一种直接的历史研究活动，它是历史的声音再现。传统的历史文献学是文献整理之学，而口述史则是历史文献建构之学，口述史妙在于没有文献处建立历史文献，让从来不受记录关注的人物及其历史得以记录下来。口述历史向民众敞开了大门，有一种史学向下的趋势，有可能真正实现马克思主义的人民史理想。

文字解决了大脑记忆的抽象转化问题，但人类社会外形保存必须借助图像技术，故而有了公众影像史学。从历史上看，公众影像史学经历了绘画、照相、录音录像三大阶段。绘画与照相是静态的，录音录像是动态的，最接近生活世界面貌。录音解决了人类声音的保存问题，录像解决了人类立体的动态的保存问题，这突破了传统史学通过文字再现历史的限制。

与国家史建构一样，公众史的建构也离不开公众档案的积累。历史是靠文本建构起来的学问体系。由家庭档案管理，可以提炼出"公众历史档案"。公众历史档案是以公众为中心的档案体系建构，它是以公众为对象、公众参与、也为公众所用的档案体系。公众档案的内涵，包括公众家庭档案与公众个人档案两部分。公众建档的主体和直接实施者是千家万户。公众档案在生活世界有实用价值，在文本世界有历史文化价值。

由组织本位的文化遗产保护转型为人人可参与的"公众文化遗产"。文化遗产的管理与保护，正由传统而现代，由上而下，由局部而整体，由静态到动态，由少数人参与到多数人参与，经历着社会化、公众化过程。这种发展趋势，与公众史学的人人参与要求相吻合。公众文化遗产是公众可参与的、公众也可欣赏的、以公众为对象的文化遗产保护。博物馆是由实物、图像、声音、文字综合建构起来的人类文化遗产再现形态,是公众可以触摸的历史。

"个人本位"的讲故事原则使通俗普及史学成为国人重新想象历史的基本方式。通俗史学包括了通俗历史知识生产与消费两大层面,前者如专家讲史、公众写史,后者如历史影视剧、通俗史学读物。专家通过电视通俗讲史是一种借助现代媒介进行的大范围内讲史活动。《百家讲坛》开专家通俗讲史之风,引导了一场全国范围内的人文讲坛风。专家讲史,既要有专家叙述型讲史,也要有专家分析型讲史。公众写史主要是公众通俗写史,本质上是人文解读。它的任务是普及历史知识,没有学术含量要求。它最大的贡献在于表达方式的更新,用今日百姓听得懂的语言说历史。公众通俗写史的意义,表现为坚持了"以人性写历史"原则,弥补了现行科学历史教育与历史研究的不足,也标志着历史解释权与书写权的开放。在通俗史学中,历史影视剧无疑是现代社会最为流行的,也最容易引起争议的历史通俗方式。文学艺术有自己的游戏规则,但不妨碍我们对历史剧提出更高的发展要求。

总之,公众史学是"一个崭新的史学范畴"。如此,史学服务公众能走向体制化,这种体制化的史学就是公众史学。扩大历史书写对象,扩大历史参与人群,扩大历史享受空间,就能让史学由"小众之学"变成"大众之学"。公众史学是属于公民大众的史学,每个人都是公众史学的主体。公众史学是一种以个人为本位的历史服务机制。历史是人类的历史,个人是最基本的主体,由个人史到群体史,公众史学提供了一种全新的观察视野。

六、大学教学需要读本

编纂《公众史学读本》的直接原因是公众史学教学的需要。近几年,公众史学在中国日益受人关注,不少高校拟在本科生或研究生中开展公众史学教学,而目前尚没有这样的教材。公众史学教学刚起步,需要提供相关的读本,供学生深度阅读之用。近几年,笔者既关注公众史学的学科建设,又重视专业建设,近年的教学项目都是围绕公众史学展开的。2013年的公众史学会议上,有学者提出了编纂公众史学读本计划,主要汇集欧美学人的相关论文,偏重深度阅读,供研究生阅读之用。笔者觉得此倡议不错,于是亲自动手编纂了一部《公众史学读本》,偏重中国学人的论文,用于研究生教学。笔者的想法,不同学人对公众史学有不同的理解,所以公众史学读本编纂活动也应是多元的。2014年,公众史学列入宁波大学研究生重点课程建设项目,其文本成果就是《公众史学读本》。2015年,公众史学列入校核心通识课程建设行列,探讨公众史学在非专业公选课的教学模式,就成为我的关注点。不久又列入宁大慕课建设计划、宁波市慕课建设计划,探索现代网络教学模式。2015年8月,慕课视频正式在宁波市高校慕课联盟上线。2015年下半年,又在优课联盟上线。2016年初,该课程在宁大精品在线开放课程上线。2017年初,又列入浙江高校在线精品课程平台。慕课的出现使传统的教室教学成为线下教学,而慕课成为线上教学。如何结合两者的优势,就成为我探究的问题。2016年初,笔者参与了宁大线上线下混合式课堂教学改革。2017年上半年,在历史专业"史学概论"课中,也较大篇幅地引进了公众史学的内容。通过近三年的教学实践,对研究生、本科生的公众史学教学有了全新的感觉。

到2016年8月,笔者决定重新编一部《公众史学读本》。因为三年过后,自己的教学思想有了全新的变化,框架设计也有了新的想法,可以选择的好文章也更多了。2016年9月后,关注《公众史学读本》的出版经费筹划事宜。适逢宁波大学进行教学行政管理改革,教学课题评审权下放学院,由学院自行组织。听说此事后,笔者及时申报了教材建设项目。2016年12月中旬,通过学院组织的专家评比,成为宁波大学教材建设项目,从而得以最终实现出版读本的心愿。列入规划以后,学院领导提出了更高的要求,希望能在更好的出版社出版,争取有机会评奖。如此,也就给原来的读本编纂提出了更高的要求。2017年1月,学校教务处邀请专家来讲学,大力推荐超星学习通APP的使用。感觉学习通用于教学,真的神奇而方便。2017年3月初,经过技术员当面的点拨,终于学会了学习通的使用技巧。除了课程应用有16项功能(学生只有9项)外,还有"资源",有最新的书目,有当期杂志,有当日的报纸,数量相当大,相当于拥有了超星与中国知网。直接可以在手机上阅读文章与图书,这极大地解决了课外阅读推荐问题,这是传统线下教学时代无法想象的。学习通太适合文科教学了,可以大大提升教学的效率。为此,笔者花了一堂多课时间,指导修课学生们学会学习通的使用。学习通的引入,给我们提出了移动数据时代的学习模式更新问题。我决意进一步更新教学观念,更新教材体例,突破单一读本的局限,决定将教材与读本的各自优势结合起来,希望有教材之系统性,又有读本之材料性。甚至,也想将线上讲义与线下教案、课前文选与课后实务结合起来。笔者的目标是编纂一部线上线下结合的混合式的研讨性的教材型读本,既可供本科生使用,也可供研究生使用。

经过反复考虑,读本体系仍用慕课的体系,确定为十六讲。这十六讲设置的逻辑安排是:第一讲是导论。第二至第十讲是当代公众历史记录,先谈历程与历史,强调当代公众历程必须转化成文本历史。接着分三大方面来思考,一是书写对象的扩大,由大人物到小人物,涉及小人物的三种建构单元——个人史、家族史、社区史。二是参与人群的扩大,由小众到大众,由代理到自理。三是参与方式的扩大,由传统文献到口述史、影像志、纪录片。第十一、第十二讲是公众文化遗产,涉及公众历史档案与文化遗产保护。第十三至第十六讲是通俗史学,涉及通俗读物、历史影视剧、专家通俗讲史、公众通俗写史四大方面的生产与消费。

每一讲的体例由线上讲义、线下教案、课前文选、课后实务四大部分组成。

线上讲义,供课前系统知识预习之用,主要依据已经在优课在线、浙江高等学校在线精品课程平台、宁波市高校慕课联盟平台上运行的"中国公众史学通论"慕课字幕而来,希望让学生对各个部分有一个简明扼要的系统的了解。

线下教案,供线下教与学参考之用,重在话题的提炼、问题的积累、案例的收集、图书的推荐、视频的引导。课程教学改革,核心是要解决线下教案活动能有趣引入且有效的问题。课程教学要好玩,这是多数学生的追求,自然也是教师的一大希望。理想的课堂教学,应是一种师生心灵互动的交流活动。由于是实时的交流,经常会有思想火花迸发,这样的教学活动必须要有记录。收集到学生的真问题,这是一个核心考虑。要研究学生的思想与知识、兴趣状况,这是做好教学的第一任务。要创设问题训练的环境。"依文本说故事提问题",这是台湾清华大学历史学张元教授探索出来的通识历史教学模式,值得学习。"依文本说故事提问题",可分成三个环节,一是提供文本,二是说故事,三是提问题。在前面系统阅读与深度阅读基础上,提炼出相关的迷惑问题,用于课堂讨论之用。从现实的案例或故事入手,引出基本理念。通过不同主题,选择不同的材料,寻找不同的启迪。问题与案例相结合,教学才会成功。这一部分是最能体现课堂智慧的地方,这是师生共同对话的过程,却少见这样的教学过程记录。其他老师上课怕手机,我上课不怕手机,恰恰相反,我要求大家充分发挥智能手机的全部记录功能。

　　课前文选,供课前深度阅读之用,是相关论文的汇编,经典阅读的引导。这是一部专题性研讨读本,是可以引导学生探索的材料,且是不同专题的材料。按专题分成不同的部分,不同部分提供不同的阅读材料。从近十年的论文、网络文章中选择材料。之所以选择近十年,是因为公众史学是近几年兴起的,相关文章集中于这个时间段。由于近年对公众史学的大力推广,这些选文似乎都是很容易找到。有人希望收录一些网上难以下载到的文章,或者约一些、翻译一些新稿子,这样可以确立它成为后人研究不可不读的必备文献。这个设想很好,应该有这样的公众史学读本,但不是本书的目标所在。本书是教材,课前文选重在启蒙,面向初学者。说白了,它就是给那些不会找论文的新手或不喜欢电子文本的人提供阅读方便的,让他们一册在手,不用再上网自己去寻找。选材原则有三:一是学术新意与通俗易懂,讨论话题面要宽一些。时间上,以近十年为主。二是专业作者不分内外,涉及编者本人在内的公众史学同行作品。笔者目前为全面思考公众史学学科建设的人,写的论文较多,故收录也多,别人仅是就某一个部分有所思考而已。通过这些选文,也可以让学生知道圈中有哪些人物在做相关研究。为了尊重作者的知识产权,目录中分别标示作者名。三是节选为主,不是纯粹的论文选汇编,而以适用为原则,加以精心剪辑。本读本以中国学人作品为主,主题以论述中国公众史学为主,兼及海外论述公众史学的文章。由于数量较多,分为内外两篇,内篇分十六讲配置课前文选,每讲保证两篇以上。外编则是欧美公众史学研究介绍。论文的原标题学术范还太浓,有的概念不好懂。考虑是给初学者阅读的,所以部分标题作了修订,也使之有更强的连贯性。注释格式作了统一调整。

　　课后实务,用于学生的课后实务操练,重在提升学生的历史写作表达能力。这涉及了课程考试的改革。通过多年的探索,笔者也探索出了此课程的考试新模式,基本精神有七:一则通过项目实践,实现观念更新、能力提升的基本培养目标。发挥考核的杠杆调整作用,将其当作外在动力,从监督与回报体制上保证教学的有效进行。二则加强动手能力训练。取消传统的卷面考试,代以书面实践项目。这不是作业,而是项目,因为有探索性与实战性。检查学生水平的方式,不再是看其卷面答题能力,而是观察其实践能力。这可以训练学生认真负责的做事精神,破除学生应付作业的坏习惯。书中得来总觉浅,观念的更新也要实践来支撑,所以课后要加强实务项目的操练,通过动手操练,提升自己的历史写作能力。课后实务操作技术尽量细化,用实践、技术来解决观念问题,这是我全新教育思想所在。三则平时成绩累计制,每个学期学生做自传、家谱、教学报告三大项目。由期末的一次压力转化成平时的多次压力,这可以改变大学平时没人管、考试时压力过大的弊端,大大提升平时学习的效率,降低集中考试的心理压力。四则考核的多样化,通过项目提升动手能力。通过自传、口述史、家谱,训练其小历史书写的意识与能力。通过教学总结,实现教学效果反馈信息搜集方式的更新。五则加强团队合作。做项目时,不完全是独立进行,而是在老师的培训下,以群体合作模式完成。一是推动讲故事活动,分成小组,单独组织活动。讲时录音,以备检查,也备存档。二是合作做口述史项目,选择公共选题展开合作。三是做家谱时与家族成员合作。通过合作,可以发挥自己的管理组织能力。三大合作可以提升团队合作精神,破除单枪匹马奋斗意识,加强同学间的交流与沟通。六则以说话、写作为导向的学习与考试。传统的教育是一种以考试教育为导向的学习,新模式提倡以写作为导向的学习。说与写,是两大训练目标。以说话、写作为导向的学习,可以获得不少基本素养与能力的训练。重在历史写作训练。文学写作可以虚构,而历史写作属非虚构写作,是实构,必须有精确的时间与地点,有故事情节,有事件本末过程。语言多用叙述,少用抒情与描写。通过这样的项目操练,既可提升自己的历史写作能力,也可完成小历史的书写目标,让自己、家族人员进入文本化的"历史"行列之中。七则确立项目操作的基本原则:明确攻关清单,采取倒扣式、达标式、积累式的项目操作法。现代社会普遍实行项目制度,项目制是一种透明的、可预期的、可准备的做事法,重在观察符合标准、态度认真的人才,通过水平见高低。目标清楚,计划性强,平时做事更有方向感,效率更高;否则,糊涂地过日子,到时缺乏相关的准备。学期第三周时,建立明确的三大做事项目目标,回家时可作准备。在手机或电脑上建立三大文档,拷贝相关要求,仔细研究相关要求,阅读相关样本,琢磨透其精神。此后,围绕目标分别准备,由易而难,日积月累,逐步添加,逐步完善,精益求精。准备一个学期,即可轻松、高质量地完成。也就是说,一次讲清,同时操作,分次提交。譬如教学报告,每周听课以后,有什么想法及时记录下来,如此期末时稍加整理即可成稿。否则平时没有积累,临时写作是写不好的,必定痛苦。老师要的是学生真实的想法,真实的想法是听课时产生的,当时如不及时记录,事后就容易遗忘。

这样的综合体例设置表达了笔者的基本教学思想。教学改革,除了改革老师"教"的方式之外,更重要的改革学生"学"的方式。只有两者配合,才能达到理想的教学状态。学生的学习态度,可以归纳为"不知不觉""后知后觉""先知先觉"三大境界。所谓"先知先觉",就是课前预习,做足功课,有准备地来学。所谓"后知后觉",指课后知道自己的不足,马上补救。所谓"不知不觉",就是什么都不做,课前不做,课后也不做。线上讲义适合课前系统而浅度地了解所学的内容,课前文选适合课前的深度阅读。学习方式的更新,重引导学生由"不知不觉"到"后知后觉",由"后知后觉"再到"先知先觉"。如果养成提前做足功课、延伸阅读的好习惯,会让自己处于十分有利的位置,掌握主动权。课上重在更新观念,课后重在提升能力。课堂的设置、问题的归类、讨论的进行,就是为了更新观念,不断在原来陈旧的观念上,嫁接新知识,更新观念,从而适应新的课程提供的思想。宁波大学在非专业的本科生中开设系统的公众史学课程,在全国高校中都是首创。笔者作为公众史学专业课程的建设者,经历了几番教改,做了一些有益的探索,积累了一些成功的经验,希望固化课程改革的成果,供别人参考之用。

本教材建设的意义,主要有三大方面。

1. 由教材向读本的转型。在探究式教学课改理念下,到底是编传统式教材还是编新型的研讨性读本,这是值得思考的。传统教材编纂的弊端有二:一则过于系统,声音单一。中国人最喜欢编纂教材,提供一种完整的知识让人系统地记住,这显然是知识规训教育的产物。二则参考书目空置。有的教材里开出了参考书目,只可惜一学期内选课多多的中国本科生没有时间,也没有能力阅读那么多参考书目。如何在教材与读本、参考书目与阅读材料之间取得平衡,这是值得研究的。据说,国外的大学教学多不编教材,只发阅读材料,这样的教学理念正是研讨性教学。由此可知,编教材或编读本,代表了不同的教学理念。从探究式课程教学来说,应编纂研讨性读本。

2. 由课外阅读式读本到研讨性读本。说到读本,大家马上会想到,中国也有类似的读本。此读本,非彼读本。现行的读本多是以教材之外的辅导读物形式出现,这样的读本仍没有太多人来读,从而无法实现扩大阅读的目标。即便是辅导读物性质的读本本身也存在不少问题,一是经典作品意识过浓,只选经典作家、领袖论说、著名学者的作品。二是体例的排列与内容的选择缺乏分类。缺乏主题或话题性,是现存读本最大的不足。新形态的研讨型读本,汲取了两者之长,克服了两者之短。读本可以提供直接的论文资料,了解最新的动态。它想展示多元声音,提供不同材料,让学生自己来思考,自己发现问题,自己整合材料,自己得出结论。

3.由知识消费性读本到知识生产型读本。传统的教材或读本多为知识消费,而非知识生产。公众史学非常强调动手能力的训练。如此,应该编纂知识生产型的读本。教材建设理念的突破,适应了探究式教学的新常态。

2017年4月,传来2017年浙江省普通高校新形态教材建设项目申报的消息。所谓新形态教材,指"通过移动互联网技术,以嵌入二维码的纸质教材为载体,嵌入视频、音频、作业、试卷、拓展资源、主题讨论等数字资源,将教材、课堂、教学资源三者融合,实现线上线下结合的教材出版新模式"。我多年来的教学改革正是朝这一方向努力的,于是马上申报了这一建设项目。7月初,有幸被列入浙江省第一批新形态教材项目,感谢专家们的厚爱。知道教材入选以后,我又对教材作了较大的修订。最大的变化是每讲里面四部分名称的改变,原来用二字,称为概要、课堂、文选、实务,现在改为四字,同时又对口语化的字幕作了规范性修订。呈现在读者面前的这部读本的最终形态,也离不开浙江大学出版社编辑们的辛苦劳动。

这样的读本是讨论课意义上的读本,是前人没有编纂过的,因而是值得编纂与出版的。英国有类似的《公众史学读本》,值得翻译过来。王希教授也曾有意编选《公众史学读本》,惜遇诸多文章作者、原刊杂志社授权过于复杂而未果。笔者初次尝试此类读本编纂,不懂此类版权规定,以为只要取得作者同意即可。本着一片公众史学学科与教材建设的热心,"无知无畏"地完成了读本的编纂。待读本编纂近于尾声,与北京大学的钱乘旦教授、王希教授联系作者授权时,他们一致善意地提醒我,可能还要取得相关杂志社的授权。于是马上请教我校学报编辑部副主任南志刚教授,果然说有此类规定,既要取得专家许可,也要取得杂志社的许可,否则出版社也不敢出版。此消息一时让我头大,从而也理解了别人不敢做读本的苦衷所在。不过,我是一个敢于做事的人,既然做到这个份上,就不能因麻烦而中辍。于是,进一步联系相关杂志社。我首先联系了华东师大孟钟捷教授,通过他取得了《历史教学问题》主编沐涛教授的同意。他们的全力支持,让我重新鼓起了做事的勇气。此后,又一一与其他作者及杂志社取得了联系,获得了他们的授权。如此,让人感觉头大难办的事,就在尊重产权、版权声中化解了。在此,真的要感谢各位专家及各杂志社的全力支持,从而让更多的青年学子得有机会阅读分享。这部读本的出版,希望能开一个先例,多少实现一部分学人的心愿,满足新手们的学习需求,推动公众史学在中国的发展。

钱茂伟于宁波大学

2017年7月

第一讲　走近公众史学

线上讲义

从今天开始,我将为大家讲授一门全新的课程。所谓全新,新到什么程度,整个学科刚处于建设的初期。下面讲公众史学第一讲,题目是"走近公众史学",希望大家对公众史学有一个整体的了解。

一、什么是公众史学

公众史学是什么,得从美国的公共史学说起。20世纪70年代,美国遭受经济危机,历史系研究生就业困难,毕业后必须改行才能就业。1976年,美国加州大学芭芭拉分校历史系两位教授罗伯特·凯利教授(Robert Kelly)和韦斯利·约翰逊(Wesley Johnson Jr.)想改变这种现状,让偏理论的历史学科面向公共领域,为公共机构服务。他们从洛克菲勒基金会获得一笔为期三年的基金,开始了公共史学研究生项目的试验,就这样出现了public history这个词。这个词翻译成中文时有三种译法,"公共史学""大众史学""公众史学",主流的译法是"公共史学"。什么是公共史学? 公共史学是空间层面的概念,我们现在来看一下什么是公共。公共,相当于"公域",对应"私域",所谓公共史学就是在公域中应用的史学。

纯粹作为美国的公共史学来说,翻译成什么都不是问题;但是当我们借鉴美国的公共史学,建设自己类似的学问体系时,该用什么名称就是值得讨论的。2004年传入中国香港时,他们用的是"公众史学",譬如香港中文大学有一个"比较与公众史学文学硕士课程班"。香港有公众史学,似乎朝香港化方向努力了,但基本套路沿袭美国公共史学模式。中国台湾的周梁楷教授将之引入台湾时,选择了"大众",译为"大众史学"。所谓大众,它是人群内部的划分。按周教授的说法,"大众"对应"小众",类似佛教中的大乘与小乘。"大众史学"这个概念的缺陷,可能导致大众与精英的对立。而且在大陆,让人有一种群众运动的感觉。不管怎么说,这是一个本土词汇,他想让它朝中国本土化方向建设,这是值得肯定的。陈新教授推广此学科时,主张用"公众史学",这个术语逐渐为大家所接受。什么是公众史学呢? 关键是要理解"公众"是什么意思,陈新教授作偏正结构理解,认为公众的重心在"众"字不在"公"字,三人为众,表示多元性。台湾刘静贞教授将"公众"拆开来理解,表示既有公共又有大众。我也有类似的看法,公是公民,众是大众,公众就是"公民大众"。"公众"对应"组织",尤其是"国家"。"公众"是由公民个体组成的群体概念,其本质是以人为本位,可兼精英、大众于一体,这样就解决了精英与大众共同存在的问题。理解了公众,也就可以给公众史学下定义了。所谓公众史学，是公众本位的新史学，区别于传统的帝王本位旧史学，这近于梁启超提出的"民史"与"君史"概念，君史是以帝王将相为中心的传统国家史，而民史则是以民众为中心的现代国家史。

那么，公众史学的研究对象是什么？是公众历史。从这角度来说，公众史学是研究公众历史的学问体系。从未来社会的发展趋势来看，使用"公众史学"更为理想。它主体明确，反映的是以人为本位的新思潮。其实，即使美国的公共史学，其内涵也在扩大，涉及了人民史学，当下译为"公众史学"更好。

二、公众史学的中国本土性

我们发现，中国人理解的公众史学内涵，与美国的公共史学很不相同，中国公众史学学科体系的形成，有着自己的史学资源与实践活动，有自身的探索过程。中国的史学有着近三千多年的悠久历史，史学资源更为丰富，当然它受到了美国公共史学学科建设思维的影响。

这个探索过程大体上可分为四个阶段。

第一阶段，中国通俗史学、应用史学与美国公共史学的并立。史学要为社会大众服务，这是中美史学共同的宗旨。但因为国家形态不同，文化史学传统不同，想象的方式也不同，美国选择了公共史学，而中国选择了应用史学与通俗史学。通俗史学是中国的传统，宋朝以后讲史与通俗演义写作繁荣。通俗史学，可以理解为史学传播的民间化。20世纪80年代中期的时候，以蒋大椿为代表的学院派学者，主张在基础史学之外，另提"应用史学"，为现实服务，为此，部分历史系增设了文博、档案、旅游、文化产业等新专业，以求培养适应现代社会要求的人才，可惜中国应用史学的发展并不理想。

第二阶段，以大众史学替代通俗史学。1987年，在中国出现大众史学。1989年，罗义教授首次借用"大众史学"，他指的是通俗史学现象。进入20世纪90年代后期，李小树教授对从古至今的中国通俗史学发展历程作了系统研究，称为"大众史学"。这样的概念替换，正反映着中美史学的兼容性。

第三阶段，按公共史学模式建设中国的大众史学或公众史学。2007年开始，陈新教授已经预测到，后现代主义思潮将促成公众史学的兴起，公众史学研究也可能在中国兴起。2012年，他明确提出中国公众史学理论基础与学科框架建设理念，为此作了较多的探索与实践。

第四阶段，建设名实相符的中国公众史学。中国公众史学的建设，最终是由中国史学学者来完成的。我的基本观点是，中国的公众史学有自己的渊源与实践基础，中国的公众史学来源，远的可以从中国传统史学中寻找，如史学的通俗化、史学的民间化，中国公众史学也有自己的实践基础，并不比美国落后多少。中国无公众史学之名，但有公众史学之实，公众史学学科建设虽晚，但公众史学实践活动不晚。中国公众史学是中国物种，不是西方的舶来品，我们要建设的是有中国特色的公众史学学科体系，中国公众史学建设必须立足中国史学传统与现实，才可能有生命力。我经过多次的思考，完成了中国公众史学体系的建构工作。我理解公众史学的学科框架，主要有六个分支：公众历史书写、公众口述史学、公众影像史学、公众历史档案、公众文化遗产、通俗普及史学。

总之，中国公众史学学科的形成，是典型的立足中土、借鉴西洋，我们仅是从美国公共史学发展中得到灵感,借用其必须有的统一名称与学科化建设思维,将当代中国这些民间性、应用性史学分支现象,建构为一个中国公众史学学科框架而已。

三、公众史学学科建设现状

学科是现代社会中知识体系生存与发展的普遍模式,学科建设是一种整体的知识谱系建构与队伍培养方式。20 世纪后 30 年的经验告诉我们,必须进行公众史学的学科建设。近 3 年,我们加快了公众史学学科建设的步伐,学科建设将呈现前所未有的变化,这表现为以下几个方面。

第一,公众史学国家级研究项目的陆续开展。我主持的中国公众史学研究,列入 2013 年国家社科基金项目,2015 年 5 月结题,最终定名"中国公众史学通论"。

第二,公众史学学术研讨会与历史嘉年华活动的开展。历史的嘉年华活动是中国第一个开放性公共历史节,是从 2010 年开始的,目前已经举办了五届。2013 年 5 月开始,重庆大学举办了首届公共史学研讨会,这次会议得出一个重要启示就是,中国公众史学的实践已经走在了理论之前。2013 年 11 月,在苏州又召开了全国公共史学学术研讨会。2014 年 6 月,在宁波大学召开了中国公众史学研讨会。此后,2015、2016 年又召开了 2 次中国公众史学年度研讨会。

第三,公众史学成果发表园地的开辟。

第四,公众史学研究机构纷纷出现。复旦大学、浙江大学、华东师范大学、上海师范大学、宁波大学,都成立了公众史学研究中心。

第五,公众史学课程开始进入高校课程建设,并受到关注。公众史学必须在大学教学体制中占有自己的位置才能得到大家的认可。目前,浙江大学、华东师范大学、重庆大学、宁波大学,已经面向历史系或全校本科生开设了公众史学课程。2014 年 3 月,公众史学列入宁波大学研究生重点课程建设项目。2014 年 11 月,公众史学又列入宁波大学通识核心课程。宁波大学还在历史本科教学中设置公众史学模块,与历史学模块、方志学模块并列为三大模块。可以说在公众史学课程体系设置与建设方面,宁波大学走到了全国高校的前列,且又重视网络课程建设。2014 年初,河南师范大学王记录教授开设了通俗史学课程,并录制了《走向大众的历史》视频,入选教育部视频公开课,挂在爱课程网上,这是目前第一个面向社会开设的公众史学视频课程。这个模式是值得推广的,我做的公众史学慕课,就是一种网络化视频教学的尝试。

第六,公众史学研究队伍的初步形成。2014 年 7 月,上海师范大学举办了首届全国高校公众史学师资培训班;2015 年 7 月,重庆大学举办了第二届全国高校公众史学师资培训班。通过这些培训活动,全国的公众史学师资逐步得到培育。

第七,公众史学成为研究生论文选题。

第八,公众史学学科框架及其分支的初步形成。宁波大学应该说走在了中国公众史学学科框架探索的前列,《中国公众史学通论》的出版,可以说标志着中国公众史学学科框架建设的成功。

第九,公众史学研究机构的建立。我们已经成立了一些类似机构,如公共考古专业委员会、中华口述历史研究会,中国公众史学研究会也在筹办之中。当然,也可成立公众史学高校联盟之类的机构。

第十，公众史学案例库建设的开始。案例库的积累是原创性理论产生的土壤，也是建构学科体系的重要前提。我们在这方面率先尝试着做了一些公众史学案例选择，挂在中国公众史学网上。

第十一，公众史学学科推广的开展。

第十二，借助新媒体传播公众史学。我们现在已经用微信、微博、网站、博客这些方式来传播公众史学，尤其是中国公众史学网积累了相当多的资料，它的口号是"人人都是史学家"。

公众史学的下一步目标是成为未来中国新增的专业硕士。专业硕士招生量大，且面向社会各界，更近于公众史学的学科定位。至 2012 年，中国有 39 种专业硕士，与历史学比较接近的是文物与博物馆硕士、教育硕士。美国有发达的公共史学硕士与博士学位制度，香港有比较与公众史学文学硕士学位课程，中国内地也可以考虑建立类似的专业硕士学位。一旦公众史学列入教育部专业硕士之列，就可实现学科被国家管理者认可的目标。

总之，中国公众史学发展势头将会越来越火，有了学科，有了学会，有了网站，有了新媒体，有了年会，有了专业，有了人才，有了成果，中国的公众史学就可以扬帆起航了。我们借用复旦大学张广智教授的话：21 世纪是公众史学的时代。我们只要好好努力，这样描写的状况肯定是可以实现的。

四、公众史学建设的意义

公众史学建设的意义，可以概括为以下几个方面。

第一，中国公众史学建设可以使历史学大众化。历史学的出路，无非是往高走与往低走，往高走肯定有问题，因为没有多少人可以跟得上，前景必然萧条。只有往低走，后面跟随的人才会增多，香火才会旺盛。当代历史的书写，是可以成为多数人玩的历史写作事业。中国公众史学学科建设的基本目标，是建构一套以公众为中心的史学体系，把史学还给人民。公众史学，是适合业余玩的史学，是终身可玩的史学，是生活化的史学，是实践化的应用史学。只有调动千军万马参与，才能够发挥其公众史学的作用。这是一种适应未来社会的新史学形态。

第二，中国公众史学的学科建设，也想解决中国的中学与大学历史教学中存在的根本性缺陷。说到中国历史教学模式存在的问题，有人指它有政治意识形态性，这个问题不太严重，意识形态控制历史教材编纂，这是古今中外概莫能外的事。再来，中学与大学历史教学存在的问题主要有二：一是教材内容的国家性而非民间性。其结果是使读书人形成了一种国家史观和精英史观，只有国家的历史是历史，精英的历史是历史，而民间的历史不是历史，公众的历史不是历史，这是与为人民服务宗旨完全相反的。二是只有消费性而没有生产性。它只关注了历史知识的普及与消费，而忽视了历史记录的参与，历史知识的消费可以讲是短暂的，只有历史知识生产的参与才是可持续发展的。只有将历史学的旁观者、历史知识的消费者，训练成历史学的参与者、历史知识的生产者，历史学才能走上可持续发展之路，成为真正的大众之学。

第三，公众史学希望有益于青年学生。公众史学可以称为"生活中的历史学"，公众史学可以教给你什么东西？这门课将会教给你一些全新的历史学理念知识技能，它会告诉你历史学并不总是高大上的，并不只是关注国家及其帝王将相等精英人物，历史并不是遥远的过去，历史就在身边。而且历史学不是只有史官、史家可以垄断的行业，而是人人皆可以参与的一种新兴行业。公众史学是源于生活、服务于生活的，公众史学就在生活之中，它会让你形成公众史学观，重视文本。借公众史学，我们可以完成自己的个人史、家族史、社区史，可以让你熟悉口述史，充分发挥智能手机的功能，养成拍照、录音、录像的习惯，借此可关注通俗普及史学，如通俗读物、历史影视剧、网络写史、专家讲史的欣赏与创作。总之，让你体验到人人都是历史学家。

线下教案

➡ 讨论话题：

作为通识课的导论课，可以讲五大问题：

一是为什么要开设公众史学通识教育课程？要了解通识教育与专业教育。进大学重要的是训练人的思维方式、开阔人的视野，用层面更高的眼光看待世上一切。由此引申出来，谈谈中国人的有用无用观。

二是公众史学鸟瞰。什么是历史？历史与过往有何区别？你知道父亲以上3代吗？有其人但未见其历史，何以未见？你有历史吗？你的历史在哪？每人写出5个重要的年份，通过这个活动，理解生活世界与文本世界。历史学离我们有多远？实际上就在我身边，就在当下。什么是公众史学？公众史学包括哪些内容？举例说明。听专家讲大历史故事，自己动手讲小历史故事，可成为公众史学的主旨。

三是老师如何教？广泛应用现代教学技术，如学习通、慕课、百度。有的老师上课怕手机，我上课不怕手机，恰恰相反，我要求大家充分发挥智能手机的全部记录功能。重在讲好历史故事，从讲故事入手，引出深刻的道理。

四是学生如何学？为什么要选修？多数学生的回答是为了学分。除了学分，还有别的想法或要求吗？学生要从阅读入手，这就是课前准备。要养成做功课的习惯。要以开放的心态来交朋友。

五是考试方式改革说明。重在"做人做事做学问"训练，上课重在观念的更新，下课通过项目提升历史记录的能力。讲一个做教改项目结题材料的故事。

➡ 经典案例：

南京离休军官冯树凭自办《家》报千余期记录生活点滴。冯树凭1948年参军，1983年离休，是副师级政委。被问及创作《家》报的初衷，冯树凭说很简单，就是希望家和万事兴。参加青海输油管线建设的13年，冯树凭和妻子罗巧珍一直通过书信沟通、教育子女。离休后，他开始和老伴商量着一起创办一份报纸。在他们看来，儿女都已经建立自己的家庭了，再和他们讲大道理也没什么意思了。但借助"报纸"的形式也许可以起到更好的教育效果。1991年6月，罗巧珍正式退休以后，两人便马上着手制作《家》报的创刊号。最终，《家》报在6月30日那一天正式在家中"创刊、发行"。《家》报有"三小"：一是版面小，每期一张A4纸；二是每期份数小,每家一份,共 7 份;三是读者范围小,通常只有冯氏家族的 17 口人。所以,有媒体记者称《家》报为"绝对小报"。虽然报纸被称作"绝对小报",但是,制作的时候,绝对是"大家"办报。家中的每个家庭成员不但是这份报纸的读者,更是《家》报的记者和编辑,每一个人都为《家》报贡献了自己的力量。从 1991—2002 年,《家》报的前 10 年一直都是冯树凭和罗巧珍手工制作。2002 年后,创办电子版。电脑对于冯树凭来说是个陌生的事物,在制作第 228 期,也就是第 1 期电子版《家》报时,冯树凭经历了上百次的失败。如今,《家》报已经走进了 3.0 时代。冯树凭的大外孙把之前的《家》报汇编成册,做成合集,现在已经有了 6 本合集。《家》报虽然也会报道"辽宁号"航母入列、北京申办冬奥会这样的重大新闻,但核心内容还是以家族内部的事务为主,"对全家有鼓励、表扬作用的,我就放在《家》报上"。办报的过程中,冯树凭也成了媒体达人,登上了中央电视台的《欢乐中国人》等节目。而也许正是《家》报为子女们所树立的榜样,冯树凭的子女们也都家庭和睦、事业有成。老人喜欢写作,退休后出版了《奇迹》《夕阳》《札记》3 本书,共计 70 多万字。(冯树凭:我的《家》报已办了 1793 期,《北京青年报》2017-06-02)

🔧 视频推荐:

1.厦门大学教授易中天《品三国》第一讲。
2.江西师范大学方志远教授在百家讲坛讲《国史通鉴》第一部第一讲。

课前文选

公众史学或公共史学辨

钱茂伟　宁波大学历史系教授

当下中国正处于"公众史学"学科的建设期,相当多的基本问题需要学界来回答。譬如,在中国到底是用公共史学还是公众史学? 大众史学与公众史学相通吗? 公众史学是中国史学发展的内在需要抑或是外来输入的结果? 中国的公众史学能成为一股新的史学思潮吗? 本文拟对这些问题作更为周详的学理回答。

一、公众史学与公共史学

英语世界的"public history",到中国大陆以后,有人译为"公共史学"[1],有人称为"大众史学"[2]。到了中国香港,喜欢使用"公众史学"[3]。到了中国台湾,喜欢用"大众史学"[4]。

"名"是"实"的提炼。如果名称不统一,则学科的推广会受到很大的制约。那么在中国,到底是用公共史学好? 还是公众史学好呢? 笔者主张有必要对两个概念作明确的辨析,只

---

① 王渊民.美国公共史学[J].史学理论,1989(3).
② 朱孝远.西方现代史学流派的特征与方法[J].历史研究,1987(2).
③ 如香港中文大学"比较与公众史学文学硕士课程"。
④ 周梁楷.大众史学的定义与意义[M]//人人都是史家:大众史学论集.台中:采玉出版社,2004.

有指出了公共史学术语的低合理性,说明了公众史学的高合理性,才能引导大家使用公众史学。为了说清楚,笔者拟从直接的概念与间接的内涵两个方面加以辨析。

英语的 public,作为形容词,主要有"公众的;公共的,公用的;公务的、政府的;公开的,当众的"等解释。作为名词,表公众、民众、大众。① 至于汉语中的"公共",从相关的古汉语文献来看,主要有三种解释:(1)公有的;公用的。如"法者,天子所与天下公共也"②。(2)犹公众。如"盖陶唐欲推大器于公共,故先以不肖之名废之"③。(3)犹共同。如"臣愿陛下明诏臣等公共商议"④。古汉语中的"公共",按其词性,可分三种,一是作形容词,表示"公有的""公用的";二是作副词,表示"共同";三是作名词,表"公众"。从"公共史学"概念讨论来看,作副词用的"共同"含义可以排除,需要讨论的是作形容词与名词的两层含义。

中文"公共"与英文"public"基本可以对应起来,均可作形容词或名词使用。如果将"公共史学"之"公共"理解为形容词,则表示"公用的史学";如果将"公共史学"之"公共"理解为名词,则意为"公众史学"。从直观的字面意义来理解,将"公共史学"理解为"公用的史学"或"公众史学",两种用法均是相通的。不过,从其他领域的使用来看,则以形容词为主,譬如公共空间、公共权力、公共管理、公共英语、公共服务、公共事务、公共记忆、公共关系。在这些场合,显然"公用的"与"公众"两层含义是无法替换的。如此,将"公共史学"理解为"公用的史学",似乎更符合汉语表达习惯。如果"公共史学"就是"公用的史学",那么,"公用的史学"又到底是什么史学呢?这是颇让人难以回答的问题。从性质上来说,凡是史学都是公用的,难道还有私用的史学吗?希望通过使用"公共史学"概念来强化史学的公共性,完全是多余的。而且,"公共史学"的内涵过于宽泛,让外行不知所指。美国的公共史学有特定的含义,是指在公共领域应用的实用史学。这必须作专门的解释,别人才能理解。

相反,使用"公众史学"概念的好处是,主体明确,建设目标明确。汉语的"公众",早在南宋时代已经出现,如"譬如一事,若系公众,便心下不大段管"⑤。西方的"公众"出现于 17 世纪的法国,指宫廷与城市中上流阶层。⑥ "公众"的重心在"众"字,而非"公"字。"众"是会意字,三人为众。"三"表示众多,"众"表示众人站立。在甲骨文中,𠆺⑦,像许多人在烈日下劳动。所以,"众"的本义是"众人""大家",从词性来说,它是一个名词。"公众"是一个由公民个体组成的群体概念,可以理解为"公民大众"的简称。从史学的服务对象来看,它有向上(政府)与向下(公众)两大方向。"公众"与"史学"组合成"公众史学",体现的是史学与公众关系的重新建构问题。公众史学是公众本位的新史学,区别于传统帝王本位的旧史学。公众史学是"公众自己的史学",是"我们的历史"⑧。从历史大类相关的学科来看,考古学中已经出现"公众考古学"。甚至,今天整个人文学科都面临着与公众关系的重新建构问题,出现了"公众人文学科"。由此来看,当然使用"公众史学"好。

① 英国培生教育出版表限公司.朗文当代高级英语辞典[M].北京:外语教学与研究出版社,2004:1582.
② (汉)司马迁.张释之冯唐列传[M]//史记(卷一〇二).北京:中华书局,1959:2754.
③ (唐)罗隐.丹商非不肖[M]//罗隐集,校注.谗书(卷二).杭州:浙江古籍出版社,1995:409.
④ (宋)苏辙.论御试策题札子二[M]//苏辙集.北京:中华书局,1990:1068.
⑤ (宋)黎靖德.朱子语类(卷十六)[M].北京:中华书局,1986:345.
⑥ (德)哈贝马斯.公共领域的社会结构[M]//汪晖,等.文化与公共性.北京:三联书店,1998.
⑦ 李格非.汉语大字典(简编本)[M].成都:四川辞书出版社,1996:1390.
⑧ 新历史合作社的刊物就称《我们的历史》。

二、公众史学与大众史学

要想辨析两者的不同,须对"大众"作一辨析。在西方,大众是上层精英之外的多数下层"民众"[①],带有较多的轻蔑色彩。近代以后,随着民主化进程的加快,轻蔑色彩逐步被洗白,成为"普通民众"。在汉语中,"公众"与"大众"是可以通用的。当然,从语意来看,"公众"比"大众"更为正规些,"大众"一词过于通俗化,难以成为学术语言。在中国,"大众"的使用更早,也更为普遍,譬如"大众文化""大众电影""大众文艺"。相比之下,"公众"的使用是在近十多年频繁起来的。

20世纪80年代后期出现的"大众史学"概念,有两种不同的理解,有人将其理解为大众文化意义上的史学。"大众史学具有通俗易懂,文字生动活泼,语言简练,选题广泛,同时集知识、趣味和科学性于一体,很容易为多种不同层次文化水平的读者所接受和喜爱的特点"[②]。如此,更接近于"通俗史学",即历史知识的普及化与通俗化。张广智曾对比精英史学,详细讨论了两者间的五个方面的不同。[③]

也有人将美国公共史学译为"大众史学"。周梁楷的突出贡献是将"public history"的内涵作了扩充,认为"大众史学"应包括三个部分:大众的历史、写给大众阅听的历史、由大众来书写的历史。他将学术史学定位为"小众部",而大众史学则定位为"大众部"。

最近,王记录在教育部"爱课程"网开讲的视频课程"走向大众的历史",也涉及了"大众史学"的概念。他是从学术型史学与普及型史学的二元概念来划分的,涉及了历史知识的大众化与历史书写者的大众化,不过重点仍是传播层面的通俗史学。

如果将"大众史学"局限于通俗史学层面,则范围过狭,无法涵盖"公众史学";如果将"大众史学"等同于"公众史学",则不必过多辨析了。从目前中国语境来看,"大众史学"的出现频率不多。从未来社会的发展趋势来看,使用"公众史学"更为理想。

三、公众史学的中国本土性

几位在美国工作的华人学者以为,当下中国公共史学学科建设存在一个"public history"如何翻译、如何中国化的问题。2014年3月的美国公共史学年会,甚至提出一个话题"中国有可能有公共史学吗"? 这样的提法,当然是不受国内学界欢迎的。我们发现,中国人理解的公众史学内涵与美国的公共史学很不相同,中国仅在名称资源上、学科化建设路径上有所借鉴而已。

美国的公共史学是指在公共领域应用的实用史学,主要用于三大领域,即博物馆、历史遗址、历史剧制作等与历史学关系紧密的领域;城市规划、公共政策制定等公共领域;家族、公司等私人领域。这是近年多数中国学人对美国公共史学内容的理解所在。也有人有不同的理解,称其内部主要有三派:一是历史题材创作,二是应用历史学,三是写人民史。鉴于此,主张将public理解为公众、大众。[④] 如果这样的理解不错的话,美国的"公共史学"译为

① (美)约翰·费斯克,等. 关键概念:传播与文化研究辞典[M]. 李彬,译. 2版. 北京:新华出版社,2004:212.
② 罗义."大众史学":检验和实现史学社会功能的一个重要方面[J]. 中国史研究动态,1989(1).
③ 张广智. 影视史学. 扬智文化股份有限公司,1998:145-149.
④ 王渊明. 美国公共史学[J]. 史学理论,1989(3).
　郎需颖. 美国公众史学运动简论[D]. 复旦大学,2010.

"公众史学"更合适。

香港梁元生将"公众史学"定义为三个方面的内容:"应用的历史""公众的/人民的历史"和"公共事务及全体利益的历史"①。这三大内容,体现了美国公众史学的核心精神。

中国的公众史学内涵应包括哪些东西?不同的学人会有不同的理解。笔者理解的"中国公众史学"内涵,至少包括六个部分:通俗普及史学、公众历史书写、公众口述史学、公众历史写作、公众影像史学、公众文化遗产。通俗普及史学是一个文化领域传播概念,提供的是史学精神食粮;公众历史书写是一个书写对象扩大概念,提供的是人人动手书写小历史的机会;公众历史写作属历史解释权的开放,提供的是人人可以解释、书写历史的机会;公众口述史学是大众历史书写的入门之道;公众影像史学是用图像记录历史与再现历史;公众文化遗产是"大众可以触摸的历史"。可以说,公众史学是一个个体兼群体、书写兼研究、专业兼业余于一体的综合概念。公众史学是一个多层面、多视角的学科框架,所以梁元生教授将其称为"一个崭新的史学范畴"。这样的概括是非常到位的,否则也无法建立一个公众史学专业硕士学位。

如果以上框架界定不错的话,则可以发现,这些史学资源多来自中国本土。通俗史学早在宋代以后就逐步出现了,20世纪80年代以后颇盛;近三十年,公众历史书写(个人史、家族史、社区史)在大陆与台湾发展昌盛②;21世纪初以来,因网络而崛起一批民间历史写手③;中国不少大学建立了博物馆学专业、文化遗产学专业,这些均是当下中国正在进行着的与公众史学相关的史学实践活动。只有口述史学,可以确定来源于西方。

由此可见,中国公众史学内涵有自身的形成过程,有着自己的史学资源与实践活动。它是中国物种,不是外来的。美国的历史才三百多年,中国的历史学有着三千多年的悠久历史,中国的史学资源更为丰富。只是,中国人一直不加区分,将之放在历史学中,没有独立出分支学科而已。现在,我们只是从美国的公共史学的学科化发展中得到灵感,借用其名称,借用其学科化建设思维,努力建设有中国特色的公众史学学科而已。我们仅是借助美国"公众史学"术语,将当下中国这些民间史学活动概括为一个"公众史学"框架,即在几个小房间上面加了一个公共的屋顶,这个屋顶取名"公众史学"。对中国公众史学学科建设来说,美国的公众史学是值得借鉴的"它山之石",而不是如何将它移植到中国、积极推广应用的问题。我们要建设的是有中国特色的公众史学学科体系。

四、公众史学是一股史学思潮

美国的公共史学从1978年以来,已近40年历史。然而,遗憾的是,系统的学科建设成果并不多见。何以如此?原来,美国的公共史学偏重"应用的历史"④,是史学在公共领域中的应用,是从史学专业学生出路角度提出的改革方向。20世纪70年代,因为经济危机影响,美国大学的历史学专业毕业生面临就业危机,得改行才能找到就业机会。这对大学生来说

---

① 《梁元生教授受聘为我校"师从名师"导师并做客"诚恕讲堂"》,杭州师范大学网2012年10月25日。
② 陈卫.个人史写作带来新的文学冲击[N].中国社会科学报,2012-07-06.
顾敏耀.呈现在地观点与挖掘草根历史——彰化县《大家来写村史》丛书初探[J].大叶大学通识教育学报,2011(7).
③ 王艳勤.民间写史与学院史学:对立中的共谋[J].人文杂志,2013(2).
④ 王立桩."应用史学"还是"史学应用学"——浅论公共史学的学科属性[J].西华师范大学学报(哲学社会科学版),2011(5).

是一种专业学习的浪费,对大学历史系来说是一种专业教学存在的怀疑,那样的结果必然会陷入恶性循环之路。为此,部分大学历史系教授主动寻找适合的新的专业出路,于是有了公共史学。由此可知,美国公共史学的出现,正是史学研究职业化所带来的问题。于是,只好目光向外,在其他公共领域中寻找更多职业发展方向。学了公共史学的历史系毕业生,毕业以后不需要改行,可以在公共领域直接找到继续靠历史学专业知识吃饭的职业。它与"学院派史学"相对应,要求将史学知识应用于公共生活领域,不做纯粹的知识生产,而更重视知识的社会应用。不过,由于过度重视其应用性,实际难以成为一种新的学术思潮。

中国公众史学学科建设起步虽晚,但起点高,学科建设成就不容忽视。一个学科要想生存下来,不能没有自己的学理。中国的公众史学建设更关注史学主体的大众化,其学理来源有二:一是 20 世纪初以来的"民史"思想资源,二是后现代主义理论,强调发挥人的主体能动性。[1]使用"公众",意味着门槛的降低。只要个人愿意,人人都有资格参与进来,从而有可能实现史学主体的大众化。公共史学,没有自己的学理,难以长存。公众史学,主体明确,目标明确,那就是一切围绕"公众"来建设新史学,将史学由"小众之学"建设成为"大众之学",让史学由小道走向阳关大道。而且,不同于美国公共史学初始的改革动力来自高校,中国公众史学的发展动力来自民间社会。今日中国,网络历史写作、通俗历史写作、小历史的书写、影视史学,均处于兴盛发展之中。高校专家们是在民间史学蓬勃发展之后才关注这种现象的。公众史学应是大家共同拥有、共同使用、共同解释、共同书写的史学形态。中国的公众史学是一股学术思潮,它期望能创造出一种全新形态的民间化史学,自然会更有发展前途。

未来中国,会在高校开设公众史学的本科课程模块,也会在史学理论及史学史专业下开设公众史学研究方向,甚至会开设公众史学的专业硕士课程。在习惯了"公共"概念的中国,很多人会一时难以接受"公众"这个新概念,但只要公众史学圈内部统一,持之以恒地推广使用,相信在未来的岁月里,"公众史学"会逐步被大家接受。那是中国历史学社会化的希望所在。

(原载《史学理论研究》2014 年第 4 期)

通俗史学、大众史学和公共史学

姜　萌　中国人民大学历史系副教授

提要:概念使用混乱、与史学的关系不明和对发展方向意识不清已经影响到中国普及应用型史学的发展。在"通俗史学""大众史学"和"公共史学"三个概念中,只有"公共史学"能同时满足范畴内容明晰准确、立义高远通达、言辞易懂雅顺的条件,当是描述普及应用型史学最恰当的概念。"公共史学"在学科架构上包括了口述史学、影视史学、应用史学和历史通俗读物四个部分。立足于普及应用的公共史学和创造知识的学院派史学构成了历史学的两翼,要想历史学健康繁荣发展,就必须集合各种有益力量促使"两翼齐飞"。

经济的发展和体制的松动,促使社会意识突破了禁欲观念的束缚,轻松愉快的文化产品成为普通大众的需求;社会的复杂和人生中不断出现的问题与困惑又促使人们从历史和他

---

① 陈新. 从后现代主义史学到公众史学[J]. 史学理论研究,2010(1).

人处寻求有助益的经验教训。那些看不见、摸不着、冷冰冰、死板板的历史研究对普通民众已经没有丝毫的吸引力,他们对于历史学的要求在高层次上可以解惑借鉴,在低层次上可以解闷消遣。所以,普及应用型史学的兴盛,是"人"被唤醒的时代对学术的要求,是社会发展推动学术变迁的结果,有其充分的社会基础。

近百年来,尽管有不少史学家提倡过"通俗史学",但是历史学的主体仍是受西学影响的"精英史学",即要将史学发展成为以确定不移的知识为基础的"科学",而将史学求通、鉴戒和重趣味的人文传统摒弃①。史学这种长期的单向发展,在越来越"科学"的同时也越来越远离普通民众,给自身带来了"危机"。为了摆脱"危机",历史学界将目光投向了史学的普及和应用。早在1988年10月召开的"历史学改革与发展战略研讨班"上,与会者普遍认为必须拿出"敢于开辟新路"的勇气进行史学改革,"使研究内容与现实生活紧密结合起来,使历史教学与社会需要结合起来"②。所以,普及应用型史学的兴起是对历史学长期单一追求"科学性"的反动,有其坚定的学术基础。

虽然20世纪80年代中国的史学理论界已经关注到了国外普及应用型史学的发展,并提出借助此类史学使中国史学走出"危机"的倡导,但是"思想淡出,学术突显"学风的突然到来,使学术界趋向专深研究,史学萌生的普及应用冲动被遏制。与此同时,世风却日趋活跃,面向大众的普及应用型史学在体制外渐次发生,经过十多年的努力,"公共史学"已经蔚然壮观。仅从《品三国》《明朝那些事儿》等论著的畅销和引起的读者、舆论的关注与热议就可见一斑。对于这一现象,有人鼓掌叫好,有人拍案叫骂,有人嗤之以鼻,却少有人进行冷静的批判总结。③也正是因为如此,此类史学的概念使用便显得有些混乱,理论的建设也显得有些滞后。当前中国的不少史家,对于"公共史学"已经从反感、被动接受发展到主动参与。在此情况下,史学理论界也应当主动地承担起有关"公共史学"的理论建设责任。基于各方面的考察,笔者认为当前中国普及应用型史学在理论层面有三个亟待解决的问题:一是概念使用混乱,二是缺少理论体系的建设,三是与历史学的关系不明。

一

当前汉语史学界用于普及应用型史学的工具性概念主要有"通俗史学""大众史学""公共史学""公众史学"等。不过由于"诸概念内涵的宽泛,致使学者们使用时,出现混乱局面"④,而且综合各种情况来看,学术界对概念的混乱使用已影响到大众传媒,并有扩大的趋势,故有必要对这些概念进行辨析。严复曾指出"文辞者,载理想之羽翼,而以达情感之音声也",译文要努力做到"在己能达,在人能喻"⑤,具体来说就是信、达、雅,以及"取明深义"⑥。

---

① 余英时《谈历史知识及其普及化问题》(《历史月刊》创刊号,1988年2月)一文对此有较深入的论述。
② 山风."历史学改革与发展战略研讨班"概述[J].中国史研究动态,1989(1).这一时期将目光伸向海外以借鉴"公共史学"发展经验的论著不少,最引人关注的是王渊明《美国公共史学》(《史学理论》1989年第3期)。
③ 各种评论以读者和媒体为多,学界对此现象的深入研究尚较少,仅有李小树《论20世纪中国史学大众化的百年历程》(《贵州社会科学》2000年第3期)、孟宪实《传统史学、新史学和公共史学的"三足鼎立"——以武则天研究为例》(《中国图书评论》2008年第12期)等文。
④ 钱茂伟.论史学的普及化与娱乐化[M]//史学理论与史学史学刊(2004—2005年卷).北京:社会科学文献出版社,2005:171.
⑤ 王栻.严复集(第3册)[M].北京:中华书局,1986:516-518.
⑥ 王栻.严复集(第5册)[M].北京:中华书局,1986:1321.

其实,严复对于"文辞"和"译文"的要求,也适用于评价一个概念是否恰当合适:(1)范畴内容是否明晰准确;(2)立义是否高远通达;(3)言辞是否易懂雅顺。以此标准来考察"通俗史学""公共史学""大众史学"三个概念,虽然"通俗史学"和"大众史学"在某一方面较为突出,不过综合起来看,只有"公共史学"最能符合三个标准。

舒焚曾经对"通俗史学"有所定义,认为"通俗史学是各个历史时期民间的或人民群众的史学",并进一步解释说"俗史学带有很大的原生性质,和俗文学分不开。俗史学常常以俗文学的名义出现,以俗文学的重要构成成分的身份出现",它"常常保留许多古代和近现代的民间传说,以及民间对历史、对刚过去的现实的看法或评议"。[①]以此可知,"通俗史学"的立义点在于和"雅""朝堂"对立的"俗""民间",从它和"俗文学"的关系,可以进一步引申出来对于语言通俗易懂的要求。总结以上各点,"通俗史学"或可概括为:"通俗史学"就是不用专业的学术性话语系统而用民众通俗易懂的日常生活话语系统叙述、表达富有趣味的历史知识,以期民众可以轻松理解接受的史学形态。

用源自本土的"通俗史学"作为表述普及应用型史学的工具性概念具备突出的优点:一是方便和传统对接,二是顺口易懂,三是体现了对表现手法和趣闻性的侧重。不过这个概念也同样具备较明显的缺点:一,范畴过小,难以涵盖全部普及应用型史学;二,立义不能高远通达,有强调史学的娱乐作用而忽略史学对社会建设高层次功能之倾向。从近些年的情况来看,通俗史学读物的热潮可以说已将"通俗史学"的优点展现得较为淋漓尽致,如让"史书成了畅销书""让百姓亲近历史",[②]不过,同时也将"通俗史学"的缺点展现了不少,如"通俗史学"被"香艳隐私掩埋",将要从"通俗史学"走向"八卦史学"。[③]

大陆学界对于"大众史学"的概念缺少辨析,仅有罗义指出"大众史学"具有"通俗易懂,文字生动活泼,语言简练,选题广泛,同时集知识、趣味和科学性于一体,很容易为多种不同层次文化水平的读者所接受和喜爱"的特点,具备使工人、农民、干部及从事其他科学研究的人们增长知识,开阔视野,提高整个中华民族文化素质的作用。[④] 在台湾学界,周梁楷给"大众史学"下的定义比较明晰:"在不同的文化社会中,人人可以以不同的形式和观点表述私领域或公领域的历史。大众史学一方面以同情了解的心态,肯定每个人的历史表述,另一方面也鼓励人人'书写'历史,并且'书写'大众的历史供给社会大众阅读。"他认为"大众史学"是"史学里面的'大众部'",所以要将"public history"翻译为"大众史学"而不采用"公众史学"。[⑤]罗义和周梁楷二人关于"大众史学"概念的阐述实际上可以更简练地概括为:大众史学就是大众站在个人的立场,以通俗易懂的语言书写大众的历史,并给社会大众阅读的史学形态。

"大众史学"这个概念的优点非常明显:首先,极大地突出了大众作为"历史主体""历史书写主体""史学服务主体"的地位,是对书写"自下而上的历史"观念最彻底的体现;其次是突出了传播受众的范围,即这种史学传播的范围不是某个特定的集团,而是整个社会;再次,明确了"大众传媒"作为历史学知识传播工具的角色。不过此概念也存在着比较严重的缺

---

① 舒焚.两宋说话人讲史的史学意义[J].历史研究,1987(4).

② 姜小玲.通俗历史读物让百姓亲近历史[N].解放日报,2006-09-20.

③ 孟隋.被香艳隐私掩埋的通俗史学[N].中国青年报,2008-03-27.

④ 罗义."大众史学":检验和实现史学社会功能的一个重要方面[J]中国史研究动态,1989(1).

⑤ 周梁楷.大众史学的定义和意义[M]//人人都是史家:大众史学论集(第1册).台中:采育出版社,2004:27,32,36.

陷:一,仅有"大众"的历史是难以想象的。"精英"和"大众"紧密交织在历史进程中,无论谁来书写历史,都不能将另一方完全"屏蔽"。二,掩盖了历史学的真价值。周梁楷自己也认可"历史的意义在于历史意识、社会意识和生命意识的不断锤炼与升扬",[1]不过"大众史学"这个概念却很难将对"历史意识""社会意识""生命意识"的强调显现出来。三,未能站在历史的高度为历史学规划未来。在当今这个时代,历史学要确保自己仍然是一个有价值、有意义的学科,就必须以自己的知识和智慧贡献于社会,显而易见,"大众史学"还欠缺这方面的考虑。

美国学者对于"public history"的定义存在几种不同的观点:Robert Kelley 认为"从最简单的意义上说,公共史学就是史学家受雇于高校之外,并以史学技能为高校以外的机构甚至私人活动服务"[2];Ronald J. Grele 则不赞成这种过分强调应用性和与学院派对立的取向,认为公共史学"是对史学家作用一次全新的阐述,使我们可以借此创建一个广大公众都能参与自己历史书写的社会",并认为如果公共史学的发展能如期望的那样,那么"我们这些置身于公共史学领域的人会明白,我们是在为使历史意识变成美国社会生活中的实际组成部分而斗争的伙伴"[3];在 20 世纪 90 年代,美国学界又出现了综合以上意见的一个新定义:"公共史学通常指的是史学家在学界以外从事的与历史相关的工作,特别是通过各种方式向公众或与公众一起再释和重现历史的工作。"[4]在目前的美国史学界,最为流行的"公共史学"定义已经演变为"公共史学是指普通读者能看到、听到、阅读和解释的史学形态",公共史学家"扩大了学院派史学的方法,强调非传统的证据和报告格式,重新规划的问题,并在这个过程中建立一种独特的历史实践模式"[5]。

从强调史学的实用性、和学院派史学对立到强调向公众传递普及历史意识,从重视"在学术界以外"这些外在限制到重视公共史学产品为公众服务的内在因素,可以说美国"public history"已经越来越走向成熟和完善。相比于"通俗史学"和"大众史学","公共史学"这一概念的优点比较突出:在范畴内容上,"公共史学"可以包容普及型、应用型史学;在立义上,"公共史学"不仅倡导轻松愉快,而且注重公共历史观念、历史意识的建构,使史学在公共社会的建构中体现自身的价值;在书写手法上,"公共史学"也突出了用民众的日常生活话语系统叙述、写作;在参与范围上,"公共史学"真正体现了"人人都是史学家"的观念,模糊了职业史学家与非职业史学家、学者和公众的界限。

二

现代学术形态确立以后,由"小众"从事,为"小众"服务的专深的学院派史学得到了迅速的发展,但是史学和公众的关系也越来越远:皓首穷经的考据校勘只是极小一部分人的"名山事业",枯燥无味的学院派史家也有不少人不爱读;动辄涉及"规律""形态"的大历史,不仅

---

① 周梁楷.大众史学的定义和意义[M]//人人都是史家:大众史学论集(第1册).台中:采育出版社,2004:36.

② Robert Kelley. Public History: Its Origins, Nature, and Prospects[J]. *Public Historian*, 1978(1): 16.

③ Ronald J. Grele. Whose History? Whose Public? What is the Goal of a Public Historian? [J]. *Public Historian*, 1981(3): 48.

④ Introduction to Public History[EB/OL]. https://pantherfile.uwm.edu/mgordon/www/hist700.html.

⑤ Descriptions and Definitions of Public History[EB/OL]. http://www.publichistory.org/what_is/definition.html.

和普通大众距离太远,而且很长一段时间"太功利","变成了政策讲解员"。①就连传播历史知识的主要途径——历史课程,也被人讥讽为"只有历史课,没有历史"。②

　　造成史学如此困窘的原因有很多,不过最重要的原因之一可能就是我们的史学只靠学院派史学单飞,而忽视了普及应用型的"公共史学"。从学术发展的轨迹来看,只有将创造知识的专深研究和专注于将知识转化为常识、智慧及其传播应用的公共史学较好地结合起来,才是较为健康的学术形态。就史学而言,学院派史学专深的研究无疑是创造历史知识的主力军,但是对于如何将这些历史知识传播给公众,如何将这些历史知识变成常识、智慧,学院派职业史学家所做的努力是不多的。由于学术评价体制等问题,他们对于通俗的读物"不稀罕做"。③所以,史学要想真正健康地发展,真正在公共社会的建构中发挥作用,体现价值,就必须意识明确地发展能将历史知识转化为常识、智慧的"公共史学"。换句话说,从事专深研究的学院派史学和从事普及应用的公共史学构成了史学的两翼,只有"两翼齐飞",史学才能健康发展!

　　虽然《百家讲坛》《明朝那些事儿》等引起的热潮已经持续了几年,不过这可能只是一个发展公共史学的契机,而不是高潮,更不是结束。虽然当前公共史学发展的状况尚处于自发的萌芽状态,不过已出现了一些值得肯定的现象:尽管仍有一些职业史学家在"痛斥"易中天等人,但是也有一些职业史学家开始涉足"公共史学"领域;尽管有一些打着"香艳隐私"噱头来赚钱的所谓"历史通俗读物"来浑水摸鱼,但是也出现了一些将历史知识转化为历史智慧且好看耐读的作品;尽管要将"公共史学"作为学科来发展还遥远无期,但是至少已经出现了以"有识、有趣、有用"为宗旨,具有"公共史学"取向的刊物。不过也应清醒地看到,中国"公共史学"的发展还存在不少的问题,其中"公共史学"的架构不明当是比较重要的一个。借鉴美国公共史学的发展经验和中国史学的实际,笔者认为中国公共史学应该包括口述史学、影视史学、应用史学、历史通俗读物四个部分。

　　口述史学具有"生动性、广泛性、民主性的特点",是"一种由大众直接参与而又为大众建构历史的历史学"④,所以美国公共史学家将口述史学视为公共史学的一部分,认为其是为公众提供准确又富有意义的历史的最理想工具⑤。汉语史学界的口述史学开始于唐德刚对胡适、李宗仁、顾维钧等人口述自传的实践,此后我国逐渐有人从事口述史学的工作,并取得了一些不错的成果。⑥但是也存在一些问题,比如:从事"口述史学"的人多还是职业史学家,公众主动参与的较少;认为"口述史学"的价值在于寻找、抢救史料,而不是要通过口述史学书写公众的历史。20世纪中国历史的"丰富多彩"使口述史学具备了大量的资源,而且不少重大事件的直接参与者们都还健在,所以在书写20世纪中国公众历史的事业中,口述史学一定会是最耀眼的部分。

---

①　李新."这是历史的嘲弄"——何兆武先生谈当下"通俗历史热"[N]. 21世纪经济报道,2007-07-09.

②　李承鹏.只有历史课,没有历史[EB/OL]. http://blog.sina.com.cn/s/blog_46e7ba410100epr1.html.

③　李剑鸣,等.通俗历史,何以职业历史学家缺位?[N].中国图书商报,2006-08-22.

④　张广智."把历史还给人民"——口述史学的复兴及其现代回想[J].学术研究,2003(9).

⑤　杨祥银.美国公共历史学综述[J].国外社会科学,2001(1).

⑥　如钟少华的《早年留日者谈日本》(山东画报出版社1996年出版),广东省委党史研究室、广州市委党史研究室、南方都市报联合主编的《口述历史:我的1976》(南方日报出版社2008年出版)等。温州大学在2008年还成立了"口述历史研究所"。

　　作为历史学的"新生代","影视史学"已引起一些学者的关注和探讨。[①]在卫星电视、网络技术日渐成熟的今天,"影视史学"也成了传递历史知识、解释历史最迅速有力的途径。就连史学界也承认"历史影视作品已经成为社会大众了解历史、认识传统文化的主要途径之一"。[②]作为公共史学构成部分的"影视史学",主要由历史纪录片和历史专题片组成。历史纪录片将历史资料变成了解说词,将当事人的回忆变成了同期声,能够感性、直接地将历史呈现给大众。如果说历史纪录片要受制于对"当事人"采访限制的话,那么历史专题片则能够摆脱这种限制来再现历史、诠释历史。至于充斥荧屏的"历史剧",并不是"影视史学"的组成部分,因为"影视史学"尽管借助了"影像"来通俗、感性地建构、阐述历史,但是它必须坚持一个不能退让的原则——"真实","历史剧"不得不存在的虚构显然是和这条原则相违背的。当然,也必须指出,"历史剧"和"公共史学"的关系也较为紧密,即"历史剧"所涉及的基本史实、语言、道具、场景等,正是"公共史学"构成部分应用史学的工作内容之一。

　　一般而言,应用史学主要出现在三个领域:博物馆、历史遗址、历史剧制作等与历史学关系紧密的领域,城市规划、社会教育等公共领域,家族、公司等私人领域。在这些领域里,史学家以他们深厚的历史知识来讲解文物、诠释档案、介绍遗址、确保历史剧剧情史实正确、复制历史剧中的服装道具场景、梳理城市规划历史、分析社会教育等公共政策的得失、撰写家族史、公司史等。这种以历史知识直接参与到社会生活中的史学,被美国学人称为"applied history"或"practicing history",已经取得了引人瞩目的成果,比如在"城市史"领域,不仅有关城市变迁、社区、郊区、城市文化的专项研究的专著、教科书、各种图册刊物纷纷出现,面向大众的城市家庭史、阶层史、族群史等领域方兴未艾,而且城市史研究会、城市遗迹保护会、地区与城市规划史学会、大众史学会等组织也都建立起来。[③]在中国,这种史学尚处于散乱的状态,或是附属于体制内的博物馆、档案馆等机构,或是附属于"社会史研究"等学院派史学,或是由缺少深厚史学修养的编剧、美术师来客串,也因此导致了不少的问题。

　　作为公共史学四个构成部分之一的"通俗读物",情况相对复杂,大致可分为故事人物类、历史评论类、图册类三部分。目前这三类"通俗读物"在中国都已出现了代表性成果,并已经取得了公众的关注:易中天的《品三国》、当年明月的《明朝那些事儿》等无疑是故事人物类中的佼佼者;吴思的《潜规则》、张鸣的《历史的坏脾气》等是历史评论类的优秀作品;《老照片》《图说中国历史》等都是图册类的勇敢尝试。早在20世纪90年代,就有职业史学家看到"时代呼唤通俗史学"的萌动。[④]进入21世纪,又有史学家指出史学家应当"转变观念,在社会及大众对史学的多元需求中各尽所能,多项发展",才能避免让史学的路子越走越窄。[⑤]从当前中国史学界的情况来看,不少职业史学家已开始对于这些历史"通俗读物"产生了较浓厚的兴趣,仅看看《历史学家茶座》十多期的内容,就能感受到学院派史学家史学观念的转变及他们参与"公共史学"的热情。

①　张广智.影视史学:历史学的新生代[J].历史教学问题,2007(5).
②　《历史剧与影视史学》之"编者按"[J].中国人民大学学报,2007(2).
③　赞恩·米勒.城市与政治品德的危机——城市史、城市生活和对城市的新认识[M]//王旭,黄柯可.城市社会的变迁:中美城市化及其比较.北京:中国社会科学出版社,1998:3-4.
④　黄留珠.时代呼唤通俗史学[J].学习与探索,1993(6).
⑤　王也扬."老照片"引出的史学话题——关于历史学理论的断想[J].史学理论研究,2000(3).

三

公共史学日益成为史学参与社会发展的工具,史学也需要通过公共史学和社会结合,才能摆脱被冷落遗忘的危机。在公共史学从"自发"向"自觉",从"散乱"到"系统"发展的过程中,有志于提倡、从事"公共史学"的人们必须注意以下几个问题。

第一,处理好学院派史学与公共史学的关系。对公共史学的肯定和提倡,并不是鼓励所有的历史论著都做文学化、通俗化的处理,更不是否定专深的历史研究。学院派史学不仅能为社会、大众制定相关政策、决定提供参考帮助,也为公共史学的发展提供不可或缺的知识支持。所以,专深的创造知识的学院派史学研究和专注于普及、应用、传播历史知识及历史智慧的公共史学应该是历史学同时重视且能同时注意的两翼。倘若将历史研究变成了"历史书写"而回避对"历史本身"的研究这个史学的主体性问题,[①]那么这样的史学就会是走向了另一个极端的不健全的史学。也就是说,只有有意识地促进学院派史学和公共史学的合作和合流,才能使公共史学具备更深厚的基础,才能纠正"体制内史学日益疏离现实社会公共生活的趋向",并促进"既具有历史意识,又运用公共词汇的新型史学者"的产生。[②]

第二,有意识地将公共史学引入历史教育体系。从欧美、东亚公共史学发展的经历来看,要真正使公共史学健康发展就必须使公共史学纳入史学教育体系。当前,中国大学的史学教育分为旨在培养中学历史教师的师范学校系统和旨在培养职业历史学家的综合性大学系统。虽然二者的教育目的不同,但是在课程设置上并无太大的不同,都是延续"中国通史""世界通史""历史文献学"与各专门史等授课模式,并未有培养公共史学家性质的课程。公共史学倘若要真正步入健康的发展轨道,就必须有自己培养人才的课程和模式,而对当前史学教育系统进行适当改造可能是最简捷有效的方法。

第三,应对危害公共史学发展的现象予以斗争。在这股历史"通俗读物"的热潮中,也存在着一股不小的破坏力量,那就是在商业利益刺激下的粗制滥造。一些书商用较低的价钱雇用一些在校的研究生,追着学术界、出版界的热点来炮制一些外表装帧精良,内部注水剽窃的书籍,其结果不仅伤害了读者,伤害了类似出版物的市场,更是败坏了公共史学的名声。要遏制或杜绝这一现象,除了从法制上加强对剽窃等行为的制裁,学术界中的有识之士也应该站起来,通过书评等形式"惩恶扬善"。

(原载《史学理论研究》2010 年第 4 期)

应当厘清公众史学与公共史学的区别

王旭东　中国社会科学院世界历史研究所研究员

摘要: 从学术严谨性的角度讲,"公众史学"和"公共史学"这两个概念不应是可以随意互换的,其内涵定义和外延的界定都应有所区别,否则便沦为了一字之差的词汇游戏。所谓"公共史

---

① 刘平,王德威,陈平原,等.历史学与文学的对话[M]//历史学家茶座(第 3 辑).济南:山东人民出版社,2006:18.该观点为陈平原提出。

② 白永瑞,李长莉.再造东亚史学[J].读书,2005(4).

学"，应当是特指美国的"public history"，而"公众史学"客观产生及存在的历史渊源，实际上远远
超越了公共史学，为此其所形成的定义不仅有别于后者，涵盖范围也自然是大于后者的。当然，
21世纪的今天，随着社会的进步，公众史学在公共史学的启发下，也应进入高校历史专业的殿堂
并引起专业史学家的关注和参与，从而能够成为历史学的新兴分支学科，尤其是在拥有数千年
历史传统的中国。故而，有必要对两者的区别作些探讨，予以厘清。

作为两个看似一字之差的概念，"公众史学"完全等同于"公共史学"吗？倘若并非完全
等同的话，那它们的区别何在？当然，笔者认为这两者之间实际上是有区别的，不能简单地
混为一谈。为此，应当厘清公众史学与公共史学的区别。

一

首先想谈的一个问题是，公共史学的本质所在是什么。国内对应地译作"公共史学"（当
然也有依据 public 原本就有的多层含义，译成"公众史学"）的英文"public history"，是近些
年由美国传入我国的。大体来看，这个兴起于20世纪70年代的公共史学，实际上发端于美
国的历史教学领域。如此便需要我们注意两个重要的关键点。其一，起步时的背景所反映
的倡导、推动和实施公共史学的主体。公共史学的首倡和推动者并非来自民间，而是来自高
等教育系统中的历史学教授或教师。毫无疑问，这些人应属于专业的历史学家或史学工作
者，不能归类为业余的历史爱好者。其二，公共史学创立的初衷和目标规定的首要任务。从
一些文献中讨论或表述的内容我们不难看出，美国一些从事历史教学的工作者最初发起公
共史学的首要任务和目的，是为了解决大学历史专业的毕业生所面临的社会出路难的
问题。[①]

既然如此，我们便不能过于简单地把公共史学的起点看成或臆测成，那些"高、大、上"的
史学家们主动地从象牙塔走向民间，目的就是为了培养社会大众成为历史的书写者而最终
能够书写大众自身的历史。正因为有上述这两个关键点在起作用，所以美国公共史学才会
带有更加看重社会应用、实用性这样的特点。这样的特点具体表现在两个方面：一是着眼于
社会用人单位如图书馆、档案馆、城市规划部门等的具体需求来培养历史系毕业生。为此，
公共史学通常尤为注重探讨如何将传统的历史学同当代的影视技术和信息化应用技术（诸
如数字化、网络信息化和信息可视化技术等）更好地结合起来的问题。二是刻意且培养目标
明确地（具有明显的就业针对性）对历史学专业的学生进行与社会需求相接轨的知识技能方
面的培训，通过传统知识和新技能之间的交汇融合，来系统强化历史学服务于社会的功用
性。对此，我们只要查阅相关的网上资源如美国一些设立、开设公共史学专业或课程的大学
网站，便不难看到，美国的公共史学的确比历史学的其他领域更加强调历史系的学生应当如
何去掌握先进的影视手段，通过与之结合来实现历史内容的最佳效果的呈现；应当如何利用
数字化和信息化技术，以基于互联网或局域网的数字虚拟图书馆和数字虚拟博物馆等形式，
去展示、传播历史知识；应当如何让历史学知识更好地服务于社会公共机构当中的历史档案
管理等。现在看来，正是这样的起点，赋予了美国长期持续的公共史学看重社会应用功能和
实用性的传统。而这一点，我们是能够从美国公共历史全国委员会（NCPH）网站发布的"我

---

① Kelley R. Public History: Its Origins, Nature, and Prospects[M]//Phyllis K. Leffler and Joseph Brent. *Public History Readings*. Malabar, FL: Krieger Publishing Co., 1992: 111.

们的任务"中清晰地看到。例如其明确宣称："拓展专业技能和工具";"激发公众参与",使之"通过历史实践来培养批判性反思能力",等等。①

鉴于以上所述,我们可否能够以这样的一种从特殊到一般的抽象理解,来解释兴起于美国的公共史学。即,所谓的"公共史学",是专家引领、教育导入、公众参与互动,侧重于多样且个性化表达的一种在公共领域进行历史建构的历史学实践活动。将这种历史学实践活动纳入大学的历史学教学体系之中,便形成了历史学的应用学科。当然在今天看来,公共史学兴起的理论意义和社会价值,可能还不仅仅在于其所主张或强调的公众对历史学领域的参与,而更在于专业历史学服务对象意识的增强所带来的历史学"公共转向"(public turn)。其实也正因如此,"public history"才更应译作"公共史学",而非译成"公众史学"。上述的思考实际上还使我们得以进一步概括出如下的结论:通过对美国的公共史学产生及其存在的学术生态和状况的考察,我们完全有理由认为,公共史学的确是自上而下、由内而外地产生和发展起来的。这里所说的自上而下,是指大学里的历史学专业权威,受毕业生就业形势所迫不得不放下了架子、降低了身份;而所谓的由内而外,则是指历史教学的课程编排和内容设计,不得不为开拓或满足社会的应用性普通需求,而从专业史学象牙塔里走出来,去更加直接地贴近服务于社会的公共事业。这便是笔者首先要谈的问题,即公共史学的本质所在。

二

现在国内学术圈里时而会出现这样一种现象,在谈论或使用某一概念时,为了让人们"更明白"些,往往会在中文用词之后附加上英文词汇。对于那些海外舶来、引入的概念来说,如此之举无可厚非,甚至有时称得上是必要的。但具体到一些中文里原本就有且含义界定早已明确了的概念来说,就出现了一个问题,即,难道中文词汇唯有附上了英文词汇才算具有"正确、准确"的概念内涵吗?就某些人而言,"公众史学"这一概念用词的认知和使用,似乎就落入了这一"用英文来解释、理解中文"的怪圈之中。"公众"一词无须加注任何英文词汇,国内的人都会有一个共识,将其理解为"社会上大多数的人"②。至于"史学"这一概念用词的含义所指,在国内更不会产生歧义。既然如此,这两个词汇组合成的"公众史学"概念,理应有着自己的一个不难定位的概念释义,而无须假借英文来附署。并且,倘若非要认定"公众史学"这一概念用词的提出必须是而且也只能是用作英文概念"public history"的对应译词,那么还要费尽周折地转义论证做什么,直接使用"公共史学"一词不是更好些吗?为此,今天的一些学者选择"公共史学"而不是"公众史学"来称谓自己竭力倡导和努力建构的学科理路,一定是在潜意识里就明白区分出两者——中国的公众史学与美国的公共史学是不能等同的。或者,至少是想建立一个不同于美国的、属于中国自己的公众史学。所以,在这里笔者想谈的第二个问题是,公众史学的本质所在是什么。

在中国,虽然"公众"这个概念只是20世纪里才形成的概念,且"公众史学"更是21世纪最近若干年里才提出、使用的概念用词,但从客观的角度看,笔者认为就概念指代的事物源流而言,公众史学实际上发端于民间的历史传统,例如民间说史、民间写史和民间传史,均表明民间有这样一个历史传统的存在。而且不论西方还是东方,这样的历史传统其实都存在。

---

① National Council on Public History[EB/OL]. http://ncph.org/[2016-01-11].

② 中国社会科学院语言研究所词典编辑室. 现代汉语词典(修订本)[M].3版.北京:商务印书馆,1996:437.

世界各国都有,尤其以中国最为突出。为什么要这样说呢?原因有二。第一,西方的历史学起源于民间。从留存至今的一些史著来看,像古希腊的希罗多德和修昔底德,恐怕都不能说他们是在以官方身份写史;古罗马帝国时代的权力者撰史,具有某种意义上的"官方"修史性质,但这些人的身份是统治者而非"史官";西方中世纪时期的教会史,可以视作带引号的官方修史的产物,因为同教廷的用意、目标明确的安排纂史有关系。有意思的是,这些近似"官方"的色彩却没能直接导致西方的历史学的专业化。我们现今常常提起的西方历史学专业化进程,真正开启却是很近时候的事情,即到了19世纪,才以历史学的学科化趋向表现出来。不过,尽管学科化是专业化的表现,但也不能直截了当地将其视作官方化。因为相当一段时间里,西方历史学中的学科专业化趋向并非是官方所为,如19世纪的兰克史学,应当属于大学里任教的专业历史学家的自发产物。如此来看,西方修史的民间传统还是很浓的。第二,我们再来看一看东方。总体上讲,东方的历史学与西方一样,也是起源于民间的。但是,具体到中国却有所不同。在中国的民间,应当说历史学很早就有一种专业化的分离趋向,而恰恰是这种专业化分离趋向,培育、发展成官方修史的传统。例如,史学史中讲到的"孔子作《春秋》"(当然不是孔子一个人,而是他那个时代的一批人),便可归类为专业学者治史的行列。至于中国历史上的职业史官修史,不仅属于专业性质的修史、治史,更是在以官方的身份从事专业修史、治史了。倘若统观中国的史学史,我们还可发现官方治史的特点存在着一条基本的演进路径。一句话来表述,便是由早期的"撰"史,到后来的"修"史,再到更加后来的"纂"史。撰、修、纂这三个字,构成了中国官方治史所经历的三个阶段。具体来说,"撰"写历史的最杰出的典型代表是西汉的司马迁。司马迁治《史记》,其中有相当一部分内容来自民间。一些资料的采集,可以说是通过某种社会调查的方式获得的。《史记》不论体例还是内容的表述,都具有开创性,是司马迁凭借自身独具的文采和史观,以其个人的观察现实、思考历史的视角和评判观点写出来的。所以,我们对其治史采用"撰"这个字来概括。那么,"修"写历史最典型代表是谁呢?笔者认为是宋代的司马光,因为他以其《资治通鉴》为自己奠定了这个位置。在司马光所处的时期,已经有了不少的前人历史学成果问世,而他又据此重新按照编年的方式修写了一部通史。至于"纂"历史的代表,就是如我们常说的二十四史或二十五史中把"前四史"(《史记》《汉书》《后汉书》《三国志》)拿掉之后,剩下来的那些历朝历代的正史。它们都可谓是"纂"出来的。因为前朝先做好了实录,后朝的史官只不过再把实录汇集在一起整理编纂而已。这便是我们在前面说的中国历史学官方治史特点的一条基本演进路径。有了官方治史,不被吸纳其中的社会上其他任何人所治之史,便"理所当然地"被划归为"野史"了。这些"野史"的成书过程乃至最终流传下来的历史文本,倘是以今天的眼光看,不正可算作当时的"公众史学"及其"成果"吗?面对历史现实的我们确实可以,也应当这么看。因为仅就中国的文化传统而言,民间社会对于历史的发掘、处理和承袭,也完全称得上源远流长。为此,若将民间的历史书写和历史知识的社会应用实践,看作当今的公众史学的前身或"早期的公众史学",那么在中国,公众史学实际上始终都在以下面这样的两条线形式而存在着。第一条线可谓自下而上、由外到内,即从民间专业历史家的史述、史著,到后来的官方历史学家的史学;第二条线则为,民间历史说书者(民间说书艺人口耳相传和戏剧艺人的演绎)和民间历史家(中国的典型代表如蔡东藩),他们以讲述历史故事这种扎根于社会的行为,始终如一地书写、"说"(叙述)、"传"(传播)着历史知识(包括历史阐释)的学问。其中,民间的不论专业历史家,还是历史说书者(包括史诗吟诵人)及历史戏剧创作者,恰恰是连接甚至是沟通正史与"野史"的桥梁或管道。成书于朝廷的正史所记载的历史内容,通过这些人散布到了民间;而成形于民间的"野史"所讲述的历史内容,也是通过这些人在社会上广为传播,以至于被官方的职业历史家所知晓(司马迁的《史记》便有很多素材采自这些民间讲述的历史内容)。所以,从这两条线来看公众史学(不论是"早期的公众史学"还是现今的公众史学),其实更多的是,一个专业或职业历史学家的"治史"同民间"书写"历史,相互之间的交汇、交互或互动的问题。

将东西方的有关历史情况予以综合比较,我们获得的总体印象实际上会变得更加清晰起来。宏观上讲,西方社会本应能够有一个很好的民间治史传统,因为非官方的专业历史学家是后来的历史学学科化的主要力量,且不具备官方治史的传统,故而也就应当形成不了对民间治史的压制。但实际情况似乎并非如此。由于西方历史上官方治史传统的缺乏,倒是造成了长久以来社会的治史意识较之东方的中国淡漠了不少。反观中国的历史,恰恰是悠久的官方治史传统直接影响着社会,从而使得社会的治史意识较之西方来说要浓郁了许多。例如长久以来,中国的百姓几乎尽人皆知"青史留名""名彪青史""留取丹心照汗青"和"遗臭万年"等警句名言。当然与此同时也不可否认,亦是由于官方垄断着正史的书写,结果使得民间社会的治史只能流于"野史"、演义或假借其他艺术表现形式而寓于戏曲之中了。

如今看来,公众史学作为某种中间环节,已然成为一种存在的必要。因为其可以变成为专业史学家走下象牙塔、走向民间、走入社会大众,民间业余的历史爱好者为提升自身史学素养水平和研史、写史方法技能的专业化水准而走近专业历史学家,双方相互沟通、融合的桥梁。在职业历史学家的参与和专业指导下,社会公众自主地撰写出关于自己的具有专业水准的历史著述,以此来弥补职业历史学家和官方治史之遗缺疏漏,进而让人类社会的历史变得更加丰满充实。这,或许就是公众史学的本质所在。总而言之,正是上述从历史到现实各自具有的差异性,决定了公众史学与公共史学的区别。并且,仅凭中国悠久的治史传统,以及数千年来民间的社会大众对历史书写特有的喜好和对历史述说表现形式拥有着丰富多彩的传承,中国的公众史学就应当有自己的理论和体系,而不该去扮演一个舶来品的角色!

(原载《徐州工程学院学报》2017 年第 2 期)

公众史学的定义及学科框架

钱茂伟

摘要:学科意义上的公众史学是研究公众历史的写作及通俗传播的学问体系。实践层面的公众历史是指公众可以消化的历史作品,它可以是写公众的小历史作品,也可以是公众写的大历史作品。公众史学的学科框架主要有五个部分,即通俗史学、应用史学、小历史书写、公众写史、口述史学。公众史学涵盖了小历史书写。

时代与史学是一个永恒的主题,时代变了,史学内涵自然也要跟着变。历史书写在本质上是为国家主人服务的,历史主要是国家主人的历史。当君臣是国家主人的时候,历史自然写君臣;当百姓逐步成为国家主人的时候,历史自然要写百姓。服务君臣的史学就是"君史",服务百姓的史学就是"民史",这是两种不同形态的史学模式。今日中国,人民大众的主体作用越来越凸显。由君史而民史,由精英史学而公众史学,无疑是一个不可更改的发展趋势。公众史学的产生,将极大地扩充史学内涵,从而建立真正的现代史学发展模式。当下中国正处于公众史学建设期,要求"以职业化的方式建立一个公众史学学科"①,这是笔者十分赞成的。什么是公众史学? 什么是公众历史? 公众史学学科包括哪些内容? 为什么要提倡涵盖小历史书写的公众史学? 这些问题,有必要在此作一些回答。

一、建立统一的公众史学学科名

目前,有"通俗史学"与"公共史学""大众史学""公众史学"几个相关术语,有必要对此作一个辨析。

"通俗史学",中国人比较熟悉。中国自宋以后,重视史学的通俗传播②。20 世纪 80 年代后期,有所谓"通俗史学",始于舒焚《两宋说话人讲史的史学意义》③。90 年代以后,媒体使用频繁,多是从史学的普及与通俗传播而言的。90 年代以后,又有相关概念"大众史学",如罗义《"大众史学":检验和实现史学社会功能的一个重要方面》④、解玺璋《大众史学的短与长:"想当然耳"的内容太多》⑤。从内涵可知,此所谓"大众史学"与"通俗史学"十分接近,多是学界或文艺界提供的通俗历史读物。

而在美国,史学界关注史学在公共领域的应用,人称"public history",始于 20 世纪 70 年代。1987 年,朱孝远将之译为"大众史学"⑥。1989 年,王渊明将此翻译为"公共史学"⑦。香港学界则将之译为"公众史学"。香港中文大学的马木池博士认为,公众史学与精英史学不同,公众史学就是要让从前那些没有发声权的人,重新得到注意,让他们也进入历史。公众史是公众的历史,它是为公众写的历史,能让公众理解的历史,而且是由公众参与编写的历史⑧。至此可知,"公共史学""大众史学""公众史学"实属一类,仅是译法不同而已。此外,有"平民史学"说法。

严格说来,"公共史学""大众史学""公众史学",有别于"通俗史学",它是史学在公共领域的使用,可能仍是比较严肃的;而后者则是历史知识的通俗传播,往往是娱乐化的、消遣性的。

那么,"公共史学"与"大众史学"或"公众史学"三个概念,哪个更为合适呢? 姜萌在《通俗史学、大众史学和公共史学》一文中对此作了辨析,结论是"公共史学"可以涵盖"通俗史学""大众史学""公众史学",建议统一为"公共史学"。⑨ 笔者一度觉得可以考虑用"公共史学"统一史学的应用层面。2012 年 6 月,在替本校设置史学理论及史学史专业研究生课程时,列了两门课程:公共史学、小历史书写。到了 2012 年 7 月初编纂正式的课程教学大纲

① 陈新."公众史学"的理论基础与学科框架[J].史学理论研究,2010(4).
② 钱茂伟.由庙堂之高到江湖之远:史学在民间的传播[N].光明日报,2000-09-01.
③ 舒焚.两宋说话人讲史的史学意义[J].历史研究,1987(4).
④ 罗义."大众史学":检验和实现史学社会功能的一个重要方面[J].中国史研究动态,1989(1).
⑤ 解玺璋.大众史学的短与长:"想当然耳"的内容太多[N].中国青年报,2007-03-05.
⑥ 朱孝远.西方现代史学流派的特征与方法[J].历史研究,1987(2).
⑦ 王渊明.美国公共史学[J].史学理论,1989(3).
⑧ 杨品优.香港中文大学马木池博士来我院作比较及公众史学宣讲[EB/OL].华南农业大学人文学院网,2011-12-06.
⑨ 陈新."公众史学"的理论基础与学科框架[J].史学理论研究,2010(4).

时,觉得两者可以合并,选择了"大众史学"。回观史界同行,多使用"公众史学"①。2002 年始,香港中文大学历史系明确设立了"比较及公众史学文学硕士课程",据说课程相当红火。陈新以为"公共史学"不合适,因为"公共"一词多指公共空间,是同一性的地方。"大众"在这个意义上比"公共"要好些,因为三人为众,公众意味着每个人都可以有自己的观点,是指多元性。笔者可以补充的是,"大众"是中国人习惯的说法,而"公众"是稍为正规的说法,"公众"可以重新定义为"公民大众"。为了便于学界的沟通与交流,笔者放弃了容易引起歧义的"大众史学"概念,转而接受"公众史学",作为统一的学科名称。

二、定义的扩充与学科框架建构

既然统一使用了"公众史学"作为学科名称,那么,什么是公众史学? 其研究对象是什么? 包含哪些内容呢? 这是必须要回答的。

考虑到中国学人之前用的是"大众史学"概念,所以回溯"公众史学"定义的讨论,有必要从中国学人对"大众史学"的理解开始。受传统观念的影响,相当长时期内的多数中国学人停留于历史知识的普及化与通俗化层面。不过,也有学者注意到了大众化的史学形态问题。1987 年,舒焚首次对"通俗史学"概念作了界定,认为通俗史学是指"各个历史时期民间的或人民群众的史学"②。这种解释,已接近"大众史学"。进入 20 世纪 90 年代后期,李小树从史学的大众化角度,对通俗史学作了较为系统的梳理,称"史学是生发于大众实践活动的需求并以大众化形态降生于世的一门科学,中国史学也不例外。进入阶级社会之后,由于统治者不断强化的控制与利益,史学的贵族化倾向日益严重并最终形成庙堂史学垄断史坛的局面。""在庙堂史学达于极盛而再无发展余地的时候",就"引发史学向自身本性的回归,从而开始了中国史学的大众化进程"③。可见,作者将史学的初生状态定位为大众史学,中间异化为贵族史学,后来复回归为大众史学。李小树的思路,简化一下,就是"大众—贵族—大众"。实际上,作者不是史学传播形式研究,而是史学形态史嬗变研究。这与笔者所讲的由国家史学而民间史学、由精英史学而公众史学有相近之处。

台湾的周梁楷对"大众史学"概念作了详细的界定。他将"public history"译成"大众史学",并于 2003 年召开学术会议,发表《大众史学的定义与意义》④。周梁楷的定义较长:"每个人随着认知能力的成长都有基本的历史意识。在不同文化社会中,人人可能以不同的形态和观点表达私领域或公领域的历史。大众史学一方面以同情了解的心态,肯定每个人的历史表述;另一方面也鼓励人人书写历史,并且书写大众的历史供给社会大众阅听。大众史学当然也应发展专属的学术与文化批评的知识体系。"⑤核心的观点是,大众史学是"史学里的'大众部'"。周梁楷的突出贡献是将"public history"的内涵作了扩充,认为"大众史学"应包括三个部分:大众的历史(history of the public)、写给大众阅听的历史(history for the public)、由大众来书写的历史(history by the public)。

---

① 陈新. 从后现代主义史学到公众史学[J]. 史学理论研究,2010(1).
　黄红霞,陈新. 后现代主义与公众史学的兴起[J]. 学术交流,2007(10).
② 舒焚. 两宋说话人讲史的史学意义[J]. 历史研究,1987(4).
③ 李小树. 由庙堂回归民间——中国史学的大众化历程[N]. 中国社会科学院报,2004-06-17.
④ 周梁楷. 大众史学的定义与意义[M]//人人都是史家:大众史学论集. 台中:采玉出版社,2004.
⑤ 周梁楷. 大众史学的定义与意义[M]//人人都是史家:大众史学论集. 台中:采玉出版社,2004:27-28.

2010 年,姜萌借鉴美国、中国台湾、中国大陆的实际情况,对公共史学的学科内涵作了界定,主张包括口述史学、影视史学、应用史学、历史通俗读物四个部分①。有人批评姜萌"分类标准模糊"②,这属理解问题。将口述史学归入公众史学,这是美国公共史学的做法。③ 所谓影视史学,偏重历史纪录片与历史专题片,不包括历史类影视剧。"影视史学"概念,初由美国历史学家海登·怀特(Hayden White)提出,他在《美国历史学评论》(1988)上发表《书写史学与影像史学》称"以影视的方式传达历史以及我们对历史的见解"。这个概念范围稍狭,不如换成"影像历史"或"影像史学",适用面更广泛一些,可以包括各种静态的图像。影像文本是指运用现代技术手段记录的外在事物形象文本。应用史学主要用于三大领域,即博物馆、历史遗址、历史剧制作等与历史学关系紧密的领域,城市规划、公共政策制定等公共领域,家族、公司等私人领域。这完全是美国公共史学关注的内容。美国公共史学本质上仍属学术史学,只是学术史学在公共领域中的实践应用而已。历史通俗读物,主要有故事人物类、历史评论类与图册类。这套学科体系的不足之处是,没有凸显历史书写层面,仅在应用史学中提到了"撰写家族史、公司史"。如此,将口述史学列入公众史学,也就显得理由不充分了。在笔者看来,口述史学是实现公众小历史书写的不二门径,将口述史学纳入公众史学框架体系,是十分必要的。

2012 年,陈新给出的初步定义是,"公众史学是职业史学人士介入的、面向公众的历史文化产品创制与传播"。经过讨论,最后的定义是"公众在反思自我历史意识和历史认识生成的情形下进行的历史表现与传播"。至于研究对象,没有明确讨论,不过可以通过推断得出。他说"以学术学科的建制与专业性的眼光来关注针对公众层面的历史知识生产、传播与组织,以达到培养公众历史意识、提升公众历史认识及反思能力的目的,现在应该说恰到时机了。"④据此可以推断出,公众史学的研究对象是"公众层面的历史知识生产、传播"。他对"public history"的翻译作了区分,在学术圈内谈学科建设用"公众史学",在传媒界涉及实践性作品用"公众历史"来称呼。⑤ 笔者以为,"公众历史"术语比前文所谈的"公众层面的历史知识"更为简洁,值得肯定。至于学科内涵,陈新的设想是:"我们可以按照培养目标来进行公众史学学科架构,它大致可以分为四个层次:一是社会道德与价值观分析与培育,二是传统职业历史学方法论与实践性训练,三是跨学科(社会学、心理学、传播学等)知识储备,四是公众历史知识生产的组织和课后实务操作。"⑥这是一种按照培养目标来建构的单一的公众史学学科框架,可以作为公众史学素养训练阶梯来用。

以上三位学者提供了三种完全不同的学科内涵模式建构。两相比较,周梁楷、姜萌的模式更接近于笔者内心的理解。经周梁楷扩充的"大众史学"含义,最接近笔者的理解。周梁楷的"大众史学"含义,最亮眼的是加入了"大众的历史"。因为,"写给大众阅听的历史"这种通俗史学活动,历史上早已存在。"由大众来书写的历史",就是网络上出现的"民间写手"或业余工作者书写的通俗历史创作,历史上也有类似行为。至于书写"大众的历史"层面,笔者

---

① 姜萌.通俗史学、大众史学和公共史学[J].史学理论研究,2010(4).
② 孙琪.公众的历史求真实践:关于历史知识生产与传播新环境的思考[J].学术研究,2012(8).
③ 杨祥银.美国公共史学综述[J].国外社会科学,2001(1).
④ 陈新."公众史学"的理论基础与学科框架[J].学术月刊,2012(3).
⑤ 2012 年 7 月,陈新给笔者的邮件。
⑥ 陈新."公众史学"的理论基础与学科框架[J].学术月刊,2012(3).

称为"小历史书写",这是全新的史学活动。

经过以上的讨论,我们可以对公众史学的定义、对象、目标、学科框架重新定义了。简单地说,公众史学的研究对象是公众历史的写作及传播,公众史学是研究公众历史的写作及传播的学问体系。所谓公众历史,指公众可以消化的历史作品。所谓公众可以消化的历史作品,是指用白话文写作的、叙述性的历史作品。学者写的分析性论文论著、古人写的文言文历史作品,公众往往消化不了。公众历史的形式,可以是写公众的小历史作品,也可以是大历史的通俗作品。参与公众历史写作与研究的主体,可以是公众,也可以是专家。至于研究公众史学的目标,除了培养公众历史意识、提升公众历史认识及反思能力,更为重要的应是提升其历史写作能力。公众史学的学科框架可以包括五个部分,即通俗史学、应用史学、小历史书写、公众写史、口述史学。

这样的学科框架,厘清了几层对应关系,将大大丰富公众史学的内涵,这表现为六个方面:一是由应用到书写层面。美国的公共史学是学术史学在公共领域中的实践应用,多数中国人局限于历史知识的普及,当下中国专家的通俗讲史也属于学术史学的推广,可能过于狭小,笔者设计的学科框架中下延到了历史书写层面,凸显了历史书写的分量。二是由大历史到小历史。前人讲历史,偏重国家大历史,遮蔽了小历史;我们重新定义了"历史",兼大历史与小历史于一体。如此,公众写史,既可以写国家大历史,也可以写公众与民间的小历史,书写对象大大扩大了。三是由前代史到当代史。前人讲的大历史,往往偏重前代史;而公众写的小历史,则偏重当代史,书写内容大大扩大了。四是关注了由专业到业余的史学工作者队伍建设。美国的大学建设公共史学专业的初衷是为历史专业青年人在公共领域创造新的就业岗位,"这是一种研究主体与专业方法论的扩散"[①],而我们除此之外更多地鼓励广大业余爱好者来参与大小历史的书写与解释活动。这样,公众史学就是一项公众与专家均可参与的活动,这将大大扩大历史学队伍。历史写作队伍的扩大,将做实人人是历史学家的理想,从而有可能使史学由小众之学成为大众之学。五是由学术分析到通俗写作。如果将史学分为学术史学与公众史学两翼[②],则公众史学偏重的是与学术史学相对的公众层面的历史知识生产与传播。六是理论与实践相结合的公众史学。公众史学的实践层面,即公众历史是非学术性的作品,属中下游层面的历史;但对公众历史的理论思考却是学术的,又可称为上游层面。我们现在做的公众史学建构,完全是理论化的、学术化的研究工作。

总之,公众史学不是单一学科,而是一个框架,是一个学科群,是几门相关分支学科的组合;否则,也无法成为专业硕士课程。只是,不同的人有不同的理解,组合的成分不同而已。因为公众史学是一个十分复杂的学科概念,所以要想一句话说清楚,真好不容易。

三、凸显"小历史书写"的旨意

笔者讲的"公众史学",凸显了小历史书写,这与其他人理解不同。中国的公众史学为什么必须加入小历史书写内容?

笔者提倡"大国家史学",主张将其区分为"国家史学"与"民间史学",将"历史书写"分为

---

① 陈新.“公众史学”的理论基础与学科框架[J].学术月刊,2012(3).

② 宋云伟《公共史学与史学现状》(《中华读书报》,2003年10月12日)及姜萌《学院派史学与公共史学》(《山东社会科学》2010年第9期)主张分为学院派史学与公共史学二类。只是"学院派史学"不太精确,如换成"学术史学"当更为明确、更为对应。

"大历史书写"与"小历史书写"。小历史,是谦虚的说法,说明影响小、范围小、主题小。这样的区分,相当于梁启超的"君史"与"民史",是为了突出民间历史书写的时代意义[①]。以民间历史书写为己任的"小历史书写",是很多人一时不太理解的。不过,如果换个通俗的说法,提倡人人写传记,家家编家谱,想来就能理解了。之所以将传记与家谱打包成一个"小历史书写",是为了要将两者的书写性质与意义定位为"历史书写",而不是普通的创作。显然,笔者的"小历史书写",比"个人史"更为丰富,包括了家族史。甚至,主张包括其他组织史,如村史之类。完整的说法,小历史主要有个人史、家庭(家族)史、乡村(小区)史、公司(企业)史、特殊群体史(女性、劳工等)[②]。

中国学人重视史学的传播,而美国学人重视史学在公共领域的应用。这是两种完全不同类型的史学推广活动。前者偏重人人要做一个史学教育工作者,要教育社会大众,或者直接拿历史知识娱乐社会大众,体现出中国国家形态的"强国家性";而后者则是历史学界想将史学知识应用于公共生活领域,不做纯粹的知识生产,而更重视知识的社会运用,对应的是"学院史学",体现了美国现代国家形态的公共性。王立桩《"应用史学"还是"史学应用学"——浅论公共史学的学科属性》[③]认为公共史学的学科属性是史学应用学,这个观点是可以成立的。

理论上说,西方社会经历了三百多年的现代民主国家时期,"小政府大社会"特征明显,应该有更多的体现"强社会性"的"小历史书写"作品。但我们发现,西方社会没有产生小历史书写,欧洲国家甚至不喜欢使用"public history"(法国用"集体记忆",德国用"历史意识"[④])。西方有发达的精英长篇传记,曾经有《英国人民史》之类作品,也有勒华拉杜里《蒙塔尤》这样的微历史。西方人喜欢用新文化史,从整体上把握大众的集体历史[⑤],就是没有民间小历史书写活动,尤其是没有家族、地方志之类作品。1931年,美国历史学会会长贝克提出"人人都是史家"的观念,重点是强调每个人都有权力对历史发表自己的独到看法。显然,尚不及书写公民自己的个体历史。这是为什么呢?笔者想,显然与西方民族史学传统缺陷有关。西方史学发展过程中,没有传记、家谱、方志编纂传统。相反,中国的公众史学或大众史学的含义之所以会被扩充加入"小历史书写"内容,是与中国史学传统有关的。国人有编传记、家谱、方志的传统。这个传统,经过现代转型以后,变成了由底层看历史、直接写底层百姓的历史,笔者称为"小历史书写"。

中国台湾自20世纪70年代以来,一直重视地方史编纂。20世纪80年代以来,中国大陆重视家谱的编纂。近年来,民间个人史写作风越来越盛,开始影响文学界[⑥],也将影响史学家。后现代主义的发展,也有重视个体史书写的意思。所有这些,为我们建构公众史学的学科内涵提供了实践基础。

只有包涵小历史书写的公众史学,才是完整的史学形态。以精英为核心,用精英眼光看

①　钱茂伟.中国史学史研究视野的创新[J].学术月刊,2012(1).
②　钱茂伟.史学通论[M].杭州:浙江大学出版社,2012.
③　王立桩."应用史学"还是"史学应用学"——浅论公共史学的学科属性[J].西华师范大学学报(哲学社会科学版),2011(5).
④　详见周梁楷《大众史学的定义与意义》。
⑤　俞金尧.书写人民大众的历史:社会史学的研究传统及其范式转换[J].中国社会科学,2011(3).
⑥　陈卫.个人史写作带来新的文学冲击[N].中国社会科学报,2012-07-06.

历史,书写精英,这就是精英史学形态。以公众为核心,用公民眼光看历史,书写公民的个人史、家族史,这是公众史学形态。建设公众史学形态,才是改革的核心所在。有了这种形态的理论,我们的影视剧之类的通俗传播才会在内容与主题上有根本性改变。有了这种形态的史学,才会对大历史的认识有所改变。有了这种形态的史学,才会真正关注公众的生活,书写公众的个人历史。今天的历史普及与通俗,仍停留于精英史学形态,必须转型到公众史学形态,才会有根本性的改变。

但不得不承认,史学界同行们少有人注意到公民个人、家族历史书写的重要性。海内外学界之所以一直无法关注到小历史书写,是因为这属于书写领域,不属于学术研究领域。个人史、家族史书写,有着更多的业余性,是社会生活领域的,是第一领域的。历史研究,属学术领域,是第二领域的。换言之,历史书写与历史研究,分属两个领域,一属生活世界,一属科学世界。所谓通俗史学,因为是历史知识的社会化,所以学界才会关注。传统史学要保持等级,要离开人间。许多学者有一个观念,以为离生活越远,越能显示档次。其实,这是一个误区。在笔者看来,离开人间的史学,是没有生命力的史学。因为,历史书写是对历史事实的记录。没有了生活的丰富内涵,对文献的理解会陷入枯燥之道。只有将生活世界与科学世界联系起来思考,才会注意到历史书写的意义,有意识地加以推广。笔者的理想是将历史书写、历史研究统一起来,这样形态的历史学才是完整的历史学,也是与公民生活紧密结合的历史学,而不是脱离生活、不食人间烟火的纯学术形态的历史学。

从国家与社会来看,与政府接轨的史学是传统精英史学,与大众接轨的史学是公众史学。未来中国,社会建设是以发展为中心,小历史书写正是配合社会建设的重要手段与途径。历史学研究,仅有政府的档案资料是不够的,必须有更多的社会档案资料。小历史书写,就是留下社会资料的最好途径。

小历史书写培养,也为历史学的发展提供了一个新的途径。历史学的教学目标要往下移,从单一的"历史研究"目标走出来,增加一个"历史书写"的目标,要提倡、培养小历史书写人才。可以做一些短期培训,开办传记家谱编纂培训班,甚至可以在本科中开设这种课,开设全校性的通识课,以推广小历史书写活动。历史书写是可以业余做的工作,不会妨碍其正常的社会职业。历史研究的队伍肯定不需要太多,但历史书写队伍越庞大越好,这就是历史教学改革方向所在。历史专业的学生,首先可以成为公众史家,其次才考虑成为专业史家。专业史家成才之路较长,门槛较高,至少要读到博士毕业,才能成为好的专业史家。而公众史家的培养,门槛稍低,有中学以上水平的人即可胜任,所以有"全国中学生历史写作大赛"。培养民间史家,培养更多的业余史家,才是更为重要的任务。这是一项双赢的活动,历史学将与公众的关系更为紧密。只有可以互动与参与的活动,才是大众性的活动。

四、中国公众史学学科建设意义

今日何以要建设公众史学学科?仔细想来,至少有以下诸端意义:

一是用学科建设推动其发展。当代世界是科学的世界,一种东西不能成为学问,社会地位就不会高。公众历史不能建设成为公众史学,永远难容于历史学。而一旦有了公众史学,就可以名正言顺地将其送入历史学中。公众史学可以成为未来中国新增的专业硕士点。至2012年,中国有39种专业硕士,与历史学比较接近的是文物与博物馆硕士、教育硕士。美国有发达的公共史学硕士与博士学位制度,中国香港有比较与公众史学文学硕士学位课程,中国内地也可以考虑建立类似的专业硕士学位,希望国务院学位办关注此事。

二是可以提升公众历史的写作与传播水平。"专业史学工作者不仅要重视草根史学的研究成果,而且应该深度介入草根史学的工作平台,和他们一样在同一个平等的工作平台上对话,这样不仅有利于引导草根史学走向理性,而且有助于及时纠正草根史学的先天缺陷和知识性错误。"[①]

三是可以鼓励更多的人参与公众史学,尤其是学生(小学生、中学生、大学生、研究生)与老人要重点培养,他们应是小历史写作的主要队伍。

四是为了将历史学建设成为大众之学。历史学如何走?无非是往高走与往低走两条路。往高走肯定不行,因为没有多少人可以跟得上,前景必然萧条。只有往低走,后面跟随的人才会多,香火才会旺盛。那么,历史学如何往低走?以前多数人的想象方式是历史知识的普及与通俗。现在看来是不够的,那仅是传播层面而已,本质上仍是少数人在玩的事业。历史学的主体活动是历史研究与历史书写,前者高端,后者低端一些。我们要由高端的历史研究下移到低端的历史写作层面,大力发展历史书写,培养更多的历史写作家,写出更多书写层面的历史作品。同时,在书写对象上,由国家到民间、由大历史到小历史,那样历史书写的内涵会越来越丰富。如此,历史学就从高端的学者层面走到了低端的大众层面,变成了大众也可参与的文化活动,成为大众文化的一个组成部分,成为日常生活世界的一个部分。如此,历史学也就成了大众之学,而不再是小众之学。历史学有必要成为大众之学吗?这不是学者想不想的事,而是大众提出来的要求。大众的成长,要求历史学为大众服务,成为大众的服务工具,记录大众,写给大众看。

在公众史学中,学术的成分相对较少,只有少量的理论与方法研究工作。公众史学的主体是历史写作与历史记录。小历史记录是历史书写,通俗历史是历史写作。历史书写与历史写作可以用通俗易懂的大众话语体系,这是大众可以理解的方式。因为历史写作不属于学术体系,所以不是学术界关注的领域,只有少数学者关注此事。仅有科学研究是不够的,因为科学研究永远是少数人玩的事业,只有历史写作才是多数人可以玩的事业。今日中国,必须发展历史写作,最终才可能将历史学发展成为大众之学。

历史学如何走近公众,是未来新史学要不断努力的方向。建立一种可以涵盖通俗史学、应用史学、小历史书写、公民写史、口述史学于一体完整的"公众史学"体系,这是笔者的一大愿望。古代中国的国史建设,是从国家历史记录积累开始的。今日的民史建设,也当从公众历史记录积累开始。人人书写自己的小历史,写自己所见所闻的社会大历史,这就是小历史记录工作。人人参与,民史资源自然丰富。未来的史家,才可以建构出新的民史来。历史学几千年来一直是精英史学形态,今天要提倡公众史学形态。历史学既是小众之学,也可以是大众之学。"历史学只有在专业史学和大众史学兼而有之的状态下,才是真正具有完整意义的一门学科"[②]。如此,历史学的发展就完美了。

(原载《浙江学刊》2014年第1期)

---

① 马勇."自媒体时代"的历史研究和史学表达[J].史学理论研究,2011(4).
② 何多奇,代继华.简论20世纪美国的大众史学[J].史学理论研究,2009(3).

论公众史学的理论基础与学科框架

陈　新　浙江大学历史系教授

摘要：公众史学是指公众在反思自我历史意识和历史认识生成的情形下进行的历史表现与传播。在当前新媒体急速发展、自媒体传播渐成趋势，而公众对历史知识的渴求日益增强的状态下，职业历史学家有两条出路：一是自觉地反思和分析自我历史认识、历史意识的形成过程，扬长补短，成为公众史学的参与者或引导者。二是继续保持圈内人并只面对内行的身份，等待公众这些圈外人或外行在新型知识传播方式下自我提升，然后被取而代之。以学术学科的建制与专业性眼光来建设公众史学学科乃当务之急。我们可以在历史认识形成过程研究与分析的基础上，超越国外公众史学学科建设在理论设计上的零散性；同时充分考虑自媒体传播的趋势，结合史德、史学方法论、跨学科交流、课后实务操作四个层次进行学科框架设计。历史知识的公众生产与传播既可促成社会的有序和健康，也可导致社会的混乱和病变；在自媒体传播状态下，历史的这种双面刃功能可以在很短的时间内迅速变换。因此，我们有必要对公众参与历史知识的生产与传播做出战略性思考，尽可能使之形成一个可控而又开放的健康环境。

以学术学科的建制与专业性的眼光来关注针对公众层面的历史知识生产、传播与组织，以达到培养公众历史意识、提升公众历史认识及反思能力的目的，现在应该说恰到时机了。中国的历史学界曾在过去数十年中多次讨论应用历史学[①]的可行性，那时的语境与现在有着明显的差异，即历史知识生产与传播的话语权力一直掌握在历史学家和官方机构的手中，公众处于给什么读什么的状态；现如今，历史题材影视剧、历史杂志、历史讲坛与说书、BBS/博客/微博历史写作与评论、民间博物馆、人文与历史景观的重塑等等，所有这些与历史相关的内容展示，正急速满足公众对历史知识的渴求，并借助于资本、新技术和新媒介的力量大批涌现。此外，自媒体传播环境下的历史知识生产和表现也在逐渐成形中。当前历史知识生产与公众传播，可以说步入了一个"繁荣"时代。不过，在这十年的日渐"繁荣"之中，一些民间历史产品的盛行也带来许多隐忧，它们主要表现在两个方面：一是近一轮公众历史知识传播热潮中，以商业价值为核心的历史文化产品创作占据主导，体制内的历史教育因其产品的枯燥无趣及表现形式的落后而日渐缺位。二是职业历史学家在政府资助下，科研经费增长，无须主动关注公众层面亦可获得圈内认同；虽然某些公众历史产品的低劣表现偶尔引发少数职业历史学家的批评，但职业历史学家大多无意介入这一领域，要么保持高傲姿态，要么轻于探索和实践，最终导致历史知识与真实性、价值取向的传统关联在公众层面渐被忽略，公众历史作品中呈现出劣币驱逐良币、重感官愉悦轻陶冶情操的倾向。历史学的价值与意义何在？这是历史学存在的终极问题。如果职业历史学家为体现历史学的价值和意义在圈定的范围客观上将公众排除在外了，那么公众自然会以调侃、调戏历史的方式否定历史学家存在的必要性。排斥应当转为合作，讥讽应当化为批评，以职业化的方式建立一个公众史学学科，培养一种更为严肃地、批判地对待历史文化的大众传播氛围，是当前国民素质教育的

---

① 如蒋大椿的《基础历史学与应用历史学》，载于《上海社会科学院学术季刊》，1985(1)；刘文瑞的《试论应用史学》，载于《西北大学学报》，1985(4)；向志学的《对应用史学和历史资源研究、开发、应用问题的思考》，载于《武汉大学学报》，1987(5)；齐世荣的《关于史学研究的创新问题》，载于《史学集刊》，1994(4)；姜义华的《从"史官史学"走向"史家史学"：当代中国历史学家角色的转换》，载于《复旦学报》，1995(3)。

迫切任务。笔者在此文中将对公众史学的理论基础和学科框架进行尝试性说明,借此抛砖引玉,希望引起历史学者和相关人士的关注,为历史知识的生产与公众传播架构更理性、更有效的渠道。

一、公众史学的理论基础

什么是公众史学? 我在此先给一个暂时性定义:公众史学是职业史学人士介入的、面向公众的历史文化产品创制与传播。这里所说的职业史学人士,是指接受过职业历史学系统训练的人士,我们不需要问他们的训练如何获得,而只需注重他们是否掌握了职业历史学所运用的理论和方法,是否养成了一种面向事物的历史性思维,是否对自己进行的史学实践行为所具有的限度与效果具有反思和预估能力。

在美国,肇始于 20 世纪 70 年代的公众史学(public history)运动,如今被视为公众史学发展的标准模板。美国公众史学运动的兴起,最初与历史学专业博士生培养过剩直接相关,但解决就业并保持历史学科研究生项目的活力,这或许是公众史学运动得以成功展开的一个直接原因;更重要的原因可能还在于,卡尔·贝克所称的"人人都是自己的历史学家"这一命题中隐含的那种对于职业历史学话语权力的分散性力量一直存在,它以历史解释(追求意义)的相对主义来确保每一位言说者进行历史解释(作为行为)的合法性。到 20 世纪 70 年代,后现代主义思潮的兴起,信息技术的急速发展导致信息传播的快速、廉价、互动,更令公众创制历史有了越来越多的机会来挑战职业历史学家的权威;此外,一部分职业历史人士在处理公众生活中的历史要素这一导向下,他们作为公众史学的组织者,以公众便于参与的方式大大提升了公众理解历史的能力;最终,公众史学运动的开展不仅令原先由知识精英相对垄断的历史解释话语权力被分散,而且公众史学对于微观事物,如小人物、社区历史、地方历史等方面的关注,也带来了职业历史学研究主题的局部转换,反向促成了职业历史学的发展。[①]

从美国公众史学的发展史到它所涉及的领域包括博物馆、档案馆、企业、政策咨询部门、社区或地方历史文化组织等,换言之,凡是与历史相关,需要接触未受过职业化历史教育的公众的领域,均是公众史学可以涉足的领域。这样,职业历史人士便根据他们的理想读者和面向对象,被分成了学术型史家和公众史家两类。这种在圈内还是圈外、面对的是内行还是外行的区分,是以传统历史学科的框架为背景来进行的。

如今的历史学会不会随着传统与现实的情境转换,其本身的学科特征也正在悄然变化? 我们作为传统历史学科的传承者,有没有意识到学科处境的变化,以及公众对历史的需求有所不同? 我们应该在什么样的情境下来理解公众史学的学科位置? 按照美国的模式,我们已经了解到,公众史学的主题词是应用或实用,即职业历史学服务于公众,将历史学方法应用到公众与历史交集的领域并达成相应的效果。然而,这是一种研究主体与专业方法论的扩散论,并不能从人与历史的关系这个更根本的问题上去定位公众史学,并且,我们也没有看到有史家为公众史学做出适应当代信息技术和信息环境的系统性理论奠基。

---

① 相关的实证研究和分析,请参见郎需颖的《美国公众史学运动简论》,复旦大学硕士学位论文 2010 年 072014001 号;王希的《谁拥有历史——美国公共史学的起源、发展与挑战》,载于《历史研究》2010 年第 3 期;理论分析,请参见黄红霞、陈新的《后现代主义与公众史学的兴起》,载于《学术交流》2007 年第 10 期;陈新的《从后现代主义史学到公众史学》,载于《史学理论研究》2010 年第 1 期。

每一个心智正常的人,都或多或少具有历史意识。历史意识的作用在于为每个人的人文意向组织建立时空坐标系并加以定位。多一点历史意识,用历史来解释现实的能力就强一点;反之,少一点则弱一点。我们可以通过历史教育,令人们的历史意识多一点,历史学家应当引为自豪的思维方式就是这样被培养出来的。历史意识的生成和加强过程,就是历史认识的循环提升过程。下面,我提供一幅历史认识形成过程结构图,如图1所示。

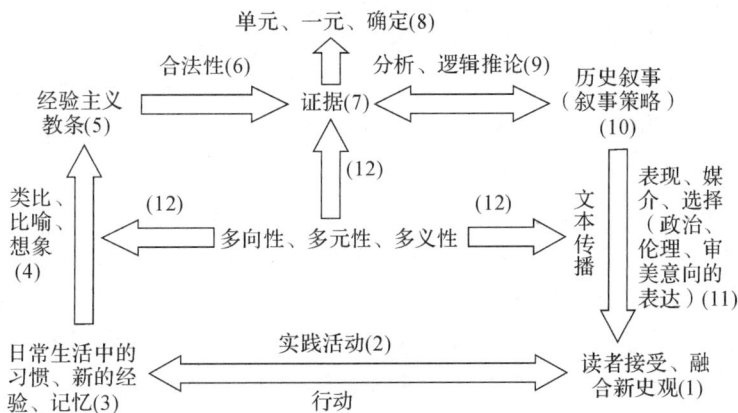

图1　历史认识形式过程结构

设计这幅历史认识形成过程结构图,不只是用来描述职业历史学家所具备的历史认识能力的形成过程,也可以描述一个普通人的历史认识形成过程。① 它不是一个一次性完成过程,而是生成和变迁的动态循环。

不论是历史学家还是公众中的个体,作为历史认识者,认识的循环都是从他作为受众(读者或听众、观众)开始的。他(或她,以下类同)首先是一位读者和接受者(1),最初的阶段始于他的孩童时期。例如,当他被教导"少壮不努力,老大徒伤悲"时,他以记诵的方式接收这个含有历史意味的信息单元,之后或有体悟,开始刻苦读书、操练。如是,特定文化中包含着的历史意识便通过这脍炙人口的诗句,在日常生活中向他传导,他根据自己最初接受的简易历史观在社会生活中开始自己的实践(2),并可能形成特定的习惯、获得个体性经验、保留独有的记忆(3)。之后,他从这些以特殊性为其属性的众多的习惯、经验和记忆中,通过类比、比喻和想象(4),归纳而得出自己的经验主义教条(5)。在进行历史解释和论证时,史料之所以能够成为证据,其合法性依据便是这各式各样、源于生活的经验主义教条(6)。例如,我们相信司马迁在《史记·陈涉世家》中"燕雀安知鸿鹄之志哉"为陈涉所言,是因为除了单纯相信司马迁之外,我们在日常生活中或经历过类似有鸿鹄之志者被人藐视的情形,或对于鸿鹄高飞遥远、燕雀绕家安巢的认知。一旦史料成了证据,这就意味着它与某个历史研究的主题关联在了一起(7)。每一条史料原本可以在不同的语境中获得不同的解释,一旦它被置入研究者或解释者为它选定的那个语境之中,它本来具有的多样解释的可能性就在这种语境关联中被限定了,成了一元的和被确定了的(8)。证据被确定与研究者依据理性和逻辑的原则进行的历史分析相配合(9),在历史编纂中构成叙事,同时采用了各种叙事策略和表现

---

① 对这幅历史认识形成过程结构图引自拙文《论历史批评》,载于《江海学刊》2009年第4期。下文三段说明文字引自该文,有增改。

方式(10),向他的理想受众传递自己的政治、伦理和审美的意向(11);而这个历史文本的受众却是以自己原有的史观作为理解的前提,以解释学循环的方式接受这个历史文本,从而构成自己新的历史认识,得到一种新的历史意识、历史认识,以及历史观(1)。在这个循环中,有三个环节具有多向性、多元性和多义性(12)的认识可能,认识者经过选择,将多种可能性中的一种现实化了,从而完成那个环节中的认识过程,同时也通过这种实际选择来克服多向性、多元性和多义性在理解层面会导致的相对主义。

这幅结构图是我在过去近二十年中对历史认识形成过程进行研究获得的一种理解,它或许不是一个完美形态,描绘它,是为了说明每一个普通人,特别是历史学家的历史意识获取的方式,说明人们是如何一次一次地通过这种历史认识的循环,提升自我对历史的认知,或者按日常的说法,"读史使人明智"是怎样实现的。

这个历史认识生成过程结构图是不是可以用来解释公众中每一个人的历史认识生成或提升过程,我们需要通过不断地实践和试错来证明。不过,在我不能提供更好的模式的情形下,它作为本文的立论前提,可以判定的是:以往,职业历史学家们在这个结构图中大致只出现在(7)、(8)、(9)、(10)四个环节中。他们将注意力集中在分析从证据到历史叙述/叙事的过程,例如史料搜集与考证的原则、历史分析和解释的方法、历史编纂的规范;至多在论及历史学研究作为整体对于社会的效用时,还会讨论史家的素养与历史学社会功能的实现方式。

现在,我们如果结合前述公众史学的定义:"公众史学是职业史学人士介入的、面向公众的历史文化产品创制与传播。"那么,公众史学应该包括从(7)到(11)再到(1)的诸环节。这个定义首先旨在确保公众史学学科的主导参与者为职业史学人士,意指职业历史人士相对公众起着一种类似于服务提供者或实践指导者的身份。倘若我们换一种角度来思考,如前所述"凡是与历史相关,需要接触未受过职业化历史教育的公众的领域,均是公众史学可以涉足的领域",那么,从(1)到(11)诸环节,包含不同阶段的(12)环节,再回到(1)环节,均可以是公众史学涉足的范围。正如这个历史认识生成过程结构图不只可以用来解释职业历史人士的历史认识流程,也可以说明普通人的历史认识形成发展过程一样,假如我们将职业史学人士的限制取消,把公众(包括历史学家)分解成各类处在不同历史认识或历史意识阶段中的独立个体,那么,我们便知道,公众史学实则有一个极其广阔的施展天地。事实上,公众历史意识是职业历史学依托的基础所在,因为许多在日常生活中形成的经验主义教条往往未经反思便被历史学家当作历史叙述的前提。公众史学之所以在过去许多年中不成气候,是因为普通的个体从(1)到(7),以及从(10)再到(1)的历史认识诸环节并没有被人们充分地意识到,更不用说给予系统的理论说明。据此,我们或可以重新定义公众史学,即公众在反思自我历史意识和历史认识生成的情形下进行的历史表现与传播。

20世纪40年代以来,学术界对于自由意志、历史决定论、集体无意识、历史相对论、哲学解释学、实践哲学、晚期分析哲学、历史证据、叙事主义、历史表现理论等主题的深入研究,令我们逐渐明白了历史认识过程的大致轮廓①。所有这些研究可综合起来支撑对于公众历史意识和历史认识的生成论说明,它们已经远远超出了职业历史学以往的历史认识范围。这样,提供给职业历史学家的有两条出路:一是自觉地反思和分析自我历史认识、历史意识的

---

① 这些领域相应的研究不一一具体说明,它们与历史学相关性的论述,拙著《西方历史叙述学》(社会科学文献出版社2005年版)、《历史认识:从现代到后现代》(北京大学出版社2010年版)中多有论述和介绍。

形成过程,扬长补短,成为公众史学的参与者或引导者;二是继续保持圈内人并只面对内行的身份,等待公众这些圈外人或外行在新型知识传播方式下自我提升,然后被取而代之。

假定公众进入前述历史认识生成的循环并自觉养成反思习惯,而职业历史学家仍然故步自封,那么,后者被前者取而代之的结果在理论上是存在可能性的。它有没有现实性呢?应该说,这种现实性已经日渐急切地展现出来。我们不妨思考一下:历史学科过去有些什么门槛呢? 自古至今,曾经成为历史学门槛的有:聆听的机会、识字、阅读成本、文献资料占有、写作能力、发表和传播渠道、获取评价的渠道等。当然,近代以来,可以将这些门槛整合在一起的便是大学历史系与专业历史协会。可是,我们现在环顾四周,这些门槛已经没有哪样是职业历史学家独占的了,只不过新媒体与历史知识的公众传播尚在起步阶段,对于历史内容的组织和提供还稍显稚嫩。但是,互联网与自媒体传播方式的出现,网络公开课与视频讲坛、共享资料平台、共同兴趣讨论组和读书会、历史作品的写作和发布平台、跨学科整合与评论介入等,都为公众主动介入历史领域,跨越历史学科门槛提供了便利,整个历史学科即将面临全新的整合。

二、公众史学的学科框架

公众对于历史知识的需求往往出于自身,或为兴趣嗜好,或为休闲娱乐,或为谈资交友,或为寻根定位,或为励志图强,或为资治经世,或为崇高神圣,等等。不论是哪一种,公众都相信历史可能提供他所需要的内容。个体需求的多样性,显然不是当前职业历史学科能够充分满足的。印刷术的出现推动了历史知识的传播。而过去100多年中,广播、电影、电视、互联网等新技术方式的相继出现,令历史知识的传播一直处于一种持续加速的发展态势之中。如今,各类历史知识的生产与传播,如百家讲坛、公众历史杂志、公众历史著作、网络历史公开课已经成为公众历史知识传播的重要方式,但从互联网技术的发展来看,这些仅仅是前奏。在现有互联网技术和历史知识组织方式下,可以预见,自媒体历史知识的组织与传播,将真正打开公众与历史知识交互融通的大门。公众史学如果要成立,它首先是以自媒体创作与传播为核心。

自媒体信息传播的核心方式是点对点的方式。当每一个个体都可能是历史知识或信息的发布者时,接收者在网络上数量的不确定性,以及接收者重新作为编辑者、转发者、推荐者的可能性,会使得自媒体历史作品的传播量及影响力呈几何级数跃升。自媒体传播在技术上已经成为现实,微博是其典型表现。另一方面,手机、电脑、摄像机等硬件,电子数据库、搜索引擎、共享互助百科等软件,也为个人成为自媒体历史知识的创作者提供了各类资源。我无须在此占据更多篇幅来对当前信息制作与传播的效果详加说明,因为对多数读者而言,这已经可以用自己的日常经验来证明了。

在这样的情势之下,历史学科如何适应? 职业历史学还有什么值得称道之处? 我们无法在此讨论永久性话题,即职业历史学未来相对公众史学能够保持什么样的杀手锏? 因为自媒体历史创作从更长一段时间范围内来说,它要给出的回应不是它在多大程度上可以达到专业水平,而是它在哪些领域先达到专业水平! 在公众史学达到专业水平,或者说专业水平普及化之前的瓶颈是什么? 如果说我们现在要组织起公众史学学科,就应该以这样预设的终点作为思考的起点。

不可否认,职业历史学的方法论是历史学科的宝贵财富,因为进行考证、分析过往文献的技艺仍然需要以经验主义的方式进行反复练习,这将是未来公众进入历史领域最艰难的门槛;不过,它们也是类似于作为一名具有高超技艺的工艺师的门槛,其艰难只在于它们需要用参与者的生命来积淀,那是一个精益求精的过程。这种积淀的经验可以传播,但其上手不可遗传,需要每一个个体生命重新经历。尽管我们可以通过数字化检索很快得到文献资料,但是在阅读和理解中获得的意义,总是与读者的人生经验相关联。这并不是说历史学是一个有着某种神秘性的学科,而是领悟和理解本身就不是一个纯粹逻辑的过程。我们虽然没有一般性的证据可以证明历史学家就比公众要聪明,但是,要证明普通人有了历史知识的熏陶和历史性思维训练通常更容易具有说服力,这却不是件难事。读史使人明智,所明之智,实则来自于历史知识中内涵的经验可以被人娴熟地用来与日常生活中的现象进行类比、归纳,然后在普遍以经验主义为人生指南的公众那里获得认可,发挥影响力,进而反过来被公众称为智者,获得历史解释权。丰富的历史经验,事实上是以往无数具体个人在其处境中所实现了的那种可能性,如今它们呈现在公众面前充当参照系,帮助他们确立教条,并在现实中面向未来的多种可能进行决策。

自媒体时代为人人成为历史学家提供了优越的条件,可这并不意味着人人马上就可以轻而易举地成为一个具有史料甄别能力和历史反思能力的历史人,更不能就此认为人人都可以迅速具有一个理想社会所追求的价值观,何况这样一种价值观是什么,也不是能够脱离现实和历史想当然就得到的。从当前现实到人人成为历史人的理想状态,还会有相当长的一段时间需要由公众史家作为引导者,引导公众参与到公众历史意识和历史反思能力的培养中来。

既然我们当前的现实是现代教育制度与自媒体传播方式共存,我们完全可以充分利用二者的有利条件,按照对于理想的公众史家的设想培养相应的职业人才,来促成公众历史意识和历史认识及反思水平的提升,最终实现令职业历史学消亡的任务。因此,设置公众史学学科的最终目的倒像是要以其自身的消亡为荣耀了。如果说公众史学学科也是在进行职业化建构,那么它与传统职业史学的差异还在于,它不会只是一批传统职业史家分流或转换角色的结果,更不是只想办法将传统职业史学的成果应用到公众之中,它应是一群明确的为着自己的目的而投身于历史领域的人在自媒体环境下创立而成。这群人或许有一部分曾经是职业历史学人士而成为公众史学的试验者,或许更多一些来自"圈外"。鉴于过去 100 多年中,职业历史学不断从其他人文社会科学,甚至自然科学吸纳方法和思想,这些"圈外人"尤其可能来自其他学科领域。事实上,在当前社会中,各种行业的专业化仍然是大势所趋,跨学科专业的兴起,并非弱化了某一学科的专业性,而是对于从业者提出了多学科组合的专门要求,公众史学学科恰恰可以通过吸纳传统职业历史学圈内外的优势来构成。不论未来的公众史家曾经是怎样的身份,他们要承担起责任来提升公众历史认识及反思能力,这就需要满足一定的要求超越自我,这些要求或源自历史学的本质,或出自现实的需要,在此,我大致表述如下:

一是史德立身。一方面,在自媒体环境中,公众史家首先承担的是一种社会责任和公众历史教育的职能;它不同于纯粹的私人历史写作,而是致力于将自己认为有益于社会的历史资源呈现、推荐给更广大的社会公众。这样,在假设公众史家能够具备良好的传播手段的情况下,判断什么样的历史作品具有社会价值并有助于建构和培养一种健康的人文精神、宣扬社会正义等,这就需要公众史家具有自己的选择标准和自主的价值理想,以确定什么是"健康的",什么是"正义"的。另一方面,以往各种历史中不乏恶意篡改史实,编撰伪史以达成私利的例证,后现代主义为历史主观性正名的逻辑推导,同样可能变成"恶史"获得其合法性的托词;因而善用历史并以历史引导公众向善,这一过程中对于公众史家提出的道德要求,需要建立在公众史家的良心和自觉基础之上。我们必须承认,史德的确立并不是理性与逻辑的推导就能够确实完成的,公众史家在日常生活中的经历与情感要素,都会参与到其史德的形成过程之中。如果我们不可能保证单个公众史家可以准确地把握这样一种史德标准,我们必须相信作为群体的公众史家在其实践中会呈现出相对稳定的史德标准,因为,作为这样一个群体,其价值观也在日常生活中受到以这样或那样的方式存在的社会伦理和价值取向的引导,受众对于公众史学作品的道德批判,也会通过自媒体传播的方式最好地发挥出促成公众史家改善的功效。与一种模糊存在的社会伦理和价值观相区别的是,公众史家总是以促成其清晰化,并消除其模糊性中可能引发社会变质的那些毒素作为自身的理想。

二是多技之长。柯林武德认为,一位历史哲学家首先应该是一位历史学家,其次才是一位哲学家;因为只有在作为历史学家的情形下,他才能够为哲学思考提供在经验世界中实际存在的问题。类似的是,公众史家首先需要经历过职业化历史学的基本训练,了解职业历史学作为现实存在的价值所在,体验过历史学研究的艰辛,感悟历史学那崇高的求真理想。这种训练可以来自教育体制内,也可以在自媒体环境下自学积累。进而,他一方面可以帮助那些埋头于传统职业史学研究的历史学家在更大范围内彰显其价值,实现其理想;另一方面可以帮助自媒体环境下的历史创作者获得更丰富的文献资源、更强大的文献辨读能力、更深刻的历史认识及反思能力、更多样的历史表现策略、更广泛的作品传播途径。既然要涉及更大范围的历史知识传播与历史意识的培育,公众史家就需要对于传播学、社会学、心理学等学科有更多钻研,不把自己局限在以现代性为主导的学科和专业区划之内,而是将一切有利于实现公众史学目的的技能与专业整合到其中来。①

三是广纳博采。职业历史学研究以精深为其要求,这种精深曾夸张地说成对于一个无限小的问题了解得无限多。公众史家作为直接与公众接触的新型专业化人士,其专业化表现之一是要求有广博的知识。他对历史学的更多领域要有尽可能多的了解,首先必须是一位包括职业历史学研究成果在内的各类历史作品的好读者。他对于许多史学具体研究领域所了解的深度可能不如那个领域的专家,但他却要有能力广纳博采,成为历史学研究精粹的整合者和传播者。其精深就表现在策划与沟通历史作者与公众的能力之上,明了对于不同类型的历史知识可以采用不同形式的传播手段,以实现最有效的传播。如果他了解后现代主义有关形式与内容的辩证法,那么他会知道,一种好的历史表现形式,事实上已经改变了内容的实质,这就好比我们时常会将文本的改编与翻译视为二次创作,公众史家需要利用自身高超的整合能力来达成他在历史知识传播上的目的。

四是前沿定位。公众史学直接面向公众,我们却仍然希望它得到专业化的指导,这其中似乎是存在着一种对于后现代主义的反叛。其实不然,后现代主义在倡导多元历史表现之

---

① 自 2004 年到 2011 年,笔者在复旦大学历史系任教时,曾组织部分学者、同事、同学进行过公众史学的课程和实践,其中包括开设公众史学研究生课程、培养公众史学专业方向硕士研究生、对公众历史读物阅读心理的调查、组织编辑历史杂志、拍摄纪录片,参与社会化公众历史活动,目的在于让学生更多地了解各类新媒体在公众层面组织生产历史知识的流程。这些实践,促进了我们对于公众史学学科的理解,同时也得知该领域即将被纳入教育部历史学科的发展规划之中。

时,并不排斥主体的积极选择。既然如此,在诸多认识主体以自己的意志为核心参与历史表现时,公众史家也可以大胆以自己的面目出现,这不过是后现代主义精神的一种实践。后现代主义并不反对宏大叙事本身,而是反对用权力确保某种宏大叙事充当唯一性的历史叙事,这样,如果公众史家将公众史学定位在传播民族文化、异域文化,承担起全球化时代文化融合的任务,这同样是其自由的选择。公众史家要将自己定位在文化趋向和脉搏的观测者的位置,这就需要在历史表现中不断反思他身处的文化、反思自身,以怀疑和敬畏的心态面对正要表现的题材;他需要了解在自媒体环境下历史意识生成和传播的不同方式,了解当下受众的接受心理,然后以自主的价值取向加以引导,避免从众媚俗,从而带给受众专业性的历史解读,服务于一种社会价值观的转变和重构。

综上所述,我们可以按照培养目标来进行公众史学学科架构,它大致可以分为四个层次:一是社会道德与价值观分析与培育,二是传统职业历史学方法论与实践性训练,三是跨学科(社会学、心理学、传播学等)知识储备,四是公众历史知识生产的组织和课后实务操作。这样的培养目标是对公众史家的理想要求,而它的效果如何在实践中检验,需要根据公众的反应来不断调节。公众在历史意识水平和历史认识、反思能力上的多层次性,注定了公众史学也需要采用各式各样的手段和方法来达成引导的目的,这些都只可能以经验主义的方式逐步积累、归纳、升华。作为一个强调实践性的学科,在公众史学学科尚未成形之前,要求我们对它做出更为精确的描述恐怕是难以达成的。

过去十年中,我国官方体制内的历史知识传播逐渐退缩到两个相对稳定的领域:一是中小学历史教育与高校中国近代史教育;二是官方教育体制支持的职业历史学教育,以及由此形成的职业历史学圈。这两个领域中的历史知识传播与生产和自媒体状态下逐渐形成的公众历史知识生产与传播越来越显示出分离之势,这不禁令人担忧。

历史知识从来与价值相关联,历史知识的生产与传播既可以促成社会的有序和健康,也可以导致社会的混乱和病变;在自媒体传播状态下,历史的这种双面刃功能可以在很短的时间内迅速变换。正因为如此,我们才有必要对公众参与历史知识的生产与传播做出战略性思考,尽可能使之形成一个可控而又开放的健康环境。因此,体制内历史教育的改革如何与自媒体状态下历史知识的生产与传播相协调,就成了我们需要面对的问题。提出这个问题,也是本文的意图所在。

(原刊《学术月刊》2012年第2期)

公众史学:从根本上解决史学的应用问题

钱茂伟

从业三十余年,教授"史学概论"二十余年,始终会面临一个历史学有什么用的问题。前辈在教科书上写了一大堆的理由,似乎解决了问题,但实际上并没有解决。因为大学中谈论这个话题,多是从大学生就业角度来思考的。如能解决就业,就不成问题;反之,如果就业有问题,就会引起怀疑。至于超越职业,对历史学作宏观的思考,就会发现用处多多,历史的作用是广泛的。当然,历史学的作用是分层的,历史学的作用是间接的。历史记忆是人类的过往信息库,历史是现实活动的参考物。一个人没有自己常态的过往信息库储存,将迷失方向,缺乏熟悉感与安全感,不知如何走路,如何做事,如何说话。有了历史所储存的人类信息库做参考,人类才会找到合适的做事、说话方式。同理,一个民族、一个国家也如此。大历史,尤其是民族史、国家史,对管理层是相当重要的。没有这种公共历史记忆的储存,将是十分可怕的。尤其是,到十字路口时,得仔细考虑一下,才能找到正常的发展路径。历史记录要解决的是人类的路向问题:我是谁,我从哪里来,我将到哪里去。

我一直在思考历史学与社会、公众的结合问题。历史学有什么用,完全是一个个体使用者提出的相对的实用问题,言人人殊,并不是某个人可以说话算数的,一个正确的论述无法自然传递给每一个人,让每个人接受。要知道,历史学面临的使用者,是一个一个的个体概念,个体的数量是浩瀚的。个体的思想又是时空产物,受特定的时空影响。不同时代的不同人,对历史学用处的理解是不同的。即使同一个人,对前后时空条件的变化,理解也会不同。有用无用是一个外在应用的问题,而不是一个内在的自身价值问题。书到用处方恨少,用到的时候就是有用的时候。

国家历史知识的使用者主要是士大夫,其圈子的大小,随着时代的变化而变化。时代越早,圈子越小;时代越近,圈子越大。21世纪的中国,逐步进入公众时代,圈子自然也扩大到大众,不再是小众。目前来看,关注历史学的主要有三股力量,一是统治阶级,二是学术界,三是大众。从国家与社会二分视野来看,史学的服务对象无非是政府与公众两大“买主”。传统史学解决了史学与国家上层的关系问题,但没有解决好史学与下层公众的关系问题。

大众多数是一群眼睛非常近似的人群,信奉实用至上理念。如果在他们的生活中看不到其用处,他们就会说这东西没有用;反之,没有人会说没有用。理论上,历史是人类的历史,与人人相关,其用处毋庸怀疑。但今日学院派史学强调科学主义至上,其高端作品无法进入日常生活世界为大众所用,自然会让人产生无用之感。历史学必须进入生活世界,才有存在价值。自然科学在科学之外有技术、有产品,可以进入生活世界,所以人们能感觉其用处。而历史学科学化,只学到了科学,而忘了技术与产品。其结果,弄得历史学远离生活,不食人间烟火,自然让人产生无用之感。只要生活中没有的东西,就会不断被要求在理论上加以论述,那就陷入万劫不复之路了。可见,是我们对历史学内涵与功能的想象方式出了问题。

如何解决史学与公众的统一问题? 这是我一直在思考的。我的答案是要提倡公众史学,发展公众史学。专业史学的主要服务对象是小众,公众史学的主要服务对象是大众。公众史学是生活中的史学,是百姓的史学。公众史学核心要解决的是史学与公众的关系问题,它别出心裁地想从三个维度解决这个问题:一是书写公众历史,二是让公众参与,三是写给公众看。

书写公众历史,解决了一直没有解决的书写下层人民历史问题。中国史学是从书写“君史”开始的,几千年的主流是“君史”。19世纪末,梁启超提出“史界革命”,要求打倒“君史”,提倡“民史”。20世纪以来,中国史界便尝试着转型为民史写作,但实际效果并不理想。因为,它面临了历史的学科化与政治化两大冲击。直到21世纪,中国才可以真正开始了民史的书写,这就是公众史。公众史的提出,解决了史学与公众间的悬空问题,使他们认识到,这是我的历史,我家的历史,是我所在社区的历史,是我所在城市的历史,是我所在工作单位的历史,甚至是我生活时代的国家历史,这样的贴身服务,就会让公众产生不一样的想法。由君史到民史,这是一大革命。

让公众参与,解决了由小众参与到大众参与的转型问题。在笔书时代,必然是小众的,因为大多数人不识字。在史学科学化时代,它也必定是小众的。因为专业的史学研究门槛较高,不是谁想进就进的事,须得有坐上十多年冷板凳的工夫。公众参与的提出,他们不再是消费者,也可以是生产者,这就是角色的转型,他们既可生产公众史,也可生产通俗史,这是一大革命。公众参与,解决了一个公众记忆的保存问题,解决了一个代理与自理问题。公众参与,不是简单地参与做事问题,最要紧的是可以主动建构自己的历史记忆,可以主动地建构自己眼中的历史,意味着公众大脑中储存的公众所历、所见、所闻的历史记忆资源都可以派上用场,可以用来书写个人、家族、社区、单位的小历史,也可以部分写出大历史如城市、中央与地方政府历史。小历史讲述的是老百姓的故事,是人类个体生活经验的回忆。这样一来,公众眼中的历史就可以呈现出来了。普通人的命运被真实地记入史册,不仅还原了历史的真相,而且也是马克思主义史学"人民群众创造了历史"这一历史观的回归。

写给公众看,解决了史学作品的消费对象问题。在学术史学视野下,史学知识的生产、消费是同一群体,是学术圈内的自我生产、自我消费。在公众史学视野下,史家走向社会,生产出可以让普通大众消费的产品。消费对象的改变,逼着史家改变文体与写作模式。更为重要的是,在现代传媒背景下,不仅仅是看文字作品(文字作品有较大的局限性),更是看视频、图像,甚至是听录音。现代传媒手段使不识字的人也能看、能听。而且,借助影视传媒,直接进入千家万户。它们就是有用的历史知识,可以给人消费、给人娱乐。如此,也就进入人们的日常生活世界。

这三样东西都是解决史学应用的利器。经过上面三大方向的革新,历史学就会以全新的面目展现在世人眼前。不过,仅有这些领域的学理探索仍是不够的,公众史、通俗史必须进一步项目化、流程化、技术化、新媒化、产品化,才能真正进入生活世界。公众史学偏重历史记录及通俗传播,这两大内容是面向社会的,是可以市场化的,可以产品化的。2016 年 9月 25 日举办的中国公众史学研讨会,最大的亮点是肯定了公众历史是产品。可以进入生活世界的历史知识,一是公众史,一是通俗史,前者是小历史的生产与消费,后者是大历史的生产与消费。公众史可以开发出个人史、家族史、社区史、城市史、单位史、专题史等,而通俗史可以开发出通俗写史、历史影视剧、网络通俗写史等。这些类型都可以进一步细化为更小的项目,如家春秋大学生口述史摄像比赛、青少年历史写作大赛、小历史书写、口述传记等。每个项目又必须提炼出其基本的流程、技术,使之成为一种历史文化产品生产机制。这些应是专家的任务。根据这种公众历史产品生产机制,大众就可以生产出无数的公众历史文化产品。产品是可以进入生活世界,为人所用之物,自然也就有了社会价值,复借助新媒体,加以迅速传播。当公众历史产品与个人、家族、社区、城市、单位建立了关联,就有可能彻底解决史学与公众的统一问题。在人类从生到死的过程中,处处有历史学,时时有历史,人人懂历史学,人人会历史学,有谁会再来怀疑历史学的用处呢?

公众史学是公众本位的新史学,区别于传统帝王本位的旧史学。"公众史学"是"民史"的最新形态,是一种以"公众"为中心可以多层次建构的史学形态。公众史学概念的提出,将完善传统的"国家/政府史学",使历史学更为开放与多元,与公众的距离更为接近。只有政府政治与民间生活得到共同记录的历史,才是完整的国家"总体史"。公众史学使历史学内涵更为丰富,更接地气,成为真正的"大众史学""普罗大众的史学",不再是少数人的历史学。至此,史学也就成为真正的大众之学。君史与民史的共存与融合,将是 21 世纪中国史学的特点所在。由"君史"到"民史",再到"总体史",是人类史学发展的必然趋势。

(原载《社会科学报》2017 年 3 月 24 日)

与专业史学相得益彰的公众史学

钱茂伟

一、专业史学之外存在繁荣的公众历史活动

之所以要研究公众史学,是因为当下中国存在一个公众历史活动领域。所谓公众历史,指公众可以消化的历史作品。所谓公众可以消化的历史作品,是指用白话文写作的叙述性的历史作品。公众历史的形式,可以是写公众的小历史作品,也可以是大历史的通俗普及作品。直接地说,主要是普及通俗史与公众史写作两大块。

对中国来说,在近代西式历史研究兴起之前,传统史学主要有三种类型:叙事史学、义理史学、考据史学。20世纪以来,考据史学转型为专业史学,历史研究成为学院派的主流模式,而传统的叙事史学成为次流模式。随着20世纪80年代以来中国社会的转型、民间的发展、公众的成长,服务民间公众的史学也在发展之中,公众早在自发从事公众历史的写作与传播活动了。公众社会,就是市场社会。在市场时代,公众史写作红火,普及通俗史红火。公众历史在中国的腾空出世,就在专业史学之外树立了一个新的史学物体。公众历史的发展完全市场化,由于少了专业史学的约束与训练,难免存在不少问题。许多专业史学家态度消极,不敢也不想参与普及通俗史学,因为这样的作品在学术圈内得不到承认,他们至多做一个志愿者,写写随笔,做个小札记。由于职业史家不肯参与进来,大众写史水平也就提不上来。

二、专业史学之外必须建立一个公众史学体系

面对圈外公众历史发展的红火现象,许多有先知的史学工作者,近年纷纷提出了积极介入的思想,强调不能等闲观之,得管好这片民间史学天地。大家一致认为,公众历史是公众、专家均可以参与进来的新史学形态。只有公众,没有专家的指导与参与,公众历史会滑向边缘。专家介入之道,可分低中高三个层次。

低级介入之道,就是扮演批评家,挑公众历史作品存在的毛病,使之更严谨一些,生产成本更高一些。

中级介入之道,要沟通,要引导,让其健康发展,成为公众历史的参与者、引导者。马勇称:"专业史学工作者不仅要重视草根史学的研究成果,而且应该深度介入草根史学的工作平台,和他们一样在同一个平等的工作平台上对话,这样不仅有利于引导草根史学走向理性,而且有助于及时纠正草根史学的先天缺陷和知识性错误。"[①]职业史家与业余公众史学工作者要加强沟通,不是简单地出面批评,更精确地说是在沟通中加强规范。专业史学有专业史学的规则,公众史学的发展也应有自己的规则。因此要由专业公众史学家与普通人协商沟通,建立共同的规则。这种参与式的帮助与提升,比简单的批评来说效果更为理想。

高级介入之道,就是要成为公众史学学科的建设者。引导的最高境界就是建立公众史

---

① 马勇."自媒体时代"的历史研究和史学表达[J].史学理论研究,2011(4).

学学科与专业,学科与专业是现代社会中知识体系生存与发展的普遍模式;无法以学科与专业方式进入大学教育体系中,就无法建立起永恒的发展保障机制。公众历史如不能建设成为公众史学,永远难容于历史学;一旦有了公众史学,就可以名正言顺地在历史学体系中找到自己合法的位置。理论工作者必须对实践活动作一个学理的思考,这就是我研究与写作《中国公众史学通论》的背景所在。在这个过程中,理论工作者可以为公众历史提供学理。理论的梳理与提炼必须由理论工作者来承担,专业史家的公众史学理论研究可以提升公众历史的生产与传播水平。在这个过程中,还可以对公众史学学科进行顶层设计,设计出简洁明白、新手立马可接受与操作的公众史学框架及其分支体系来。有了学科,进入大学专业教育,就可以培养师资与写手队伍。有了公众史学学科,这些公众历史实践活动也就提升了,也从侧面告诉学界,它们不是"下三烂"的东西。

公众史学的建立,可以承上启下,可以将专业史家和普通大众紧密地结合在一起,形成一个完整的历史认知实体,公众历史活动能够在专家的掌控之下进行。

三、与专业史学互补的公众史学

有了公众史学,它会给专业史学带来什么影响? 姜义华称:"公众史学的勃兴,并不影响专家治史学……公众史学与专家之学应相得益彰。"[①]这个观点完全可以成立。专业史学无法包打天下,管好全部史学。20 世纪以来,说及史学就是专业史学,内涵大为缩小。建立公众史学,就是让人知道专业史学不是史学的全部,它有着更为丰富的内涵。扩大历史学的视野,建立包含专业史学与公众史学两大阵营于一体的大历史学科概念,就成为可能。有了公众史学,史学的体系才是完整的。

公众史学与专业史学是互补的。专业史学是往上走的,用来提升历史学水平的,它解决历史疑难问题,探索发展规律及原因;而公众史学往下走,是普及的、基础的层面。它让普通人的历史认识得以尊重与应用,人人留史,人人参与,人人享受。

公众史学是公众可以分享、参与、书写的史学。谁拥有历史书写权? 学术圈曾为之而争论。如果从责、权、利三者和谐统一关系来看,公众史学是大家共同拥有、共同解释、共同书写、共同使用的史学形态。也就是说,专家与公众均拥有历史话语权,只是程度有高低之分而已。

专业史学往往是职业化的,只鼓励专家参与;公众史学虽也需要职业化的研究,但主体的活动是在业余进行的。公众历史是一项人人可业余参加的史学活动,不影响普通人的正常职业工作。人人参与的表现为人人说史、人人写史、人人传史、人人评史。普及的东西,专家要参与,公众也可以参与。公众史书写,专业史家要参与。通俗史的研究,专业史家也要参与。从事正常职业工作之外,之所以还要关注公众史学,是因为它是与人人相关联的一种大众性的史学活动,关乎每个人、每个家庭、每个社区、每个组织历史的保存。

专业史学主要是国家史之学,而公众史学是民间史之学。专业史学服务国家组织,这与它处于"国家史学"时代有关。官员是一方主人,所以他是大空间者,喜欢由上而下观察现象。学者是更大空间的主人,也喜欢由上而下观察问题。这两种人的眼光均是由上而下的。传统的历史研究,都是从组织档案那儿来的,所以史学形态也是君史。这个时期的专业史学

① 姜义华.大数据催生史学大变革[N].中国社会科学报,2015-4-29.

受"国家史学"影响,偏重国家史、制度史、事件史。公众史学服务民间个人,美国用公共史学,我们用公众史学,为什么不用公共史学而用公众史学? 简单地说,"公共"对应"私人","大众"对应"小众","公众"对应"组织"。所以,不用公共史学,是因凡史学均是公共的;不用大众史学,那是为了防止精英与大众的对立。"公众"对应"组织",是从国家与社会二分理念中提炼出来的,正合梁启超提出的"君史"与"民史"。民间是由无数个体组成的,其眼光是由下而上的,只关注个人的故事,而不太喜欢大空间的宏观概括。由个体而个体,讲个体故事,所以更适合生活世界的个体享受。

从平面角度来说,公众史学是多学科多层面组合而成的。具体地说是由六个分支(公众历史书写、公众口述史学、公众影像史学、公众历史档案、公众文化遗产、通俗普及史学)组合而成的。对此,专业史家提出了两种质疑,一是近于平面叠加,二是分支名称早已存在。公众史学框架的建构,不是简单地叠加,而是新理念下的重新组合。各分支名称确实早已存在,但我们要的就是这种既存在又不完全相同的效果。要知道,各分支前面多了"公众"两个字。也就是说,我们只取部分内涵,作了全新的组合。有了六个二级学科,公众史学才更像是一级学科。

从纵深角度来说,公众史学是一种历史书写、历史研究、历史理论相结合的活动,不同层面需要用不同的方法。上层的公众史学理论研究,要遵循由实践到理论的常法;中层的公众史学学术研究,如新社会史、新文化史研究,也要遵循正常的学术研究之法。公众社区史的编纂,会涉及较为复杂的技术,会用上史学的主要方式,如时间与空间的结合。至于下层的公众历史写作,则复杂得多,可以是专业的,也可以是非专业的。公众史与通俗史写作均是叙述作品,虽然也有一定的分析,但主要是搜集资料,建构文本。叙述的核心是故事化、口述化、个体化。

作为历史学之一的公众史学,它的方法是什么? 这是习惯研究方式的专业史家马上会提出的。说及公众史学的方法,要注意三点:一是公众史学属于历史学门类之一,所以凡是历史学可以用的方法都可以用上。二是公众史学方法的自身特点。公众史学既然是新史学,就会有新的表现方式。专业史学以文字为主,而公众史学会以影音为主。它会突出个人本位、叙述之学、口述史、影像史、新媒体、大数据、以图证史等方法。口述史是一种直接研究历史存在的方法。公众史学作品的建构方式,会更强调可读性与可视性,要求用大众个体可以接受的方式来讲写故事。适应大众的作品,必然是个案性的,甚至是可视化的。个体化、可视化的历史作品,是人人看得懂的作品。个体化消费是人类消费的主流模式,所以人类故事也得是个体本位的。上层故事与下层故事,人人喜欢,这是人类共享的故事,故事是古今中外人类共通的历史接受方式,这是以前学术史学忽视的领域。今日公众史学的提出,让我们可以重新认识此问题,而且将其上升到理论思考的层面。要研究讲故事的技艺,得以人物为中心来展开,这涉及生活语言、个体、故事、细节诸要素。口述史与影像史,可以理解为两种不同方式的记录。除了文字文本外,公众史学会更重视听录音、看视频的方式研究历史。传统史学偏重文字表达与传播,对现代传媒技术的依赖度较低,而公众史学的依赖度则较高。公众史学让史学与新闻、传媒、摄像技术有了联姻的可能。

如果承认公众史学的合法学科地位,则它该放在历史学的哪个分支下面? 它不在当下专业史学的分类体系之内,应与专业史学相对应,自成一体。在无法实现这种理想分类情况下,可以考虑要将其挂在专业史学内,勉强可以挂在中外史学理论及史学史下面,当然也可以挂在中国近现代史、专门史下面。

结语

我们在史学理论及史学史下开辟了一个新的领域,可称为"公众史学理论及公众史学史"研究。目前,专业史学是中心,公众史学是边缘。未来,公众史学的发展将前途无量。因为现代社会是一个市场社会,公众史学有市场,书写人数多,参与人数多,消费人数多,自然有更好的发展前途。有了公众史学,也可改革历史学专业学习顺序,主张先学公众史学,后学专业史学。由个人史到群体史,认识自己,认识自己的家庭,认识自己所在的社区,公众史学提供了一种全新的适合普通人掌握的历史认识路径。

(原载《中国史研究动态》2016 年第 3 期)

公众史学学科推广的理论与方法

周俊超　华东师范大学历史学系博士生

由实践到理论,这是学科建设;复由理论到实践,这是学科推广。在钱茂伟《中国公众史学通论》出版以后,公众史学的学科推广被提上议事日程。学科推广是公众史学建设所不可或缺的一环。如何推广公众史学?这是一个大问题,可细化为多个基本问题和复杂问题。基本问题包括推广的方向、目标、意义等。而复杂问题包括公众史学与专业史学在推广上的不同、推广所面临的困难及解决之道、推广的基本路径及可能新辟的路径。

一、公众史学推广的基本问题

推广不仅靠实力,也凭手段。公众史学的推广,既是一个学术问题,又是一项宣传工作;不只需要理性讲解,也需要感性鼓舞。

公众史学是由公众史学理论研究者提出并建立起来的专业学科,它的推广包括了三个方向:面向全体公众史学者的推广,面向公众的推广和面向专业史学者的推广。公众史学者包括了来自专业史学研究团队的公众史学理论研究者,来自社会上的、自发参与的公众史学实践者,以及从事公众史学分支领域实践和研究的学者,如口述史学者、民间历史写手、通俗历史传播者、公众文化遗产保护者等。

目前三个方向现有的推广活动有"当代历史记录者大会"等"英雄不问出处"的公众历史交流活动,为公众史学理论研究者、实践参与者提供了互动平台。宁波大学公众史学研究中心等高校科研中心和永源公益基金会等民间历史公益组织,是目前公众史学面向公众推广的重要媒介。《中国公众史学通论》的出版,引起了部分专业史学者的关注;同时,2015 年公众史学研讨会的召开,邀请专业史学专家来讨论,皆是为公众史学和专业史学搭起对话平台的开始。从另一个角度看,面向公众史学者、专业史学者的推广是面向小众的推广,而面向公众的推广则是面向大众的推广。

学科推广的过程,从某种意义上讲,也是专业教学的过程。借助美国学者布卢姆等人提出的学习分类学说,学科推广的目标由低到高包括三个层面:知识、了解、应用。知识,即让推广对象知晓公众史学的存在;了解,是使推广对象了解公众史学的内涵、框架及意义;应用,是使推广对象能够参与公众史学的实践与研究,或者能够使用公众史学的实践与研究成果。

公众史学推广的意义包括利己、利人两大方面。首先对公众史学自身而言,学科推广可打破"自弹自唱"的困境。在2015年中国公众史学研讨会召开之前,从学理的角度研究公众史学,基本仅限于一小部分公众史学理论研究者,专业史学者、公众史学实践者以及公众很少有了解公众史学究竟为何物的。如此下去,公众史学的理论思考与创新将受到严重制约。公众史学需要面向全社会公开征集学科发展的意见和建议,如此才能收获新的启发和持续发展的动力。公众史学是大众之学,对学科推广有必然的要求;使更多人参与进来,公众史学才能做强做大。否则,仅限于理论探讨就是纸上谈兵。

再者对推广对象而言,也有益处。一是对全体公众史学者而言,不仅包括了具体的方法论指导,同时其所参与的实践与研究活动也被赋予了更多意义和更高价值。二是对公众而言,公众史学的推广表现在引导公众参与历史书写和历史知识获取的实践上,帮助公众完成、完善历史书写,获取真实的历史知识,树立起科学的历史观。三是对专业史学者而言,公众史学可以为专业史学相关学科的研究提供新的视野、材料、思路与方法,如现当代史、新社会史、新文化史、历史人类学等学科专业。目前相关专业和学科的学者已经开始涉足公众史学。如现当代史研究者已经有意识通过口述采访向公众征集相关资料。当然,这只是参与和应用公众史学的方式之一。对于公众史学的应用不仅限于公众口述历史(虽然口述历史是公众实现历史书写的便捷途径),公众的历史写作、家庭档案、文化遗产、影像记录等,均可为专业史学研究提供新的视野、方法和资料。

二、公众史学推广的复杂问题

专业史学的学科发展,一般得遵循先自强再推广之道。一个新学科、新专业的成果越来越多,参与的人越来越多,自然便能推广开来。当有足够的权力与财力吸纳人才以后,就可做大做强。与专业史学不同的是,公众史学是大众参与的史学,唯有先行推广,方能发展壮大。那么,在学科发展之初缺少权力和财力支持的情况下,公众史学如何实现推广? 这就需要进一步探讨推广中所面临的困难及解决方法。

困难之一,缺少权力和财力的支持,公众史学的建设尚且困难重重,谈推广似乎为时尚早。但上文已经提到,公众史学唯有先推广起来方能做强做大,所以不得不先行解决推广问题。认为公众史学推广难,其实只难在面向专业史学者的推广。依传统的专业史学眼光,唯科研成果是论,成果多自然受关注和重视;反之,尚处建设初期的公众史学,自身理论尚未完备,在专业史学者看来可谓"漏洞百出"。如此一来,想通过理性分析来说服专业史学者是非常困难的。而且专业史学者不爱听人"讲故事"(用公众历史实践中的感人故事打动听众),用感性的方式也难以奏效。欲解决这一难题,需转换思路。面向专业史学者的推广是面向个体的推广,因为每一位学者都是拥有独立的思考力和判断力的独立个体。面向个体的推广即使达到了推广目标,推广效率也是极低的。公众史学应面向群体去推广。这里的群体主要指公众群体,最好能够把公众集中或联系起来进行推广,如举办大型公开讲座,辅以可视化的传播工具。此外就是通过建立有效的推广渠道进行推广,如成立社团、拥有固定的媒体刊物等。公众史学应先面向公众群体实现推广,将影响力扩大到民间,再反过来吸引象牙塔里的专业史学者关注,如此自下而上的推广更为理想。按照古斯塔夫·勒庞"群体心理学"观点,群体所表现出来的一些特征(如传染现象)使得它比孤立的个体更容易接受知识的推广,更容易受到来自感性宣传的影响。这也解释了为什么那些擅长"讲故事"的民间历史爱好者,总能够带动起一批拥有共同兴趣的人一起工作;而学者想要在学术界组建起一个科研团队则没有那么轻松(因为每位学者都有自己的打算)。如此看来,公众史学在面向群体推广时,"讲故事"确有其价值。而在此之前,"讲故事"一直被公众史学理论研究者所轻视。但"讲故事"的水平也有高低之分,真正高水平的"讲故事"带有思想性的启发,是富有理性的,不是纯感性的鼓动。因此,高水平的"讲故事"是理性思维与感性思维的完美结合,这也是学科推广所要达到的一种境界。

困难之二,公众史学的相近学科在推广方面做得更好,尤其是口述史学,但这似乎对公众史学帮助不大。虽然公众口述史学也是公众史学的分支之一,但有不少口述史学者还不了解公众史学,也不谈公众史学,只对口述史学感兴趣。如此一来,他们对口述史学的推广就不能等同于对公众史学的推广。要解决这一困难,必须要在学科推广中统一标牌。即按照公众史学的六个分支:"公众历史书写、公众口述史学、公众影像史学、公众历史档案、公众文化遗产、通俗普及史学"[①],将分支领域的实践和研究活动统统纳入公众史学门下,赋予它们统一的标牌——公众史学,它们的参与者也便有了统一的身份——公众史学者。唯有统合各方优势资源,方能集中力量做强公众史学。反之,分散力量则造成资源的浪费,因此公众史学的推广需要打出统一的标牌。

公众史学现有的推广路径主要来自媒体和大学,虽然沿此两条路径可继续走下去,但就目前看来效果并不是特别理想。媒体宣传不力,主要原因还在于标牌不统一。但这里并非身份认同问题,而是各种相似概念混用的问题。如自传、口述史、回忆录、个人史等,在媒体中经常被提到,但却不被统称为"公众历史"。大学路线目前看似很有前景,如针对大学文史类教师进行培训,目的是让他们能够回到各自学校开设公众史学课程;发动大学生来参与公众史学的实践活动,协助推广公众史学。但大学路线也存在缺陷。首先,针对大学教师的培训以及开设公众史学专业课程,并不能直接面向公众推广,反而是在建设一个象牙塔里的公众史学。面对大学生的培训看似是一种可行性很高的路径,因为该路径门槛、成本低,且容易上手操作。但能够发动起来的大学生暂时还是少数的,他们只能一点点做个案的实践,这仍然是一种面向个体的推广,欲实现全社会范围的推广,颇有杯水车薪之感。

那么是否存在一种新的路径可供探索和尝试?其实,中学生或许是更为理想的推广媒介。目前"青少年历史记录者大赛"已经关注到中学生,但这种社会上组织的活动还不能够深入校园里的每一个学生,而中学教师则可以做到这一点。对中学文科教师进行公众史学的培训,或许是一个可以尝试的切入点。现在大学里重视对中学教师的培训工作,公众史学可借此机会作为一门培训课加入进来。受过培训的中学文科教师可通过课程讲授、课下作业及课外活动的方式,让中学生参与到公众史学的实践活动当中。中学是全社会普及的教育阶段,每个家庭都会有中学生,中学生只需走回家去便能实现推广。中学生比大学生更有集体意识,是更容易被推广的群体。

三、结语

公众史学的推广,要将理性讲解与感性鼓舞相结合。推广的目标在于,增进学术交流,

---

① 钱茂伟.中国公众史学通论[M].北京:中国社会科学出版社,2015:1.

　　为公众史学的建设广泛征集意见,为专业史学的建设提供新的视野、材料、思路与方法,为公众提供理论方法指导。目前,公众史学的推广主要面临两大困难:一是缺少权力和财力的支持;二是标牌、概念不统一,缺乏身份认同。前者需采取面向群体推广的思路,可采用"讲故事"、可视化传播技术等手段,由下而上,先面向公众群体推广,反过来再吸引专业史学者关注。后者则要求统合公众史学的分支领域,统一标牌和概念,避免分散力量。此外,公众史学的推广路径也有待拓新,通过培训中学文科教师来发动中学生,或许是一条可以尝试的新路径。公众史学推广的目的就是要把学科做强做大。只要做好推广工作,公众史学的建设将大步前进。

(原载《中国史研究动态》2016 年第 3 期)

课后实务:观看易中天《品三国》第一讲

第二讲　由生活世界而文本世界的当代历史书写

线上讲义

提倡生活世界与文本世界二元对峙及其转型理论，是为了建构我心目中的历史书写理论。公众史学的主要活动方式是"历史书写"，而不是当下学界盛行的"历史研究"。公众史学的出现，让我们关注到了"历史书写"的重要性。

一、历史书写：由生活世界而文本世界

什么是历史书写？"历史书写"近于"历史叙述"，原来指用文字对"过去"所做的"书写"。今日可以进一步扩大其内涵，凡用声音、图像建构的文本也可称为"历史书写"。历史书写本质上是一个将生活世界的真实历史转化成文本世界的描述历史的过程。这里提出了两个概念，叫作生活世界与文本世界。什么是生活世界？什么是文本世界？这两个概念本来是两个独立流行的概念。

生活世界是当代西方哲学的一个基本概念，最早是由德国哲学家胡塞尔提出的。胡塞尔所说的"生活世界"有两种含义：一是作为经验实在的客观生活世界，一是作为纯粹先验现象的主观生活世界。生活世界是生动鲜活的人文世界，是前逻辑前科学的，它与每个人息息相关，是最贴近于人的本真状态的、人所生存于其中的世界。

文本世界概念发端于20世纪后半叶兴起的认知科学及在此基础上发展起来的认知语言学概念。什么是文本世界？凡是用文本建构起来的认知世界，都可以称为文本世界。相对说来，文本世界的理解容易些，生活世界则复杂些。不同学科背景的人对它的理解是不同的，可作哲学上的抽象理解，也可作其他学科上的形象理解。我这里借用生活世界、文本世界，其含义与目标与其他人的阐释有所不同。哲学家、社会学家使用生活世界那是为了思考哲学问题或生活问题，语言学家使用文本世界是为了解读文学作品，而我使用生活世界、文本世界这两个概念是为了建构我所理解的历史书写理论。

由于目标不同，所以含义及体系建构方式也不一样。第一，含义不同。生活世界是人类在地球上每天看得见、摸得着、听得见，并能感受到的真实的活动圈，它可以大也可以小，有大的生活世界，也有小的生活世界。我所理解的文本世界，是通过文本（文字、录音、图像、录像）呈现的人类生活世界。"文本"这个词最早的意思是编织成块的东西，早期使用的"文本"一般指文字作品，最近使用的"文本"是广义的文本，包括文字、录音、图像、录像作品，简单地

说生活世界是一个真实的人类活动世界,文本世界是通过文本来呈现的生活世界。

第二,体系建构方式不同。我将生活世界和文本世界两个概念联系起来思考,是为了建构一对相互联系的概念。直接的理论依据是"历史"的二重含义性。我们以前经常讲历史有二重含义,一个是实在的历史,一个是描述的历史。那么,使用生活世界和文本世界这对概念,可以解决"历史"的含义同时包含双重性问题。我们可以这么说,生活世界对应"本体论上的历史",而文本世界对应"认识论意义上的历史"。我们可以看出,生活世界是一个真实的活动世界,属于本体层;文本世界是一个通过符号系统来呈现的人类活动世界,它是再现层面。生活世界与文本世界是两个范围非常大的概念,可以用来描述一切写作。广义的历史什么都包涵,所以可以考虑使用这对概念。

生活世界与文本世界,前后对称,直观简洁,整体把握。20世纪以来部分哲学家提出了另一个主张,主张哲学须回归生活世界。既然哲学都强调回归生活世界,历史学当然更应回归生活世界。

二、文本之外无历史

为什么要强调做历史的书写,这是由生活世界的不足、文本世界的长项两者所决定的。也就是说,生活世界的不足,可以用文本世界的长项来弥补。我们可以看见,人类的生活世界是人类实在的活动世界,它具有客观性、可知性特点,但是同时具有一度性、暂存性、易逝性。人类想过、说过、做过以后,言与行就消失了。甚至最后,作为个体的人类本身也是短暂的,我们每个人最多活百年,最后无法逃避消亡命运。这样,个体的人类消失后,人类的活动成为看不见、摸不着、人间蒸发的东西。那么,怎么样弥补在生活世界的不足?人类的活动怎么样才可以长久地保留下来?人类一直在思考这个大的问题。人类发现,可以通过文字来弥补生活世界的不足,把人类的生活世界转化成文本世界,这样就可以弥补它的不足。为什么说文本能弥补人类世界的不足?它有哪一些比较特殊的优点?

第一,文本是有限的、自足的。它有头有尾,可以进行复杂的内在的逻辑建构。第二,文本是一套可视的符号体系,可以供人类阅读,可以听。第三,文本有证据性。它的表达方式是透明的,白纸黑字赖不掉。最重要的一点,文本是可以超时空流传的,可以独立存在于人类的记忆之中,可以不断地传承下来,从而延长人类的记忆。历史书写一旦完成,文本就成了历史本体的符号化表达形态。从人类认知的领域来看,所谓历史就是文本记忆,文本是生活世界存在的直接证据。有了文本以后,人类的历史记忆得以及时被记录下来,有比较精确的时空观念,有精确的发展过程,甚至原因和结果的分析。由于它是超时空流传的,所以也就成为强势的历史书写方式。世俗社会的人要想永垂不朽的话,唯一手段就是留下历史记录,否则一切将归于物化而已。留下历史记录就是与变化相抗衡。人是世界上唯一能够认识到不朽,并且追求不朽的高级生物。文本之外无历史,历史的世界是一个文本的世界,这两句话非常重要。

生活世界与文本世界,二分的同时又是互补的。这个理论能让人深刻认识到历史记录的重要性,每一个人的每一段活动过程都是历史,每一段历史都应有人来加以记录。从历史的与实际的产生程序来说,先有历史书写,后有历史研究。历史书写是最基本的层面。这样,历史书写与历史研究一样,都不是天生的,而是后天的,它需要不断地训练。历史书写的门槛比较低,人人能够从事。能够从事历史研究的人毕竟是少数,只有历史书写才有可能是大众的。

三、历史书写的方式

人的历史存在必须由生活世界转化成文本世界。直接的管道是进入人类的大脑记忆,间接的方式是录音和录像,当然这是近代以后才有的事。

人类大脑同时配备了相应的记录器官(大脑)和拍摄的器官(眼睛)。人类的大脑有全息记录功能,能同时记录图像、声音、符号。在几种记录方式中,大脑记忆是最直接、成本最低的一种记录手段。大脑同时具有信息记忆、储存、回放、分析功能。记忆经过分析与理解就可以转化成思想。不过,大脑记忆有它的不足。第一,遗忘性。随着时间的流逝,记忆会逐渐模糊甚至会遗忘。第二,崩盘性。人脑如电脑,一旦受到外来的剧烈冲击,或离开人世,就会引发大脑崩盘,这样大脑记忆就会永远消失。第三,大脑具有封闭性。只有本人知道,大脑记忆是一种个体的记忆、私人的记忆,那意味着只有本人可用,具有独享性。第四是流动性。大脑是活的,如同一台机器,它会加工,它会联想,从而使人类的思考表述越来越复杂。

有了记忆以后,我们人类就会思考,有了思考以后,我们就会有一种表达的欲望,表达是群居动物,尤其是高级动物人类的一大本能,要将大脑存储的信息和形成的思想表达出来,必须借助一套外在的工具。为了交流思想情感,人类首先想到的是用肢体语言,接下去发明了语言,再后来又发明了文字,到了近代又发明了录音、照相、录像。这样,大脑记忆的外化方式可以有四种类型:靠身体呈现的肢语、用语言表达的口述、用文字表达的文献、用影像记录的图像。

历史书写会碰到一些难点,生活世界与文本世界是两个不同风格的世界,生活世界的人更擅长诉说,用语言来表达思想,多数人没有录音、录像习惯,至多偶尔拍几张照片,文字记录更是少见。对很多人来说,生活世界是属于自己的,比较熟悉;而文本世界是属于别人的,所以显得生疏,甚至感觉是不存在的。要将生活世界转化文本世界,难度是不小的,这些难点表现为,非读书人群普遍存在着几大非历史的障碍,这些因素都是与没有文本意识有关的。当代中国中小学作文的教学,没有让孩子养成读书写作的习惯,所以成人后对文本世界十分生疏。因为没有文本世界,所以导致普通人的不朽意识比较淡薄,所谓"不朽",正是文本世界的事情。

普通人历史意识弱,只关注现状,没有精确的时间观念,经常是"以前""后来"这样的粗略表述方式,故而没有文本世界,也就比较忽视档案的收藏。普通人缺乏档案收集的意识,没有档案收集的习惯,家中档案是比较少的。如果到村里去,要想搜集一些档案的话,困难是很多的。因为没有文本的辅助记忆和强化,所以普通人的遗忘性也就特别强。大脑的很多记忆尘封过深,当有人突然去问他们的时候,他们就回忆不起来。

那么,如何将普通人生活中的历史诉说转换到文本世界的历史叙述呢?以前唯一的工具是文字,我们现在则多了录音、录像,这就比较方便了。录音与录像的发明提供了更为便捷的记录工具,这些工具更适合普通人来使用。由生活世界和文本世界的转化来看,文本是历史的再现。历史的再现问题,一直备受历史学界的关注。历史存在是可知的,人类能用文本再现消逝的生活世界。只是历史的再现,不是机械的再现,所有的再现是建立在人类个体大脑认知基础上的。大脑记忆的再现,是一种认知再现,文本记忆的再现更是一种认知再现,并且是一种复杂的再现。从这个角度上说,历史学是建立在历史记忆整理分析建构基础上的历史的认知学。文本世界是对生活世界的建构,描述的世界与实在的世界是有差异的。史学是认知形态的历史,是历史学家对真实发生的历史的描述和阐释,人类建构起来的历史,不太可能与实在的历史完全吻合。

从历史学的公共属性来看,有必要让人类的历史活动轨迹留下充足的文本证据。历史书写远比历史研究重要,因为不记录下来,历史就没有了。如果没有历史文本,人类的精神文化就和人类的整体躯体一样,就会消失于地球之上,无影无踪。一个人活的时候很牛,但死了以后没有文本记录,那就会被人遗忘。从这个角度来说,历史学是伟大的人文学科。

线下教案

讨论话题:

1. 大家有"历史"吗?

人人有"过去",但多数没有"历史"。为何? 发生的是"过去",写出来的才是"历史"。"过去"不会自动成为"历史",必须转化成文本,"过去"才会成为"历史"。往事如烟、历历在目(记忆犹新)、永垂不朽,这三个关键词可以解释实体活动(生活经历)、大脑记忆与文本记忆的不同。从当代历史来说,历史学的第一功能是人类历史的记录,其次才是人类历史的分析。课程结束时,让一个同学谈课后感,同时要求录音下来。

2. 你觉得你是现代文明人或半文明人?

文明是通过文本承载的。抛开古今纵向的时间性,每个人会面临生活实践、大脑记忆、文本记忆三大层面。一般的人只有前两个层面,没有最后的文本层面。用语言表达自己的思想,这是生活世界最为普通的手法,这样的做法与原始社会的人没有什么本质区别,仅是程度不同而已。

3. 为什么要写日记?

先问哪些人在坚持写日记,然后组织课程讨论,让不写日记的同学列举不肯写日记的理由。通过讨论,更新不写日记同学的观念,让其尝试写日记。日记写什么? 记录人的日常生活过程及经验、观察与思考。除了生活日记,也可写思想日记、学术日记。写日记是"我在记录我的历史"。写在什么地方? 可以借助手机便笺功能,尝试写日记。

4. 写日记的十大好处

写日记是一个很好的习惯,记得有这么一句话:思想决定行为,行为决定习惯,习惯决定命运。我坚持写日记很多年了,对于写日记,我认为写日记有以下十大好处。

(1)写日记能提高写作能力,提高文学功底,你可以在每天的日记中运用一个成语。

(2)写日记能让我们学会发现,发现生活,感悟生活。

(3)写日记可以记录历史,知道曾经的自己在做什么,想什么。

(4)写日记能更好地总结今天发生的事情,知道自己每天干了什么.

(5)写日记可以帮助我们珍藏回忆,翻开儿时的日记,拾起曾经的美好。

(6)写日记能让我们思考人生。

(7)写日记能缓解心理压力,尽情发泄,挥洒不愉快于纸间。

(8)写日记能让生活更有规律,因为每一天都记在纸上。

(9)写日记可以积累知识,每天学到的在写日记时又复习了一遍。

(10)写日记能培养毅力,更好地学会坚持,坚持就是胜利,有坚持就会有奇迹。

总之,写日记好处多多,坚持下去一定会有所收获。(袁淑艳)

5.写日记好处多,能提高情商。

写日记是很多人坚持多年的习惯。美国《赫芬顿邮报》近日载文,总结了经科学证实的写日记的好处。

(1)提高智商。加拿大维多利亚大学一份研究报告指出,作为语言学习的一部分,写作与智商之间关系密切。日记是一种语言探索,写作过程中会产生搜索新词的冲动,扩大词汇量。在各种智力测试方式中,词汇测试是一种最简单的方法。

(2)增强注意力。美国《国际健康杂志》刊登一项研究发现,快乐和注意力之间存在很强的关联性。写日记可将人们带入一种全神贯注的思考状态。此时,对于曾经的挫折和未来的焦虑,往往都能够坦然面对。写日记有助于驯服脱缰思绪,变被动为主动,改善注意力。

(3)实现目标。"写下目标,有助实现"与"按图纸建大楼"是一个道理。美国国立卫生研究院一项研究发现,以日记的方式写下目标能够刺激脑底"网状激活系统"细胞,大脑会更关注与实现目标密切相关的机会和工具。目标越详细,心理蓝图就越清晰,目标就越可能会实现。

(4)提高情商。情商是感知和管理自身及他人各种情绪的能力。研究发现,写日记是处理情绪问题和提高自我意识的重要方式。这种过程更有益换位思考,更好地理解别人的感受。与他人在相互理解方面达成共识是情商提高的一大标志。

(5)改善记忆力和理解力。《华尔街日报》刊登一项研究发现,写日记时,手脑并用,增强了大脑和双手之间的独特关系。写日记过程中往往会思路大开,这有助于增强大脑中信息的传递、记忆和获取,不仅记事更牢,理解力也会增强。

(6)加强自律。每天留点时间记日记,本身就是一种自律行为。自律与肌肉一样,锻炼越多,力量越强。英国心理学家沃尔特·米歇尔研究发现,坚持写日记的人,往往也更可能有保持室内清洁、坚持日常锻炼等健康生活习惯。

(7)改善沟通技巧。美国斯坦福大学一项研究发现,写作与口头表达存在重要关联。日记是书面沟通的一种形式。这种追踪自我思想的"默读"会对实际交际过程中的口头表达能力产生积极影响。

(8)疗伤。《写作疗伤》一书作者詹姆斯·彭纳贝克博士的研究发现,表达性写作是疗伤过程,这包括情感创伤、身体创伤和心理创伤。实验发现,写日记有助于参试者提高免疫力,缓解由于情感纠结和思虑过度或胡思乱想而产生的压力。

(9)激发创造力。《艺术之道之晨间笔记》作者朱莉娅·卡梅伦称,写日记是激发创造力的灵丹妙药。不假思索地将自己的想法写下来就是"意识流"写作。这一过程有助于激发和发掘各种全新创意和想法。

(10)提升自信。美国《今日心理学》杂志刊登一项研究发现,在日记中写下积极的体验,相当于在大脑中再受一次良性刺激,这有助于消除自我怀疑。大脑中释放的欣快激素内啡肽和多巴胺会提升自尊和情绪。

(《生命时报》2015年3月9日)

6.笔者体会的写学术日记的好处。

1985年,当时我正在读研究生,有一天读到一篇介绍文章,介绍原复旦大学历史学教授陈守实有一个做"学术日记"的传统。我眼睛一亮,决意仿做。这么一做,就坚持下来了。开始记在日记本上,做了五十多本日记。2003 年开始,直接在电脑上写作。从此,一年一本。近年,写作量大增。2016 年,写了 46 万字。每天的日记,少则一二千字,多则八千字。我坚持了 30 多年的学术日记写作,收获非常大。可以说,没有日记写作,就没有我那么多的成果与独特的思想留存。

(钱茂伟)

➔ 日记推荐

1."民国老日记"系列丛书。

第一辑包括 4 种,分别为《国民党下级军官的日记——从江南到东北 1946—1948》《两个民国女大学生的日记》《民国乡村小学生的日记》《一个小学校长的日记》,华文出版社于 2012 年出版。

这套"民国老日记"丛书从"重述历史"出发,关注"大历史中小人物的生活与命运",通过"小人物"留下的私人化书写记录来展现他们背后风潮涌动的民国大历史。这些日记主人在宏大的历史叙事中属于甚为普通的个体,却代表着长期为人们忽视的民国社会群体。他们的日记最大的特点在于,以私人化的感性文字,真实记录下大时代的历史现场。日记使这些长期不为人关注的"小人物"从历史深处走出来。透过他们的日记,我们可以发现许多在教科书和名人作品中难以发现的历史,进而获得许多传统认识之外的东西。

2.祝伟坡:《微观历史:1957—1965》,商务印书馆,2013 年。

凭忠诚打量自己那一段历史,这才是真正的信史,是火热年代平民的心灵史,是时代的活化石。

3.姚启中:《卖菜叔日记》,安徽人民出版社,2013 年。

一部北漂农民工爸爸的日记。姚启中 1997 年从安徽阜阳老家来北京打工,靠卖生姜、大蒜维持一家人的生活并供儿女读书。从 2009 年底开始,姚启中一边卖菜一边写作。写给儿子的奋斗史,他没有钱,只能给儿子留点教育经,新时代的三字经。他只有小学四年级文化水平,靠着一本字典、一沓纸,在三年时间里写出了 20 多万字的日记,原汁原味地记录了他们一家五口人的 16 年北漂生涯,以及他教育孩子的方法。姚启中将这本书定义为"家庭史"和打工奋斗史,他坦言自己写作水平一般,想展现的是积极的生活态度和真实的人生感悟。

课前文选

小历史书写理论与方法的研究

钱茂伟

摘要:在历史研究与历史书写中,我们强调历史书写优先于历史研究;在大历史与小历史书写中,我们强调小历史书写优先于大历史书写。由小历史而大历史,人人都是历史学家,历史离我们并不遥远,历史就在我们身边。公民是历史的参与者,同时也是历史的书写者。历史系教授有责任组织小历史编纂活动,历史系大学生应成为小历史编纂的主力军与倡导者。由点而面,积极推广小历史编纂活动,形成小历史书写的社会风气。如果能做到人人有传,家家有谱,村村有志,小历史书写就会进入成熟时期。目前,只能算是发展初期。中国有着悠久的国史书写传统,今天则可以改造一下,将之推广为公民写史的传统。

由于各种原因,小历史书写尤其是平民历史的书写,是被我们这个国家、民族所忽视的。我国当然有传记、家谱、村志编纂的传统,然而没有"小历史"的说法。换言之,我们现有的传记、家谱、村志,多是着眼于"大历史"视野。这正是笔者不满意之处。身处当下时代,人人都是自己的历史学家,美国史家贝克的话,让我们的内心深切呼唤着小历史书写时代的早日到来。什么是小历史? 小历史包括哪些? 为什么要书写小历史? 小历史书写产生的动力是什么? 如何书写小历史? 细检有关索引,发现学界对这个问题思考不足。近几年来,笔者一直关注小历史书写理论与方法的思考。通过四年的小历史书写活动的推广与实践,取得了一些可贵的经验。本文拟对小历史书写有关问题做一些学理的思考。

一、为什么要强调历史书写?

历史书写可以弥补历史研究的不足。

从史学实践活动来看,历史学实际可以分为历史书写、历史研究、历史理论三个层面。如果将历史理论归入哲学层面,则历史学真正要考虑的是历史书写与历史研究两大层面。[①] 于此可见,历史研究不是历史学的全部,只是两大部分之一,仅有历史研究是不够的。从历史的与实际的产生程序来说,先有历史书写,后有历史研究,历史书写是最基本的层面。

近代以来,由于受科学研究的影响,历史学的发展出现科学化、专业化趋势,最为重视历史研究,而相对忽视历史书写,似乎历史书写是无师自通的,可有可无的。在大学的史学训练活动中,也只重视历史研究训练,只想培养历史研究者,而忽视历史书写者的训练。现在看来,这种侧重是不够的。历史书写与历史研究一样,都不是天生的,而是后天的,都需要加以不断地训练。

从技术上来说,历史研究稍难,历史书写稍易。能够从事历史研究的人是少数,只有历史书写才有可能是大众的。历史书写,人人可做;但历史研究,只有一部分人会做。历史书写,可以让更多的人参与进来,从而增加史学的实用性。

"历史书写"是西方学界提出的概念,实际涵盖了中文的"历史记录"与"历史编纂"的双重意义。这是一个容易引起混淆的概论。研究完成后写出来的专书,也可称为历史书写;如作为动词使用,可称为"书写历史",那实际上是在实践或创造历史。不过,笔者所理解的"历史书写",侧重历史的记录,中国传统的说法是"历史记注"。

从记录历史的手段来看,历史书写可以分为声音记录、图像记录、文字记录三大基本形式。声音记录可以保存人类的声音,图像记录可以保存人与事物的外貌,文字记录可以表达人的思想,记载人类的活动、人类的故事。三种方式,从发展历史来看,最初只有文本书写,后来逐步扩充为图像记录、声音记录。

[①] 李峰在《西周的政体:中国早期的官僚制度与国家·自序》(三联书店,2010年)中称"历史这一门学科其实可以分为两部分,一部分是历史记述(historical documentation),另一部分则是历史研究(historical study)。"

历史为什么要文本化？文本化的优势是什么？这是一个值得探讨的问题。从广义上说，声音记录、图像记录、文字记录均可称为历史文本。"历史文本"对应的是"大脑记忆"与"口耳相传"，所以应从两者的比较中思考文本出现的背景与理由。文本的出现，说明人类已经意识到了大脑记忆的不足。大脑记忆与文本记忆的不同在于，大脑储存是未经整理的、混乱的记忆；文本是已经整理好的、有逻辑的记忆。大脑记忆是叠加性的、混合性的；而文本是线性的、平面的。大脑作为信息的载体，成本最低，不需要借助外力，这种记忆方式应该是最早的，也是最为原始的。大脑本质上是物质，所以，大脑记忆的最大不足是遗忘性，随着时间的延长，会模糊与遗忘，甚至随着肉体的消失而永远消失。二是封闭性，或内化性，只有本人知道，别人不知道，是典型的私密信息。口传是声音文本，听得见但看不见；图像文本与文字文本，看得见但没有声音。由此可知，大脑记忆与文本记忆的区别在于，是否听得见、看得见。如果听不见、看不见，就是大脑记忆；如果听得见、看得见，就是文本记忆。由此可知，文本记忆优于大脑记忆。

声音文本与图像文本，在一个没有录音、录像技术的时代，是不易保存的；只有文字文本，因有竹简、纸张等载体，容易保存下来。近代虽然解决了录音、录像技术问题，有了声音与图像保存的载体（如磁带、磁盘、光盘、U盘等），可以保存声音与图像，但从使用习惯与使用频率来说，仍是文字文本最高。这是因为，文字文本最为便利，最为有效。即使到了今天有录音笔的时代，它仍是最为便利与有效的保存方式。由此，我们最为推崇的仍是文字文本。

那么，文本有哪些特点呢？文本是自足的。平时的大脑回忆、口述是零星的、自发的；文本书写则是有意识的、系统的活动。传统的说法，历史书写是历史本体的如实反映，现在的说法，则是历史本体的立体透视与记录。所谓如实反映，就是客观。客观的含义，有三个方面：有什么就写什么，多方位、多角度地写，优点、缺点都得写。事实上，这样的客观要求是相当有难度的。一则人类说了那么多话，做了那么多事，不可能全部记录下来。二则历史本体的记录取决于人类的认知。历史本体本身不会说话，尤其是自然界。这里存在两种情况，一是一个人的思想与行为，要被第三者记录下来，必须得有一个前提，即为他人所感知与认知；否则，就无法被记录下来。二是人类虽可以书写自己，但只有小部分人会写自己，绝大部分人不会书写自己。三则人的表现是立体的、多方位的，人与人的接触，是多角度的。不同的角度，会对同一个对象有不同的感受与认知，会有不同的想法，会有不同的印象，会有不同的记忆，会有不同的图像，会有不同的文字书写。四则优缺点的概括是相对的，是人为的。因此，不可能是全部记录，只能是有选择地记录。同时，只有综合多人的记录，进行分析与重构，才会得到相对全面的认知，从而建构起相对全面的人物图像，成为一部自足的好文本。

文本是理性的。平时的零星回忆是感性的，而系统地回忆与梳理，则是一项理性的活动。它多是在历史意识相当强的情况下发生的活动，历史意识催人成熟，使之理性化，从而形成整体的理解。平时的日常生活，没有文字，实际上没有人生总结。重温历史，是为了理性分析，得到更多的新知，不是简单的回顾。只有总结，才会进步。在叙述中，分析得失，确立自信，认识不足，从而取得更多的有益经验。写自传，是认识自己的一种反思活动。修家谱，是认识自己家族的一种反思活动。可以说，历史学是现在对过去的思考。

文本一旦形成，会有多个方面的优势：一则文本是简洁的。大脑记忆要成为可以用语言来表达的东西，成为可以用文字表达的东西，不是一件容易的事。写一篇好的历史文本，是要花费相当多时间的。二则便利阅读。读一万字的文本，只要十分钟即可；但如果口述的话，几个小时也讲不完。这就是写出来的好处。三则文本可以延长人类的记忆。如果不是有意识地考问而记录下来，相当多的记忆就会被遗忘。四则文本是稀有的、相当珍贵的。历史发生后，大都沉入记忆之河底，能被打捞上来且被书写下来的历史事实，是相当少的。物以稀为贵。五则文本是可以超时空流传的精神产品。人物书写一旦完成，文本就成了历史本体的符号表达，可以独立存在于人类的记忆之中，可以不断地传承下来。人本质上是物质产品，物质会消失；但精神产品可以不断传承，只要有人保持，就可以不断传承。有了文本，人与家族的历史就可以独立流传了。百年之后，故事仍存于世。只要后辈保存，图书馆收藏，其事迹就可以永远流传，做到永垂不朽。

文本化书写也可以改变人类的一些天生的不足，如接触的不足、记忆的不足、口传的不足。受农耕民族习惯影响，中国人尤其是底层社会，比较注重物质层面，而忽视精神层面。人类的普遍习惯是关注现实，而少谈过去。能偶尔关注过去、想想未来的人，总是少数。中国人往往只有大脑记忆、口耳相传的习惯，没外化成书面文本的习惯。能用文字来表达历史本体的人，总是少数。尤其是接触的困难，一个人的表现是全方位的、多侧面的，一个人不可能全方位接触另一个人。多层次建构的文本，可以克服这些先天不足。

总之，大脑记忆的不足、口耳相传的不足，导致了历史文本的出现与存在。由于它是超时空流传的，其他往往传不下来，所以也就成为强势的书写方式。

二、为什么要强调小历史书写？

传统的观念，历史就是历史，没有大小之分。"大历史""小历史"是由美国华裔历史学家黄仁宇提出的概念。他是从历史视角入眼的，所谓"大历史"是指宏观历史，而"小历史"则是微观历史。赵世瑜也提出"大历史"与"小历史"概念。他所谓的"小历史"，是"那些局部的历史，比如个人性的、地方性的历史；也是那些常态的历史，日常的、生活经历的历史，喜怒哀乐的历史，社会惯制的历史"。所谓大历史，就是"那些全局性的历史，比如改朝换代的历史，治乱兴衰的历史，重要事件、重要人物、典章制度的历史，等等"。[①] 近于社会史与政治史研究。笔者所谓"大历史"与"小历史"，完整的说法是"大历史书写"与"小历史书写"，是从历史建构单位入眼的，是一个历史书写概念。根据国家与社会二分视野，以国家或全球为对象的历史书写，就是大历史书写；反之，以社会民众为对象的历史书写，就是小历史书写。

为什么要分大历史书写与小历史书写？主要是为了突出小历史书写的重要性。因为，只有一种大历史意义上的历史书写，就会限制小历史书写，没有小历史书写的生存空间。传统的理念，历史就是英雄人物的历史，历史就是国家的历史。在这种大历史视野下，平民是没有历史的，在历史这个舞台上能走几步的都是帝王将相、英雄豪杰。由此说明，大家熟悉的历史都是民族的历史、国家的历史、精英的历史。这样的史学，实际上是一种精英史学。

何以古代社会只有大历史书写，没有小历史书写？这是由强国家弱社会的性质所决定的，也是由农耕社会性质所决定的。历史书写背后有一个历史选择权问题。政治权力在谁手中，历史书写就朝对谁有利的方向发展。传统中国是一个"包容式的家国同构的国家"。国家可以涵盖社会，只有国家没有社会。在一个国家强权时代，政府的历史是否存在，是否

---

① 赵世瑜. 小历史与大历史：区域社会史的理念、方法与实践[M]. 北京：三联书店，2006.

记录,影响全局。至于个人,可以存在也可以不存在,不会影响全局。平民没有政治权力,没有自己的渠道,也无意识做这种事。百姓的声音,不会形诸文字,不会被保存下来。所以,中国传统史学的本质即是一项为统治者提供资治的学问,历史不过是政治史(政府的政治意识与政治活动史)的代名词,这种历史视角是"自上而下"的,它只注重宏大的历史叙事,这也是由农耕社会生产生活方式的简单性所决定的。传统中国一直处于农耕社会,农耕社会与工商社会相比,明显不同。农耕生产是一种简单再生产,农耕社会以乡村为中心,生活方式相对单调。在照明条件落后的情况下,农民生活是一种自然型生活,遵循日出而作、日落而息规律,没有夜生活。农民是穷人,是弱势群体。农民的弱势,导致了社会地位的低下。民间力量既然非常之弱,自然民间之事也往往不受人重视,不会被记录下来。历史书写背后的权力,是一个相当核心的因素。

把历史书写分为大历史书写与小历史书写,是为了突显小历史书写的位置。不是只有国家的历史可以成为历史,民间的历史也可以成为历史。不是只有大人物的历史是历史,小人物的历史也是历史,人人的历史都是历史;不是只有国家才有历史,家族的历史也是历史,各个组织的历史都是历史。总之,将历史书写区分为大历史书写与小历史书写,可以给小历史书写以应有的平等位置,改变历史上形成的畸轻畸重的畸形发展局面。

小历史书写之所以要从传记、家谱开始,是因为小历史书写内部,其实仍可细分多种形式,至少可以分为个人史与组织史两大类型。组织史,又可以划分为多种类型的组织史,如家庭(家族)史、乡村(小区)史、公司(企业)史、特殊群体史(女性、劳工等)。再进一步观察组织史的四大类型,家庭组织是最小的社会细胞组织。人是最基本的个体,家庭是最基本的单位组织。所以,个人史与家族史是小历史书写的最基本层面。有了这些,就可以进行其他类型的单位建构。

小历史的书写,其意义甚大,至少有五点值得注意。

可以更新人民的历史观念。小历史书写坚持大众史学观,即人人都有历史,一个人有自己的历史,一个家族有自己的历史,一个村落有自己的历史。确立大众史观,写平民,写普通人,是基本导向所在。由大历史观到小历史观,这是必须更新的历史观念。今天要培养的是小历史观,这是当务之急。中国有着悠久的国史书写传统,今天则可以改造一下,将之推广为公民写史的传统。小历史书写所涉及的三种文体,中国历史上早已存在。然而,受大历史观的影响,其内容以大人物为主。今天提倡的小历史书写,虽仍借用这些形式,但实际上做了较大的变动,既写大人物,更写小人物。

扩大历史学的实用功能。历史学发展,面临的最大问题之一是历史学的实用性。尤其是对中国这个实用至上的国家,历史学的实用性,更是其发展的基本动力所在。大历史书写对一个普通人来说可能是没有用的,但小历史书写的实用性是没有人敢否认的。大历史,只有一部分有知识的人才可用;小历史,人人可用。历史对于公民的实用性,表现出多层次性。不同层次,对历史学的需求度也不同。显然,知识层次越高,对历史学的需求度越大。从分层次意义上讲,应编纂不同类型的历史作品。在西方,普通民众是通过个人传记来了解历史的,只有专业人士才通过典章制度、事件类专业作品来了解历史。[1] 大历史只有一个,而小历史数量多得不得了。历史学要考虑大众的需要,让更多的人使用历史学,才是扩大历史学使

---

[1]　许倬云.从历史看人物——以刘邦和朱元璋为例[N].文汇报,2006-9-5.

用功能的一个有效途径。小历史可以丰富历史学的用处,让历史学建立在更为扎实的基础之上。20世纪80年代以后,中国已经注意到了传记、家族史的编纂,这是一个进步。大历史为国家所用,小历史为民众所用,大历史与小历史相结合,史学的功能就会充分表现出来。只有小历史与大历史相结合的历史学,才是全面的、充分的历史学。

让历史学走入寻常百姓家。历史学如何由小众之学成为大众之学,这是一个值得思考的理论与现实问题。人类的史学,经历了由政治史学到学术史学的转型。高校历史系毕业生不可能全部走专业化之路,这个社会没有提供那么多的历史学专业岗位。历史学今后的发展趋势,将是由国家到民间,由学术史学到公共史学转型。为更多的人所用,才是历史学的广阔出路所在。小历史书写,它的从业门槛相对低,书写对象相当广泛,所以,它的发展天地相当广阔。大历史书写是史官之责,大众无法插手;小历史书写是民间的,更适合大众来操作。小历史书写具有业余性,人人可做。它的从业队伍,有可能是相当庞大的,小历史书写有可能培养出一支大军来。有了小历史书写,历史学就是一个时时处处存在的东西,其实用性就不成问题了。处处有历史学,时时有历史学,人人懂历史学,谁会怀疑历史学的用处呢?

突显公民主体修史,让个体、民间组织的文化得到完整传承。大众史学一方面以同情了解的心态,肯定每个人的历史书写;另一方面也鼓励人人书写历史,并且书写大众的历史,大胆地提笔,为个人、家族到小区、职场等写历史。普通人不只是历史的注脚,也可以成为历史的主角。写自己的小历史,就是主动修史。小历史讲述的是老百姓的故事,是人类个体生活经验的回忆。普通人的命运被真实地记入史册,不仅还原了历史的真相,而且也是马克思主义史学"人民群众创造了历史"这一历史观的回归。这样的历史学,才是普遍的历史学,与人人相关的历史学,历史学的功能才能充分体现出来。

小历史书写将弥补政府史的不足,为"大国家史"的书写提供可能。在传统精英史观下,历史的书写,突出大人物,忽略小人物。传统史学是一种以政府及其官员为主的"小国家史"结构,今后的史学应是由国民个人史汇合而成的"大国家史"。大众史学观强调,人类社会古往今来都是由大人物和小人物构成的,所以历史的书写,既要写大人物,也要写人小物。小历史书写是大历史书写的基础,那样的历史才是完整的历史。借小历史可以观照大历史,家族史是小群体史,也是大群体史的实验场所。

小历史书写可以培养现代公民的历史意识。在回顾历史之中,可以培养起人的历史意识。所谓历史意识,就是由时空间隔而形成的重新反思、重新观察。由重新认识而形成的看法,就是历史意识。刚来到人世的人,当然不会有历史意识。只有过了几十年,人到中年以后,人才会有历史意识。回顾与展望,是人类的特性。历史意识有别于现实意识。现实的判断标准是实用性,而历史的判断标准是文物性。物质一旦脱离现实时空,失去实用价值,就剩下文化价值。用历史意识重新打量物质的价值,会有新的认识。人类一切东西,都有现实实用与历史文化两大价值。因为稀有,所以价值高。因为实用、数量多,所以价值小。时间能考验一切,经得起时间考验的东西,才是无形之宝。独到的文化价值,就是文物价值。历史意识,可以让人多一只高级眼睛,在实用价值之外能关注历史价值。

三、小历史书写的可能性与困难性

目前的中国,提倡小历史书写是可能的。

由农耕文明逐步向工商文明的转型。大众书写的发展状况,取决于民众在历史发展过程中作用的突出程度,取决于历史书写价值观念的解决,否则就不会有大众书写的存在与发展。这种变化,首先发生于西方。工商社会是一种扩大再生产,以城市为中心,是一种打破自然规律的生活,有着丰富的夜生活,从而促使城市娱乐文化的发达。市民尤其是其中的工商业者,都是拥有资产的资本人,是强势群体。有力量,才有社会地位。工商业者的强势,决定了其社会地位的崇高。他们是国家的主人,是家族的英雄,自然值得关注。社会(民间)的力量越来越强大,社会民众在历史发展中的作用就越来越突出。这个时候,国家(政府)显然无法再一手遮天,国家对社会掌控就会松动,单一价值就会崩解。这个时候,民间的历史书写受人重视。

政治的开明化。写小历史,本质上是社会发展的结果。社会的发展,使人们成为实际的国家主人,从而有可能书写自己的历史。记忆可以成为不同集团演绎权力的方式,强者可以通过塑造记忆来控制弱者,记忆也可以成为弱势民众的武器。书写小历史是公民的权利。历史是我们国家、社会乃至整个人类的集体经验,这种集体经验的保存,是真正的公共事务。从这个意义上讲,书写与知道历史,就是一种公民权利。因此,这是一个"公民写史"的时代,它给了我们每个人一支笔,以打破几千年来被官方和史官垄断的历史书写权和解释权。

教育的普及化。古代社会,读书人数量总体上不足。教育程度低,自然无法写自己的历史。今天,教育日益普及化,进入了所谓大众教育时代,受教育人口数量大增,各个家族多多少少出了文化人,这些文化人为小历史书写创造了人才队伍。

历史观念由精英史观向大众史观的转型。关注自己,关注自己的家族,这是人类的一个特点。传统史家"把历史发展的动力归结为精英人物精神作用的结果,致使普通人在以往的历史著作中,只是被看作是大人物的陪衬,是精英统治下的永久牺牲品。这种错误的社会历史观,不仅限制了普通劳动群众通过自我认识这个心理过程了解自己、理解自己,而且大大阻碍了他们自我认知能力的发展。而西方当代口述史学家通过调动普通人参与历史研究和写作的积极性,不仅使生活在社会底层的这些'沉默者'体会到自我存在的价值以及自己在创造世界和改造世界的物质生产实践活动中的力量,而且意识到历史写作绝不只是学术界少数人的事情,普通人也能够而且也应该在提供具有重要意义的历史知识方面扮演主动的角色。"①他们抛却过去传统历史关注政治和宏大事件的目光和呆板的叙事方式,转而关注日常微不足道的细节,成就普通人的历史,这就是历史观念的进步。人人都有自己的历史观,人人的历史都是历史。人民既是历史的创造者,也是历史的书写者。我们每个人都是历史的亲历者和见证者,那么,让我们一起来书写历史,记录你所知道的,发掘你想知道的。② 提倡大众史学观,开辟了一条大众都可以参与的史学研究之路,让大众明了自己走过来的历史真相,让大众真正有知情权,非但不是一句空话,而且是实际的行动。从我写起,从我的家族写起,从身边写起,由近及远,由小历史到大历史,这就是大众史学的小历史书写要旨。

传播技术的普及化,使民间历史书写成为可能。过去之所以只有显贵的历史,部分原因是普通百姓无力自印书籍。当代的技术发展,闲暇时间的增多,令一般人都有机会参与历史书写。印刷术的普及,还有摄影、录像、互联网,提供了许多方法让人们塑造历史。近年来越

---

① 庞玉洁. 从往事的简单再现到大众历史意识的重建——西方口述史学方法述[J]. 世界历史,1998(6).

② 左月. 我们一起来书写历史[EB/OL]."国家历史"网站,2007-09-11.

来越普遍的个人回忆录出版、口述历史计划,以及个人网站、数码录像、摄影等,都可以说是历史材料,可补充官方文献与新闻媒体记录之不足。

总之,人类的记忆中储存了大量的信息,如果能表达出来,那是一笔精神财富。历史书写由单元化到多元化,这是人类历史书写史上的一个大变化。

当然,小历史书写在推广过程中,可能会遇到一些实际困难。

忽视小历史书写的习惯势力影响。人类最困难的问题之一是观念问题,观念问题是认识问题,认识问题要靠教育和实践来解决。小历史书写,必须确立小历史观。为什么要做小历史书写,在理论上不成问题,唯在实践上有问题,那就是观念的接受问题。传统中国一直是一个强国家弱社会,小历史书写滞后,没有小历史书写传统,今天突然之间提出小历史书写来,大家可能都不太容易接受。民间档案制度不全,不成习惯,信息过少。尤其是,轻视平凡人的活动时间及活动意义,是人类的普遍问题所在,这会使人产生小历史书写不知写什么好的问题。如果不知写什么,内容的选择就会成大问题。

自我意识的不足。人类的眼光多是朝外的,所以人类的长处是关注别人。关注自己,关注自己的家族,是人类的短处。每天镜子中看到的人,是人的外表,人的内心是看不见的。对自身往往不是理性的了解,而是一种感性的理解。要完全认识自己,不是件容易事,有时会有身在庐山不识真面目之感。可能最不了解自己的人,恰恰就是自己,所以有"人最大的敌人是自己"这样的说法。对自己特点的归纳,除了自己,更要借助他人。别人眼中的自己的形象,是在多人的比较中产生的,因而是有较强概括力的。只有将外在的评价与自己的评估结合起来,才会得到相对全面的认识;否则,只有书写者自己的记忆,是单方面的记忆,是不全面的形象建构。

书写心态的限制。人在本质上是一种情感动物,理智是后起的。在小历史书写中,会面临情感与理智的冲突。面对有恩怨的人际关系,如何讲述,是一个较难的问题。完全为情感所左右,就不可能正确面对有恩怨的人,故而不肯书写,也不知道该如何书写。在写一个人的传记时,一定要以传主为独立观察对象,不能以与自己的恩怨关系为主。而且,并不是人人都愿意被书写下来的。有不少人只愿意活在现实中,过去了就算了,没有过去。对他们来说,回忆是一件痛苦的事。对于这部分人,可以暂时不考虑书写问题。总的说来,我们主张要正面书写,多写优点,少写缺点。

采访的难度。采访对象自身的难度。有文化的、记忆好一些的人,与没有文化的、记忆力稍差的人,情况不同。从男女性别来说,男性记忆好一些,女性差一些。面对记忆较差的人,可能要采访周边的人加以补充。在采访过程中,采访者的外在考问相当重要,必须有意识地提问,才能获得相对的可以成为历史的资料。外在的考问,可以唤醒人们的大脑记忆。口述采访的核心是考问,面对日常生活,提出好奇的、感兴趣的问题,然后让采访对象一一回答,才会有文本。可以说,口述是历史性访谈录。口述采访,是有意识地主动存史。

全面建构的难度。只有自我理解与他人理解相结合的传记,才是全面的传记。自传写作的难度是信息不全面,只有自述,没有他述,即外人的观察。人物传记的写作,必须采访多人,才有可能相对全面而客观;只凭一面之词,是不全面的。

如何克服小历史书写的困难?大历史书写,在中国有三千年传统,有着完备的制度;而小历史的书写没有制度化,没有形成传统。所以,今天想形成小历史书写传统,有不少工作要做。

要掌握操作流程。万事开头难。人类天生有畏难情绪,相当正常。做事,似相当复杂,其实也不难。其实，只要遵循由易而难、由简单而复杂顺序，任何事都是可以做的。在操作流程上，我主张制定一个流程图，分阶段操作，比较有效。传记的写作，必须先做一个年谱，有了时间框架，然后才可能写出历史性传记。家谱编纂，先是谱系图，后写自己熟悉的事迹，最后是家族相关成员口述，了解有关事件。相信流程图，按流程做事，比较有效率。

讲究推广的技巧。针对不同觉悟的群体，应用不同的方法。面对聪明的、觉悟程度高的、一点即通的人，可以理念先行。对于觉悟程度低的、一时无法商量的人，可以实践先行，先做再说。少谈为什么要做，多谈怎么做。通过实践活动，改变他们的原有旧观念。做好以后，可以再来谈为什么要做。这个时候，容易接受理念。也就是说，觉悟与强制相兼，理论先行与实践先行相结合。大学生年纪太轻，历史意识太弱，必须实践先行。没有知识的老人，也必须实践先行。对学生来说，只能靠权力来推广；对社会来说，只能鼓励。

政府要鼓励大家来书写小历史。所谓公民，就是国家的主人。书写公民的历史，是一个新的使命。这是个任务，政府不会来承担，但可以鼓励大家来书写，这样，政府才是公共政府，才是一个有责任的政府。政府不承担小历史书写，但可以鼓励大家来做。政府有权威也有财力，可以推动小历史书写活动。

改革档案征集机制，扩大征集范围，建立以小历史档案为主的公共档案馆。中国一直以官府档案收藏为主。目前，虽然有了一些民间档案，但仍以官府档案为主。如何建立中国式公共记忆制度，是一个值得讨论的公共话题。人类的记忆中，储存了大量的信息，如果能表达出来，就是一笔精神财富。存史，更应是国民之史，而不完全是政府之史、官员之史。

大学历史系要加强小历史书写的专业训练。历史学教授有义务组织小历史书写训练活动。大学教授是一个民族、一个国家的精神导师。历史学教授是能把握历史发展趋势的人，所以他更有资格做民族的精神导师。民族赋予他一定的自主引导权力，他有权引导更多的人朝着符合时代发展趋势的方向前进。坚持由易到难原则，由一个人到多个人，由一地到多地，由点而面，一步步地延伸与扩大。可以在大学生中先行一步，然后鼓励其他人来做，推动小历史的书写。今天的大学生既具备了历史意识，也具备了书写能力，大学生应成为小历史书写的主力军与倡导者。试想，如果受过历史学专业训练的大学生也不来做，那谁会来做？我们希望大学成为中国小历史书写倡导的摇篮。

要借助媒体加强宣传，通过老年大学等机构，扩大小历史书写在老年人圈中的影响。大学生可以靠老师的权力强制实践，那么普通人呢？主要得靠外部力量，靠大众的自觉。所谓外部力量，就是加强宣传，形成一种氛围，让更多的人参与进来，从而成为一种力量。有意识，有能力，有榜样，才会形成一个好的社会风气。我的想法是，那些退休在家的、有一定文化的老人，均应拿起笔来，书写自己的历史，书写自己家族的历史。这项活动，只能靠自己来进行，别的人不会来关注，没有人来帮你做。因为自己家的情况自己最为了解，自然也最为合适，别的人代替不了。当年只有国史，国史是史官的任务，所以大家可以袖手旁观。如今，要求书写小历史，尤其是书写自己的历史，则是一个人人有责的事。①

总之，在国家时代之后，公民时代的史学如何做，这是一个值得思考的问题。今天要发展民间史学、公众史学，这肯定是未来一个不变的趋势与方向。弥补传统只记录帝王将相历史的不足，提倡发挥明清以来的士族修家谱习惯，书写公民及其家族的历史，这是一项值得

---

① 陈晓旻，钱茂伟.关注个体人生背后的历史意义——宁波大学历史系教授钱茂伟访谈[N].宁波晚报,2011-08-05.

推广的公益活动。

结论

在历史研究与历史书写中,我们强调历史书写优先于历史研究;在大历史书写与小历史书写中,我们强调小历史书写优先于大历史书写。由小历史到大历史,人人都是历史学家,历史离我们并不遥远,历史就在我们身边。公民是历史的参与者,同时也是历史的书写者。历史系有责任组织小历史编纂活动,历史系大学生应成为小历史编纂的主力军与倡导者。由点而面,积极推广小历史编纂活动,形成小历史书写风气。强调历史研究与历史书写、大历史与小历史相结合,正是为了替新的形式与说法造势,因为,原来只有历史研究、大历史,没有历史书写、小历史的位置。在精英史学视野下,个人、家族、乡村的小历史书写是微不足道的;而在大众史学视野下,小历史书写则是丰富多彩的。自传、家谱、村史,要求以人为中心,尤其以公民为中心,这是新的大众史学基本要求。由小传到大传,由修家谱进而编纂村史,是一个比较理想的模式。如果能做到人人有传,家家有谱,村村有志,小历史书写就会进入成熟时期。目前,只能算是发展初期。中国有着悠久的国史书写传统,今天则可以改造一下,将其推广为公民写史的传统。

（原载《学术研究》2013 年第 11 期）

发生的是"过去",写出来的是"历史"

——关于"历史"是什么

钱乘旦　北京大学历史系教授

摘要:历史是什么? 这是历代史学家始终关心的一个问题。"发生的是过去,写出来的是历史",这句话的意思是说:"已经发生了的过去的事",或者更简洁地说"过去发生的事",并不自动地成为"历史";它通过记录与叙述或实物的遗存,留下许多混杂的"碎片"(即"史料"),这些"碎片"经过鉴别与梳理,被写成了"历史",而写历史的人正是历史学家。历史学家在写历史时是有选择地去挑选"碎片"的,他们依据某种特定的标准去选取"碎片",于是,从同一堆"碎片"中,不同历史学家写出了不同的"历史",呈现出"历史"的多面相。这样,人们所看到的"历史"就不是一个纯客观或纯"真"的"过去",而是主观和客观的交融,是现在与过去的对话。写历史是一个人类智慧的创造过程,不是单纯地还原,也不是简单地"归真";写历史是人类对"过去"的梳理与重新认识,是人类对"过去"的挑选与判别,体现着每一代人对"过去"的不断理解与不断思考。

每一个时代都有它的历史,这不是说每一个时代都会把自己的历史留给后世,而是说每一个时代都会对人们共同的历史提出自己的解释,有自己的理解。这就是克罗齐所说的"一切历史都是当代史"[1]。

---

[1]　克罗齐的话是这样的:"每一个历史判断的基础都是实践的需要,它赋予一切历史以当代史的性质,因为无论与实践需要有关的那些事实如何年深日久,历史实际上总面向着当代的需要和实际。"[克罗齐:《历史作为自由的故事》(Benedetto Croce, *History as the Story of Liberty*),转引自张广智主编,周兵、张广智、张广勇著《西方史学通史》第 6 卷(现当代时期),复旦大学出版社,2011 年,第 246 页]

　　一般人不是这样看历史，过往的历史学家多数也不这样看历史。在他们看来，历史是确定无疑的事实，是过去发生的事。历史学家的任务，是找到这些事，确定它们发生过，描述它们发生的过程，由此而恢复历史①。因此，在多数人眼中，历史的本质是"真"，不"真"怎么是历史？

　　如果把历史定义为"过去发生的事"（"事"在这里指广义的内涵，包括一般意义上的"事情""事物"，也包括过去出现过的任何现象、状态、变化等，涵盖人类物质生活和精神生活的全部领域），那么，在这个命题里，历史的真实性已经被预设了：发生过就是事实，事实当然是真的；不会有什么"事"是发生过而又不真实的——这是基本的逻辑。

　　但是，问题恰恰出在这里：人们在论述历史的"真"时，已经预设了它的"真"。于是就造成一个简单的逻辑循环错误：用一个肯定的判断，去证明同一个判断，即同义反复。断言一个事物是真实的，必须予以证明，否则这个断言只能是假设。我们在证明一般事物的真实性时，须证明它的存在，存在是通过人的感官加以认证的，但这种感官应该是人类的共同感官，而不是个别人的感官②。换句话说，所有人都能感觉到（包括直接感觉和间接感觉，例如借助仪器）的才是真实的，反之就有问题。现代科学使用的就是这种方法：在科学实验中，任何实验都可以反复进行，得到的结果必须是相同的。

　　但是，历史的真实性却无法被证明，因为一旦成为"过去"，就不可能再现或者被重复，否则就不叫历史了。任何历史都没有办法再重复一遍：历史似水，"逝者如斯夫"！于是，历史就成了诡秘的怪圈：它是真实的，因为它发生过；但我们没有办法证明它的真实性，所以有可能不真实。之所以出现这种情况，是因为在"我们"与"过去"之间，横亘着一道时空的鸿沟，人们的感官无法穿越它，身处现在的"我们"没有办法去感知已经消失的"过去"。证明真实性的方法在"历史"这里断裂了。我们如何证明历史的真实性？如果历史是指"过去发生的事"，那么，我们怎么知道它发生过？人们用什么办法来确认它的发生？如何判断"过去"是真实的，而不是虚幻的？事实上，历史最大的困境就是无法证明其真实性——但我们却知道它是真实的，因为它发生过。

　　深陷于这个怪圈，人们将永远跳不出来。

─────────────

　　① 这种看法很普遍，中外学者都一样。比如下面这段话："'历史'一词，存在多种解释，主要的有两种：一是指已经发生了的过去的事；另一是指对以往事情的记载和研究，特别是对人类社会活动的记载和研究"，前者指"人类客观存在的历史"，后者指"史家撰写的历史"。（参见："本书编写组". 史学概论[M]. 北京：高等教育出版社、人民出版社，2009：1,3-4.）相同的说法可见彭刚著《叙事的转向》中"何兆武序"（北京大学出版社 2009 年出版，"何兆武序"，第Ⅰ页），张广智著《西方史学通史》第 1 卷（复旦大学出版社，2011 年，第 2 页），李隆国著《史学概论》（北京大学出版社，2009 年，第 12 页）等。在西方著述中也经常看到类似说法。例如，在《韦伯斯特大学词典》中对"history"一词的解释是：(1)对重要事件的编年体记录；(2)记录和解释过去的事的知识分支；(3)组成历史主题的事、过去的事。按照中文的习惯表述，这三个定义分别对应于(1)史家撰写的历史，(2)历史学，以及(3)客观存在的历史［《韦伯斯特大学词典》(*Webster's Ninth New Collegiate Dictionary*)，第 9 版，美国马萨诸塞州斯普林菲尔德市，1984 年，第 573 页］。黑格尔曾经说，"历史"一词既"包括发生的事情，也并没有不包括历史的叙述"。（参见：黑格尔. 历史哲学[M]. 王造时，译. 北京：生活·读书·新知三联书店，1956：101.）将"历史"这个概念分解为双重或三重含义可以帮助史学家从哲学上解决一个难题，即"历史"的真实性基础，因为在这些含义中"历史"已经被界定为一种"真实"；但它同时又制造了另一个难题，即"客观存在的历史"是不可能为任何人所亲历、所感知的，它只存在于人类理性结构中。也就是说，人们从自己的理性可以推知它的存在；另一方面，人们所真正知道的历史都只是"史家撰写的历史"，而这种"历史"的性质究竟如何，它是什么？本文要讨论的正是这个问题。

　　② 这当然是科学和理性的认识论，神秘主义和非理性主义不需要花这么大的功夫去讨论事物的真实性。"历史"的多重含义之所以在启蒙运动以后广为传播，就是因为在启蒙运动以后，科学的思维方式成为人类的主流思维方式；在此之前，人们不会觉得有很大的必要去关注历史的真实性问题。

看来,我们对历史的理解出了问题。也许历史不那么简单,不能简单地说它是"过去发生的事"? 也许我们应另辟蹊径?

让我们从头做起,看看我们对"过去"的了解,也就是"历史知识"是从哪里来的? 其实很清楚,都是由间接得来的。人们的历史知识无非来自两条渠道:一是听别人说,二是看文字记录,两者之本质其实是一样的,都来自别人的叙说,而不是对事情本身的接触。没有哪一件"过去的事"是可以被后人所感受或亲身经历的,因为它一旦发生,就不可能再被后来的人们感觉到,而只能被叙述、被记忆,留下记录给后人,让后人得到某些知晓。后人写历史,唯一的渠道就是从别人的记录(或叙述)中寻找线索,这些就是所谓的"史料"。但史料不是历史,历史要通过"写"才出现。历史学家搜寻史料,辨别真伪,把它们拼起来,写出那种人们可以读得到的"历史"①。所以,我们所知道的历史(就是一般所说的"历史知识")都是写出来的。在这个意义上,可以说:一切历史都是写出来的。

这样,作为一门学问的历史学就出现了。历史学的任务就是写历史,追讨过去,寻找那些"过去发生的事",判别它们的真实性,也就是求"真"。求真是历史学和文学、哲学、宗教、神话等的根本的区别,但恰恰在这一点上,历史学永远达不到目的,于是它和文学、哲学等又会有许多相通。历史学也是一种"写",和文学、哲学一样,是一种"创造"②。

原因起于那道沟——在"我们"与"过去"之间,横亘着一道时空之沟,由于我们的感官穿越不了那道沟,历史的真实性就受到阻拦。历史学的任务是求"真",但无论怎样写历史,人们都会在以下几个方面遭遇障碍。

首先,任何"事",哪怕是极小的事,它在发生时都会有许多层面、许多细节,任何一个身处其中的人都不可能经历全过程或者所有细节,因此他在讲述或记叙这件事时,都只留下局部。这让我们对任何"事"都只能得到"碎片",而不是全部。全局在任何情况下都不会出现,即便把所有"碎片"加在一起,它仍然是一个局部,事情的整体面貌永远会藏匿③。

其次,由于我们得不到"过去发生的事情"的全貌,我们就无从判断事情的核心部分是什么,"碎片"中包含的可能都只是枝节,这就误导了人们的认识。"碎片"再多,也不能让我们下结论说核心的部分已经出现,因此,即使知道了许许多多的细节,却仍不能确认我们明白

① 关于史料和"历史"的关系,多数历史学家会这样说:"史家认识历史时,主要凭借历代遗留下来的各种史料间接地进行。史料包括文献记载和考古发现的各种实物。文献记载出于人们的口传笔录,是在一定历史范畴内、反映一定社会观念的'思想的痕迹';实物史料是前人的生活用品、生产资料和社会交际工具的遗存,是人们在具体的历史时空范围内的'行为的痕迹'。史家撰写历史时,离不开前人留下的'思想的痕迹'和'行为的痕迹'。"("本书编写组".史学概论[M].北京:高等教育出版社、人民出版社,2009:5.)

② 中国古代一向认为"文史不分家",在这一点上颇有些"后现代"的味道。但"科学的"历史学不接受这种看法,兰克曾对"历史"和"文学"作过这样的评论:"通过比较,我发现真相(truth)比传奇小说(romance)更有趣和更美。我抛开了后者,决心在我的著作中避免一切虚构和想象,而忠于事实。"他又说:"严谨的事实陈述——即使这些事实或许是偶然的和枯燥无味的——无疑的是(历史编纂学的)最高法律。"(转引自:朱本源.历史学理论与方法[M].北京:人民出版社,2006:439-440.)

③ 举一个例子:一次战役,战斗中双方使用了多种兵器,动员了许多兵力,为保证胜利双方都做过许多准备,采取过多种措施,战斗打响后经历了不同的阶段,有许多插曲、许多事件,许多人物各有不同的遭遇,最后以一方获胜、另一方失败而告终……这样一个复杂的过程、庞大的场面、浩繁的时空结构,是任何"记录"都不可能全部涵括的。倘若一次战役尚且如此,那么人类历史上那些更为庞大的事和复杂的过程,例如涉及多个国家、多个地区甚至整个世界的大事,就更不可能知道其整体的面貌,而只能知道其中极小的部分了。

了那件事①。况且,出于常识,许多"事"的核心部分是被蓄意隐藏的,所以我们可能永远不知道事情的机密真相。

再次,对于"碎片",也就是局部的记叙,我们也无法知道它们有多大的真实性,因为我们不能亲历其境,无法对它们进行检验:有些人故意说假话,有些人蓄意掩盖真情;有些人想留下真相,却因为记忆的偏差而说错了事实;有些人记忆很好,却因为表达不当而扭曲了实情。因此,我们对所有的"碎片"都要进行甄别,判断它们的真实性。但这样一来又陷入那个怪圈了:如何确定它们的"真"②?

最后,"过去发生的事"会有众多人、众多因素参与,有可能留下不同的记录,尽管我们用各种方法进行验证,却仍难认定其中哪一种或哪一些说法是准确的。多种说法(或证据)可以传递不同的信息,带有各种倾向,这给人以各种不同的想象空间,编排出各种不同的叙事情节。这样,对每一件"过去发生的事"都可以做出多种理解,可是哪一种,或哪几种符合真相呢③?

由于存在着这些障碍以及其他的障碍,在最理想的状态下,历史学能做到的也只是最接近于真实,而不是绝对的纯"真"。这使人们非常沮丧:既然如此,历史学何所为之?

但历史学的任务不尽如此,从求"真"的角度说,历史学的力量确实有限;可是写历史的目的要比这丰富得多,写历史的过程也比这复杂得多。单单寻找事实和判别事实还不是写历史,写历史是一种人类智慧的创造过程。因为这个特点,历史学和文学、哲学等就有许多相通点。

为说明这个问题,我们回到原点,回到那些"过去发生的事"。前面说过,"过去发生的事"都没有留下自己,而只留下被记录(或被叙述)的"碎片"。"碎片"本身不给出图像,它们是一个杂货堆,紊乱无比,要经过拼接才能成为"历史",就如同古生物学家拼接动物骨骼碎片一样。但是,拼接历史毕竟不是拼接动物骨骼,拼古生物会有模块或样本,每一块骨头的位置大体上是知道的,因此拼接动物骨骼有点像"按图索骥",把每一块骨头放在它应该放的位置上就好。拼接历史却不是这样,因为我们不知道"过去"的模样究竟是怎样,所以就无"图"可索,在很大程度上要依靠操作者的思维判断去拼接。于是,使用同一批"碎片",都有可能拼接出很不同的历史;若使用不同的"碎片",就更可以拼接出根本不同的历史了。这是历史学的非常独特之处,经常让圈外人感到惊诧不已。如前所述,一般人认为历史既然是"过去发生的事",那么它必定是确凿无疑的,怎么可以拼接出完全不同的"图"、写出完全不

---

①　可以举这样一个例子:在司马迁描绘得有声有色、威武悲壮的垓下之战中,究竟什么是核心情节,是"霸王别姬"还是"四面楚歌",或者真正的核心部分其实没有流传下来? 我们现在所知道的所有"历史"中,被丢失的部分远远超出于被保留的部分,谁也没有把握说:我们所知道的部分是事情的核心,而丢失的部分是无关紧要的。这样一个悖论是"历史"的一个关键性特征,因为它使一切人在认识和理解"历史"时永远处在相对的位置上。

②　兰克相信通过"史料批判"也就是史料鉴定可以判断史料的真实程度,并且归纳了一套判断的原则,比如最接近事件的证人是最好的证人、应使用原始档案等。但他自己也知道:"有的人抄袭古人,有的人为未来的时代寻找历史教训,有的人攻击某些人或为某些人辩护,有的人只愿记录事实。"可见,即使采纳最"科学"的方法,仍然无法改变这个事实,即"过去发生的事"一旦被记录,就加进了记录者的个人倾向(转引自并参见:朱本源.历史学理论与方法[M].北京:人民出版社,2007:440-441.)。

③　沃尔什说:"当一个局外人观看历史学时,最打动他的事情之一就是他发现对同一个题目有着各种分歧的说法。不仅真的是每一代人都发现不仅有必要重写前人已经写过的各种历史,而且在任何给定的时间和地点,都可以对同样的一组事件得出互不相同的,而且显然是互不相容的各种说法,其中每一种都自称是给出了如果不是全盘真相的话,至少是目前所得到的尽可能之多的真相。"(参见:W. H.沃尔什.历史哲学导论[M].何兆武,张文杰,译.北京:北京大学出版社,2008:95.)沃尔什说的这种现象在历史学界司空见惯,但对于非历史专业的人来说,却大感不解,好像完全不能接受,其原因就在于:人们把"历史"当作"真实"。

同的历史来?但历史学家确实可以把历史写得很不同①,而且每一种说法都有道理,都符合逻辑,甚至都符合事实。问题出在如何梳理"碎片"上。关于这一点,人们似乎迄今未有足够的认识,也未有足够的讨论,因此需要进一步展开。

"过去"是一个硕大无比的范围,并且混沌一片。试想:在"人"成为人,特别是进入文明时代之后,人类经历了多少"事",千年万年发生了多少"事";这个世界多么大,在同一个时间每一个角落又在演绎着多少"事";每一件"事"会牵涉进多少人,每一个人又卷入了多少细节;一个人一生有多少经历,世上又有多少人……所有这些加在一起就是"过去",把这样一个"过去"都写成"历史",根本就不可能!这就给人们规定了一项任务:如果你要写历史,就只能写一部分,而且永远只是一小部分。换句话说:任何历史学家都必须挑选,要对"过去"进行选择。

但选什么?人们说:选那些历史中最重要的。可是,哪些是最重要的②?人们说:那些最能反映历史基本线条的。但在那样一个无比庞杂的"过去"中找出"基本线索",这个过程本身就已经是选择③。于是,问题又绕回去了,也就是:你选什么?

进而,完整的"过去"不可能留下,我们面对的只是"碎片"(即史料)。相比于庞大的"过去",留下来的"碎片"其实很少,即使在信息非常发达的现在,被记录下来的信息仍是少而又少。但不管"碎片"有多少,作选择却是不可避免的。首先,需要判断"碎片"的真伪,把那些不"真"的信息剔除掉,这是一种选择。其次,不可能把所有"真"的"碎片"都用上,每个人都只会使用他感兴趣,或他认为有用的"碎片",于是又要选择。再次,无论"碎片"是多是少,我们都处于两难境地:"碎片"少了,缺环就多,无法拼接成历史,于是就需要推测,把缺失的环节补起来;但推测就是选择——需要选择朝哪一个方向推测④。另一方面,"碎片"多了就更需要选择,"碎片"越多越需要选择,而且选择的随机性越大:任何偶然因素都可能把某些"碎片"放在你眼前,另一些"碎片"则是你所不知的⑤。所以,选择是无处不在、无时不在的,尽管你可以自认为你不在进行选择。

---

① 沃尔什认为造成历史学家意见分歧的原因有四个,一是人各所好,二是个人偏见或群体偏见,三是不同的历史理论,四是不同的道德观和世界观。这四个原因未必能完全概括历史学家意见分歧的原因,事实上,所有的主客观环境、时空变化、群体与个体的人的经历、文化与物质的处境都是会起作用的。

② 不同的人对"重要"的理解肯定是不同的:国王关心的是他的王位,农夫关心的是他的收成,臣子关心的是升官晋爵,商贾关心的是生意兴隆,将军期待战争的胜利,小兵思念家乡的亲人。一场战役过后,对统帅来说重要的是他胜利了,对部属来说重要的是他立功了,对军士的妻子来说重要的是她的亲人没有被打死,对一个无关其事的人来说,战争对他也许什么重要性都没有!这是我在约二十年前的一篇文章中说的话。参见:钱乘旦.关于历史的几点思考[J].中国社会科学季刊》(香港),1993(3):101.

③ 沃尔什举了这样的例子:"历史学家 A 是个马克思主义者,并在经济因素的运作中看出了对一切历史事件的最终解释,而历史学家 B(例如,伯特兰·罗素就是一个例子)则是一个多元论者,并拒绝把任何单一的因果因素的类型看作是在历史上起决定作用的。他同意马克思主义的某些结论,但还有一些是他不能使自己接受的……"历史观决定着历史学家对"基本线索"的选择,这应该是人所共知的。

④ 举一个例子:关于人类的起源。人类起源和人类早期生活的状况从来只能靠数量极少的材料进行推测,于是就产生出多种不同的说法,其中"多起源论"和"单起源论"的争执就属于这种情况。最近一段时间,因为使用了基因考古学的方法而发现迄今所知道的基因测试结果都倾向于单起源论;即便如此,仍然回避不了这样的事实,即基因测试远没有遍及所有人类,因此缺环非常多。

⑤ 这方面最好的例子是菲利普·费尔南德兹-阿迈斯托著、叶建军等翻译的《世界,一部历史》(北京大学出版社2010 年出版)。那是一部写得很漂亮的历史书,但基本上是无数历史碎片的堆积。这些碎片在很大程度上是随机地出现在作者面前并且为作者所用的。如果不用这些碎片,而使用另一些碎片,自然就出现另一本书。我曾专门写过一篇文章谈这本书。参见:钱乘旦.一个马赛克式的历史大拼盘——评《世界,一部历史》[J].世界历史,2010(4).

事实上,历史学家是带着自己的立场和倾向去选择"碎片"的。立场和倾向有时是自觉的,有时是不自觉的,但不带立场或不带倾向的情况不存在。在最"客观"的情况下,为了要处理那浩瀚无边的史料,他们也必须为自己设置一些标准,以便进行取舍,但一旦设置了标准也就确定了倾向。因此,当历史学家把"过去"写成"历史"时,必然加进主观的意向,加进某种可以叫作"价值"(也就是判断)的东西。从这时起,历史就不是一个纯客观的"过去",而是主观和客观的交融。所以,写历史是一个人类智慧的创造过程,它不是单纯地还原,不是简单地"归真"。写历史是人类对"过去"的梳理,是人类对"过去"的挑选与判别。

写到这里我们已经看出:历史绝不是一个简简单单的"过去发生的事",它是人类的创造与"过去"的结合。正是在这个意义上,历史和文学创作、哲学思考才有众多相通之处,"过去"通过"写"而成为"历史"。换句话说:发生过的只是"过去",写出来的才是"历史";"发生过的"可以被湮没,"写出来的"才会被记住。因此,可以提出这样一个命题:历史之所以是历史,不是因为它发生过,而是因为它被写出来。

我不想把结论推向极端,因为写历史终究不是杜撰,也不是编造,历史的出发点仍旧是"真",历史学追讨真凭实据,执意求"真"。所以历史学终究不是文学,不是写故事,它写的是真实的过去,以真实为追求的目标。虽说历史不会是全"真"的过去,而只能够尽可能接近真实;但写历史仍然不可以编造,因此我并不赞成某种"后现代"的说辞,把历史学等同于文学①。有一些"新文化史"的作品根据有限的史料写一个过去发生的事,其中把自己的推测和想象加进去,组织成很有戏剧情节的有趣故事,看起来很像是侦探小说。这种做法仍旧是把历史学等同于文学,把写历史等同于写小说②。

但这样一来,人们仍然对历史大感不解:即使历史不可能全"真",但它依然以事实为基础,何以事实一旦被写出来,就可以有很多的面相?虽说细节相同很难做到,因为人们接触到的史料不同,但在一切基本史实都一致的时候,为什么仍然写出不同的历史?换个问法:为什么历史可以这样写,也可以那样写?

关于历史多面相的问题:第一,"过去"本身就是多面相的,这恰恰体现着它真实的一面③。第二,历史因多面相而有魅力,并且永葆其青春。

---

① 伊格尔斯说:"后现代历史编纂学理论的基本观点是要否认历史著作所谈的乃是真实的历史过去。因此罗兰·巴尔特和海登·怀特都肯定说,历史编纂学和小说(虚构)并无不同,它无非是小说的一种形式。"(参见:格奥尔格·伊格尔斯.二十世纪的历史学[M].何兆武,译.山东大学出版社,2006:123.)自怀特以来,确实有很多人愿意把事情推向极端,比如安克斯密特说:"倘若一个叙事解释在长时期内没有被人提出质疑,为所有人所接受,并且成为日常语言的一部分(因而丧失了其历史学的特性),它可能就转化为某个(或某类)东西的概念,叙事之物就成为实在之物……"(参见:彭刚.叙事的转向[M].北京大学出版社,2009:52.)这意思是说:说的事可以变成真的事,而究竟它发生过还是没有发生过,则完全以人们相信不相信为判断。詹金斯说得更明白,按他的说法,"历史可说是一种语言的虚构物,一种叙事散文体的论述",写历史无异于写小说。(参见:基斯·詹金斯.论"历史是什么"[M].江政宽,译.北京:商务印书馆,2007:214.)

② 娜塔莉·戴维斯的《马丁·盖尔归来》是很典型的例子。(参见:王晴佳.新史学讲演录[M].北京:中国人民大学出版社,2010:63-64.)历史学家对过去发生的事做出自己的解释甚至推导其实是允许的,但在没有"硬材料"(也就是可靠史料)支撑的情况下,不能把这种推导与猜测当作确定无疑的事实提交给读者,否则,就出现前面所引安克斯密特所说的"叙事之物就成为实在之物"了。

③ 唐纳德·凯利说:"历史的时空是无限的……从要到琐事,从高贵的(或低劣的)政治到低下的(或高贵的)文化。因此历史的兴趣涵括摇篮到坟墓(甚至超越坟墓),是一个完整的周期,从家庭生活一直扩展到探险和殖民所及之处,局限只存在于启发之中——材料的可理解性——及历史学家的想象力之中。"(参见:唐纳德·R.凯利.多面的历史[M].陈恒,宋立宏,译.北京:生活·读书·新知三联书店,2003:13-14.)

先说第一点，我们再回到那些庞杂无边的"碎片"中去。前面说过，一个混沌的"过去"是无止境的，谁也不可能把它完整地端出来呈现给世人；写历史必须经过梳理，需要对"碎片"进行取舍。前面也说过：历史学家在取舍之前必定设置某些原则，作为挑选的标准。但这样一来，历史学家的主观意向就在起作用：按不同的标准选取"碎片"，就写出了不同的历史；即便使用相同的素材（即"碎片"），也可能写出不同的历史，因为人们可能按不同的逻辑或者意向来进行拼接，结果就拼出了不同的历史——甚至完全不同的历史！对这种现象我们如何理解？历史学的解释是：只要能"自圆其说"就可以，而"自圆其说"的前提是要有史料支撑；史料需经得起鉴别，不被其他材料证伪，而拼接的过程又不发生逻辑错误，在这个前提下，各种说法都可以。这就是为什么历史学研究可以提出多种说法，而每一种说法都有可能被人们接受。

实际的情况恰恰如此：无边无际的"碎片"中含有大量信息，按照不同的思路整理"碎片"，就释放出不同的信息。这样，历史学的另一个任务就浮出水面：寻找信息。寻找信息就是寻找意义，寻找意义意味着阐释历史，历史因阐释而变得绚丽多彩，并保持着永恒的吸引力。于是，历史学的目的就不仅是求"真"，"阐释"是另一个、甚至更重要的目标。由此我们进入第二个论点：历史因多面相而有魅力。

我们为什么研究历史？一是了解过去，满足我们对过去以往的求知欲；二是寻找意义，从先人的经验中汲取智慧，施惠于"现在"①。寻找意义是历史研究的第二个目的，但意义何以寻出？

回到寻找信息上来。我们已经知道：信息是在整理"碎片"的过程中释放出来的，但整理之前，整理人已经有了思路，有了"先入之见"。一般来说，在整理之前，历史学家已经设计好他希望找到哪一类"碎片"，选取的标准又是什么。只有事先规划，才能在庞杂的"碎片"中理出一些头绪，然后开始写历史。②但这样一来，整理的结果会非常有趣，打比方说：有一大堆沙，什么颜色的沙粒都有，按某种思路进行选取，就可能全部选出红色沙粒，按另一种思路进行选取，就可能全部选出黄色沙粒；两种思路造成两种结果，当这两种结果都呈现到人们面前时，会给人造成两种印象，以为是从不同的沙堆中取出来的。但两种沙粒都来自同一个沙

---

① 关于历史的借鉴作用，多数历史学家是接受的，一般的史学理论也予以承认。但从来都会有一些历史学家不承认这个作用，至少在口头上不承认，离现在远一点的例子是兰克；离现在近一点的包括前面提到的《世界，一部历史》的作者菲利普·费尔南德兹-阿迈斯托。他曾说："有些历史学家……力主从历史中汲取教训，学会如何改变我们人类的行为，如何避免历史困境的重现。还有的历史学家致力于合理解读过去，为描述或叙述过去找出全面的办法，以便使我们觉得我们已经理解了过去。然而，还有一些历史学家——我也添在此列——愿意就过去而研究过去，试图发现那些只对过去的人才有意义的、过去的人曾经面对过的问题。"（见菲利普·费尔南德兹-阿迈斯托：《世界，一部历史》，"导读"，第 38 页）然而，像霍布斯鲍姆这样的历史学家却明确指出历史的训诫作用，他说："历史经验总能为当代社会提供许多启示，部分原因是人类保留了许多相同的东西，人类的处境有时也反反复复地再现。老人们常说：'这事我以前曾见识过。'有着许多代人积累的文字记录的历史学家也能够这样说。"（参见：埃里克·霍布斯鲍姆. 史学家：历史神话的终结者[M]. 马俊亚，郭英剑，译. 上海：上海人民出版社，2002：31.）

② 科林伍德就是这样说的。他曾说："历史学家不能首先收集资料，然后再解释它们，只有当他的头脑中有一个问题时，他才开始搜寻相关资料。只要他能够找到解释它的办法，任何东西都可以作为他的资料。历史学家的资料是整个现在。因此，历史研究的开始，不是收集或者思考那些未经解释的原始资料，而是提出问题，提问促使历史学家去寻找可能有助于回答它的事实。"（参见：科林伍德. 历史哲学[M]//贾鹤鹏，译. 科林伍德的历史思想. 郑州：大象出版社，2004：14-15.）

堆,我们不能说哪一个结果是错误的,我们只能说两者都体现着某种真实。[1] 不同结果是不同思路的体现,不同思路又造就不同的方法。

历史的意义就是这样浮现的:当所有的"碎片"都搅在一起时,它只是一片混沌,我们什么也看不清;当人们依据某种思路进行整理后,我们把东西看清楚了,产生某种印象,并得出某些结论。于是,写历史的过程就是这样的:先提出问题,再设计方案,然后寻找(也就是挑选)史料,最后写作历史——在写的过程中,释放出意义。意义被释放后,进行解读却又是一个思考的过程,于是我们再一次和"过去"面对面。所以,当"过去"通过"写"而变成"历史"并最终释放出"意义"时,我们和"过去"在不断地互动。

有人说:历史本身就有意义,意义与历史一样具有客观性。如果这样说的意思是,人类社会保留着许多相同的东西,因此过去和现在可以相通——如霍布斯鲍姆所说的那样[2]——那么这种说法确有可取之处;然而,如果我们认定历史都是写出来的,那就应该知道,隐藏在过去中的意义是被历史学家释放出来的,其中更多地体现了历史学家的认识与思考。换句话说,意义存在于后世人的思考中,"过去"可能隐含着无穷的意义。

接下来的问题是:历史学家的思路是哪里来的,为什么他这样想,而不那样想;采用这些标准,而不采用那些标准? 我们的回答是:取决于历史学家个人,也取决于时代。个人的立场、经历、社会背景、所受的教育、文化的沾染等,都会产生足够的影响,让他形成某种判断,或先入之见。时代则给了他现实的背景,让他提出问题,寻找结论。时代还给了他某些特定的思维范式甚至价值标准,哪怕他自己不自知,以为他的思想来源于自己。更重要的是,时代通过人们共同的经历形成某种共同的关注,而这些关注投射到对"过去"的寻找中,就出现"现在"和"过去"永久的对话[3]。由于这种对话是每一代人都会经历的,所以,"现在"和"过去"在永恒地对话。

在这个意义上我们可以说,历史既不是"现在",也不是"过去",它是"现在"对"过去"的搜寻与思考,也是"过去"对"现在"的提醒与暗示。相比于了解"过去",历史学更重要的任务是阐释历史,阐释历史意味着在历史中思考并揭示意义。这样我们就明白:每一代人的思考是不相同的,关注也是不相同的,因此写出的历史就有可能不同。人们经常困惑:为什么这代人和那代人写出的历史会如此不同,原因就在这里。

另一类明显的差别发生在不同群体之间,即民族、阶级、性别、职业、地区、国家,等等。

---

[1]　正因为如此,以为历史学可以提供一种"唯一正确结论"的断言,就显得有点夸张。历史本身隐含着多种结论,从不同角度切入,会看到不同的"历史"。由此可见,我们现在为学生的历史课考试设置"标准答案",实在是不可取,它让学生从一开始就完全错误地理解了历史的本质,并由此而引发一系列误解。在我举的这个例子中,红沙和黄沙看起来毫不相干,但它们确实来自同一个沙堆。

[2]　见 75 页注释①中所引霍布斯鲍姆文。

[3]　如卡尔所说,"历史是历史学家跟他的事实之间相互作用的连续不断的过程,是现在跟过去之间的永无止境的问答交谈。"他还说:"只有借助于现在,我们才能理解过去;也只有借助于过去,我们才能充分理解现在。"(参见:爱德华·霍列特·卡尔. 历史是什么? [M]. 吴柱存,译. 北京:商务印书馆,1981:28,7.)事实上,历史是沟通"现在"和"过去"的唯一渠道,没有"现在",人们就不会去寻找"过去";没有"过去",人们就不会意识到所谓的"现在"。"现在"和"过去"之间的关系太紧密了,况且"现在"和"过去"又都是流动的概念,今天的"现在"是明天的"过去",今天的"过去"又是昨天的"现在","现在"和"过去"都在和自己对话。

不同群体也会有不同的思考与关注,其背景是经济、文化、社会状态、生活方式等各自的不同。[①] 不同群体在处理同一个"过去"时寻找并释放出不同的意义,这使得历史更具有多面相。

总之,同一个"过去"可以写成不同的历史。事情是同一个,意义可以不一样,让人看起来好像是不同的历史。其中的原因,是对话的主体发生了改变,思考的人生活在不同的情境下,不同的人进入对话,对"过去"的理解就不一样。由此,历史作为"现在"和"过去"对话的结果,"现在"和"过去"同样在发挥作用。如此推论,我们就知道:历史并非如人们一般所相信,是一个纯客观的过去,体现着无可置疑的纯"真";历史既是主观的,又是客观的,是主观和客观共同活动的结果。由于每一个世代都对历史有观察和理解,所以历史就不仅是对"过去"的层层积累,它也是对各时代人们思考"过去"、书写"过去"的层层积累。

写到这里,我们大概可以知道:历史深不可测,绝非如初中生所想象,只要背几页书就算懂历史了。历史的最深奥之处在于,它是"过去"和"现在"永久地互动,因为这种互动,历史才有永恒的生命力。历史如果只是"过去",那它就如同一株干枯的古树,虽可让人肃然起敬,却没有生命,毕竟索然无味。但历史恰恰不是枯树,它虽扎根久远,于千万年之中,但始终与每一天的空气、土壤交换气息,从而有永久的生命力,保持着永远的新鲜嫩活。于是我们庆幸:历史的多面相让它永远鲜活,因为人们永远在和"过去"对话。历史是人类世代思考的结晶,从最古远的"过去",一直延续到未来。它积聚着每一个世代人的沉思,并且永远传递他们的信息[②]。它跨越时空,穿越鸿沟,把不可跨越的"过去"和"现在"沟通起来。它让我们了解过去、思考过去,并且为"现在"提供思想。历史学家是历史的撰写者,更是思想的创造者。正因为如此,历史学也是永存的,它是人类文明历程的忠诚守护人。

(原载《史学月刊》2013 年第 7 期)

课后实务:写日记、记笔记、阅读微信公众号

把自己的听课想法写下来,这正是中国学生缺乏的训练,可以训练这种笔记法。

阅读通俗类历史微信公众号如马勇、黄朴民读史、穿山甲的历史故事、混子曰。

---

① 关于这个问题,马克思和恩格斯是这样说的:"思想、观念、意识的生产最初是直接与人们的物质活动,与人们的物质交往,与现实生活的语言交织在一起的……不是意识决定生活,而是生活决定意识。"这就是历史唯物主义。参见:马克思,恩格斯. 费尔巴哈[M]//马克思恩格斯选集(第 1 卷).北京:人民出版社,1972:30-31.

② 卡尔的说法是:"历史学家跟他的事实之间相互交往的进程,我曾经管它叫现在跟过去之间的对话的,并不是一些抽象的孤立的个人之间的对话,而是今天的社会跟昨天的社会之间的对话。"参见:爱德华·霍列特·卡尔.历史是什么?[M].吴柱存,译.北京:商务印书馆,1981:57.

第三讲 由大人物而小人物：历史记录对象的扩大

线上讲义

第一讲明确了我们要建设的是中国的公众史学，接下来我们来讨论一下公众史学的理论基础是什么，这是一个关乎学科生存的理论问题。由于对公众史学的来源看法不同，所以对其理论基础也有不同看法，有人以为是后现代史学，我以为应该是中国的民史理论。

一、民史的初型：国民史

讲"民"的时候，离不开国家形态的变化。根据我的研究，我把我们几千年的国家形态分为两大类型，一个称之为"政府型国家"，一个叫作"社会型国家"。因为国家形态不一样，下面"民"的社会地位也是不一样的，在前者形态下只能称之为"臣民"，在后者形态下才会有"公民"。

古汉语的"民"字，据说有两种意思：一说是"奴隶"，后来成为自由民；还有一说是"土著"。在中国几千年中，"民"基本上是"国家臣民"，所以在我们古汉语里看到的名词，多是庶民、臣民、草民、子民。这种状况到了近代以后才有根本性的变化，西方最早进入近代社会，所以，西方"民"的变化，首先就出现了 citizen 这个词，我们把它翻译为"市民"。

很有趣，这个词传到中国，翻译时没有可匹配的术语，所以把它翻译为"庶民""臣民""草民"和"子民"。到了 19 世纪末才有变化，日本人把它翻译成"国民"。后来，这个词通过中国留日学生和学者，也开始传到中国来。1895 年以后，很多晚清知识分子如梁启超就开始提倡用"国民"。梁启超提倡"新民"理念，新民，原来是《尚书》中一个词，是"使民向善"的意思。梁启超提倡的"新民"，用今天话来说，当然是"将传统的臣民改造成为现代的国民"。为此，他们当时办了杂志《新民丛报》，当时还有不少类似这样的东西。甚至今天上海还有一个报纸叫《新民晚报》，"新民"就是从这儿来的。中华民国成立以后，这个词的使用频率更高，如国民学校、国民政府、国民党、国民性。既然"民"是"国民"，自然编的历史就叫"民史"。梁启超当时提倡的"民史"，用我们今天的观念来解读就是"国民史"。什么是国民史呢？就是以国民为主体的国家史。

二、人民与人民史

"人民",在《诗经》中已经出现。欧洲最早进入近代社会,所以他们最早有"人民"这个概念。

马克思主义特别重视"人民",苏联也广泛流传这个词,后经过苏联又传播到中国,国内开始广泛使用"人民"。20世纪40年代,"人民"的出现频率增加。到了1949年中华人民共和国成立以后,"人民"成为出现频率更高的词,如中华人民共和国、人民政府、人民银行、人民医院、人民公社、人民币等,都使用"人民"。因为广泛使用"人民",所以我们的历史编纂模式也跟着变,可称之为"人民史"。

欧洲最早有人民史,譬如英国人莫尔顿编了《人民的英国史》,美国人津恩写了《美国人民的历史》。到了20世纪,中国学人也开始尝试着写人民史。20世纪30年代社会史大论战时,其中一个很大问题就是讨论人民问题。20世纪40年代,一些进步学人如范文澜写的《中国通史》里面,也开始广泛使用"人民"。中国马克思主义史学是战争年代产生的,所以当时讲"人民"的时候,比较突出人民与阶级斗争。到了和平时代,它有不足的地方,因为人与人之间除了斗争,更重要的是如何和谐相处的问题。

到了20世纪80年代末,有人就开始尝试着写中国的人民史,代表是张舜徽的《中华人民通史》。张舜徽是华中师大非常有名的教授,这位老先生平时写文章喜欢用文言文写,但是他写《中华人民通史》却完全是用白话文写,并且他用马克思主义的人民史观来写,所以叫《中华人民通史》。这部书基本上就体现了20世纪以来中国人对"民史"的想象方式,但很有趣的是这本书出版以后,学术界的反响不是太大。为什么呢?因为20世纪90年代以后,时代变了,史风也跟着变。其实,"民史"是一个史学形态建构问题,不是简单地编纂一部人民史的问题,这可能是最大的问题所在。

三、公众与公众史

进入21世纪,时代又变了,最大的变化是中国重新崛起。当毛泽东在天安门城楼上说"中国人民站立起来了"的时候,那是中国人的自我宣告。而到了21世纪,那是欧美人承认中国崛起了。在这个过程中,公众的力量越来越突出,用毛泽东的话说:"人民,只有人民,才是推动历史前进的动力。"这个社会在变,进入薛涌所称的"公众时代",更喜欢用"公众"代替"人民"。那么,这两个概念有什么不同呢?"人民"是一个大的集体概念,"公众"是由一个个的个体所组成的群体,人人是"人民"的一部分,但它是不能量化的,个人不能代替"人民",而"公众"就解决了个体与群体两者的兼容问题。我们借用公众微信平台的口号,"再小的个体,也有自己的品牌"。这句话说得非常好,也就是说每一个公众,都有他自己独立的历史。既然时代变了,进入了公众时代,我们的历史想象方式也要跟着变,我们以前是编"人民史",现在要突破"人民史"概念,思考史学和公众两者如何结合的问题。

关于公众的历史,我比较早想到的是"小历史",其他人用的是"微历史"。"小历史"和"微历史"这两个概念,都是借鉴了黄仁宇提出的micro history,"大历史"对应"小历史",或者"宏观历史"对应"微观历史",意思都是差不多的。最近,我喜欢用"公众史"概念,因为"小历史"概念也有一些问题，大、小是一个相对概念，没有明确的定义，不是特指。小历史是什么，我们必须加以特定限界以后，才知道是什么东西。公众史的话，就是讲公众个体或群体的历史。公众史是什么，得找到它对应的东西。"公众史"对应是"组织史"，特别指的是"国家史"。也就是说，公众史是个人的历史，既可以指精英，也可以指大众，所以"公众史"这个概念就比较好。

那么，公众史怎么做呢？我们应该注意这么几点。

第一，要脱离学术研究层面，进入历史书写层面。20世纪进入学术史学时代，所以很多人动不动会用"历史研究"思维来想象，这是不够的。我现在更喜欢把历史活动划分为两个层面，第一个层面叫历史书写，第二个层面叫历史研究。公众史的话，首先要进入历史书写层面去理解，新历史合作社提出的三个口号："我的历史""我家的历史""我们的历史"。这三个概念非常有趣，它由小而大、由近而远，这是公众史书写应该遵循的三大环节。

第二，公众史要走出公众群体史的曲径小道，走入公众个人史记录的阳关大道。人民史，最大的问题是没法量化，而公众史可以量化。最要紧的是，把公众史划分为个人史与群体史两个层面。从个人史开始做起，然后再做群体史。个人史概念提出以后，公众历史书写的前景就非常大了，所以我把它称之为阳关大道。

第三，重精英个人史，更重大众个人史。个人史可以进一步把它细分为两大类型：一是精英史，一是大众史。精英史，以前就有了。今日特别要提倡写大众史，要提倡普通大众来写自己的个人史。一旦这个群体动员起来了，那就非常可观了。

四、公众史的意义

公众史书写的意义很大，至少有这么几个层面。

第一，可以更新人们的历史观念。以前讲到历史书写，总是国家大人物。现在，我们普通人物也可以写，不是只有国家的历史是历史，民间的历史也是历史，每个人的历史都是历史，这就是历史观念的一个解放。

第二，扩大历史学的实用功能。以前历史学的功能讲得很多，归类一下，无非是两大类：一是为政府，一是为民众服务。传统的史学是服务政府的，服务国家的；公众史学是服务公众的，服务小老百姓的，当然可以增强它的实用功能。

第三，可以强化史学记录功能。历史研究不是历史活动的全部，更重要的是历史书写，历史书写也是传统史学的强项，今日要继续发挥。历史学科学化，从认识水平上说是提升了，但是从社会地位上说是降低了。为什么这么说？历史研究，就成了人文社会科学众多学科之一，而历史的书写不一样，人类的所有活动，如果不记录下来，就没法进入文本世界，就是不存在的。这个特点是历史学的独特性，其他的学科都不具备这样功能。所以历史书写的强化，可以提升我们历史学的社会地位。

第四，让历史学走入寻常百姓家。以前的历史，都是史官在写，史家在写，是高高在上的，好像不食人间烟火似的，而今日提倡人人都是历史学家，人人来参与历史的书写，参与拍照，参与录像。这样，历史学就进入寻常百姓家了。

第五，公众个人史的大量出现，形成网络状历史记录格局，就有可能出现真正的全史。以前的历史，都是写在纸上的，一本书都是有容量限制的，几十万字或几百万字，很多东西就没法写。今日网络出现以后,储存是无限的,这样就突破了原来纸本的容量限制。一本书里的一个画面,选择了这个镜头就不能选择那个镜头,而网络就可以解决这个问题,可以用点击的方式来留下每个人的历史,可以用链接的方式点一下,这个人的资料就可以出来了。所以就可以进入一种网络状的历史记录格局。很多个人史留下来以后,真的可以出现全史。美国一个经济学家杰里米·里夫金写了一本书叫《零边际成本社会》,里面提出的一个概念叫"共享社会"。历史书写,上层要写,下层也要写,精英要写,凡人也要写。这样,历史就比较完整,这是我们 21 世纪要非常提倡的历史写作方式。

线下教案

▶ 讨论话题:

为什么要从人的历史讲起?为什么要以个人的当代历史为历史理解的起点?历史是人的历史,由大人物到小人物,历史记录对象有一个逐步扩大的过程。为什么要关注小人物历史?公众史学是话语体系的扩展。

▶ 阅读推荐:

1.席宏斌、亦庄:《中国:公元 2009》,海南出版社,2011 年。

号称"现代中国首部民间编年史",按月记录全国各地小人物事迹,体例与创意新颖。

2.华超超:《逆光生长:大时代小人物的坚持》,华中科技大学出版社,2013 年。

《南方人物周刊》深度调查,真实记录大时代里底层卑微小人物的顽强与坚守。失独者、非典横祸、渐冻人、大众医保、超生者等形形色色的坎坷故事触人灵魂。这是一本记录小人物的书,这些人物努力追寻生活的美,呈现复杂的真,留下了社会的一份真。一段坎坷,一个故事,经得起时间的检验,沉潜到中国底部,讲述了一个个小人物在历史洪流中的顽强与坚守。

3.《时刻关注》编委会编:《小人物大历史》,中国铁道出版社,2013 年。

讲述了历史人物之间恩怨情仇的来龙去脉,让今天的人们能对历史人物有一个全新的感触。同时也能让人从那些令人唏嘘不已的历史事件中,对人性进行更深入地思考,从而悟出一些做人做事的道理。

课前文选

由组织本位至个人本位的嬗变

钱茂伟

谈及公众史学,必然让人联想到美国的"公共史学",甚至是台湾提出的"大众史学"。我们之所以不用"公共史学""大众史学"而使用了"公众史学",有着特定的考虑。这不是简单的名称翻译问题，而是它们有着本质的不同。"公共"是空间层面的概念，即"私域"之外的"公域"；"大众"是人群内部的划分，是相对"小众"而言的。那么，"公众"是什么呢？它的反义词是什么呢？在《通论》中，笔者仅提出"公众是以人为本位的概念"，但"公众"对应什么，仍回答不上。近来通过再思考，笔者已经可以明确地说，"公众"对应"组织"。为什么说"公众"对应"组织"？这是颇让人费解的，这必须从国家与社会二分理论入手来思考。

从外在的服务对象来说，史学要思考的理论问题无非是"史学"与"人世"间的关联性问题。苏基朗提出的"史学关联性"，"意指一种史学其内容和其成果展示对象间有强烈的相关性"①，这是让人眼前一亮的学术命题。从国家与社会二元划分来观察"人世"，无非是"国家与民间"或"政府与民众"。如果以史学为中心来思考，会有两大方向的联想，一是与政府相关联，一是与公众相关联。两者不同的排列组合，会产生两种不同形态的史学。史学服务于国家、政府，形成"国家/政府史学"，简称"君史"；史学服务于民间、民众，形成"民间/民众史学"，简称"民史"。不同史学框架有着不同的内容，会放大或缩小不同的事实，从而呈现出来的历史建构的面貌也不同。

"君史""民史"概念是梁启超首先提出的。据研究，梁启超早在 1895 年的《变法通议》中已经提出"君史""民史"概念②。"言事者之所重，在一朝一姓兴亡之所由，谓之君史；言政者之所重，在一城一乡教养之所起，谓之民史"③。受其影响，其他人也有类似的表达，如《新民丛报》编辑赵必振（1873—1956）就认为："史之体有三，有神权之世，则有神代史；君权之世，则为君史；民权发达之世，则为民史。"④这套理论是建立在西方的"国家""社会"二元划分理论上的，同时又借用了中国已有的"君""民"二分术语，形成了中国特色的"君权""民权"与"君史""民史"二元划分理论。"君史""民史"概念，是今日治梁启超史学研究者经常提及的，然而往往将其当作过气的史学思想资源来看，而鲜有人将之当作考察中国史学形态嬗变的理论使用。⑤从更深层眼光来看，"君史""民史"理论实际上涉及了一个中国史学形态建构的问题。"形态"是事物的基本形式与状态，国家有形态建构问题，史学也有形态建构问题。而且事物外在的形态是由内在的权力结构决定的，"国家形态"决定"史学形态"。从大国家理念来看，政府与民间是国家内部两大基本政治力量。根据其力量升降的不同，可将国家形态区分为"政府型国家"与"社会型国家"两大类型。前者的特点是"君权"主导政府，后者的特点是"民权"主导政府。从历史来看，现实社会的权力中心往往就是历史书写的中心。如此，"君权"时代产生"君史"，"民权"时代产生"民史"。

"君史"与"民史"有不同？梁启超称有四大不同："知有朝廷而不知有国家；知有个人而不知有群体；知有陈迹而不知有今务；知有事实而不知有理想。"⑥由此可知，"朝廷""个人""陈迹""事实"是"君史"的基本特征，而"国家""群体""今务""理想"是"民史"的基本特征。

---

①　苏基朗.入世的史学：香港公众史学的理论与实践[M]//裴宜理,陈红民.什么是最好的历史学.杭州：浙江大学出版社,2015.

②　史文.斥"君史",倡"民史"——关于 19 世纪末期史学观变革的若干思考[J].史学理论研究,2001(4).

③　(清)梁启超.变法通议·论译书[M]//饮冰室合集论·文集之一(影印本).北京：中华书局,1989：70.

④　(民国)赵必振.日本维新三十年史序[M].北京：广智书局,1902.

⑤　通过"百度"搜集相关信息,少见君史、民史相关作品,可见当代中国于此使用率相当低.

⑥　(清)梁启超.中国之旧史学[J].新民丛报,1902(12).

梁氏对"君史""民史"类型的四大异同分析,今日可以作进一步的解读。"朝廷"是传统"小国家","国家"是现代"大国家"。"个人"是普通臣民个体,"群体"是"社会"意义上的人群。"陈迹"即过往事迹,"今务"就是现实,要求由现实回溯历史、古今结合。"理想"就是"理论","事实"是"材料"。后两条是中西史学比较,前两条是两种史学形态的比较。只有抓住了史学的基本特征,才能厘清其他支流现象。

从国家与社会来看,"君史"的本质特征是"组织本位"或"集体本位"。"组织本位"①是由"帝王本位""国家本位"推演而来的。组织是指由诸多要素按照一定方式相互联系起来的系统。进入人类社会以后,组织是人类最基本的人群建构单位。组织就像一条大船,可以使个体更好地在大海里航行;离开组织的个体,随时会面临别的族群攻击的危险。之所以不用"国家本位",而用"组织本位",是为了呈现"国家"的代表——"政府"更为本质的"组织"特征。刘志伟说:"在古代,史本来就是一个国家范畴,从一开始,史官记录的就是国家的活动,为国家的行为提供一种认知、一套说辞。所以,(中国)历史本来是一套从国家的角度出发的知识。"②"国家"是人间拥有最高权威的政治组织。古代中国的国家形态是由"国""家"上下两种基本组织构成的"家国同构"体,空间是组织的空间,个人是组织的一分子。传统中国是一个典型的世俗社会,在世俗社会中,人的保护能力有限,不可能达到无限保护的程度,只能实行有限保护。家、国,是人类探索出来的覆盖范围大小不等的两种有限责任保护单位。传统中国史学是在服务国家、政府过程中产生的,所以史学在相当长时间内是"国家/政府史学"。"组织本位"的"君史",是人类进入国家时代以后发明的一种基本历史建构单位。君指"国君","君史"就是以帝王将相为代表的上层国家史。"组织本位"的视野是由上而下或由大而小来观察的,体现出较强的整体性。"组织本位"的长处是视野宽,关注面广,记载的多是宏观大事,短处是民间的历史、民众的历史容易藐小化。古代的历史编纂,本质上是政治权力的历史,所以离权力越近越容易成为历史书写对象,反之离权力越远越难成为历史书写的对象。从建构单位的等级来说,越往上越受人注意,越往下越不受人注意;从建构单位的空间来说,越大越受人注意,越小越不受人注意。"组织本位"是一种传统史学中最基本的建构单位,以"二十四史"为首的综合体国史最为典型。其他编年体、纪事本末体、典章体、实录体等类型的国史也是"组织本位"的,地方志是以地方政府为建构单位的载体,甚至体现地方同姓宗族自治组织的宗谱也有"组织本位"的痕迹。在这种"组织本位"框架中,往往只有大人物没有小人物,多政府官员事迹而少民间平民事迹,只有部分得到朝廷奖励与认可的特殊民众(如受政府表彰的部分"忠孝节义"之人)可以进入国史。受"组织本位"影响,其传记形态往往是短篇传记,人称"史传"。在"组织本位"框架中,个人是组织的零部件,看到的多是公生活而少有私生活。

20世纪以后的中国近代史学,传统的"君史"被抛弃,新兴的"民史"进入实践领域。这一时期中国史学既是"民史",又是学术史学。它秉承"组织本位"传统,表现为"王朝兴衰、社会形态演进、国家与社会互动的分析模式与阐述框架"③,偏重国家的组织史、制度史、事件史、思想史、学术史研究。从形式来说,多是通史、断代史、专门史。近代的学术史学何以偏重通史、断代史、专门史?这与民国以来的"人群"书写意识有关。梁启超所谓的"民"指"国

---

① 今人偶及"组织本位",指党组织,如梅丽红的《从组织本位到党员本位——党员教育管理理念的创新》(《党政论坛》2006年第2期)。

② 刘志伟,等.如何走向"人的历史"[EB/OL].澎湃新闻网,2017-01-06.

③ 鲁西奇.人为本位:中国历史学研究的一种可能路径[J].厦门大学学报,2014(2).

民"，如"必探察人间全体之运动进步，即国民全部之经历及其相互之关系"①。"民史"即"国民史"，即以国民为主体的国家史。梁启超的"民史"定义仍较宽泛模糊②，但到邓实时已经十分明确，"夫民者何？ 群物也"，"舍人群不能成历史"③。由此可知，"民"指"群体"，"国民史"实际是"人群史"。这样的"民史"怎么写？ 邓实设计的"民史"，是 12 种专门性人群史，如种族史、言语文字史、风俗史、宗教史、学术史、教育史、地理史、户口史、实业史、人物史、民政史、交通史。"人群史"的代表是各类"专家"，于是专门史成为各种精英传记群谱。到 20 世纪 20 年代，梁启超讲《中国历史研究法》时，凸显的就是各类专史的写法。王云五主持的《中国文化史丛书》，可以说实践了梁氏的人群专史理念。20 世纪 40 年代以后，"人群"又多被置换成"人民"，"人民"使用频率大增，如此"人群史"变成"人民史"。张舜徽《中华人民通史》分为地理、社会、创造、制度、学艺、人物六编，正是按这种"人群"理念编纂出来的"人民通史"。20 世纪 90 年代以后，此类专门史、通史、断代史数量更多，不胜枚举。20 世纪的"民史"之所以被想象成"人群史""人民史"，有较强的"群体本位"特征，这与近代学术研究的群体性、专题性有关。群体性、专题性考察，是现代中国学术史学的基本特征。④ 这种"群体本位"的学术性"民史"，更适合学者、政治家阅读。即便如此，刘志伟仍认为："现代史学虽然受近代以来的社会科学很大影响，但在基本的范式上，并没有走出以国家作为历史主体的套路。虽然五四以后的知识分子热切地走向民间，中国马克思主义史学家坚称人民群众是创造历史的主人，近年方兴未艾的社会史研究把眼光转向普通人的日常生活的历史，但仍然没有真正走出从国家出发演绎或解释历史的逻辑。"⑤

　　另一个方面，20 世纪以来中国的国家形态进入了由国家到社会的嬗变历程，民间力量在强大，个体的相对独立性越来越显眼。源于西方的"国家""社会"二元划分术语的广泛使用，是 20 世纪以来的事。"方今国体变更，新说朋兴，或有且侈言同胞，而忘其同姓，高谈保国而不知保家，社会之论行，家族之义破。"⑥由此可知，"家国同构"与"国家社会"，正是中西国家形态的不同特点所在。以个体为基本单元、统一的而没有内外差异的"大团体"⑦，完全是一个西方宗教文化概念。基督教提倡人们超越人间的血缘组织（家族）甚至行政组织（国家），人人直接对教会负责，在至上的上帝支撑下，人人以个体的力量自强自立，这可以称为"独立责任体制"。同时又强调横向的异姓的人与人间是兄弟姐妹的教友关系，这是一种大空间的分工协作体制，这就是慈善观念的来源所在。如此，"人间"是由无数个体汇集而成的以独立为主而以互助为辅的"异姓大群体"，这完全不同于中国家族式的"同姓小群体"。⑧ 近代以后民族国家兴起，中世纪的"天上与人间"关系被置换为"国家与社会"关系。百年多来，因西方话语的强势，源自西方宗教文化的"社会"概念也逐步成为现代中国的"社会"概念。

---

① （清）梁启超. 中国史叙论［M］//饮冰室合集·文集之一. 北京：中华书局，1989：1.

② 瞿骏的《"民史"写法的混沌与困惑》（《北京日报》2014 年 3 月 24 日）将梁氏所谓的"民史"定义为"民众的历史、普通人的历史"，这显然是 21 世纪人的理解了。

③ （民国）邓实：《史学通论四》，转引自吴忠良《邓实与新史学思潮》（《南都学坛》2003 年第 2 期）。

④ 陈墨. 口述历史：人类个体记忆库与历史学［J］. 晋阳学刊，2013(5).

⑤ 孙歌，刘志伟. 从国家的历史到人的历史［EB/OL］. 澎湃新闻网，2016-12-28.

⑥ （民国）张美翊. 镇海柏墅方氏重修宗谱序（卷首），1915 年刻本.

⑦ 梁漱溟. 中国文化要义［M］. 上海：学林出版社，1987：48.

⑧ 杨剑龙. 冲突与接受：基督教文化与中国家族观念［J］. 厦门大学学报，2008(2).

在这种背景下,"社会"的"个人本位"特征越来越凸现,布迪厄认为"个人性即社会性"[①]。"个人本位"就是主张由个体出发观察群体,"个人"既是人间认知的观察单位,也是历史的建构单位。它提出了两大新的史学要求:一是在历史研究上强调以人为主体,"从人的行为及其交往关系出发去建立历史解释的逻辑"[②];二在历史记录上,强调以个体为单位来书写历史,提倡写个人史,内容重在人文色彩很浓的日常生活史。"提倡人民的历史、民众的历史,强调的是历史舞台上的主角。"[③]"个人本位"视野是通过个体来观察历史的,是由下而上、由小而大的。个人史是一种独立的历史建构单位,其形式多为传记,其内容既有公生活又有私生活,能全面展示个人一生各方面的活动。20世纪以来中国长篇传记得到蓬勃发展,正是这种观念强化的结果。

"组织本位""群体本位"与"个人本位",均是生活世界存在的建构单位与观察视野。生活世界的历史,既可作组织的建构,也可作人群的划分。人类的核心是个人,于是有了个人史;个人被组合进不同的组织中,于是有了组织史(集体史)、群体史。人类历史,既是组织的历史,更是个体的历史。这样的思考,也让我们对"大众"与"公众"概念的区分有了全新的理解。前人使用了"大众"与"公众"概念,但显然没有解决"大众"与"公众"内涵差异性的辨析问题。"公众"是对应"组织"而产生的一个现代"人群"概念,公众是一个人人集合的概念,是由无数公民主体组合而成的群体概念,是一个不否认单数存在的复数概念。"个人"的集合即为"公众",所以"个人本位"是"公众本位"[④]的基本特征。"公众"内部包含不同社会层次的公民,"大众"对应"小众、精英",是"公众"人群内部的进一步细分。如此来说,"公众"范围大,"大众"范围小。"公众"对应"组织",使用"公众"可以建构起更为清晰的"个人本位"的公众史学体系。

将19世纪以前"君史"的基本特征概括为"组织本位",20世纪以来"民史"的基本特征概括为"群体本位",这样高度的抽象归纳肯定是不太周延的,可能一时无法让人接受,会提出很多的例外来反驳。不过从学术研究来说,这样泾渭分明的清晰提炼是需要的,它有助于提升人们的历史认知高度。"组织本位""群体本位"特征的提炼,让人们看到了原有"君史""民史"系统的长处及其不足。现代世界本身是丰富多彩的,必须由更有广阔发展前途的"个人本位"系统来填补。在传统的"组织本位""群体本位"史学系统之外,另建一个"个人本位"的公众史学系统以求成建制地共同发展,这样的复杂景象当然是21世纪以来公众社会才会有的。由国家历史到公众历史,这就是本课题关注重心所在。近几十年的中国书店里,通史、断代史、专题史的位置越来越边缘化,而长篇传记、通俗史学作品的位置越来越中心化,数量越来越多,正是当代中国史学不断转型、公众史学领地在扩大的表现。

① (法)布迪厄,(美)华康德.实践与反思[M].北京:中央编译出版社,1998.转引自:郭于华,孟雷,廖颖.普通人的权利与历史述说[N].经济观察报,2012-12-09.

② 孙歌,刘志伟.从国家的历史到人的历史[EB/OL].澎湃新闻网 2016-12-28.

③ 刘志伟,等.如何走向"人的历史"[EB/OL].澎湃新闻网,2017-01-06.

④ 今人偶及"公众本位",对应"国家本位",如张萍《从国家本位到公众本位——建构我国城市规划法规的思想基础》(《城市规划汇刊》2000年第4期)。

把史学还给人民

——关于创建"公共史学"学科的若干想法

王　希　北京大学历史系教授，美国宾夕法尼亚州印第安纳大学历史系教授

近年来，史学界开始再度关注"公共史学"（公众史学），不仅有论文的发表和专题会议的召开，一些大学还建立了研究中心，开启了课程建设和人才培训。这些对于推动公共史学的学科建设无疑是有帮助的，但公共史学能否成为一个新的史学领域，或能否展现其应有的意义，尚需长期、艰苦和富有创造性的努力，并在很大程度上取决于专业史学界的接纳与支持。《史学理论研究》就此组织专题讨论，颇具一种前瞻性的眼光。

笔谈的组织者希望我介绍一下美国公共史学的成就与问题，并由此引申讨论中国的公共史学的建构与发展倾向。关于第一个问题，我已在近期的两篇文章中做过较为详尽的讨论，有兴趣的读者可以很方便地找来一读。① 借这个机会补充两点相关的内容，一是美国公共史学的起源时间，二是西方学界针对公共史学（public history）与专业史学（academic history）的关系的讨论。后者也许对我们思考中国公共史学的建设有所启发。

一

关于美国公共史学的起源，我们通常会指向 20 世纪 70 年代末、80 年代初的一连串事件，包括 1976 年罗伯特·凯利和韦斯利·约翰逊两人在加州大学圣塔芭芭拉分校开创的公共史学硕士项目、1978 年《公共历史学家》（*The Public Historian*）期刊的出版以及 1980 年"全美公共史学学会"（National Council on Public History，NCPH）的成立等。正是这些事带来了该领域作为学科的诞生，赋予其"公共史学"的名称，并开启了以此为基础的大规模的研究生专业教育。从学科规范建构的角度来看，这种指向并没有错。

需要补充的是，如果我们把"公共史学"界定为"史学"（包括思想和技能）在公共领域内的运用的话，那么公共史学的实践早在 20 世纪 70 年代之前就开始了。20 世纪美国历史上规模最大的一项"公共史学"实践是 1936—1938 年进行的前奴隶口述史项目。该项目由罗斯福"新政"创立的联邦公用事业振兴署推动，由联邦政府出资，招聘专业历史学者，深入南部各州，对尚在人世的最后一代前奴隶大约 2300 多人做访谈，记录他们对 19 世纪奴隶制及奴隶生活的回忆。这些访谈材料后为美国国会图书馆收藏和保存，成为研究美国奴隶制史和奴隶文化的重要史料。② 20 世纪 40 年代末，在历史学家艾伦·内文斯（Allan Nevins）的主持下，哥伦比亚大学创建了口述历史的新领域，该校口述史办公室的研究者利用录音机技术，有计划地对历史名人进行访谈，然后将访谈资料整理成文字作为史料

---

① 王希. 谁拥有历史——美国公共史学的起源、发展与挑战[J]. 历史研究，2010(3)34-47.
　王希. 西方学术与政治语境下的公共史学——兼论公共史学在中国发展的可行性[J]. 天津社会科学，2013(3)：131-136.
② 这些访谈已经为美国国会图书馆整理上网，作为该馆著名的《美利坚的记忆》（*American Memory*）历史与档案项目的一部分. 参见：Born in Slavery：Slave Narratives from the Federal Writers' Project，1936—1938，美国国会图书馆网站：http://memory. loc. gov/ammem/snhtml/（2014 年 5 月 31 日访问）. 同见：Paul D. Escott，Slavery Remembered：A Record of Twentieth-Century Slave Narratives（Chapel Hill：University of North Carolina Press，1979）.

保存,并按规定适时向研究者开放。这是第一个依托大学体制创建和实施的"公共史学"项目(按今天的标准,"口述史"也属于"公共史学"的范畴),规模很大,其收藏也包括了"中华民国"的一些重要人物(如顾维钧等)的访谈。① 大致同一时代,在联邦政府"历史资料普查"(Historical Records Survey)项目的支持下,美国各地的城镇历史和家谱学会(Historical and Genealogical Societies)得以创立或充实,致力于收集和整理地方史料,为家族史、地方史、地域史、州史和国家历史的研究奠定了非常扎实的史料基础。这些活动也推动了"全美州与地方历史学会"(American Association of State and Local History,AASLH)的成立。该组织原为美国历史学会(American Historical Association,AHA)的一个分支,但在 1940 年决定退出 AHA,自立门户,在某种意义上,象征着在"公共领域"内从事史学实践的人与在大学供职的专业历史学家之间的分离(尽管当时尚没有使用"公共史学"的概念)。1980 年后,NCPH 与 AASLH 之间展开频繁的合作,可被视为学院派专业历史学家向"公共领域"的一种回归。

虽然 20 世纪 70 年代史学人才的就业危机与当代公共史学学科体系的出现有直接的联系,20 世纪 60 年代的民权运动和新社会史学(new social history)却是推动公共史学兴起的深层动力。民权运动是一场弱势群体争取平等权利的政治运动,但它也引发了史学研究和写作上的革命。传统史学建构的美国价值观在民权运动所揭露的种族歧视面前显得不堪一击,历史学家被迫重新思考如何呈现更完整的国家历史,被"消声"的群体也要求找回自己在美国历史中的位置。此刻也正是新社会史作为一种史学方法在大西洋两岸的学界兴起的时候。新社会史强调"自下而上"的研究,注重使用非传统的史料,与公共史学对史学研究中的"公共参与"的追求不谋而合,及时地为新的历史诉求和写作提供了坚实的学术平台,也推动一大批专业历史学家把眼光投向公共领域,并肩负起创建当代公共史学的责任。②

美国公共史学在过去 40 多年的成就是有目共睹的。在影响力方面,它将历史知识和历史分析的方法带入公共领域的许多方面,以新的知识结构改变了公众对美国历史的认知。在研究方面,它拓展了美国史的研究方法和史料的种类,促成了史学与其他学科(包括博物馆学、考古学、城市规划、人类学、社会学、经济学、行政管理学等)的结合与借鉴,将史学从文本研究的单一模式中解放出来,赋予其新的活力和潜力。当然,最直接和最现实的成果是,它通过创造新的专业人才的培养模式,为史学人才开辟了新的就业途径,拯救了相当一批曾经面临淘汰的大学历史系。

虽然如今公共史学已经成为美国史学的一个名正言顺的领域和富有活力的学科,但这

---

① 在史料电子化和数据化之前,"哥伦比亚大学口述史研究办公室"(Columbia Oral History Research Office)拥有世界上最大的口述访谈资料收藏。关于这个项目产生的历史,参见:Allan Nevins. Oral History:How and Why It Was Born[M]// David K. Dunaway, Illa K. Baum. *Oral History:An Interdisciplinary Anthology*. Walnut Creek:AltaMira Press, 1996.

② 这个判断也适用于描述英国公共史学的起源。拉斐尔·塞缪尔(Raphael Samuel)20 世纪 60 年代在拉斯金学院(Ruskin College)为工运领袖开办的"史学工作坊"被认为是英国公共史学的起源,但塞缪尔的工作显然是受到汤普森(Edward P. Thompson)等新社会史学家的研究成果的影响。汤普森的名著《英国工人阶级的形成》(*The Making of the English Working Class*)写就于他在牛津的工人夜校教书的时候,他不仅强调工人在创造工运历史方面的能动作用,而且在写作中使用大量的口述史料,意在凸显工人群众在建构关于自身历史的史学过程中所发挥的能动作用。参见:E. P. Thompson. "*Preface*" of The Making of the English Working Class[M]. Harmondsworth, UK:Penguin, 1980:12. Hilda Kean. Introduction[M]// Hilda Kean, Paul Martin. *The Public History Reader*. London:Routledge, 2013:16.

并不意味着它不受质疑或不面临挑战。事实上，对公共史学的质疑主要来自历史学界内部。史学界的质疑（或担忧）主要集中在两个方面，一是公共史学家的身份认同，二是公共史学作品的学术性。一些传统的专业历史学家认为，公共史学实践者的队伍过于庞杂，同时包含了受过严格专业训练并拥有史学学位的历史学家和一大批并没有受过专业训练但对历史充满兴趣的人（即所谓的"history enthusiasts"）或业余爱好者，如果不能对公共史学的从业者建立起清晰可辨的身份认同，这个领域的学术标准很难建立。对于公共史学的作品，他们担心，公共历史学家因必须与学术圈子之外的各种"特殊利益"进行周旋和谈判而不可能具备最终的学术话语权，公共史学的作品也因此无法具备专业史学作品那种高屋建瓴的视野和鞭辟入里的分析深度。这些质疑当然包含着专业史学对公共史学的不信任，不是完全没有道理的，但它们也反映出两者对一个根本问题的认知上的分歧，即谁拥有生产史学知识的权力（power）和权利（right），或者说，谁有权拥有"历史"和"历史学"。

　　没有历史学家会否认史学研究对于记忆建构的重要性，但关键的问题是，在众多的"过去"（pasts）中，谁的过去可以变为"史学"（history），并通过权力体制的安排进入民族的集体记忆之中，成为公众知识结构的指定内容？在这个问题上，历史学家是有分歧的。对于公共历史学家来说，史学知识的生产应该是一个民主的过程，应该允许和鼓励更大范围的公众的参与。一些公共史学家之所以提出"参与性史学文化"（participatory historical culture）的思想，①正是希望挑战传统的权威体制对史学知识制作的控制和垄断，无论这种权威是来自毫不掩饰的官方意志，还是来自貌似与官方意志保持距离但实则通过官僚程序而掌控了话语权的专业学者群体。正如公共史学家阿奇波尔德（Robert Archibald）在他的社区史研究著作中所说，如果一部关于社区历史的作品，在其制作过程中将当地的人民排除在外，它对该社区的人民来说是没有意义的。② 迈克·弗莱希（Michael Frisch）的名言"共享的权威"（shared authority）之所以备受欢迎，实在是因为它精准地表达了公共史学家力图追求的哲学境界：历史知识的生产是历史学家与其研究的对象进行对话和合作的结果。

　　至于将公共史学视为"另类史学"的看法，公共历史学家认为这是传统专业史学拥有的一种极为自私也极不诚实的偏见。几乎从这个领域的诞生开始，凯利等公共史学的发起人都始终坚持，公共史学不是异类，而是专业史学的一种，它在史学人才的专业训练方面与专业史学的训练并无二致，都强调对史学研究的最基本的技能的训练，包括研究能力（如何寻找、识别和收集史料）、分析能力（如何对不同种类的史料进行筛选、提炼和综合）以及表达能力（如何对史料进行有史学意义的和有感染力的解读与表现）。③与传统专业史学相比，公共史学的训练更强调史料的开放性和多样性，更强调史学与公众的密切联系，更强调跨学科的借鉴与合作，更强调史学知识在传播方面的感染力，而这一切都是传统的专业史学极为缺乏的，是十分需要弥补和加强的。传统的专业史学信誓旦旦地要坚守的史学创造的"客观性"和"价值中立性"其实并不存在，而这种坚持往往掩盖了史学界内部的"学术教派"（academic

---

　　① R. J. Grele. Whose Public? Whose History? What Is the Goal of a Public Historian? [J]. *The Public Historian*，1981,3(1)：44-46.

　　② Robert Archibald. *A Place to Remember：Using History to Build Community*[M]. NY：Altamira，1999：155-156.

　　③ Phyllis K. Leffler and Joseph Brent. *Public and Academic History：A Philosophy and Paradigm*[M]. Malabar, FL：Robert E. Krieger，1990：24-25.

sectarianism)活动。① 公共史学家与专业史学家的唯一区别是他们工作的场所不同,受众不同,但他们所从事的工作的目的完全是一样的。

这里涉及公共史学家的一种政治追求:他们将史学的目的看成是构建共同的社会记忆,为此普通人的记忆必须得到重视和研究,因为共同社会记忆的基础是社会成员的个人记忆。正如历史学家勒弗勒和布伦特所指出的,如果一个社会的历史记忆是残缺的,社会成员采取共同行动的能力也将受到损害。② 我认为,这种意义上的公共史学包含了一种发人深省并激动人心的哲学观:如果历史是人民创造的,难道历史学家不应该把史学还给人民吗?③

二

如何建构中国的公共史学? 这是一个大问题,而且也不是一个单纯的学术问题,它涉及学科建设的许多"硬件"问题,需要一种包括历史学家、教育部门的决策者、学生等许多人的共同讨论。我曾在去年的一篇文章中初步讨论过几个相关的问题,包括公共史学的概念、该学科发展所需要的"公共空间"和"公共领域",以及公共历史学家的素质等。④我在这里想谈两个非常现实的问题,一个是史学界的支持,另一个是起步阶段的目标和工作。

首先,如果公共史学要想在中国学界立足,专业史学界的支持是关键之关键。无论我们如何界定它,公共史学必须首先是一种学问,需要取得同行认可的学术地位,在史学研究和教学的体制上占有一席之地。这是公共史学作为一个学科或一种学术领域获得发展的必备条件(除非专业历史学界拒绝承认它有存在的必要)。美国公共史学得以建立是因为许多大学的历史系愿意为它提供体制平台。此外,公共历史学家还拥有自己的专业组织,并定期出版本专业的学术期刊,发表研究成果。这些对于美国公共史学的成长至关重要。英国的公共史学走过的路不同,但也有自己的体制和学术平台。史学界内部一定要取得一种大致的共识,中国历史学会也应该考虑接受公共史学学会作为一个团体会员。从学科设置上,从教育部到大学的主管机构需要为公共史学提供生存和生长的空间。具体讲,就是在历史科目的学位方向设置中,将"公共史学"设置为一个学科或学位方向,这是中国高教体制的现实所限定的。此外,还需要有一些敢于"吃螃蟹"的学校或历史学科院系来率先开设公共史学的课程,摸索经验,编写教材,设计出一种既结合中国史学传统,又充满创新意义的公共史学教学法和课程体系。在这方面,政府和民间企业都是大有可为的。两者都应该考虑通过建立专项基金的方式来支持公共史学项目的创建和实施。

与之相关的是,学科创建还应该有效地利用现有的"体制基础"。中国的史学传统源远流长,大众对历史的热爱和敏感浸透在中国人的日常文化之中,历史学家应该考虑如何调动

---

① 英国公共史学的创始人拉斐尔·塞缪尔曾指出,史学不是历史学家的特权(prerogative),而是一种"关于知识的社会形态"(a social form of knowledge);学院派史学所鼓励的是"近亲繁殖,脱离现实的反省和教派纷争"(inbreeding, introspection, sectarianism),其交流也只局限在"范围相对狭窄的同类实践者之中"。Raphael Samuel. Theatres of Memory[M]. London: Verso, 1996: 3.

② Phyllis K. Leffler and Joseph Brent. *Public and Academic History: A Philosophy and Paradigm* [M]. Malabar, FL: Robert E. Krieger, 1990: 10.

③ 我的进一步解读是,"把史学还给人民",不单单是指参与史学创作的人的范围应该扩大到"人民"和他们的对历史的记忆,也是指史学研究的内容也应该关注创造历史的普通人。

④ 王希.西方学术与政治语境下的公共史学——兼论公共史学在中国发展的可行性[J].天津社会科学,2013:134-136.

公众对历史的热情，并将其转化为开展公共史学的群众基础。事实上，中国一直都有"公共史学"的实践，也拥有"公共史学"的基础和资源，尤其是博物馆、展览馆、档案馆、历史遗址以及遍布各地的地方志办公室等。这些资源如能得到有效的利用，可以有力地推动公共史学学科的起步。事实上，在公民意识不断增强的时代，大众对历史知识的需求明显增加，包括电视和网络在内的各类大众媒体已经迫不及待地进入"公共史学"的领域中，回忆录的书写和出版市场也来势迅猛，成为不可小觑的新兴文化产业。专业历史学家还需要在公众之外徘徊多长时间呢？

在起步阶段，可率先考虑利用现有的教学体制开拓"公共史学"的教学和人才培养。在这方面，可以借鉴美国学界的因地制宜的做法，根据本校师资和学校所在地的实际情况发展出有不同侧重的公共史学项目。譬如，加州大学圣塔巴巴拉分校的公共史学研究生项目从一开始就定向为培养政策咨询式的人才，注重对学生的通用能力的培养，所安排的实习机会也都是相关的政府部门。[①] 亚利桑那大学等则将公共史学研究生项目与档案管理、出版编辑、文博专业等结合起来。纽约大学地处大城市，电影制作专业非常发达，该校的公共史学则利用这个优势，注重培养历史纪录片制作方面的人才。与此同时，公共史学的成功与社会的支持是分不开的。换句话说，公共史学的人才必须要有"出口"（exits），要做到学以致用。为此，公共史学项目还需要帮助自己打开就业市场，扩展供公共史学人才施展才能的"公共领域"。一个最起码的建议是，从中央到地方的各级政府部门以及重要的国有和私营大型企业，都应该考虑设立"历史学家"的职位。历史学的严格训练会教会他们收集和整理史料、撰写富有史学价值的政策咨询报告。

另外一个可以有效利用的平台是博物馆、展览馆、图书馆、档案馆和地方志办公室。在这方面，我尤其觉得档案管理是目前公共史学人才培养的一个很有潜力的方向。高校图书馆可以考虑建设具有特藏性质的"手稿文献部"（Department of Manuscripts），负责征集和收集重要的个人和集体历史档案。档案的收集与整理是公共记忆工程的重要内容，其设计和管理都需要专业历史学家的眼光和技能。与此同时，电子化或数据化出版业也在推动史料收藏、整理和呈现的现代化。图书馆和档案馆的功能也在发生变化，不再只是保留史料和信息的地方，而更迅速地成为展示信息、提供公共教育和专业知识的平台，公共历史学人才在这方面大有可为，可以做出许多原创性的贡献。这方面的例子很多，随手拈来的例子包括美国国会图书馆的《美利坚的记忆》文献档案网和弗吉尼亚图书馆与弗吉尼亚人文基金联合出版《弗吉尼亚百科全书》（*The Encyclopedia Virginia*）的网络版。[②] 后者尤其代表了数据化时代学术出版的新趋势：集研究性写作、图像、数据和其他信息为一体，设置有便捷的检索和链接功能，专业历史学家负责写作词条，内容根据史料的更新而更新等。到目前为止，我们在国内还没有看到一个以城市或社区的历史为基础的公共史学网络平台，而这方面的潜力是非常大的，不光是立体式地收集和呈现关于城市或地区的历史信息，还可以改变历史研究的方式，构建前所未有的社区认同感。

---

① 凯利曾将公共史学界定为历史学知识和技能在"公共领域"中的运用，他将政府部门视为"公共领域"的重要组成部分。该项目的早期毕业生所从事的也都是政策咨询。Otis L. Graham Jr. Robert Kelley and the Pursuit of Useful History[J]. *The Journal of Policy History*，2011，13（3）：429-437.

② 关于 American Memory 的网址，见：http://memory. loc. gov/ammem/ ；关于 The Encyclopedia Virginia 的网址，见：http://www. encyclopediavirginia. org/ 。

口述史研究——尤其是关于近代和当代历史事件的访谈——也是可以利用现有体制进行的公共史学项目。有些题目也许受制于目前的政治环境,无法出版或对外开放,但口述史料的收集和整理则是有可能进行的。但这个领域的实践需要建立起一种法律上和学术规范的规则,以保证所获取的口述史料具有价值,并能得到安全而有效的使用。这里涉及公共史学内部的体制和规范建设,而这些工作必须通过专业组织来完成。

(原载《史学理论研究》2014 年第 4 期)

课后实务:个人史书写

1. 书写要求:

文档名:"×××的青少年时代"。注意:不能用第一人称的"我的青少年时代",否则别人不知是谁,而且会出现文档保存时的互相替换现象。因为一个班同学的文档,要保存在同一个文件中。

正文标题:"×××的青少年时代"。注意:不能用第一人称的"我的青少年时代"。因为一个班同学的文档会编辑在同一个文档中,称为《小历史书写》。

书写个人历史,要求写成历史性传记,而不是文学化传记,也不是入党时写的个人介绍,即按时间顺序写真实之事。要有精确的时间,在几岁或几年级旁加注公元纪年。要有精确地点,写出省、市、县、镇、村名。

体例:全文分出生、幼儿园、小学、初中、高中、大学,共六章。最后可简单谈下未来的理想和人生规划。使用章节体,章下分节。

内容的选择,遵循便于公开叙述原则,不便说的事可以不说。任何的历史文本,都是有选择的建构。

叙述体,第一人称叙述。要区分代词与人名的不同,用第一人称代词"我"来叙述。注意:不用第三人称的人名"×××"。

可配图片,字数为 6000~10000 字。电脑写作,用 WORD 格式,不要用 WPS。写好后,必须排版,每段空两格,用五号宋体,不用小四或四号宋体,更不用黑体,行距 1.5 倍。要通读校对一遍,不要有错别字。

章与节的数字,用手工模式,不用自动编号格式。章节用"正文"模式,不用自动"标题 1、标题 2、标题 3"之类。因为这些设置不便于老师将全部文档编辑成一个文档。一定要设置,可另存一个版本。

操作顺序:

第一步,在电脑中建立用第三人称命名的文档名"×××的青少年时代"。正文标题即"×××的青少年时代",这是基本原则。

第二步,列出个人大事年表,梳理每年主要事件。这部分可放在正文前。

第三步,划分时空段,分出生、幼儿园、小学、初中、高中、大学六个时期,正好成为六章的标题。开始要交代自己的名字,否则不知是谁在说话。各章的写作,不能模糊化,要有精确的时空框架,即将个人事件置于特定的时空框架中。所谓时空框架,时是指要用公元纪年来表述,如 1996 年之类。空间,指各阶段所涉及的地名,须写出完整的省、市、县、镇、村名与学校名。章节数字不用自动编号格式,用手工模式。

第四步,"面""点"结合,即概述与故事相结合。每一个时间段要有概述,要有个案故事(即印象深的人生经历片段)。每章下必须分节,不同节讲不同方面的故事。分类讲述故事:我与父母的故事、我与老师的故事、我与同学间的故事、我所处时代的大事对我个人的影响、我在公共场所活动的故事、我获得的重要荣誉过程、我当班干部的经历、我复习考试的经历、外出旅游的经历、让自己后悔不已的事。每件事要写明年份和地点,重在进出某个学校的始末故事。要突出小学与幼儿园的不同、初中与高中的不同、高中与初中的不同、大学与中小学的不同观察思考。

第五步,除了讲述事件本身过程,更要讲出个人的体验。这不是主观,而是主体认知。历史叙述是主体认知意义上的个人叙述。

第六步,修订稿子,注意排版。每段空两格,每个标题上下各空一行。五号宋体,行距1.5倍。

第七步,电子稿完成后,发送老师邮箱,交由老师修订。如有不合要求之处,需要退回,进一步修订,直到满意为止。学期结束周,每人再上交一份打印稿,作为试卷存档用。

样例:×××的青少年时代

第一章　出生
　第一节　出生
　第二节　名字由来

第二章　幼儿园
　第一节　幼儿园趣事
　第二节　永远的记忆
　第三节　奖状事件

第三章　小学
　第一节　丑丑的字
　第二节　悔不当初,酷酷的自己
　第三节　是奶奶不好
　第四节　一起偷玉米
　第五节　神奇的转变

第四章　初中
　第一节　初入
　第二节　醒悟
　第三节　又是批评
　第四节　其实他很有趣

第五章　高中
　第一节　第一学期
　第二节　初遇张妈
　第三节　是小辣椒啊
　第四节　三位一体自主招生
　第五节　高考前的插曲

第四讲 公众个人史的建构

线上讲义

一、个人史概念的出现

近年,我们比较喜欢用"个人史"。个人史,近于以前的"传记"。那么,"个人史"与"传记"这两个概念有什么区别呢? 先看下这两个概念是怎么出现的。"传记"在中国出现得比较早,在古汉语里就有"传",比如《穆天子传》。秦汉以后,《史记》开始出现"列传"。从此以后,传记成为二十四史里核心的一部分。那么传记是什么东西呢? 我倾向于它是组织史,也就是国家史里面的一个部分,二十四史里的列传是综合体国史的一个部分,所以比较凸显其公生活,也就是怎么做官等。

个人史概念出现稍晚点。到了明朝时,出现"一人之史"。到了 19 世纪末 20 世纪初,梁启超提倡做"人之专史"研究,此后用得不多。到了 20 世纪 80 年代,始见"个人史",比如一个日本人写的《我的忏悔》,副标题就是"一个少尉的个人史"。到了 20 世纪 90 年代末,美国报业大王凯瑟琳·格雷汉姆,她的传记称 *Personal History*,中文译为《个人历史》。真正在中国流行是 2000 年以后的事情。个人史,似乎是一个历史概念,一定是历史学家在用,其实大错特错。最早用这个概念的是文学界,他们称为"个人史写作"。看看标题就可知道,它的重心在于"写作"。什么是个人史写作? 是关于个人史主题的写作。这个概念很不错,可以给我们很丰富的想象余地,把它稍微改造一下,可以成为一个历史学概念,可称之为"个人史书写"。什么是个人史书写呢? 完整的说法就是个人历史的写作、个人历史的记录,也就是说完整地记录一个人的生命历程。

个人史出现的背景是什么? 个人,对中国人来说还是比较生疏的,因为以前一直比较强调集体。放在国家与社会对应角度来看,个人是社会人,是自然人,剥离了身上附属的各种组织属性。它相对应的是以前在国家体制里的人。所以,个人概念的出现,背后是社会的转型,我们的国家形态由传统的"政府型国家"向现代"社会型国家"转型。

二、个人史书写的特征

个人史的性质是什么? 说到个人史,很多人会想到这是关于个人过往史,与国家集体史无关。这是一种误解,个人史在表面上是个体的历史,但实际上是公共的历史。为什么这么说呢？第一，国家的历史是由无数的个人史汇总而成的。按照现代的国家观念，人人即国家，所以没有个人也就没有国家。第二，个人史虽是某个人的历史，但体现着那个时代历史的记忆，是个人的国家史。其三，个人史是小型群体史。个人史不是一人之史，人总是群体中的人，所以个人史里面会涉及相关的周围一群人。第四，个人史在生活中是个人史，但一旦形成了文本，进入文本世界，它就成了公共的文化产品，所以个人史表面上是私人的，实际上是公共的。

接下去，个人史有哪些特征。个人史书写的特征，可以归纳为以下几个方面。

第一，它是主体性写作。个人史与自传相关。以前的传记都是他传，即别人替你写的，而自传是自己替自己写的，或者说自己叙述自己的历史。凯瑟琳的传记，标题是"个人历史"，副标题是"个人自传"，这两个概念有时候是可以替换的。什么叫自传呢？自，泛指本人，所以自传是各个时代自己写自己的历史。这当然是了不起的事情。历史向来是由第三人写的，本人往往缺乏自我意识。现在历史创造者自己来写自己的历史，这当然更加主动，这是件了不起的事情。

第二，它是独特的人性体验。每个人走的人生道路是不一样的，每个人的体悟也是不一样的，个人史的书写可以写下人生的体悟，可以从一个人的传记中解读他的人生体悟，所以这一点非常重要。

第三，是由微观而宏观看历史。传统的历史学是组织史，往往是从政府的宏观视野来看个人的，而个人史是从社会个体来看历史，它的角度是由小见大，这样的视角有时候可能会更加到位些，或者说更加生动一些。

第四，是发现身边的历史。以前讲到历史的时候，都是国家的历史、民族的历史、精英的历史，很少注意过身边的历史。现在告诉你，我们身边到处都是历史，身边的个人、家庭、组织的历史都是历史。

第五，是动态化的写作。中国人以前有句话叫"盖棺定论"，即人死了以后才能写传记。这个观念今天要更新一下，个人史书写可以解决这个问题，个人史书写是个动态化的概念，可以在青年时期、中年时期来写，也可以在老年时期来写。不同的时期，它的关注重点会不同，体现着不同的历史观。这样，传记写作就比较活了，不会像以前一定要到人死以后才能写作。

三、个人史书写的意义

写它有什么用，作为一个普通人，觉得好像不值得写，这里提供几方面理由供你参考。

第一，它是认识自我的有效途径。在古希腊德尔菲神庙里面，记录了一些圣人的箴言，其中一句是"认识你自己"，这个观念很要紧。我们来到人世间，很大一部分要认识自己，我到底是怎么一回事？有人问希腊哲学家泰勒斯，这个世界什么最容易，泰勒斯说"给人提建议最容易"。这个世界什么是最难的？"认识自我是最难的。"为什么这么说？因为我们的眼睛是朝外的，看别人都看得特别仔细，而看自己有时候就看不清楚，所以对自我的认识往往是不太到位的。个人史写作，通过对人生的梳理，让你更加了解自己。

第二，历史记录对象的多元化。我们几千年来的历史写的都是精英，普通人好像不值得写。现在提倡个人史写作，就可以打破这样的锁链，让我们每个人都参与进来，这样这个社会上形形色色的人,都可以进入这个历史记录的世界。

第三,让普通人垂名于世。在生活世界的普通人,他们经常会说,"我是一个小人物,我有什么好写。"他就不懂,在生活世界也许是一个小人物,但是一旦把他的历史记录下来,进入文本世界,他就有可能成为文本世界的名人。所以,我常对那些小人物讲,小人物更加要写,因为进入文本世界以后,他就有可能在文本世界成为一个大人物。比如晚清《刘大鹏日记》,虽然是个小人物,因为留下了日记,就让大家记住了刘大鹏这个小人物。

第四,记录下层人民的感受。以前的历史所记录的历史经验,往往是精英的感受,小人物的经验往往看不见。今天提倡和谐社会建设,所以也提倡和谐史学建设,这样要求关注下层人民的感受,你要记录它,个人史可以解决这个问题。

第五,借普通人窥探世界的秘密。生活世界很大,后人要了解这个消失的生活世界,可不是那么容易的事。我们更主张通过一些小人物,通过一些小的视角,了解这个世界。

四、个人史书写准则

作为一个凡人,作为一个普通人,我们要写个人史的话,就要换个视野。要注意以下几个方面。

第一,当然是以百姓大事为主。从他一生的框架看,凡是能够影响一生的大事都值得记录下来。

第二,内容的人性化。以前的传记写的是公生活,往往偏重其人怎么做官,或者没有做官的话,怎么立功,怎么体现他留下一些好的光辉道德的东西。而今天这些普通人物,除了他们的一些事迹、他们的一些作品外,尤其要突出私生活,写出他的生活经历、他的生活经验,尤其是凸显一些人性化的东西。这一点是传统中国传记比较忽视的。西方传记往往比较注重刻画人性的东西,今日凡人传记就要写出这些人性的东西,比如作为父母亲可以写怎样教育子女,怎么把家庭经营好的,怎么生存,怎么发展。

第三,要善于发掘小人物故事背后的大意义。小人物有时候是缺少了发现的眼光,很多东西都是有意义的,只不过你不会发现而已。

第四,多角度来观察人物的行为特征。人是多面相的,在工作领域的表现和在生活领域的表现就不一样,所谓在八小时工作和八小时业余生活中表现不同。人会扮演不同的角色,一个人一生之中会扮演父母亲、扮演儿女、扮演领导、扮演下属、扮演同事朋友等不同角色。他在不同的角色面前,特别是他下属面前,他的表现是不一样的。比如说父母亲在子女前的表现,在很多地方就会不一样。今天小人物写作,要挖掘其人多方面的表现。尤其要关注外视角和内视角,本人是怎么看自己,别人又是怎么看他的,这就是内视角与外视角。今天比较完整的传记,要内外视角结合起来。

第五,凡人化的语言。以前的语言当然是标准的书面语,比较文绉绉的,这些都是精英才会用的。作为一个普通人,作为一个凡人,可能更加要凸显他的个性,允许有一定口语化或者比较直白的方式来体现,因为文化层次比较低者的表述往往是直白的,不会那么拐弯抹角,不会搞得很复杂,这个是普通人传记的语言特色,这个是和他的身份、职业、年龄有关系的,今天的传记要允许出现这样的特色。

第六,历史观的民间化。以前的传记动不动要体现它的组织性,用国家的视野,代表组织来看问题。今天的个人史写作,可以凸显它的民间性和草根性,用他个人的历史观来写他的历史。每个人的历史观高低水平是不一样的,不能够要求历史观整齐划一,所以个人的历史观应当民间化。

第七,体裁的多样化。用什么体裁来写呢?最常见的是纪事体和编年体,或者还有一种是纪事与编年相结合的。具体的写作体裁可以多样化,内容是怎么写的?第一,童年和家乡;第二,青少年时代;第三,成长;第四是工作;最后是家庭生活。我在宁波大学提倡的大学生历史书写,题目为"我的青少年时代",设计六个方面:第一,出生;第二,幼儿园;第三,小学;第四,初中;第五,高中;第六,大学。整体分为六章。当然还有其他各种各样的内容,可以做更为灵活的设计。

五、个人史发展的措施

我近年提倡个人史书写,有些学生听了后会提出,老师你的设想很不错,但是可能操作起来不那么容易,而且现在的发展现状也不那么乐观。这是个事实,但不用担忧,我们可以采取些措施来推动这项工作的开展。

第一,政府文化部门要出面倡导,公共财政也可以给予一定的资助。在这方面,台湾有一些做法值得学习。2008年,台湾桃园县文化局开创了一个"全民写传记"活动,以后每年都搞,通过征文的形式,每年推选几种,然后出资出版,到现在为止已经出了几十种了。龙应台主持"文化事务主管部门"时推动的"民众记忆库"计划,用摄像、口述的方式来记录历史。到2014年的时候,已经有六千多个人,上千万字的资料。我们的公共财政预算里应该拨一笔资金来推动这项工作。

第二,事业单位、民间团体、媒体、社区要出面大力倡导。比如"中学生历史写作大赛",就很有趣。它最早是在2011年左右,由《看历史》杂志的编辑李远江发起的。大学生里面也可以进行历史写作的推广,比如说我在2008年后在宁波大学推广大学生小历史写作活动,我们主要有两个东西:一个是写个人史,一个是写小家族史。我们已经推广了十年,到现在积累的手头电子稿有四十多辑,积累的文字有七百多万字。崔永元基金会组织的"家春秋大学生口述历史的摄像比赛",也有这个特色。

第三,多一些社会中介组织来代写个人史。个人史写作里会碰到一些困难,有的人会写,但是大部分人是不会写的,怎么办?我更倾向于通过第三方商业公司来解决这个问题。像北京等大城市里面,这种公司比较多。

第四,个人可以借助自助模版来写作回忆录。现在有文化的人越来越多了,有些人自己会写,只是体例可能会不太熟,他们可以借助一些模板来写。譬如说,2008年内蒙古一位编辑叫官布扎布,创造了自助写作模板,叫作"自己写我这一辈子——当代中老年自助回忆录导写本"。会写的人可以直接把这个本子买来,你就照着它的格式来写,这种方式也很方便。总体上,可以通过各种措施来推动个人史写作,我相信这是个非常有前景的事业。

线下教案

➡ **讨论话题：**

1. 什么是个人史？从《我是范雨素》说起。人的完善要经历两大阶段，一是生物人，二是文明人。由生物人到文明人，必须过一个有历史记录的人生。之所以要讲人的史学，是想唤醒人的历史文化意识。这种历史文化意识不是天生的。从正常的时间上说，要到中晚年才有。现在想提早唤醒大家的历史文化意识。因为读书人是熟悉文化的人，理论上容易接受这种理念。

2. 为什么要从自己历史讲起？你了解自己吗？你知道自己是什么血型吗？谈谈四大血型的基本性格特征。

➡ **案例选萃：**

1. 西南交大中文系学生胡溪关注老人生活，成立工作室帮老人写回忆录。其写作的回忆录，获得学校创业比赛第一名。一次偶然的机会，胡溪参加一个创业比赛时，企业家陈光标作为评委非常赏识她的创意，承诺给她 10 万元创业基金，并邀其为自己的父母也写一份回忆录。（《陈光标请大学生为父母写回忆录 赠 10 万创业基金》，四川在线 2013-09-21，http://news.qq.com/a/20130921/002764.htm）

2. 曾经担任过东阳南马明德乡党委书记的胡汝潭，晚年得了帕金森病，手握不住笔，但坚持写下了《胡汝潭回忆录》。回忆录引起了胡家不大不小的轰动。他说，这是我们家族的精神财富，记忆由此延续，对于我的孩子来说，他的爷爷再也不是一个概念，而是一个活生生的人。（卢哲恒《一个在家人面前沉默了一辈子的老人给子女写了本回忆录》，《都市快报》2007-03-28）

3. 《我是范雨素》，2017 年 4 月国际读书节期间最热门的自传，一个喜欢文学、喜欢读书、喜欢文字的进城务工者写的自述。多数人的观点：吃饱了撑着或吃饱了没事干。范雨素的朴素观点是："活着就要做点和吃饭无关的事。"她的文章证明了文本是有传播力量的。

➡ **图书推荐：**

施忠连：《文化的生物——人》，湖南文艺出版社，1988 年。

本书从主体意识、自我中心与自我超越、文化启蒙与文化桎梏、文化崇拜与自我完善、文化批判与个性解放等几方面，探讨了作为文化生物的人。

课前文选

自媒体时代的公众史学

陈　新

"自媒体"在传媒界，已经不是一个什么新鲜词，博客和微博这种新媒体已经渗透到我们的日常生活之中,个人在互联网上汇集、编写、发布信息已经成为越来越多人的一种日常存在方式。自媒体时代,每一位参与者的内容创作与意见表达、评论,都可视为对知识生产过程的参与。信息通过新媒体构成的动态交互作用,也彻底改变了以往爬格子、交稿子、寻找官方介质的知识传播模式。自媒体状态下,兴趣组、微信群等形式正在跨越传统的学科边界,促进新型知识社群的形成。就历史知识的生产与传播而言,由精英左右的历史写作的时代已经一去不复返了,互联网技术的高速发展,将不断增加公众个体进行历史表达的空间维度,一场"小写历史"的盛宴正在来临,公众积极参与历史知识的生产与传播,正在成为一个现实,成为一种不可阻挡的潮流。

　　让我们回顾一下过去一百年中历史知识生产和传播的组织方式。在书本传播方式中,知识分子将自己的研究交付书商或期刊发行,或者自行复制赠予亲朋好友;政府部门选定、编制历史作品公之于众,或邀书商共同参与各级学校历史教材印制、发行。在音视频方面,广播、电视、电影对于历史知识的传播从单品效率而言要胜于书本,但其中的历史知识生产受到个人更加难以承担其费用的媒介设备和资源限制,这就易于造成资本与权力的结合,也令借助音视频传播的历史知识表现出更强烈的选择性,甚至单向性,用来建构一种统一的历史观,形成指向性的历史认同。上述过程中,有两个因素在权力或资本的作用下成为历史知识生产与传播的控制性因素,一是内容选择,二是渠道控制。内容选择往往指的是获得历史学家身份、隶属不同群体的知识分子挑选(也建构)出符合相应立场的历史知识传播给公众,从而出现了我们常常称之为"正统的""主流的"历史解释;而渠道控制则是通过抬高准入门槛、批准传播资质、提高渠道成本,以达到历史知识传播的可控性要求。其中历史学家所选择的内容进一步被渠道控制方所左右。而在口述传播方式中,老人在炉边讲述传说与自我经历,说书人在茶馆中描绘三英战吕布,游客从旅途中听取各类轶闻秘密,这些历史或类历史叙事因其传播空间的私人化而不受内容上限制,但它们受到物理的限制,即声音传播的空间限制。若进一步分析,我们还会知道,当公众在内心中普遍希望获取真实内容,在这种愿望的支配下,"耳听"总是不及"眼见"。"眼见"对于历史证据的表现,例如利用理性组织的文字与图片而获得的效果,最终还是更容易取代口述内容,尤其对于现代的读者是如此。这就注定了口述传播如果得不到放大(如转化成书面传播,或通过广播、电视传播),便只能作为一种历史碎片,在时间流逝中不断变形,逐渐失去其可信度,甚至消逝。

　　Web 2.0改变了这一切,当我们深刻体会到如今信息传播的高速、廉价、高效之时,书写与音视频记录、发布技术的傻瓜化、低廉化、便捷化,正在为以亿为单位的浏览者提供大量信息,传统历史知识生产和传播中那些不利于个人介入的障碍正在逐步被消除。自媒体时代的到来,公众史学的发展可能预料的情形或问题有:个人史写作兴盛、史家功能的重构、受众接受趣味形成的多样性和类型化、机构与媒体操控行为的利弊、个人与社会的史观取向与建构形成多重博弈,等等。总的来说,公众史学将围绕着作者(公众个人、史家)、读者、媒体、社会几个要素在自媒体状态下展开。我将在下文逐一讨论这些问题。

　　美国史学家卡尔·贝克曾经说"人人都是他自己的历史学家"。在数十年前,他的这一番表白,是想说明每个人都离不开自己的经验和想象,在用历史塑造自己。这个命题也可以鼓励公众通过了解历史学来认识自我。因为每个人,就算是一位微不足道的小人物,也会有对于历史的需求,存在着进行历史表达的欲望。当一个小人物在日常生活中进行各式各样的证明时,他很难不利用历史阐释来完成。过去,我们没有更好的方式让小人物的历史被关注、被呈现到更大一些的公众场合,因而小人物的历史往往在宏大叙事中被代言、压制、掩盖,最终销声匿迹。事实上,个人对于历史的需求,尤其是对于阐释历史的需求有着错综复杂的动机,它是一种可以用来满足马斯洛需求层次理论中所涉及的情感和归属、尊重和自我实现这三个层次的需求。不论是大人物还是小人物,个人自主的历史阐释,恰恰是个人日常生活和终极生命意义追寻的一种最有效的方式。自媒体时代提供的传播途径和个人史写作的契机,正好可以充分满足这种表达要求,从而令小人物获得意义表达的空间,从心理上获得更多的人与人平等的感受。

公众参与的个人史写作是一种个人经验和记忆的整理,同时也会成为一种人性的阐释和人生态度的表达,体现了个体要求把握自己命运的一种欲求。书写历史可以用来建立过去与现在的连续性,并思考未来的走向。无论作者现下的处境如何,现实作为那个确定的点,将过去阐释成什么样子,它就能够和现实连线指向不同的方向,那正是作者的愿景所向。我们读到不少自传或传记,传主或作者会按时间中的经历来编写,个人价值观及其变化总是连接不同历史材料的主线。

在自媒体时代,当个人史写作与博客、微博等新技术相关联,它的形式与效果也会发生新的变化。个人史写作对于作者而言,它给予作者一个静思和涤荡心灵的机会,使作者或可从稻粱谋中稍作脱身。这正如有论者言:"个人史写作者得以在网络上寻觅一方净土,安排'自己的屋子',在激活个人的记忆中思考过去并设计未来。无疑,它还是心灵的洗涤和精神的冥思。"[1]在这个涤荡个人心灵的过程中,回忆自我的成长路径或许会令作者发现,那种少时的想象力、质朴何以在对现实深入理解之后不断衰退或遗忘,这种群体特征在个人身上的表达,若能够通过个人史写作获得溯源,它就有可能重新寻回;而反思之后的质朴,将会是基于现实主义的理想,为现实的生活带来更为切实的动力。另一方面,当我们在互联网上写作并即时发布传记时,大量的读者会在作者创作的过程中进行评论、补充、批评,这同时为写作者带来信心、激励,以及更高的追求历史真实的压力,甚至会要求作者做出超越自我的反思、评判、忏悔。正如笔者所推动的一些个人史写作实践所观察到的[2],在自媒体状态下发布的个人史,其首批受众通常是自己的亲朋好友,随着阅读圈向外扩散,个人史的写作过程就有可能成为某个群体生成并产生凝聚力和向心力的汇聚过程。个人的心灵思忖会唤起读者的同感和反思,因为他们可能有着彼此相同的经历,在共同的日常生活结构中相互支撑并追寻着自己的位置。对于专业史家而言,尽管公众的个人史作品作为研究现时代的一手文献显得散乱与无序,但他们有能力在批判和分析之后,去芜存菁,用以书写我们时代的集体史。由此可见,个人史的书写不仅在创作自己的历史,同时也在为未来的社会思想史、日常生活史写作提供最丰富的资源,而个人史作者也就以直接和间接的方式,实现了个人写史在现实意义和未来价值两方面的追求。

当公众参与到历史知识的生产与传播之中来,传统意义上史学家的功能将发生新的变更。在精英时代,历史学家作为知识分子中的重要组成,往往以历史真实之代言人的身份出现在不同群体的演讲台上。历史学家的这一代表功能有其自身的追求,但这并不能完全在

---

① 陈卫.个人史写作带来新的文学冲击[N].中国社会科学报,2012-07-06.

② 例如新浪博客"怡然自乐"在 2011 年 5 月 13 日到 2012 年 6 月 14 日历时 13 个月完成的个人史写作《活路》,见 http://blog.sina.com.cn/u/2131909797。

它自身之内获得。职业历史学家在近代的社会环境中产生,近代知识图谱的细分与专业化,赋予了职业历史学家这一份职责,即以其毕生精力来完成复现、还原历史的使命。当20世纪的历史学家逐渐清晰地认识到,主观性不可避免地从主题选择、史料搜集、文献分析、叙事手法、文本结构等方面渗入历史文本中来,历史学以客观历史作为确定根基的梦想也开始破灭。到最近十余年中,自媒体促成个人史写作兴盛,不仅如此,一些历史爱好者,还可能怀着更大的抱负,介入精英史学或职业史学原本应该覆盖的领域,从事主动的历史口述记录、文献搜集工作①,甚至准备撰写颇显专业的主题史、断代史、民族国家史,乃至世界历史。这些行为将闯入职业历史学家的自留地;并且,由于公众对于自媒体环境的娴熟把握,其进行的历史知识生产和传播更易于创造出直接的公众影响。职业历史学在接受新思路、新方法方面惯有的迟钝若不改善,很可能无法适应自媒体时代知识生产与传播特点,将令历史学的社会职责进一步萎缩和衰竭。2009年我们进行的一项有关历史类通俗读物的问卷调查表明了这一点,其中反映出,公众对于历史内容作者的身份偏好强弱依次为:有较好历史功底的作家(42.9%)、历史学专业人士(33.6%)、只要好看作者是什么人无关紧要(32.3%)、独立研究的史学爱好者(27.3%)②。

事实上,自媒体时代的到来,对历史学专业带来的机遇可能远远大于危机。最明显的一点便是,公众史学的发展将产生极大量涉及历史内容的文化产品,这些产品良莠不齐,必然需要一个去芜存菁筛选作品的过程,否则,面对浩如烟海的自媒体历史作品,受众难以在有限的阅读时间内接触到最精彩的内容。虽然这个任务也可能会在高素质的读者评论中通过自然筛选完成,但在自媒体状态中,公众对于内容切换的时间节奏大大加快,许多产品经不起一个自然筛选的漫长过程,筛选或许同样需要专业化人士来完成。这就意味着接受过职业历史学训练的历史学家们,可能承担起这个任务。不过,他们仍然需要为适应新环境,接受新的专业化训练,即要求历史学科班教育在保持传统史学教育的一些优秀课程的基础上,新设置关注和研究公众史学进展的专业课程。更重要的步骤还可能是,职业历史学家可以直接介入公众史学领域内的内容组织与创作。他们能够将职业历史学研究中的史料实证分析、历史经典文献的解读、历史事件源起与影响的专业阐释,通过运用公众易于接受的表现手法,直接为公众提供可读、可思、可感的历史作品。如此,或可通过专业历史学教育培养一批适合自媒体时代的公众史学家,通过他们把从事精深研究的专业历史学家、公众历史爱好者、媒体与传播机构组织起来,共同构成自媒体时代历史知识生产和传播的新体系。这些措施可以帮助我们重新理解现时代史家的价值和意义,也可以促成历史学新的繁荣。

当公众有了自我组织历史知识生产和传播的能力和路径,公众趣味的多样化便以前所未有的表现形式呈现出来。过去10年中,历史内容的表现形式之多样,有令人目不暇接之感。从盲目追求新奇和假想的戏说历史、穿越文、反事实推断,到以营销收入为指向的普及性历史读物、历史讲坛、历史人文讲习班、历史题材电影、历史类游戏、历史类主题公园,再到

---

① 例如众所周知的崔永元"我的抗战"系列纪录片、新浪博客"草场地工作站"推动的"民间记忆计划",见 http://blog.sina.com.cn/ccdworkstation 等。

② 张涛:《关于历史类通俗读物的市场问卷分析报告》(未刊稿),该项目由复旦大学历史学系2006级本科班公众史学小组共同完成。其中许多独立史学爱好者的作品是在"天涯"之类公共网站和论坛上率先发表,在获得较高阅读点击数据后,才由正规出版社印刷出版。

严肃类的个人史、民间记忆、纪录电影、民间历史博物馆①、公益性历史读书会、公众性历史杂志等等，大量个人与机构参与到历史内容产品的组织生产中来。历史内容提供者对于受众兴趣的理解，有的还处于盲目状态，有的则更加专业化地进行目标受众偏好分析。从公众史学研究的需要，我们在 2009 年对 601 份有效问卷的分析中发现，公众阅读历史类通俗读物的目的偏好强弱依次为增长知识和增强人文素养(79.2%)、启迪智慧(32.3%)、消遣娱乐(20.1%)、励志(19%)、怀旧(16.5%)、随大流(1.7%)；内容偏好的强弱依次为人物传记(62.1%)、国家兴衰(37.6%)、奇闻轶事(32.1%)、思想文化(31.6%)、政治斗争(30.6%)、社会习俗(28.6%)、战争(28.3%)、民族关系(22.8%)、通史(22%)、改革变法(19.1%)、中外交流(18%)②。再如，我们还会发现，购买和主动接受历史内容产品的受众多数为 30 岁以上男性，而他们对于中国近现代政治史的热情，要远远胜过对于中国古代史、世界史的热情；对于考古学的热情，又要胜过对于中国古代社会史、思想史的热情。就未来国内公众史学的有序发展而言，对于公众接受历史内容的进一步深入分析，还需要设计更全面的研究方案、开列更多的讨论方向、采集和分析更多的数据。尤其对于自媒体状态下个人提供的历史内容，数量极其庞大，其对个体、群体、社区，乃至整个社会的综合影响程度如何？我们都还处于茫然糊涂的状态，更不用说能否以好的方式去协调、引导这种公众在历史表现方面的欲求。上述的调查研究只表明一个开端，对公众历史趣味多样化的形成过程、分类方法、表达方式、影响效果等的探究，都还需要更加坚实地奠定在科学调查和分析之上。由于历史在人的生活中所起到的作用巨大，它实则全面参与了公众人生观与世界观的构成，这一领域的系统研究亟待推进。

当前介入公众史学领域的主要力量是个人、民间公益组织、商业资本、国有文化事业机构、历史学工作者(包括中学、大学历史教师和研究人员)。由于参与者不同的利益和价值取向，公众史学的发展就不可避免地要在经济效益与社会效益之间、在不同社会价值观之间进行选择。

过去十年间公众史学的逐步兴起，反映了公众在休闲、求知、探索、反思、自我认知等等方面的内在需求。例如，阅读公众考古③的内容不仅可以增加我们生活中的闲情逸致，还可以通过考古学的经验，引人发思古之幽情，增强保护传统与文化的使命感。然而，正是因为公众史学能够满足人们的内在需求，其巨大的潜力带来了公众历史产品的多样性可能，甚至也呈现出鱼龙混杂、荒诞不经的生态环境。我们不能否认穿越历史的幻想可以表达一些人在现实的无奈之下，追求内心的超时空满足感，但它也可能让涉世未深的青少年产生戕害自我的后果。自媒体状态下，公众历史产品呈现的混杂、无序状态已令其弊端随处可见。不过，我们相信这只是自媒体时代公众史学肇始时的混乱，这一阶段会迅速转化，其核心动力来自于自媒体在为个人传达自我历史意识提供机会的同时，也加强了资本对于主流市场的

---

① 成都建川博物馆是为典范，见"建川博物馆聚落"网站 http://www.jc-museum.cn/cn/。该博物馆由樊建川先生建立，目前已经建成 15 座主题博物馆，收藏文物超过 800 万件，其中以近现代收藏品为主。其新浪微博 @樊建川 也是一个很好的历史知识传播和信息发布平台。

② 张涛：《关于历史类通俗读物的市场问卷分析报告》(未刊稿)，除前述提及内容之外，该分析报告所涉及内容还包括：了解历史内容的途径；愿意接受的历史内容的形式、语言风格；对历史真实与修辞的需求层次；受众阅读历史的感受类型等等。

③ 公众考古学的主要推动者之一如复旦大学文物与博物馆学系教授高蒙河，他为此专门著有《考古不是挖宝》(山东画报出版社，2009 年)、《考古好玩》(复旦大学出版社，2011 年)。

掌控能力。从最近三年历史类书刊市场拓展可以了解到,以《看历史》[1]和《文史参考》[2]为代表的公众性历史杂志的兴起[3],至少在中产阶级阅读群内开启了以严肃类历史内容替代戏说类、穿越类历史内容的进程。公众开始更多地接受由史学界人士或有商业资本背景支持创作的严肃类历史作品。与传统历史文化产品不同的是,自媒体状态下个体性的历史知识生产,构成了此类历史刊物的一种补充,更多的情况下还可能会形成一种潜在压力。一方面,个体的历史表现更容易适合受众的多样化需求,尽管其中可能会出现荒诞的内容,但同样可能经常性地产生极其优秀的作品,或者精挑细选的优秀电子微刊,从而对其构成挑战。另一方面,公众历史刊物的公开发行,也有可能令其创新能力受到来自各方面的约束,会迫使他们将一些具有挑战性的选题拱手交给个人在自媒体中完成。无论如何,类似《看历史》之类公众历史刊物,他们表达的历史观在未来的舆论上,将会越来越占据举足轻重的地位,这就可能出现机构或媒体对于公众历史意识形成或塑造进行操控的可能性和危险性。在精英时代,这一过程是由国家主导的,在舆论变得宽松的时代,资本的力量会在何种程度上与国家力量汇合或相持,这在当前中国还是一个未解之题。我们只能通过自媒体环境下可能加速民智开启的步伐来判断,机构与媒体对于历史知识生产与传播进行完全操控的可能性不大了,其中的利与弊,都会在公众日益觉醒的自主意识中得到检验。

历史作品并非只是客观实在的表现,相反,它往往能够通过有效的方式表达各种各样的历史观和价值观。自媒体时代的到来,有可能形成一个思想和观念上的战国时代,在其中,个人、群体、机构、国家都成为社会多元历史观的建构者之一,并且彼此之间形成博弈。出现博弈状态,本身是社会进步的一种表征,它令每一个社会成员都有诉说、解释历史的权利。尽管这种权利的行使与否与个人的生活态度和社会责任感直接相关,但表达空间的存在,是个人构造历史、积极介入社会现实的前提。历史研究和历史叙述从来都不只是还原历史,即便我们只是编辑一部史料集,也需要运用确定的编排原则。只要有不同的编排原则,只要有不同的历史叙事方式,只要有对于历史认知的不同倾向,历史就会以不同的面貌被作者呈现出来。各种历史面貌在什么样的环境下被阅读,读者又以怎样的知识素养和心态来理解,媒体按照怎样的视角和立场进行渲染,国家又采取何种方式面对不同历史观的表达,所有这些都令我们感觉到,自媒体为公众历史时代的来临准备了技术手段,它也改变了我们对于历史认识期待的时间节奏。多样化历史知识的生产、多元化历史观念的竞争将塑造一群思想混乱、保守偏执的读者,还是一群自主积极、心态宽容的读者,这都有可能,也难以预料,这也正是历史知识生产与传播的魔力所在。正基于此,自媒体与公众历史时代的来临,不仅对于传统历史知识生产和传播是一个挑战,对于我们应该如何思考历史,也将是一种挑战。

(原载《天津社会科学》2013 年第 5 期)

---

[1] 成都出版传媒集团主办,2007 年创刊名为《先锋国家历史》,2010 年按要求更改刊名为《看历史》。
[2] 人民日报社主办,2010 年 1 月创刊,2013 年 1 月起改刊为《国家人文历史》。
[3] 江苏人民出版社于 2013 年 5 月创刊《大众考古》杂志。

平民传记史学价值的多视野观察

钱茂伟

摘要：从文本世界视野来看，传记是人类生命历程的文本替身，平民传记是平民历史的文本化呈现。人为本位视野的提出，使小人物的个人史有了独立的生存空间，也更符合公众史学原则。平民传记包含了丰富的个人经验与时代感受，日常生活史理念的引入，使平民传记在历史研究中有了用武之地。

　　近十年，随着中国通向"公众社会"发展步伐的加快，传记的发展也进入繁荣阶段。从数量上说，每年出版的传记上万种①，可谓惊人，中国已经成为传记大国。传记即个人史，这是普遍的看法。严格说来，传记是个人史的文体形态，而个人史是一个现代学科概念。其中一部分，我们称之为平民传记或平民个人史。目前中国平民传记作品的数量已经上来了，质量也在提升之中，到了需要学界关注、研究、鼓励、批评、引导的时候了，不能再让其放任自流了。已经有部分文学工作者开始关注平民传记研究，如全展教授自2000年以来已经关注平民传记的研究②。确实也到了从史学角度重视传记的时候了，史学工作者不能再漠视传记的发展了，要关注传记尤其是平民传记的研究。平民为什么要写个人传记？平民传记到底有什么价值？平民传记的出现有何意义？这些是人们要弄清楚的问题。对实用至上的中国人来说，这确实是一个核心观念问题，必须从学理上给予充分的回答，否则，无法解释清楚平民传记写作的意义，平民传记也就没有了存在的理由，自然没有人会来参与平民传记写作活动。

　　关于平民传记价值的认知，要注意几条原则。第一，平民传记价值的认知有着多元的标准。公众有自我认知，史家有专业认知，要区分内在价值与外在评判的不同。传记的内在价值不以别人的意志为转移，而外在价值评判则言人人殊。当人们质疑平民传记有什么价值时，往往是站在他者立场上说话的，史学工作者喜欢从大历史立场来理解。我们以为，先要从普通当事人立场来思考此问题，然后从他者立场的历史专业角度来思考。平民传记的专业价值，须放在人为本位史学与公众史学两大视野下加以观察，前者是大视野，后者是小视野。第二，对平民传记的熟悉程度决定其对平民传记价值的认知程度。没有写过或看过平民传记的人，不管是学者或平民，都会怀疑平民传记的写作价值。但写过或看过平民传记的人，则会持肯定态度。对文化人来说，传记是有用的宣传之物；对普通人来说，传记是无用之物，因为他们看不到、体验不到平民传记的价值，一旦真的写成传记，给他们看，他们还是会重视的。在平民传记不存在的时候来讨论有用与无用，是不合适的。只有读了平民传记，仍觉无用时才要加以讨论。第三，要用历史眼光来判断平民传记的价值。平民写传记的活动本身就有个人意义与社会意义。有念头想写，就是一个了不起了；动手写作，是第二个了不起；写出作品，是第三个了不起。至于传记文本会派其他什么用场，取决于未来与别人的需求。平民传记有什么样的价值与意义，那是必须在另一个时空中加以判断的事。写不写是

　　① 李苑.中国传记文学写作空前繁荣，传记出版为何这么热？［N］.光明日报，2011-11-02.
　　② 全展.被"遮蔽的历史"的发掘——平民传记文学三题［J］.荆门职业技术学院学报，2002(2).
　　全展.民族精神·民间立场·平民化视角——新世纪平民传记综论［J］.浙江师范大学学报，2006(6).

你的事,用不用、如何用是别人的事。

一、文本世界视野下的平民传记

传记的本质属性是什么？不同的角度会有不同的回答。杨正润认为传记是"一种文化形态的体现"[①],赵白生以为传记是"心灵的证据"[②]。笔者以为,传记是用文本(文字、图片、声音、视频)记录个体一生言行的个人史。传记是一种体裁名,其基本属性是文本,文本是历史生活的载体。它是建立在生活世界与文本世界二分理论基础上的。生活世界是一个真实的人类活动世界,文本世界是通过文本来呈现的生活世界。"历史"有二义,即真实的历史与文本的历史。书写历史,本质上是将生活世界转化成文本世界。不用文字表达的生活事实当然是历史,但却是看不见、摸不着的历史,是无法传承的私密历史。只有形诸文本的历史是可以看得见、摸得着而且可以超时空传承的公共历史。可以说,历史生发于生活世界,存在于文本世界。

传记实际是现实生活中人的故事的文本化,平民传记是平民历史的文本化呈现。历史的存在,一般人相信心证。只要存在过了,大脑有记忆了,就是存在。不过,历史学科与法学学科有相似之处,只相信物证,而不相信心证。因为,存在于大脑中的心证是无法验证的、无法观察到的不成型之物。无法成为物证的历史,均是无法进入观察与研究层面的东西,自然不是认识论意义上的历史。宋元以来的中国古人有"国可亡而史不可亡"说,同理,我们可以说"人可亡而史不可亡"。平民个人史得以被记录下来,才是人类个体存在于世的证明。传记是"人类生命的载体"[③],是人类生命历程的文本替身。有了"替身",就可代替"真身"在文本世界独立行走,起到"真身"的宣传与传播作用。人是特定时空的产物,一个"真身"只能占一个特定的时空段,大约不超过百年。此后的时空段,若想继续让后人知道,须借"替身"来代劳。传记文本可以超时空传播,是百年之后的存在形态。拥有传记,无疑是对自己过去存在的最好诠释方式。由此可知,每个人要重视自我生存的物证,有了物证才算完成了自己人生存在的论证。没有文本,只能在生活世界中存在;有了文本,就可能进入永久流传的精神世界。家人编纂的追忆录,有的直接命名为"存在——王长松追忆录"[④],正是这种理念的体现。雷颐称"写下来、留下来,才能进入历史"[⑤],这是对的,有文献才能进入历史长河;否则,人的存在是无法验证的存在,可能白到地球上走了一趟而已。

传记是人生历程的系统总结。文本的优势是可以使人的一生事迹系统化。生活中的闲聊,大家会回顾某一些片断,但往往是不成系统的,经常是支离破碎的,只有故事的梗概而显模糊。传记写作是一种自觉的文化行为,是一种有目的的、系统的建构行为。这样形成的文本是自足的,它会建构成一个系统,内部有较强的逻辑关系,可以提供精确的人类活动信息。人的前半辈子是在用自己活生生的努力书写历史,到了中年、晚年应有系统的总结,将一生中最难忘、印象最深刻的片段记录下来。有人说:"写这本回忆录主要是想给我七十多年的

---

① 杨正润.现代传记学[M].南京:南京大学出版社,2009:19.

② 赵白生."心灵的证据"——传记事实的本质[J].中国比较文学,2002(3).

③ 欧明俊.传记文学是人类生命的载体:《中国古典传记文学的生命价值》评介[N].文艺报,2013-05-29.

④ http://www.huiyi99.com/read/137/1/1.html。

⑤ 王京雪.家史·家谱·自传:普通人笔下的历史[EB/OL].新华每日电讯,2012-05-08(http://news.xinhuanet.com/edu/2012-03/16/c_122842645.htm).

文艺生活做一个小结，做一次梳理，让我这七十多年的酸甜苦辣都化成一个个的字符，向认识我的人一一诉说。"①也有人说："为了纪念我的平凡人生，因为那里有着很多不平凡的感动。"②到了老年，人的记忆带会出现老化现象，会忘记眼前的事，但却不会忘记已经刻入记忆中的往事。"人上了年纪，怀旧之情与日俱增，很多事情不断地涌入脑海并浮现在眼前。"③由于多种因素，相当多老人的早年、中年经历与感受是不讲出来的，留在记忆深处。和盘托出，留下文字记忆，对老人来说是一种自我发泄与自我放松。搁笔之际，如释重负，换得一身轻松，这是回忆者的共同感受。对一个老人来说，尤其要学会从容地安排自己的晚年生活。从容可以防止意外，从而少留下些人生遗憾。文本是自足的，可以一览无余，了解一个人的一生。没有自传，旁人无法理解传主全面的人生历程与内心世界。它是后人评判、了解一个人一生的文献依据。

　　传记可留下个人的精神财富。在这个世界上，人死后是否有灵魂一直有争议；但一个人的经验与思想可以通过文本来传承则是可以肯定的。人来到世上走一趟，享受一番，吃一些苦，同时，也要付出、留下一些东西。人准备留下什么？给自己的子女留下一些物质财富，这是多数中国人的想法。这种留下物质财富的想法本身不错，是世俗社会多数人的选择，但仅有这些想法是不够的，还要留下一些精神遗产。在人世间走一圈，每个人见到的、听到的、想到的东西很多，如果能记录下来，那是一笔相当可观的精神财富。"记录是为了流传，流传是为了裨益别人和后人。"④将人生经验总结一下，将自己的人生感悟写下来，这本身就是一笔精神财富，可以被他人享用。有人说："之所以写这本书，主要是想通过我一生的作为和点滴成就，说明一个问题——一个人只要发奋图强，走正确的人生道路，勤勤恳恳地学习工作，持之以恒地努力奋斗，就会有所成就，做出一番事业来。希望我的后人能从这书里明白这些做人做事的道理，这样这部回忆录就没有白写了。"⑤也有人说："回首一生，得出一条人生经验，就是人要自尊、自爱、自省、自勉。"⑥这些人生经验是可以与人分享的人类公共精神遗产。以前的历史主要是给士大夫看的，今天的历史还要给更多的凡人看。平民除了对帝王将相、各路精英故事有兴趣外，也对平民自身有兴趣。有的人不喜欢名人传记，对老百姓自己的故事更感兴趣。"每个人的一生，都是一场独一无二的演出，没有固定的剧本，只有无限的可能。"⑦那样的生活，他们更为熟悉，更容易接受。读凡人传记，可以明白人世间的各色人物及故事。李健健称："传记是把人与人结合在一起的纽带。"⑧平民传记可以将不同平民的心联系在一起。专门论著是普通人读不懂的，只有传记是可以与大众直接分享的。在各种作品

---

　　①　欧阳莉莉.演艺春秋舞韵八方[EB/OL]."回忆久久"网(http://www.huiyi99.com/read/90/1/1.html).

　　②　于正.人生湖畔风恬月朗——于正回忆录·前言[EB/OL]."回忆久久"网(http://www.huiyi99.com/read/152/1/8.html).

　　③　王文如.一个老三届的回忆——王文如[EB/OL]."凡人大传"网(http://www.fanren8.com/simple/index.php?t31733.html).

　　④　郭济兴.迤逦人生路,归心是何处——郭济兴回忆录·序[EB/OL]."回忆久久"网(http://www.huiyi99.com/read/122/1/7.html).

　　⑤　王星远.天行健,君子自强不息——王星远回忆录·结语[EB/OL]."回忆久久"网(http://www.huiyi99.com/read/80/623.html).

　　⑥　马旬.一生学习和工作的回忆·后记[EB/OL]."回忆久久"网(http://www.huiyi99.com/read/94/802.html).

　　⑦　曾庆华.瑞彩华光·前言[EB/OL]."回忆久久"网(http://www.huiyi99.com/read/101/1/8.html).

　　⑧　李健.范曾怎么如此草就自己的传记?[EB/OL].新华读书网,2012-02-17(http://news.xinhuanet.com/book/2012-02/17/c_122718465_4.htm).

中,传记最容易阅读,也最容易应用于生活。

平民传记文本也可让现实社会处于卑微地位的平民得有机会翻身。很多人会说,我是一个小人物,不值得写。我们的观念正相反,人人生活于生活世界中,但只有一小部人会进入文本世界。不写不是名人,写了以后就可能成为名人。一旦成为一个典型以后,就会成为名人。也就是说,普通人更要宣传,更要写出来。如果他的故事有一定的典型性,他有可能成为一个典型性名人。凡有文本的人,都有可能成为名人。反之,不写成文本,最有名的人也会成为默默无闻的人。留下历史文本,就可能在文本世界占据话语权,这就是要求我们普通人来写传记文本的原因所在。文本本身有一定的权威性,有一定的精神力量。凡人的故事进入文本,本身就是一种了不起。抢占文本市场,在文本世界中占有自己的位置。文本世界与生活世界,有相同之处,也有不同之处,两者不对等,双方信息不匹配。文本世界是一个只有读书人才看得懂的世界,而生活世界是人人可以懂的一个世界。书写小历史,就是要在文本世界中寻找自己的位置,树立自己的位置。生活世界中可以没有位置,但在文本世界须有位置。随着时代的发展,进入文本世界的人会越来越多,身份层次会不断下降。

平民传记是家族文化建设的核心。现在有了政府倡导的省市县文化工程,其实家族也应关注家族文化的建设。没有文本,就是没有文化。中国古人用“文献”指代“文化”,正是凸显了文本的重要性。平民传记得写下来,才有资格谈论其实用性。平民传记可以小用,也可以大用。所谓小用,就是给小范围内的后人与亲朋看。凡人传记首先是给自己看,个人史由现实存在到文本存在,对传主来说是一大超越。有了文本,可以自我阅读,自我品味,自我欣赏。其次是给家人看,给传主的后裔与亲朋看。“最想给我的子孙看看,让他多了解了解我。”[1]“每个人都是历史的组成部分,我希望我的亲朋好友、子孙后代,也能从我这一生的历史里,读到当年的风采。”[2]“这本书我愿留给我的子孙后代,并希望把其中社会需要的精神代代传承下去,说不定什么时候、什么年代,精神、灵感又使我们相通了。”[3]有人评论说:“老人们获得的不仅仅是对自己一生的回顾,更是家里人的一种理解。这份回忆录像是一架沟通感情的桥梁,拉近了几代人之间的距离。”[4]写凡人传记,是家族文化建设工程的开始。中国人要改变留多少钱财给子孙这样过于物质的观念,更应该重视精神文化。“不可当饭吃的文化”远比“可以当饭吃的物质”更有悠久的历史传承价值。在家庭文化构建、家风传承方面,回忆录是一大重要而有效的方式,是无价之宝,是生命的延续,具有持久性。把人生保留下来给子孙们看,是给家人最好的礼物。

二、人为本位视野下的平民传记

平民传记或平民个人史的价值是由“人为本位”理念决定的。

从空间来看,一个国家可分为组织与个人两大层面。如此,一个国家的历史也可分为组织史与个人史两大层面。政府是现实社会中最强势的组织,帝王将相为代表的政府官员是

---

① 王德祺. 悠悠岁月妙手仁心[EB/OL]. “回忆久久”网(http://www.huiyi99.com/read/44/1/2. html).

② 马丽娟. 舞动的鹃花[EB/OL]. “回忆久久”网(http://www.huiyi99.com/read/104/2_101.html).

③ 张熙增. 七十二年忆——张熙增回忆录·前言[EB/OL]. “回忆久久”网(http://www.huiyi99.com/read/138/1/8.html).

④ 赵祎,李晶晶. 为老人撰写回忆录,让平凡的人生留下不平凡的回忆[EB/OL]. 国际在线报道,2011-12-05(http://gb.cri.cn/27824/2011/12/05/5311s3462356.htm).

最强势的个人,所以政府及其官员成为历史优先关注的对象,政府史一直是至上的编纂单位,帝王将相成为国史的主角。这样的历史,后人称为"王朝史"。王朝史的优势是可以实现宏大的国家历史建构,谱写出大人物的历史,缺陷是小人物的历史则难以涉及。这种格局的出现,有其一定合理性。现实生活中的人分为大人物与小人物,大人物掌握着政府的权力,事关全国或一方的大局,所以他们的个人史就成了大历史;而那些小人物的历史,则因为无关国家与地方发展的大局,于是成为边缘化的小历史。王朝史主要靠官方档案构成,对个人史的需求度不大。大人物是王朝史的组件,小人物是没有位置的。小人物是国家这个汪洋大海中的一粒粟,作用难于显现。

　　欧洲18世纪以来历史学逐步社会科学化的结果是见物不见人。20世纪以来,中国马克思主义史学流行社会形态史。近二十多年,则流行国家与社会互动分析视野,开始由上层到下层,关注民间社会。这三种历史分析模式,本质上都是"组织本位"模式。它们不同程度地忽视了人在历史中的作用。西方的微观史学认为,"抽掉人这个内核,对世俗社会任何变动都不可能做出正确的解释","人际交往远比结构更能说明社会发展的动力"。① 最近,鲁西奇教授明确提出了"人为本位"②视野。所谓人为本位,就是以个人为中心,展开全新的历史思考。人为本位,使个人成为历史观察单位。这样的思考,突破了长期以来流行的组织本位历史观察模式的局限。

　　"人为本位"视野的提出,是当代社会个人力量发展的结果。近代以来,个人在历史发展中的作用越来越显现出来,国民的主体性越来越强,"公民是国家的主人"这样的现代观念越来越被强化。公民既然是"国家的主人",自然每个公民有书写自己历史的权力,人人有资格立传,"每个平凡的人都有讲述自己故事的权利"③,这应是人的基本要求。雷颐称:"在个人写作和回忆面前,所有人都是平等的,一个村间老叟与一个帝王之间没有高低。"④人是世界之宝,人类历史是靠个人来创造的,所有的故事都是因个人而发生的。历史是人类的历史,人类历史是由个体的人所组成的。即使组织的历史,也是由人创造的。平民传记就是普通公民的历史,有人公开称为"庶民本纪",有人称为"草民史传"。精英可以立传,平民也可以立传。传记书写对象的扩大化,平民百姓有机会书写自我的历史,这自然是历史书写观念一大进步,"从一滴水映射出中国伟大时代的来临"⑤。既然时代变了,个人的作用越来越强,自然我们的历史研究也要改变,要求以人为中心观察历史、书写历史。时代的变迁,个人力量的加强,人类自我解放进程的加快,个人史的大量出现,促使人为本位历史研究视野的提出。

　　而人为本位视野的提出,进一步为平民传记的发展奠定了理论基础,从而促进普通人个人史写作的发展。人为本位理念,使平民传记成为独立的历史建构单位。不管是自己来做还是借助别人的力量,不管是老人还是年轻人,都值得来参与。不要考虑那么多,做起来就可以了。"若能将飘零的记忆幻化成文字,虽不保证这一生永恒,可我的念想却寻到了延续

① 刘新成.日常生活史与欧洲中世日常生活[J].史学理论研究,2004(1).
② 鲁西奇.人为本位:中国历史学研究的一种可能路径[J].厦门大学学报:哲学社会科学版,2014(2).
③ 欧阳莉莉.演艺春秋舞韵八方・后记[EB/OL]."回忆久久"网(http://www.huiyi99.com/read/90/765.html).
④ 王晶.发现你身边的历史:90后女生苇子的"文革"寻访与65岁杨霞丹的个人史写作[N].南方都市报,2011-12-06.
⑤ 左言东.中国庶民本纪・序[EB/OL]."回忆久久"网(http://www.huiyi99.com/read/99/1/7.html).

的方式。"①平民不应是沉默的大多数,而应发出自己的声音,积极从事个人史书写。平民传记的实践能改变人的传记观念。普通公民也可以站到历史舞台上说话,发出自己的声音,写出自己的历史感受。

人为本位的提出,是由"大国家史"理念决定的。现代社会发展的结果是权力重心在转移,权力空间在扩大。国家形态由"国家本位"向"社会本位"转型,意味着由"小国家"到"大国家"的转型。历史记录对象的大小取决于国家形态的变化。传统的国家形态表现为以政府为主的"小国家",现代的国家形态则表现为政府、社会兼容的"大国家"。"国家"概念的扩大,导致历史记录对象的扩大、"历史"概念的扩大,由此产生"大国家史"概念。"大国家史"是一个涵盖政府与社会两大层面"历史"概念。这意味着,"国的历史是由家的历史叠合而成,而家的历史正是由个人的命运所串联起来的"②。民间社会是普通人活动的空间,他们的历史也成为大国家历史的一个部分。大国家史是由无数个人的经历汇合而成的,记录小人物就是在书写局部历史。个人的命运是与社会环境息息相关的,"每个小人物的命运都对应着一个社会阶层的变迁,每个阶层的变迁都对应着一种生活方式的改变"③。传主的众多方面记录了一个时代的真实面貌。总之,在精英与大众共创的"大国家史"格局中,传记这种个人史的作用将有着无限的发展空间。

三、日常生活史视野下的平民传记

平民传记可留下丰富的日常生活史研究材料。在组织本位视野下,大人物是政府的人,是组织史的一部分,所以国史中的大人物列传偏重公共生活而忽视私生活。而在以人为本位的视野下,人是独立的建构单位,人是全面的人,既有公共生活,又有私生活。

平民传记内容的史学价值,必须放在日常生活史视野下加以观察。什么是日常生活史?狭义的"生活"是指工作之余的活动,广义的"生活"则是包括工作在内的全部生存活动。所谓日常生活,"就是旨在维持个体生存和再生产的各种活动的总称"④。日常生活史,首见于20世纪70年代的德国,接着意大利出现类似的微观史学。日常生活史的研究对象是个体的日常行为,它目光向下,关注到普通人的日常世界,"把关注点放在实践的过程",从中寻找历史发展的答案。他们认为"历史上发生的一切事件,包括生活琐事都富有意义,历史学家的任务就是说明其意义"⑤。日常生活史研究的特色,刘新成教授归纳为五点:研究范围的微观化、目光向下、研究内容包罗万象、重建全面史、他者立场的解释。⑥ 黄正建教授认为日常生活史研究有三个特点:一是生活的"日常性",二是一定要以"人"为中心,三是"综合性"。⑦ 忽视人们日常生活中形成的特定的内部需求,也就无法理解个体历史发展的动力所在。德国微观史学的代表人物阿尔夫·吕德克认为,历史是"由普通人创造的动态实践的产物,而不是由抽象的国家或市场造成的结构或力量","抓住个人在一个密集的、复杂的社会和政治关

---

① 黄红英.生命的奇迹——黄红英回忆录·前言[EB/OL]."回忆久久"网(http://www.huiyi99.com/read/168/18.html).

② 苏莉鹏.你讲得出自己的家族史吗?[N].城市快报,2012-03-31.

③ 潘嘉苑.记录小人物,也是书写历史[N].新京报,2009-01-05.

④ 常利兵.日常生活研究的理论与方法——对一种社会史研究的再思考[J].山西大学学报,2009(2).

⑤ [德]阿尔夫·吕特克.历史科学基本概念辞典·日常生活史[M].孟钟捷,译.北京:北京大学出版社,2012:1-3.

⑥ 刘新成.日常生活史与欧洲中世日常生活[J].史学理论研究,2004(1).

⑦ 黄正建.关于唐代日常生活史研究现状的思考[J].中国社会科学院院报,2004(9).

系中的生动经验可以更好地丰富单一的历史解释"①。日常生活的改革,才是社会变化的关键。新文化史视野下的日常生活史,核心思考的是个人经验与总体结构间的关系。

平民传记的内容,主要是个体的日常生活史。这是一种以小见小、由小见大的历史研究视野。

一是以小见小,平民传记留下了凡人生命历程的自我感受。受大历史观的影响,许多人觉得自己是小老百姓,生活相当平淡,没有东西可写,也不值得写。这样的观念是错误的。从生命体来说,地球上的任何个体都是独一无二的。他们的人生经历,他们的所见所闻,都是独一无二的。"正是这些独一无二的经历才塑造了这个独一无二的我。"②人类的整体文化库,正是由不同个体的观察积累起来的。接受个人史写作,就是对自己人生的肯定。"闲暇之时,将几十年的亲身经历和一些学习心得、生活心得、工作心得写出来,也算是一种乐趣吧!"③自己的感受才是最真实的感受。小人物也要表达他们的经验。"一般而言,我们很少见到普通人对过去历史经历的叙述。"④忽略了真实地生活在社会里的那些小人物的命运和感受,历史是残缺的历史。平民传记能真正体现一个大时代里小人物的历史命运。章立凡称:"历史是一张拼图,个人史只是其中的一块,只有大家都来书写的时候,才有可能窥见历史的全貌。"⑤退休往往是离开社会,进入个体化生存时代。对老人来说,写回忆录或自传更是他们的一种社会化生存方式。退休以后的老人并不是没有用的人物,而是有着另一种方式的价值,他们可以为民族创造文化精神财富。

二是由小见大,平民传记可以留下一个时代的个人观感。人类最为宝贵的是拥有大脑,每个人有一个大脑,相当于拥有一台摄像机。无数的人,就是拥有无数台摄像机。每个人在地球上行走一生,会捕捉到无数的镜头。人类在地球上行走以后获得的所见所闻所思,自己的故事、自己的思考、他人的故事、他人的思考,是一笔巨大的精神财富。一个大脑就是一个知识信息库。写个人传记,就是希望记录下大脑储存的信息、经验、知识、理论。这些东西,是可以永垂于世的。留下文本,是人生最大的精神财富。这个生活世界是必须要靠记录才得以保存的。记录是个体的,不可能是群体的。多人的观察,才形成群体的观察。历史就是生活世界每天发生的事、说过的话。这些东西具有一度性,如果不加以记录,就会自动消失。如果人人动起来,人人将自己每天的见闻记录下来,那就成为一个当代历史的记录者。生活是万花筒,一个人一个侧面。多个侧面,就能建构出相对完整的全貌。无数人对地球的无数拍摄记录,可以让后人对地球上人类生活的面貌有更为完整的了解。"从日常生活中感悟历史、理解历史"⑥,可使人们更好地认识当代中国缓慢而深刻的社会变迁,平民传记提供了这样的可能,"生活史以人为中心,自然关注大众文化,注重基层社会,强调自下而上地看历

---

① 周兵. 新文化史:历史学的"文化转向"[M].上海:复旦大学出版社,2012:102.

② 李天亮. 光阴似苒忆往昔——李天亮人生实录·前言[EB/OL]."回忆久久"网(http://www.huiyi99.com/read/198/1/8.html).

③ 温世斌. 我从山村走来·卷首语[EB/OL]. http://yqwsb.blog.sohu.com/88663966.html.

④ 高华. 新中国五十年代初如何社会统合——十五个"小人物"的回忆录研究[J].领导者,2007(8).

⑤ 百姓家史——让我们一同走过从前[EB/OL].凯迪社区,2012-11-29(http://club.kdnet.net/dispbbs.asp?boardid=1&id=8803902).

⑥ 鲁西奇. 从日常生活中感悟历史理解历史[EB/OL].澎湃新闻,2015-04-17(http://cul.qq.com/a/20150417/015586.htm).

史"①,甚至可以说是"当代中国史研究的重要增长点"②。

日常生活史视野也可引导平民传记书写内容的发展方向。有了日常生活史理念,我们可以有意识地让个体与社会关系靠拢,厘清个人与群体的互动关系,从而提升个人史的日常生活史研究的参考价值。否则,平民传记的发展也会丧失方向。

平民传记的不断增多,为民史开辟了无限广阔的发展空间。平民传记是最理想的民史书写形式。平民传记是人的故事,是平民的生命史。这个世界是丰富而复杂的,各人的语言不同,生活经历不同,故事与感悟不同。不是只有名人有光彩,那些凡人的故事也可以改编成影视剧。譬如"凡人大传"上的《一个死刑犯的故事》,刻画了一个秉持政治理念坚持不变的文弱书生最后却葬送于自己理念之下的故事,这是典型的 A 型人格知识分子结局。如据此编一部电视剧,那是十分形象的。真实比虚构更有力量,平民比名人更亲切,人类真实的故事本身就相当离奇了,根本用不着文学家们来编故事。今日中国影视剧题材创作不理想,民史研究不理想,正与缺乏公众个人史资源有一定关系。希望通过上百年的努力,改写历史书写的格局,那时历史书写对象的扩大,历史书写队伍的扩大,小历史书写作品的成倍增加,将是一笔海量的公众历史记忆资料。未来中国历史书写,将是一部由大人物与小人物共同构成的历史画卷。

平民传记是民史建设之基,只有充足的民史作品,才可能有真正的民史研究。从历史书写对象来看,历史人物可以分为"大人物"与"小人物"两大类。传统的历史学,一直重视"大人物"而忽视"小人物"。成天生活于政府视野之中的官员或学者,往往看不见"小人物"的历史。"大国家史"应是大家共同的历史,是"大人物"与"小人物"共同创造的历史。民史的建设须从民史的写作入手,要从民间人物历史记录入手。关注小历史书写是为了丰富大历史的书写。大历史是粗线索的,往往缺少血肉。个人史最重要的是记录了个人的人生经验与历史感受,可以弥补大历史的不足。"历史是英雄和凡人共同创造的。了解历史固然要熟知站在时代潮头叱咤风云的英雄豪杰,也要知悉为摆脱苦难、追求光明而顽强拼搏的芸芸众生。前者构筑起历史的框架,后者则为这座历史大厦提供细节。没有框架的历史站不起来,而没有细节的历史则空洞而苍白。"③有人说:"这路并没有什么不同,只是对于路上的所见所闻,或许我有些不同于他人的心得与体会,所以把它们一一写下与众人共享。"④历史编纂是对众多的人生感受、人生历史进行汇总与提炼而已。有了这些人生的真实感受,后人才能体验前人的得失与甘苦,从而理解那个时代。有人说:"我之所以想写回忆录,是我明白个人的历史对认识时代和其他人同样有意义。"⑤普通人的传记是一种颇为珍贵的史料,"普通人的经历基本上无法出现在传统的历史书写中,但小人物的回忆录对于还原当时的历史情境和历史事件有积极的作用⑥。"人人来写传记,留下传记,就能建立起更为完整、更为丰富的大国家史。

总之,平民传记的独立书写与自我总结意义是原生的,而别人的阅读与研究意义是派生

① 常建华.中国社会生活史上生活的意义[J].历史教学,2012(2).
② 戴建兵,张志永.个人生活史:当代中国史研究的重要增长点[J].河北学刊,2015(1).
③ 杜克强.普通人也无妨写写回忆录[EB/OL].杜克强江西博客,2011-08-26(http://blog.jxcn.cn/u/dkqtkh/204833.html).
④ 张海军.与绘画结缘·前言[EB/OL]."回忆久久"网(http://www.huiyi99.com/read/67/481.html).
⑤ 石崎.我的崎岖之路·后记[EB/OL]."回忆久久"网(http://www.huiyi99.com/read/103/889.html).
⑥ 吕爽,张琰.定制回忆[J].瞭望东方周刊,2012(3).

的。作为公众史学的个人史书写,价值重心在下层。在"我—家—国"的模式下,平民传记首先对自己有用,对自己家族有用,其次对地方民间文化建设有用,最后对大国家史学建设有用。凡是公共文化产品,凡是真实的历史书写,均有其历史价值,它是不以外在的传播空间大小与读者数量多少来确定的。囿于大国家视野的学者与限于生活世界的凡人,往往看不到平民传记的价值所在,这样的理念越来越不合时宜了。

（原载《人文杂志》2015 年第 8 期）

课后实务:阅读凡人传记

肖清和个人史:从失学的放牛娃到北大博士(学术批评网)

第五讲　公众家族史的建构

线上讲义

一、家谱是中国的特产

你们有听过或见过家谱吗？家谱是个什么东西呢？家谱是记录同姓宗族世系和事迹的图籍。本质上说，家谱是家族档案。为什么会有呢？这和中国的家国体制是有关的，我们古代国家体制核心，叫家国体制或者叫家国同构。什么意思呢？上到政府，下到地方，都是家族形态的。家族的管理需要档案，这就是家谱。

家谱怎么来的？家谱跟世系和家族传承是有关系的。谁最早需要家谱呢？帝王。等到出现家族世袭制以后，因为他的儿子是要继承皇位的，所以生下来以后必须要有记录，来证明这个儿子是正宗的皇室血脉。最早是皇帝家族要家谱，后来慢慢往下走，贵族也要家谱，然后士大夫也要家谱，最后，普通家族开始编家谱。

家谱在中国有悠久的历史。我们可以分为两个大的阶段，前期夏商周到隋唐五代这段时期，我们把它称之为官谱。特点是世系图，基本上是谱牒。宋以前处在竹简和卷轴时代，所以这个谱系图很长，可以连下来。宋元以后，家谱进入另一个阶段。这个阶段我们把它称之为私谱。它是士大夫家族编的一些谱。宋元以后，进入印刷时代，那个时候主流方式是一本本的书。所以宋元以后家谱越来越复杂，不再像以前的谱牒，谱系图之外还增加了传记，以及其他一些东西。宋以后的谱牒越来越复杂。我们去看一些好的家谱，体例分成十多类甚至二十多类。隋唐以前的家谱，看不到了。我们今天能看到的家谱主要是宋元以后的，尤其是明清。宋元留下来的家谱已经很少，明代也不多，我们今天能看到的最多的主要是清代和民国时期的家谱。据《中国家谱总目》统计，我们以前编过的家谱，有记录的数量超过 7 万部，现存 52000 多种，数量还是很大的。家谱的收藏都是家族圈内部收藏的，"文革"后家谱大部分集中到公共的图书馆里，比如上海图书馆收集的家谱数量全国第一，宁波天一阁收藏的家谱也很多。除此之外，也有一些私人收藏家，如慈溪收藏家励双杰，家里收集了很多家谱，广西师范大学出版社为他出版了《思绥草堂藏稀见名人家谱汇刊》。

今日很多地方都在续修家谱，多是照着古人的大家谱来编的。这些大家谱可能还有些问题。这些问题主要有以下几点：第一是编纂成本过高，续修太过麻烦。第二是史料征集机制较为被动。第三是编纂单位过大。第四是谱系图缺陷大。第五是传记资料过少，历史人物信息量过少。

二、新修小家谱的意义

范素素说："从图腾时代到神权时代,不可能有个人写作家史。皇权时代的历史,准确讲就是一部帝王家史。……我们现在写作家史,是人类进入人权时代,人权本性得到重视的体现。"[①]

我们今天看一下小家谱编纂有什么意义。很多人会说,家谱,写它干吗,吃饱饭了没事情干。我可以告诉大家,编家谱真的得吃饱饭才会干,肚子没有填饱的时候,是不会考虑到这项活动的。今天为什么要提倡修家谱,至少有这几个方面的意义。

第一,没有家谱就没有家族历史,没有完整的家族传承。生活世界的传承,一般不会超过三代,父亲只能了解爷爷的中年和晚年,孙子孙女只能了解爷爷的晚年,越到后面了解的东西越少,会出现记忆递减现象。如果没有记录下来的话,我们的记忆不会超过三代,三代以上的东西什么都不知道,文本可以解决生活世界记忆不能长久保留的问题。我们必须要有家谱。没有家谱,这个家就没有历史,你就会搞不清楚,这个家从什么地方来。

第二,家谱可以让祖宗与后代有一个共同的精神家园。随着时代的发展,我们家族的老祖宗会离开人世间,这个世界永远都是活人的世界,离开地球的祖先是不在生活世界里面的。但是,家谱就可以解决这个问题,我们可以将整个家族祖先的事迹容貌都放进一本书里面,这样我们就要构建一个共同的精神家园,这个家谱就是我们整个家族的历史和文化,所以是一个精神家园。

第三,写家谱是家族历史文化积累的开始。我经常跟大家说,你这个家再有钱,官做得再大,但是如果没有形成文本记录,在以后的历史上是没有影子的。我们虽然考上了大学,好像有文化了,如果没有进入文本世界的话,这样的文化是看不见的。在生活世界,除了发家致富之外,还有很重要的事,等我们富有以后还要做家族文化建设。现在很多省市都在做文化建设工程,家谱就是我们家族的文化建设工程,它的意义是非常大的,希望大家来做。家谱在中国有几千年的历史,我们希望能把这个传统保存下去。

三、小家谱编纂的基本原则

古人编的家谱是以宗族为单位的,我把它称之为"大家谱"。今天除了可以继续编大家谱外,更提倡大家编"小家谱"。这些小家谱,可以是三代的,也可以是五代的,这样操作起来比较容易,每个人都可以做。怎么做呢? 我们要注意这么几条原则。

第一,要编纂小家谱。

第二,修谱格式要简化。以前修家谱有一套体例,如果不懂是不会写的,今天可以更加简化一点。2008 年,四川有一个叫阎晋修的先生,他从我们经常填写的表格中得到灵感,发明了一种表格式的家谱。它是一本书,模板式的,每个人都可以做。只是,这个还是比较麻烦的,因为完全是手工的,比较适合不懂电脑的老年人。如果年轻人、中年人懂电脑的话,我更提倡电脑化设计的家谱,我们按照一定格式,直接在电脑里做,那样的话,编修、排版、印

---

① 吴耀辉.家史写作是用文化方式向先辈致[N].新商报,2016-01-10.

刷,可以一步到位,更加方便。

第三,男女方家族均可立谱。在大学生中推广小家谱的时候,有人会说,我对爷爷家族不太了解,反而对外公家族比较了解,怎么办?那我会跟他说,你可以写你的外公家族,也可以写你的爷爷家族,男女方两个家族都是可以来立谱的。

第四,根据始祖籍贯确定详细谱名。家谱总是有名字的,称为某地某氏家谱。今天很多人住到城里,与农村的爷爷奶奶之间有距离。在修家谱过程中,这个地名怎么来弄,是现在居住的城市还是以祖籍命名呢,他没法定下来。我后来想了一下,还是根据古人三代或者四代为谱的规则,我们是根据你现在可考的祖先是什么籍贯,就用祖先的籍贯来作为家谱名。

第五,女儿要上谱。按照中国的传统习惯,出嫁的女儿即姑姑家,属外姓人员,是亲戚关系。所以,传统大家谱是不允许嫁入外姓的女儿家族成员进入家谱的。今日的小家谱,规模小,可以灵活处理。尤其是在独生子女政策下,很多家庭只有一个女儿,自然不能再遵循传统的习惯,否则近半数中国家庭将无后代。不管如何,也尽量不要去破坏家谱的同姓原则。因为女儿是同姓,所以只要改变一下传统的"男前女后"排列习惯,改为"女前男后"排列即可。具体地说,在谱系表中,姑姑名字放前面,姑夫名字放后面。在小传排列中,姑姑家族成员放在姑姑一代中。其格式是,先列姑姑小传,中为姑夫小传,后为姑姑子孙小传。因为姑姑的子女属外姓,所以不能编入同姓子女中。譬如姑姑属第二代,则姑姑子女小传也放在第二代,而不能编入第三代,那会混淆家谱的同姓原则。

第六,要照顾直系与旁支。小家谱会涉及编纂者的堂兄弟,有的人偷懒,就只写直系一支,建议旁支即堂兄弟这些也要写进去,这样的小家谱才接近于古人的家谱。

第七,要灵活处理配偶的变化。有的人会离婚再婚,或者前一个配偶死后又找了一个,谱系表该怎么做?要做一些灵活的处理,有子女的,谱系图要单独列出来;没有子女的,谱系图里可省略,在后面小传中提一下即可。

第八,人物信息量要大。今天家谱编纂,传记量要大。我设计了大传和小传两种体例,凡是谱系图中出现的人物都要立小传,重要人物还可以用大传来写,这样就解决了传统家谱人物信息量过少的问题。

四、小家谱体例

我提倡大家编小家谱,那么怎么做呢?我这里设计了一套体例。文档名与谱名相同,××(省)××(市县区)××(镇或街道)×氏家谱 ,以前我们叫某氏家谱,但是放在全国范围里,空间单位太大,不便检索,所以主张家谱的名字可以长一些,这样是什么地方的家族就比较好检索。

家谱的体例有一下以下几个部分:

第一是修谱缘起,就相当于前面的一个序言,内容可以写一下本次修谱原因、经过和一些说明。

第二是姓氏源流,比如某姓在全国范围是怎么来的,重点介绍自己这一支是怎么迁过来的。

第三是宅第变迁,看一下这个家族的住房是如何变迁的,你可以用照片的形式展示,当年的老房子是怎么样的,现在的新房子是怎么样的。没有照片的,可配相似图或草画图。除了照片,也要配文字,加以说明。

第四是谱系世表,就是我们以前常见的谱系图,谱系图以前都是手工的,今天可以用电脑格式来写,在 Word 里是有这个格式的。这个谱系图弄好后怎么排列,除了直系外,建议旁系也要写出来,每个格子内写名字。其顺序:丈夫写前、妻子在后;如果有姑姑的话,那么姑姑放前面,姑夫放后面。谱系图的排列,弄到后来字体会变小,所以最后框子里面的字体,要人工地设置一下,一般六号或小五号就可以了。这一部分,最新的方式可以用图像来做,这种方式更加直观。

第五是家族小传。建议谱系图出现的人物每个人都写个小传,这个小传写些什么东西呢? 小传格式:×××,(1931.3.5—),称谓,生肖,身高,血型,家庭地址,学习的经历,结婚的时间,工作的经历,性格的特征,甚至一些生活事迹,这是每个自传的写作格式。注意要用第三人称,不要用我们生活世界常用的爷爷、奶奶、爸爸、妈妈这种代词。小传弄好以后怎么排列,可以按照一代代排列,如果这个定为第一代、第二代、第三代、第四代、第五代,顺序排下来,每一代里都有爷爷、奶奶,还有小爷爷、小奶奶,下面都是以此类推。姑姑也是这样,姑姑放前面,她的丈夫放在后面,其子女在小传里,可以做附录形式,不要加附字,你就写在姑夫事迹的后面。除了自己的直系之外,尽可能地也要写出旁系即叔伯后裔,可能的话每一个人的传记配备一幅照片。

第六是家风故事。2015 年以来,在国家领导人倡导下,全国各地重视家风家训建设,所以各家族也要重视家风故事提炼。可在家族人员事迹中提炼出几个能传递正能量的故事。

第七部分是家族大事记。就是这五代人一百年历史里面发生的大事,按时间顺序来排,譬如说 1905 年什么事,1965 年什么事情,2000 年什么事情,某某人什么事情,某某人出生、过世这样的事,也一年一条排序。这个是按照时间顺序来排的,不是按照人来排的。有的人不太熟悉,会按照人来排。按照时间顺序,即按整个家族综合来排列。什么是家族大事? 所谓家族大事是决策性大事,比如说高兴的事,或者影响很大的事,比如他的出生、他的过世、他的结婚、他的学习、他的工作、他的迁移、他获得的荣誉等,这些都可算大事。

第八是家族简史。这一部分很多人一开始的时候不太搞得懂,家族简史写什么东西,家族简史,不是全国的大家族,而指的是你那个小家族。内容是根据你前面的人物小传大事记,根据大事记的顺序排列,当然没有那么细,把整个家族一百年的发展过程,用宏观的视角勾勒一下,大概有几百个字就可以了。

第九是诗文选萃。你可以选择一部分家族成员创作的诗文 ,少的可以直接收上来,太多的可以列个目录,×× 发在 ×× 地方。

最后是附录:亲戚录,可写与本家相关的亲戚事迹。

五、小家谱编纂程序

小家谱体例定好后,该怎么做,可能要注意以下几点。

第一,要循序渐进,由易到难,日积月累。这句话是什么意思呢? 有些从容易的先做起,比如家族源流应该是容易的,你可以在网上搜集资料。然后做谱系图。再接下去是人物小传、大事记,后记放在最后来做,这样基本的程序就出来了。家谱应该讲还是一个比较复杂的东西,很多人没做过,不知道怎么做,就会有一种畏难的情绪,我这边提出两个原则,除了由易到难,还有日积月累。什么意思呢? 就是今天做一点,明天做一点,有空的时候做一点,这样日积月累,很多事情就能够做好了。容易的先做,难的后做,这样就可以做出来。

第二,编纂者要扮演主编的角色,做好与家族成员的合作,比如说我们做个人史,基本上自己就可以解决,家族史涉及家族成员,这个家族少的有十多个人,多的有几十号人。所以,一个人是做不成事情的。那么你呢,就要发动家族中很多人来帮忙,你干什么? 你就扮演主编的角色,协调、组织、指派某某人做什么事情。这样,发动整个家族群策群力,家谱就可以做出来了。所以角色要定位好,你是个主编,不是样样事情都要你去做的。

第三,要充分利用档案资料和口述资料。编书当然要资料,资料以前靠档案,家族档案可能也有一些,譬如说老照片,还有各种各样的证书,但是涉及整个家族的其他文字可能不会太多。那么怎么解决这个问题? 我们今天口述史的发明,就能解决这个问题,你就用口述史的方式来搜集资料,你找家里的那些老人聊天,聊的时候旁边搁一个手机,一边问然后就把它录下来,录下来以后整理成稿,就可以解决问题了。

最后一点,要注意技巧。要不断补充新材料,在家谱的编纂过程中,要注意编排技巧,包括标点符号的使用、文字的校对,还有一些细碎的东西要注意。修好后,家谱也不是搁在那,要不断续修的。用电脑就比较好,方便修订,所以我们提倡在电脑上做家谱。

总体来说,公众家族史,基本上是民间的家族的,历史上政府都是不管的。特别是宋元以后,基本上体现了民间老百姓的历史,所以当然要老百姓来写。家谱的整个趋势就是大众化,所以在未来,小家谱的编纂会越来越多。从我们未来的发展趋势来看,在家族的成长过程中,家谱和家族文化的建设会越来越被重视。

线下教案

🔄 **讨论话题:**

家族史是个现代专史概念,其形式与手法可以多种多样。在中国,传统的家族史载体是家谱,家谱是传统中国发明的家族历史档案或宗族历史载体。这种家谱是大家族的,可以称为"大家谱"。现代中国进入公众时代,更应强调"小家谱"的编纂。此外,家族史的写作可以是报告文学式的写作,如国亚《一个普通中国人的家族史》,也可从家族影像志的制作入手,甚至可以用视频的方式来建构家族史。

🔄 **视频推荐:**

《客从何处来》八集电视纪录片。

它是中国中央电视台打造的国内首档明星真人寻根、追溯家族历史的纪录片。感悟历史、审视自我,全程记录明星寻访祖辈生活的地方,追溯尘封已久的家族秘密。2014 年第一季有易中天、马未都、陈冲、曾宝仪、阿丘五位嘉宾参加。第二季是 2015 年,六位嘉宾萧敬腾、谢娜、佟丽娅、撒贝宁、钮承泽、金士杰踏上未知的旅程,去寻找属于自己的历史。

🔄 **图书推荐:**

国亚:《一个普通中国人的家族史》,中国广播出版社,2005 年。

从北洋政府时期到抗战,从解放战争到中华人民共和国成立,从打土豪分田地到"文化大革命",从改革开放至今,中国历次大规模社会革命、政治运动、体制改革均给普通家庭带来了巨大的命运性的改变,本书即是通过一个普通中国家庭在 19 世纪中叶至 21 世纪初纵跨 150 余年期间的真实经历,描绘了历史沧海桑田下普通中国人的命运图谱。这是一本在网络上引起广泛影响的书,点击率超过上千万次,书中的许多观点及见解都引起了强烈的争议。它是一段普通人生活的见证,也是一部生活在社会底层的小人物的历史,没有任何伪装与矫饰。

课前文选

传统宗谱的体例

一、名称

家谱大致有宗谱、世谱、族谱、家乘、会通谱、统宗谱、支谱、房谱等。从中国家谱发展的历史看,宋代以前家谱是作为官吏铨选和巨姓望族婚姻门第参考的依据。宋代以后修谱的宗旨发生了变化,编纂家谱的目的主要是为了说世系、序长幼、辨亲疏、尊祖敬宗、睦族收族,提倡和关注亲亲之道。家谱的编纂逐渐由官方编修走向民间私修。宋元时代民间私修家谱并不普遍,在明代私修家谱成为普遍现象。

家谱、族谱,是一个家族的生命史。它记录了该家族的来源、迁徙,也包罗了该家族生息、繁衍、婚姻、文化、族规、家规等历史文化的全过程。

家谱是以记载父系家族世系、人物为中心的历史图籍,是由记载古代帝王诸侯世系、事迹而逐渐演变来的。先秦时,社会上流传有《周官》《世本》等谱学通书。秦汉以后,出现了《帝王年谱》《潜夫论·志氏姓》《风俗通·姓氏篇》等谱学著作。到魏晋南北朝时,门阀制度盛行,家谱成了世族间婚姻和仕宦的主要依据,遂迅速发展起来。隋唐五代后,修谱之风从官方流行于民间,以至遍及各个家族,出现了"家家有谱牒、户户有家乘",并且一修再修。

到了宋代,由于官方修谱的传统禁例被打破,民间编撰家谱风气开始兴盛。于是家谱也日益多了起来。在这一时期的家谱中内容包括三部分:第一部分是世系图;第二部分是家谱正文,是按世系图中所列各人的先后次序编定的,分别介绍各人的字号、父讳、行次、时代、职官、封爵、享年、卒日、谥号、姻配等,相当于人物小传;第三部分为附录。

二、序言

序言说明为什么编写家谱,其次要明确宗支世代,以及氏族分布状况等。

三、家传

家传,是用来记述家族中有名望、有功绩者的事迹的文体,是一种正式的传记。明朝之前,传与谱是分开来记的。"传记"记述了一个人一生的功绩品德,从对国家、民族、社会的贡献,到对地方、家族做的每一件业绩,如出资修建祠堂、祖墓等。家传一般分为:列传、内传和外传等。列传是记录家族中有功绩男子的传记,内传是记录家族中有品行女子的传记,外传是记录家族中已出嫁的有品行女子的传记。传记中多配有该人的画像或关于该人的故事图画,让后代读起来倍感生动形象。家传之用词以真实平朴为重,最忌溢美之词。

四、余庆录

留下许多空页,作为草谱备用,装订于谱书之末,以示子孙绵延不绝。

五、恩纶录

又称恩荣录、褒颂、诰敕、赐谕等。主要登载历代皇帝和中央、地方两级政府官员对家族成员封赠、褒奖文字,举凡敕书、诰命、上谕、御制碑文、祭文、赐匾等。

六、姓氏来源

战国之际,社会剧烈变动,旧贵族没落了,有的还沦为奴隶。这时表示贵族身份的氏,已无存在的必要,而平民也开始由无姓到有姓。后世之姓,大约有以下几种来源:(1)以氏为姓。氏族社会晚期至夏、商时代,分支氏族的标号有的也成为后起之姓,如:姬、姜、姒、风、己、子、任、伊、嬴、姚等。(2)以国名为姓氏。夏、商二代均封侯赐地。西周初年实行大封建,大大小小的诸侯国遍布全国。这些国名便成为其国子孙后代的氏。如程、房、杜、戈、雷、宋、郑、吴、秦等。(3)以邑名为姓氏。如周武王时封司寇忿生采邑于苏(今河北省临漳县西),忿生后代因此姓苏。(4)以乡、亭之名为姓氏。(5)以居住地为姓氏。如齐国公族大夫分别住在东郭、南郭、西郭、北郭,这四郭便成了姓氏。(6)以先人的字或名为姓氏。如周平王的庶子字林开,其后代姓林。(7)以排行为姓氏。如春秋鲁国有孟孙氏、叔孙氏和季孙氏。(8)以官职为姓氏。如西周的职官司、司马、司空后来均成为姓。又如汉代有治粟都尉,后代便姓粟。(9)以技艺为姓氏。商朝有巫氏,是用筮占卜的创始者,后世便以为姓氏。又如卜、陶、甄、屠等姓均是以技艺为姓氏。(10)古代少数民族融合到汉族中带来的姓。如慕容、宇文、呼延等。(11)以谥号为姓氏。(12)因赐姓、避讳而改姓。如南明隆武帝把国姓"朱"赐给了郑成功,闽台百姓称郑成功为"国姓爷"。又如汉文帝名刘恒,恒氏因而改为常氏。

七、姓氏字辈

字辈,表示家族辈分的字,俗称派,其意均为修身齐家,安民治国,吉祥安康,兴旺发达。字辈,起源于宋朝。字辈,是人们按伦理道德取名的一个规则。它是各族祠堂的产物,或集体创作,或名人所笔,也有皇帝赐封的,孔族字辈就是明清两朝皇帝赐定。字辈,或四言,或五言、七言,可长可短;长则五六十字,短则十余字,一般为二三十字。它虽说带有封建宗族色彩,然而从文学角度来看,却是绚丽多姿的诗篇。各族姓氏,有不同的族谱。同一个姓氏,有不同的族谱,或字节辈。

八、族谱图像

家谱主要以文字内容为主,图片资料为辅,图片、照片能将时代的精神面貌和特质传达出来。将图片、照片纳入家谱的意义在于,为家族传承提供了一个最直接的环境背景,使家谱不再局限在文字记录,整体概念也变得鲜明而生动起来。

只要是能让人对家谱有更进一步认识的古地图或老照片,均应该被收入家谱里,包括:

(1)老照片。家中存有的黑白照片、一家人的合照等,都有其历史价值,也是见证家谱的最原始材料。

(2)祖先图片(遗像、人物画、肖像画)。这主要是为了纪念先人,或表达对圣贤亲人的追慕。也有些家谱将家族先人中显达之人,画出其仪容,置于卷首,以求达到光大族望、启迪后人的目的,有些也刊载一些先人手泽遗墨。

(3)风水图(祠堂图、墓图)。祠堂是供奉先人的地方。在古代是家族聚会之所,一般的家谱均有记载和刊载建物版图、描绘实状,有些更是附刊墓图,有些甚至详记地理方位。也被称为"风水图"。

(4)故居/村庄图。

九、族谱谱序

谱序是概述本族来历和族谱编纂的经过,有的由族谱编纂者亲自撰写,也有的是同时转引和改写本族既存族谱的谱序。

十、家规族规

家规,家庭中的规矩。族规是家族自己制定的和教化族人的家族法规。

十一、派语

登载族人排行字辈,有的谱派行(或称班次)多达八十辈、一百辈。

十二、家训

家训也是家谱中的重要组成部分,它对传统宗族教育起了很大的作用。在家谱中详记家训、家规等以资子孙遵行,如《颜氏家训》《朱子治家格言》等。家训主旨推崇忠孝节义,教导礼义廉耻。提倡什么和禁止什么,也是族规家法中的重要内容,如"节俭当崇""邪巫当禁"等。每个家族都有不同的族规家训。家谱中较为常见者,大致包括了以下内容:(1)注重家法、国法;(2)和睦宗族、乡里;(3)孝顺父母、敬长辈;(4)合乎礼教、正名分;(5)祖宗祭祀、墓祭程序。

十三、堂号

堂号是一个姓氏的特殊标识,它能显示姓氏发源的地缘关系。堂号具有联系姓氏与宗族关系的意义,也是后代寻根问祖的重要线索之一。堂号名称一般取自于郡号名或为纪念家族始祖或名人而自创。一般来说,堂号多取自于郡号名,郡是秦、汉时期对行政区域的建置,郡号名又取自于郡名,或诸侯国、地方府、州、县名。随着姓氏家族的发展壮大,就出现了以各姓氏名门望族发祥地的郡名作为郡号的由来。大家族日久人众,或是遇至天灾连年之时,族人就会因迁徙流离,而散布各地,于是就有了在"总堂号"之下,再加入"分堂号"名称的方法。"总堂号"代表家族(姓氏)的发祥地,寓后人以不忘本源,"分堂号"则是族人迁徙至新地,成为当地有名望家族后,以该地的郡号作为堂号,"总堂号"和"分堂号"统称为"郡望"。

十四、世系表

世系表,就是说明一个家族成员,如父子、兄弟间的相互关系,写清楚祖先后代每一个家族成员名字的图表。它有四种基本的记述格式:欧式、苏式、宝塔式和牒记式。

欧式:又称横行体,是北宋文学家欧阳修创立的。欧式的特点是:世代分格,由右向左横行,五世一表,用起来很方便。欧式中,每个世代人名左侧都有一段生平记述,介绍该人的字、号、功名、官爵、生辰年月日、配偶、葬地、功绩等。

苏式:又称垂珠体,是北宋文学家苏洵创立的。苏式世系表的特点是:世代直行下垂,世代间无横线连接,全部用竖线串联,图表格式也是由右向左排列的,主要是强调宗法关系。

宝塔式:就是将世代人名像宝塔一样,由上向下排列。宝塔式采用横竖线连接法,竖线永远处在横线的中间。

牒记式:不用横竖线连接世代人名间的关系,而是纯用文字来表述这种关系。每个人名下都有一个相关的简介,如:字、号、功名、官爵、生辰年月日、葬地、功绩等。牒记式的世系形式固定,次序分明,比较节约纸张。

以上四种世系表形式都各有特色,这是一般族谱中比较常见的世系表。世系表要易看易懂、内容真实、层序分明,这是最为重要的。

十五、家谱体例

明代中后期是中国家谱体例演变与内容更新的一个重要分水岭。体例的变化与内容丰富是此前谱牒所少有的。内容有的包括新旧序、跋、辨、图、外传、外纪图、世系图、茔域图、卷末跋、后序;有的包括序、凡例、列士、纪事本末、世系、事略、行实、行状、墓志铭、杂著、记、诗、赞、规约;有的包括序、名人传记、行状、墓志、世系;有的内容涵括历代谱序、敕命、凡例、像赞、祠屋图、墓图、传、世系图;有的包括序、图、地理志、姓氏源流、世系、文翰;有的涉及历代谱序、目录、世系图、考、先世文翰、序、说、传、记、寿序、赋、诗、歌、词、挽诗、行状、赞、祭文、谱说、领谱字号等诸项内容。

万历以后,字谱内容较前更为丰富。有姓氏、本原、世系三考,其后内容又扩充了"世德、规范、训典、文献、宅第、丘墓、遗文、遗迹、里社九考"。有的还涉及目录、书法、凡例、历代谱序、像赞、迁源源流、祠墓寺图表、里居图、姓氏来源、世系、世德、规范、训典、文献、遗事、丘墓、祭田、家规、修谱衔名、修谱总论、后序、跋等内容,这涵盖了后世家谱所具备的基本内容。有的分谱序、谱例、纪源、传疑、传信、世系、世传、内传、祖茔、遗翰、族约、续后。有的涉及序列、题词、谱引、谱歌、谱诗、恩荣录、迁徙源流、坟墓、后序、跋、谱约、支谱图、统宗谱系小叙、系图、事略、重修族谱叙略、家乘序、诗集序、遗嘱、跋等内容。同万历以前所修宗谱相比,内容得到大规模扩展,几乎囊括了与宗族相关的所有事项。

与宋元谱相比较,明谱新增加的内容主要体现为家规家训、祠产族产等宗族制度的相关方面,这也正是明代宗族制度较前有所发展的一个反映。

　　关于体例方面,明谱在因袭欧苏谱例的同时,增加了"志""图""考""录"等项新内容,这是明修宗谱进一步吸收正史和地方志编纂学上成果的重要体现。明代宗谱体例主要有三种形式:一是纲目体,以纲统目;二是条目体,一事一目,互助统辖;三是纲目与条目的混合体。且愈往后,这种混合体的方法在宗谱编纂中愈得到广泛的运用。与明代以后所修宗谱相比较,有明一代所修宗谱的体例已比较完备,且大体上已定型,此后清、民国年间所纂宗谱在体例上基本承袭明谱,变更较少。

十六、谱序

　　谱序是每部家谱不可或缺的部分,包括阖家或某几位族人撰写的序和当时名流写的赠序,以及跋语等。序跋的内容主要是介绍家族世系渊源、传承关系、修谱缘由和经过以及任事人员等。由于一次次地续修,序跋也不断增多,不仅有新修的序跋,还照录旧序,有些谱的序跋有十多篇甚至几十篇。

十七、典制

　　包括冠礼、笄礼、婚礼、祭礼等,有的谱以仪礼统之,含仪文、丧礼的图式。还有的谱把祠规、祠产、义学、祀田的管理条例和契据也放在典制之内。

十八、世系图

　　也称垂丝图,顾名思义,喻世系子孙绵延不绝,似垂柳丝丝。图实为表,多采用欧式,以五世为一图,下五世格尽另起。称始祖为第一世祖或第一派祖,以此序列,清晰可考。有的谱分外世纪和内世纪,外世纪从受姓始祖至谱尊始祖(或始迁祖)止,内世纪则以始祖(或始迁祖)奉为一世祖或一派祖。

十九、家谱谱籍

　　谱籍即为谱主的居住地。谱籍标引的是地名的名称。现存家谱以民国之前的旧谱居多,谱中地名常题古地名,如江苏宜兴就有"阳羡""荆溪""义兴"等数种名称,湖州分别题作"吴兴""乌程""归安"等。

二十、家谱堂号

　　明清以来,祠堂成了宗族祭祀先祖、议决大事的重要场所。每个祠堂大凡都有自己的堂号,从某种意义上讲堂号是宗族的标志。堂号可分为两大类:一类为具有姓氏特征的堂号,如王氏"三槐堂"、赵氏"半部堂"等;另一类是没有姓氏特征的堂号,如"世德堂""崇本堂"等。具有姓氏特征的堂号,其来源大都伴有寓于某些含义的典故,它重复出现于该姓氏的不同支族。没有姓氏特征的堂号,大部分分别为某一支族特有或与其他宗族的堂号甚少重复,其余少量的堂号则在同姓和异姓宗族中间有较高的重复出现率。而其他的堂号辅以姓氏、地域的限制,也能在判断宗族方面起一定的作用。如"世德堂",丁、王、李、吴、何、沈、邵、周、胡、秦、徐、陆、陈、孙、黄、曹、许、张等数十个姓氏都有此堂号,而且同姓中的不同支派也有,出现的重复率极高,但加以姓氏、籍贯等条件限制,就可缩小范围。

二十一、姓氏源流

姓氏源流就是同一族得姓的来源与变迁,中国人的姓氏渊源大多甚为古老。每套家谱都详细介绍了自己姓氏源流,这样才能世世代代承继,也能将族系根源流传千百年。家谱中有"叙本系、述始封"的传统,它的目的也在于"明世次、别亲疏"以及考订姓氏源流。家谱均有记载姓氏的一章,以叙述家族得姓的来源,或是家族因某种原因改姓的历史。家谱中的姓氏源流是明辨家族血统的证明文献。

二十二、家谱内容

家谱的七大主要内容:(1)姓氏源流,姓氏源流就是同一族得姓的来源与变迁。家谱都详细介绍了自己姓氏源流,这样才能世世代代承继,也能将族系根源流传千百年。(2)堂号,堂号是一个姓氏的特殊标识,它能显示姓氏发源的地缘关系。(3)世系表,简而言之,就是说明一个家族成员,如父子、兄弟间的相互关系,写清楚祖先后代每一个家族成员名字的图表。(4)家训,家训也是家谱中的重要组成部分,它对传统宗族教育起了很大的作用。(5)家传,一般分为列传、内传和外传等。(6)艺文著述,"谱乃一家之史",其中当然少不了家人的艺文著述。自六朝起,就有将家族中名人的著作录入家谱的惯例,尤其是到了明朝,此风更盛,涉及史学、文化、经济、宗教等许多领域。家谱中的艺文著述,在体例上一般称作艺文志、辞源集、文征集等。"艺文著述"以家族中名人所写的诗文著作为主要内容,也收集本族人与外人的书信来函,以及经籍、表策、碑文、书札等,有的还有版画、肖像画、版本作品、名家书法、歌曲等,从形式到内容都十分丰富。艺文著述是家族先人的心血结晶,其中的大量珍贵史料文献,有着非常珍贵的参考和欣赏价值。(7)家谱图像,家谱之体现,能合书、图、史、表、志为一体者,它的利用价值就显得大些。

二十三、家谱价值

家谱具有以下两方面价值:(1)家谱的历史价值。作为家族繁衍、活动的档案材料的家谱,保存了历代不同地区与世系活动相关的丰富资料,它对于相关学科,诸如社会史、移民史、人口史、地方史等都具有史料价值。(2)家谱的文化价值。家谱在我国源远流长,在历史的长河中,已经形成有独特内涵、浸润着民族情愫的谱牒文化,它对民族的心理素质、价值取向、行为模式都发生着潜移默化的影响。伟大的革命先行者孙中山说过:"中国人民说王道是顺乎自然,换一句话自然力便是王道,用王道造成的团体便是民族。"中华民族共祖的文化认同,是以姓氏溯源的谱系为根据的。古老的《世本》和司马迁《史记·五帝本纪》启其端,历代的姓氏谱系扬其波,代代相传,成了民族集体的潜意识,这正是谱牒文化所发挥的作用。

二十四、谱例、谱论和目录

谱例又称凡例,用条文形式主要阐明族谱纂修原则和体例以及类目安排的理由。谱例强调家族血缘的纯洁性,维护以男子为中心的伦理纲常,表示遵循"信以传信,疑以传疑"的修谱原则。

谱论一般是摘录前代硕学名人论家谱之重要的语录,也有直接把皇帝的喻民榜、喻民诏刊载在谱前,以告诫族人。

目录又称总目,说明该谱的卷数、每卷的主要内容。

二十五、氏族文化

包括族人的著述和受奖;先祖留下的遗迹;祖先们用的命名序,以及族规、族训等。

二十六、墓图、墓志

墓图绘有所在地地名、方位、四址交界。墓志介绍墓主的生平和墓庐建置情况。

二十七、后记

包括成书过程,需要进一步查询的问题,感谢对修谱有贡献的人等内容。

对新修族谱的一点思考

张　升　北京师范大学历史系教授

20 世纪 80 年代以来,各地在紧随修志热之后掀起了不同程度的修谱热,一直持续到现在,其中江西、湖南、浙江、广东等地修谱较多。究其原因,相当复杂,大致来说主要有五个方面。其一,修志热的带动。修志要借鉴家谱,从而引起人们对族谱的重视。人们认识到其价值,因而收集、整理,进而续修。其二,思想文化上的开禁。以往被认为封建迷信的族谱,现在可以随便流通阅读。其三,生活变化后,成为农村人在精神上的一种寄托。"立言"是中国人心中潜在的诉求(体现了中国人的人生观、价值观),在可以立言的时候,往往就会显露出来。生活的安定、富裕,总会有精神文化上的诉求,在有修谱传统的地方,续修族谱很容易成为人们的共识。这也是盛世修谱的具体体现。其四,修谱行为典型地反映了当代某些农村的家族观。在家族概念淡化的今天,与家族相连的很多观念、行为规范也在转变,如孝敬、和睦、祭祀、亲情(主要指族人间)、乡情,等等。修谱是重新树立家族观、礼仪规范的最佳途径。其五,家族、仪式在乡村生活中占有极为重要的地位。现在农村社会是松散的家庭混合体,很难组织集体活动,家族正可以"适时"地取代集体(村、乡)所承担的角色。而在家族中,除了修谱,没有别的什么行为能把全族人(包括海内外)都召集在一起。而且,修谱本身也许并非是最重要的,围绕修谱而进行的各项活动仪式,却能给全族人最大的乐趣。

现在修谱完全是民间自发的行为,因为族谱在民间有特殊的意义。它是在一定环境下产生的特殊民间文献。它有自己生存的土壤,会随着环境的改变而改变。不一定我们禁它,它就会消亡;我们支持它,它就会兴盛。因而我们现在讨论是否应修新谱似乎有些多余。事实上也是这样,尽管政府从来就不提倡、不支持、不禁止,但乡镇以下的地方官员由于其与宗族的密切关系,往往不能置身事外,多以个人的名义参与其中,或亲自参修,或给予钱物方面的资助。专家学者更是抱着一种"理解的同情",在肯定旧族谱价值的同时,对新谱采取不置可否的态度。现在很多地方修了谱,也有很多地方正在准备修谱,禁是禁不住的,因而很多怀有"理解的同情"的学者采取政府与民间都能接受的态度,提出要对修谱加以正确的引导。

那么,何为正确的引导呢?有人认为应用修史、修志的方法修谱,有人认为政府应制定统一的标准,等等。我认为周伟民指出的"应保持民间立场"才是最重要的。周伟民指出,民间立场是与官方立场、知识分子立场相对的，是指在谱牒纂修过程中，坚持独立精神和自由创造的品质，不受外来的干预和牵制。如果想要保持谱牒应有的生命力，就应该在谱牒纂修中保持和倡导民间立场。但是，他的提法是针对旧族谱而言的。我认为，对于新修族谱而言更应强调这一点，因为目前作为地方文献的重要组成部分的族谱，其隐私性与民间性正在受到很大程度上的侵蚀，这主要表现在以下方面。

1. 官书性。为了面向社会，获得政府的认可，新谱加入很多应景的东西，如收载宣传国家政策的内容，包括计划生育宣传、婚姻法、男女平等、禁赌禁毒、土地管理、老人权益保护等法规条文，还有村规收录大量民约、公德歌、劝善歌、劝学歌等。官书性必然会导致族谱的标准化，也就是族谱普遍借鉴方志的编修方法。梁洪生在《新谱与新志的对接》一文中指出，代表官方的方志界的普遍观点是，将近十年在修志活动中形成的一套制度与运作方式，移植到修谱活动中，并期望在不同层面收集与保存地方社会的资料方面，私谱可以和方志这种"官书"对接。也就是说，他们是希望把近年来在现行政治体制外运作的民间修谱活动，纳入体制之内来，加以引导和管理，制定统一的体例、模式，如大事记、村史、成就等。这种情况实际上是通过族谱的方志化，来获得族谱的社会认同。因此，目前很多家谱都收有大量的官书内容，并且体例上借鉴方志的标准。受官书性与标准化的影响，一些家谱以村志的形式出现，以村志冠名，开篇谈村志内容，但后面大多数篇幅则用以述族谱内容，如浙江永康市的《俞溪头志》《寮前村志》《下徐店志》，名义上是村志，实则为俞、骆、徐三姓之谱。为了避免不必要的麻烦，一些地方在送审村志时，只递交村志部分，而将族谱部分留下，待审查通过后，再将其补入，如浙江的《河头村志》、江西的《万氏村志》等。族谱的官书性必然导致其民间性的削弱。

2. 功利性。族谱为修史、修志服务提供素材，这一点已为人们所熟知。但是，目前由于研究者对谱牒资料越来越重视，有些研究者从自己的立场出发，要求谱牒为自己学术研究提供更多的资料来源。这势必导致家谱编修中知识分子立场与民间立场的冲突。家谱并不是为研究者而编的，没有为研究者服务的义务。事实上，文献的价值，不完全在于它能给研究者提供什么样的素材，而往往取决于研究者如何解读它。我们从研究者的角度去要求修谱者应如何如何，为历史研究提供资料，是不对的。如：有的研究者一厢情愿地希望族谱能够站在历史的高度上，对隐恶扬善的做法有所突破，把坏人坏事也予以收录；有的则提出，是否可将麻将的赌法、参与人数、钱数均予以收录；还有的指导修谱者，应该把各族的职业统计、消费统计等收录。这些都是不切实际地强人所难。

3. 操纵性。有钱有势者对新修族谱的操纵较以前日趋严重。旧族谱也有这种操纵，但多为暗中进行，如有势力的乡绅对族谱传记的垄断。但现在已公开化，在修谱筹款通知中就明确写上，交钱多少，可以享受什么样的入谱条件。明码标价，完全以钱来决定族谱的写作。族谱编修的经费一般是族人按人头分摊的，这些钱往往比较有限，为了鼓励赞助，各地有不同的奖励措施，如可作简介、自传或传赞，刊载本人或家庭照片等。如《吴兴沈氏宗谱·凡例》载："赞助380元以上者写500字自传一篇，为名誉理事；赞助580元以上者赠送宗谱一部，写500字自传一篇，为名誉理事；赞助1000元以上者为名誉副理事长，赠送宗谱一部，写自传一篇（按：不限字数）。按赞助多少，交款先后排名。最高金额为名誉理事长。"这样做无疑极大地削弱了族谱在族人中的权威性，也极大地削弱了族谱的价值，包括使用价值与研究价值。通过上述可知，族谱的编修正出现三种可怕的现象，即有权者对族谱的操纵、知识分子对族谱的操纵、有钱者对族谱的操纵。如前所述，族谱是隐私性与民间性非常强的地方文献,以上这些问题是违背族谱的特性的,这样修成的族谱不可能成为真正意义上的族谱。族谱与我们现存的许多民间传统文化一样,其民间性是其生命力之所在。失去了民间性,族谱也就真的没有续修的必要了。

(原载《华夏文化》2004 年第 2 期)

课后实务:小家谱编纂

笔者设计的表格体家谱编纂体例,正文由九大块组成,字数控制在万字以上。

文档名:××(省)××(市、县、区)××(镇或街道)×氏家谱。

正文标题:××(省)××(市、县、区)××(镇或街道)×氏家谱。

括号中的省、市、县、区、镇或街道,可以省略,以免谱名过长。注意:文档名不能随便起,譬如用学生姓名、学号之类,甚至只是"家谱"。正文标题不能省,题目直接编辑成"标题 1",方便后面的统一编辑。

其内容架构如下:

一、修谱缘起

指本次修谱原因、经过、说明。

二、姓氏源流

主要由两部分组成,一是本姓氏全国范围的源流、主要名人、郡望、堂号、字辈。二是本支的地理位置、人口、字辈、家训等。可上网查阅相关姓氏源流资料,用选择性粘贴法,将资料转换成文档,然后加以精心编辑。

三、宅第变迁

用房屋照片、文字说明的方式,反映本家族住房的变迁。老房子如果没有照片,可找一张近似的照片,旁加文字说明。

四、谱系世表

1. 每一代,除自己直系外,也要写出旁系,即叔伯后裔。

2. 每格只写夫与妻名字即可,省"夫"与"妻"字及冒号;儿子,夫前妻后;女儿,妻前夫后。

3. 使用"组织结构图",在 Word 下,"插入"—"图示"—"组织结构图",点击,即出现上图。如不足,可增加格子。增格之法在为"组织结构图"中找到"插入形状",找到"下属"。每单击一次,可增加一格。如多余,可删除。删除之法为左单击一次,然后右单击一次,出现"删除",单击一下即可删除空格。

4. 谱系图,一般做成三至四代一图较为合适,正好为 Word 页面一面。

5. 格子中的文字,一律用小五号或六号。因为"组织结构图"在扩充的过程中,格子中字体会越来越小,所以最后结束时,要统一处理过。将鼠标定在格子中,将字体改为小五号或六号即可。

五、家族小传

1. 小传格式：×××(1931.3.5—)，称谓、生肖、身高、血型、家庭地址、学习经历、结婚时间、工作经历、性格特征、生活事迹。

注意，传主名字不要用辈分如爸爸之类，应直呼其名。要有明确的时间框架，可加年龄，不可写成个人总结。语言尽量客观，少用情感性语言。文字描述尽量写得自然一些，不要过于生硬。小传格式中提及的是采访要素。

2. 各小传排列格式：按代排列，至少五代，即高祖、曾祖、祖、爸爸、本人。

3. 每一代传记的排列，凡结过婚之人，先写丈夫，后写妻子。如果是姑姑，先写姑姑，后写姑夫，再写姑姑子女。

4. 除自己直系外，也要写出旁系，即叔伯后裔。

5. 每一个人的传记，不要过于简略。早期的高、曾祖，如果事迹过少，可以简略叙述些，但后面的不能过简。原则上每人配备一幅照片，最后也可加一张全家福合照。

六、家风故事

2015年以来，在国家领导人倡导下，全国各地重视家风家训建设，所以各家族也要重视家风故事提炼。可在家族人员事迹中提炼出几个能传递正能量的故事。

七、家族大事记

所谓家族大事，是决策性大事、高兴的事、影响较大的事，举凡家族成员出生与过世、结婚、学习、工作、迁移、荣誉等可算大事。家族大事记，突出时间本位原则，是指整个家族人员百年内的主要活动事迹的统一编排。注意：不能以传记的人为本位，应该一个人一个人来编排，如张华1900年生，1926年结婚，1980年过世。张一1956年生，1980年结婚。按公元时间顺序编排，直接用第三人称的名字，不用家族代称。每条单独排列，不能连续排列。如：

1900年，高祖张华出生。

1956年，张一出生。

1970年，张二上学。

1975年，张三与某人结婚。

1980年，张四迁移到上海。

八、家族简史

家族简史指自己小家族的历史，不是某姓全国性的大历史简述。可根据前面所列"家族纪事"与大小传所及小家族发展线索，对家族历史过程作一个综合性的、粗线索的叙述。注意：只出现个别重要年份，其余年份不出现，前面大事中已经有，不再重复。尽量能客观地反映家族的迁徙分化、繁衍生息、荣衰升沉的史实。

九、诗文选萃

选择一部分本家族成员创作的诗文、论文。学生可选择自己的某篇文章附在此。

十、附录：亲戚录

在这一部分可写与本家相关的亲戚事迹。

注意事项：为方便统一编辑，章节标题不要使用"标题1、标题2"功能。附录的论文之类也如此，章节标题不要使用"标题1、标题2"功能。

第六讲　公众社区史的建构

线上讲义

一、村史不同于村志

村是我国最基层的单位,麻雀虽小五脏俱全。村当然有自己的历史,村的历史就是我们讲的村史。中国是一个有着悠久地方志编纂传统的国家,村史的编纂也是比较早的,根据目前所考,明清时期至少已经有了,只不过数量不多。现在流传下来村镇志 160 种左右,占现存方志的 16‰,而且这些村镇志主要集中在南方的浙江、江苏一带。

到 20 世纪 80 年代以后,我们重新兴修地方志。受地方志影响,我们开始重新编纂镇志、村志。据中国国家图书馆的统计,现有的村志大概 470 种左右。当然这个数量只能是一小部分,因为很多的村志是不公开出版的。从现在的村志编纂来看,我们还是觉得有一些问题,这些问题主要在以下几个方面。

第一个方面,体裁种类不够丰富。我们现在所看的村志,第一种是方志体村史,受地方志的影响,模仿县志、镇志来设计体例。这个是比较多的。第二种是编年体,如什么纪事。第三种纪事体。第四种是报告体。譬如说,北京有一部书叫作《村官说村史》。台湾也编了不少村史,彰化县是编得比较好的,有 30 多种。我们找了几种来看,它们的体例偏重于地情读物,就像给外地人介绍某一个地方,让人了解这个地方。

第二方面,村史的宗旨不合时宜。目前的村史受地方志的影响,受中国传统的国家史学的影响。这些问题表现为三个方面:第一,它偏重横向的介绍,纵向的过程性比较少。历史最核心的一个因素,它是一个过程,没有过程就不能称为历史。第二,只有事没有人。里面看到的都是各方面情况的介绍,而人的故事看不到,历史最根本的是人的故事。第三,只有大人物没有小人物。我们的国史向来偏重上层精英人物,受国史地方志的影响,村史的编纂也有这种倾向,偏重于那些大人物,而那些小人物就比较少。从这些情况来看,已经不太合时宜了。

第三方面,村史编纂的力量比较单薄。中华人民共和国成立以后,村的文化力量逐步集中到城市,乡村留下的文化人才很少,只有一小部分人具有高中以上文化,这样村里要编村史的话,有时候要找一些会写作的人都困难。

第四方面,编纂的路径太单调。我们传统的编书都是偏重文献的,从档案的搜集入手,但是村和其他单位不一样,向来档案是比较少的,光靠文献是不够的。更主要的是,我们人类历史故事,很多经历都是储存于大脑之中,所以这些东西,必须借助新的方法,从人类大脑中把它提取出来。现在有一种新的方法,我们称之为口述史,口述史就可以解决这个问题,直接将村民大脑记忆中的过往历史掏出来,这样编村史就比较丰富了。所以,今天新村史的编纂,主张从口述史入手。

总体上来看,一个是力量比较薄弱,一个是路径比较单一,还有体例比较单调。我们想编村史,但没有比较理想的综合性村史。在村史编纂中,希望有一些专业工作者,尤其是懂村史的历史学家能够参与村史编纂,这是最为理想的。但这也是比较麻烦的,我们历史学家的数量总是比较少的,而全国村的数量是相当大的,所以,我们历史学家不可能都参与进来。在这种情况下,我们怎么办?比较理想的状态是,历史学提供比较理想的村史编纂模式,供大家来参考。

二、公众社区史的旨趣

我们要讲的第二个问题是村史编纂的宗旨。我刚刚讲过,我们传统的村史编纂,可能问题比较多。今天希望在新时代,编纂出一个更理想的村史。我们可以用新的公众史学的要求,用公众史学的精神来做村史。在台湾已经提供了一个好的样板,他们称之为"大家来写村史",我们可以把它称之为"大家来写村史"运动。台湾的"大家来写村史"是怎么回事呢?台湾在 20 世纪 80 年代末,本土意识逐渐强化。在本土意识强化过程中,比较重视挖掘乡村的一些文化资源,台湾成立了一个地方文化营造协会,这个营造协会就鼓励大家挖掘乡土的文化资源。在这个过程中,20 世纪 90 年代末的后期,台湾就出现了"大家来写村史"运动。台湾南部彰化县,做得比较好。台湾彰化县文化事务部门,每年拨经费来组织编纂村史,让大家以项目的形式来申报。到目前为止,已经出版了 30 多种村史。

台湾"大家来写村史",是比较典型的公众史学视野下的新村史,这种新村史偏重于以人为中心,它希望通过村民的故事来展现村的历史。这种新的村史,我们今天可以把它称之为"公众社区史"。社区是现在比较时髦的概念,特别是在城镇里用得比较多,现在很多乡村也在逐步把村改为社区。社区这个概念和以前的村稍微有点不一样,村在最早是一种自然的聚落,往往是同姓的聚族社区,后来村主要是行政村概念。社区更加偏重于人的因素,是由村民组合而成的一个群体,它是共命运、共呼吸的群体。从台湾的"大家来写村史"运动来看,对我们今天如何写村史的启迪,至少有三个方面。

第一,就是大家共同来参与写村史。我们以前写村史都是由一些精英或者由外面的专家来写村史的,这样把村里的大部分的村民排除在外面了,这种模式在今天已经行不通了。我们今天主张由大家来写村史,怎么做呢?这是不是意味着人人都动手来写村史,这也是不太现实的,比较理想的状态是,会写的写,会说的说,不是说全部都要来写。请个专家或者比较懂行的人来做个主持人,然后可以在村里面找几个老人,组成一个村史编纂委员会,然后定期地开一些村民的座谈会,或者直接做村民口述史,上村民家中采访。这也就是说,让很多村民参与叙述村的历史,这就是我们所讲的"大家来写村史"活动。

第二,要人人成为书写的对象。我们以前都是把精英人物写进去,国史这样写没问题,因为要写的人物很多,也不能把所有的人物都写上去,当然只能写一写精英。地方上尤其是村里面,除了精英人物,要把普通的村民也写上去。你想想看,如果连村史也不写普通人的话,那我们普通人就彻底地被排除在历史书写之外了。从实际上来看,还是有一点难度的,比如我们正在做的村史里面,难免首先会偏重一些精英人物,其次才会照顾到一些普通人物。普通人物怎么照顾到呢? 我们也可以有多种形式,比如说"以事系人",即通过一些事件跟某些人物结合,还可以通过一些名录表的形式来体现。

第三,形式可以更加多样化。我们以前在讲到编书的时候,大家马上想到的是用文字来编写。用文字来编写历史,是中国人几千年的传统,但今天光有文字是不够的。我们还可以有其他的版本,譬如说录音的版本、录像的版本。普通人不识文字,让他们听或者看,可能会更理想。

三、综合性的体例

这应是一种更综合的体裁。历史上有好几种体裁,比如说纪传体、编年体、纪事本末体。纪传体可能是比较理想的,我们倾向于用纪传体这种综合体来编写今天的新村史。具体怎么做呢? 我们倾向于借助今天的家谱或者古代宗谱的一些精神,来改造我们现有的村史编纂。宗谱里面主要是有两种精神可以值得我们借鉴。第一种精神是谱系图,我们今天可以把它改造一下,称为"村民世系图"。今天的行政村有好几个姓氏,所以今天可以把它称之为"村民源流图"。第二种精神是宗谱里面的传记。传记有两种,一种叫大传,还有一种叫小传。今天的公众社区史,可以把大传、小传的精神借鉴过来,或者可以把小传称之为名录。我们现有的村史里面,有几种已经注意到了。譬如浙江有几种村志,就借鉴了宗谱,是史和谱合一的。

结合这种精神,我们来设计一下,把它设计为五大块内容。第一大块内容为纪事,用纪事本末体的方式,把整个村从古到今主要比较大的事情,整个发展过程的脉络梳理一下。第二部分为民生。就是把村里的各方面的情况都反映出来,比如说经济、文化等方方面面的情况。第三部分是普通村民篇。这一部分核心的是反映普通村民的历史,可用一些专题、用一些表的形式来反映,譬如村民谱系图,就可放在这。还可以搞一些表,比如说村民的生卒年表,村民的婚嫁表,村民的参军、读书、做官、经商表等,就是说通过这一部分能够把普通村民的一些事情反映出来。第四部分是名人。把村中稍微有头有脸的一些人物都反映出来,主要有三大块,第一块就是一些在这个村出生的、在外面工作的一拨村名人。第二块是在村里面工作的村干部,比如说村主任、书记、文书、小队长、妇女主任、治保主任、乡村医生等等。第三块做一些专题名录,写一些有特色的村民,比如说比较孝顺的。第五部分为诗文选粹。把村人留下的一些诗文,或者各个地方关于村的一些报道汇集起来。这样,村中文献就可以收集起来了。这样五个部分就构成了我们综合体的村史。这个综合体的村史有哪些特点呢? 第一,上层和下层都照顾到了。第二,事情和人物都有了。第三是体裁比较多样化。五个部分可以有相对的独立性,又可组合起来形成一个整体。

四、新颖的操作路径

前面和大家讨论村史的宗旨和体例,接下去是如何动手来做。

首先要组织一个好的团队。团队的负责人是一个或者几个有比较高文化的人,然后下面组织一个村史编纂委员会。

第二是要取得上下的支持。所谓上下的支持,首先是村的书记和主任领导的支持。除了领导之外,我们也要让下面的人逐步来配合。

第三是要从口述史的调查入手。现在最理想的状态是通过口述史的方式来进行。我们可以委托一些大学生,组织一个口述史的采风队,然后让他们组织起几个小团队,逐步逐步地做乡村口述史的调查。除了组织团队以外,采访对象的选择是非常要紧的。采访质量的高低取决于采访的对象,如果采访对象掌握的历史信息比较多,那采访的效率就会比较高。从这个角度来说,口述史的采访对象要优先考虑哪些人呢?书记、村主任、妇女主任、文书、团支书、治保主任这些人。第二拨是小队长。第三拨是著名人物,找一拨村里面出生的后来到外面工作的,比如考大学出去的,还有一拨后来是因为工作的原因,干组织调动在外面工作的,这一拨文化水平比较高,境界也比较高,视野也比较宽,他们掌握的信息有时候是很值得参考的。第四是找一拨在村里面平时比较关心闲事的人,这一拨人会对村里面的情况了解得比较多。最后往下延伸,比如年龄大的一拨人,或者在各个行业、各个领域比较有特色的一拨人。这样估计有 100 个人。对这 100 人采访完以后,对村的古今面貌就比较了解了。

第四是调查档案资料。中华人民共和国成立以后,一般村里的档案保存还是比较完整的,只是数量上可能还是比较少。除了村的档案之外,我们还要找一些原来的公社或者镇街道里面的档案,还有县里面的档案,甚至市里面的档案。除了档案之外,我们还有报刊资料,比如网络的收集,还有报刊资料的收集,这些就是我们讲的收集现成的文本资料。除了这些资料,还有一种图像资料是比较容易忽视的,就是各种各样的照片。村民家里有一些老照片,还有各种各样的证书,比如结婚照、毕业照、分房契等等,这些东西现在都可以翻拍,这些档案资料在今天就是很宝贵的。

等到全部的资料收集差不多的时候,我们就可以动手做一些专题的资料长编,把它编成几个资料长编。编好以后,可以考虑慢慢地把整个村史编好,编好以后最后统稿,要经过反复的校对编辑。审稿,要经过好几遍审稿,专家审稿、领导审稿,甚至可以找一些普通的懂行的人来审稿。经过多方面反反复复的审稿,一部村史就可以编纂出来了。

一部村史大概要编多少字才是比较理想的呢?30 万至 50 万字,是比较理想的。除了文字之外,我们还可以有其他版本,如关于村的口述史、关于村的图像史、关于村的录音和录像。在前面的口述史调查中,已经搜集了很多图像、录音,还拍了不少录像,这些资料稍微整一下就可以成为其他版本的村史。

按照我们今天新的村史模式来编纂的话,这个村史应该是非常理想的,这就是我所讲的大家来写新的村史,这种村史我们把它称之为公众社区史。

线下教案

▶ **讨论话题:**

社区或村庄是人人居住的直接生活空间。由固定的传统村落到动态的现代社区,这是一大发展趋势。完整的社区史编纂,自然得交由社区组织来办。个人也可在社区史方面做一些事,譬如关注社区中的人与事。可以通过纪录片来写村史,选中好的题材与切入口,用口述影像史的方式来做。

视频推荐:

《记住乡愁》百集电视纪录片。

以关注古老村落状态,讲述中国乡土故事,重温世代相传祖训,寻找传统文化基因为宗旨,选取 100 个以上的传统村落进行拍摄。这部纪录片以看得见的古村落为载体,以生活化的故事为依托,以乡愁为情感基础,展现传统村落优美和谐的自然环境、布局合理的人文景观、丰富多彩的民风民俗、独具特色的乡土之物、深沉丰厚的文化积淀,梳理传统村落的历史发展脉络,通过传承千百年的村规民约、家风祖训,找寻、探索民族文化的精髓,深入挖掘和阐述中华优秀传统文化讲仁爱、重民本、守诚信、崇正义、尚和合、求大同的时代价值。

第一季《富田村》。

图书推荐:

1.庄乾坤:《记住乡愁》,山东人民出版社,2014 年。

庄乾坤的《记住乡愁》,站在全球化、现代化的背景下,以深邃、独到的历史视野审视"乡愁",对"乡愁"进行深度剖析,从人们熟视无睹、习以为常的乡土民俗现象中,挑出每一缕"乡愁"的文化价值,引领人们思考如何传承中华传统文化。

2.梁鸿:《中国在梁庄》,江苏人民出版社,2010 年。

梁庄在河南穰县(邓州市,古称穰城)。作者回到家乡梁庄,通过对梁庄亲朋故友、乡里乡亲的调查,用口述实录、现场调查等方式讲述了一个个具有典型性的人和人生故事,他们的情感和所面临的问题传达出了乡村内在的生存状态。这是一部具有别样之美的田野调查,又是一部与众不同的纪实文本,反映了近 30 年来坚守在那片土地上的农民、留守儿童、留守老人以及进城的农民工的现状,可以说还原了一个乡村的变迁史,直击中国农民的痛与悲。

此外,美国有《大家来做地方史》(1986)、《在社区计划中利用口述历史》(1992)、《从记忆到历史:在地方史研究中利用口述资料》(1981)、《你身边的历史:探索你身边的过去》(1982)、《社区口述历史工具箱》(2013)等。中国台湾也有《大家来写村史——民众参与式社区史操作手册》(2001)。

课前文选

大家来做村史

陈　板　台湾社区营造学会理事

一、社区动机的寻找与村史主题的建立

(一)从社区重建的理念出发

村史写作与其说是一种单纯的文学想象,不如说是一种社区重建的人文动机。

（二）在社区史中寻找社区动员力

社区史（村史）的写作，应该是一种很好的社区参与机制。然而，过去也有许多专业者写作地方史（或志书）却仍旧无法为地方接受的案例，细究其因，成败的关键正在于是否有参与机制，而不在于历史纪录的真伪。这个现象或许会让许多历史学家感到沮丧，可是图书馆中摆着的许多已经结上蜘蛛网的专业历史著作，不但说明了社区对于专业历史著作兴趣缺失，也划分了社区与专业历史之间的代沟。因此，我们才要考虑另一种历史书写的方式，尝试让社区人自己发言、自己写作自己的历史，自己也为自己的历史负责。这也就是一种社区参与机制的文化表现。

（三）多元的村史主题

村史的主题是多元的，正如国家史可以从产业史、经济史、政治史等不同角度切入，村史也可以从佃农、伯公（土地公）、地景、老树、植物等方面切入，国家史有断代史，村史也能写社区史前史。而且村史是一种不断变动、不断改变发言主体的历史陈述。也因此，不同的时代、不同的诠释者将会看到不同的历史意义。多元的村史题材，提供给我们的社会更多元的价值判断，不会让少数人的声音蒙蔽了多数人的耳朵。

二、如何建立一个"村史——民众参与式社区史"的企划案？参与式的策划？

（一）寻找主题动机

寻找主题动机，正是参与式村史写作机制的重要工作。因为你能够从自己的角度、自己的兴趣介入村史，也就能够领略他人从他们的角度、他们的兴趣切入村史的价值，进而让社区里的每一个人都能拥有自己关怀社区的切入点，并引以为荣。

（二）切中时势与永续思索

村史是一个绵延不断的写作机制。因此，必须不惮其烦地纪录过多的光荣（天天庆祝社区光荣也会烦的，然而，再烦还是要记载社区的光荣）；也必须无畏惧地纪录社区的耻辱。村史写作当然不是可以由哪个机构投资一年半载就有好成绩的，为了让村史能够"超越时间"，不会因为岁月流逝就停止村史写作工程，必须要有一套具有未来性的"永续思索"。

（三）参与机制的设计

最常使用的方式为"耆老座谈"，主办者邀请地方的老人出席，再由一个有经验的主持人担任引言，让每个出席老人一一说出自己的意见（或历史），接下来则是纪录与整理，最后将整理结果回馈给诸位列席耆老。透过系列的过程让社区居民感受到自己意见受到重视与肯定，不应轻易漏掉每个步骤，尤其是最后的回馈步骤，过去各文献机构也常有各种耆老座谈，然而，因为欠缺最后的回馈，让社区居民无法信赖主办者，最后也毁了"耆老座谈"所可能引发的参与机制。类似耆老座谈的方式还有"个别访谈""纪录片拍摄"等，同样都要注意回馈的步骤。此外，社区报的发行、社区电台的设立（或播音），也有助于村民参与。经过一段时间的村史写作之后，如果能够举办一场说明会或展示会，更能激起社区居民的参与意愿。

三、如何建立一个"村史——民众参与式社区史"的工作组织？

（一）工作团队的必要性

村史工作团队本身必须具有一定组织力，在这样的组织运作之下，担当着种子的角色，时时刻刻散发村史写作的诱因,一方面纪录村里的不寻常事件,一方面纪录十分普遍的日常生活。

（二）工作团队的组织要素

村史工作团队当然要有本地人参与,然而,也不能只有本地人参与。本地人让村史写作成为自己的事,外地人则让村里的平凡事情被发掘出来。另外还有一种新新人类,就是回乡之人,回乡之人一方面具备本地人的情感,一方面又有外地人的眼睛,同时捕捉社区的平凡（不平凡）以及社区的集体情感。更重要的是,要让不同的社区声音都能够发得出来。不同的声音互相激荡、互相激励,才能构筑属于"大家的"村史。

（三）村民即组织

最理想的"大家来写村史"的工作组织其实是所有的社区居民的参与。也就是让每个村民都能够有一套方便的发言机制。并不是每个社区居民都有能力从事文字书写（可以说绝大部分的社区居民都欠缺这项能力）,因此必须借助种种的方式让社区居民发言,如社区记者、录音、录影等。此外,发言机制不只是对外说说话而已,还需要有互动与长期保存的机制,才称得上是村史写作的发言机制。

四、如何建立一个"村史——民众参与式社区史"的动员体系？

（一）专业工作团队的组成

所谓专业的工作团队并不是说团队成员必须要有学院的文凭,或是一定得要全职工作,而是要具备一定程度的专业理念与专业能力。因此,团队成员可能是大学生,也可能是小学毕业生,可能是学校老师,也可能是社区妈妈。组织专业的村史工作团队,有几种方法:可以在社区开办村史工作坊,邀请专家学者担任讲师,也可以参与各界开设的文史研习营、田野调查夏令营等短期培训班。或者也可选读空中大学、社区大学、社会大学、文史学院等较为长期的专业课程,当然,直接取得相关科系的研读机会更是最佳的专业保证。在社区之内,只要是有心人,都可以成为专业团队的成员。不管是新来者还是久居者,都可能是村史专业工作团队的成员。

（二）探询社区的价值

社区价值的发现可以激励社区居民愈加强烈的社区参与感,而社区困境与窘境的发现,则是社区进步的基本钥匙。社区价值的发现可以让社区居民重新确立自我的生命意义。举例来说,一个被遗弃在垃圾堆的古老火钵,因为有机会被指认出它的价值,进而有机会摆进村史馆,也有机会诉说主人与火钵之间的种种故事,因此充实了社区的村史资源。或许,在这个废弃火钵的再认识过程中,能够引发更多即将（或已经）被遗弃的"村民古董"重新获得生命意义。再如一棵社区老树、一个社区老人、一件社区风云事迹等,都可能激起社区参与的动力。

（三）动员的方法

动员可以分成两个方式进行,一方面以大型的集会形式说明、引导,一方面也可以小型的私下谈话方式进行。大型的说明会有助于社区的公信力,透过公开的过程,让村史写作慢慢变成一种村民的生活方式与习惯,村民彼此之间也可因此拥有共同的话题。例如利用耆老座谈、举办文艺季、社区总体营造等活动,塑造社区回溯自我的氛围,进而动员居民投身村史写作行列。小型的私下访谈是一个极佳的深入写作方式,透过一对一的谈话,说话者与发问者之间一层又一层地深入专门议题。说话者又可从发问者的即席回应,开启潜藏在自己(或集体)内心深处的"底层历史"。例如,公共电视节目曾针对桃园龙潭凯达格兰族群的后裔进行多次的深度访谈,因而挖掘出一段鲜为人知的族群互动历史。

五、村史种子培训

(一)社区谈话运动

村史写作,如前所述需要一个专业的工作团队,然而,这个工作团队更重要的目的还在于"村史写作种子"的生产。村史写作的种子,其实潜存在每个村民的内心之中。透过种种社区活动的举办,激起社区居民谈论"私我历史"家族历史与地方历史的意愿,正是培训村史种子的一个好办法。而谈话,就是村史参与的最基本方式。我们称之为"谈话运动",不管是集体的谈话(如座谈会、老树下的老人会、围在泉水旁洗衣服的社区妈妈们),还是个别谈话(如正式的访谈录影、录音,或是非正式的泡老人茶、喝啤酒开讲),都是人与人沟通或传达讯息的基本方式。因为要谈话,人与人之间就必须拥有共同(或共通)的语言,也因为这种共同(或共通)性,让彼此之间拥有基本的信任。这就是为什么乡土语言之所以重要的原因了。谈话也有社区安抚的作用,尤其是在乡村,社会青壮年不断外移,老人愈来愈多,农村逐渐变成养老院,传统的文化体系因而停留在老人的记忆之中无法往下传,如果能够有一个村史工作团队开始和农村老人谈话,不但有机会能够延续传统农村体系,也能安抚老人日渐孤寂的心灵。许多老人因为参与了社区的工作,逐渐又有重生的感觉,更让社区事务有更多的参与者。在谈话运动中,不但工作团队是种子军,社区老人、社区妈妈、小孩都是种子储备人才。

(二)社区镜子机制

社区传播的工作,也可以说是社区的一面镜子。正如古人所说的"历史就是一面镜子",社区的历史就是社区的镜子。社区镜子可以透过社区传播促成,社区传播包含村史书籍出版、村史资料发表、社区电台、社区电影院等方式,透过社区传播,社区居民可以重新看待自己所在社区的面貌,以往认为习以为常的风景,在社区电影院中看到通常能够激荡出社区居民的新鲜感,既能看到其中的美好,也能看到其中的丑恶。正是因为这个"社区镜子"的作用,让社区居民在心中萌生对于往昔美好时光或往昔美好环境的回忆,这不就是一颗极为珍贵的"村史种子"吗?

(三)传教徒般的信念

村史工作在台湾仍处于萌芽阶段,因此,几乎可以预见很难立刻就看得到成果。甚至,每个工作阶段都可能出现相当挫败的情况,也许举办座谈会来不到5个人,也许记者会没有半个记者出席,也许动员了几个月社区居民仍然冷漠,也许做半天却被人嫌半年,有太多可能挫败的机会,即将动摇村史工作团队。也因此,我们将村史写作的推动当成一种传教的工作,为了社区美好的未来,为了台湾本土文化的重生,为了丰富人类多彩多姿的人文面貌,为了保有更优质的生存环境,我们把每回的挫败当成下一回工作的经验,同时也享受工作挫败的苦涩美感,或许有一点像是吃苦瓜的感受吧。

(原标题《村史参与的推动》,载于陈板主编《大家来写村史:民众参与式小区史操作手册》,唐山出版社2001年版)

口述史在公众社区史中的应用

钱茂伟

摘要:社区史是公众史的三大分支之一。由口述史入手来编纂社区史,这是前人使用不多的方法。社区史优于传统村志,社区史编纂必须引入口述史,村史的编纂须有专家的参与。村史采访宜有详细的方案,采访对象宜兼顾各方面,村史采访宜多专题采访,要重视社区日常生活史采访,村史采访的流程要经过人为本位与事为本位两大阶段,采访要有内外联络机制,有效的采访套路可经简述与详访两大阶段,要重视时空与故事框架,以个体采访为主,以集体采访为辅,录音与录像宜同步使用,口述史团队要严格培训过,口述采访既要有浅度采访也要有深度采访,要建立记录转录的详细规则,转录稿的署名格式也要规范。

口述史概念是从美国传入的,现在已经逐渐中国化。这是一个非常生活化的概念,因中国有新闻采访、"三亲"调查、回忆录这些相关概念,所以很容易为大家所接受。不过,中西文化背景不同,口述史进入中国以后会遭遇到与欧美不同的状况,某些方面不能简单照搬欧美的口述史理论。有人主张梳理现有的口述史作品,从中归纳出本土化的中国口述史理论。[①]笔者更主张通过大型口述史项目的实践活动,提炼出中国式的口述史理论,提升口述史理论的中国化程度。[②] 采访是口述史最核心的阶段,文字转录与编纂属延伸阶段,只有围绕着核心阶段展开深入的思考,才能深刻地理解口述史的本质特征。口述史本身是再现历史的方法、套路,可与不同的专门领域相结合,从而产生不同专门领域的口述史,那样的发展前景会更乐观。村民口述史,应就是这样的分支之一。

2008 年以来,笔者一直在宁波大学推广公众历史书写,于公众个人史、公众家族史编纂有了较多的理论体悟,惟公众社区史(也称村民史、新村史)没有实践过。笔者一直想寻找一个村作为新村史实验平台,编纂一部超越现有大陆方志体或台湾地情体村史的新村史。2015 年 4 月,终于在宁波鄞州区下应街道的史家码村、江六村找到了两个试点单位。为什么要选择这两个村作为试点单位?一则街道重视修村史。两个村正面临着千年之变,由传统农村变成城市社区。在这个转型时间点,村史编纂的意义是非凡的。2014 年初,下应街道面临城镇化而来的旧村消失浪潮。为了保护乡愁,街道领导要求所属 9 个村编纂村史。在应差心态下,各村找人编纂出了村志初稿,史家码村有了纸本初稿,江六村有了电子初稿。二则有家谱编纂传统,两村均有老的宗谱,且在修新的宗谱。三则有经济实力。可以说,修村史需要相对好的文化与经济基础。听说可以帮助他们编纂出更为理想的新村史,两个村的领导自然十分乐意,于是双方达成合作意向。笔者的切入路径完全不同于传统村史编纂,计划通过口述采访,再来编纂社区史。这正可弥补其不足,两者相辅相成,应该可编纂出理想的新村史来。2015 年 5 月以后,笔者带领研究生下村从事口述采访。通过连续几个月的村民口述史采访,对如何做村民口述史,笔者有了自己独到的想法。关于社区口述史,陈墨

① 李卫民.本土化视野下的口述历史理论研究[M].上海:上海人民出版社,2014:12.
② 钱茂伟.口述史实务流程相关问题思考[J].学习与探索,2014(12):159-165.

较早注意到了,设了专门的章节《社区居民口述史》①。只是,彼此的视野不同,关注点也不同,笔者是从公众史学入手关注社区史编纂的。② 通过口述史来编纂社区史,不失为一大创新。村民口述史的探索,就是要解决一个村史编纂口述采访问题。口述史应用于新村史后,会面临什么变化? 这是本文要回答的。

一、以口述史入公众社区史编纂

说及村史,某些习惯于大历史观念的学人的第一反应往往认为选题太小了。中国不同于美国,曾经长期是一个农耕社会,所以至今有着广大的村落。村是中国最基层的单位,也是最直接的历史建构单位,全国有那么多的村史值得建构,史界如何可以不关注呢? 村史是村级单位的发展过程,必须重视村史文本的建构。文本之外无历史,不编纂村史,村史便在文本世界不存在。有了村史文本,村的历史可以让更远更久更多的人知道。传统中国村史的主流载体是村志。村志是中国的特产,始见于明代。20世纪80年代以来,数量逐渐增加,目前有上千种。村史主要是当代中国村落百年历史记录,要将百年村庄与村民发展的故事讲出来、写下来,不是一件容易的事。现有村史编纂存在哪些问题? 一则体例问题,村志与村史不分,将村志当村史。村志体自身存在的问题,只有横向的介绍,没有纵向的过程性;只有事情的介绍,没有人的故事,至多一个姓名符号而已。目前的村史样板过少,尤其是有新意的样板过少,导致他们选择余地较少。二则参与编纂的人员素质过低,只会机械模仿,不懂村志编纂精神,不知道什么值得留下来,出现扬短避长现象。三则村史资料过少。村是最为基层的社会组织,留下的文本资料较少。村中往往只有组织档案,没有人事档案。笔者翻阅了两个村的档案,按年代顺序排比,仅是会计账目而已,没有其他资料。所有这些问题,必须靠会创新的、懂村史编纂的历史学家来解决。这些问题必须用新理念、新体例、新路径来解决。没有新思维、新理论,就不可能完成优秀的新村史。从公众史学个人本位来看,强调村史编纂要体现全体村民的历史,村史是个体村民历史组合而成的群体史,它是公众社区史,或者说村民史。之所以如此,是由当下中国乡村管理模式的转型决定的。今日中国,面临着由传统的村落向现代社区转型问题。村落与社区不同,前者是一个行政空间概念,是由上而下建构起来的单位,体现的是"组织本位"原则;而后者是一个人群交往概念,体现的是"个人本位"原则。在人民公社时代,大队是人们生产、生活统一的单位,工作于此,生活于此,人被固定在土地之上,人的流动率较低。今日市场经济时代,人是自由之身,可以自由流动。如此,村成为出生之地、居住之地,而可能不再是工作之地。街道社区是管人的群体体制,而不再是传统的集体建构,维系其内在联系的是血缘、籍贯、户籍关系。在这种情况下,留住乡村记忆、留住乡愁,就成了村史编纂的意义所在。所谓乡愁是流动社会的产物,是那些离乡离土后村民对原来世代居住生活村落中人、事、物的一种思念情结。村民史编纂正可满足这种乡愁精神,这样的村民史更适应现代的动态社会。在传统的组织本位视野下,大人物是组件,小人物是没有位置的。个人本位视野,让小人物首次有了自己的历史位置。如果是传统"组织本位"的村史,就会限制人的视野,难以写出丰富的内容。目前的村级管理越来越虚化,内涵越来越少。如以村民为主体,人不管流动得多远,仍在记录视野之中。村民走

① 陈墨.口述历史门径实务手册[M].北京:人民出版社,2013:72-86.
② 钱茂伟.浅谈公众社区史编纂[J].中国地方志,2015(9):23-32.

到哪就写到哪,这样的村史才是完整的。以个体及其家族为中心,可以观察村史面貌之大概。以村民为书写对象,村史编纂的内容就会丰富。在民间底层,口述史有着广阔的发展天地。这个领域有着广阔的天地,未来的村史编纂会有更好的发展前景。

　　社区史编纂必须引入口述史。这有三方面的考虑,一则村级行政单位,留下的文献资料太少。二则今日的村史,不完全是精英参与的村史,而是人人参与、书写人人的村史。社区史建构要从个人史采访入手。口述史的主流是个人史,有了个人史就可以建构群体史。三则村民历史信息大都存留在村民的大脑记忆中,必须从大脑记忆中加以不断地发掘。口述史的发明,可直接从人类大脑记忆中搜集历史信息,这解决了普通人档案太少、没有人事历史记录的缺陷。口述史采访不同于传统的跑图书馆搜集资料。传统的历史研究,没有文献做不了事;今日则不必担心,只要当事人在世,就不怕没有历史信息。即使当事人过世了,也可找相关人。其实,乡村人喜欢讲,很多故事早在民间小范围内口耳相传。随着口述史采访的深入,某些话题会不断被发现,从而有可能获得更为全面的采访。村民口述史采访是一项成本较高的活动,同时也是一种实效较高的历史信息搜集方式。在新村史中,村民是活生生的人,有血有肉。在采访中,有的村民会问:村史要写得这么详细吗? 问这话的人,显然对现有的简略村史模式有所了解。要求村民来接受采访,体现的是"大家来写村史"精神。人人来说村史,就有可能写出翔实的村史来。有了口述资料,才能进一步理解文本资料。口述史与文本史相结合,才有可能编纂出理想的村史来。社区史的目标是替村里完成一部全新的社区史,实现村史编纂模式的突破。口述史向乡村走,是一个十分正确的决定。

　　笔者认为,村史的编纂须有专家参与,否则会垃圾化,一直处于低水平状态。当然全国的村数量太多,有 60 多万个,历史学家不可能事必躬亲地全部参与。历史学家所能做的理想工作,应是设计出一种理想的社区史体例,修出一部标杆性的村史之作,提供一个优秀的操作模式,供各地村史编纂者参考。要达到这样的目标,必须理论与实践同步进行。为了体验与感悟,村史研究专家必须亲自参与村民口述史调查研究。通过社区史实践,进一步验证与丰富原有的村史理论,形成一个全新的可操作的社区史编纂模式。新村史主要由古代时期村史、民国时期村史、20 世纪 50 年代以来村史、职业、民生、村民、名人、文献八大章组成,每章下面可再分几部分来写作。① 套路解决了,就可用于全国其他各村参考。听说有教授进村主持新村史编纂,有人蹦出的第一反应,这是杀鸡用牛刀。笔者的回答,这是一种全新的史学活动,杀鸡就要用牛刀。学人不能再高高在上了,得接地气与基层相结合,这样才是现代社会风格。不过这样高尚的动机,普通村民无法理解,有时用"为村里做好事,积善行德"来解释更为通俗易懂。在普通人的眼中,记录当代民间历史是一种积德行善的行为。由此可知,历史记录者是人类最伟大职业之一。

二、村民口述史的实践与理论

　　村民口述史采访是为村史编纂服务的,不是独立的口述史。由此可知,口述史实际上主要有两种:一是独立成稿的个人史型口述史,譬如《火红岁月:甬城全国劳模口述史》(宁波出版社 2015 年版)及其他各种人物口述史;二是编纂过程中的副产品,村民口述史采访即属此。前者重心在人物,它是独立建构;后者重心在后期编纂,它是史料搜集。两种口述史采

---

① 钱茂伟.中国公众史学通论[M].北京:中国社会科学出版社,2015:207.

访,有着不同的要求。前者只要整体了解一个人即可,围绕主题即可;而后者则要有一部村史作背景,加以微观的采访取舍。口述史用于编纂,会提出采访的深度研究问题。村史的编纂要经过四大阶段,一是摸底调查,二是人物采访,三是事件采访,四是编纂。中间两个阶段,可称为信息搜集。村民口述史路径,是由个人到家,复由家到村的过程。它会遍及村的各个角落、各个家庭、每个人。在此基础上,形成各种专题史,最后汇总成村史。在最后的编纂中,口述史采访内容是作为引用文献编纂入社区史中的,这实际是口述史的一种加工形态,所以要注意讲话人人称的变化。如果是间接引用,要改成第三人称;如果是直接引用,要加引号。否则,以第三人称为主体的社区史编纂,突然夹杂第一人称的口述史内容,读来是十分不舒服的。

村史采访宜有详细的方案。带领团队进村调查,必须对乡村的现状与历史进行直接的研究,才有可能编纂理想的村史来。进村的第一任务是调查户口,了解村里人口的生老进出变动状况,厘清村民的社会网络体系。村是一个大社区,内部人际关系相当复杂,互相之间有联系,某些人之间是亲戚关系,某些父母与子女关系不好,某些老人虽然不在了,但其子女仍在世。在聚居村,调查比较容易,可以根据门牌,了解各户人员状况,进而厘清户与户之间的社会关系。但在旧村拆除、村民分散居住的情况下,会增加不少难度。心中有一本账,就可筛选出重要的人物,分头采访,展开调查。因此调查须提供详细的村史采访主题,然后才可获得详细的材料。哪些是值得记录下来的,哪些东西是要留住的,这是村史采访中优先要考虑的,得细化出一个标准来,梳理出相关主题。历史就是发生过的往事,村史当然是村中曾经发生过的往事。百年以来,村民是如何走过来的,村庄是如何走过来的,职业是如何由单一而多样化的,以及村民的日常生活史、建筑形态的变化,这是观察村中历史变化的主要考察指标。当然,村是基层单位,村中的变化离不开国家政策的调整,往往是上面安排,下面执行操作。这种上下联动机制,是村史编纂中最值得关注的。将村中主要历史人物及其故事打捞出来,这是村史编纂的任务所在。

采访对象宜兼顾各方面。新村史是全体村民共同创造的历史,所以要包括全体村民的历史活动,这是一种权利意义上的理想境界。在实际操作中,难以达到这样的要求。作为一个行政村,户数多在四百左右,人数上千。数量如此之多,不可能有精力一一采访,且也不是人人愿意接受采访的,所以只能选择性采访一些人物。人的社会地位有轻重高低之分,所以选择立传人物时会有一个社会地位或事迹重要程度的考虑。历史的建构类似天空星星的分布规则,既有大星也有小星,既有大亮点又有小亮点。村史编纂也如此,普通村人与有名村人均可记录下来,不过过于平凡的人不太好写,历史书写总会青睐重要人物。据我们的经验,小人物必须与某些事件联系上,才有可能被写进村史。村民口述史重在寻找村中值得记录下来的事迹,将有头有脸的村民口述史汇集起来。从典型人物入手采访,是村民口述史推进的最有效路径。如此,尽可能地将有特色的村民采访对象梳理出来,就成为首选工作。村民采访对象的分类,根据工作空间的不同,可以分为两大类:一是有村籍而在村外工作的人,可列入传记。采访重点是生平及事迹,同时可适当问一下与村史相关的人物的历史信息,在形式上可考虑以自述代替他传。二是有村籍而在村内工作的人,甚至外籍而在村内工作的人,其内容要写入相关的章节。哪些人物是村中的典型人物,这是要加以界定的。总的来说要优先考虑三种人:村中能人或名声稍大的人物、年长的人、会说或记忆力好的人。具体地说,包括历届村队干部,如书记、主任、妇女主任、文书、会计、出纳、团支书、治保主任、民兵连长,历届生产队干部,生产队长往往是懂管理会带头做事的老农民,会计是一批有一定文化知识的村民;当官、经商、办厂、从学、参军的人;党员、村民代表、各行各业代表、分房分支代表。让不同年龄段的村民回忆对村子的印象,可以看出不同时代的村落发展面貌。从采访角度来说,要找有社会责任感、热心的人采访,要找会说的人,尤其是会说故事的人,他们的记忆信息量较大。采访是有目的的活动,只有目的明确,效率才会高。所以得找有线索的人采访,不搞平均主义。不太会说的人,一次采访即可;会说且信息灵通的人,可以多次采访。那么,一部村史的编纂到底要采访多少人呢? 这要看不同的情况,在聚居易采访的情况下,受访人员可以多一些;在分散的情况下,可以适当减少一些。从实际的采访来看,村史的受访对象,至少得有 100 人,100 人是一个合适的数字。人数多了,工作量太大;人数少了,材料会不足。一个人有一个小时的口述,就可以将自己的一生主要事迹记录下来,这就是口述史的好处。

要多用专题采访。采访询问的内容,尽量问受访人熟悉的东西,少问与其身份、交往层次无关的信息。人与人的差异,在于视野与关注点的不同,所以各人大脑储存的历史信息也不同。生活世界个体的大脑记忆主要是一种直接记忆,有一定的时空限制性,只能记住自己直接所历所见所知所闻的信息,见闻之外的信息必然稀少。口述人只能讲述自己熟悉人物的故事,不太可能讲其他不熟悉的人物。如此口述史采访的重点有二:一是问本人的故事,二是问交往圈中人物故事。每个人有自己的人际交往圈,上层可以得到上层的信息,下层可以得到下层的信息。一般的口述史是专题采访,村史则是多专题采访。通史与专史是历史写作的基本手法,村史主要包括村综合与多专题两大块,专题可以突出村人在某些职业中的一段生活。口述史名单要分类型,要用分类专题集中采访模式。譬如知青史就可请一批人来村中,集中回忆知青生活,而不是目前的简单概括或表格罗列而已。企业史专题也如此,某些企业关闭了,有人会说,这些厂都关闭了,不值得写了。这种观念,与人死了不值得写是一样的道理。只要是村人办的企业,都应写进来。出于读书人的习惯,笔者特别关注考上大学的人。有的老人不解,觉得现在考大学十分容易了,谁家的孩子都可考上,而且毕业以后工作有时不稳定,近于失业人群,意思是不值得写。从长远的眼光来看,大学生是村产文化精英,是一个村的文化结晶,而且是一群有效的社会人力资源,当然值得写。甚至可以逆推父母情况,进一步寻找一些典型,了解教育子女事业,可以写入村史教育部分,如此教育部分也活了。做村大学毕业名录,这是笔者的一大创举。以前常见的是表格体,现在要求作为名录,且要作为详细精确的简历,当然更有历史价值。在做两个村的大学毕业名录编纂时,我们分别探索出了不同的办法。一个村是发放表格,让各户填写。因为他们同时在做家谱,所以可以这么做。另一个村则直接打电话来解决,先通过村通讯录,获得大学生相关人的电话,然后直接打大学生本人的电话,通过电话采访,获得第一手简历资料。这样,解决了大学毕业名录的采访任务。

要重视社区日常生活史采访。日常生活史是人类的常态部分,它是支撑人类生存与发展的基本面貌,但因为过于日常,往往为人类所忽视,是过往历史记录不重视的部分。村民口述史的采访,明确重视对村民日常生活内容的采访。更为重要的原因是,村民是普通人物,往往没有轰轰烈烈的大事,只有日常生活。口述史只有着眼于日常生活史的视野,普通村民的历史才能显现出来。

采访流程要经过人为本位与事为本位两大阶段。人为本位阶段,采访名单的确定可分两批,一是活着的人,可以直接采访本人;二是已故的或思维、说话不灵的人,要采访相关人员(如配偶、子女、同事等)。只要认真采访,就可以获得越来越多的信息,这如同搜集文献史料一样。文献有时会在历史中失传,活人则不存在这种事,即使本人走了,也可问相关人员。从信息搜集来看,口述史更容易。譬如我们团队曾遇到这样的事,第一次采访一对老夫妻,当时的重点是丈夫,可惜他90岁,耳朵不好,说话不流利。妻子虽会说,但说不到点上,结果采访收获不大。后来因要采访他们已逝世的当过村书记的儿子事迹,考虑到其母亲思路清楚,决定从其母亲入手采访。后来再次去采访其母亲,果然成功,内容相当丰富。这就是口述采访的好处,找不到当事人,可以找相关人,从而了解某些历史信息。如果去图书馆找文献,有则有,无则无,难以找到其他替代办法。两个阶段的口述史,只是重点不同而已,前者是关于个人的,以个人故事为主;后者是关于公共的,以共同之事为主。人为本位,以自己事为主,以他人事为辅,是一种综合性采访;以事为本位,则以他人事为主,如果可能,也会略涉及个人之事。可见,两种采访模式实际是交叉的,后者更强调要找熟悉掌故的人。

要有内外联络机制。在村民口述史采访过程中,一定要建立一套联络机制,确定一个联络人。这个联络人由村史组老人负责最为合适,他们熟悉村中人物,可以起到联络润滑作用。否则在当下对生人越来越警觉、社交成本越来越高的"陌生人社会"环境下,采访团队贸然打电话或上门采访,会被人认作骗子。等村中联络人联系以后,口述史采访队再预约采访时间与地点。有了前面的招呼,后面的采访工作就会顺利。在邀请村民来村委办公室采访模式中,则可以让村中联络员直接打电话请受访人到村中接受口述采访。在确定采访名单时,要请村史组老人帮忙,可以让不同的人来推荐,村中人会对值得采访的人物有一个初步判断。在具体名单确定时,也要仰仗村中老人。不过,项目主持人要相信自己的独立判断,不能过分听信村办人员的意见。因为这些老人往往也是大历史、名人观念的接受者,让他们筛选值得采访的人时,他们仍然会选择村中名人,而忽视其他小百姓。作为群体中的内部人,他们多年形成的成见也不少。这些有色眼镜会妨碍他们的选择,从而无法达到公正客观的要求。

采访的有效套路可经简述与详访两大阶段。初见受访人,大家彼此不熟悉,信息不对称,不知怎么问对方,这是新手面临的普遍现象。如何打开对方的记忆保险箱?以前常见的建议是,采访前要做好功课,对受访人有一个粗浅的了解,制定出采访提纲。此法可能适合专门的个案型采访,即就某人写成十多万字以上的口述回忆录。在以信息采集为目标的村民口述史中,此套路不具可操作性。因为要采访的人数太多,而受访人的确定有时是即兴的,不可能让你有较多的时间来提前准备。即使事前确定的人,事前至多只能了解一个核心主题,具体的经历与事迹不太可能提前做好准备。比较简易可行的办法是,采访活动开始的时候,让受访人简略地自我回顾一生的主要历程,这相当于自述小传。在此基础上,采访人在大脑中迅速形成一个粗略的采访提纲,然后针对感兴趣时间段及其事件,展开更深入的始末及因果追问。如何采访一线普通农民,这是一个没有解决的问题。当我们怀抱人人可入史的理想,诚恳地准备好好采访农民时,发现坐在我们面前的农民不会说。他们可能一生在农村中生活,没有到外面活动过,简历十分平淡。就农业活动来说,就是那几样工作。生产队的农业生产是最普遍也似乎是最没技术的活,农民样样会做但并不专业。农民数量多,特长不明显,于是容易被忽视。多数农民是一群文化层次较低、平时思考较少、记忆力偏差、表达力也差的群体,往往讲不好自己的人生故事。也难怪传统的历史书写,没有农民事迹的记录。还有一些因素也影响采访,譬如用常见的记者采访模式展开口述史采访,容易为大家所接受,但有时会让受访人形成一种可说可不说的假象,不知道这是在书写自己的历史,是必不可少的,所以最好要讲清楚这是口述史采访。也有人会说我们不要宣传,希望低调一些。我们的观念是,政治宣传可以低调一些,但历史记录却不能低调。因为没有个人历史的记录,文本世界中就没有个体的事迹,就会出现失踪现象。由此可知,讲述自己一生的故事,录下音来,转录成文字,给更多人看,这不是所有人都能理解的。

要重视时空与故事框架。口述史是一种直接的当代历史研究,所以采访人心中要有一部当代史,将特定的人物与事件置于特定的时间段加以思考。所谓口述史,"口述"是途径,"史"才是关键。所谓史,是指用特定时空框架串联起来的历史故事文本。有两大要素,一是要有时空框架,时间要用公元纪年,空间要讲清精确的地名、单位名。二是故事化,得有前后过程及因果的询问。新手从事口述史,由于缺乏历史观念,没有时空框架,没有故事化理念,往往容易陷入闲聊境地之中。历史学社会科学化、问题化以后,反而将最基本的历史书写职能忘了,导致学生们不会历史写作,历史写作的核心就是时空与故事框架。

以个体采访为主,以集体采访为辅。村民口述史采访,村内熟人难担责,由外来专家组织的团队采访更为名正言顺。采访的方式,从受访人数量来看,一是个别采访,二是集体采访;从内容来看,一种是人物采访,另一种是民生采访。人物适合个体采访,民生采访可用群体采访。个人采访效率高,集体采访只能用于同主题的事。集体采访可以互相启迪,他们的历史记忆有一个恢复的过程。问话的顺序,可用顺叙法,完全按人生发展过程来讲;也可用倒叙法,即从现状说起,然后往上延伸,涉及读书、工作诸多方面。每人的历史感受不同,所以叙述程度也会不同。一个分散的村与一个聚居的村,采访的方式是不同的。前者只能分散采访,后者则可以集中采访。前者的口述史调查,是一个纵向的展开过程,所以队伍人员不必多,但前后次数会较多。村史采访中最大的难题是交通成本,家与村之间有较远的路,来回的路上要费不少时间,真正可用于采访的上午与下午时间,均不会超过 2 个小时。

录音与录像同步更理想。有的口述史采访起点高,直接用录像。不过仅有录像是不够的,仅有录像就会面临转录的困境。直接根据录像转录,数据容量太大,网络传输困难。我们的办法是,录音、录像同步进行。录音的好处是容量小,方便邮件传输及转录。2013 年笔者首次做劳模口述史采访时,只有录音,没有录像。到采访后期时,添置了一台 DV,每人只补录了 10 多分钟的录像。这次村史采访,观念大变,全程录像,但因不懂纪录片制作原理,偏重采访过程的记录。2015 年,笔者提炼出"公众纪录片"概念,开始尝试视频制作构思,重视相关视频要素的拍摄。只有具备大量的视频素材,才可能剪辑出一部理想的村史纪录片来。

口述史团队要经过严格培训。笔者向来主张口述史的门槛要低,以鼓励更多的人来做。不过,口述史要想做得好,自然得接受专业的训练。至于如何培训,笔者主张边实践边培训,用师徒制跟班学习,理论与实践同步。但有时仅简单交代几句,就让他们上岗从事口述采访,从实际的情况来看,这样的培训效果并不太理想,还是需要加强专门的培训。口述史团队的组建要找对人,一定得找有口述史兴趣的人组成团队;如果没有事业心或没有较强的挣钱动力,队员难以坚持下来。口述史团队要经过较长时期的训练,懂方言,会与人沟通,有好奇心,年龄适中,懂当代史(大环境),知道村的发展历程(小环境),这些是采访人选择时应具备的关键素质。语言是一个相当重要的要素,南方的口述史采访,往往必须懂方言才可能参与进来,否则,无法适应。采访人年龄要大一些,约在 50~60 岁之间,退休老师、公务员均可。譬如近现代史教授熊月之采访近现代史教授姜义华,成《姜义华口述历史》。采访人年龄太小,有时难以与老人对话,相当多的话听不懂。当然也存在另一种景象,祖孙辈间的对话会比父子辈间对话更舒畅,也就是说中年人采访老人可能不如年轻人。要熟悉当代史,要会通盘整体考虑,要有历史判断力,要知道问什么。如果心中没有一部村史,则不知道问什么,自然不知道要采访什么内容。在采访中要有历史感,得知道哪些东西是可以进入历史编纂的,从而找到重要的采访线索与内容。记录人与转录人最好选择思维反应快、打字速度快的人,因为听话能力决定转录能力。

既要有浅度采访,也要有深度采访。口述史实际是一种对讲活动,采访人要会与人沟通,要诱导别人讲出他的历史故事,不是谈他对别人或对自己的整体印象,而是要讲出他的具体事迹或故事,于细微处见精神。采访人的询问,可能打开受访人大脑封存的永久记忆。采访的深度取决于采访人的思考与追问,口述史不是简单的你说我录。如果采访人没有问题意识,只会简单地问、简单地听,其结果只能采访到浅层次的信息;如果会追问,多问一个为什么,就能采访到有深度的东西。口述采访可分浅度采访与深度采访,口述史不可能一次性完成,相当多问题的理解需要进一步考问,也就是说有一个深度研究问题的过程。研究越深,问得越深,收获越深。事前要对受访人有初步研究,采访中要及时捕捉受访人临时讲出来的有用信息,事后整理仍得进一步梳理重要信息,哪些没有弄清,以便下一步补充采访。采访过程中,采访人的嗅觉要相当灵敏,遇到有采访价值的线索,要及时捕捉。笔者曾让一个团队人员采访一位大学老师,事后阅读其转录稿时,发现最后那位提及其弟是一位著名的中学老师,我觉得是一条重要的进一步采访信息,但那位团队人员却发现不了。这就是眼光的不同。

要建立记录、转录的详细规则。口述史采访记录有当场记录与事后转录两种基本方式。在采访人、记录人、转录人分离模式下,采访人心中清楚要什么不要什么,但记录人、转录人往往不知道,彼此信息不对称。为了方便记录人、转录人的理解,采访人最好要有一个采访提纲。如果是当场记录,记录人要会问,凡不懂的地方均要发问。回来后,记录人要重新听一遍录音,补充相关内容。在一人组模式下,采访与记录相兼,可以弥补角色分离所带来的信息不对称问题,但仍要求回家听录音补充相关内容,这既可补充来不及记录的信息,也是一种再思考。当场记录与事后转录相结合,可以发挥两者的优势。一人组,只管采访与录音录像,事后请人转录。当场记录与事后转录哪种效果好些?当场记录的优势是速度快,直接完成了"从口语至文字的转换"[①],且可以保证人名和地名的准确性。当场记录容易出现的问题是,受访人语速快,记录人打字慢,导致记录人无法全部记录下来。尤其是容易受大学课堂记录习惯影响,往往成为要点记录,一次记录才 2000 字左右,内容过简,没有多大价值。有时要求记录人事后重新听录音整理过,但因不懂口述记录格式,重新整理的效果仍不理想。何以如此?这里有一个记录模式的转型问题,口述史记录不能使用课堂记录模式。在课堂记录模式下,记录内容是为自己备忘用的,内容是经过记录者大脑过滤的,表达方式也是记录者习惯的第三人称的要点记录。这样受访人完整的思路与表达方式,到了记录人手里成为没有句型的要点记录。这种要点式记录是不符合口述史要求的。在口述史记录模式

① 陈墨.口述历史编纂的"口语形态"问题[J].当代电影,2014(3):74-77.

下,记录者就是传话筒,代人说话,要完全照着受访人的讲话顺序与习惯来记录。使用大学生做口述史记录人,最需要训练的就是记录习惯,要实现由第三人称的要点记录到第一人称的口述记录的转型,这不是那么容易的事,得有一个接受与改变的过程。当年白寿彝请助手,要求高中生即可,而不是大学生,其原因大概在此。请人转录的优势是文字效率高,采访一次至少可转录五六千字,甚至上万字。其不足是比较费时,一个小时的录音,可能要五六个小时来转录。当然,如果有专职速录师参与,自然更理想,只是经费成本较高。而且,人名与地名的准确率低,他们是根据口音来记录的,采访人看时要校对一遍。哥伦比亚大学找研究生做的张学良口述史转录,据杨天石说,因为听不懂东北话,错误百出,不堪使用。他们整理出版《张学良口述历史》七卷本时,全部重新转录。① 如何解决要点摘要的转型问题,可以考虑从转录入手,先做转录,再做记录,这样更容易让采访者找到口述记录的感觉。

　　此外,口述史转录稿的署名格式也要规范。题目称为"×××口述史",下面的署名方式,依次为口述:×××,采访:×××,记录或转录:×××,时间:××年××月××日,地点:×××。正文格式用对话模式,每段写清采访人、口述人的名字。这样的格式,既适合独立的口述史模式,也适合专书编纂中的段落切割使用。署名格式容易出现的问题是,用姓或字母来代指,这种模式不适合编纂,一旦截取一段材料,会出现不知道谁在说话的现象。

(林卉主编《口述历史在中国》,广西师范大学出版社 2016 年)

课后实务:古村落拍摄

　　组织全班同学,选择一个合适的古村,用手机拍摄。古村落影像保存与传播,是现在关注的话题。

---

① 张双.张学良口述历史首次系统出版[N].山东商报,2014-09-09.

第七讲　由小众而大众：人人都是历史记录者

线上讲义

一、人人参与的提出

1931 年，美国史学家卡尔·贝克尔就任美国历史学会主席时作了一场演讲，演讲的主题是"人人都是他自己的历史学家"，这是个很有名的演讲。最近翻译出版的卡尔文集，题目就是"人人都是他自己的历史学家"。这句话在近十年的中国很时髦，经常被当作口号来叫，很多人写文章写书也用到这句话。譬如西南民族大学的讲师宋石男写的一本书，题目就叫"人人都是自己的历史学家"。李远江在常州做报告的时候也用了这个题目，是为了鼓动中学生写史。这个话题不能老是当口号来用，今天来讨论下，到底是怎么回事情。

我们先来看一下卡尔原文的含意，卡尔这个口号的出现有个背景，即客观主义史学。他是为了提倡他的相对主义史学观，所以他这篇文章的主旨是为了强调历史的主体性与相对性，每一个认知都是史家的主体化认知。这句话是美国相对主义史学很有名的一个口号，对这句话讨论一下还是很有意义的。

从认识论上说，它为人人参与史学提供了学理的支撑。我们所有的认知都是史家主体化的认知，每个人都是可以参与进来的。这样就把史学门槛降低了，意味着人人都可以参与进来，对今天的公众史学是一个非常好的口号。这个口号，就意味着要解构历史学家的权威性，有人就担忧，如果人人都是历史学家，那还要职业的历史学家和职业的公众史学家干什么？这要看怎么理解这句话，如果你把"历史研究"当成历史学唯一的活动的话，就会存在这种担忧。但如果将历史活动区分为"历史记录"与"历史研究"二大层面来说的话，这个问题不大。因为职业历史学家偏重于学术研究，而人人都是他自己的历史学家，主要是指人人成为公众历史记录者，更确切地说是大历史的通俗写作和小历史的记录，所以这两者之间是不矛盾的。人人都来参与的话，在今天是非常好的。为什么要提倡呢？因为我们的时代在变，进入公众时代，我们当然要强调人人都参与。这就是人人都是历史学家提出的背景和核心思想所在。

二、人人参与的可能性

今天为什么要提倡人人参与？当然有它的必要性，可以从三个方面来思考。

第一，大国家史要求全民参与历史写作。在古代世界，主要是写国家史，所以只要史官、史家参与就可以了。今天要提倡写民史，写以普通百姓为主的国家史，它的数量是非常大的，这就意味着必须要有大量的人参与进来，所以大国家史要求全民参与。

第二，历史书写权既是公众的权利，又是公众的义务。大家想一想，我们每一个人对自己总是比较了解的，所以公众史的写作，由每个人自己或者自己熟悉的人来参与，显然是比较理想的。我们要求每个人自己来叙述自己的历史，这样会更加到位。有人会提出，"我知道有这个权利，但我不想用这个权利，我不写又怎么办？"这显然是在对历史书写比较无知的状态下讲出的话。生活世界所有的人和事，如果没有进入文本世界，是没法传承下来的，你想后人知道你的话，就必须留下文本。没有留下文本，在文本世界，你就是一个失踪的人。

第三，个人的历史记录是一笔巨量的精神财富。大家想一想，我们每一个人在地球上走一趟，大脑内积累了丰富的所思、所历、所见、所闻的记忆资源，这笔资源不挖掘出来，会是一大损失。如果把你的经历、你的想法和思想都记录下来，对人类社会来说就是一大贡献。我们人类经验、知识的积累，都是靠着每一代人的贡献而代代积累起来的。

除了强调人人都参与的必要性之外，我们今天提出人人都参与也是有可能的。

首先是公众历史享受的提升。进入21世纪，当社会从国家的包围圈中独立出来后，社会的重要性越来越显现。当我们摆脱了时间、金钱的束缚后，我们在精神上的需求会进一步提升。这个时候，作为我们人类的历史知识，是比较好的人类精神享受。读历史、听故事，这是我们人类的一大嗜好，是我们的权利，今天这种可能性更加提升了。

第二是对公众历史书写的关注。当个体的社会地位越来越显现后，我们对个体会越来越关注。如果我们对国家史、民族史不关注的话，你个人的历史、家族的历史，还是要值得关注的。

第三是教育的普及使民间史学人才倍增。作为一个历史的写作者、记录者，当然是要有修养的。古代世界的教育还不是那么发达，现在我们的教育相对说来还是比较发达的。文化层次提升后，历史的写作者、记录者会越来越多，这就为我们今天人人参与书写个人史提供了可能。

第四是书写与传播技术的进步。我们开始用电脑写作，代替了以前的手工写作。写好了以后，我们的传播，除了传统纸媒以外，还增加了网刊。我们可以通过很多现代的手段，用互联网去发表，比如说网站、博客、微博、微信，这些新媒体的出现，为每个人从事创作、历史写作提供了方便。辽宁大学焦润明教授说，网络有较强的开放性、互动性、平民性、多样性、便捷性、无限性。有了这些以后，就为我们今天人人成为历史学家创造了方便。

三、人人参与的方式

我们提倡人人都参与。有人会说，我们该怎样参与进来？方式可以多种多样。从古至今，我们中国人最主要的方式是通过文字来书写，这就意味着不懂文字、不会写作的人就无法参与进来。今天进入多媒体时代以后，情况就变了。会写的人，你可以做大历史的写作，也可以做小历史的书写。有的人不会写但是会说，你就可以参与叙述，你只要会说就可以参与历史的书写。有的人喜欢拍照，会录像，我们拍的照片、录像，也是一种历史的记录。还有参与保护，尤其是公众档案和文化遗产，我们每个人家中有那么多档案，我们可以参加家庭、公众档案的收藏和保护,我们现在在文化遗产方面也提倡人人参与进来,所以我们今天的方式是灵活多样的。在参与的方式里,最常见的还是独立操作,但也可以互相合作。互相合作的方式有很多,有的人可以跟别人合作,有的地方需要和家族成员合作。比如说我们修家谱,就希望和家里的人合作。甚至,可以请专门的写作公司来写。所以我们今天合作的方式是很多很多的。口述史为文盲参与历史写作提供了方便,以前只有会写的人才行,今天只要会说就可以。总的说来,人人参与很方便,形式已经多种多样。

四、人人参与的实现

刚才鼓励大家人人都可以参与进来,方式也可以多种多样,那么到底该怎么实现它?我们这里可以提供一个粗浅的路线图。

第一,必须要充分发挥社会业余力量。美国的公共史学,提倡将专业史学应用到各方面,去做公共场合的应用。我们更提倡普通人的参与。为什么要普通人参与呢?大家想想看,公众史的写作是非常浩瀚的,要记录浩瀚的人,当然也需要浩瀚的人来参与,所以需要大量的人来参与。提倡每个人业余时间来参与,这项工作不影响他的本职工作,所以是可能的。早在2007年,《国家先锋历史》就提出"公民写史"口号,这个口号非常好,我们就要提倡每个公民拿起笔来写史。2010年,四川武胜县发起了"现在就开始回忆"活动,意思是提倡每个人写自己的回忆录。2013年,"历史嘉年华"活动在苏州召开,那届的主题是"由我而史——谁来书写小草的历史",意味着让每个普通的老百姓也参与进来,自己动手参与。2014年11月,"历史嘉年华"在深圳搞活动,开了首届当代中国历史记录者大会,这个会开得很成功,大概有200多个人参与,这个会意味着,我们原来分散在各个地方的人们,聚合在一起,形成了一个团队的力量。所以这就是我们提倡社会写史、公民写史的一种很好的措施。

第二,是要培养一批职业历史写手。我们还是要培养一批职业的历史写手,尤其是大学生。大学生、中学生、老年大学的学生,是职业历史写手培养的核心群体。2014年,永源公益基金会组织了"家春秋大学生口述摄像比赛",就是要在大学生中培养职业历史写手。我在宁波大学也开展了这样的活动,培养大学生写手,尤其是提倡历史系要做专业的公众历史训练,历史系教授有义务来培养这样的人才。除了这些职业写手之外,还可以培养一些职业的中介写作公司。一些老人在回忆录的写作过程中会碰到这样那样的问题,有时候自己不会写,有时想让家里人帮忙,但是家里人因为相处太熟悉,对这种事不是那么热心。在这种情况下,由职业的写作公司来写是比较理想的选择。北京回忆久久文化传媒有限公司已经做了这样的事,从采访、编纂、出版一条龙服务,是比较理想的写作公司模式。另外,涂金灿开办的家史家谱传记书店,也在做一些小历史书写,当然他主要是做小历史的编辑与出版,以加工为主。总的来说,历史研究者是不需要太多的,在任何一个社会,历史研究者总是小众的,但是历史的记录者、写作者应该是越多越好。

因为小历史的书写门槛比较低、操作性比较强,适合大众来做,所以人人都可以做。历史的书写,在古代世界是少数人从事的活动,今日是多数人可以参加的一项文化活动。

线下教案

➡ 讨论话题：

有一次，笔者部署了写自传的任务。其家长听后说，你将来成功以后，自然有人来替你写出上乘的传记。这是一个值得讨论的话题。成功了，有钱了，且想到了，自然不在讨论之列。问题是，你没有成功呢？就不用写了吗？谁来替你写？当然可以请人写，这是一种付费服务。历史写作的产生，是从"代理"（他者写作）开始的。历史学是一门记录人类历史的学科，所以得由专门的人来加以记录，这就是历史记录代理模式的产生。由代理到自理：人人参与，人人可为。历史写作是从政府史官以第三人称创作开始的，如此民史的写作也应从民间史官的培养入手，让他们承担公众史写作。进一步地引导普通人也参与进来，成为历史写作或历史记录者。叙事人，不管是第一人称还是第三人称，均应为全知全能的后见之明的视角。

➡ 阅读推荐：

1. 陈文：《吃饭长大》，花城出版社，2003 年。

本书以散文化的笔法描述一个普通人的日常生活细节和心灵成长的历程，平实地记录自己记忆中值得记忆和闪光的东西。吃饭长大，是身体的物质需求。读书长大，是精神的成长，心灵的成长。粮食哺育的是身体，而书籍哺育的是灵魂，一个知识与智慧不断增长的人才是健康的。

2. 姜淑梅：《乱时候，穷时候》，浙江人民出版社，2013 年。

姜淑梅早年读过几天书，所记无多，但一生经历堪称丰富，走过了民国时期、抗战时期和中华人民共和国成立后的"乱穷时代"，亲身亲闻不同时代的人和事。2012 年在作家女儿艾苓的鼓励下，姜淑梅开始写作，语言通俗凝练，带有浓烈乡土气息，逐渐在网上引起了读者的注意。最终这些记叙自身历经战乱、饥荒年代的丰富见闻汇聚成了一本《乱时候，穷时候》，而姜淑梅也迅速走红，被网友称为"传奇老奶奶"。

3. 沈博爱：《蹉跎坡旧事》，语文出版社，2013 年。

湖南浏阳退休教师沈博爱，是姜淑梅的同龄人，但与姜淑梅不同的是，沈博爱心里自小藏着一个"耕读梦"，这个"耕读梦"却因个人命运在屡次历史变迁中不断被打断。他曾于1958 年被划为右派，以反革命罪判刑劳改；1962 年释放回原籍监管；1980 年复职从教至退休。他的年龄恰恰连接了 20 世纪处于动荡的中国传统社会，以及被经济大潮淹没的一段重要历史。在妻子的督促下，2008 年沈博爱真正开始动笔，洋洋洒洒写下了长达 70 万字的当代农人历史故事——《蹉跎坡旧事》，这本个人回忆录最先在天涯社区闲闲书话发表，正式出版后震撼了无数的知识人。

4. 许燕吉：《我是落花生的女儿》，湖南文艺出版社，2013 年。

该书作者许燕吉，其父许地山（笔名落花生）是我国现代史上的著名学者、作家。《我是落花生的女儿》讲述了许燕吉从 20 世纪 30 年代至今 80 余年的人生历程，以其独特的个人经历见证了 20 世纪中国的历史侧面。从家境优渥的名人之后到中华人民共和国第一批大学生,从"右派""反革命"到陕西农民之妻……这本书完整地讲述了许燕吉的人生经历,详细记述了时代命运对个人的磨难。她的独特经历,是 20 世纪 30 年代至 70 年代这段历史的典型缩影,可以看作历史的一枚切片,映照出中华民族在 20 世纪遭受的苦难和艰辛,以及时代大背景下的人们的生存状态。

5. 吴国韬:《雨打芭蕉》,语文出版社,2013 年。

湖北恩施退休教师吴国韬创作的《雨打芭蕉》记录了他 16 载深山执教的经历。作者用他的亲身经历和遭遇,展示了 1958—1980 年武陵山区一个普通民办教师的心路历程,而这也是中国 20 世纪 60 年代至 80 年代特殊时期乡村教育的缩影。这是第一本如此客观详尽地记录中国乡村教育的书,书里有许多当年的教育现场实景记录,那个时期的教育方式和教育理念,有不少是值得当下的教育界反思甚至借鉴的内容。

6. 赖施娟:《活路》,海峡文艺出版社,2013 年。

赖施娟教授的《活路》,原是她在博客上写的追忆个人成长、家族变迁的随笔,日积月累,文稿渐丰,遂结为一集。《活路》以个人、家族史为中心,折射出 20 世纪 40 年代以来中国特别是江西社会的变迁。并且,这种个人史的写作模式,因有网友的参与互动,"主文本"与"副文本"交相延展,显得十分别致、新颖。

7. 李昆武:《从小李到老李:一个中国人的一生》,三联书店,2013 年。

云南昆明的漫画家李昆武的《从小李到老李:一个中国人的一生》,以历史文化为经,以人生故事为纬,从"多难"(第一册)到"转折"(第二册)再到"兴邦"(第三册),对现代中国社会发展历程做了全景式的贯通,介绍了改革开放至今的变化。有对云南风土人情及中国普通人生活的衣食住行、喜怒哀乐的详细描绘,也记录了不同时期的一些大事件,如"大跃进"、"文革"、改革开放、香港回归等内容;不仅记录了一个家庭与个体命运的起落,也折射了中国社会自 20 世纪 50 年代至今的巨大变化,堪称一部"中国平民史诗"。

课前文选

人人都是历史的参与者

——关于中国公众史学的对话

主持人:光明日报记者　户华为

特邀嘉宾:

宁波大学人文与传媒学院教授　钱茂伟

辽宁大学历史文化学院教授　焦润明

中国社会科学院世界历史研究所研究员　王旭东

中国社会科学院历史研究所研究员　杨艳秋

编者按:在新媒体快速发展、自媒体传播渐成趋势,而公众对历史知识的渴求和对历史情节的消费日渐增强的状况下,历史学正悄然走出象牙塔,进入寻常百姓家,同时也催生了一门新的学问——公众史学。公众史学提倡专业学者与社会大众对历史共同拥有、共同解释、共同书写、共同使用，这能够大大缩短史学界与公众之间的距离，促进史学与其他学科之间的融通，也必将不断扩充史学的应用范围。尽管对大多数人来说，公众史学仍是一个比较陌生的词，但学术界已经形成了一个研究公众史学的群体，而且推出了《中国公众史学通论》等一批学术成果。为了进一步引起学界对公众史学的了解、关注与探讨，我们特别组织了这期访谈，对公众史学概念、旨趣、理论方法及我国公众史学发展现状、未来趋势等问题略作介绍。

"公众"抑或"公共"：中国公众史学发展脉络与现状

主持人：尽管对国内历史学界而言，公众史学尚属新鲜事物，从定义到内涵都还未达成共识，然而在欧美它已经颇具声势，全美近百所高校都设置了公众史学的学位课程，英、法、德等欧洲各国的公众史学已经如火如荼地铺开。在概念上，似乎国外学者多用公共史学，而我们则习惯用公众史学，这两者有何区别，当前我国公众史学发展处于怎样的状态？

钱茂伟：公众史学的直接源头是欧美的公共史学（public history），它勃兴于 20 世纪 70 年代中叶的美国，国内学术界很早便对此有所回应。1987 年，朱孝远教授将"public history"译为"大众史学"，将其引入中国。1999 年，香港中文大学历史系改革课程时也关注了公众史学。2004 年，该系设立"比较与公众史学文学"硕士课程，招收专业硕士。同年，台湾就"大众史学"开过两次会议，并出版了论文集。2007 年前后，复旦大学等大陆高校也打出"公众史学"的牌子。中国大陆学界产生明确的公众史学学科意识始于 2012 年。这一年，陈新教授《"公众史学"的理论基础与学科框架》与本人的《重构公众史学体系》等文章，正式提出中国公众史学理论基础与学科框架建设理念。近几年来，经过陈新、王希、李娜等学者的共同努力，我们的公众史学学科建设步伐不断加快。目前，初步有了学科，有了学会，有了网站，有了年会，有了刊物，有了专业，有了人才，有了成果。

为什么美国用公共史学，而我们更倾向用公众史学？简单地说，"公共"对应"私人"，"大众"对应"小众"，"公众"对应"组织"。所以，不用公共史学，是因为凡史学均是公共的；不用大众史学，那是为了避免精英与大众的对立。"公众"是从国家与社会二分理念中提炼出来的，正好契合梁启超提出的"君史"与"民史"理念。按照梁启超的划分，"君史"讲国家上层的历史，"民史"讲民间下层的历史，而我们就是要写普通公众的历史。中国和美国的社会发展和学术背景都很不一样，没有必要把美国公共史学直接移植到中国来，而应坚持走中国自主学科发展之路。就我个人而言，1998 年，我就开始关注通俗史学研究，2007 年开始关注小历史书写实践与研究，主要包括三大块：个人史、家族史和社区史。当然，相关的公众城市史也可以放进去做。通过通俗史、公众史的实践探索，我对于中国公众史学的轮廓就慢慢有点感觉了，这就有了《中国公众史学通论》的研究写作，2013 年列入国家社科基金项目，2015 年底由中国社会科学出版社正式出版。

王旭东：公众史学与公共史学之间到底有没有区别？区别在什么地方？首先要明了公共史学的本质。发端于 20 世纪 70 年代的公共史学，实际上产生自美国的历史教学领域。其初衷和首要任务是要解决美国一些大学历史专业毕业生所面临的社会出路难问题。为此，便不能把公共史学的起点看成是想要"高、大、上"的史学家们从象牙塔走向民间。也是由此，美国的公共史学才会有着更看重社会应用或实用性这样的特点，着眼于为培养更容易满足社会需要的历史系毕业生，注重探讨如何将传统的历史学同当代的信息化应用技术（尤其数字化和可视化技术)更好地结合起来这样的问题;刻意地、目标明确地对历史学专业的学生进行与社会需求相接轨的那些知识技能方面的培训,力图通过传统知识和新技能之间的交汇融合,来增强历史学服务于社会的功用性。由此可知,公共史学是一种由专家引领、教育导入、公众参与互动,并在公共领域进行历史建构的侧重于多样且个性化表达的历史学。今天看来,公共史学兴起的理论意义和社会价值,可能还不仅仅在于其所主张或强调的公众对历史学领域的参与,而更在于专业历史学的服务对象意识增强所带来的"公共转向"。正因如此,我们才更应将"public history"译为"公共史学"而非"公众史学"。公共史学是自上而下、由内而外地产生出来和发展起来的。自上而下,是指从历史学的专业性权威高端放下了架子、降低了身份;由内而外,是指从专业史学里走了出来,去直接为社会的应用性需求服务。

　　其次要了解公众史学的本质。公众史学发端于民间的历史传统,如民间说史、民间写史和民间传史。这样的历史传统,不论西方还是东方都存在。为什么这样说呢?西方的历史学起源于民间,我们今天常说的西方历史学专业化的进程到了19世纪才真正开启。东方的历史学同样起源于民间。中国古代,历史学很早就分离出了一种专业化的趋向,例如孔子作《春秋》便是属于专业学者在治史。后来的职业史官来修史,不仅是专业修、治史,更是以官方身份在修、治史了。中国的官方治史经历了早期的"撰"史,后来的"修"史,更后来的"纂"史三个阶段。与此同时,就中国的文化传统而言,民间社会对于历史的发掘、处理和承袭,堪称源远流长。若将民间的历史书写和历史知识的社会应用实践,看作当今的公众史学的前身或"早期的公众史学",那么在中国,公众史学其实始终都以下面这两条线的形式存在。其一,自下而上、由外到内,即从民间专业历史家的史述、史著,到官方历史学家的史学;其二,民间历史人和说书或说史者(民间说书艺人口耳相传和戏剧艺人的演绎),以讲述历史故事的行为,始终如一地书写、"说"(叙述)、"传"(传播)历史知识的学问。从这两条线来看公众史学,其实更多的是一种专业或职业历史学家的"治史"同民间"书写"历史相互之间的交汇或互动的问题。

　　总体上看,中国悠久的官方治史传统直接影响着社会,使得社会的治史意识较之西方浓郁得多,如百姓皆知"青史留名""彪炳青史""留取丹心照汗青"和"遗臭万年"等。但同时,由于官方垄断着正史的书写,结果民间社会的历史记忆便只能流于野史、演义或假借戏曲等其他艺术表现形式。公众史学作为一个中间环节,可以变成专业史学家走出象牙塔、走向民间、走入社会大众,民间业余的历史爱好者为提升自身史学素养水平和研史或写史方法技能的专业化水准而走近专业历史学家,双方是互相沟通、融合的桥梁。正是上述从历史到现实各自具有的差异性,决定了公众史学与公共史学的区别。况且仅凭中国悠久的治史传统,以及民间的社会大众数千年来对历史书写的喜好及表现形式丰富多彩的传承,中国的公众史学就应当有自己的理论和体系,而不该去扮演一个舶来品的角色。

　　杨艳秋:什么是中国公众史学,这不仅是 public history 怎么翻译的问题,不是说它译成大众史学、公众史学或者公共史学哪个更合适的问题,而是现在我们的此公众史学非彼公共史学的问题。所以这里要厘清的首先是中西概念问题。美国的公共史学是应对史学危机产生的,是伴随着美国高校学科改革而出现的一种应用型史学,它以史学在公共领域的应用为主要特征。而中国的公众史学是随着社会发展,或者说是在历史知识社会化的背景下产生的需求。在传统的传播方式下,历史知识的传播有赖于专业人员。由于现代化传播手段的出现,当今历史知识传播的主体向全社会扩大,知识信息的获得越来越便捷。非专业人员也可以进行历史知识的二次和多次传播,更多地占据历史知识传播的舞台,因此形成了前所未有的大众关心历史的现象。另外,还有美国公共史学的一些表现,比如说它为政府、企业各部门服务,这和我们所提倡的公众史学理念是背道而驰的,中国公众史学所要展现的是公平的、全体的、共享的、共有的含义。

除了中西,还有传统现象和现代理念的厘清问题。中国传统史学的叙事性特点,为史学的普及和传播创造了条件,在传统史学里有公众史学的某些因素,这是不容置疑的。但是传统史学中的史学普及也好,历史知识的由上向下传播也好,虽然和现在提倡的公众史学有一种继承关系,但是它并不是我们现代意义的公众史学的主要内容。再如由"君史"到"民史"的观念也有一个发展过程,20世纪之初"新史学"兴起中的从"君史"到"民史",主要是指史书记载内容的扩展,由记载帝王将相和"一朝一姓"的兴亡扩展至纪录百姓生活,"一城一乡教养之所起",由载录国家政治拓展至经济、农业、商业、矿业、建筑、交通等领域。而现在"公众史学"中要谈的是"民史"(公众史)写作。除此之外,更为重要的一个方面是历史解释权的问题,那就是由民众参与历史解释和历史书写,这个变化是今天倡导公众史学的至关重要的环节。

以公众为本位:公众史学构建新的史学体系

主持人:学界对于公众史学有着各种不同的定义,比如一种认为"所谓公众史学,是指由职业史学人士介入的、面向公众的历史文化产品创制与传播。"另一种则认为公众史学"表现为参与群体的革新,提倡人人都是历史的记录者",其背后蕴含的是对公众史学本位的不同取向。国际公共史学会主席瑟奇·诺里特曾说过,"数字历史,不仅带来新资料、新工具,也将产生新的历史学家。"在这种情况下,自觉成为"公众史学"的参与者或引导者或许已经成为不少历史工作者的共识。但最近,钱茂伟等学者则进一步转换思考方式,指出在公众史学中,职业历史研究者不再是唯一具有话语权、解释权的掌握者,而应该以公众为本位,共同拥有、共同解释、共同书写、共同使用,这将要求我们建立一个怎样的史学体系?

钱茂伟:什么是最好的历史学,服务公众的史学无疑是最好的史学之一。强调研究史学与公众的关联性,会提出两大方向的思考:一是史学为什么要"公众",二是公众为什么要史学。现代社会是公众社会,史学自然应服务公众。历史学毕竟是关注人类自身历史的学问,当然也要更好地发挥它的社会功能,历史需要更多的人来学来用,这样的良性循环对于一个学科的发展来说是至关重要的。史学与公众的结合,可以产生多元的联想,至少可作三个方面的发散性思考:书写公众、服务公众、公众参与。如此,史学服务公众才能走向体制化,这种体制化的史学形态就是公众史学。公众史学体系可归纳为一个中心(以公众为本位)、三大领域(书写公众、公众参与、公众消费)、四大理论(君史与民史、生活世界与文本世界、历史书写与历史研究、小众参与和大众参与)、六大分支(公众历史书写、公众口述史学、公众影像史学、公众历史档案、公众文化遗产、通俗普及史学)。这是一个涉及多个层面的综合性的公众本位史学框架结构,有别于传统的史学体系。扩大历史书写对象,扩大历史参与人群,扩大历史享受空间,就能让史学由"小众之学"变成"大众之学"。公众史学是属于公民大众的史学,每个人都是公众史学的主体,公众史学是一种以个人为本位的历史服务机制。历史是人类的历史,个人是最基本的主体,由个人史到群体史,公众史学提供了一种全新的观察视野。

杨艳秋：钱茂伟教授在其《中国公众史学通论》中，按照公众历史书写、公众口述史学、公众影像史学、公众历史档案、公众文化遗产、通俗普及史学六个分支搭建起公众史学的学科体系，这是一个平面层次的勾画，将中国公众史学的探讨提升到学科体系建设的理论高度。"构建中国公众史学学科体系"，是近年来对公众史学的最为热切的呼唤。公众史学独立学科地位的建立，需要其具备相对独立的专业知识体系和方法，创设完整的理论框架，明确其研究对象和内容，对学科性质和任务进行阐述。在构建中国公众史学学科体系的道路上，一些学者进行了不懈的努力和有益的尝试。目前取得的共识是，公众史学是一个综合性的新的历史学科。作为一个学科，它应该是一门系统学问，这个系统要怎样呈现？便是我们所说的学科的"构建"。在这里，我感觉比较疑惑的是，学科的相加能不能形成一个公众史学体系？也就是说"通俗史学"加"公共史学"加"大众史学"，是不是就成了"公众史学"？或者说"口述史学"加上"档案史学"再加上"影视史学"，可以构成"公众史学"吗？作为一个学科体系，公众史学不应该仅有一个平面的构架，而应当是一个纵深的逻辑链环，它有理念、有目标、有对象、有方法、有应用、有实践、有不同的层次，并且这个层次要怎样来展开，才能发挥公众史学作为一种历史学分支学科的社会文化意义，是应当引起重视和思考的。

焦润明：公众史学下设六个分支学科外，应该再加上一个"公众环境史学"，怎么安排合适呢？钱茂伟教授最近也提供了另一种纵深的公众史学学科分类法，即理论、学术、写作三大层面。如此，可把"公众环境史学"考虑放在中间的学术研究层面。公众史学更偏重于书写公众生活史，环境史作为与人类活动息息相关的历史内容，既是人类传统生产生活方式运动的结果，更是现在和未来给民众生产生活带来重要影响的新因素，并将持续地以直接或间接方式影响着当下人们的生存状态和生存质量，环境史问题理应作为公众史学的重要研究领域。

"人人都可以成为自己的历史学家"——公众史学的书写与传播

主持人：当前，历史的书写与传播方式上的巨大变化有目共睹，大数据、微博、微信等使日常的、琐碎的巨量历史资料可以被便捷地利用，也使越来越多的人开始关注并自由书写个人的、家庭的、社区的乃至国家的历史，并通过互联网加以传播，还可以及时通过对历史问题发表评论参与史学建构。请各位谈谈公众史学将如何适应并利用这种形势，在历史书写和传播方面将产生哪些变化，它将给专业历史研究者和关注喜爱历史的公众带来哪些影响？

1. 史学由服务组织到服务公众、由服务小众到服务大众的转型

钱茂伟：传统史学是在直接服务政府及其精英历史需求下诞生的，历史书写偏重政府组织史，偏重精英史，与下层百姓史关系不大，可谓"史不下庶人"。后来，至多给下层提供一些上层故事的消费而已。宋元的"讲史""话本"及后来的"演义"等通俗史学的产生过程是与城市民众的成长有关的。20世纪以来的专业史学，虽然强调服务人民，但多为间接的服务，实际也远离大众视线。因为史学论著的写作门槛高，普通人直接消费不了。只有书写对象下移的"公众史"或"小历史"写作，才能拉近史学与民众的关系。以前的历史建构方式是适合少数人的，也是书写少数人历史的方式。公众史学是一种全新的历史建构方式，是一种真正大众的历史建构方式，书写对象与参与对象将发生根本性的变化。

焦润明：公众史学是一个现代社会的产物，在传统社会中，历史是少数人的历史，而多数

人的历史则成为不了历史,在这样的时代认知条件下是不可能产生公众史学的。只有在民众对于自身历史有了深切体认之后,才会产生公众史学。"民史"的出现是"公众史"成立前最为重要的阶段。揆诸历史,自1902年梁启超等人揭橥"史界革命"起,公众史学意识即开始孕生。梁启超等人出于维新变法的政治需要而提出的"史界革命",第一次明确地把历史的书写从上层转移到下层,把史学对象转向民众。马克思主义史学强调人民群众是推动历史的真正动力,更加突出了公众本身的历史。在当代,随着史学多元化、多样化趋势的出现,普通人的历史日益受到重视,如史学的微观化趋向以及近年来民众生活史的日益受人关注。总的来看,一百多年来,历史书写对象由上层转移到下层,由以帝王将相为核心,逐渐转变为以对历史进程有重大贡献的政治、军事、经济、科教文化等方面人物为核心,更进而把书写特定时代的普通民众的生活实态作为主要内容。

2. 由生活世界而文本世界的历史书写

钱茂伟：历史和现实生活世界是息息相关的。史学不能成为故纸堆,也不能过于高大上,要进入现代生活世界。历史是人类的历史,自然应回归生活世界,让广大公众所共享。史学如何进入生活世界?纯粹的历史研究是很难做到的,只有通俗化作品,只有图片,只有视频,才能实现。具体地说,有以下几种途径:一是提供历史通俗知识。近30年通俗史学的发展让史学重新进入生活世界,让普通公众得以享受史学成果。二是重视当代历史书写。历史研究多有贱今尚古倾向,古代历史研究往往只有部分专家可以做,而当代史是与生活世界距离最近的领域,需要加强这方面的历史书写。尽管当代史的深加工研究可能一时难以展开,但初加工的历史书写是可以做的。历史记录是第一层面的,没有翔实的当代历史记录,后人将无法开展深度加工研究。历史发生于生活世界,存在于文本世界,文本世界通过文字、图像、声音来反映人类的生活轨迹。生活世界的全部活动都是历史,但只有一部分会被打捞起来成为文本历史,那部分就是后人可知的"历史"。因此,公众与其每天只关注别人写的东西,不如多将自己的经历和思想变成作品。史学源于生活,服务于生活,史学就在生活之中,将生活变成史学,从这个意义上讲,公众史学可以称为"生活中的历史学"。

焦润明：一般来讲,历史包括生活的历史和记录的历史两大部分。生活的历史是指人类群体在历史时空中的活动过程,其特点是转瞬即逝,其存在必须通过文本的方式加以保存。只有这种文本的方式才能建构我们需要的历史认识或历史知识。文本世界是需要通过历史书写来实现的,历史书写是一种将生活世界转化为文本世界的写作活动,进而完成客观历史向着能够理解的符号世界的转化。在当代,随着录音机、照相机、摄影机以及网络微博、微信等信息工具或传播方式的普及,使得从生活世界到文本世界的书写方式也发生了革命性的变革。

3. 口述史是实现当代公众史记录的最好路径

钱茂伟："笔书"是读书人的专利,而口述是所有人记忆交流的主渠道,因此"口述史"是大众参与历史书写的主要途径。口述史离生活世界最近,口述史搜集到的是大脑记忆,通过个人语言来叙述个人历史。口述是人类最基本的表达手段,有可能成为新的强势历史再现方式。人人有自己的历史认识,人人会说。在技术发达的时代,就有可能人人参与,从而人人有可能成为历史书写的对象和参与者。以前的历史建构活动都是史家单方向进行的,口述史是一种全新的多方面的历史建构活动。多方的参与,让更多人有了参与的机会。在某种程度上,口述史也是一种直接的历史研究,能直接从生活世界中筛选有传承价值的人物与事件,并通过询问、对照、考证等方式,实现自觉历史意识视野下的选择判断,可能留下更有价值的当代史记录。

焦润明：口述史是从生活世界转化为文本世界的重要方式。口述史就是用自己的话语讲述自己所亲身经历的故事。照相、录音、录像等科技手段的实用化和普及化，使口述历史的发展成为可能，而它恰恰是实现当代公众史记录的最好路径。同时新媒体如各种网站、微信、博客、论坛等历史专栏和页面等，也是收集和传播口述史资料的重要平台。环境史所具有的公共性，也使它成为公众史学关心的重要内容。从环境史角度看，"小历史"与"大历史"的关联度是很高的，由于环境问题与每个人的生活质量息息相关，因此环境史问题也一定是公民写史中最为感兴趣的问题之一，公众个人的环境经历和感受将提供取之不竭的环境史资料。

4. 人人参与当代历史的书写

钱茂伟：从历史参与人员来看，古今中国史学经历了由传统"小众参与"到今日"大众参与"的转型。在传统社会，只要小众来做历史记录即可，先是职业史官，后是专业史家。当代史记录是人人可以做的领域，人人都是历史记录者，史学自然要关注人人。在纯文本时代，人人成为记录者是很难做到的；但在科学技术高速发展的今天，这完全是可以做到的。历史参与是一种历史自主权，是文化参与权的一部分。人人参与写历史，可以写大历史，更提倡写小历史。小历史书写离公众日常生活近，直接关乎其历史利益权，是生活化的史学，是实践化的史学，是应用的史学。这也将给专业历史研究者带来不可忽视的机遇和挑战，及时关注、研究、回应公众的历史需求，才能更好地使学术成果有效转化为公众知识的一部分，为社会所共享。当然，人人参与历史书写是一种新的事物。要适应这样的形势，形成这样一种新的传统，得有一个较长的过程。

焦润明：公众史学出现的一个最重要标志，就是历史参与人员的变化。我们常说人民群众是历史的创造者，其实他们也是历史的真正参与者。以前，书写历史、记录历史的人只是很少一部分被称为"史官"或"史学工作者"的人。这种情况的出现，是因为在几千年的专制社会中，治史一直是国家职能的重要组成部分，而民间人士只能撰写自己所能接触到的局部有限历史，作为野史在民间传播。进入现代社会后，随着全球化、网络化、信息化发展，历史信息及史料的获得要较以前更加容易，已出现了由部分职业历史工作者书写历史到人人书写历史的趋势。"公众"是由无数个体组成的群体概念，公众史本质上是由无数个人史所组合而成的整体史，反映的是大众的个体经历和个人视角所观察到的历史场景，能展现更生动、更贴近生活、更富有个性的历史景象。人人都可以书写自己的历史，"人人都可以成为自己的历史学家"。在互联网条件下，个人博客、微信的出现，为人人书写历史提供了更加便捷的手段，也使人人参与书写的公众史学成为可能。

杨艳秋："人人都可以成为自己的历史学家"，这是一个美好的愿望，也是一个非常高的期望。克罗齐说"所有的历史都是当代史"，其实就是注重历史与生活的联系。历史与我们的生活息息相关，中国公众史学的目的和意义也恰在于此。如何更好地建立历史与生活的联系，对中国公众史学而言，仍然任重而道远。

（原载《光明日报·理论周刊·史学》2016年4月20日）

自媒体时代的历史研究和史学表达

马　勇　中国社会科学院近代史研究所研究员

　　人类具有超常的历史记忆能力，也总是追随最先进的记忆工具去表达自己走过的路。中国文明的发生其实就是历史记忆的萌生，不论是史前的刻画符号，还是殷墟的龟甲，后来的竹简，再后来的造纸，每一次技术上的进步都使中国的历史研究和史学表达发生一次深刻变化。没有龟甲，没有竹简，就没有孔子删订六经；没有造纸，也就不可能有历代正史的编修与流传。

　　到了近代，随着西方文化的传入，中国的历史研究和史学表达又发生了一次重要变化，专业性的学术刊物及报纸上的史学专栏，成为过去一百多年中国史学表达的一个重要形式。我们过去说某个历史学家有学问有成就，其实也就是暗指这位历史学家在专业学术刊物上发表了多少具有创见的学术文章。

　　自从互联网发明并传入中国之后，中国的历史研究和史学表达在不经意间又发生一次深刻革命，这一次的史学革命对先前一百多年所建构的历史研究模式有根本性颠覆。在过去一百年，历史研究是一个逐渐专业化、圈子化的过程，历史研究越来越与社会实践、社会期待与社会大众的关切不相关，成为历史学专业人士的自娱自乐，许多专业性的历史学刊物，其实在过去的二十多年比纯文学的刊物还要惨淡，不说经济上的补贴和亏损，只说其读者越来越少，也不能不让人思考这样的深度研究为什么会是这个样子，是社会不需要，还是一般民众太缺少知识，无法引起共鸣，无法回应？这里面其实有着很大的检讨空间，假如历史学者愿意且能够直面真实的话。

　　其实，历史研究从来都是社会进步最需要的，人们在社会生活中的每一点进步或变化，都会使他们自觉不自觉回望过去，比照过去，专业的历史研究无法回应社会急切需求，无法应对迅即出现的许多新问题，这就为另外一种即被称为"草根史学"的非专业研究所替代，由此出现与过去一百年历史研究日趋专业化相背离的一个现象，即专业的研究越来越显得非常"不专业"，专业研究者的研究成果总使人觉得是在为体制、职称而奋斗，从选题到论证，大多数都与社会需求、社会感觉越来越远，称为"高头讲章"，结果也就被束之高阁，如若不信，只要统计一下各专业刊物发行量，就知道真实情形了。

　　与专业的历史研究相反，"草根史学"在过去若干年呈现出越来越专业化的倾向，而且更重要的是，由于这些"草根"没有名气、体制、职称等方面的束缚或企求，因而他们在选题上注意切合社会需求，注意真正的研究空白，注意大众阅读，期待尽可能多的读者。因为对他们来说，无人喝彩就是失败，拥有粉丝，拥有读者才是成功。

　　"草根史学"的发生与繁荣当然是因为史学表达手段的更新，具体地说就是互联网的普及和利用，特别是网络论坛和微博这种"自媒体"的出现，人人成为历史的创造者并没有能实现，但人人成为历史的记录者、研究者却有了现实可能性。如果我们这些深居研究院和大学校园的研究者不能正视这个现象，相信在不太远的将来，史学表达的话语权必将发生位移，草根史学家越来越多的话语表达必将逐渐颠覆我们的正统史学观念，重构一个新的历史解释体系。所以，专业史学工作者不仅要重视草根史学的研究成果，而且应该深度介入草根史学的工作平台，和他们一样在同一个平等的工作平台上对话，这样不仅有利于引导草根史学走向理性,而且有助于及时弥补纠正草根史学的先天缺陷和知识性错误。

在"自媒体时代",草根史学的工作平台就是互联网上的各种论坛,在国内当前最活跃的是微博,微博中的许多"达人"动辄拥有数万、数十万甚至数百万粉丝,而这些达人要想维系住这些粉丝,也必须不断充填新的内容。历史特别是近代史往往成为他们的首选,因为近代史的话题对大多数微博使用者来说,多少都会知道一点,这是吸引他们的关键。

……

所以在微博上有人说:

"你的粉丝超过了一百,你就是一本内刊;超过一千,你就是一个布告栏;超过一万,你就是一本杂志;超过十万,你就是一份都市报;超过一百万,你就是一份全国性报纸;超过一千万,你就是电视台。"

这个说法虽然稍嫌夸张,但确实在一定程度上形象说明了微博这种自媒体的工具意义。今日历史学家不去充分利用这种自媒体进行表达,当然还不会被淘汰,但其影响力特别是对社会大众的影响力显然会明显降低。

……

自媒体为历史研究开辟了一个新的平台,在那里没有专家审稿,没有编辑把关,对于历史,特别是对于自己民族的历史,每个人都有自由表达的权利。这是好事。运用得当,有助于民族素质的提升,有助于历史学的普及,历史知识的受众必将在这种方式的影响下大幅度提升。所以历史专业人士一定不要轻视这个领域,要放下身段,从那里不仅能够开辟一个新天地,而且能够享受历史学本有的乐趣。

(节选,原载《史学理论研究》2011 年第 4 期)

课后实务:借助手机做一个校园生活拍摄

第八讲　公众口述史

线上讲义

一、口述史的历史与现状

说到口述史,有人会说了,在司马迁的时代就已经出现了。严格说来那不是口述史,因为是用文字来记录的。我们现在所讲的现代口述史,它是用声音把历史记录下来的。这里有一个很大的前提,它要有录音机,没有录音机是不可能有现代口述史的。那么录音机是什么时候出现的? 大概到了 20 世纪 30 年代,技术慢慢比较成熟了,所以现代口述史的产生也在那个时间前后。口述史最早是在美国出现的,美国有个新闻记者叫芮文斯,他后来改行到哥伦比亚大学当教授,他就发挥原来的一个特长,用采访的方式记录历史。这就是我们所讲的现代口述史的产生,哥伦比亚大学是我们现代口述史的摇篮。之后唐德刚教授做得是比较好的,唐德刚教授在 20 世纪 60 年代的时候,对当年的一些国民党高官做了一些口述史的采访,出了比较有名的口述史作品,如《张学良口述历史》《胡适口述自传》。受美国影响,"台湾研究院近代史研究所"与哥伦比亚大学合作,在福特基金会的支持下,也开始对国民党原来的一些高层精英进行口述史采访。经历了几十年,采访了 700 多人,积累了上千万的资料。从 1982 年开始,已经陆陆续续,出版了 100 多种书。中国大陆比较晚,20 世纪 80 年代以后口述史才慢慢传进来。20 世纪八九十年代,北京有个别人在做口述史,个别电视台也开设类似的口述史节目。真正的红火起来,是 2000 年以后,尤其是 2012 年崔永元《我的抗战》出笼以后,把口述史的影响就做大了。

这 10 多年中国口述史的发展,表现在哪几个方面呢?

第一个是出了一些书,譬如说,2004 年杨祥银出了《与历史对话》。2013 年,陈墨出了《口述历史门径课后实务手册》。

第二个是学会的成立。2004 年,成立了中华口述历史研究会,到目前为止已经开了好几届年会。研究机构的成立,譬如说 2008 年杨祥银回到温州大学教书以后,成立了口述历史研究所。2014 年 6 月,冯骥才在天津大学成立了中国传承人口述史研究所。

第三是丛书的出版。这几年陆陆续续出版了一些口述史丛刊,这方面也出了一些有名的专家,譬如中国社科院历史研究所定宜庄教授。陈墨主编的《中国电影人口述历史丛书》也在陆续出版之中。总体上,在研究机构里面,崔永元他们的研究机构做得比较好。崔永元 2012 年离开央视以后,与中国传媒大学合作,成立了一个崔永元口述历史研究中心。这个中心包括拍摄人员等,共有 50 多人。目前来说,在口述史研究里面,是机构最庞大的。另外,崔永元与中国传媒大学合作成立了崔永元口述史博物馆,他们就利用原来一幢老的图书馆大楼,改造成为口述史的一个博物馆,这个也是最大的口述史博物馆。这几年从事口述史的人越来越多,2014 年在深圳开会的时候,其中有一场叫中国当代历史记录者大会,有 200 多人参加,有很多人都是在从事口述史研究和采访。我最近几年也连续做了 4 个口述史大型采访项目,前后采访的人物有 300 多人。我们可以预测到,接下去口述史会越来越多,越来越多。

二、口述史性质

大家可能会问,什么是口述史呢? 顾名思义,有两大要素,一个叫口述,一个叫史。口述,就是用嘴巴说出来;史是历史,是文本。所以,用嘴巴说出来的历史就是口述史。这种方式,与新闻记者的采访比较相似,口述史鼻祖芮文斯本来就是个记者。现在的记者采访,有两种方式,多数是录音,也有的直接用摄像机来录。采访的形式是相通的,但采访的内容和后续处理的方式不一样。怎么不一样呢? 新闻比较偏重于刚刚发生的事情,而口述史比较倾向于打捞几十年以前,甚至还要早的一段历史,所以我们可以把它称之为"旧闻采访"。处理形式也不一样,新闻稿用第三人称写作,偶尔引用几句当事人的原话。口述史稿的主体是当事人,是用第一人称说话的,或者是一问一答方式来呈现的。

接下去我们来讨论一下口述史的性质,其到底是什么东西。我们讲到什么是口述史的时候,不同的人会站在不同的角度来下定义。站在采访人的角度来思考的话,口述史是收集历史资料的一种活动,或者讲是收集历史信息的活动。这种活动又跟其他的活动有什么不一样? 有三点值得我们注意。

第一,它直接收集我们的大脑记忆。现在看到的历史记忆载体,主要有两种:第一种是大脑形态的载体,可以称之为"大脑记忆";还一种就是已经变成文本的记忆,称之为"文本记忆"。我们以前所谓的找资料,是指找各种各样的文本资料,也就是说各种已经变成文本的资料,在对遥远的历史进行研究中,无当事人可找。但是当代公众口述史不一样,它可直接从当事人大脑记忆里面去挖掘历史的信息。大家想想看,人类大部分的历史信息是存储在大脑记忆中的,如果从大脑里面挖掘记忆的话,这个数量是很大很大的。

第二,它是声音的历史。这话什么意思? 我们以前看到的历史,都是文字的历史,文字的历史都是没有声音的历史。而我们今天的口述史,它是通过嘴巴说出来的。我们在采访的时候,直接可以听到当事人本人在说话,我们把它录音录下来、录像录下来以后,我们可以继续听他本人说话,这个和我们以前是不一样的。我们当下的讲话不足为奇,但是大家想想看,在 50 年、100 年以后呢? 我们听听已经离世的人物的声音,我们会感觉神奇。比如我们今天听毛泽东 1949 年 10 月 1 日在天安门城楼上用湖南腔讲"中国人民从此站立起来了"的时候,会很激动,因为他是本人在说话,而不是演员在说话。除此之外,更重要的是指的是什么意思呢? 受访者用他自己的思维,用他自己的语言在说话。我们以前的历史人物都是由人家代言的,都是第三者历史学家在替他说话。而现在不一样,是我本人用我的语言、我的腔调、我习惯用的词汇在说话。更重要的一点,我们以前在看历史人物说话的时候,我们是看不见其人的;我们现在录下受访者的说话,他的很多肢体语言、表情,我们都能看到,这个是我们以前的任何历史都不具备的。

第三，它是当代的直接的历史研究。说及口述史，很多人以为很简单，就是他说我记。其实它不是那么简单的问题。口述史是一种研究，是当代人对当代历史的研究。你要知道，大脑储存了那么多信息，哪一部分信息会被挖掘起来，取决于采访者的需求。采访者问什么问题，取决于要什么东西，要什么东西又取决于关注什么东西，所以必须有一个问题意识。从实际的口述采访来看，采访人问的题目是非常重要的。因为受访者说什么是被采访者的问题控制的，所以采访者问什么就非常重要。这个"问"的话，按照我们今天的说法，是要有一种好奇心，是用研究的眼光去问的。所以口述史是一种研究，是一种当代人对当代历史的研究。这个口述史是非常要紧的，因为对当代很多发生的事情，当代人的评述有时更加到位。我们在采访过程中发现，有些人概括性、结论性的话，真的是非常到位，比我们任何历史学家的概括都要到位。口述史采访任务之一就是汇集当代人对当代事的认识。

三、口述史意义

我们今天提倡口述史，很多人不理解做口述史到底有什么意义。我们至少有三个方面值得关注。

第一，它打通了生活世界和文本世界的隔阂，使历史记录的速度大大提高。这里引入生活世界和文本世界两个概念。在日常的生活世界里面，主要的交流是用语言讲话，而语言讲好就消失掉了，所以必须有一种东西，将讲的话保存起来。古人技术落后，只能用文字把我们人类表达的内容记录下来。今天，我们发明了录音技术、录像技术，有了这两种技术以后，我们直接可以把讲的话录下来，这个速度当然是更快。这意味着什么呢？一则讲话的速度是比较快的。二则意味着门槛降低。以前我们很多人不会写，就不会写历史；现在只要会说，就会写历史。对我们很多人来说，这是最好的。也就是说，有了口述史以后，我们可以说历史了，这样收集资料很方便。

第二，口述史开创了主动留史的新模式。以前，历史学家都是被动的，前人留下文献，我们才能够再加工。而口述史不一样，口述史是现在要什么，直接可以跟历史当事人去收集，尤其是从他的大脑中收集，这样我们历史的编纂就非常主动，选择的余地也比较大。

第三，人为本位的做史。我们以前所有历史是比较偏重于组织史的，只有事而没有人。今天有了口述史以后就不一样，口述史采访的是活人，是一个人一个人来进行的，即便开座谈会，也是一个人一个人在说。这样的形态，就是真正的以人为本，这个是口述史和其他的形式不一样的地方。

四、采访的流程

接下来读者会问，如果我来做口述史的话，该怎么来做？怎么来做，会有不同的说法。经常听到一些历史学家说，口述史门槛要高，不能太低，要经过培训。当然是要培训，但是我倾向于口述史的门槛要放低，放到多低，就是简单的话，有个录音笔，甚至我们手机就可以录音做口述史了。然后，两个人找一些话题来聊天，这就是口述史了。门槛放低一点，人人可以参与进来。当然，你想要做好口述史，还是不容易。就像我们拍照一样，人人都会用傻瓜相机来拍，但要真正拍得好，还是要接受一些专业的技术训练和长期训练。口述史也是这样的，基本的东西还要懂一些，要注意哪些东西呢？

按照口述史的流程，分为采访、转录、编辑三个流程。

在采访过程中，会遇到什么问题？譬如说我们现在做村史，完全下到最底层，跟最底层的农民打交道。这些农民平时讲的话都是方言，如果你不懂方言，口述史就没法进行。从我们实际的经验来说，把懂方言作为口述史选拔的第一素质。其次，要懂一些历史知识，尤其至少要懂有关中国的历史知识，或者了解百年中国历史。每一个阶段大的事情，你要心中有数，这样采访的时候，你心中才会有个轮廓，才可以选择哪些重要，哪些不重要。采访要看不同的对象，不大会说的人，采访一次就可以了；如果会说的人，可以多采访几次。总体上，就是如果我们碰到文化层次比较高的人，我们可以用问题结构来谈；碰到文化层次较低的人，可以用聊天的方式。你问的问题，一定要跟受访者本人结合。我们平时每一个人都有共同的特点，对自我周边相关的事情比较关心，也就是说大脑记忆比较多；如果自己平时不关心的东西，大脑记忆也比较少。比如说问一个很普通的妇女，你问她一些高层的事情，她是说不上来的。所以，我们就要看菜吃饭，根据不同的对象问不同的事情，千万不要问相反的东西。口述史采访里面，会沟通是非常要紧的。对最优秀的采访者来说，第一个要懂方言，第二个年龄上要大一点，要四五十岁。从知识结构上来说，还要懂一点当代史，了解当地的文化。

采访回来后，马上把录音和录像导入电脑里面去。如果你不及时备份的话，有时候就会遗忘，要防止信息的流失。转录到电脑后，要请专业的人来转录，把原来的录音，用压缩的形式，通过邮件发给不同的人来转录。怎么转录？大学生转录会遇到一个摘录问题，我们平时做笔记的时候都是要点式记录，养成习惯以后，做口述史转录也会用归纳式、要点式。严格说来，这种方式不提倡。我们提倡有话必录，就是说除非一些很明显的废话，只要是他讲的一些话有一定的意思，都要转录下来。转了以后，我们便有了文字稿。文字稿，当然是字数越多越好，而不是字数越少越好。转录不是简单的有话必录的问题，实际上我们有的人把它称之为翻译，这是有一定道理的。什么叫翻译呢？它意味着要把方言转化成普通话，把口头语转化成书面语。

第三个流程就是稿子的编辑问题。等到转录稿出来以后，就形成了初稿，初稿形成以后，我们要开始编辑。第一是要做一些文字的校对工作，比如人名、地名，还有很多事件的时间，不要搞错。如果有些地方表达不清楚，可以适当地补充一些。甚至段落要调整，讲的时候前后颠倒，编成正式稿子的时候，就要作逻辑上的调整。总体上，我们平时看到的口述史都是经过编辑整理的，是经过编辑规范化再加工的，编辑也是要费不少力气的。

这是我们讲的公众口述史整个是实务流程，大家课后不妨去尝试一下。

线下教案

▶ 讨论话题：

口述与口述史是不同的，口述是生活世界概念，口述史是文本世界概念。口述史需要录音文本，甚至可将录音转成纸本。口述与访谈也完全相同，口述史更偏重人生经历与经验的采访,纯粹地谈思想与认知,那就成为普通专题访谈了。口述史的提出,让我们重视个人历史记忆价值的研究。

➡ **图书推荐:**
宁波党史研究室编:《宁波全国劳模口述史》,宁波出版社,2015 年,2017 年。

➡ **视频推荐:**
1.优酷视频口述历史频道。
2.腾讯视频口述历史频道。

课前文选

口述史诸问题再思考

钱茂伟

摘要: 口述史是十分复杂的,得分类观察与思考。口述史是历史的声音再现,录音技术催生口述史,生活世界中的口述史不同于文本世界中的口述史,笔书的作品不是口述史。口述史是一种口头讲述的故事,口语化是其基本风格,即使转化成文本,仍属口语形态的文本。只有主体建构的才是口述史,其他的就是社会调查。口述史可以成为独立的学科,它是当代历史建构之学,放入公众史学框架中成为公众口述史学也许更有意义。

口述史理论要本土化,这是近几年提得比较多的口号。口述史理论为什么要本土化?如何本土化? 这是值得思考的。现代口述史是从美国传入中国的,先是台湾,后是香港与大陆。由于文化背景的不同,口述史在中国的发展过程中会出现欧美口述史没有的东西。总结中国口述史实践经验,将之上升到理论高度,形成中国特色的口述史理论,无疑是当下要做的事。而中国口述史实践经验总结之道无非有二:一是主要根据公开出版的口述史作品,通过间接的方式提炼口述史理论;二是通过无数的口述史实践活动,直接提炼口述史理论,如本文即是建立在笔者直接参与的对 200 多人的口述史实践与思考基础上。采访原点是口述史最核心的环节,采访的过程即是体验和思考的过程。笔者有明确的口述史全程研究对象,且有古今中外史学理论与史学史发展背景知识,相信这样的直接观察思考会看得更远更到位,这样的路径最有可能突破现有口述史理论原地踏步的问题。口述史是什么,这仍然是口述史研究的核心问题。[①] 随着口述史研究的深入,我们可以发现,"口述历史"是个奇妙无穷的概念,可以做多方面的解读。这样的全新解读,或许能够帮助走出当下口述史研究中仍存在的一些误区。

---

① 左玉河.中国口述史研究现状与口述历史学科建设[J].史学理论研究,2014(4).
朱志敏.现代口述史的产生及相关几个概念的辨析[J].史学史研究,2007(2).

一、口述史是历史的声音再现，笔书的谈话不是口述史

口述史到底是什么，不同视野可以有不同的回答。从历史再现角度来说，口述史是通过个体用嘴巴讲述出来的历史，是历史的声音再现，"是一种言语建构"[①]。此中的"声音"是物理意义上的"人类自然声音"。所谓"历史的声音再现"，指口述人用自己的声音讲述历史。所谓口述人，一是当事人，二是相关人。这在录音阶段十分明确，但到了文本阶段往往难以保证，其他"声音"随时会添加进来。

口述史是历史的声音再现，所以录音机的发明是现代口述史学产生的前提。"口述历史就是通过录音访谈的方式来搜集口传记忆以及具有历史意义的个人观点[②]。"可见，美国人的概念是清楚的。美国的口述史一开始就是建立在录音的基础上，所以不会弄错。可这么清楚的东西，到了中国人这儿概念就混了。中国人之所以会弄混，是因为中国有一个民间口头采风传统。此误始于唐德刚，唐德刚当年曾洋洋得意地对芮文斯说，你仅是口述历史术语的发明人，口述历史活动中外自古有之。因此之故，至今仍有不少中国学人会犯迷糊，动辄会说口述历史"并非新东西，人类早期历史都是口述的"[③]，这是一种似是而非的观点。

是否是口述史，至少有四条标准：一是口述史意识，二是双主体建构，三是口语叙述，四是录音文本。由此可知，史诗不是口述史。要说清楚这个问题，必须将口述史划分为两种类型：一个是生活世界中的口述史，另一个是文本世界中的口述史。人类自古至今出现的"口口相传"，是生活世界中的口述史。这种有一定故事性的"口述史"，本质上仍是一种口述。它是生活世界中的一种故事传播方式，其载体是人类的大脑，通过传承人来传承人类故事。这种口传故事的活体传承人数量不会太多，能传播的时空范围有限。一旦传承人没有进一步讲给下一代传承人听，当这些传承人离世后，这个口传故事的传播就会断线。因为没有文本来记录，所以早期的人类故事多易丢失。历史的世界是一个文本的世界，在文本世界中，文本是强势的，语言是弱势的。文本产生以后，口述史完全边缘化，几千年内不受学人的重视。当然也有例外，某些靠口述传承文化的少数民族，如藏族，因为建立了职业的史诗传承人制度，所以能够上千年地保留某些故事。现代口述史之"史"，是"文本历史"，它是个文本世界概念。生活世界中的口述与口述史缺陷的彻底克服，是现代录音技术出现后的事。有了录音，人类的声音就可以原汁原味地保存下来，成为录音文本，进而加工成文字文本，从而也就进入文本世界，重新成为强势的表达方式。此外，它也缺乏了双主体建构条件。二则笔书的作品不是口述史。中国有一个民间口述采风传统，《史记》之类作品曾使用过口述材料，笔记中也常见当事人说话片段。笔者以为这些不能算，它虽然注明材料来源，称是根据某人所说来记录，但没有明确的口述史意识，也缺乏了双主体建构性。三则自己动手写作的回忆录也不能算口述史。因为它是自拉自唱、自设自写出来的个人史，少了双主体互动建构的环节，语言是书面化的，没有录音可验证。忠王李秀成经历了双方的询招环节，事后因广西话听不懂而被要求用文字写成的《李秀成自述》近于口述史，但也非严格的口述史。北京回忆久久公司生产的回忆录倒属于口述史，因为它是在采访人明确的口述史诱导下说出来的，有

[①]　陈墨.口述历史编纂的"口语形态"问题[J].当代电影,2014(3).

[②]　(美)唐纳德·里奇.大家来做口述史[M].王芝芝,姚力,译.北京:当代中国出版社,2006:2.

[③]　刘仰.口述历史不一定真实[N].环球时报,2015-09-10.

录音文本可验证。这样的严格界定，表面上有苛求古人之嫌，但实际上是为了划出明确的时间界线。20世纪才有正式的现代口述史，此前的相关东西没有必要冠上口述史的帽子，那样的做法只会混淆口述史的界限。

至于大家熟悉的口述史文本，属延伸加工产品。口述史文本可分直接呈现与间接呈现两大类型。口述史的直接呈现方式是录音文本，此后的转录稿、编纂稿，甚至是研究形态的文本，是进一步加工后的产物，属间接呈现，或称"衍生版本"①。此时口述史的性质就转变了，"所谓口述史实质上就变成为文字记录的历史了"②。按理有了直接呈现的内容即可，不必再作间接加工了。之所以还要做进一步的延伸加工，是因为文字文本几千年来一直是最强势的表达手段，是主流的呈现方式，而录音文本出现时间短，听录音文本远未成为习惯，所以不得不屈就。作为传统的主流媒体，文字文本有其自身的优势，一则效率不同，阅读速度快，听录音稍慢；二则逻辑概念不同；三则传播空间不同。在没有广播的时代，文字可通行全国，语言的传播有空间限制。要弥补语言表述的不足，须转化成文字，从而让全国各地的人都读得懂。不过，过分重视口述史的文字文本，会带来另一个口述史文本混乱问题，从而埋没了口述史的本质特征。口述史的直接形态是录音文本，转录稿保留了录音的形态，可以辨别自己与他人的不同声音。等到了编纂稿，就会大量夹进别人的言语。所以有人说"口述历史出版物不是口述历史，只是以口述历史为材料的一种产品"③。所以根据这些口述史样本来研究口述史理论，有时可能并不到位。

口述史是历史的对话。口述史流程最核心的环节是交谈，有人称为"现场原点"④。口述史是采访人与口述人间的一种历史对话，或者说是后辈与前辈间的一种历史对话。它是一个互相倾听的过程，口述人要"听"采访人的问题，采访人要"听"口述人的回答，询问的篇幅小于回答。采访人倾听口述人讲述的过程，犹如以前阅读文献的过程。因为它是通过直接的"听"来研究当代历史的，所以"听"的能力最为重要。采访人能否听懂，涉及几大要素，一是语言，二是年龄，三是城乡时空。中国口述史面临的语言问题，在欧美不会那么复杂，在中国是十分复杂的，它涉及地方语言、时代语言、职业语言。三种语言中又以方言居首，如果不懂方言，就完全无法参与口述史采访，它影响到听力、理解、交流、记录、转录、研究。如果年龄太小，时空经历太浅，就理解不了长辈的生活经历。20世纪90年代出生的年轻人，面临的困难较多。理想的选择是20世纪60年代出身的人，可以上下衔接。出生城市的人往往听不懂乡村老人的话，尤其是中华人民共和国成立后30年的生产队生活。如果这三关过不了，口述史的"听"是相当困难的。

提倡研究录音文本。口述史的奥妙精微在于采访的过程，采访本身可能是一种较松散的聊天活动，实际上是一种直接的历史追寻活动。口述史理论研究，必须要直接参与大量的口述史采访活动。如果难以做到直接参与，至少也得回归听录音、看转录稿。不过，听录音研究口述史会面临两大难处：一是方言的限制，二是比较吃力费时。看转录稿，速度倒快，但会面临转录的人名、地名等据同音而转录的错误问题。录音文本与文字文本各有短长，不能

① 杨柳.经验、思考与探索——中国电影资料馆口述历史编纂学术研讨会综述[J].当代电影,2015(2).
② 刘志伟.口述历史:过去与现在的对话[M]//赵立彬.关于近代珠海历史文化名人的乡土口述资料.珠海:珠海出版社,2010.
③ 杨柳.经验、思考与探索——中国电影资料馆口述历史编纂学术研讨会综述[J].当代电影,2015(2).
④ 杨柳.经验、思考与探索——中国电影资料馆口述历史编纂学术研讨会综述[J].当代电影,2015(2).

以文字文本之长否定录音文本之短。文字文本之所以受人重视,是因为方便阅读,有证据性,可以引用。其实,录音文本也有证据性,也可以引用,它是用时间刻度来计算的。只是,习惯阅读文字的我们不习惯听录音文本,远没有发现听录音的优势而已。笔者的想法,至少在部分能听懂的范围内,如用普通话讲述的、能听得懂的方言讲述的录音文本,是可以考虑一试的。

二、口述史是叙事之学,也可成为学术之学

20世纪以来,世界史学发展的主流是学术史学。一种新的史学流派如果不能成为学术史学,也就失去了存在的合理性。口述史研究也如此,须阐明口述史的学术合法性,才有存在价值。口述史出现的时代,正是学术史学鼎盛的时代,所以往往容易被纳入学术史学来看。当年唐德刚之所以不断考证与研究,最后写成研究性很强的口述史著作《张学良口述历史》等,就是高校学术史学要求的结果。即使到今日仍有人强调其学术性,"口述历史是历史研究过程后的成果,一般的访谈录是采访后的记录,只是口述历史研究的资料而已"[①]。作为学术之学,要重视"批判口述史学"。这是由美国哈佛大学乔·奈和詹姆斯·布莱特首创的,即两个或多个前竞争对手或敌手对以往的冲突事件进行回顾性思考的方法。与传统口述史学注重于单纯向受众叙述往事不同的是,它要求将有关当事人的回忆与档案文献的鉴别和学者的研究相结合,对所述史事做出多方位的分析和批判。[②] 它实际上是一种多重证据辅证论。

不过我们也得知道,口述史的主流形态是叙事之学。口述史是当事人通过口述形成的当代历史作品,有两大特征要注意。

其一是故事化。口述史是个体讲述的人生故事,故事是有过程、情节、细节、情感的框架。口述史是一种有方向性和目的性的历史回顾,有了这种口述性回顾,过往的经历就成为有时空框架的历史。当事人会用几岁来表述,而采访人会用公元纪年来定位。有了时空框架,生活就成为历史了。用大英图书馆"国家生活故事"公司罗伯特·佩克斯(Rob Perks)话说,口述史是"生活史学"[③]。所谓生活史学,就是将生活转化成文本世界的故事。大英图书馆有一个"国家生活故事"项目,内有建筑师生活故事、艺术家生活故事、作家生活故事、手工艺者生活故事、城市生活故事、钢铁生活故事等。[④] 这完全是一种生活化、故事化的口述史项目。史学源于生活世界,还要服务生活世界的普通人,生活史学显然更合适。中国有叙述史学传统,完全能接受这样的模式。

其二是口语化。"口述"就是"用嘴巴讲述",它的用语一定是口语。口语不同于书面语。书面语多是独处环境下的一种自言自语,其句式、结构的表达有从容的时间来反复修订,故而逻辑性强,语意简练。而口述史是口述人面对采访人、在人问我答的环境下当场表达出来

---

① 谢海潮. 两岸口述历史学者:让"草根史学"塑造社会共同记忆[N]. 福建日报,2013-11-29.

② 李丹慧. 一场三者互动的智力游戏:引进"批判口述史学观念"——关于协助越南防空作战问题的访谈录、档案文献与学者研究[J]. 国际政治研究,2002(2).

③ 范玲,陈诗佳. "价值的转变与转变的价值:口述史中全球视野下的社会变迁"晚间会议举行[EB/OL]. 山大新闻,2015-08-26(http://www.view.sdu.edu.cn/new_0826/74475.html).

④ 耿雪,王小平,杨祥银. 英国口述史学处于良性发展——大英图书馆口述历史馆馆长罗伯特·佩克斯在温州大学演讲. 中国社会科学网,2014-10-27(http://www.cssn.cn/gd/gd_rwhd/xslt/201410/t20141027_1377944.shtml).

的语句,多半没有整体构思,边想边讲,讲到哪算哪。即使有整体构思,但通篇布局也不会像写文章那样严谨。具体地说,有以下几个特点:一则受送气发音规则的控制,句子比较短,多用单字。二则语法结构简单,不会大段引用,不会用图表。三则会有古今对比。它有明确的听众,有时需要做古今对比的解释,以便当下听众能理解过往的历史现象。四则会跑题。思维是活的,讲述过程中会出现东拉西扯的重复、啰唆、脱节、颠倒等现象,显得逻辑性不太强。五则多情感词。口述是一种有情感的讲述,所以会出现嗯、呃之类情感用词。因为叙述的过程是一个梳理的过程,有时会不同步,所以会有口头禅。这些东西不为书面语所认可,但在口语中是正常的。语言有语言的规则,文字有文字的规则,两套体系有着不同的表达方式。即使口述史文本用的也是一种独特的口语文本。口述史录音文本转录以后会遇到个人语言与通用文字的矛盾问题。文本往往用通用标准书面语,而口头语言往往是个性化的。个人语言的多样化在生活世界不成问题,但在文本世界却一直受到歧视,被认为"鄙陋"。历史的世界是一个文本的世界,所以文字成为强势工具而语言被边缘化。口述史的提出,对个人话语权的肯定,就出现了一个"口语形态"表达的合法性问题。口述成为口述史,就进入了文本世界。这样就给口述史文本提出了新的要求,它既要保存口述的特点,又得适合文本的阅读要求。"在传播流程中,口述历史的清晰性和可读性是一种必然性要求①。"口语是最能体现个性思维的部分,自然要保留,否则人与人的讲话就会千人一面,与其他书语文本一样了。陈墨主张"尽可能保留口述历史采访对话的口语形态、口语特征、口语习惯,亦即尽可能保留口语的现场痕迹"②。要在两者之间取得平衡,不是那么容易的。口语文本的底线是"口语通顺",能让人阅读能理解,"须以读者理解无误为准则"③。如此,口述史是要经过有限度修订的。所谓有限度修订,指"句式的调整,语意的补全,多余的删除,时间的考订"④。口述是人人会用的交流工具,而笔书只有部分人会用。今日定宜庄《老北京人的口述历史》可以用"口述实录"形式出版口述史,那是因为她的学术自信力。中国电影博物馆的陈墨出身文学,所以《中国电影人口述历史》更容易接受对话形式。这样的回归,回到了口述史本来应有的位置上,这才是正确的选择。口语文本是新生事物,熟悉书面语表达的很多读书人可能一时接受不了。据说编纂稿交给某些士大夫型口述人审阅时,他们多会动手改稿子,将口语改为书面语。也有的子女看到老人口述回忆录后蹦出的第一话是:"这不是老爷子平时说的话吗?"由此可知,在他们眼中,用第三人称写的书面语的作品才是历史,用第一人称写的带有口语的作品不像历史作品。不过,对那些平时擅长讲话的非读书人来说,口述史是能接受的,因为他们压根儿就不知道书面语表达是啥样的。这样的观念,迟早是会变的。说白了,语言与文字均是表达人类思想的工具,不存在高低之分。"口语形态"文本的出现有可能丰富书面语表达格式,如此在传统的标准文字之外,多了风格多样化的口述文字文本。这样的口述史口语文本,对后人的语法研究是有参考意义的。

口述史可以初加工产品(口述实录)形式出版,也可以作一些深度加工。历史的建构可分为分析型建构与叙述型建构两大类型,前者是专著,后者是叙事之作。口述史也如此,可分为两大类。初加工的口述史,就是历史作品了。对于一个没有文献记录的普通人来说,口

① 陈墨.口述历史编纂的"口语形态"问题[J].当代电影,2014(3).
② 陈墨.口述历史编纂的"口语形态"问题[J].当代电影,2014(3).
③ 陈墨.口述历史编纂的"口语形态"问题[J].当代电影,2014(3).
④ 钱茂伟.口述史课后实务流程相关问题思考[J].学习与探索,2014(12).

述史的建构就是他们的历史建构,此时无法解决的问题,未来更难以解决。之所以还要进一步加工,提升其学术性,那是学术史学要求的结果,是高校科研成果考核体制要求的结果。以口述史材料为主,结合其他文献,做更深层的研究,那是学术研究范围的事。定宜庄认为口述史重在"记录大时代下个人的生活经历和感受"①,它是理解当代人的手段,是后来人理解前代人的途径。

三、口述史既是史料,更是公众历史的主体建构

因为处于学术史学环境下,人们动辄强调口述史是搜集史料的一种活动。其实,口述史既有史料搜集意义,更有主体建构意义。

1.口述史不完全是史料。传统口述史是在学术史学的背景下出现的,偏重口述史料的搜集。何谓口述史,很多人讨论过。② 不过,没有从根本上解决问题。譬如比较常见的观点,口述史是通过访谈搜集史料的活动。口述史就是采访,这与新闻的特性有关,新闻就是从人物那儿获得信息的,只是前者偏重"新闻",后者偏重"旧闻"而已。也与学术史学有关,学术史学是一种再加工程度较高的史学分析活动,在这种视野下所有的活动都是搜集史料,所有可用于研究参考的文本都是史料。史料就是资料,是等着任人宰割的东西,它没有主体性,丧失了自我类型特性。作为叙述史形态的口述史作品,当然可以成为史料为研究者所用。不过,说口述史是史料搜集,降低了口述史的意义。把口述当作史料搜集的一种方式,我们古人早就这么做了,今日至多是发扬而已,没有太多新鲜感。古人已能笔书,今日至多增加录音,没有本质的区别。

在口述史研究中经常会遇到真实性质疑问题,老是纠结于口述史是否可信的问题,一直饱受其困扰的左玉河决心从学理上回答这个问题。他将其区分为历史之真、记忆之真、叙述之真、文本之真四大层面,认为经过三重帷幕的过滤与筛选,难保绝对之真,只能无限逼近历史之真而已。③ 这样的学理讨论是需要的。笔者想换个角度来思考这个问题。从口述史的全程来说,真实性问题不是核心问题。口述史采访是第一层面的事,口述史作品可信度研究是第二层面的事,不能将两者弄反了,弄混了。之所以会成为核心讨论的问题,那是因为学术研究思维影响的结果。受严谨的科学思维影响,他们优先考虑史料的可信度,以为如果生产出来的知识不可靠,那么不如不生产。其实不管文献或口述,凡是史料均存在可信度问题,要经专家验证才可使用,所以这不是口述史的特有问题,而是史料的共性问题。有些人患有"历史真实盲目崇拜征",追求百分之百的真实,这是一种典型的外行理念。从历史认识论来说,这世上的历史记忆只有相对真实,没有百分之百的绝对真实。生活世界的人与事,发生后就瞬间消失了,只有短暂的真实性,"历史只有在那一瞬间的时候是真实的"④。回过头来想再现消失的历史,追求百分之百的真实,这样的想法显然是不切实际的。客观的历史自己不会说话,不会记,必须靠人类大脑来感知,靠嘴来说话,靠笔来记录。所谓历史之

---

① 路艳霞.口述史:让历史充满原生质感[N].北京日报,2011-12-08.
② 王宇英.当代中国口述史:为何与何为[M].北京:中国大百科全书出版社,2012:13-15.
　　岳庆平.关于口述史的五个问题[J].中国高校社会科学,2013(2).
③ 左玉河.历史记忆、历史叙述与口述历史的真实性[J].史学史研究,2014(4).
④ 张中江.口述历史如何保证真实?[EB/OL].中国新闻网,2011-12-29(http://www.chinanews.com/cul/2011/12-29/3567983.shtml).

真,小时空与大时空的人看法不同,当事人与旁观者的看法不同,没有一个绝对标准。一人一版本,多人多版本,这就是相对真实。丁东主编《口述历史》丛刊时,将底线定为"要求文本符合口述者的愿意"①,这样的考虑是符合实际的。

2. 口述史是公众历史的主体建构。口述史有一个历史建构参与人问题,是谁在口述?谁的历史?当然是当事人在口述,是当事人的历史。有人称为"口述史的民主性"②,此术语容易让人产生歧义,换成"口述的主体建构"更为合适。什么是主体建构?哲学上的"主体",指的是"我思"之人,具有独立意识、理性思考与掌控能力的个体。主体建构,就是当事人的有意识建构。当事人的大脑记忆本身具有认知、记录、思考、加工能力,其有意识的认知结果构成了一种独立的历史认知版本。真实的过去是遥远的,过往的记忆全储存于大脑中,所以有"历历在目"的感觉。记忆是人类对外在人、事、物认知的结果,因为对之有理解,所以能叙述出来。记忆分无意识的记忆与有意识的记忆两类,前者是及时记录后形成的记忆,后者是经过加工梳理过的建构起来的记忆。这种加工重构过的记忆有时空框架建构,本质上是当事人对历史的一种认知版本,当事人提供的是他自己的历史认识。人人具有历史认知能力,只是人的历史认知能力有高低之分而已。每个人的认知范围有限,认知能力有限,他只能说出自己视野与认知能力内的真实。历史学家的认知版本被认为水平高,那是因为他们掌握了后发优势,从多种版本的比对中,求得了相对全面的认知而已。

为什么要重视主体建构?从历史记录角度来说,我们之所以重视个体,是因为个体是历史的创造者、经历者、记录者。人身上有个大脑,可以录音录像,可以加工思考。当这台人脑在地球上走一圈,会记录下无数的历史信息。生活世界的活动发生以后,一部记忆历史就在其大脑中形成了。自己的事自己最知道,个人的一生轨迹,经历了哪几次转型,哪些事情影响了转型,取得了哪些成绩,有哪些人生感悟,所见所闻所思,一清二楚。不断的历史实践就形成不断的历史认识,他的记忆内容经不断地加工,形成了可表达的东西。随着时空的扩大、经验的积累,个人对过往历史的理解水平会提升,从而会对过往事件做出新的解释,这就是个人历史认知版本的更新。一旦表达出来,就是声音的历史、文本的历史。只是长期储存在人类的大脑之中,没有机会系统地说出来。或者说在生活世界曾对部分人说过,但因为没有录下音来,一直没有机会进入文本世界。久而久之,在文本世界的大空间传播中没有他们的位置,他们成了失语一群。即使有记录,也往往是别人写的。口述史的出现让普通人获得独立的历史话语权,人人可以通过自己的嘴巴独立自主地叙述自己的历史。这一生是如何走过来的,一个小时的叙述就可以走完一个人的一生,留下几千字的口述史文本,从而进入文本世界。无数个脑袋就是无数台摄像机,就能摄录下海量的历史信息。从当代历史建构角度来说,最要紧的是人人动手将当事人的故事版本呈现出来,成为固定文本,以便传播,以供讨论。口述史越多越好,多多益善。如果没有呈现出来,就是空中楼阁,何谈口述史的真实与否。

口述史尊重个人的历史认识,肯定个人的历史表达权,让普通人能再现个人历史,主体建构是一种典型的"我史"③,这自然是一个巨大的进步。如果承认普通人有历史话语权,则

---

① 丁东.丁东先生发言稿:关于口述史的八个问题[EB/OL]."历史百人会"第四期线上沙龙《记忆与遗忘:口述历史的虚与实》(http://www.weizahui.comhtml1427044.html).

② 杨祥银.与历史对话:口述史学的理论与实践[M].北京:中国社会科学出版社,2004:17.

③ 康有为自传体回忆录名称。

其口述话语方式也应得到肯定。如此要尊重受访人的叙述习惯,要用第一人称来记录,照口述人的讲话习惯来记录,不能按记录人的习惯用第三人称来叙述。笔者指导大学生写作《我的青少年时代》,结果不少人总会问,到底是用第三人称还是用第一人称来写。可见,在群体至上、精英至上的氛围中,提出个人史书写,对大家来说都不太习惯。

3.口述史是一种双主体建构活动。口述史是一种直接研究,口述人是在采访人的询问下进行的口述,所以采访人具有主导作用。采访人的作用在不同阶段有不同的表现,具体表现为几个方面:一则是选人立项。口述史的出现,与采访人是否有明确的历史意识,是否有项目动力来做是密切相关的。口述史的起点是采访人的计划,如果不是项目、做事精神的驱使,采访人不会想到做采访活动。如果是专题的需求,采访人也不会想到采访某人,更不会坐下来认真听口述人讲人生故事。二则是采访中的出题,让口述人按"我是如何走到今日的"主题来讲述,发现哪些东西是有意思且值得记录下来的。生活世界的全部活动就是历史,历史发生以后大部分消失了,只有一部分会被打捞起来,这打捞起来的部分就是历史。是否想到要打捞取决于历史意识,哪些部分会被打捞起来取决于历史眼光。史学家的贡献就是根据自己的职业,判断有价值的部分事实,打捞起来,建构成历史。口述的目的,是为了建构起一个人物的历史。通过个体的访谈,可以编织出一张人际信息网来。三则是倾听。以前是从文献中获取信息的,现在是直接从当事人记忆中获取信息。前者被动,留下什么了解什么;后者主动,可以进一步就感兴趣的或有意义的部分询问。采访人倾听当事人讲述的过程,犹如以前阅读文献的过程。倾听历史,研究历史,面对面地进行直接的研究,这是一种全新的历史研究模式。四则是直接研究,确定详略。询问的过程就是建构的过程,倾听的过程中也是在直接研究当事人的历史,从中获得重要的线索。历史是由时空组成的,在特定的时空中,会与什么人相遇,与什么事相遇,这就是他们的生活网络体系。采访一个人,了解其时空轨迹,在什么时间点什么空间点做什么事。哪些事可能与之相关,于是就会询问同一时空的人与事。口述史开创了直接听当事人讲历史、面对面研究当事人历史的新模式。五则是录音、录像,并作文字记录,完成口述史文本的建构工作。能讲给人听的东西,也就是可以公开的东西。可见,讲述本身是一种公开传播的行为,没有提供这种机制,口述史是无法讲出来的。口述采访的过程,是文本历史建构的过程。讲述完毕,历史文本也就建构起来了。想听当事人讲故事的,可以听录音。也就是说,在传统的文本之外,多了录音、录像文本选择。六则是转录,作一些后期的技术加工。将声音转化成文字,可以供人阅读。想快速对其了解的人,可以阅读文本。看完整的转录稿,可以了解采访、建构的过程。七则是进一步的深度研究,历史学家有发现力,可以发现别人没有注意的现象,也能解释背后的原因。结合其他档案材料加工研究编纂成书,本质上与其他图书编纂没什么两样,只是较多使用了口述史材料或以口述史材料为主建构历史而已。

另一方面,叙述的主体是当事人。以前的历史建构活动都是史家单方向进行的,口述史是一种双方合作的历史建构活动。没有采访人有意识的主动(偶尔也有当事人主动邀约),不可能有口述史活动;没有口述人的配合,口述史不可能出现;没有口述人的历史记忆,口述史内容也是不存在的。这是一种全新的多方面的历史建构活动,采访人是研究主体,口述人是讲述主体,双主体共同建构当事人的历史,双方的参与有可能提升历史建构的水平。

四、口述史既是独立学科,又是公众史学分支学科

美国人习惯将口述史学与公众史学当作两个分支学科来观察[1],部分中国人也有类似的想法,主张成为历史学的二级学科[2],甚至有人主张成为一级学科,如崔永元口述历史研究中心。口述史学科框架如何建设? 如果以个体为中心,可以建立一个总的"个人记忆库"[3];如果与不同领域、组织相结合,从而产生不同的专科口述史。最近,中国电影资料馆赵正阳主张将口述史学科建构为"一个中心、两根轴线、三条脉络、四个区域"[4],可见口述史学科建设进入了操作阶段。

很多人想建立一个独立的口述史学科,问题是口述史到底是一个什么样的学科呢? 一则口述史是一种通过个体来再现当代历史的方式、路径。二是通过口述进行的,标示"口述"是为了强调它的口述渠道性。人类为什么需要口述史?"口述"对应"文献","口述史"对应"文献史",主要用于那些不会使用文献的人。在生活世界,口述是大众化,笔书是小众化。个人的语言组织力与文字组织力是不同的,有的人会说不会写,有的人会写不会说,既会说又会写的人不太多。普通的非读书人,其语言组织力较强,但文字组织力较弱。大批的文盲不会写,某些读书人不习惯写,某些老人不能写,他们只会口述,所以要用口述史的方式来建构历史。三是直接从大脑中寻找历史记忆资源。历史的本质是时空过程信息,时空经历的记忆储存于大脑中。大脑记忆的过程就是认知的过程,能认知的、能记忆的,也就是能表达出来的。人类历史记忆主要储存于大脑之中,大脑记忆是一切历史记忆之源。因为大脑会自动记录,所以多数人就懒得再用文本来记录,所以只有一小部分记忆转化为文本,绝大部分没有成为文本。要充分从大脑记忆中挖掘历史过程记忆信息,就得走口述之路。四是可以多种类型再现历史。历史在本质上是文本历史,没有文本就没有历史。在相当长时间内,人们只会用文字再现历史;现在有了口述史,这提供了新的途径,可以用声音再现历史,用多媒体再现历史。人类在生活世界的主要交流方式是声音,但因为没有录音技术,几千年来人类只会用文字来记录思想或声音,无法直接让人类的物理声音代代相传。今日有了录音,当然要弥补此不足,将人类的声音保存下来,世代相传。也可以用图像记录历史。人类的外形不断在变,人类还有丰富的肢体动作,古人发明了绘画,近代发明了照相与录像。绘画与照相是静态的再现,录像是动态的再现。录像兼文字、声音、图像、肢体记录于一身,是目前最为先进的复合记录手段,所以今日口述史提倡用录像来做。由此可知,口述史开创了多类型全面记录当代历史的先河。五是关于当代史的。由生活世界到文本世界的书写过程,就是当代公众历史建构。采访人直面生活历史,思考其历史文本建构的重点与主线,采访结束标志着当事人历史建构工作的完成,这是口述史研究的最大意义所在。以前的历史文本建构,多数是在当事人死后做的,且向来是由第三者来做的,主动权在他人手中。现在历史建构的主动权转移到了当事人手中,当事人活着的时候就能在采访人的帮助下亲自建构自己的历史,这是开天辟地的变化。总之,几千年来传统学人做的工作实际上是历史文献整理之学,而口述史则是当代历史文本建构之学。从历史学二分原则来说,可分为历史文献建构与历

① 李娜. 公众史学与口述历史:跨学科的对话[J]. 史林,2015(2).

② 王润泽,雷晓彤. 口述史学:作为独立分支学科的理据[J]. 南昌工程学院学报,2014(5).

③ 陈墨. 口述历史:人类个体记忆库与历史学[J]. 晋阳学刊,2013(5).

④ 杨柳. 经验、思考与探索——中国电影资料馆口述历史编纂学术研讨会综述[J]. 当代电影,2015(2).

史文献研究两大层面。由此,传统的历史文献学结构要改造,任务要更新,先建构历史文献,后研究历史文献。口述史就是在没有文献或文献数量不足的领域建立历史文献,这才是最大的意义所在。没有基础建设,何来高楼大厦!当历史不断往前推进时,文献建构的任务也不断地被提出来。当代历史文献建构是一项日新月异的工作,是一项永无止境的工作。

口述史学当然可以成为独立的学科,但放在公众史学框架下更为合适。将口述史学当独立学科来看,在文献史学仍一霸天下的时代,其作用难以为人充分认知。反之,口述史与公众史相结合的前景就大得多了。口述史学与公众史学如何结合?两者的结合显然不是两张皮,如公众史学视野下的口述史学,而是紧密结合形成新的分支学科——公众口述史学,成为公众史学的核心组成部分。什么是公众口述史学?"公众"对应"组织",如此口述史可分"组织口述史"与"公众口述史"两大类。两者相比,"公众口述史"比"组织口述史"更为急需,因为组织的档案资源相对丰富一些。强调"公众口述史"就是为了凸显其个人性。人类历史是靠人创造的,所有的故事都是因人而发生的,所有的历史都是人的历史。口述是实现个人史写作的基本途径。"公众口述史"又可以进一步细化为"精英口述史"与"大众口述史"两类。以精英为对象的口述史是精英口述史,以大众为对象的口述史是大众口述史。两者相比,"大众口述史"比"精英口述史"更急需,因为精英的档案资源比大众更为丰富一些。口述史妙处在于没有文献处建立历史文献,让从来不受记录关注的人物及其历史,得以记录下来。定宜庄认为口述史内涵核心有两条——"民间性与个人性"①,笔者非常同意此论。口述史的发现,使民间与民众的历史得以建立文献系统来,这是最大的意义所在。可以说,口述史天生是为下层人民打造的历史建构模式。

口述史是适合公众时代的一种历史再现方式,它的出现标志着公众历史记录的出现,加速了公众史学的学科建构。口述史学本身包含了人人参与与人人成为书写对象两大可能,解决了两大难题,从而可以建构起完整的公众史学。在笔书时代,人人参与是不可能的,以前的历史建构方式是适合少数人的,也是书写少数人的方式;在录音、录像时代,人人参与是可能的,人人可以成为历史的书写对象。这是一种全新的历史建构方式,是一种真正体现大众主体建构的方式。这将大大改写人类的历史书写模式,它使"人为本位"成为可能,使公众史找到了发展的空间所在。

结论

口述史是一个十分复杂的东西,得分类观察与思考。口述史是历史的声音再现。只有将文字、声音、图像三种文本的口述史都研究过,才可称为口述史研究专家。口述史首先是叙述史学,其次才是学术史学。学术史学、史料学观念、可信度怀疑,这些均是阻碍口述史发展的东西。口述史主要是公众的当代史建构,史料搜集是其次的功能,口述史是通过口述建构起来的公众当代史。严格说来,只有主体建构的才是口述史,其他的就是搜集史料方式之一而已。口述史中的讲述人,向来称为"受访人",近来有人主张改为"口述人"②,两者均有理。在学术史学视野下的口述史料搜集,可称"受访人";公众史学视野下的主体建构,可称"口述人"。口述史可以成为独立的学科,它是当代历史记录之学或文献建构之学。不过,放

---

① 定宜庄."天子脚下"的百姓生涯[J].博览群书,2012(2).

② 杨柳.经验、思考与探索——中国电影资料馆口述历史编纂学术研讨会综述[J].当代电影,2015(2).

入公众史学框架中,成为独立的分支学科——公众口述史学,更能看到口述史的意义。总之,从公众史学理论入手思考口述史,能看到其更为本质的现象,从中可以提炼出口述史的理论。

(原载《晋阳学刊》2016 年第 5 期)

公众史学视野下的口述史性质及意义

钱茂伟

摘要:用边缘化的新兴学科看待口述史,难免会焦点模糊;而如果将口述史纳入公众史学体系,其性质与意义立马会清晰起来。有别于传统的文字再现,口述史是历史的声音再现,它打通了生活世界与文本世界的隔阂。有别于传统的间接单向研究,口述史是一种直接的双向互动的当代史建构,它开创了主动留史的新模式。如果说传统史学是一种"组织本位"的史学,则口述史是一种"人为本位"的史学,它使历史学成为接地气的行业,为公众史学的发展开辟了广阔的空间。

现代口述史学的产生,至少已有 60 多年历史。其初始发展期处于国家史学主导期,所以以精英人物的口述史为主;20 世纪 60 年代以后,越来越多地关注到了草根人物的口述史。[①] 口述史概念是外国来的,现在已经逐渐中国化。它是一种非常生活化的方式,很容易为大家所接受。作为历史学新兴分支学科,人们对口述史的研究,多涉及历史、方法、路径、个案研究[②];对口述史在历史学上的性质、意义与局限,虽然有所涉及[③],但理论认知仍有提升空间。近年,我们倡导中国公众史学学科建设,将口述史纳入公众史学,成为中国公众史学六大分支之一[④]。由此再来观察口述史的性质与意义,有了更为深刻的理解。所谓公众史学,就是公众本位的史学。它是人人的史学,其基本特征是"人为本位",有别于传统几千年的"组织本位"模式。[⑤] 借用梁启超概念来说,前者是"民史",后者是"君史"。口述史的发明,为公众史记录的实现开辟了阳关大道。近年,我承担了《火红岁月:甬城全国劳模口述史》[⑥]《口述校史:我的大学》《江六村史》《史家码村史》四个大型口述史项目,采访人物近 300 人。通过大量的实践活动,再经理论思考,对口述史理论的中国化问题有了深入的认识。[⑦]

---

① 杨祥银,梓皓. 口述历史"草根史学"冲击"精英史学"[N]. 民主与法制时报,2011-03-28.

② 岳庆平. 关于口述史的五个问题[J]. 中国高校社会科学,2013(2).

③ 近年相关论文有,陈墨《口述历史将引发历史研究方式革命》(《光明日报》2011 年 5 月 25 日)、李小沧《现代口述史对传统历史学的突破与拓展》(《天津大学学报(社会科学版)》2011 年第 1 期)、邬情《口述历史与历史的重建》(《学术月刊》2003 年第 6 期)、郑引、刘正伟《口述史:在"活着"的历史中探寻价值》(《上海教育科研》2009 年第 4 期)。笔者在《史学通论》(浙江大学出版社 2012 年,第 56—57 页)也有所涉及。

④ 钱茂伟. 公众史学或公共史学辨[J]. 史学理论研究,2014(4).

钱茂伟. 公众史学的定义及学科框架[J]. 浙江学刊,2014(1).

钱茂伟. 中国公众史学的本土性[J]. 辽宁大学学报,2015(4).

⑤ "人为本位",首见于鲁西奇《人为本位:中国历史学研究的一种可能路径》(《厦门大学学报:哲学社会科学版》2014 年第 2 期)。笔者引入公众史学,使之有了更为丰富的理解,成为公众史学的基本特征,详参笔者《人为本位:中国公众史学的基本特征》,待刊。"组织本位",是笔者提炼出来的一个概念。此前,曾用过"帝王本位""公众本位"。

⑥ 钱茂伟. 火红岁月:甬城全国劳模口述史[M]. 宁波:宁波出版社,2015.

⑦ 钱茂伟. 口述史课后实务流程相关问题思考[J]. 学习与探索,2014(12).

李卫民. 本土化视野下的口述历史理论研究[M]. 上海:上海人民出版社,2014.

一、口述史是通过声音再现的历史

口述史是一种独立的历史再现方式,是通过语言(声音)再现的历史,有别于通过文字再现的历史。迄今为止,很多人仅将口述史当作搜集史料的一种手段,将口述录音当作口述稿备查的证据,他们只重视口述史的转录稿、编纂稿。说到口述史,人们马上想到的是口述史作品。甚至以为录音仅是为了保存人类个体的原汁原味的声音,录多录少无所谓。这显然是一种误解,忘本而逐末了。这些错误观念,导致大家对口述录音的重要性认识不足,从而忽视了口述史的录制、保护、整理与开发工作。

生活世界必须转化为大脑记忆才能存在。大脑记忆是指以大脑形态储存的历史记忆,文本记忆是指文本形态表述的历史记忆。大脑记忆是人类记忆的第一宝库,是一切历史记录的起点。人类大脑对每天经历过的事物、思考过的问题、体验过的情感、操练过的动作,都会加以记录。人类每天的言行是相当丰富的,经历一生累积而成的大脑记忆是相当丰富的。个体的人类数是海量的,个体大脑所储存的信息是海量的,所以个体记忆库是海量的。

大脑记忆必须外化文本记忆才能超时空流传。人类表达思想的方式,不外乎语言与文字两大类型。用语言来交流思想,是人类最直接的选择,而用文字表达思想则是少数人的行为。在相当长的原始社会时期,人类只能靠语言表达人类的思想、情感、经历。进入文明社会以后,由于录音技术的限制,人类的讲话声音无法保存,只能靠文字来记录。文本记忆仅是已经输出与表达的部分内容,是先前整理过的历史记忆,是较早时间内完成的、相对定型的作品。人类所看到的文本,仅仅是人类海量大脑记忆的一角,一些粗线条发展轮廓而已。文本具有超时空流传的特点,所以成为强势表达手段。在东方的中国,进入了文献本位时代,口述逐步边缘化。到了近代,一直重视声音记录的西方人发明了录音技术,实现了历史记录技术的革命。从此,中国人也用得上录音技术,能将人类讲话的声音录音下来。口述史突破了口述只能口耳相传小空间传播格局。这样,人类便有可能记录下更多的历史记忆。

口述史是"声音的历史"[①],即通过人类个体的讲话声音再现历史面貌。它对应的是书面语形态的"文本史学"。口述史学是口语形态的史学,是用语言来表述的史学,是用自己的声音讲述自己的历史。口述史的直接形态是录音文本,是历史的声音再现。至于整理成文字文本,那是二度加工,是衍生产品。之所以要做成文字文本,是因为人类更习惯读文字文本,声音文本听得少,习惯了无声的文本世界,忽视有声世界。

通过口述声音研究历史,其特征有几点值得关注。

一则用第一人称叙述历史。文本可能会用第一人称来写,更多的是用第三人称来写的。口述史是以历史主体为主导的历史叙述方式,其最大的特征是用第一人称来叙述。用第三人称写作的历史作品,传主是被人代言的,发不出自己的声音。口述史用第一人称说话,显然更为主动,更为真实可信。历史创造者能发出自己的声音来,这是一大革命。

二则用自己话语叙述自己认知的历史。"口述"是相对于"笔书"而言的,它是借助录音设备记录人类大脑储存的过往历史记忆的活动。口述史是"用声音留住历史"[②]。这里所谓"声音",至少有二层意思,一是当事人的讲话腔,二是当事人的话语系统。"声音的音频、音

① 金亚.用声音记录历史,让广播传递思想——从《声音档案》看口述历史类广播节目[N].中国广播,2012-05-15.
② 彭建芬.用声音留住历史——新加坡口述历史中心简介[J].浙江档案,1994(11).

高、音域具有鲜明的物理特征……声音的物理性质塑造了我们的情感体验。"[1]"想象一下,能够听到历史上伟人的声音,那该有多棒!"[2]

三则语言的多样化。通过嘴巴说出来的往往是口语,而笔书出来的往往是书面语。口语与书面语的不同,本质上说是语言的多样化与文字的统一性问题。几千年的文字作品中,用的是规范的书面语,体现出较大的统一性。现在开辟了另一大通道,直接将语言表述转化成文字作品,成为口述史,这就带来了文字表达的多样化问题。语言是多样化的,有较多的地域、职业、个性色彩。口语与文字是两种不同的语法表达体系,各有其优缺点。由于文字为政府所垄断,所以是强势的表达方式,人类的个体语言表述的多样性一直受到压制。承认个体口述的合法性,就得肯定语言表达的多样性,就会冲击或者说丰富书面语的表达模式。

四则可以保留丰富的肢体语言。口述可以录下人类个体的声音,声音是直通人心的,录音、录像可以保存人类个体的肢体语言。肢体语言是人类个体的第一思想情感表达符号,是十分生动的,文本可能是乏味的。

五则可以开辟"听历史"的新格式。有了录音文本,就有可能聆听到先人的讲话。"口述历史打破了人们长期形成的一成不变地遵循'读'历史的传统模式,使大多数人能够'听'到活生生的历史。"[3]通过倾听声音来研究其思想内容与表述方式,再现历史曾经的风采,是口述史研究最值得关注的事。通过声音如何研究历史?这是大家一时没有弄明白的。不过,现实生活中存在不少由倾听、提问而研究人事的机会,如法庭辩论、面试。口述史声音的研究,正是这样一种通过"听"来研究当事人历史的模式。

口述史打通了生活世界与文本世界的隔阂,实现了人类记录人人历史的梦想。从生活世界与文本世界二分理论来看,历史书写本质上是将生活世界转化成文本世界的过程。问题是,生活世界与文本世界是两个永远不对称的世界。在生活世界,人们没有录音、录像的习惯,至多有偶尔拍照的习惯而已。文字记录,更是少见。对他们来说,生活世界是属于自己的,相当熟悉;文本世界是别人的,甚至是不存在的,相当生疏,所以,文本怎么写,他们并不关心。因为不熟悉文本世界,普通人对文本转化的动力不强。要将生活世界转化成文本世界,是读书人的想法,非读书人没有这样的想法。读书人想将生活世界转化成文本世界,会遇到普通人不太配合的问题。要将两个不对称的世界实现转化,难度不小。

怎么办?我们先得观察生活世界的特点,找到障碍所在,才能想出相应的对策。一则生活世界是本源的、基本的,多数人只熟悉生活世界,他们更擅长诉说,用语言来沟通。如此,我们只能适应这种现状,对他们提文本记录要求是不切实际的,那是违背他们特性的。二则从生活世界来看,百姓是有讲述自己历史习惯的。普通人的历史意识与历史叙述问题,在生活世界是存在的。之所以称老人为"历史老人",是因为人老了会忆旧,讲故事是老人的生存方式之一。只是,这些故事经常是在熟人圈、小空间中进行的。生活世界的诉说,只能短时空传播,超过一定的时空,这种故事就会失传。三则生活世界的叙述,往往是零星的、片断的、缺乏联系的,有时难免重复,所以易被年轻人讨厌。文本是全面的,系统的,有逻辑的,不存在这种重复叙述现象。由于生活世界的诉说有种种缺陷,所以要转化为文本世界的叙述。

---

① 林岗.论口述与书写[J].中山大学学报(社会科学版),2008(6).

② 张艺译.维基百科新增音频资料再现历史[EB/OL].新华国际,2014-01-27(http://news.xinhuanet.com/world/2014-01/27/c_126068053.htm).

③ 邹情.口述历史与历史的重建[J].学术月刊,2003(6).

那么,普通人如何由生活中的历史诉说转型到文本世界的历史叙述呢? 这是一个值得思考的大问题。要想联结生活世界与文本世界,以前的工具是文字。文字是从声音中来又高于声音的媒介体,是高难度的翻译符号,门槛比较高,生活世界的人看不懂,必须专门有一批懂文字的读书人来辨识。现在,则多了录音、拍照、录像。录音与录像的发明,提供了更为容易的媒体工具。这些工具,更适应普通人,从而有可能降低两个世界的交流门槛。录音、录像,只要有工具即可制作。声音文本与视听文本,与生活世界更为接近,生活世界的人可以听、可以看,中间是无缝接轨的,不用翻译。由此可见,口述史、影像史的发明,意义确实伟大。

如何改变人类的观念,形成新的讲说习惯? 这须在两个世界的通道上寻找。从有关情况来看,口述史录音录像可以有效地解决这个问题。口述是生活世界的,口述史是文本世界的,两者在"口述"上是相通的,所不同的在于是否录下音来。录音、录像是一种既适合生活世界又适合文本世界的历史记录方式。录音,可以自录,也可他录。自己想说话而又找不到谈话对象时,最好自录;自己没有想到说而别人想到问的时候,可以他录。自录概念的提出,解决了独居老人的口述史保存问题。不过,绝大部分人会说,不会想到录下来,从而导致他们没有自己的声音记录。从文本世界来说,他们仍是贫穷的。他录,可以是直接的对话,也可以是远距离对话。远距离对话,就是电话、QQ、SKYPE、微信等聊天工具。聊天工具的不断开发,为远距离的口述采访提供了方便。不管哪种方式,都要求录音。录音是一文本,是一种历史的声音再现。有了录音版本,可以进一步转录成为文字作品,以适应阅读,从而达到超时空流传的目的。口述录音是目前可以寻找到的比较理想记录方式。它在原来聊天习惯上,稍加变通,录下音来,即可实现。口述史具备录音文本与文字文本两大功能,直接成果是录音文本,间接成果是文字文本。这样,就满足了传统与现代、生活世界与文本世界两大领域的不同要求。这种口述史模式,既保留了言说的特点,又留下了录音文本,还可转录成文字文本,解决了转型中的两难问题。可以这么说,文字的出现导致了生活世界与文本世界的隔阂,而口述史的出现则打通了生活世界与文本世界的隔阂。

口述史解决了书写公众史的技术障碍,方便了历史记录。此前主要靠文字,文本的形成是通过文人的想象来创作的,门槛较高,普通人无法进入。某些人如懒得记录,保存下来的历史记忆就不会多。现在有了录音,随时可以保存人类的历史记忆,门槛大为降低,人人都有机会讲了、写了。口述史采访,可以借助别人(如传记公司)的帮助,这是花小钱可以解决的问题。要让普通人也有文本,当然可以通过公共财政投入来解决,但个人出资显然更主动。自己重视自己的历史,这是新时代提出的个体生存任务。智能手机让通信完全个体化、主体化,在这种背景下,要充分发挥手机的录音与拍照功能。口述史的直接版本是录音文本,可以实现说话与记录的同步,说过即录好。欧美街头"故事亭"[①]模式的出现,就是典型的口述史。如果转成文字,虽然费时,但可完成个人史文本的建构。笔者采访某中学校长,聊了 2 个小时,转录而成的录音稿有 2.3 万字。这说明,口述的速度远远大于写作的速度。口述史的出现,实现了人类快速记录历史的梦想。口述史是最适合生活世界的历史记录方式。用声音表达的故事更多,远远多于用文字表达的故事。

---

① 洪卉. 纽约"故事亭"诉说百姓故事[N]. 外滩画报,2004-01-06.
　　洪卉. 德国故事屋讲百姓故事[N]. 环球时报,2008-02-12.

二、口述史是双向建构的当代史

有别于传统间接单向的历史研究，口述史是一种双向直接的当代史建构活动。这一段话，至少有三层意思。

一则口述史是一种历史研究。口述史作品是什么？很多人说是史料，这种观念是非常错误的。史料，是现代学术研究视野下的概念，是指可据以讨论的文本(包括文献、图像、录音、录像等凝固化的东西)。这是一种外在的泛指，不是内在的特指。口述史作品是史料中的一种，研究者自然可称之为史料，但这绝不是口述史作品自身的特征。口述史本身是一种经研究后形成的历史作品，它是通过采访人与受访人双向历史认识互动建构起来的历史作品。只是，从历史书写与历史研究二分理论来看，口述史作品是历史书写作品而已。历史书写与历史研究，两者只有初级加工与深度加工之分，不存在天生的史料与研究之分。

历史记录有两种，一种是及时记录，一种是事后回溯，口述史属后者。口述史是一种有意识的专题性历史回溯，有意识的系统回溯就是研究了。口述史是建立在采访人问题框架下的询问。在初步调查基础上，设计出相关的问题，直接面对面地搜集资料，从而获得想要的历史答案，然后建构历史文本，这是一个研究过程。这种系统的回溯，可以记录下一个人完整的一生或某一段人生故事。

复杂的口述史建构，从来不是单一的，而是口述与文献相结合的。只有当受访人完全没有文献记录的情况下，才会依赖口述史本身。这可能是一种更为全面的研究，因为在文献之外，多了历史当事人的口述。口述史的研究性，要求我们提升口述史的研究性含金量，而不是简单地记录下受访人的说话而已。简单的口述史，谁都能做，但复杂的口述史，须由专家组织。要问出高水平的问题，须有复杂的思考与技巧。

二则口述史是直接的历史研究。传统的历史研究，主要是一种由文献到文献的间接研究；这种理解是否符合当事人的意愿，不得而知，而且，似乎也不需要征求当事人的意愿。而从当代史领域产生的口述史则突破了这两大限制，它是面对面的双向建构活动。口述史研究，不经由文本，直接与受访人接触，所以称为直接的历史研究。研究人员抛开文本，与历史人物进行直接的面对面沟通。直接的沟通与交谈，实际是对历史人物的现场研究，有人称为"口头治史"[①]。采访人心中要有一部当代史，将特定的人物与事件置于特定的时间段加以思考。事前要对受访人有初步研究，采访过程中要及时研究捕捉临时透露出来的有用信息，事后整理成稿仍得进一步梳理重要信息，以便下一步补充采访。成熟的口述史，是建立在不断地逐步深入研究基础上的。口述史是双方建构的历史，是当事人自我认知历史，也是采访人的好奇追问史。此前，传主自己都没有对自己的人生历程作过系统的梳理，他们的历史记忆未加整理过，不知道哪些要记录下来，而现在是历史人物想留下什么就留下什么。另一方面，研究人员也可得到最大程度的满足，根据自己的理解，想要什么就可问什么。这种双方均可满足的双赢式历史建构活动，是此前不太容易出现的。共同的建构有望克服更多的历史认知盲点。口述史不同于文书与记者的记录工作，它更近于史家需求，是用史家的技术要求与理念去创造新的历史纪录。某些不理解或注意不够的东西，可以在双方的不断沟通中得到纠正或重视。以这种方式留下的文本，有可能更为精确，更能细节化。

---

① 黎煜.对话过去、当下、现在：口述与历史撰写[J].当代电影,2012(3).

三则口述史是当代人治当代史。口述史的受访人是当代人,采访人是当代人,所以口述史是一种当代人研究当代史的活动。中国一直有一种当代人写不好当代史的观念,这应是君史时代的特点。在公众史时代,这样的想法是错误的,"书写发生在身边的历史是历史学家群体不能逃避的职责"①。从公众史角度来说,当代人治当代史,优点更明显,"当代人能直接观察、亲身感受、耳闻目染当代史本身,至少能部分地直观到历史的所谓本来面目"②。口述史有可能留下普通人对当代历史的认识。普通人的历史认识,指他们对大历史、小历史的独到观察与体悟。某些个人的体悟,相当到位,绝对不逊色于历史学家。口述史离生活世界更近,比传统的通过文献更接近历史。历史是当事人的历史,当事人最了解事情过程及相关的社会关系。所有人的历史认识,都是在一定的时空、一定的知识背景下形成的。当事人处于事局之中,处于人际网络结构之中,他们对自身历史的直观认知,显然真于他人。如果当代都写不好公众史,则隔代更为困难,因为少了当事人的回忆,很多材料都不存在了。我们的口号是:留下当代人对当代史的理解,不要等待后人来理解。

当代人治当代人物史,开创了主动留史的新模式。人类一直处于被动留下史料阶段,前人留下什么资料,后人只能用什么资料。口述史的发明,开创了主动留史的新阶段。过程性的历史,多存于人类大脑之中。口述史采取了更为主动和接近本真历史的研究方式,能直接从大脑中搜集历史记忆。当代人共同的、直接的双向沟通活动,将历史研究、文本建构工作提前了。主动存史的优势是,采访人有较大的选择余地。采访人在制订口述计划、实际访谈时,有很大的选择余地,他们可以有目地查寻和发现历史。③ 口述史是"历史学家希望给历史留下什么",而传统史料则是"历史给历史学家留下了什么"。采访人有可能搜集到更为完整的历史资料,有望留下更多的有意义的历史资料。说到当代史,人们总会说忌讳多,太难写。笔者以为这种认知要加以细化分析。从利益避忌来说,君史与民史写作均有这种限制。不过,从正反面来说,则有较大的区别。隔代修史,当然可以超脱利益圈,写出当代人因利益避嫌而不敢讲的东西。至于讲述正面事迹与人之心态,当然是当代人强于后代人,当事人强于局外人。历史当事人活着的时候动手写作个人史,显然强于当事人死后的追述。在口述史模式下,采访人具有足够大的获取史料的空间,他们能够根据自己的学术意愿,多角度、多层面来获得某一历史事件或历史人物的相关史料。完整的口述史要提供三种版本资料:一是声音版本,二是图像版本,三是文字版本。也这就是说,口述史有可能将受访人的声音、形象记录下来。不仅能拍摄到受访人当时的形象,还可翻拍到受访人此前的老照片。还可以从受访人家中搜寻到相关的档案资料(文字、证件、证书等)。从我们的宁波籍全国劳模采访活动来看,主动存史至少有几点值得注意:一是私有档案的公开化。某些劳模家中,保存着丰富的个人档案资料。这些材料藏于家中,是作为私有文献存在的,外人并不知道。我们的翻拍,使这些私密材料得到公开化。二是散乱材料的集中化。某些底层的工农劳模,缺乏档案意识,材料的保存七零八落。我们的搜集,有可能使之集中化保存。三是生前主动搜集。中国人缺乏超越意识,一旦老人离世,有可能将之有关的物品销毁。我们趁老人活着的时候,主动出击,有意识地到其家中搜集材料,就有可能避免出现这种不测。总之,这是一种有

① 王学典.当代史研究的开展刻不容缓[M]//见氏.良史的命运.北京:三联书店,2013:375.
② 王学典.当代史研究的开展刻不容缓[M]//见氏.良史的命运.北京:三联书店,2013:379.
③ 赵晓阳.文本与口述之间—YMCA干事口述访谈及口述史料在基督教研究中[M].基督宗教研究(第7辑).北京:宗教文化出版社,2004.

关历史主人的资料全面搜集活动,是一种抢救历史的活动。其次,某些疑难问题可以当场得到解决。在前代史模式下,历史对象已经故世,某些疑难问题,无法当面求证。

三、口述史是人为本位的历史

我们不能一直泛泛谈论口述史,而应根据应用范围对口述史做出更为细化的分类认识。

首先,口述史可分为"组织口述史"与"公众口述史"两大类。从社会空间来看,可分为组织与个人两大类型。相应地,历史记录模式也可分为"组织本位"与"人为本位"两大类型,从而形成"君史"与"民史"两大类型。政府是生活世界中最强势的组织,所以政府或国家是优先关注的对象。政府又分中央政府(朝廷)与地方政府两大类,所以国史与方志一直是主流编纂单位。"组织本位"的政府史,重在写政府及其官员的历史,更适合政府官员的需求。到了近代,随着国家形态的变化,人的个体独立性越来越强,这样的格局越来越难以维持。到21世纪,中国进入公众时代,口述史的整体发展方向是目光朝下,进入了可以称之为"公众口述史"的时代。

口述是实现个人史写作的基本途径。口述史是典型的人为本位,它提供的是人为本位的历史资源。人类历史是靠人创造的,所有的故事都是因人而发生的,所有的历史都是人的历史。即便是组织史,也是由组织中的人的活动构成的。口述史,既可服务于组织史,也可服务于个人史。不过,口述史在两者中的位置是不同的。传统的历史主要是国家史,国家史有相对丰富的档案、文本资料,对口述的需求小些。摒弃组织史理念,回归人为本位,就会有新的发现。口述史的本质是个人史,最大的特点是个体化,是历史主人公自己在说话。因为是用自己的话讲述自己的故事,所以能写出本真的人生感悟、独特的人生经验,传统文本多只能写出他者的理解。"人为本位"模式能满足材料内涵的丰富提升要求。传统的历史学研究主要靠文本,文本往往只能留下了一些历史发展轮廓,"不能反映历史的细节,更不能呈现历史中人的真实面貌"①。现在的要求提高了,寻找更为详细的生动的历史过程自我体验资料。这些丰富而细致的资料,必须通过口述史来解决。从历史人物角度来说,上层、下层人物都有一个通过发掘大脑记忆资源,建构人物主体历史的过程。口述史的主体模式是个体生平讲述,会记录下人类的实际感受,有故事有细节,有可能搜集到人类更为丰富、更为生动的历史。这样的历史人物记忆资源越多,越能促进人类历史的研究。

公众口述史可以看出代位嬗变与百行百业特色。从纵向人生历程来看,人群可分为代位;从横向职业看,人分布于不同行业。个人史是个人本位的网络关系史。人是社会群体性动物,不同的人会建构出不同的网络社会体系,个人与不同的个人、组织交往的历史,就构成了独特的历史。通过不同人物的亲身经历及其网络交往过程,可以揭示一个普通人的日常工作与生活面貌,了解一个行业的工作生活状况。对那些"领头雁"来说,通过一个人,可以写出一部局部史、一个单位史、一个村史,意义自然更大。

个体记忆库可作大数据开发利用,有可能建立起更为丰富的人类个体文本记忆库。人类个体是海量的,个体记忆是海量的,个体的大脑记忆是人类最为丰富的信息库。只是,它是分散的、私密化的信息库。大脑记忆如果不加提取,会随着个体肉身的消失而消失。人类的聪明在于可以将分散的大脑记忆外化,从而建构起一个更为丰富的公共知识信息库,为大

① 金光耀.口述史学者:不少事件有文字记载,但无法反映细节[N].东方早报,2008-11-20.

家所用。在古代世界,只能留下少数上层的个人史;而在今日,则能留下更为丰富的下层个人史信息。有人提出建立"人类个体记忆库"①,这是非常值得期许的。中国唱片总公司正在对库存老唱片音源进行物理性保护以及修复整理,通过数字化的形式实现永久保存,并建立起中国音乐数据库和中国戏曲数据库。② 这是声音数据保存。那么,留下那么多个人史资料库有什么用呢? 这是很多人怀疑的。大数据概念的提出,解决了这个难题。有了人类个体记忆信息库,扎扎实实地进行数据的收集、提纯、解析、利用等,就可以进行各种科学分析了,能提出问题,解决问题,提升人类的智慧水平,能提升未来的历史研究水平。建立个体人类记忆信息库,这样一来,史家显然更为主动了,历史研究的基础更为牢固了。人类往往只重视物质遗产,其实要更重视精神遗产。大脑记忆的提取与保存,就是精神遗产保护。人类最为宝贵的资源是人类大脑储存的丰富历史记忆资源,将其发掘出来,可以成为可观的一笔文化资源,使我们成为民史资源强国,成为智力上的世界强国。

口述史大量发展的结果,可能出现"全面"的总体历史,形成网络状历史记录格局。以前的国家史只能容纳几个精英人物,今后的国家史如何容纳海量的普通人物,这是许多人担心的事。我们以来,这是多余的担心,新媒体、新技术将改变历史的书写格局。不同类型的历史,其表达方式是不同的。以前的历史书写,是以"点"代"面"的历史,帝王将相的历史被无限放大,而其他人物的历史被无限缩小;今天的历史是"面"的历史,历史是由众多"点"组成的"面"的历史,是大平面上网络结点式、繁星式历史。可以肯定的是,精英与凡人会共存,合成一张网络历史图。大国家史是一张大拼图,每一个都有自己的链接位置。"人类社会中的任何一个人都能够通过一定的网络链接而找到自己的位置,并成为历史网络中的一个独一无二的链接结点。"③在这些结点中,精英虽会仍居核心结点,但也会有其他人的结点位置。历史书写的媒介也不同,传统历史以纸质版本、出版社为主,而今后以电子稿、网络为主。谁掌握话筒,谁就有发言权。20世纪以来,个人史得到了充分的发展。只有个人史广行,才能实现大平面的网络状历史书写格局。口述史将坐实这种"人为本位"的史学格式。只有事件史、制度史、人物史三者充分发达,历史学才是全面的、丰满的。

其次,从历史书写对象来看,公众口述史也可以进一步细化为精英口述史与大众口述史两类。以精英为对象的口述史是精英口述史,以大众为对象的口述史是大众口述史。现实生活中的人分为大人物与小人物,大人物掌握着政府的权力,事关全国或一方的大局,所以他们的个人史就成了大历史;而那些小人物的历史,则因为无关国家与地方发展的大局,于是被边缘化。不过,现代大国家史理念,强调国家史应是大家共同的历史,是大人物与小人物共同创造的历史。前人强调口述史的"民主性"与"大众化"④,如果从大众口述史来看,理解会更透彻。

书写对象以大众为主。大家想做口述史项目,问题是从何处入手,这是初学者马上会想问的一个问题。这没有统一的规定,每人可以根据自己的喜好,选择合适的口述采访对象。根据公众口述史理念,笔者主张从身边人物与典型人物的采访入手。身边人物,可以是家人,可以是家族中的人,也可以是地方(村、区县、城市、省)名人。既可以是老人,也可以是中

① 陈墨.口述历史:人类个体记忆库与历史学[J].晋阳学刊,2013(5).
② 巩峥.海量历史原声数字化保存[N].北京日报,2012-12-11.
③ 陈墨.口述历史门径课后实务手册[M].北京:人民出版社,2013:319.
④ 杨祥银.关于口述史学基本特征的思考[J].郑州大学学报(哲学社会科学版),2010(4).

年人。有人认为不可能人人都写传记，主张从榜样人物人手来写。这个建议是可行的，我们正在进行的宁波全国劳模口述史采访，正是这么一种典型的榜样群体的个案采访。"昔日的声音是谁的声音"①，反映历史话语权在谁手里的问题。今天，要求除上层人物之外，还有更多的下层人物吸纳进来。只要用心，随时可保留身边人的录音，进而整理成文本，普通人据此可以拥有自己的小历史文本。口述史离普通人群最近，可以让历史主人公开口说话，不再由别人来代言。有了口述史，不会书写的人也可以将自己的话记录下来了。只要会说就可以书写，这当然是一大进步。对没有文献的人来说，这是个人史文献建构的开始。口述史会让受访人惊喜，当我们的采访人送上口述史初稿，有的采访人十分高兴，称想不到聊了近两个小时，就能整理出那样详细的传记来。他平生之中从来没有写过这么详细的传记。

参与主体以大众为主。谁来做口述史，派什么用场，也会清楚。君史与民史，其书写格局是不同的。政府及其官员史就是国家史时代，只有几个史官来记录历史即可；而在现代，人人是国家一员，人人的历史是历史，人人的历史组成大国家的历史，如此人人应是历史的记录者。目前，人人有手机或录音机，只要想做，人人可参与来做，人人也可成为口述采访的对象，人人的声音得以发出来。人人动手做口述史，实现口述史的普及化，才会真正改变人类历史的记录方式。人人成为历史记录者，这当然是人类历史记录史上的伟大发明。

书写内容以大众的生活与工作为主。人物口述采访有两种模式：一是通过个人了解大历史，一是突出个人小历史。陈墨的个人采访设计，以外在事件为标志，谈个人的看法。② 笔者以为这样的要求有一定的合理性，但有一定的难度。对一个领雁人物或视野宽广的学者来说，这样的采访要求是合理的；而对一个小人物来说，这样的要求是缘木求鱼，找错了方向。"屁股指挥脑袋"，人站在不同的位置会有不同的视野，不同位置会有不同的关注点。一个人关注什么，才会讲出什么来。如果将历史分为大历史与小历史两大类，则普通人更擅长小历史。普通人关注的视野小，只能讲一些身边的历史。对他们来说，重要的是突出个人史，梳理其心路历程及外在事迹。至于个人对社会历史的看法，应是第二层面的事，那是他们的弱项，可能说不出什么新鲜内容。

大众口述史为民史的发展开辟了广阔的空间。口述史为公众史记录提供了可能，人人的历史均有可能留下来。大众生活于现实世界，没有文本世界意识，所以留下的文本记录少。如此，他们的历史写作不能走传统的文献整理之路，得主要靠直接的大脑历史记忆资源的开发来解决。口述是人类的基本功能，人人会讲话，口述史有可能使更多的人得以记录下自己的历史。口述史妙处在于没有文献处建立历史文献，让从来不受记录关注的人物及其历史，得以记录下来。口述史"让我们脱离历史文献的束缚，得以接触多元的边缘历史记忆"③。口述史的发现，使民间与民众的历史得以建立文献系统来，这是最大的意义所在。可以说，口述史天生是为下层人民打造的历史建构模式。民史建设，要从民间人物历史记录入手。没有民史记录，民史研究就是无本之源。20 世纪的民史研究之所以不理想，是因为没有留下多少民史记录。如果从现代开始，有意识地留下当代的民史记录，写出当代人理解的民史作品来，则后代人再来研究 21 世纪初年的民间生活，就有了丰富的资料。长此以往，中

---

① 保尔·汤普森.过去的声音——口述史[M].覃方明，渠东，张旅平，译.沈阳：辽宁教育出版社，2000：2.
② 陈墨.口述历史门径课后实务手册[M].北京：人民出版社，2013：37.
③ 王明珂.历史事实、历史记忆与历史心性[J].历史研究，2001(5).

国的民史面貌将大为改观。总之,大众口述史将引起口述历史书写对象、书写内容、历史记录人员的革命。

分类以后,我们对口述史的历史与现状会看得更为清楚。口述史由组织本位向人为本位的转型,人物由精英向大众的转型,这是两大发展趋势。口述史更适合人为本位,更适合大众。"口述史是围绕着人民而建构起来的历史"[1],这标志着历史书写重心的转移。从历史书写角度来说,口述史的产生是一项革命,这将大大改写人类的历史书写模式,它使"人为本位"成为可能,使公众史找到了发展的空间所在。口述史的出现,让人们重新认识到历史书写的重要性,意识到历史学是与现实生活紧密结合的。口述史实践让学生感受到了历史学习的用处,口述史让历史学成为接地气的行业,证明历史学是食人间烟火的行业。

口述史源于人类大脑历史记忆,本质上是一种自我历史认知,体现出较强的主体性(考虑到中国人理解的"主观性"有较多的贬义,不如改成"主体性"更为合适),自然会有一家之言的片面性;记忆的真实与生活的真实总有一定距离,不可能完全吻合;历史记忆是靠大脑承载的,难免会受到时间的侵蚀而变形。前两条,所有文本也存在这种特性,口述的问题不会比文本多多少。何况这些缺点,可以借助多人的采访,再辅以文献,给予一定的弥补,不必太过紧张。总的说来,口述史的优点远远大于缺点,大家大胆地实践口述史吧!

(原载《学习与探索》2016年第1期)

历史记忆、历史叙述与口述历史的真实性

左玉河　中国社会科学院近代史所研究员、博士生导师,
河南大学黄河学者,中华口述历史研究会秘书长

摘要:本文提出口述历史研究的双重主体、三重阻隔和四种真实,以揭示口述历史的真实性问题。口述历史是以挖掘历史记忆的方式追求历史真实,它是访谈者与口述者合作的成果。从历史的客观真实到口述文本的真实,中间经过历史记忆加工、历史叙述呈现、口述文本整理等多个环节。每个环节都是一道帷幕,阻隔着历史记忆的透过,从而使历史真实大打折扣并有所变形。不仅历史事实与历史记忆之间有阻隔,而且历史记忆与历史叙述之间也有阻隔;不仅历史叙述受到口述者多种因素干扰,而且叙述文本整理也受到访谈者的主观参与,从而使叙述文本与口述文本之间仍然存在着阻隔。经过历史记忆加工、历史叙述呈现及口述文本整理三道帷幕的阻隔而形成的口述文本,不仅与历史记忆有较大的距离,而且与历史的客观真实距离更远。口述历史范畴中的真实,可以分为四个层面:历史之真(客观的历史真实)、记忆之真(历史记忆中的真实)、叙述之真(音像文本的真实)、口述文本之真(根据音像整理的口述文本的真实)。从历史之真到口述文本之真,中间经历了三道帷幕的过滤和阻隔:一是从历史之真到记忆之真,二是从记忆之真到叙述之真,三是从叙述之真到口述文本之真。历史之真经过三重帷幕的过滤、筛选和阻隔,能够呈现出来的非常有限。正因口述文本之真与历史之真之间有着多重阻隔,故口述历史应当关注历史之真如何冲破多重帷幕阻隔而得到部分的呈现。这样,口述历史的主要任务,就是挖掘、采集、保存、整理口述者的历史记忆。历史记忆受其内在机制及自然因素的影响,其真实性很难为口述者所控制,但历史叙述的真实则是口述者能够把握的。故口述历史的

---

① 保尔·汤普森.过去的声音——口述史[M].覃方明,渠东,张旅平,译.沈阳:辽宁教育出版社,2000:24.

主要环节,应该放在历史记忆呈现过程中,研究影响历史记忆呈现的多重因素,从而将历史记忆完整而准确地以语言表述的方式呈现出来。

口述历史旨在以访谈方式发掘、采集、整理与保存口述者(当事人、亲历者、见证者、受访者、整理者等,本文统称"口述者")的历史记忆,呈现口述者亲历的历史真实。历史记忆是口述历史的基础,发掘历史记忆是口述历史的主要工作,故历史记忆成为口述历史的核心问题。受口述者生理心理及社会环境因素的影响,口述历史既包含着真实,也有想象的成分,不仅难以完全还原客观的历史真实,而且还掺杂有口述者的主观成分。正因历史记忆具有"不可信性",故口述历史的真实性不断遭到质疑。有人尖锐地指出:"口述历史正在进入想象、选择性记忆、事后虚饰和完全主观的世界……它将把我们引向何处?那不是历史,而是神话。"①

雅克·勒高夫在《历史与记忆》中指出:"历史学家应主动出来解释记忆和忘却,对其进行深究,以使之成为一门学问。"②口述历史中的记忆问题,是口述历史研究中无法回避的核心问题。口述史学界必须从历史记忆的层面对口述历史的真实性进行深入探究。③ 口述者的记忆是否可靠?口述历史能否给予"历史真实"?历史记忆以怎样的方式呈现"历史真实"?有哪些因素影响着历史记忆的呈现?为什么会出现历史记忆失真现象?历史记忆呈现为口述历史要经过哪些中间环节?这些中间环节对历史记忆及其呈现起了怎样的筛选和阻隔作用?如何看待口述文本之真、历史叙述之真、历史记忆之真与客观的历史本真之间的复杂关联?这些都是需要深入探究的重要问题。

一、历史真实与历史记忆:从历史之真到记忆之真

口述历史既然是建立在口述者历史记忆基础上的,口述历史追求的又是历史真实,那么,口述历史与历史真实之间存在着怎样的关联?历史真实与历史记忆之间存在着怎样的关联?这些都是讨论口述历史真实性时必须首先面对的问题。

口述历史的真实是建立在历史记忆真实基础之上的,历史记忆之真与历史本然之真是有较远距离的。历史本体之真是全息的,它需要人的记忆来存储。而历史记忆之真能否全息地反映历史本然之真?历史记忆能多大程度存贮历史真实?存贮了哪些历史之真?从口述者亲历的历史真实到口述历史文本呈现出来的历史真实之间,要经过三重帷幕(三个环节、三道程序、三次筛选、三层间隔)的过滤。第一重帷幕就是从口述者亲身经历的历史真实到口述者将历史事实存储为历史记忆的过程。这个过程中间因记忆的特殊机能而使历史事实有所变形,并非全部的历史真实都存储为历史记忆。历史记忆的真实经过这重帷幕的筛

①　杨祥银.当代美国口述史学的主流趋势[J].社会科学战线,2011(2).

②　(法)雅克·勒高夫.历史与记忆·法语版序言[M].方仁杰,等译.北京:中国人民大学出版社,2010.

③　目前中国学界开始关注历史记忆与口述历史关系问题,出现了一些有价值的研究成果,如王明珂的《历史事实、历史记忆与历史心性》(《历史研究》2001年第5期)、刘小萌的《关于知青口述史》(《广西民族学院学报》2003年第3期)、陈献光的《口述史二题:记忆与诠释》(《史学月刊》2003年第7期)、郭于华的《口述历史——有关记忆与忘却》(《读书》2003年第10期)、张荣明的《历史真实与历史记忆》(《学术研究》2010年第10期)、王海晨的《影响口述真实性的几个因素——以张学良口述历史为例》(《史学理论研究》2010年第2期)、杨祥银的《记忆是可信的吗》(《人民日报》2011年3月3日)、金光耀的《口述历史与城市记忆》(《文汇报》2011年10月13日)、陈墨的《口述历史:人类个体记忆库与历史学》(《晋阳学刊》2013年第5期)等,本文是在这些研究成果基础上所做的进一步思考。

选和阻隔,已经对历史本体之真打了很大折扣。人脑存储的历史记忆之真,与历史本体之真有较远距离。

记忆是人脑的机能,是人的心理活动本质特性的体现。记忆依赖于外界信息的刺激,同时受制于大脑自身的选择编码机能。它首先是对外界信息刺激的存贮机能,是信息在人脑中的刻录和储存。人脑对外界输入的信息能主动地进行编码,将外界信息转变为记忆。从记忆发生的心理机制看,所谓记忆就是人对经验的识记、保持和应用过程,是对信息的选择、编码、储存和提取过程。记忆过程是感性经验摄入之后与经验素材经由意识和潜意识的加工,然后再通过语言组织输出为记忆的过程。① 记忆不是外界信息的简单复制,而是有所摄取并作筛选。历史记忆以历史事实为原型,通过大脑机能对其进行临摹,但同时包涵了某种想象和推测成分。

历史事实要想存活下来,主要途径是进入人脑并成为历史记忆。历史事实成为历史记忆的过程,受记忆本身的诸多特性制约。在这个过程中,历史事实会发生变形,变成了记忆中的事实,历史之真变成了记忆之真。因历史记忆与历史事实之间有着很大距离,故历史之真与记忆之真对应着也有很大差异。

记忆具有储存历史事实的功能,这种功能保证人脑能将历史事实储存为历史记忆。但大脑对历史事实的储存,与它对外界事实的识别和认知有关,并非所有的刺激都能在大脑中留下记忆痕迹。历史事实存贮为历史记忆,要经过大脑识别系统筛选,只有通过筛选的部分历史事实才能成为历史记忆。而大脑的筛选功能,来源于大脑的识别机能,能被识别认知的东西就成为大脑记忆的亮点,没有认知的东西就成为大脑记忆的盲点。只有识别的历史事实才能在大脑中留下亮点并成为痕迹得到保留,形成历史记忆。记忆不可能像照相机那样把观察对象的全部细节一览无余地记录下来,而是按照观察中所渗透的特定选择焦点加以记录。由于识别及认知盲点的存在,人们看到的东西是不全面的,反映到大脑中的记忆也很难是全面的,记忆因而具有残缺性和不完整性。仅仅是部分历史事实在大脑中留下痕迹并构成了历史记忆。

记忆的最大功能是它对任何外界的历史事实进行排序和重构,具有排序性与重复性特点。它通过语言文字和图像等中介将事件的过程进行排列组合,使不可逆的事件可以重复表达。受记忆这种特性影响,储存在大脑中的历史记忆并不是被动地被存放着,而是经过大脑记忆的重新排序和重构方式储存并维持着。历史记忆不完全是历史事实的简单刻录,同时也会进行加工重构,是历史事实的摹本。储存在大脑中的记忆具有潜伏性,当没有外界唤醒时,它始终处于潜伏的沉睡状态。储存在大脑中的历史记忆,会出现干扰与覆盖现象,即后来的记忆干扰和覆盖前面的记忆,从而导致历史记忆的遗忘、变形、扭曲、失忆、模糊及差错等现象。历史记忆会随着时间的久远而逐渐模糊,甚至遗忘。

储存在大脑中的历史记忆,在外界因素作用下被唤起而成为回忆。回忆是记忆被激活后的再现。口述者回忆就是要唤醒历史记忆。历史记忆在被唤醒过程中,会出现整理、重构、选择等多种情况。口述者以第一人称的"我"为立足点进行回忆,是回忆与"我"有关的历史事实,与自己无关的"过去"很难引起回忆。"我"所亲历、亲见和亲闻的历史事实只有部分内容成为回忆并为"我"记住,记住的是储存于大脑中的部分历史事实,遗忘的则是失去记忆

---

① 钱茂伟.史学通论[M].杭州:浙江大学出版社,2012:39.

的部分历史真实。历史记忆实际上就是通过回忆记住的那部分历史真实。历史记忆被唤醒过程中,会出现无意的歪曲、变形和差错。这既是后来的记忆干扰与覆盖已有记忆所致,也是回忆所特有的整理性使然。"记忆是无心的经历,而回忆是有心的行走。回忆是经过分析后的重新储存,是一种记忆的归纳与整理,经过整理后的记忆更方便保存。"[①]因此,回忆既是记忆重新被唤醒的过程,也是对记忆进行重新建构的过程。

回忆具有重构性的特性,它不是对"过去"的重复,而是对它的重新编织,并非所有的记忆都能被唤醒。唤醒记忆的过程就是记忆再加工的过程,大脑的思维功能很自然地参与其中,将历史回忆变成了对历史记忆的认知活动,使回忆不仅仅是"追溯历史",而是"思考历史"。口述者站在"我"的立场上对历史记忆进行加工重构,必然渗入主观因素及价值判断。历史事实一旦进入记忆领域,就处于不断被加工的状态,成为历史记忆;而历史记忆在"我"的不断回忆中得以重构。经过"我"的回忆重新建构的历史记忆,不复是记忆储存时的历史记忆,而是"我"主动加工后的历史记忆。经过大脑重构机能建构的历史记忆,与客观存在历史事实之间便有了较远距离。

记忆储存及其重构带有明显的选择性。记忆的选择性不仅体现在记忆储存的环节,而且体现在记忆唤起及呈现的环节。哪些东西得到记忆,哪些被遗忘,取决于记忆主体的选择机制。只有那些历史真实的亮点刺激大脑并留下痕迹,才能储存为历史记忆;只有有意义的历史记忆才会被有意识地唤醒并得到呈现。记忆主体选择的过程,就是利用符号将大脑记忆的历史事实有序化的过程,是记忆理性化的过程。记忆在呈现时会把杂乱无章的"过去"条理化、明晰化,变成有因果关系的时间序列和可以理解的历史往事。人总是有选择性地记忆某些和遗忘另一些,其选择的标准就是对"我"而言有意义的事情。"我"赋予历史事件以"意义",以"意义"为标准有选择性地储存记忆并呈现记忆。

历史记忆实际上是历史客体的主体反映。历史真实摄入大脑留下痕迹成为历史记忆的过程,既是客体进入主体存储的过程,又是一种历史真实的主体化存在。历史真实要想存活下来,主要通过大脑记忆、口头叙述、文字记录。脑记、口述、文献形成的过程中都渗透了主体因素,都离不开人的主体认知。根据历史记忆而整理的记忆呈现文本(叙述文本),是客观事物的主观反映,既有客观性,又有主观性,是主客观交互作用的结晶。正因如此,历史事件是全息的,而与之对应的历史记忆则是有限的。历史记忆是历史事件的碎片,通过拼合这些碎片,可以有限度地复原历史事件,但永远不可能复原历史事件的原样。即便历史记忆都是真实的,由这些历史记忆复原出来的也只是历史真实的一部分,是有限的历史真实。虽然历史记忆受到多方面的干扰,导致某些不确定性,但它仍然具有一定的客观性。因为它是由当事人讲述的,这些当事人是历史事件的参与者,其叙述的是大脑中储存的历史记忆。这些历史记忆经过大脑自身的过滤筛选后,仍能保留部分的历史真实。

从历史记忆形成的过程看,历史事件成为历史记忆的一部分,是大脑记忆机能作用的结果。记忆储存、保持与回忆过程中的选择与重构,是历史真实进入历史记忆的第一重帷幕。记忆存储时的选择与变形,导致并非所有的历史事实都能存储成历史记忆,只有部分历史事实进入大脑并构成历史记忆,部分反映了历史真实,形成历史记忆的真实(记忆之真)。记忆的唤醒过程是大脑对记忆进行重构的过程,部分记忆得到唤醒并强化;部分记忆则被后来的

---

① 钱茂伟.史学通论[M].杭州:浙江大学出版社,2012:41.

记忆覆盖,还有一些记忆随着时间的推移而淡化、减退乃至遗忘。这样看来,历史真实经过记忆存储、保持与回忆诸环节的过滤与筛选而形成的历史记忆,并非全部历史真实的摄入,而是部分历史真实的保存。历史记忆中的真实,只是经过记忆本身筛选和阻隔后的部分历史真实,而不是全部的历史真实。口述者叙述时呈现出来的所谓历史真实,实际上是其大脑中储存的经过重构的历史记忆真实,而不是本体的历史真实。

二、历史记忆与历史叙述:从记忆之真到叙述之真

以语言文字为媒介将历史记忆呈现出来的过程,就是历史叙述。历史叙述分文字叙述与语言叙述。语言叙述方式,就是所谓口述。语言是呈现历史记忆的工具并能够整理历史记忆,但同时对历史记忆的呈现具有阻隔作用,构成了历史记忆呈现过程中的一重帷幕(历史真实阻隔的第二重帷幕)。通过这道帷幕的筛选和阻隔,只有部分历史记忆呈现出来变成历史叙述;历史叙述呈现的真实,只是部分的历史记忆真实。叙述之真与记忆之真中间仍然有着较远距离。

人脑具有某种摄像功能,能将所见的实物摄入并存储于记忆之中。但大脑记忆的最大问题是记忆的遗忘,记忆信息会随着时间的推移而逐渐变得模糊甚至被遗忘,更会随着大脑的死亡而永远消失。故记忆必须借助语言文字等中介工具才能呈现并保存下来,才能从私密的个人空间进入公共认知领域并具有"意义"。历史记忆以语言文字方式呈现的过程,实际上就是将历史记忆之真转变为历史叙述之真的过程。历史叙述是历史记忆真实呈现的方式,上接历史记忆,下连口述文本,是连接历史记忆与历史文本不可缺少的中间环节。历史记忆的真实决定着历史叙述的真实,而历史叙述的真实,又决定着口述文本的真实。历史叙述能否真实地呈现历史记忆,是决定口述文本真实的关键,自然也是决定口述历史真实性的关键。

语言、文字是历史记忆呈现的主要方式。通过语言、文字将大脑中储存的历史记忆呈现出来,就是历史叙述。历史叙述是历史记忆呈现、输出、表达的方式。文字叙述出来的历史记忆结晶是历史文献;语言叙述出来的历史记忆结晶则是口述历史文本。从历史叙述与历史记忆的关系看,口述与文献是历史叙述的两种方式,都是历史记忆的呈现方式,本质上都以历史记忆为基础,其所揭示的真实性都源于历史记忆,两者并无本质差异。所不同的只是两者表现形式的差异而已。

借助于语言呈现出来的历史记忆,就是所谓"口述"。口述,顾名思义就是"口头叙述";口述历史就是口述者口头叙述的历史记忆及根据这些历史记忆再现的历史。历史叙述要真实地呈现历史记忆,既受口述者个人及社会因素的制约,也受语言表述本身局限的制约。语言是人类交流的最重要的手段,是人际沟通不可替代的工具。人脑中的历史记忆通过语言表达出来,就是口头叙述。口述语言长期以来因无法保留而不被视为证据("空口无凭"),但现代口述历史借助录音机(摄像机)可以将口头叙述完备地记录下来,口述声音以音像方式保留下来作为历史证据。

语言不仅是历史记忆的呈现工具,也是历史记忆的整理工具。人的记忆在没有经过语言整理之前,往往处于模糊混乱状态。当记忆需要用语言表达时,潜伏的记忆被唤醒并被条理化,以语言叙述的方式呈现出来。语言成为唤起和整理历史记忆的有效工具。语言是口述者叙述历史记忆的工具和载体,可以传递感情以及文献所无法准确记载、无法明确表现的感情波动。口头语言尽管无法做到书面语言那样用词精确、讲究语法、逻辑严密,但可以呈现

口述者叙述历史记忆时的真实信息。口述者会以自己独特的语言呈现历史记忆。口述者语言的差异性与口头化,给历史叙述带来了丰富性与亲切感。这些均为语言呈现历史记忆的独特之处。

但语言在呈现历史记忆过程中,同样会对记忆进行选择、过滤和阻隔,难以完全真实地表达历史记忆。这便使历史记忆在语言叙述时再次打了折扣,叙述之真与记忆之真之间仍然存在着较远的距离。从历史记忆到历史叙述,要经过语言的筛选和阻隔。语言在呈现历史记忆时,不可避免地会出现"词不达意、言过其实、文过饰非"等情况,导致历史记忆变形。口述者用语言来呈现历史记忆,实际上用语言临摹历史记忆中的所谓真实图像。无论临摹的手法多么高明,呈现出来的也仅仅是临摹出来的大致轮廓图像而已。语言叙述无论如何流畅,也难以将历史的真相完全清晰地展现出来,一定会出现"词不达意"的情况。口述者因感到对历史记忆的临摹过于简单而增加细致的纹路,便会出现"言过其实、夸夸其谈、文过饰非"的情况。无论出现哪种情况,都表明语言因自身的局限而无法准确地呈现历史记忆。

历史叙述过程中同时呈现的不仅仅是历史记忆,而且伴有想象、分析、价值判断等。记忆功能与思维功能同时呈现,感性与理性同时发生作用,呈现出感性的理性化过程。用语言叙述的历史细节,未必都是历史记忆的真实,难免有想象的成分。越是用生动鲜活的语言表达的故事,可能离历史的真实越远;越是语言描述细节的部分,可能包含的想象、夸张成分越多。口述者亲身经历与亲眼所见的历史事件,当他随后用语言表述时难免有夸张虚构成分。口述者叙述的历史事实只是口述者记忆中的事实,仅仅是历史真实的一部分,而不是全息式的历史真实。由语言而呈现的历史记忆,因口述者表达能力的差异而大不相同。性格外向者喜欢沟通倾诉,易陷于夸夸其谈、言过其实;而性格内向者则不善表达,易陷于沉默寡言、词不达意。口述者以语言呈现记忆时,既有闪烁其词或夸张之处,又有刻意的修饰、夸张和自我拔高倾向,还有对某些记忆的刻意回避与掩饰。

口述者呈现历史记忆的口头叙述,具有即兴性的特点。其口头叙述是即时的、即兴的、临场发挥的,叙述内容并未经深思熟虑和反复推敲,其语言表述带有明显的不稳定、情绪化和口语化特征。口头叙述的过程是利用语言整理记忆的过程,是历史记忆呈现的过程,而这些记忆并非有条理地输出,而是以即兴的语言来表述。这些表述语言因非"深思熟虑",在很大程度上是混乱无序的,显得比文字表述更无条理。其对事情的叙述不仅没有严谨的纪年时间,时间概念混乱,而且颠来倒去、重复啰唆。这些口述语言,本身很难说是真实的或虚假的,不能简单地以此作为判断历史记忆内容真伪的依据。或许这种即兴叙述因没有太多的现实顾虑和利害考量,而能直率且无顾及地将历史记忆展现出来,呈现出历史记忆的真实。但这远远不能保障其叙述的内容就是真实的,因为即兴的叙述是根据大脑中已经形成的记忆(实际上是后来经验加工重建后的历史记忆)呈现的,而这种记忆本身是不完整或有偏差的,在即兴叙述时即便没有经过认真推敲,还来不及掩饰某些真相,但其语言表述的不准确也是难免的。主观想象、虚构甚至编造历史情景的可能性在这个过程中依然存在。至于因记忆本身的失误而导致的时间、地点、人物的错位,更是难免的。故这种即兴叙述的历史记忆,很难简单地判断说就是真实的,其中同样既有真实记忆的呈现,也有虚构的想象成分在内;有历史记忆的部分真实再现,也存在着历史记忆的偏差和重构。但需要强调的是:即便是不准确的回忆,也很可能真切地反映了口述者当时的真实情景;只有在"深思熟虑"之后才能重构出富有欺骗性的假话。但是否可以因叙述经过"深思熟虑"就否定其叙述的真实性?

"深思熟虑"的过程,既是唤醒记忆的过程,也是重构记忆的过程;既可以真实地呈现记忆中的真实,也可以根据现实利害而人为地虚构所谓记忆真实。所以,口述者在这个过程中有时间、有能力对历史记忆加以虚构,但也同样有时间、有能力更好地展现历史记忆的完整性和真实性,不能以是否经过"深思熟虑"来判断叙述内容的真伪,而应靠访谈者以文献、他人口述加以验证。

这样看来,历史叙述与历史记忆之间存在着较大的距离,历史叙述的内容必然少于历史记忆的内容,更少于历史真实存在的内容。历史叙述之真,不仅难以到达历史记忆之真,而且离本体的历史真实更远。所谓叙述之真,只是被记住的部分历史记忆而已,更多没有被记住的历史记忆无意中被遗弃了。叙述之真只是记忆之真的部分呈现。叙述之真经过多重帷幕的筛选和阻隔,与记忆之真确实存在着相当远的距离。当然,不能因叙述的选择性而根本否定记忆的真实和叙述的真实。即便叙述之真打了很大折扣,历史记忆本身仍然蕴含了一定的历史真实。历史记忆呈现过程中会发生变形,历史叙述中会出现虚构的成分,但任何虚构都有一定的原型,而这些原型正是历史记忆中的部分真实。

三、从生理、心理到社会环境:制约历史叙述的多重因素

口述历史的真实性来自历史记忆的真实性。口述历史文本的真实与否,决定于口述者叙述内容是否真实,决定于他能否将记忆之真完整而准确地呈现出来。但这是很难做到的,因为口述者的历史记忆呈现受主客观多方面因素的影响。自然的客观原因主要源于记忆的自身特性及其呈现方式的局限,体现为记忆的储存、回忆及呈现过程存在主观性、重构性及选择性,及记忆随时间推移而产生的遗忘现象。记忆的自然遗忘是不可避免的。随着时间的流逝,储存在人脑中的记忆会变得模糊、错误乃至遗忘。但影响口述者记忆呈现的因素,更多来自口述者心境、情绪、动机、信任度、意识形态、政治权力等等。这些因素构成了历史记忆呈现的又一重帷幕,这重帷幕对历史记忆呈现产生了严重的阻隔作用。历史记忆的变形与变声,是人的自身机能作用的结果;而历史记忆的扭曲与伪造,则是社会环境影响的结果。

影响口述者记忆呈现的因素,有生理因素、心理因素、智能素养及社会环境等。生理因素层面,包括个人年龄、体质、记忆力等因生理差异而导致的记忆呈现差异。记忆是人脑的机能,会因时间久远发生误忆甚至失忆。年龄的大小、身体的强弱、记忆力的好坏,都对历史记忆的储存及其呈现产生影响。口述者追溯的时间越远,流传的时间越久,失忆及记忆误差就越大。口述访谈一般是在事件发生若干年后才进行的,口述者年纪较大,身体虚弱而导致记忆力下降,历史记忆变得模糊不清,容易出现记忆误差,如记错了时间地点、人物张冠李戴、事件因果关系错乱及记忆失真现象等。经常出现的记忆失真情况有两种:一是记忆前后矛盾;二是对所述情节前后叠加,诸多事体相互交织,混淆不清。这种因生理原因而导致的记忆呈现的失误,属年深日久而导致的无意识的记忆偏差。它是人类生理自然局限的真实体现,也是人类无法根本改变的自然属性所致。

心理因素层面,包括个人情绪、感情、动机、心境、认知能力等心理差异而导致的记忆呈现差异。不仅人与人之间情感及认知能力存在差异并影响历史记忆呈现的差异,而且口述者在不同的情绪状态下所呈现的历史记忆也有差异。因历史记忆呈现过程伴随着理性作用,认知能力的差异也导致历史记忆呈现状况的差异。个人经历对历史记忆的形成和保持有较大影响。因口述者在人生经历上的差别,其对相同事件的感受和述说不尽相同,甚至截

然相反。因怀旧主义与感情机制的作用,历史记忆呈现不可避免地带有感情色彩,口述者会在无意识中扭曲历史事实,使呈现出来的历史记忆变形。口述者对历史事件的记忆和感受还难以脱离其民族国家限制,在回忆时会带有自己的民族情感,极力维护自己国家、民族、亲友的声誉,揭露敌对者的罪恶。1982 年出版的《撕裂的国家:以色列独立战争口述史》是关于以色列独立战争的口述历史记忆著作。由于这场战争涉及对立的以色列人和阿拉伯人,故双方亲历者对这段历史的记忆有较大差别,口头叙述这段历史时的感情、体验和情绪也就存在巨大差异。口述者站在本民族的立场上,怀着对本民族的同情进行叙述,自觉或不自觉地为自己的民族辩护。作者从同情以色列人的立场出发,主要采访了一些以色列人,附带采访了几个以色列统治下的阿拉伯人,结果全书带有明显的为以色列辩护的倾向。作者毫不犹豫地说:"作为一个众所周知的以色列的同情者,对我来说,要做到客观和公正是绝对不可能的。"①由于历史记忆在具体呈现时有强烈的情感色彩和民族情绪,对立着的族群很难正视"过去",故其对相同历史事件有着不同的记忆,其呈现出来的历史记忆是矛盾、冲突甚至根本对立的。如在以色列人与巴勒斯坦人之间,塞尔维亚人与克罗地亚人之间,人们通常陷于无休止的历史记忆竞赛中。

口述动机是口述者呈现历史记忆时的心理状态。口述动机决定着口述者为什么要说、说什么及怎样说,关系到历史记忆呈现的真实程度。口述者对记忆呈现抱着复杂的心理状态,如抵制心、疑防心、迎合心和应景心、羡憎情结、历史泄愤等,心态差异影响着口述内容的真实性。口述者存在着多种口述动机,如辩诬白谤型、获取报酬型、维护正义型、自我表功型、感恩赞美型、以史明鉴型、公益事业型、历史责任型等。动机的不同影响口述者对历史记忆及其呈现内容的选择,每种动机对历史记忆的呈现所产生的影响是有差异的。口述者对口述后果的预期,导致其有意识隐瞒或遮蔽部分真相,影响其叙述的真实性。

口述者叙述的历史,是其记忆中的历史,记忆所呈现的并非完全是客观的历史真实,而是记忆中的部分历史真实,并且这种真实是经过后来经验改造和重构的结果。从本质上说,历史记忆是事实与想象的混合体,既包含着事实,也包含着想象。口述访谈的过程,是重新唤醒历史记忆,呈现历史记忆的过程。但这种呈现不是自然的客观呈现,而是经过口述者主观加工、再构造和再选择后的呈现。哪些"过去"作为历史记忆被呈现出来?这是口述者主观选择的结果。他所呈现出来的过去,并不是客观的历史事实,而是被重构的有关过去的所谓事实。这种事实是主观化的事实,是口述者经过主观变异而构建后的所谓事实。历史记忆中的事实与客观的历史事实有相当远的距离。口述者总是依据后来的感受编造先前的经验与经历,即便是受过严格学术训练的学者也不能例外。章太炎民族意识的觉醒在庚子国变前后,但章氏晚年因坚守民族主义立场,故其晚年向弟子们叙述自己的早年历史时,不断渲染自己从孩童时期就具有强烈的民族主义意识,这显然是以后来的意识回溯早期历史。康有为、梁启超等人后来的陈述都有类似现象。

口述者的历史记忆渗透了随后的经验,其历史叙述的内容是记忆中的历史事实,即不是历史之真,而是记忆之真;而记忆之真是由当时存储的记忆和随后增加的经验共同改造过、重新建构过的历史记忆。口述者的个人偏见、怀旧的情绪、童年的不幸经历、对亲人的情感以及健康的妨碍等,都可能使历史记忆呈现出现扭曲,都难以保障记忆呈现的客观。对此,

① 彭卫,等.历史学的视野:当代史学方法概述[M].西安:陕西人民出版社,1987:284.

约翰·托什指出:"但当历史学家从现场消失时,困难也远未消除。因为,甚至受访者也不是在直接触及过去。不管是多么的准确和生动,他或她的记忆都渗透着随后的经验。他们也许会受从其他消息来源(尤其是媒体)获得的信息影响,他们也许会受怀旧之情(那时的时代是美好的)的左右,或为对儿童时期贫困的不满所扭曲,这种不满会影响他们随后的生活。对任何人而言,倾听感受和看法——例如对父母的情感或对工会官员的不信任——通常会深信口述证据的可靠性,然而它们也许只是稍后经历的情感表述,而不是所涉及的那个时期的。"①

历史记忆的呈现与"现在"息息相关,受当下情景的影响,受后来经验的渗透。受口述者后来经验的影响,历史记忆通常会将"过去"的历史变成"现在"的历史,将"过去的声音"变成了"现在的声音"。口述者以现在的语言、情景和风格叙述过去的故事,呈现关于过去的历史记忆。20世纪80年代的人们叙述20世纪60年代的故事,故事是20世纪60年代的,但叙述方式则是20世纪80年代的。其对历史记忆的呈现,已经渗入20世纪80年代的语言风格、语言词汇和价值判断因素,并且其叙述的历史记忆内容,是根据20世纪80年代的现实需要而进行取舍选择后的部分历史记忆,并非20世纪60年代的所有历史记忆,带有明显的"后见之明"色彩。

历史记忆受后来经验的影响,是历史记忆的特性。"不管它依赖的证据是什么样的,与过去直接接触的观念都是一种幻象,但也许最严重的情况就是那些源自后见之明的证据。'过去的声音'也必然同时是现在的声音。"②历史学家在评价保罗·汤普森的《爱德华时代的人》时认为,活下来的生活在"爱德华时代的人"后来变成了"乔治时代的人",现在又变成了"伊丽莎白一世时代的人",他们对"过去"的回忆明显受到现时代的影响。故批评者质问:"他们的童年记忆,难道不是有很多是在他们年龄较大时回忆的产物吗? 他们后来也许会读到的自传或小说难道不会强化某些印象而弱化其他印象吗? 电影或电视节目难道不会对他们的意识产生某种影响吗?"③

口述者按照自己的想象和主观意愿重新组合、编排、过滤历史事实,必然导致对相同事件的多种呈现和多种声音。对同样的历史事件,不同的当事人会有不同的甚至是对立的历史记忆。它们都在述说各自记忆中的事实,表达着各自不同的价值观、道德观和意识形态,都在为自己说话,为自己作证。历史记忆的多重叙述呈现,体现了记忆呈现的多样性和差异性。这种记忆叙述呈现的多样性,被称为"罗生门"现象。口述主体之间的利益冲突,是导致历史记忆内容差异的根源。历史真相只有一个,当事人都宣称自己的记忆还原了历史真相,而这些记忆又是矛盾的,就意味着这些相互对立的历史记忆总有偏离真实之处。面对这种"众声喧哗"的记忆呈现状态,尽管通过对历史事件的记忆分析可以在一定限度内复原相关事件真相,接近历史真相,但这种现象典型地体现了历史记忆的不可靠性,增加了人们对历史记忆呈现方式及其结果的不可信度,使人们更有理由怀疑口述历史的真实性。这种"罗生门"现象,"真实"地反映了历史记忆呈现的复杂情况。这种复杂的多重呈现,才是历史记忆的真实情况。这种情况对于追求历史记忆的真实性是困难的,但对研究历史记忆呈现背后

---

① 彭卫,等.历史学的视野:当代史学方法概述[M].西安:陕西人民出版社,1987:284.
② (英)约翰·托什.史学导论[M].吴英,译.北京:北京大学出版社,2007:269.
③ (英)约翰·托什.史学导论[M].吴英,译.北京:北京大学出版社,2007:270.

的意义却是有价值的。① 法国著名历史学家布罗代尔说："在我的意愿中,历史应该是一首能够用多种声部唱出的、听得见的歌曲。但是,它有这样一个明显的缺点:它的各个声部常常互相遮掩覆盖。在所有这些声部中,没有一种能够永远使自己作为独唱被人承认、接受并把伴奏拒之千里之外。"②历史记忆的"多声部"呈现,才是历史记忆的真实呈现方式。

如果说依据后来的感受回溯先前的活动是历史记忆受到后来经验影响所致的话,那么,有意回避某些对自己不利的事情,甚至编造或者隐瞒历史事实,则是受社会现实利害影响而出现的现象。在历史记忆呈现的选择过程中,社会环境的影响更为突出。哪些历史事实会进入他的记忆,哪些历史记忆会呈现出来,是口述者主观选择的结果。历史记忆呈现的选择,取决于口述者的价值观及其背后的选择权力。历史记忆的内容庞杂,究竟哪些内容被置于优先呈现的地位? 显然是那些被视为有价值、有意义的记忆内容。但如何判断记忆内容的价值和意义? 社会权力操纵着历史的呈现及历史叙述,影响着历史记忆在内容及呈现方式的选择。既然历史记忆本身及其呈现内容是有选择的,那么历史叙述就必然是残缺不全的,不可能是历史记忆的完整呈现。

趋利避害是人之本能,在谈到对自己不利的情况时,采取回避、推卸或轻描淡写的态度是人之常情。口述者有意删改某些记忆中的真实,遮蔽某些历史事实,仅仅叙述那些对自己(或族群)有益的历史记忆,所依据的就是主流意识形态和社会政治势力主导的现实利害关系。主流意识形态和社会政治势力,是制约口述者历史记忆呈现的重要因素。口述者受主流意识形态的控制,难以完全真实地呈现历史记忆,或仅仅讲述历史记忆中的部分真相,同时掩盖另一种真相。他叙述的仅仅是对自己有利无害的部分真相,是政治势力许可范围内的部分真相。为了迎合政治权势,他们在叙述时会有意夸大对自己有利的这部分真相,有意回避对自己不利的那部分真相;对敌对者会有意进行贬损,对亲近者会有意褒扬。屈从于政治压力,他们可能会有意伪造历史记忆,伤害某些人的利益。主流意识形态及政治势力,使口述者对历史事件及相关人物的回忆很难做到客观,不是其历史记忆中没有关于事件及相关人物的正面积极形象的记忆,而是迫于政治压力不敢将其呈现出来。

社会主流价值取向对口述者呈现历史记忆同样产生较大影响。口述者的记忆建构及其呈现,明显受到社会主流价值取向的影响。口述历史记忆呈现的过程,是口述者通过回忆自己的经历逐渐趋同所在群体价值的过程。在这个过程中,他会不断地用群体价值观校正自己的价值判断,体现为社会认同意识和从众心态。群体记忆既可以促使个人记忆接近历史真实,但也可能为了屈从群体认知、群体价值而怀疑甚至修正自己的记忆,导致偏离历史真实。澳大利亚澳新军团口述者对社会记忆的建构过程,便是典型的案例。澳新军团参加1915 年的加里波利战役,对澳大利亚国家意识的形成发挥了重要作用,故 20 世纪 20 年代以来被官方加以宣传。阿利斯戴尔·汤姆森的研究,揭示了那些在战斗中经历过创伤和无能为力感的人是如何压制其个体记忆,以与有关他们在前线忠诚、勇敢和友爱的公认描述相匹配,直至今天多数澳大利亚人仍然接受这种叙述。这是典型的个体记忆屈从于社会记忆、个体记忆受社会主流价值观影响的案例。正因如此,约翰·托什得出结论:"我们已经看到社

① "罗生门"及记忆失真现象是值得重视的问题,目前学界已经开始对其进行研究,本文暂不对此展开讨论,容后专文阐述。

② (法)费尔南·布罗代尔.菲利普二世时代的地中海和地中海世界(第 2 卷)[M].唐家龙,译.北京:商务印书馆,2013:976.

会记忆是如何被政治要求所塑造，由此它们经常会与历史学家所确证的对事件的认识产生分歧。口述史能够揭示分歧产生的过程，这样做有助于理解普通人的政治文化和历史意识。就他或她的证词而言，言说者的主观性也许是最重要的内容。个体对过去的认识包括了对直接经验的选择，以及对他们生活于其中的社会制度的某种认识。"①

此外，口述者的人格、信仰、品德、认知能力都会影响到历史记忆呈现时的真实性。王海晨指出：口述者人格对口述真实性的影响是整体的、宏观的和不知不觉的，而口述者与所谈事情的"亲密程度"则是具体的、直接的和感性的。亲历、亲见、亲闻是采访者为口述者"说什么"划定的范围，也是口述者"怎么说"的标准。口述者所叙述的历史记忆，对亲历事情的真实性高于亲见，亲见又高于亲闻；谈政事的真实性低于谈家事，家事低于情事，情事低于心事，至于琐事需要做综合判断。② 因此，访谈者必须对口述者叙述的真实性保持警惕。约翰·托什警告说："个人回忆的生动性是口述证据的力量所在，也因而是它的主要局限性所在，历史学家需要谨防陷入被访问者的思想范畴之中。"③

这样看来，影响口述者历史记忆呈现的因素，除了生理层面的因素外，主要是心理层面和社会环境层面的因素。个人经历、情感及动机等心理因素对历史记忆呈现的影响，是无意识的；现实利害、主流社会价值取向、主流意识形态及政治势力等社会环境因素，则是有意识的。社会环境因素对口述者选择记忆、叙事角度、评价历史事件、褒贬历史人物有着难以抗拒的影响。历史记忆的建构和呈现深受社会现实利益、社会价值取向的影响。受生理、心理和社会环境多种因素过滤和阻隔后而形成的叙述文本（音像文本），显然与口述者的历史记忆有着较远的距离，与客观存在的历史真实之间的距离则会更远。

四、访谈者与音像文本整理：从叙述之真到口述文本之真

历史记忆呈现（历史叙述）的成果，是叙述文本（音像文本、音像资料、录音录像、语音资料、声像史料等）。叙述文本的形成，不仅受口述者从生理心理到社会环境诸多因素的影响，而且受到口述历史的另一个主体——访谈者主观参与的影响。从叙述文本制作到口述文本的整理，访谈者自觉地参与了叙述文本的整理、加工和修改，并在整理过程中增加了主观因素，从而使历史叙述文本与口述历史文本之间存在着一道厚重的帷幕。访谈者与口述者双重努力（合谋）后形成的口述历史文本（指最后形成以文字为主的口述历史文本），不仅与历史叙述文本（音像文本）有较大差异，而且与历史记忆有较远的距离。

在现代录音录像设备未发明之前，口头叙述的主要局限是"口说无凭"。因口述者的声音无法记录保存，故难以验证口述者是否说过或准确地说过什么，更难以保留确凿的证据以追究口述者的责任。不仅口述者在叙述后可以比较容易地否定自己说过的话，而且听过某人说过某话者也容易错解、杜撰、篡改当事人的话，从而使人不信任口头陈述，故有"口说无凭，立据为证"，采取文字的方式呈现和保存历史记忆。自照相机、录音机、摄影机等音像录制设备发明并流行之后，口述声音的保存、整理和传播变得非常容易，"口说无凭"变成"口述有据"。口述者对历史记忆的语言叙述，通过录音录像的技术手段保存下来，形成音像文本，

---

① （英）约翰·托什. 史学导论［M］. 吴英，译. 北京：北京大学出版社，2007：273.
② 王海晨. 影响口述史真实性的几个因素——以张学良口述历史为例［J］. 史学理论研究，2010：2.
③ （英）约翰·托什. 史学导论. 吴英，译. 北京：北京大学出版社，2007：270.

进而为整理转换成口述历史文本提供了基础。

为了保证口述者记忆呈现的真实性，访谈者在对口述者进行历史记忆唤醒、采集时，强调所谓客观的中立性。实际上这是很难做到的。作为口述访谈的主导者，访谈者总会在某种程度上影响着访谈者的口述过程。约翰·托什指出："假定口述证据都是代表过去经历的纯精华内容，那是天真的，因为在访问中，每一方都会受另一方的影响。正是历史学家选择了受访者并确定了他感兴趣的领域；即使他不问问题，仅仅是倾听，一个外人的存在也会影响受访者回忆和谈论过去的氛围。最终的结果既会受历史学家相对于受访者而言的社会地位影响，也会受他或她掌握的用来分析过去并能很好地与受访者交流的术语影响。"[①]

口述历史是访谈者与口述者共同完成的。主体的双重性是口述历史的显著特点。作为口述历史的双重主体，访谈者与口述者是缺一不可、无法互相替代的合作关系，但两者在口述历史各个环节中所起的作用有较大差异。口述者是历史记储存及其呈现的主体，因而也是口述历史的最重要主体。口述历史本质上是口述者讲述的历史，是口述者呈现出来的历史记忆，是口述者记忆中的历史事实，而不完全是访谈者认知和撰写的历史。但这并不意味着不需要访谈者主体。口述历史访谈的实践证明，口述者如果没有访谈者的适度引导，可能会脱离整个访谈主题，这样记录的口述历史也许仅仅是口述者零散的叙述片段。因此，口述历史是访谈者与口述者双方共同合作的结果，口述历史文本是经过访谈者与口述者双层主体选择后形成的口述历史成果。

作为口述历史的主体之一，访谈者的作用并非可有可无。他是口述历史的策划者和主导者，处于"导演"地位。他负责口述历史的整体策划、具体问题设计、访谈问题的提问、辅助资料的查找、录音文本后的整理，还有口述内容的取舍、诠释，以及口述文本的定稿等工作，在口述历史访谈中占有较大的主动性。访谈者是呈现历史剧情的导演，是音像文本的催生者和整理者，但绝不是口述历史记忆及叙述的主体，不是口述历史舞台上的中心演员。唐纳德·里奇说："访谈者是以互动的方式与受访者合作的，他要提问题，针对受访者的回应做追踪，并提供人名、日期和其他一般人容易遗忘的资料来协助对方。"[②]访谈者仅仅是口述者历史记忆呈现的助产者，而不是音像文本的生产者。

口述者叙述的是其记忆中的历史真实，访谈者对口述者进行口述访谈，旨在发掘、采集口述者的历史记忆，力图完整准确地将其记忆中的历史真实叙述出来，并将其叙述的声音录音录像并加以整理。因此，访谈者在口述访谈过程中可以按采访提纲提问、插话，但更应是历史记忆的采集者，是口述者的协助者，而不是口述者历史记忆的评论者。他不能以自己对历史事件的认识影响口述者，更不能将自己的历史认识强加给口述者，使口述者叙述的历史真实接近访谈者心中的历史真实，使口述历史变成口述者根据访谈者意志呈现的"口读"历史。

访谈者不仅在口述访谈过程中主动参与，对音像文本的形成起了推助作用，而且主导着从音像文本向口述文本的转换。如果说口述者在历史记忆及其呈现过程中起着主要作用的话，那么，访谈者在从音像文本向口述文本转化过程中则发挥着主要作用。从音像文本转为口述历史文本，是对口述者历史记忆呈现出来的音像资料进行整理的过程。这项复杂的整

① （英）约翰·托什.史学导论[M].吴英,译.北京：北京大学出版社,2007:269.
② （美）唐纳德·里奇.大家来做口述历史[M].王芝芝,姚力,译.北京：当代中国出版社,2006:15.

理工作(包括将录音录像整理成文稿、纠正音像中的错讹、补充音像文本中的史实、核对引文、时间地点人物的考证、添加大小标题、撰写标题下的内容提要、编制各种索引、介绍口述背景等),主要由访谈者负责完成。

对口述者呈现历史记忆而形成的录音录像进行整理,可以使无序的语音资料条理化和有序化。访谈者整理音像文本资料的过程,是将语言呈现的历史记忆转换为文字记录文本的过程。其最后形成的口述历史文本,是口述者历史记忆的文本呈现成果。这个过程是将语言转变为文字,并对转换后的文字进行规范化的过程。录音录像为载体的语音资料转换为文字为载体的文字稿本的过程,就是对口述者历史记忆再次进行理性化、条理化和有序化的过程。访谈者在整理过程中剔除了口述者主观的心理不稳定因素,经过了改造、整理的有意识选择和过滤后,口述文本比音像文本更具有条理性,进而减少了音像文本情绪化的不稳定性。但这也意味着因访谈者的主观筛选而失去许多原始音像信息,因为文字无法将录音录像中所有的信息都呈现出来。它既无法还原口述者的语气声调,也无法还原口述者表情情绪,更无法还原口述者在进行语言叙述时伴有的肢体语言(手势、眼神等)。音像资料中的这些内容会在语音转换成文字时丢失。同时,访谈者会根据文字通顺的基本语法规范,对口述者的录音录像进行技术处理。带有个人和地域特色的方言俚语会被整理成普通话;口述者前后重复的内容会被访谈者调换到一处并有所删减;口述者所讲的许多"半截话"会被访谈者增补完整;口述者说错的时间、地点、人物等信息也会被访谈者改正。访谈者要对照文献档案,对口述内容的失真失实处、记忆的偏差处,或征求口述者意见后做出改动,或做出适当的校正性注释。经过访谈者的加工整理,口述者叙述的音像文本转换为口述历史文本。访谈者不仅主动介入了这个转换过程,而且其中渗透了太多的主观因素。

访谈者的主动介入及以文献补充修改音像文本,并不意味着访谈者在整理口述录音并加工制作成口述历史文本时可以随意改变口述者的音像文本。某些访谈者为使口述历史文本有"可读性",在整理过程中采取了某些"灵活"笔法。这种"笔法"是很危险的,将会严重损害口述历史文本的真实性。有可能为迁就口述文本的"可读性"而牺牲音像文本及口述者历史记忆的真实性。这种做法在原则上是不能允许的。尊重音像文本的真实,是访谈者介入的最后底线。口述历史注重的是史学家特有的"秉笔直书",不是文学家"寻常一样窗前月,才有梅花便不同"的表述技巧。

在音像转换为文本过程中,访谈者固然起着主导作用,带有自己的主观选择,但口述者并非仅仅是冷眼旁观者,而是热心参与者。访谈者整理的口述历史文本,需要返还给口述者确认并进行再次访谈加以补充。在这个过程中,口述者会对访谈者整理过的口述文本进行删改,然后形成新的口述文本。在口述文本整理过程中,不仅访谈者的主观选择起了主导作用,而且口述者再次将自己的主观选择参与其中。故最后形成的口述历史文本,不仅是访谈者根据口述录音进行整理的结果,而且也加进了口述者的修改意见,是访谈者和口述者反复修改后的口述文本。口述者和访谈者都有机会有时间根据自己的主观意志对口述文本进行筛选和过滤。面对着自己的录音将以文字形式发表时,口述者会隐去某些人名,改变原来的叙述,这既可能是对历史记忆所做的矫正和补充,使历史记忆更接近记忆中的真实;但也可能是因社会环境因素而作的曲解,有意遮蔽和虚构某些历史,使历史记忆远离历史记忆中的真实。有人叙述自己遇到的这种状况时说:"某人口述讲得挺好,我好不容易把它整理成文字,然后请她核实,结果被她大刀阔斧地几乎全部改写,该删的删了,该改的改了,该隐讳的隐讳了，受访者担心可能招致的议论、歧视、官司，做出种种删改，当然也无可厚非，问题是在核定人名、地名、时间的同时，又制造出新的不真实。"①因此，经过访谈者与口述者"合谋"后形成的口述历史文本，与音像文本之间便出现了较大差异；口述文本之真与音像文本之真同样有着一定的距离。这样，客观存在的历史真实经过历史记忆、历史叙述、叙述文本整理等多道帷幕筛选和阻隔之后，究竟还有多少历史真实被遗留下来？经过多重筛选后的口述文本中究竟还包含有多少真实的历史记忆，确实是值得怀疑的。

五、四层真实与三重帷幕：从探寻记忆之真到逼近历史之真

真实是历史的灵魂，历史研究的本质就是探寻客观存在的历史真实。所谓历史真实，是指在人类历史进程中发生的客观历史事件。口述历史是以挖掘历史记忆的方式追求客观的历史真实，其特点是以口述者的历史记忆为凭据再现历史真实。历史记忆是指历史事件的亲历者对历史事件的回忆。因此，历史记忆是呈现口述历史真实的一种主要方式，口述历史的真实性主要取决于历史记忆的真实，而历史记忆储存及其呈现方式的局限，则影响了口述历史的真实性。

从口述者亲身经历的客观存在的历史真实，到口述历史文本的真实，中间经过历史记忆加工、历史叙述呈现、叙述文本整理及形成口述文本等多个复杂环节。每个环节都是一重帷幕，阻隔着历史记忆的穿透，从而使客观的历史真实大打折扣并有所变形。不仅客观的历史真实与历史记忆之间存在着阻隔和距离，而且历史记忆与历史叙述之间也有阻隔和距离；不仅口述者的历史叙述受到多种因素干扰，而且叙述文本整理也有访谈者的主观参与，从而使音像文本与口述文本之存在着较大阻隔。经过历史记忆加工、历史叙述呈现及口述文本整理三重阻隔后而形成的口述历史文本，与历史记忆有较大的距离，与客观的历史真实距离更远。

历史记忆在多大程度上呈现历史真实，是一个问题；历史记忆在多大程度上通过语言叙述得以呈现，又是一个问题；历史记忆呈现出来的叙述文本多大程度上被整理成口述历史文本，更是一个问题。口述历史范畴中的"真实"，可以分为四个层面：历史之真（客观的历史真实）、记忆之真（历史记忆中的真实）、叙述之真（音像文本真实）、口述文本之真（根据音像整理的口述文本真实）。从口述者亲历的历史真实，到口述文本呈现的历史真实之间，即从历史之真到口述文本之真中间，经历了三重帷幕（三道程序、三个环节、三次筛选、三层间隔）的过滤和阻隔：一是从历史之真到记忆之真，二是从记忆之真到叙述之真，三是从叙述之真再到口述文本之真。客观存在的历史真实经过了记忆、叙述、整理三重帷幕的筛选和阻隔之后，还剩下多少历史的真实？历史记忆穿过主观叙述和主观整理的多重帷幕之后，还剩下多少接近历史真相的"真实"？经过三重帷幕的筛选和阻隔，客观的历史真实与口述文本真实之间确实存在着相当远的距离。

第一重帷幕是从口述者亲身经历的历史真实，到口述者将历史事实存储为历史记忆的过程。历史真实经过口述者的记忆存储、保持与回忆诸环节的过滤与筛选，形成了历史记忆；这中间因记忆特殊机能而使历史事实有所变形。并非全部的历史真实都存储为历史记忆，大脑中存储的历史记忆之真，与历史之真有较大的间隔和差距，历史记忆的真实已经对

---

① 刘小萌.关于知青口述史[J].广西民族学院学报,2003(3).

客观存在的历史真实打了较大折扣。这种历史记忆不再是全部的历史真实,是选择后的部分历史真实;口述者呈现的所谓历史真实,实际上是经过记忆本身筛选和阻隔后的部分历史真实。

第二重帷幕是将存储的历史记忆,通过回忆的方式呈现出来,表现为历史叙述的过程。历史记忆的呈现是以语言文字为中介的,以语言表述出来的就是口述,以文字表述出来的就是文献。语言和文字整理着历史记忆,将存储于大脑中的历史记忆呈现出来。在这个过程中,受语言的限制和阻隔后呈现出来的历史记忆,既非记忆的全部,也非记忆的准确呈现。记忆在呈现中既有数量的减少,更有内容的失真和变形。在历史记忆转变为历史叙述过程中,生理、心理及社会因素的多重因素影响着历史记忆的呈现结果。

第三重帷幕是从叙述文本到形成口述历史文本的过程,是访谈者将音像文本转换为口述文本的过程。口述历史的双重主体特性,决定了访谈者与口述者共同参与了口述历史工作。访谈者在整理过程中的主观取舍,实际上是对口述者呈现出来的历史记忆的检验、修订、补充和取舍。经过访谈者这道工序的筛选与阻隔,口述者叙述的记忆中的历史事实再次打了折扣。经过整理的口述文本与音像文本之间有距离;音像文本与历史记忆之间有距离;历史记忆与历史事实之间也有距离。历史之真经过历史记忆、历史叙述、口述文本整理三重帷幕的过滤和阻隔,在口述历史文本中呈现出来的历史真实是非常有限的。口述历史所得到的所谓历史真实,是口述者记忆中的历史真实,是部分历史记忆的真实,是客观的历史真实的一部分。因此,不能过高地估计口述历史所包含的历史真实性,应该坦然承认口述历史存在着某种失真及"不可靠性"。

正因口述文本之真与历史之真之间有着较远的距离,中间有着多重阻隔,故口述历史应当关注历史之真如何冲破多重帷幕的阻隔而得到部分呈现。口述历史的主要任务,就是挖掘、采集、保存、整理口述者的历史记忆,在探寻记忆之真的过程中无限逼近历史之真。口述历史的真实性,主要体现在多大程度上反映历史之真和记忆之真,而不应过分纠缠于口述文本之真伪。口述历史不能呈现全部的历史真实,只能反映部分的历史真实,历史学家应该着力发掘记忆之真而减少记忆呈现的阻隔,无限逼近历史的真实。历史的真相或许是唯一的,但对它的记忆及其呈现出来的面相则是多样的。不同的口述者从不同的视角对相同历史事件所呈现的历史记忆是不同的;同一个人在不同的境遇中以不同的视角所呈现的历史记忆也是有差异的。马克思说过"历史事实从矛盾的陈述中清理出来"[①],对于相同事件有不同乃至矛盾的叙述,是完全可以理解的。口述者对历史之真的追寻,很像是瞎子摸象,自以为摸到了历史真相,但他所触摸到的仅仅是部分的真相,是其历史记忆中的部分真相,离客观存在的历史之真还有相当大的差距。口述历史研究就是这样一种以挖掘历史记忆的方式无限逼近历史真实而又无法完全得到历史真相的追逐历程。

口述历史研究者无须过度悲观,更不必由此根本否定口述历史的真实性及其学术价值,因为作为历史记忆呈现方式的文献资料同样存在着"不可靠"的局限,而应当抱定"知其不可为而为之"的乐观态度,苦苦探寻记忆之真并无限逼近客观的历史真实。为了保证口述历史文本的真实,必须着力探寻历史记忆的真实和历史叙述的真实。历史记忆受其内在机制及

① 中共中央马克思恩格斯列宁斯大林著作编译局.马克思恩格斯全集(第28卷)[M].北京:人民出版社,1973:286.

自然因素的影响,其真实性很难为口述者所左右,但历史叙述的真实则是口述者能够把握的。故口述历史的主要环节,应该放在历史记忆呈现过程中,研究影响历史记忆呈现的多重因素,以口头叙述的方式将历史记忆真实、完整而准确地呈现出来。为此,必须排除历史记忆呈现过程中的多种因素阻隔,使历史记忆能够尽可能多地呈现出来。这实际上就是口述历史所要做的主要工作。

（原载《史学史研究》2014 年第 4 期）

课后实务:口述史团队采访

　　以小组为单位,选择一个野外地方或本校教授、干部们,做一次口述史采访。原则上,两人一组,成为一个采访小分队。

第九讲　公众影像史

线上讲义

一、用绘画记录历史

不知你有没有注意过，随着时空的变化，人与物的外在形象是会变的。那怎么办呢？我们人类当然没法控制事物外在形象的变化，但可以动一些脑筋，借助一些外在技术，将人和物的外在形象保存下来。

这一行为首先借助我们的大脑和眼睛来完成。我们人类的大脑和眼睛有摄像功能，能将所见的实物图像摄录进大脑，然后储存在记忆之中；而且大脑也具有回放功能，可以在大脑中回放所记忆的图像。但是遗憾的是，大脑的回放是在个体大脑中进行的，是在一种完全封闭的环境中进行的，别人是看不见的。别人要想看到的话，必须借助其他的技术。通过很长时间的探索，人类发明了一种可以把人与物的形象再现的技术，这种技术可称之为"历史的形象再现"。

人类最早找到的方式是绘画。绘画方式的出现，时间是比较晚的。如果说我们人类在地球上繁衍生存了二百多万年的话，绘画的发明至今才一万多年。在那个只有绘画而没有文字的时代，绘画是我们人类保存生活世界面貌的唯一的办法。我们最早的文字实际上也是绘画，是事物最简单、最抽象的表达方式。后来文字与图画分道扬镳，图画的抽象化变成了文字，而图画的完全实物化就变成了绘画。最早的画是一种岩画，也就是说我们人类将画画在大的石头上，比如说山上。最早的岩画近于我们今天的素描。我们在宁夏大麦地发现了大片的岩画，这是中国最早的岩画，据说有两千多个符号，这个岩画是北方狩猎民族留下来的。在云南少数民族里面，我们发现了纳西文和东巴文。最后是我们常见的画在纸上的画，在我们中国有上千年的历史，使用的时间是很长的。这种绘画有什么问题呢？主要有两大问题：第一比较费时，画一张画要费很多时间；第二只能近似，因为我们古代技术比较落后，没有办法，我们只能用这种近似的绘画来保存人类和动植物的外在形象。

二、用照相记录历史

欧洲人最早开始工业革命，他们用现代技术来解决形象的再现问题。到了 1826 年，法国人尼埃普斯借助日光的曝光，完成了世界上第一张照片《在 Le Gras 窗外的景色》。到了

1839年,另外一个法国人叫达盖尔,进一步改良,发明了银版摄影术。从此,人类进入摄影的时代。摄影有什么好处呢?至少有两大优势,第一是瞬间捕捉,第二是准确再现。到了19世纪40年代,随着欧洲人来到东方,摄影技术也传到了香港。19世纪40年代以后,香港有了摄影技术。此前的明清时期,中国人已经开始发明一种替人绘画的商业机构,被称为"影像楼"。到了这个时候,这一拨绘画师同时负责摄影工作。久而久之,摄影这项业务越来越大,开始有"照相楼"这样的称呼。到了19世纪七八十年代以后,香港等地的照相楼多起来了。到了1888年,有了更大的突破,美国柯达公司发明了盒式的相机,这就解决了拍摄和暗房技术分离的问题。到了20世纪90年代初,"傻瓜机"开始普及。傻瓜机使摄影技术由专业技术变成人人都可以上手的普通摄影技术。进入21世纪,数码相机的普及,使我们人类抛开了传统底片的限制,开始无限量地拍摄图像。最近十多年智能手机的发明,又往前推进了一步,我们时时处处都能够拍摄。可以讲,我们进入大众摄像时代。在这个过程中,拍摄者也慢慢发生着变化。最早一拨拍摄人群,当然都是专业的摄影师,人数是少的。到了现在,摄影慢慢普及,人数也越来越多。在这过程中,有个词叫"拍客",不知道大家有没有注意。什么叫"拍客"呢?拍客就是拿着相机到处捕捉镜头的人,已经成为拍摄的主力军。傻瓜机、数码相机、手机发明以后,出现一种"全民乱拍"的现象,人人都可以拍。这样,我们就进入一个完全的大众摄像时代。

三、为什么要拍照

我经常问学生一个问题:"你喜欢拍照吗?"很多学生回答,不喜欢拍照。我进一步问他们:"你为什么不喜欢拍照啊?"有的同学告诉我,照片拍出来不好看。还有的同学告诉我,就没养成拍照的习惯。我上次碰到一位老人,也说不喜欢拍照。我问她为什么不喜欢拍照。她说拍它干吗,死了以后就被人家烧掉了。这些问题很有趣,当然不光是我们同学,很多人都有这样的想法,这种问题应该是不成问题的问题。比方说拍得不好看,有几种方法来解决,第一种连续拍,连续拍几张总有一张好看的。还有一个办法,找一个懂摄影的朋友替你拍,那拍出来的照片效果就比较好。对没有拍照习惯的,我建议多拍,多拍就养成习惯了,不拍当然是永远不会想拍的。至于老人那种观点,那可能是我们中国人对死的一种恐惧。人死了以后,他们生前用过的东西都应该销毁。这种观点我是坚决反对的。你想想看,照片是我们人来到人世间的唯一的证据,如果你把死者的照片也烧了,那就是他(她)彻底地从人世间消失掉了。照片是很重要的,它是我们个人来到人世间的最直接、最直观的证据。好多照片背后,都是可以引出一段故事的。譬如说《邓小平会见包玉刚》这张照片,就成了我们宁波大学一张很经典的照片。中国摄影家协会副主席李前光先生说:"影像能最真实地形象地记录历史和现实。"河南有一位摄影师刘明甫讲的话还要好,他说"影像就是用图片记录历史"。这句话真的是说到影像的本质上了,可以直接成为公众影像史学的宗旨。

有人会进一步问,留存照片有什么用处呢?它能够使我们后人目睹前人消逝的生活状况。照片是静态的,但门槛比较低,可以讲是门槛最低的一种交流工具,比较适合我们普通公众。你想想图片有什么特点?它比较形象、直观、客观,所以有时候"一图胜千言"。以前看书的时候,说这个美女怎么漂亮怎么漂亮,形容了半天,你都没法想象。但有一张图片,好看难看,你就能做直观的判断。照片还有一个什么好处呢?照片是不用翻译,就能够通行世界各地的。用文字表达的话,是需要翻译的,但是图片的话比较直观,全世界的人都看得懂,是一种真正的通行世界的文化工具。对大众来说,照片是一种真正的记录工具。图像对于我们历史研究来说,有什么用处呢? 当然很要紧了,我们现在很多地方要借助图像。我们研究古代历史的时候,以前我们都不知道古人长什么样,有了照片以后,我们就可以用图像来证史,图像可以补充丰富我们的历史。所以照相是非常重要的,我建议你应该改变你的一些观念。

你要拍出比较有意义的照片的话,还要讲究一些技巧。比如人物照来说,至少我们可以考虑到有四种拍法:第一种是单人照。第二种是个人生活照。第三种是人人照,譬如说像我们集体的一个合照。第四种是人景合照,譬如说,我们旅游的时候到此一游,就可以知道某某人去过什么地方。不同的照片都有它不同的价值和意义。我们到底怎样拍出一张好的照片? 最要紧的是用心去寻找,用心去发现,用思想去拍照,这样才能够拍到比较有意义的一张照片。当然,从历史角度来说,凡是留下来的照片都是有历史意义的。有的人看到原来的老照片,感觉这个照片拍得很难看。如果某一个阶段照片很多的时候,我们可以选择一下。如果这个阶段没什么选择的话,这张很难看的照片对你来说也是很重要的,因为它可以体现出你某一个时段的一种形象。总体上说,一张老照片,它背后就是一个故事,一个故事就是一段历史。所以我的建议是,你要多拍拍照片,养成拍照片的习惯。

四、影像志制作

今天提倡影像志,那怎么制作? 现在很多人家里面收藏着很多老照片,但是你可能拍好以后就放在抽屉里不去动它了,实际上这些老照片是可以进行加工的,可以变成"影像志"作品。从这个角度来说,原来家里面的老照片,仅仅是图像素材而已。那么,为什么家里面放着老照片就没想过编成影像志呢? 这中间缺什么呢? 很大程度上缺少一个历史意识,我们需要历史意识来打通最后一公里。20世纪90年代以后,中国的阅读世界在变化,山东画报社的冯克力先生主编了一个杂志叫《老照片》,这个杂志不断地发行以后,被人家称为"改变了我们中国人的阅读方式"。什么意思呢? 这意味着我们进入图像阅读时代。老照片影像志这种方式有什么好处呢? 对我们普通人来说特别好。我刚才讲到图片谁都看得懂,所以我们稍微加一点文字以后,就可以组成一种叫作"影像志"的作品,这种方式为普通老百姓参与历史的叙事提供了新的平台。

观众听了我说老照片可以做成影像志以后,很多人就会说,我们怎么才能够制作影像志? 我们这里教几种方法。第一种方法,我们称之为"粘贴式相册"。你可以到照相馆里买一本粘贴式相册,然后把你的老照片按时间顺序编排好,然后粘贴好,这种粘贴型的好处就是容量大,一本大概可以放两三百张照片。它的缺陷是,上面写些文字稍微麻烦一点,一定要加文字的话,可打印或者手写,然后粘贴。第二种方式是到店里买一种"照片档案"。这个是档案馆用的,它上面有张照片,然后下面可以告诉你什么时候拍的,主题是什么,这种方式就比较好,所以我们可以称之为"照片档案"。第三种当然是个人相册。个人相册,可以找一些老照片编排一下,然后找个照相馆帮你加工一下,有时候可以做成很精美的画册。在这里我们举几个例子,比如说山东有个叫焦波的人,他在父母亲去世以后,从原来10000多张照片里面选了120张照片,然后编了一本书《俺爹俺娘》。这本书编得就很成功,因为记录的父母亲都是很普通的父母亲,所以对我们普通人来说,就有直接的借鉴意义。2015 年,在宁波有一个叫顾榕塘的人,等到他结婚 50 周年的时候,编了一部相册叫《花漾的年华——我们的 50 年》,这也是一部影像志,蛮漂亮的。除了这些之外,我们还可以借助一些电子软件,这些软件很多,比如说数码大师之类的,我们年轻人可以用这些数码软件编相册,这样在电脑上更加方便。总体上,影像志的出现,有非常大的冲击力,老照片加工成册的前景是无限的,你不妨来试一试。

线下教案

➡ 讨论话题:

由叶景吕的编年影像志说起,照相是何时发明的? 如何发明的? 绘画何以会被照相代替? 不少人家中有相册,你想过可以这么加工吗? 通过家中老照片,可以建构出当代公众史。先看照相集,然后讲图片背后的故事与道理。讲出每张照片背后的故事,即可成一本影像志。

➡ 图书推荐:

1. 韩丛耀主编:《中华图像文化史》,中国摄影出版社,2016 年。

百卷本《中华图像文化史》分时段、分类型、分专题地深入研究了自远古至 1949 年之间的中华图像,以及中华图像文化的形成机制、文明形态与文化意义,清晰地勾勒出中华民族图像表征的文明主线。该部丛书分为断代史和类型史两个部分,目前第一期研究成果——前 50 卷本已被评为国家"十二五"重点出版规划项目,2016 年推出首 10 卷本,分别为断代史之《先秦卷》《秦汉卷》(上、下)、《魏晋南北朝卷》《宋代卷》(上、下),类型史之《图像光学卷》《皮影卷》与《插画卷》(上、下)。从 2004 年起,南京大学韩丛耀教授及其团队即开始着手中华图像文化史的整理与研究,尝试全面梳理中华民族发展过程中的各种图像,采用多学科交叉研究手段,深入剖析图像的多元价值及其所处的历史、文化、经济、政治、社会背景,探讨图像在传播文化、推动社会进步、促进人类行为文明和科学思维等方面所发挥的重要作用,并进而希冀确立中华视觉文明体系、构建中华图像文化学的理论方法。国学泰斗饶宗颐先生在总序中认为:《中华图像文化史》规模宏大、方法新颖、研究精深,对于保护、传承中华文化具有十分重大的"抢救性"研究的意义(吴楠《百卷本〈中华图像文化史〉前 10 卷在京出版》,中国社会科学网 2016 年 10 月 24 日)。

2. 张政烺主编:《中国古代历史图谱》,湖南人民出版社,2017 年。

这套书共 12 卷 17 册,凝聚了作者几十年的心血。如黄正健 1981 年研究生毕业分到历史所古文献研究室"图谱组",就开始参加《中国古代历史图谱》的编写工作。开始只是参加讨论,后来就承担了其中《隋唐五代卷》的编写任务,1989 年完成初稿。后来《图谱》下马。1992 或 1993 年再次上马,改由李学勤先生主编。在 1995 或 1996 年完成,《图谱》再次下马。到 2004 年前后,在王曾瑜先生的努力下,《图谱》再次上马。第三次完成了文字稿和图片小样,但迟迟找不到出版社。最后是湖南人民出版社接下了这个烫手山芋,终于完成了此书的出版。2016 年 8 月,黄正健退休。此书特点有六:第一是内容的全和细,第二是形式上以图为主,第三是性质上坚持以图片的"历史性"为第一选择标准,第四是科学性,第五是尽可能地反映近年来的考古成果,第六是资料搜集的广泛。

3. 仝冰雪:《一站一坐一生:一个中国人 62 年的影像志》,上海社会科学院出版社,2010 年。

福州人叶景吕(1881—1968),享年 88 岁。1896 年(16 岁)时,随自己的舅公、中国驻英国大使罗丰禄(1850—1903)出使英国,居住伦敦生活了 5 年。1901 年,罗丰禄调任驻俄国大使时,叶景吕回到福州定居。1903 年,罗丰禄故世后,叶景吕担任罗家在福州的"九盛典当行"和"建盛茶叶店"大掌柜。1947 年(67 岁),商店倒闭,他闲居家中,晚年收藏邮票、玉器、砚台、钱币等。为人乐善好施,口碑甚好。

此人可能是秘书出身,历史文本记录意识特别强,"我记录我的历史",知道"我"是谁。每天会写日记,什么事都做个记录,家里的事、国家的事、国际的事,每天都总结一下,每天写备忘录。可惜日记毁于"文化大革命"之中。除了文字记录,他还重视图像记录。1901 年(21 岁),他在英国拍摄了第一张照片,从此开了洋荤。婚后 1 年,1907 年(27 岁)开始,他开始有意识地替自己每年拍一张照片。这应与他生活在城中繁荣商业区且是见过世面的商人有关。福州最早开设的两家现代照相馆是时代照相馆与艺光照相馆,在离他家宫巷不远的八一路上。此后,他每年都会选一个好日子,跑去影楼拍一张写真,这成为他的一种生活习惯,这个好习惯被他坚持了 62 年。有人说他采取了一年"站"一年"坐"的姿势轮换照相,应是摄影师设计的姿势。最后一张照片后面有 12 个空白页,88+12=100,说明他是以百年为单位准备的。每张照片下面都有老人亲笔所写的拍摄时间、年龄以及家庭、国家当年发生的大事。这说明他的自我历史意识是相当强的。在这么早的年代里,能有意识地用摄影来记录一个人的生命过程,绝对是前无古人的想法。

以人为鉴,是人类固有的意识。一个普通人用这样独特的方式,记录了生命个体在大历史中的流逝过程。传统的历史书写是"记录",个体讲述和影像制作出的历史则是直接呈现,记录对象本身成为叙事主体,参与到历史知识本身的累积活动中。这是值得肯定的事。此相集跨越了晚清、中华民国和中华人民共和国,完整记录了一位平凡中国人的平凡或不平凡的一生。如此的持之以恒,在世界范围内的肖像摄影史中都是比较罕见的,被誉为人类摄影史上的一个奇迹。

私人照片相册本是家庭怀旧与记忆的载体,一般不会大范围公开传播,至多私下观看而已。每逢春节,叶景吕总会把照片相册小心翼翼地从一个布包中取出,让来家里的亲朋好友观赏,然后再细心地包裹起来收藏。2007 年,相册因拆迁而遗失,从福州老城区"三坊七巷"流落市场。因"中国老照片"网创办人仝冰雪的赏识,成为有名的相册,多地展览,最后公开出版。2010 年,由仝冰雪编纂,上海社会科学院出版社出版的《一站一坐一生:一个中国人 62 年的影像志》,从此成为公众的公共记忆。

从叶景吕影像志故事中,我们可以得到以下一些启迪:一是应有意识地记录自己的历史。忙忙碌碌中,每个人都该适时让自己的生活有个停顿、回顾和反思,这是现代人最需要的东西。一年一照,今日的技术不成问题。大家正处于叶景吕拍第一张照片的年龄,马上做来得及,关键是要养成年年拍的好习惯,持之以恒。二是应有一个机构来搜集个人影像集,以长期收藏与传播。公众手中多有相册,除了小范围观赏外,一般不派其他用场,有时甚至被丢弃了。老照片应对公众开放。三是可以生产一种"百年影像志"的文化产品,在当下相册集基础上略加改进,可加文字说明。有了这种文化产品,就可大大推广百年个人影像志做法。甚至可以扩充,成为家庭百年影像志、某个地方百年影像志,等等。

4.焦波:《俺爹俺娘》,昆仑出版社,2007年。

焦波从给爹娘拍摄的万余张照片中精选出120幅,配以朴实文字,记录了两个世纪老人30年间的生活片断,真实、质朴,影印出一个个真情瞬间,编织出一个游子思念家乡、想念爹娘的图片散文故事。

5.饶平如:《平如美棠:我俩的故事》,广西师范大学出版社,2013年。

江西老人饶平如(1922—)86岁时,爱妻毛美棠病逝。自此,老人4年内手绘数百幅画(完成时已经91岁高龄),记述夫妻俩从初识到相守,再到生死分别的时光,有甜蜜的爱情,有平凡的生活,取名为《我俩的故事》。饶平如自2012年火了,先是亮相柴静的央视访谈节目《看见》,讲述与妻子永恒的爱情故事,感动无数观众。汇集18册手绘画册的《平如美棠:我俩的故事》一书,记述了他们夫妻俩从初识到相处的近60年时光,亲手构建和存留下了一个普通中国家庭的记忆,风靡全国。

案例选萃:

1.《一本文庙老相册:竟记录了民国无名"女神"的一生》《全城追问民国无名女神已找到:老人2008年已去世》,http://sz.bendibao.com/news/2016217/756475_3.htm。

2016年2月17日,上海媒体人沈月明在钱塘江畔的铁崧斋里,一本本翻看画家张寅超收藏的老相册。这是从上海文庙旧货市场淘来的。相册的主角是一个生于民国的上海女子。少女时代是小业主家的千金,中青年时代是红色中国的一名普通工人。相册完整地记录了她人生的黄金年代。照片女主人是李伟华(1929—2008),在蕾茜饭店担任财务,一直工作到退休。2012年,其丈夫故世。后来,照片集流落出来。

2.《一本老相册:记录了一个家族一百二十年的历史》,http://www.weixinnu.com/tag_article/3029116574。

江西人云从龙收购了一本老相册,相册主人叫陈半漪(字性之,1896—1987),曾在杭州寿昌、新登、百官、永嘉等地邮政局工作,30岁已经当局长了。儿子陈宗元出生于外婆家浙江萧山梅花楼,另一个儿子陈振强毕业于浙江大学。1985年,陈性之照片寄给孙子陈洪民(南昌科学院),一直放在陈宗元夫人处。陈宗元夫人过世后,其媳妇整理遗物时扔掉了相册。这样,这本相册流落人间,得以公开。最早的一张照片拍摄于1909年,最晚的一张照片摄于1981年。可喜的是,孙子陈洪民是一个有心人,在照相集上注上人名、时间、地点,已近于家族影像志了(有文字说明相当要紧,可以公开传播,别人可以阅读,否则无法阅读,别人无法理解,只可小范围熟人圈内传播)。这本相册,如此保存到第三代。到第四代时,缺乏家族历史意识,在整理死者房间时,就随手扔掉了。所以,得有档案馆专门收集此类老照片集。旧字故纸,"无论是一个不起眼的笔记本,还是几页无头无尾的旧档案,只要留下了字迹,便都有了重读和发现的意义"。陈性之、陈宗元父子事迹,可以让人了解一个基层邮局工作人员的面貌。

3.《寻找殷鸿梁:一本上海老相册尘封四十年的历史上海相册历史》,http://www.wtoutiao.com/p/12aACPc.html。

4.《34张极其珍贵的老照片披露80年代中国老百姓的真实生活状态》,http://tieba.

baidu. com/p/4535206894。

这 34 张老照片的配文相当有今昔对比感,十分有趣。

5. 万玛才旦:《三张照片和我的青少年时代》,《光明日报》,2016 年 12 月 9 日。

课前文选

中国图像史学的理论建构略论

蓝　勇　西南大学历史地理研究所教授

近年来,中国图像史学的研究已经逐渐从不自觉为之,开始向自觉地进行个案研究并进行理论探索发展。不过,由于目前运用图像来研究史学还多仅在与图像有特殊关系的艺术史、物质生活史、近代社会史、考古学等研究领域内,中国历史研究的主体叙事中还少见图像的身影,对于图像史学的理论建构也少有论及。

●名实:是"形象史学"还是"图像史学"?

不论是在中国还是在西方语境中,与图像相对的词都是"文字""字符"。文字表达的意义是抽象的,但其本身也是一种形象。我们讲的"图像"一词主要是指载体上的形象,即图像与载体上的文字相对,二者是图形与字符的区别,故李鸿祥《图像与存在》一书认为图像只是符号的一种表现形式,都是可视的。"形象"一词词义复杂,在中国语境中"形象"并不完全指图像,往往是指有形状的东西,即具象的、可视的东西;而在西方语境中也不完全是指 images,而是指具象、可视,相对应的词是抽象、无形。显然,将"形象"与"文字"相对,本身在语言逻辑上是讲不通的。

历史研究的史料主要有文字、图像、器景(老旧器物和历史景观)、口述四大来源,除口述外都应该是有形的,但获取的途径不同。文字和图像通过载体阅读,器景通过肉眼直接观察,口述通过倾听记录。而"形象"一词包括一切可视的东西,连文字本身也是可视的、有形的,只是表现的内容是抽象的。如果我们用"形象"一词将当下一切可视的东西都作为史料,就会面临史料体系的逻辑混乱。过去的"形象"只能通过载体才能被我们观看,而这种通过载体再现的形象自然就是我们所说的"图像"。用过去的载体显现的图像本身是文物,而文物和古迹通过今天的载体也就变成了图像史料。因此,"图像史学"的叫法更为科学。

●功能:除"图像证史"还要"图像传史"吗?

所谓图像史学,主要是利用图像来研究历史和传播历史的科学,包括图像史料学和图像媒介史学两大部分。前者主要是指利用过去的图像(图像史料)来研究历史的科学,可称为"图像证史";而后者主要是指当下利用图像来传播历史研究和历史知识的科学,可称为"图像传史"。在这一点上,西方学者彼得·伯克在《图像证史》中也将作为媒介的影视史学放在其中讨论。作为媒介的纪录片也可以作为研究媒介存在,但是这种媒介本身不能作为现代研究历史的图像史料,而片中的旧图像才可成为我们研究历史的史料。历史故事片只是以新构图像来解读历史,连片中的图像也不是历史研究的史料,只是编者、导演们对历史的重新认知和解读的图像表现。当下反映历史的绘画也是画家们对历史的主观性和选择性的表现,并不能成为当下研究历史的史料。

当然,目前史学界也有认为用图像来传播历史研究和历史知识的图像传史不应该包括在图像史学中。我认为,既然我们强调史学的大众化,利用图像来传播历史研究和历史知识就自然包括在史学研究之中。要知道,怎样利用图像来更好地传播历史研究和历史知识本身就是一门具有学理的领域,如影视界早就提出历史故事片的准则是"大事不虚,小事不拘",但在历史发展中何为大、何谓小,虚到何种程度,拘到何种地步,却需要历史学家加入进行研究。而对历史上衣食住行的图像研究,是我们进行图像传史构图的重要背景依据。只有区别历史上的图像传史作品中哪些是作为科学的历史,哪些是作为文化的历史,我们才能从历史图像中分辨其中的虚实,这也正是我们复原过去的先决条件。因此,将图像传史有机融入图像史学之中,一方面可以扩大史学在社会的影响,另一方面也是提高图像证史信度的保证之一。

●地位:是历史学或影视学的分支还是一门独立的学科?

从另一个角度看,面对中国古代史、历史文献学等二级学科,图像史学的地位如何来确定?其实,如果单纯从图像证史角度看,图像史学本应该是历史文献学的一个重要部分,图像史料应该是与文字史料同等地位的史料。遗憾的是,由于从图经时代以后,图像并没有作为历史文献学的一个重要组成部分发展下来,即使部分历史文献中有图录的内容也被淡化或边缘,有的文献整理项目将本来是图注的文献的图删去,只留注文。到近代,在有的学人眼中,图像往往被视为低级的表现形式,并没有意识到应该将其作为历史研究的史料存在,对它的研究也就少之又少。如果说历史文献学作为一门学问,有语言训诂学、版本目录学、典章制度学的知识要求,图像史学同样要求有艺术学、造型技术、图像学等学科技术素养。造型技术的类型差异、色彩的时空差异、技法流派的不同都会影响图像的形成和内容显现,使其传递历史的功能、程度、信度都有所差异。

不过,由于图像史学还包括了图像传史的内容,一个基于过去图像的证史和基于当下创新图像的传史的研究在理论和实践方面都有较大差异,都放在历史文献学中显然是不协调的。实际上,当我们研究了历史上和当下怎样用图像去传播历史后,我们对历史图像的理解就更为准确到位,这大大有利于今天提高图像证史的信度。而怎样利用图像来传播历史,反过来又会促进历史研究的发展。如果将历史图像学与图像传史技术及理论放在一个更大的图像史学的框架中,就应该是与历史文献学、历史地理学、史学理论、中国古代史、中国近代史等学科同等重要的分支学科。具体而言,图像史学中的图像载体分类(按载体性质分成竹木、丝绢、金属、石、纸、照片、影像七类,按制作工艺分成刻剪、描绘、塑造、拍摄四大类)、类型与史料信度、版本与目录、图像背景、作者背景、图像时空差异等便成为历史图像学研究的主要组成部分。

●内涵:是研究"图中的历史"还是研究"图外的历史"更重要?

艺术史、考古学等研究领域关注图像由来已久,历史地理研究也重视古旧地图的作用,图像史学与它们的关系是怎样的呢?其实,艺术史更多的是关注图像中的艺术历史,而考古学更多是将图像从器物学角度来研究物质生活生产历史,历史地理则是从古旧地图中寻求历史空间的特征,并没有有意识地将图像放在与文字相同的地位来全视角研究历史的方方面面,更没有有意识地对图像背后缘由、虚实进行辨析而对图像形成的机理进行理论梳理。我们认为,初级的图像证史只是一个图中形象的图文互证过程,包括按图索文、以文索图、以文证图、以图证文的简单过程。所以,我们更应该关注图像外的历史,即图像的社会维度、技术维度,关注图像背后的虚与实、讳与张、大与小,以提高研究信度。

从图像背后的社会维度来看,不同社会背景的图像、不同个人素养的图像、不同目的功能的图像反映历史往往差异巨大。图像的放与缩、取与舍、虚与实、大与小往往体现了作者目的性和价值观。在一个文明民主的社会中,图像往往能直接反映心中的诉求,而反之往往采用隐晦影射讽喻的图像来表达自己的观念。在传统社会里,尊者贤者的图像往往高大居中,从汉代画像石、历代职贡图中的君与臣、官与吏、主与仆的大小比例就可看出问题。从图像本身的技术维度来看,即使社会背景、个人素质、功能目的相同,其反映的历史客观上也有差异。而同一种技法由于艺术风格的差异,反映历史的真实性本身也有差异,油画中现实主义的写实与印象派、中国画的工笔与写意对历史的反映也往往有明显的差异。从功能意义来看,没有标注地名的山水画是纯粹艺术品,标注了地名就成为有指示意义的地图。

应该看到,在中国目前的学术生态中,文字的气场仍然很大,对文字的诠释咀嚼往往在人们潜意识中更具学问性,而图像给人的感觉是通俗的、低级的、幼稚的,这一方面是传统观念仍然影响我们的学术取向,另一方面也是图像史学本身的发展远远不够,故中国图像史学的道路还很漫长。

(原载《光明日报》2016 年 5 月 21 日)

新世纪影像志十大代表项目

朱靖江　中央民族大学影视人类学中心主任

一、《中国节日影像志》与《中国史诗影像志》

由文化部民族民间文艺发展中心承担的国家社科基金特别委托的项目,是迄今为止国内规模最大、建制最完备、参与者最多的大型影像志工程,各有 100 部影片成果及其海量影像素材,是新世纪以来最重要的国家级影像文献工程之一,具有显著的开创性与示范性。在其创作阵营之中,活跃着高校教师、科研团体、影视媒体、独立制片人等摄制队伍,以一种既有学术规范性,又适当彰显创作个性的方式,实现着中国传统节日与史诗影像的典籍化。

二、"乡村之眼"计划及其他参与式社区影像志

由云南人类学者郭净等人最早发起、在北京山水自然保护中心的支持下立项的国内最重要的参与式社区影像项目。它由生活在中国边远地区的少数民族村落成员在接受短期拍摄培训之后,即以本地的生态、文化、生计或社会问题为主题,通过社区共同体的交流合作,创作纪录片或其他类型的影像文本(如剧情片或图片摄影)。它不以艺术或学术价值为使命,而是倡导以更为简便易学的影像方法,表达当地人的主位文化观点。迄今,云南、青海、四川、广西、贵州等地的少数民族村寨均有社区影像运动开展,已完成上百部村民自主创作的影像志作品,在国内外获奖并产生广泛的反响。

三、"学者电影"系列影像志

"学者电影"概念由中国社会科学院民族学人类学研究所研究员庞涛提出,从性质、目

的与方法等方面,将影像与其他非学术性的影像作品相区别。由他本人主持的《喜马拉雅山地民族影像志》即是此类"学者电影"的代表作之一。其作品强调对族群文化记录与描述的"整体性"与"深描性",试图建构出基于影像民族志的学术表达与评价系统。相同类型的还有中国社科院学者如罗红光研究员主持的"学者对谈"系列影片,影片记录了知名学者的学术对话,迄今已完成 30 余部作品,收录了近 60 位学界名家包括费孝通等已故大师的思想和影音。该系列影片展示了当代世界学者共同的现实关怀和差异化的学术视角,以影像的方式为后世保存了一段鲜活的学术史话。吴乔博士历时 10 年拍摄的云南新平县"花腰傣"系列影像志,则对花腰傣族群体的社会生活与文化变迁进行长时间的跟拍,具有较高的学术价值。

四、"民间记忆影像计划""'家·春秋'——大学生口述历史影像记录计划"等口述史影像志

近 10 年来,由独立纪录片导演吴文光发起的"民间记忆影像计划"及由电视主持人崔永元发起的"'家·春秋'——大学生口述历史影像记录计划"等,都是以影像记录方法探寻与呈现过往的历史记忆。"民间记忆影像计划"目前已经采访了至少 246 个村庄的 1220 位老人。口述史内容涉及 20 世纪 50 年代以来的重大历史事件。与前者相比,"家·春秋"影像计划则面向海内外高校学生,通过参与、培训和传播,培养年轻人主动传承家族记忆、传递家族情感,以影像方法抢救历史记忆,唤起公众和社会对口述史的重视。此外,王顺宝主持的"中国民族工作口述"项目也从一个重要的角度切入现代史的脉络,通过对数百位民族工作者的影像记录,呈现了 60 多年来中国民族工作的风雨历程。

五、"中国记忆"影音文献项目

"中国记忆"项目以国家图书馆为旗舰,是新媒体时代以"记录历史、保存文献、传承民族记忆、服务终身学习"为宗旨的全国性文化项目。2012 年,由国家图书馆启动。该项目响应联合国教科文组织于 1992 年发起的"世界记忆工程",采集口述史和影像资料,收集照片、手稿、物品等相关记忆承载物,并将上述资源进行梳理整合,纳入图书馆馆藏体系。除了实物收藏之外,该项目还以影音文献的摄制与入档为主要工作方法,近 4 年来完成 29 部非遗项目专题片和 18 位非遗传承人的影像口述史、影像资料、口述史料采集,共计约 400 个小时。

六、"中国民族题材纪录片回顾展"与"中国民族影像志摄影展"项目

作为国家级民族博物馆,中国民族博物馆近年来在民族影像工作中发挥了越来越重要的作用。2015 年,中国民族博物馆成功举办"中国民族题材纪录片回顾展",既展映了半个多世纪以来代表性的民族志电影作品,又举办影片竞赛单元为当代优秀民族志纪录片作者提供交流的平台。2016 年,该馆又举办"中国民族影像志"摄影大展,彰显这类图片在保存人类历史记忆方面不可替代的价值,希望为公众展现民族文化之丰富,并以博物馆永久收藏的方式为后世存留一个时代的记忆与故事。

七、广西民族博物馆"文化记忆工程"项目

广西民族博物馆自 2004 年开始,将影视人类学工作方法运用到日常业务工作中,依托

全区 10 个民族生态博物馆开展影像纪录、整理、培训、展示等具体内容,历经 12 年,已在广西多个少数民族聚居区培养了众多村民影像创作者。经过培训的当地民众,开始用镜头"搜索"身边具有传承、保护价值的民族传统文化和工艺,记录那些正在黯然远去的民俗风情和生活习俗。最后的成片在生态博物馆里循环播放,成为自我教育与对外展示的影像教材。广西民族博物馆还借助于该馆主办的"广西民族志电影展",将这些凝聚民族记忆的影像作品推向更为广阔的舞台,大大提升了广西少数民族的文化影响力。

八、"中国唐卡文化档案"项目

这个项目由中国民间文艺家协会主席冯骥才先生任首席专家,是当代规模最为宏大的藏族唐卡艺术普查与文献编制工程,总计 16 卷。与传统图册编纂式档案整理工作不同,该项目从多学科交叉融合角度入手,对村落的自然环境、历史沿革、地域民俗等进行全方位调查,并对唐卡的历史流变、艺术特征、制作流程、传承谱系等加以细致描述,最终以文字、录音、拍摄、录像将普查成果记录下来,取得了《中国唐卡文化档案》和《中国唐卡数据库》双重成果。除宝贵的图文资料之外,以影视人类学为指导思想的民族志纪录片也是档案的重要组成部分,它以口述史和创作流程的影音记录,对唐卡文化系统进行了影像深描。

九、"故乡的路"——中国少数民族摄影师大赛

图片摄影在中国虽然参与者众多,但长期缺乏理论引导与方法论建构,处于一种文化失范的状态。特别是民族题材的摄影类型,往往流于猎奇,甚至扭曲、异化当地的文化事实。北京映艺术中心自 2009 年起,发起了"故乡的路"中国少数民族摄影师联展活动,倡导少数民族摄影创作的主体性。2015 年,第一届"故乡的路"中国少数民族摄影师大赛在北京举办,在近百名参赛者当中,新疆维吾尔族摄影师艾热提·艾沙以其在家乡和田多年的生活经验与厚重的影像风格赢得大奖。"故乡的路"首次在中国摄影界提出"民族主体性摄影"的观念,并开始借助于视觉人类学的理论框架,构建一种主位影像创作立场,为中国少数民族摄影家提供了一条自内而外进行文化表达的创作路径。

十、"隐没地"与"影观达茂"等实验性民族摄影项目

2012 年至今,新华社领衔编辑陈小波率领摄影家团队先后进驻宁夏回族自治区西吉县上圈组——一个面临生态移民、即将成为"隐没地"的小村落,以及内蒙古达尔罕茂明安联合旗(简称达茂旗)的乡村与牧区,寻找用影像呈现中国少数民族文化真实图景的新方法。在上圈组,摄影师们与回族村民不再是传统的拍摄者与拍摄对象之间的关系,从未端过照相机的农民成为创作者,完成了诸多摄影作品,其视角之新颖与情感之真挚,令职业摄影师反思深刻;在达茂旗,一批中国顶级摄影师放弃传统的"采风"活动,驻守在一个牧点或村庄,深入地拍摄一个主题,用影像深描与田野调查相结合的方式,对变迁与坚守的蒙古族文化传承者进行细致的书写。尽管这些带有实验色彩的民族摄影项目未臻完美,却展现了当代中国摄影界勇于打破陈规旧范的思考与行动。

(原载《中国民族》2016 年第 7 期)

课后实务：公众影像志的制作

　　家族影像志的制作，第一步是搜集相册制成影像志，第二步是根据照片讲述背后的故事，第三步是进一步做家族口述史采访。相册是最直接记录家族人员历史面貌的第一手资料。根据相册讲故事，可以牵涉出相当多的家族人员在社会各行各业的奋斗故事。

第十讲　公众历史纪录片

线上讲义

一、由专业而大众的嬗变

摄影技术发明以后,接下去就慢慢地开始有了录像技术,也就是我们讲的电影制作的问题。还是法国,到了1888年,有个叫马莱的生物学家,发明了一种轻便的固定胶片连续摄影机,拍出第一部近似电影的东西。到了1895年,法国人卢米埃尔兄弟拍摄了第一部影片《火车到站》。从此以后,人类就进入电影拍摄的时代。从19世纪末开始,影像技术大概经历了三个大的阶段:19世纪末,世界开始有电影,使用电影胶卷;20世纪中叶以后,开始有电视,使用的是电子技术;20世纪90年代中叶,进入数字时代。

在这个过程中,拍摄人员也经历了变化,最早都是专业的摄影师,进行电影拍摄都要经过专门的学习,不是人人都能拍的。摄影器材都是很昂贵的,成本很高。所以在那个时代,会拍和拥有这些器材的,当然都是电视台、电影公司,或者一些大的企业。20世纪90年代以后,情况慢慢地发生变化。20世纪90年代中叶,出现了DV(Digital Video,数码摄像机),加速了录像机的普及化进程。DV是一种低成本、高质量、小型化、数字化的影像。有人说"DV就是低微",它就有这样的特点,可以让很多人拥有DV摄像机。DV以后,就开始慢慢出现独立的制片人。DV为独立制片人解决了工具和画面品质两大难题,大大降低了摄影制作的门槛和成本。20世纪90年代,开始承担DV在中国的普及工作的是一个叫吴文光的摄影师,后来有人把吴文光称为"DV教父"。吴文光有一句名言:"纪录片是人人可摆弄的玩意儿。"的确,DV价格贵的也有上千上万,最便宜的几百块钱就可以,所以谁想摆弄的话都可以摆弄。特别是到了21世纪,智能手机发明以后,大大强化了录像功能。这样,录像人人都可以做,这个又是一大突变。除这以外,还有一种我们把它称之为"全自动录播系统"。之前做任何录像,都需要借助第三者来帮你拍,全自动录播系统出现以后,就不需要别人了,它可以自动拍。上课、开会可用上,甚至医院里动手术也可以利用全自动录播系统。这样,中国拍摄就进入彻底的普及化时代。

这样的后果是视频产量众多,但播出极少。我们拍了很多东西,但是没地方播放。我们总不能老是放在抽屉里,得想办法解决这个问题。视频网站的出现,就解决了这个播放问题。到了2005年的时候,中国有个土豆网,就能把我们自己拍好的视频,上传到网上,供大家来看。土豆的口号是"每个人都是生活的导演"。到了2006年,又出现了优酷网,优酷网遵守的是"三快"原则：快速播放、快速发布、快速搜索。优酷网的出现，又是大的蜕变。这两家公司开始是互相竞争，到了2012年合并成优酷土豆股份有限公司。这是我们今天播放视频的两个主要网站。

二、内容由上层而下层

我们来看一下这些拍的片子的内容。早期的拍摄，像纪录片或者新闻片，拍摄的内容是偏重上层生活的，比方说党和国家领导人、政府官员。这种内容是比较高大上的。随着DV的出现，独立制片人的出现，制作情况就慢慢地发生变化。到90年代以后，慢慢出现民间化景象。1993年，中央电视台开播了一档节目叫《生活空间》，它的口号是"讲述老百姓的故事"，这就是一大变化。这样，个人就获得影像的生产权。吴文光说："我们现在拍片子，就像拿着镜头写散文一样的。"他近几年提出一个概念叫"影像写作"，就是这个意思。

下面要重点介绍吴文光。吴文光，被人称为"第二代的独立制片人"。1990年，吴文光拍了一个片子《流浪北京》，讲"北漂"生活的，特别是搞艺术的北漂怎样在北京生活。到1999年，他拍了个片子叫《江湖》，内容偏向于民间艺人生活。除了吴文光之外，还有一个叫杨天乙的女人，1997年，她拍了个片子叫《老头》。吴文光在北京草场地开了一个村民影像计划，一帮年轻人追随吴文光，然后去拍村民的影像。吴文光给村民提供摄影机，让那些人回到村里面拍，记录自己的村史，尝试着用自己的声音来说话。后来吴文光又搞了一个计划，找了很多年轻的大学生甚至研究生一起拍。这个计划后来像滚雪球越滚越大，据说有20多个省的人参与了，遍及216个村子，有1220位老人成为被拍摄对象，这是一个大规模的民间拍摄活动。

2013年，龙应台主政台湾文化事务部门，推动一项叫"民众记忆库"的录音录像计划，号召民众说出自己的生平故事。他们在台湾各地设置了68个拍摄站，还有两部流动车，可以到那些比较偏僻的地方来拍。到了2014年，据说有6000多人参与了这项活动。他们还成立了一个网站叫"台湾故事岛"，把很多东西上传到网上。

2014年9月，崔永元的北京永源基金会，举办了一项叫"'家·春秋'——大学生口述历史影像记录计划"的活动。当年开始第一届，次年已经第二届，这项活动像滚雪球一样滚下去。这样，也让很多大学生参与这项活动。这项活动至少有四个意义：第一，主题是关于家的，也就是家族史。第二，用的方式是口述史。第三，它用的是摄像。第四，参与人是大学生。这项活动如果连续几届下来以后，可以在我们大学里面培养很多口述史摄影爱好者。

除了这些活动之外，还有一些个人，也在做一些公众影像片。比较有意思的是，怀念父母的题材。比方说台湾有一个著名导演叫汤湘竹，他曾经拍了一个写他父母的片子《山有多高》，大家评价很高。受其影响，2014年，河南新乡申氏三兄弟拍了一个片子《不能忘怀的爱》，记录他们已经过世的父亲和母亲。除此外，我们前面提到的焦波，他还拍了很多很多录像，后来跟中央电视台一个领导说起，得到了支持，后来就以焦波为主线，拍成了一个24集的电视连续剧。这就是我们讲的公众影像，或者公众纪录片。

最后谈一下为什么我们要重视影像记录。最直接的因素，当然是它的效果比较好。与文字记录、声音记录和图像记录相比，视频可以把图像、声音和文字结合起来，这当然是目前最好的历史记录载体。视频可以把我们的生活真实地记录下来，这个是非常重要的。著名导演孙曾田曾经讲过一句话:"我们希望它们能够以另外一种方式,存在于现在的文化形态之中。"就是将生活世界转换成文本世界,让其用图像的方式存在下来。

三、公众历史纪录片制作

我们前面讲了很多公众纪录片制作的意义和历史,下面来谈一下怎样制作好一部公众纪录片。首先当然是要有视频的素材。怎么拍呢?拍摄当然需要工具,拍录像的工具,大家首先想到的是专业的录像机,这当然是比较好的,相对来讲比较高精尖一些。其实除了这个之外,我们也可以用DV和用相机来拍摄,甚至我们的手机也可以拍,所以工具今天对我们来说都不成问题。我们要注意什么呢?因为我们大家都是一些业余爱好者,之前都没拍过,所以很多东西都不懂的。想作为一名口述史录像者来说,我们应该具备一些初步的摄像技巧。

第一是拿稳工具,特别是DV。DV是手持的,但手持有个缺陷,一不小心,我们的手都会抖动,抖动以后,图像也会晃动。怎么解决这个问题呢?比较理想的办法是用一个三脚架把它架起来,架起来就可以解决这个问题。三脚架有什么好处呢?一可以防止图像晃动。二可以减轻我们的劳力,手持得时间长了以后,手都吃不消的。三是让我们可以腾出手,做另外一些事情。

第二,要注重图像的建构。拍的时候,尽量要用一些近的镜头,特别是人的一种大写的特镜,尽量少用比较远的镜头。在口述史采访的时候,建议大家把摄像机架在受访者的对面,然后采访者坐在摄像机的后面去采访。这样,受访人眼神对着采访人,拍出来眼神正好对着观众的。

第三,要注重隔音。录像设备的吸音效果是很好的,稍微有点杂音就会录进去。所以我们一定要选择在室内,或者录音棚里进行。如果一定要在室外拍摄,建议你关闭录音相关功能,用外接的小麦克风来解决。

第四,要注意眼神,就是说眼神要尽量对着镜头。这样,拍出来的效果就比较好一些。眼神要对着镜头,这个对受访者和被拍摄者来说,是比较难的一件事情。我们拍的时候尽量要注意这点,眼光要平视,不要仰视或者俯视,这样效果会好一些。

第五,动静结合。在口述史采访中,往往大家都会坐在那里,是静态的。实际上,摄像机不必一动不动地对着受访人,可以同时拍一些周边的环境,甚至我们到受访者家的时候,也可以把他家里的环境拍一些,这样,可能有一些画面就比较好。我曾经看见过一个学生拍过一个画面,受访人是病人,腿脚不方便,坐在轮椅上的,有人推着轮椅,这个效果就比较好。

这是一些拍摄的基本技巧。这样,我们就可以积累一些素材。

接下去就进入第二个阶段,将素材加工成纪录片。什么是纪录片?纪录片的剪辑,与图书的编纂有相似性,就是把所有的视频素材按照一定的思想编在一起,这样的东西才可以称为"纪录片"。很核心的一点就是,你要有一个主题思想,然后按照一些线索串联相关的素材。这样,慢慢就可以制作成一个纪录片。在纪录片的制作过程中,我们恐怕要注意以下四点。

第一,尽量用视频来说事,少用声音。视频往往是通过图像来呈现的,所以在这个过程中尽量多用图像。图像从什么地方找呢?我们可以把照片、日记本、老档案等拍成图像,然后用上去。甚至我们的老照片都可以用一些词来解说。这样,视频加上解说,图像的显示就比较理想。

第二，尽量多用空镜。什么是空镜呢？就是说我们讲话的过程中，这个人并不是要一直出现。在人不出现、只有声音的时候，我们可以插进一些画面，这些画面就是我们所谓的"空镜"。我们采访过程中拍的一些周边的环境，或者受访者的姿态等都可以作为空镜使用，效果应该说都是比较理想的。

第三，要多看多练。可以在优酷网上多看一些纪录片。另外也可以看一些书，譬如说像《纪录片创作完全手册》这样的书。这样，可以理论和实践两者结合，提高我们的制作水平。

第四，巧用"故地重游"。在公众纪录片制作里面，可以加入另外一些东西。譬如说，一位到北京回忆久久公司的客户，他问他的口述采访怎么做比较好，于是就采取了让他从原来的出生地、工作地，一个地方一个地方地走，他一边走一边讲这种方式。像这种故地重游的方式，拍一种回忆录式的视频，效果也是不错的。

总体上说，今天视频的使用范围会越来越广，工具也越来越方便，这些东西对于我们记录普通人历史来说，是非常重要的。建议大家多拍多练，特别是平时的时候，可以用手机随时拍一些片头，积累一些视频的素材。甚至对于我们老师来说，我们都可以利用自动录播教室的高清自动系统，全程录播我们的教学过程。一个教师总不能教了一辈子，最后都没有留下一个教学的视频记录。

未来，公众纪录片的前景是非常好的，你不妨尝试一下。

线下教案

▶ **讨论话题：**

有人拍过录像吗？拍录像这类活动离你远吗？说及拍录像，你想到了什么？普通人为什么要学会录像？除了专业录像机，你知道还有什么工具可拍录像？录像拍谁？拍什么？你会后期制作录像片吗？你们懂哪些视频制作软件？

▶ **案例选萃：**

1. 纽约大学地处大城市，电影制作专业非常发达，该校的公共史学则利用这个优势，注重培养历史纪录片制作方面的人才。

2. 吴文光与草场地摄像：草场地工作站是一个自然聚合独立影像与剧场创作者的民间性质的艺术工作站。吴文光被称为"中国独立纪录片之父"，曾有过许多纪录片领域的口碑之作，他的作品曾被描述为"中国首部真正意义上的纪录片"。然而年近半百，他却开始了人生的另外一段旅程——寻找和记录消逝中的民间记忆。2005年9月，他在《南方周末》上刊登了一则消息，介绍"中国村民自治影像传播计划"，从广大农村征集参与者。报名参加"村民DV计划"的有48人。最终选出10位，每人得到一台家用DV摄像机，在北京草场地工作站经过3天的拍摄训练，各自回到家乡，拍摄报名时各人提交的影片计划。20天后，村民们带着机器和磁带回到草场地，在吴文光团队的帮助下剪辑素材，完成影片。这个计划后来改为"民间记忆计划"，一直延续了10年。他说："那么多被隐藏、被掩埋、被遗忘的历史，尤其是占人口总数70%的众多村子中，埋藏着多少记忆！"（《"追梦人"吴文光：寻找和记录消逝中

的民间记忆》,凤凰网 2013 年 6 月 26 日)

3. 焦波《俺爹俺娘》:焦波除了拍 10000 多张照片,还拍了很多很多录像。后来跟中央电视台一个领导说起这个事情,对方觉得很有趣,就以焦波为主线,拍成了一部 24 集的电视连续剧。《俺爹俺娘》是我国首部"藤缠树"电视连续剧,以爹娘生前录像为"树",以所编剧情为"藤",采取原创＋再创的方法拍摄,主角是已故的"爹娘",焦波在剧中出演他自己。

4. 河南新乡申氏三兄弟申长云、申长明、申长久拍了《不能忘怀的爱》,记录他们已经过世的父亲和母亲。为了拍这部纪录片,兄弟三人耗时整整 8 年,跋涉数千里,花费数万元,拍了 1000 多个小时的视频素材。

课前文选

影视史学:亲近公众的史学新领域

张广智　复旦大学历史系教授

从史学史的角度看,史学大体可以分为"精英史学"和"大众史学"(或公众史学)。自古以来,"精英史学"一般为当权者所驾驭,如传统史学着力要表现的是政治事件和显要人物,传统的书写史学正是为这一宗旨服务的;"大众史学"多以口舌相传的形式流行于坊间,以中国古代的大众史学而论,那些视觉感极强的画像、碑铭、壁画、服饰,那些声情并茂的俗语、诗词、民谣、戏曲,那些富有影响力的口头传闻、话本、小说,等等,从某种意义上说都可以归列其中。在西方,自荷马时代以来的民间行吟歌手所保留的口述历史以及其他诸多形式,也包含着很丰富的大众史学内容。当前史学界流行的影视史学,正是大众史学在当代的一种重要表现。了解与认识影视史学的缘起与发展趋势,对于推动史学发展具有重要意义。

影视史学是史学和现代媒体"联姻"的产物

影视史学的诞生有着史学自身发展变化的背景。20 世纪 70 年代以来,西方新史学在其发展进程中日渐弊端丛生,历史著作中栩栩如生的人物与引人入胜的情节没有了,史学变成了"没有人的历史学"。在这种情况下,学界"让历史回归历史"的呼声不绝于耳。到了 20 世纪 80 年代,叙事体史书又为史学界所看重,相关著作陆续问世。这种史学发展的嬗变对以叙述为专长的影视史学的产生,无疑起到了某种推波助澜的作用。同时,影视史学还是时代发展与社会变革的产物,特别是近百年来媒体革命的结果。当历史学家还沉湎于档案文书,在尘埃扑面的故纸堆中爬梳的时候,1895 年电影悄然诞生了,观众被那些"移动照片"所产生的视觉冲击震撼了。以电影发明为滥觞的媒体革命,将人类视觉图像文化不断推向一个又一个新阶段。这种延续不断的媒体革命,也日益在史学中引起连锁反应,现代媒体与史学开始了"联姻"。

1988 年,美国历史学家海登·怀特撰写了《书写史学与影视史学》一文。在文章里,他创造了一个新名词:historiophoty,意为以视觉影像和电影话语传达历史以及我们对历史的见解。海登·怀特这一文章发表后迅即在美国本土引起激烈争论,也迅速外传。在汉语学界,台湾学者周梁楷教授率先将 historiophoty 译为"影视史学",但把它的内涵扩大了,认为这一概念既包括各种视觉影像,还包括静态平面的照片和图画、立体造型的雕塑和建筑等,此说获学界普遍认可。此后,影视史学逐步登上了中国史学的论坛,佳文新作不断,相关学术研讨会也不少。2011年出版的《大辞海》(上海版《辞海》的拓展本),"影视史学"终于"登堂入室",作为一个条目赫然在列:"现代新史学的分支学科之一,当代西方史学的一个新领域、新方法。1988年,美国历史学家怀特首创了一个新名词 historiophoty,意指通过视觉影像和影片的话语传达历史以及人们对历史的见解。怀特之论断在学界流传并多有影响。不过,国内学者对此持广义之解释,认为影视史学不只是电影、电视等媒体与历史相交汇的产物,举凡各种视觉影像,如照片、雕塑、建筑物、图像等,只要能呈现与传达某种历史理念,皆可成为影视史学的研究对象。它的出现,是对以书写为主的传统史学的一种挑战。但其学科地位的确立尚需时日。"这一条文虽然不长,却简明扼要地叙述了影视史学的"前世"与"今生",对于我们理解影视史学是有帮助的。

当下,自媒体的发展裹挟新一波的视觉图像文化浪潮奔腾而来,营造了一个由视频、照片和文字等组成的大世界。借助于有声的、移动的影像传达某种历史理念,它所具有的震撼力、表现力对受众的影响显然要胜于通过静态的语言文字来传达历史的"书写史学"。当然,影视史学要进一步发展并确立自己的学科地位还有许多问题需要解决,但我们决不能拒绝这种史学和现代科技结合的新趋势。

影视史学给史学发展带来重大影响

影视史学在对以往史学构成巨大挑战的同时,将会或彰或隐,或间接或直接地改变当下史学的生态。与传统史学(精英史学、学院派史学等)相比,影视史学有以下几个可能的变化值得探讨。

一是历史观的变革。这里主要是指由"自上而下"的历史观转变为"自下而上"的历史观。这使史学家在研究"经国大业"之外还把触角伸向普通民众,去关注他们那"平凡的世界"。决不要小看这一转向,对历史学而言这是翻天覆地的变化,因为历史观是历史学之灵魂,影视史学的发展正是叩击到了史学之魂。

二是史料观的转变。众所周知,历史研究要以史料为据,不能无凭立论。以往的历史研究多以搜集纸质的文献资料为圭臬,但新史学研究的史料来源非常广泛,如以图证史,图像不也可以成为一种史料吗?比如流行于20世纪二三十年代中国北方的《北洋画报》、南方的《良友》等,谁说不能成为史料之来源?细细考察,从中或可映照彼时之时代风貌与社会痕迹。影视史学的发展使史料进一步拓展,一些史料在当前新媒体技术迅猛发展的背景下取之亦易,真正达到了"秀才不出门,能知天下事"的程度。这种史料观的转变,是由上面所说的历史观的转向所决定的。

三是述史方式的变化。影视史学的发展使述史方式由单一的书写编纂方式向采用多样化的表现手段转化。影视史学所具有的震撼力、表现力更启示我们,即使是传统书面表达的精深理论与专门著作,也应深入浅出,讲究可读性。否则,让历史女神克丽奥走向坊间便成了一句空话。进而言之,由于学院派史学的精深,它的旁征博引和坐而论道决定了它只能在学界专业圈觅求同道,而不可能在公众中广泛流传。影视史学则不同,它的平民性与多样性决定了它在业内与业外均拥有众多的知音。可见,史学如果自视清高必日渐倦怠,只有接地气才能日渐兴旺。

四是重现历史的可能性。重现在自然界非常常见,比如日出,人们可以经常在泰山顶上观日出、在黄浦江畔迎朝阳,我们可以说日出不断重现。但倘若将重现用之于历史,就成了很复杂的一个史学理论命题。以往万千历史学家都为寻觅史料绞尽脑汁,以为可以据此还原历史的本来面目,但静态的史料重现历史的能力十分有限。而当动态的视觉图像证史之门一旦打开,图文并行不悖,或许就此可以找到一条重现历史的新途径。须知,由学院派史学家支配历史书写的时代已经过去,现代科技的不断发展将为公众及其"小历史书写"开拓无限广阔的天地。试想,在自媒体时代产生的海量视频,经过筛选、去伪存真,经过多少年沉淀后或许可能成为"民史"研究的第一手资料,重现当年的现场。

影视史学有助于中国公众史学的构建

近些年来,作为一门学科的中国公众史学正在构建中,学界在为它作顶层设计时也互有争议,因为公众史学是一个比较复杂的学科概念。在以往的争论中,虽冠名不一,但影视史学总被作为其题中应有之义。我以为,影视史学的发展无疑有助于当下中国公众史学的构建。

首先,必须明确提出,影视史学应当作为中国公众史学的一个有机组成部分与之相连结。须知,影视史学即使从海登·怀特首创至今,也不到而立之年,在汉语学界时间则更短了,其理论基础十分薄弱,故既需"修炼内功",更要"巧借外力"。现在有了与公众史学这个连接就有了依靠,在公众史学视域下的影视史学研究可借助公众史学的理论,让自身与公众史学相向而行,在保持学术品位的同时始终坚持自身的公众性。

其次,影视史学在公众史学这个大家族中最具"亲民"的特点,应当也能起到先锋的作用。一旦公众拿起数码相机、摄像机、智能手机,拍下身旁的点点滴滴,记录社会一角的琐琐碎碎,人人都成了历史影像的记录者,组合起来就是一幅幅悠长的历史画卷。在这一过程中,从影像叙述个人小历史,进而由小历史变成大历史,历史就在我们身旁。影视史学的功能为公众提供了"人人都是他自己的历史学家"最初的体验与实现的可能性。

最后,中国影视史学和公众史学的发展,需要以此为职志的一批人才。在这个群体中,既应包括职业史家的"转型"与"跨界",也应有史学界之外或更多来自史学界之外的人士。这是因为,公众历史学家要有多方面的学识与技艺。

时代发展是催生学术开拓的温床,社会进步是滋生学术革新的土壤;而某种新学科的诞生又会反过来回馈时代、回报社会。以近二十年影视史学成长史观之,庶几可矣。

(原载《人民日报》2016 年 2 月 22 日)

影像化的口述证言

徐亚萍　中国政法大学光明新闻传播学院讲师

摘要:本文追溯了口述历史的认识论在 20 世纪的两次转向,即在衡量口述历史价值和意义时,从以史料内容的真实性为中心的客观性迷思,到以史料生产过程为中心的叙事转向,再至以口述者自我呈现及口述访谈关系性为中心的表演转向。同时,本文勾勒了 20 世纪 80 年代开始广泛使用的数字视听影像技术对于表演转向的意义。本文认为,影像化的口述证言是视听影像与口述历史结合后产生的一种重要的历史表达形态。

一、导言

针对口述历史的认识论指的是如何理解口述史料的史学价值，其主体首先来自但不限于口述历史学者。从 20 世纪 50 年代至今，口述历史的认识论经历了两次转向，即对口述历史的衡量从以史料内容的真实性为中心的客观性迷思，到以史料生产过程为中心的叙事转向，再至以口述者自我呈现及口述访谈关系性为中心的表演转向。其中，客观性迷思执着于将口述证言转化为可以被文字书写媒体所保存和传播的证据，避免触及口述证言的主观建构属性，常见于 20 世纪 50 年代和 20 世纪 60 年代出现的史学研究，注重考查证言在文本层面的信度和效度，即其获得过程和获得方法是否可以重复、其文本是否与现实保持一致。

叙事转向与表演转向发生于 20 世纪 70 年代和 20 世纪 80 年代，代表口述历史认识论开始着重关注口述史料的生产和再生产过程。两者的共性在于，它们都认为口述史是一个动态的表现过程，而非被书写所简化的抽象文字符号（或者说表征）。一方面，在这个动态的表现过程中，示意性符号（gestural signs，包括身体、身体与环境的互动、访谈关系、文化符码、社会习惯等）显著影响着史料的意义生产；另一方面，不仅口述史学家参与到史料的意义建构中，口述见证人以及口述历史的阅听人也是历史的阐释者，影响着对于历史的叙事和表现。

两者的区别在于，叙事转向认为，事实是从口述者的主观经验和特殊文化知识的动态叙述过程中产生出来的，事实的生产、口述见证人的主体身份建构是特定结构的产物。而表演转向则给予叙述主体的视角和感知以前所未有的关照，强调口述见证人的自我呈现，赞颂后者不仅仅依靠文字语言，更通过示意性的身体化表达方式来建构受限于个人经验和主观回忆的知识。口述历史首先用来收集资料和证据，所以技术，尤其是录制和存储方面的技术以及设备对于口述历史非常重要。而数字视频的普及则对口述历史学者认为口述历史是种声音历史的认识构成了挑战，视听口述历史能够录制非语言交流方面的内容，而不仅仅是文字有声语言。同时，作为录制和播出，视听证词本身就体现出动态的行为过程，因此强化了口述历史访谈的叙事和表演属性。

同时，自 20 世纪 80 年代开始，技术手段上的革新和普及将口述历史纳入不同的历史展示平台中，推向公众，比如博物馆展览、大众媒介呈现，尤其是电视纪录片和虚构电影中。技术的普及让来自不同文化的群体参与到历史表现的活动中来。本文追溯从客观性迷思到叙事和表演的转向，尤其勾勒 20 世纪 80 年代开始兴起和广泛传播的视听影像技术对于表演转向的意义。本文认为，影像化的口述证言是视听影像与口述历史结合后产生的一种重要的历史表达形态。

二、客观性迷思

口述史料的客观性迷思指的是，在历史学科中存在某种衡量历史证据的等级结构观念，即对历史的诠释不能仅依靠从普通人口中获得的资料，同时，使用口述史料在某种程度上挑战了文字所代表的权威。琳恩·艾布拉姆斯（Lynn Abrams）指出，在 20 世纪七八十年代，处于主导地位的观点认为，对口述见证的使用要服从于"文本模式"[①]，即提倡只有将口述史

---

① Abrams, L. *Oral History Theory*[M]. New York：Routledge，2010：80.

料变成"某种文本或其他书面文件"①才能使用。口述见证需要转化成实体证据,需要与书面记载保持一致,这种观念实际上强调的是口述叙事需要遵循客观性,即口述者说的是什么;而口述者怎么说出来的,即内容的主观建构过程则鲜有人问津。因此,根据艾布拉姆斯的观察,20世纪50年代到20世纪60年代的口述史学家们疲于论证口述来源的客观性以便加以使用。与这种社会科学认识论保持一致,衡量口述历史访谈也形成了一套强调客观性的方法,比如强调代表性、抽样的信度等等。访谈的结果(即由口述转录成的文字)也需要在和已有的书面资料进行认真比较和辨别,并确定与后者的经验一致后才能作为说明性工具得到使用。这种针对证明性资料的客观性评价系统,来源于以书面化与否作为标准的权威体系,后者更希望看到的是静态的、自足的证据文本;为此,口述历史需要证明它所包含的信息不是捉摸不定的、不是转瞬即逝的,而口述历史产生过程中涉及的主体和主观性就被视为是有问题的。也可以说,对口述历史是否可信的怀疑论,其前提是将口述历史的媒介等同于文字语言符号,而忽略了信息的选择和历史知识建构过程中的其他动态过程和符号。

然而,主观性问题仍然潜伏在口述历史讨论中,始终令人无法忽略,它影响到对记忆信息的选择性呈现,尤其当这些信息关乎隐藏的、暧昧的历史记忆时,个体的能动性在历史建构中的角色尤为突出。动态的主体建构过程是口述历史无法忽视的维度,甚至可以说是口述历史的本质。一些忠于口述史料的史学家认识到这一点,开始聚焦主观性这一历史研究中的盲点。

三、以过程为中心的认识论转向

20世纪70年代是口述历史研究走向"叙事转向"的年代②;接着,20世纪80年代又出现了与之相联系的"表演转向"③。这两种调适性的认识范式都认为口述史是一个动态的表现过程,其中,示意性符号在意义生产方面的作用必不可少。例如,"叙事转向"提出,人是"通过讲述自己而在一个更广泛的文化语境中组织他们的生活、建构他们的自我、进行自我表现"④。换句话说,"叙事转向"将关注的重心放在人们如何调动语言的、非语言的手段来表现和表达自己,而其中所涉及的个体表现行为又关乎文化的、社会的结构,后者结构性地影响着身份的建构和对身份的表达。可见,"叙事转向"转而关注主观经验和特殊文化知识,并认为事实是从这些经验和知识的动态叙述过程中产生出来的,事实的生产离不开主体性和身份的建构。于是更多人看到,口述历史访谈不可避免地涉及两方主体的合作,是"一种多层面的交际事件"⑤、一种"对话性叙述"⑥、"一种社交化的经验分享"⑦。叙述作为一种共同的意义生产过程挑战了"本质自我"⑧这种概念,后者认为自我是固定不变的、是先验存在的。而关于自我、被自我建构出来的叙事文本和叙述过程都是动态选择和呈现的结果,无法脱离

---

① Abrams, L. *Oral History Theory*[M]. New York: Routledge, 2010: 5.

② Abrams, L. *Oral History Theory*[M]. New York: Routledge, 2010: 113.

③ Pollock, D. Moving Histories: Performance and Oral History[M]// T. C. Davis. *The Cambridge Companion to Performance Studies*. Cambridge; New York: Cambridge University Press, 2008: 121.

④ Abrams, L. *Oral History Theory*[M]. New York: Routledge, 2010: 110.

⑤ Abrams, L. *Oral History Theory*[M]. New York: Routledge, 2010: 13.

⑥ Abrams, L. *Oral History Theory*[M]. New York: Routledge, 2010: 115.

⑦ Abrams, L. *Oral History Theory*[M]. New York: Routledge, 2010: 13.

⑧ Abrams, L. *Oral History Theory*[M]. New York: Routledge, 2010: 45.

访谈双方在某个社交情境中的交互知识生产过程而讨论。这种主体间的交互维度,即关系,在访谈过程中产生,同时也影响文本的形成及其表征。主体间的交互过程是记忆叙述和自我呈现中的一个重要维度,"叙事转向"认为,自我是一种不同主体间交互产生的自我,换句话说,"我们对自我的理解是通过说和写这类行为、通过和他人建立一系列关系而产生的"①。

口述历史学者们也开始看到,在符号语言和"参照性现实"②(referential real,比如某种预先给定的知识)之外,还存在着行为表现层面以及"表现性现实"③(representational real,比如通过身体表演被展示出来的知识)。波洛克(Pollock)认为口述历史访谈中的社会交往行为是一种"表演"并对之加以阐释,她强调,访谈中在口述见证人与其观众之间所产生的互动事实上是一种时间性行为,在口述这一行为活动所切割出来的时间维度中,互动的双方各自"存在并形成"④。换句话说,访谈是在某种情境中的一次偶然相遇,受到主体间的动态交互和环境设定(如天气、地点等)的影响。口述见证的内容实现过程也许每次都不一样,但口述见证本身事实上却是重复发生的表演(或行动)。

四、以表演为中心的分析方法

以表演为中心的分析方法认为知识是具体的,是在特定情境的社会交往中产生的,没有先验的脚本可言。

见证的内容产生于某次"时空'相遇'"⑤中,意味着某种调查的具体行动及其带来的转变。以表演为中心的方法强调口述叙事不是固定的、静态的、被动的,而是基于主体间的交互情境和感知,能动地"再呈现"(represent,即表演和再表演)出来的。"表演转向"使对于历史的、以文本为基准的认识论转换到以主体为中心的认识论,给予视角和感知以前所未有的关照⑥,强调出口述见证人的能动性,不仅仅依靠文字语言,更通过示意性的身体化表达方式来建构基于个人经验和主观回忆的知识、不通过感知无法得到的知识。

口述历史访谈中的交互主体性首先意味着"采访者与被访者之间的关系,或者说是采访情境的人际动态,以及参与者共同创造出某个共享叙事的过程"⑦;也就是说,关系性是构成事实的一个要素,正如格雷莱(Grele)所指出的那样:"口述历史访谈就是文献,和其他文献并无二致,它应该被历史学家与其他史料一样被同等看待。"⑧采访者在互动中发出的动作会影响到最终的口述见证。采访者就是事实信息的一部分,因为见证是身体化的,而他/她参与到创造和解释证言中,两者无法割裂。

---

① Abrams, L. *Oral History Theory*[M]. New York: Routledge, 2010: 45.

② Pollock, D. *Telling Bodies*, *Performing Birth*[M]. New York: Columbia University Press 1999: 64.

③ Pollock, D. Moving Histories: Performance and Oral History[M]. T. C. Davis. *The Cambridge Companion to Performance Studies*. Cambridge: New York: Cambridge University Press, 2008: 132.

④ Pollock, D. Moving Histories: Performance and Oral History[M]. T. C. Davis. *The Cambridge Companion to Performance Studies*. Cambridge: New York: Cambridge University Press, 2008: 121.

⑤ Pollock, D. Moving Histories: Performance and Oral History[M]. T. C. Davis. *The Cambridge Companion to Performance Studies*. Cambridge: New York: Cambridge University Press, 2008: 122.

⑥ Pollock, D. Moving Histories: Performance and Oral History[M]. T. C. Davis. *The Cambridge Companion to Performance Studies*. Cambridge: New York: Cambridge University Press, 2008: 122.

⑦ Abrams, L. *Oral History Theory*[M]. New York: Routledge, 2010: 54.

⑧ Grele, R. J. Oral History as Evidence[M]// T. L. Charlton, L. E. Myers and R. Sharpless. *Handbook of Oral History*. Lanham, MD: Altamira Press, 2006: 53.

　　另外,口述历史的交互主体体验也存在于观众和见证人之间,因为口述性历史的认知和历史知识的传授是诉诸情感的(affective)。"如日记、当事人声明、纪录摄影或影片、小说、诗歌、故事、歌曲、虚构电影,或者剧场"① 都是证词,都体现出对过去的追忆。"证言性描述"是有感染性的,就像"触摸"到观众一样,将当下(公众)与历史场景关联起来。文字、图像、视频类的见证都可视为"对证词的传递"② ,通过它们可能实现"真正的学习":与某种"对不变事实的永恒信仰"③ 不同的是,它们实现的是某种开放式的知识介入、对当下认知结构的质疑。类似有关集体暴力事件这种"难以接受的知识"(difficult knowledge),鲜明地带有感染性,有可能造成对给定知识结构的重构④。比如,对于创伤的见证可能一方面给观众造成感染,另一方面形成让他们与之批判理解的距离;这样一种对话式的主体位置形成了一种特定的观影模式,它的特点是"情感上的召唤"⑤、道德上的主动感受,而不是视觉快感或者单纯"感知上的接受"⑥。

五、视听影像带来的认知冲击

　　口述历史一开始就是一种"档案整理实践"⑦,用来收集资料和证据,所以技术,尤其是录制和存储方面的技术以及声音录制设备对于口述历史非常重要。而数字视频的普及则对口述历史学者认为口述历史是种"声音历史"⑧这种认识构成了挑战。不管是实践者还是研究者都开始意识到,对于视频证言以及视听化的口述历史来说,经验性是其根本特点。视听口述历史能够录制非语言交流方面的内容,而不仅仅是文字有声语言。同时,作为录制和播出,视听证词本身就体现出动态的行为过程,因此强化了口述历史访谈是"多层次的交际事件"⑨的认识。自20世纪80年代开始,技术手段上的革新和普及带来了认识论的改变,口述历史不仅是"保护"和"收集"⑩历史资料的工具,口述历史还面向公众、被纳入不同的历史展示平台中,比如博物馆展览、大众媒介呈现,尤其是电视纪录片和虚构电影中。技术的普及

---

① Grele, R. J. Oral History as Evidence[M]// T. L. Charlton, L. E. Myers and R. Sharpless. *Handbook of Oral History. Lanham, MD: Altamira Press*, 2006: 50.

② Grele, R. J. Oral History as Evidence[M]// T. L. Charlton, L. E. Myers and R. Sharpless. *Handbook of Oral History*. Lanham, MD: Altamira Press, 2006: 8.

③ Grele, R. J. Oral History as Evidence[M]// T. L. Charlton, L. E. Myers and R. Sharpless. *Handbook of Oral History* . Lanham, MD: Altamira Press, 2006: 8.

④ Simon, R. I. *The touch of the past: Remembrance, learning, and Ethics*[M]. New York: Palgrave Macmillan, 2005: 92.

⑤ Simon, R. I. *The Touch of the Past: Remembrance, Learning, and Ethics* [M]. New York: Palgrave Macmillan, 2005: 92.

⑥ Simon, R. I. *The Touch of the Past: Remembrance, Learning, and Ethics* [M]. New York: Palgrave Macmillan, 2005: 92.

⑦ Grele, R. J. *Oral History as Evidence*[M]// T. L. Charlton, L. E. Myers and R. Sharpless. *Handbook of Oral History*. Lanham, MD: Altamira Press, 2006.

⑧ Charlton, T. L. Videotaped Oral Histories: Problems and Prospects[J]. *American Archivist*, 1984, 47(3): 230.

⑨ Dunaway, D. K. Introduction: The interdisciplinary of Oral History[M]. D. K. Dunaway, W. K. Baum. *Oral History: Aninterdisciplinary Anthology* (2nd ed.). Walnut Creek, Calif. :AltaMira Press,1996:7-22.

⑩ Dunaway, D. K. *Introduction*: The Interdisciplinary of Oral History[M]// D. K. Dunaway, W. K. Baum. *Oral History: Aninterdisciplinary Anthology* (2nd ed.). Walnut Creek, Calif. :AltaMira Press,1996:7-22.

让来自不同文化的群体参与到历史表现的活动中来。正如拉比诺维茨(Rabinowitz)所观察到的,摄影、新闻报道、纪录片方面的新技术对于"某个群体调查另一个群体"而言非常关键①;"一系列新的知识",尤其是有关"之前隐藏的、底层的群体"的知识开始进入社会公众的视野。录像等媒介的"视觉维度"②引起了口述历史学者的关注,后者开始关注证词产生过程的交流性、情境性。通过可视化方法来捕捉"访谈中的非语言元素"③成为自20世纪80年代以来一直备受关注的焦点。人类身体的姿态及其"表意过程"由视觉手段承载,对研究者形成了不小的冲击:"摄像机永不眨眼"④让历史学家为之一震,也就是说,视听影像完整记录了口述历史的时空建构过程及其诸多影响其构成的因素,令其无法闪躲。塞普(Sipe)认识到,活动影像拟态性地呈现出"一种新层次的证据",它不同于口述者的语义描述;这种新的层次让口述历史的"反思性维度"更加凸显出来⑤,也就是说,电影化的形式让访谈中的双方更有意识地感受到他们彼此所处的研究位置、他们彼此所形成的表演者—观众的关系。视频证言让塞普认识到,他们不仅仅是采访者,他们还是带有批判眼光的、能够对访谈有所阐释的主动观影者⑥。对于利希特布劳(Lichtblau)而言,摄像机的眼睛帮助口述历史学者将触角伸入(或者说捕捉到)访谈本身所存在的另一层现实,从而将"经典的口述历史"推向某种新的认知领域,即身体化的记忆过程被"体现"出来,并且"身体的表达空间"也拓展了⑦,影像化的口述历史带来了新的知识:摄像机能动地参与创造着关于历史的知识。

六、影像化的口述证言

"说话头"(talking head)是一种作见证的形式,也是一种常见于电视纪录片中用来传递经验、身份、意见的方式⑧。"说话头"这种呈现方式也不仅仅是某种价值观的传递方式⑨,它同时也因其所体现出的真实性感染力被用于社会倡导。拉比诺维茨认为,"说话头"是以真实电影方式摄制下来的,它是一种"对于真实生活的视听呈现"⑩,是一种纪实;其中,口述者

---

① Rabinowitz, P. *They Must Be Represented*:*The Politics of Documentary*[M]. London:New York:Verso, 1994.

② Sipe, D. Media and Public History:The future of Oral History and Moving Images[J]. *Oral History Review*, 1991,19(1-2):228.

③ Simon, R. I. *The Touch of the Past*:*Remembrance, Llearning, and Ethics*[M]. New York:Palgrave Macmillan, 2005.

④ Charlton, T. L. Videotaped Oral Histories:Problems and Prospects[J]. *American Archivist*, 1984, 47(3):235.

⑤ Sipe, D. Media and Public History:The Future of Oral History and Moving Images[J]. *Oral History Review*, 1991, 19(1-2):75.

⑥ Sipe, D. Media and Public History:The Future of Oral History and Moving Images[J]. *Oral History Review*, 1991, 19(1-2):75.

⑦ Lichtblau, A. Opening Up Memory Space:The Challenges of Audiovisual History[M]// D. A. Ritchie. *The Oxford Handbook of Oral History*. New York:Oxford University Press, 2011:279.

⑧ Bell, E., Gray, A. History on Television[J]. *Charisma*,2007:113-133.

Ellis, J. At the Fountainhead (of TV history)[J]. *Screen*,1980,21(4):45-55.

Holdsworth, A. Televisual Memory[J]. *Screen*, 2010,51(2):129-142.

Tribe, K. History and the Production of Memories[J]. *Screen*, 1977,18(4):9-22.

⑨ Watt, D. History on the Public Screen, I[M]// Alan Rosenthal, John Corner. *New Challenges for Documentary*. Manchester:New York:Manchester University Press, 2005:365.

⑩ Rabinowitz, P. *They Must Be Represented*:*The Politics of Documentary*[M]. London:New York:Verso,1994:12.

不再是客体,在观影者看来,口述者是叙述的主体,是"事实的来源、权威、作者"①;"说话头"呈现出主体的自我能动性,赋予"以往某种隐藏的、底层的群体"以"文化政治能见度"②,让公众可以感知到他们的存在、并对其反馈。马蒂诺(Martineau)同样指出,"说话头"作为"赋权的手段"展示出某种"解放性的"立场③,呈现出正在进行社会行动中的主体:他们自主地进行自我表现。她还看到,通过真实电影拍摄方式拍摄的"说话头"记录下直接坦白的对话,同时也体现出"拍摄者和被摄主体之间的默契关系"④;对于马蒂诺来说,通过揭示三方肉身(拍摄者、被摄者、观影者)之间所形成的"语境",同期声特写镜头显示出"电影人、被摄主体和观众之间的动态权力关系"⑤。对此,拉比诺维茨认为,比如《浩劫》(Shoah,克劳德·朗兹曼,1985)这样的纪录片,如果能反射性地揭示出见证机制其实是一种将拍摄关系中主客体双方位置反转的共同生产过程,那它就是在体现重建历史的积极行为(像犹太大屠杀这样的种族清洗并没有可以用以引述的语言系统),而这种行为可以召唤出观影者即实际存在的社会成员的模仿性回馈。正如沙南(Chanan)的观察,在某种程度上,日常生活中的角色执行所体现出的微观政治和权力关系影响 20 世纪 60 年代崛起的真实电影⑥。日常生活中的角色扮演这种视角来自于厄文·高夫曼(Erving Goffman)的社会学研究,他认为自我是经由社会性建构产生的,因为私人或公共性的社会交往而浮现出来。表演是一种意义生产行为,它是日常生活中固有的。高夫曼指出了社会互动中的自我建构,也就是说,除非展开与他人的联系,否则自我也将无法存在/无法感知。无论是口述历史还是纪录片都具有表演性(performativity),口述历史和纪录片两者都意味着某种"以表演/角色执行为中心的分析方式"⑦,或者说,这两者都意味着不同形式的动态行为,于社会搭建的过程中生产具体的知识,而不是"揭示或指涉某个给定的世界或某套给定的知识体系"及其不可置疑⑧。表演是"一种知晓的方式"⑨,通过身体化的方式来知晓;自我与他者在主体间交互的社会情境中不断转换主体和客体的身份。采用口述历史方法来拍摄的纪录片凸显出社会交往的特点,展示出纪录片拍摄者与被摄主体之间的关系,并且也通过真实电影和后真实电影的拍摄方式展示出

---

① Rabinowitz, P. *They Must Be Represented*: *The Politics of Documentary*[M]. London; New York; Verso,1994:12.

② Rabinowitz, P. *They Must be Represented*: *The Politics of Documentary*[M]. London; New York; Verso,1994:13.

③ Martineau, B. H. Talking About Our Lives and Experiences: Some Thoughts About Feminism, Documentary and "Talking Heads"[M]// Thomas Waugh. *"Show us life" life—Toward a History and Aesthetics of the Committed Documentary*. Metuchen,NJ. : Scarecrow Press,1988:263.

④ Martineau, B. H. Talking About Our Lives and Experiences: Some Thoughts About Feminism, Documentary and "Talking Heads"[M]// Thomas Waugh. *"Show Us Life" Life—Toward a History and Aesthetics of the Committed Documentary*. Metuchen,NJ. : Scarecrow Press,1988:259.

⑤ Martineau, B. H. Talking About Our Lives and Experiences: Some Thoughts About Feminism, Documentary and "Talking Heads"[M]// Thomas Waugh. *"Show Us Life" Life—Toward a History and Aesthetics of the Committed Documentary*. Metuchen,NJ. : Scarecrow Press,1988:259.

⑥ Chanan, M. *The Politics of Documentary*[M]. London; British FilmInstitute,2007.

⑦ Pollock, D. Moving Histories: Performance and Oral History[M]// T. C. Davis. *The Cambridge Companion to Performance Studies*. Cambridge, New York: Cambridge University Press,2008:121.

⑧ Pollock, D. Moving Histories: Performance and Oral History[M]// T. C. Davis. *The Cambridge Companion to Performance Studies*. Cambridge, New York: Cambridge University Press,2008:121.

⑨ Friedman, Jeff. Fractious Action: Oral History-based Performance[M]// Thomas L. Charlton, Lois E. Myers and Rebecca Sharpless. *Handbook of Oral History*. Lanham, MD: AltamiraPress,2006:470.

沃尔夫（Waugh）所谓的"上演式的角色扮演"①，即为了他人而表演自我，或者说有对象意识地、自觉地展示主观现实。真实电影中的角色执行非但没有极力避免提及被摄主体与拍摄者之间的合作关系，反而强调出这种拍摄关系的存在。王琦用中国独立纪录片尤其是吴文光的纪录片来说明这种表演视角。吴文光的拍摄通过数码影像技术持续为自我表演赋权。王琦认为吴文光在自己的纪录片中融合了表演式和观察式的拍摄方式，将中国独立纪录片中存在的拍摄主体性和暧昧的纪录片真实发挥到极致。她认为中国新纪录运动中的"表演转向"开始于《流浪北京》（吴文光，1990），在片中，拍摄者本人自我指涉，成为文本中的一个显性的身份：一个"进行记录行动的角色"②。拍摄者和被摄主体之间这种身体化的关系因为忠于现场的纪实拍摄而得以呈现。现场美学是中国电影中一种独特的真实电影拍摄方式，它强调记录现状而非反映预设的概念。随着 1995 年以后数码技术在中国的普及，现场美学因其自来水笔的自由书写方式赋予个体自由表达的空间；而另一方面，张真所谓的"数码模仿"则使拍摄者的行动进入观者的感知范围之内③。王一曼认为，数码影像让社会主体获得了更多的自主性，这些拥有不同感知和认知结构的主体因其在现场所持的本能的、有限的视野，反而为纪录片带来了"经验性现实"④。"就地记录"⑤中所涉及的个体性以及"对底层的关注"⑥将纪录片的知识生产方式重新界定为依靠"亲密的、互动的、表演性的"⑦方式与被摄主体进行接触。

七、结语

综上所述，影像化的口述证言尤其是"说话头"这一口述历史纪录形态突出体现了口述历史在 20 世纪 80 年代以后的认知共识，同时也体现出口述历史与视听影像的共有属性，即表演性和关系性。表演性一方面体现的是历史的参与者或见证人调动自我的语言、身体、环境，能动地重现历史现场和建构自我的历史身份；表演性另一方面凸显追溯者和记录者的记录行动，即作为历史现场的构建者和二次见证人参与到记忆的建构过程中，体现出积极的社会角色和主动介入历史的意识。而无论是口述历史访谈者和被访者，还是积极的影像纪录者和口述见证人，都凸显出历史和记忆的生产过程及其中的主体间关系是理解和衡量口述历史价值的重要因素。无独有偶，口述历史的表演转向和记录影像在数量上的暴增同时在

---

① Watt, D. History on the Public Screen, I［M］// Alan Rosenthal, John Corner. *New Challenges for Documentary*. Manchester; New York: Manchester University Press, 2005:74.

② Wang, Q. Performing Documentation: Wu Wenguang and the Performative Turn of New Chinese Documentary ［M］// Zhang Yingjin. *A Companion to Chinese Cinema*. Malden, MA:Wiley-Blackwell, 2012:299.

③ Zhang, Z. Transfiguring the Postsocialist City: Experimental Image-making in Contemporary China［M］// Y. Braester, J. Tweedie. *Cinema at the City's Edge: Film and Urban Networks in East Asia*. Hong Kong: Hong Kong University Press, 2010:95-118.

④ Wang, Y. M. The Amateur's Lightning Rod: DV Documentary Inpostsocialist China［J］. *Film Quarterly*, 2005:58(4).

⑤ Wang, Y. M. The Amateur's Lightning rod: DV Documentary Inpostsocialist China［J］. *Film Quarterly*, 2005:58(4).

⑥ Wang, Y. M. The Amateur's Lightning rod: DV Documentary Inpostsocialist China［J］. *Film Quarterly*, 2005:58(4).

⑦ Wang, Y. M. The Amateur's Lightning Rod: DV Documentary Inpostsocialist China［J］. *Film Quarterly*, 2005:58(4).

20世纪80年代后渐趋明显,从一个侧面体现出数字技术及其影响下的历史生产对于个体的赋权。可以想象,在数字技术和网络技术全民普及的时代,影像化的口述见证将成为更加风靡的记忆表达和传播形态,而这一地带也将成为各种身份及其话语竞争叠合的反应场。因此,对于媒介技术影响下的见证影像新形态及其所体现的多元话语的研究,将成为下一阶段的口述历史影像研究中的重点和热点。

(原载《北京电影学院学报》2016年第5期,原标题为"影像化的口述证言——口述历史的认识论转向")

通过纪录片讲述非虚构故事

李宇宏　香港城市大学

我在香港城市大学做口述史纪录片《族印——家庭相册》有4年了,带着学生做了75部短片,再加上我之前做的和口述史相关的短纪录片,有近百部作品。都是用口述的方式在讲故事,同时我也在第三季"家·春秋"口述历史影像记录计划的团队中指导了3部作品。根据以往的经验,不知道如何讲好一个非虚构的故事,是许多人存在的问题。为了解决这个问题,有以下几点建议和大家分享。

一、选择一个感兴趣的选题和故事

一旦开始做口述史纪录片,首先面临的就是一个选题的问题。选题这个环节真的不能小瞧,那么什么样的选题才是适合你的选题? 我特别赞同两届金马奖最佳纪录片导演周浩的一句话:"纪录片就是研究人本身的,不是你拿来向这个世界招摇的手段。"所以,主要是找到自己感兴趣的话题,然后通过纪录片的形式进行一种自我表达。

所以在选择选题的时候,至少要保证一点,你自己要感兴趣。因为你对选题是否感兴趣就决定了你能够走多远。对大多数学生来讲,因为大家的生活经历和社会经验都很有限,你自己对选题不感兴趣,那进行到一半的时候,再怎么努力想往上走或者深入下去都会有很大的困难。因为你自身已经没有兴趣再去探索了。比如说:你心血来潮说那个人是抗战老兵,那我采访他一下,如果不是真的感兴趣,这种轻率的决定很容易导致你中途做不下去,或者结果出来也并不是很理想。

那么在大家社会阅历及生活经验非常有限的情况下,又想做一个很好的非虚构作品,如何来找选题? 可以找跟自己密切相关的选题,可以从身边熟悉的人、熟悉的事儿和熟悉的地方入手,这是一个很好的选择。我有学生告诉我,他特别想知道自己奶奶的生活,或者他想知道他跟父母的关系,或者他想知道他跟下一代人的关系,这都是跟他非常密切相关的。在这种情况下,他至少有了这个兴趣点,并且这些内容跟他自己密切相关。他就可以走很远的路,也可以挖掘很多丰富的故事。

有了兴趣点,就要做大量的研究工作。找相关的书,相关的资料,然后进一步去发现。如果没有这些准备,在拍摄和采访的时候你就捕捉不到那些细节,这些故事哪怕呈现了你也看不到。

二、挖掘一个好的切入点

这件事情需要你花费特别多的工夫,不是轻而易举就能做到的。如何去找这个选题的角度,或者说切入点也是至关重要的环节。有时候你找到了跟自己切实相关并且感兴趣的选题,也不一定能够保证您能够讲述一个特别好的故事。

我记得有一位学生想做自己村庄的村史,因为他们村子相比其他村发展比较好,他就想做这个村子的发展史,主要从村支书的先进事迹入手。我认为村史通过一部这样的纪录短片来表达是非常困难的,首先有很多历史没办法呈现,因为纪录片是一个视觉的载体,口述史纪录片你必须得考虑视觉化的问题。村史这个内容过于宏大,如果说他的家族里能够找到一个经历过发展阶段的人,通过记录他现在的生活影射以前家族的发展,从现在来看过去,这样可能视觉化你的故事。

其次你要明白,你是通过口述的方式去讲故事。那么你就应该对你这个家乡有一个特别深入的了解。我还在网上查了一下他们村子,是河北附近的一个村庄,还是全国的文明村。那时候正好赶上北方雾霾十分严重的时候。他们村子有一个钢铁厂,政府每年会拨几亿给这个钢铁厂。那么这个村子没可能经济不好啊,这么大笔钱拨过来,就业解决了,福利待遇特别好,也有钱建各种楼房了。虽然说他们村致富可能是村支书的努力,但你在做这个村史研究的时候,得有批判性思维,比如说村子虽然致富了,反过来想这个钢铁厂的污染是不是很严重,村庄以前怎么样,现在怎么样,那么以后会怎么样。如果从这个角度去讲这个村庄的过去、现在和未来,那么你就会讲一个完全不同的故事,也是对这个村子更有意义的故事。

所以说在了解了大量的相关历史后,才能够看透那些表面上看不到的东西。这个就是研究和发现。每个英雄都首先是普通人,那你想看到他最真实的东西,就需要去挖掘,要能够深入下去才会有更多的发现。你需要批判性思维,不能只想着你作为一名导演,你要做成一部怎样的作品。你同时要想的是,如果作为一名观众,你想看到什么内容。要学会换位思考,跳出创作者的身份来思考,也许会看到一些背后的不一样的故事。

三、找到一个好的核心人物

我认为找到一个合适的核心人物是做口述史纪录片的捷径。万变不离其宗,口述史都是在讲人物的故事,所有观众的关注点都在于这个人物的命运,如果没有一个特别清晰的核心人物,大家看不到他命运的种种跌宕起伏,那么这部作品是没办法让人看下去的。

那么核心人物该怎么选择呢,你手头上可能有多到成千上万的人物或者少到只有三四个人可以选择。有一个基本的前提,这个人物有故事,并且他的故事打动你了。

我之前的一个学生在做广场舞的选题,光是记录跳广场舞,或者怎么抢场地甚至吵架这种内容。我认为这并不是一个好的点,我就让他多去跟可选的人物交流,后来他找到了一对沈阳的夫妻,他们一起在沈阳卖鞋,其中这个女性经常去跳广场舞。通过接触了解到,他们经历了好几次危机,第一次是下岗,20世纪90年代在沈阳这个工业城市,很多人都下岗了,他们开始自谋出路,就转行卖鞋,生意还不错。但是近几年互联网的普及给他们带来了第二次危机,网购带来的危机。因为他们是实体店销售,大家都在网上购物,导致他们的鞋店门可罗雀。虽然这个选题是跳舞,但是了解了更多核心人物背后的故事,就会使这个故事丰富很多,这些都是通过我们挖掘得知的。

四、学会捕捉细节

想做好一个口述史纪录片,我特别强调的就是一定要捕捉细节。纪录片的细节其实就是画面语言的细节。在拍片之前就要做好准备,而不是说拿起相机就开始拍。而且有些细节并不是说一开机就能拍到,一方面是要多拍,另一方面还是前期要做好准备。

举个例子,有个学生的作品讲他姥姥、姥爷随着年岁大了,从青年时的豪情壮志转变到现在空巢老人的状态。那么这种老人的状态并不是通过采访姥爷说自己老了,没用了,很孤独的这种方式来表达。而是通过一个长镜头,他的姥爷推着坐在轮椅上的姥姥回家,要从残疾人通道那个斜坡推上去,姥姥、姥爷都80多岁了,第一次轮椅没推上去,直到推了四五次才推上去,这个镜头画面语言就很棒,能让观众感受他的姥姥、姥爷真的是老了,那种无奈,那种对孩子关怀的需要。

口述史纪录片不是一味地靠人物来叙述。它首先是一个纪录片,要有画面语言呈现。甚至有一些画面语言呈现的细节,远远胜于受访者的口述,也比只是访谈的画面更有力量。

五、口述史纪录片的编辑和结构设计

和任何一种虚构或者非虚构的讲述相同。在采访和拍摄结束之后,纪录片的编辑是一次再创作的过程。需要你再次想清楚,你到底要呈现给受众怎样的一个故事。

口述史纪录片一个很重要的点就是,它不仅仅是你要讲怎样的故事,还有如何讲的问题。最后的编辑和结构设计就是要求你解决如何讲这个故事的问题。在选题、采访和拍摄完成后,你需要再创作,把这些素材通过一个合理的方式(主要是逻辑)来呈现。就像制作一件衣服,你有了各种布料,你需要把布料裁剪成你想要的样式。这个裁剪和缝制的过程,就像纪录片的剪辑,就是你的再创作的过程。

("家·春秋"口述史计划 2017-03-17,原标题"如何通过纪录片讲述非虚构故事")

课后实务:公众纪录片制作

可以考虑组成小组,选择一个感兴趣的话题,展开拍摄记录,然后剪裁成一部公众历史纪录片。

第十一讲　公众历史档案

线上讲义

一、公众历史档案的提出

关于档案,不知道你有一些什么印象。说到档案,很多人马上会想到政府档案。与个人相关的,就是很多人有一个人事档案。一般认为档案跟个人、家庭关系较少,其实不是这样的。

我们先谈一下什么是档案。档案是政府机构和个人,在公私活动中留下的各种文字资料。我们今天可以宽一点,包括文字、图像、录音、录像等。档案可以进行各种分类,习惯性分为政府档案与民间档案。档案的前身叫作文书,它是由政府档案演化而来。有了政府以后,相应地就需要一些文字材料,这些文字材料积累起来就成为政府档案。什么是政府档案呢? 是以政府活动为中心,为政府服务的档案。在过去的几千年时间,档案都是政府档案,只有政府才有档案。古代政府档案叫金匮石书,意味着普通人很难看到。

普通人开始关注档案是在 20 世纪以后。随着时代的发展,人们生活水平的提高,慢慢关注个人的一些档案,档案收集范围在逐步扩大。到了 20 世纪 80 年代以后,情况逐步变化,出现了一种新的档案,后人把它称为"家庭档案"。家庭是社会中最小的单位,自然应该有自己的档案。1983 年,山东济南档案馆孙嘉焯先生,因为一直从事档案工作,他后来就想到,我为什么不能把自己家中的档案搜集起来,把它整理一下。他被称为中国有明确记录的第一个有家庭档案的人。此后,各地陆续有一些人参与。在这过程中,有一些政府档案馆开始重视家庭档案建设。沈阳档案馆荆绍福先生在 20 世纪 80 年代后期写了一本书《家庭档案管理》,修订本为《家庭档案管理概论》,指导大家怎么做家庭档案,为什么要做家庭档案等相关专业知识。

经过这一拨人的提倡,各地家庭档案慢慢多起来,甚至 2000 年以后有家庭档案馆成立。譬如说 2004 年,广州有一个离休干部叫屈干臣,他比较关注档案收集,专门买了一套房子,成立屈干臣家庭档案馆。在重庆,有一个叫艾远兴的老人,也建立了一个家庭档案馆。湖北宜昌市的袁裕校,年纪不大,50 多岁,专门租用一个旧厂房,改建成袁裕校家庭档案馆,这是目前规模最大的家庭档案馆。从这里我们可看到,1980—2010 年这 30 年中,中国家庭档案馆蓬勃发展,受到了很多人关注。这期间出了好几部指导大家做家庭档案的书,甚至在沈阳成立了一个家庭档案管理研究会,就挂靠在沈阳市档案馆,还成立一个网叫家庭档案网,你不妨上网浏览一下。他们经常做家庭档案的宣传,甚至在一些社区举办家庭档案管理的宣传。

今天从公众史学角度来说,我对家庭档案很感兴趣。在传统的组织本位的体制下,家庭是最小的单位,所以家庭档案不被关注。但是如果从公众史学角度来说,我们以人为本的话,家庭是离我们最近的一种组织单位。所以从公众史学的角度来说,我提倡"公众历史档案"。这个词是我创造的,我借鉴了一个杂志《历史档案》,造了一个词,叫"公众历史档案"。我所理解的公众历史档案,主要是两部分:第一部分是个人档案,第二部分是家庭档案。不管怎么说,这两部分档案,对今天公众社会来说,是非常值得关注的。这个是我讲的第一个问题,我是怎么提出公众历史档案这个概念的。

二、公众历史档案的做法

刚才讲了公众历史档案概念之后,很多人会提出疑问,公众历史档案怎么做?公众历史档案,以前几千年都是不受重视的,所以对大家来说都是新鲜事物。怎么做,大家还不太有经验,只能逐步提升。最简单的一种方法,家里的档案不要乱丢了,我们要分类保存起来,这是家庭档案管理最核心的两个原则。我们以前有时候会随便将档案放在抽屉里面,往往缺少一个分类的归纳。我提倡大家将档案分类存放。以后,可以考究一点,可以用一些档案袋,到文具店买一些档案盒。稍微正规的纸质档案袋,价格不贵,几块钱一个,我们可以去买它一二十个,然后把我们相关的档案放入档案袋里面。为了便于检索,要在档案袋上做一个分类标签,便于下次用的时候检索。稍微高级一点的,用一些家庭档案管理软件。2008年后,好几个档案馆开发了家庭档案管理软件,比如东莞、上海、沈阳的档案馆。如果有兴趣的话,不妨下载下来,在电脑上进行分类检索,用现代的软件管理家庭档案。

接下来谈一下家庭档案的分类。家庭档案怎么分类呢?有好几种分类方法,比如个人可以分为婴儿、青少年、恋爱、结婚、工作、理财,等等。如果作为家庭,可分为健康类、教育类、著作类、荣誉类、家电类、证件类、声像类、经济类、通信类、收藏类,共十大类。这十大类内容里面,类下又分为小目。这十大类划分以后,我们可以把家庭里面主要的档案囊括进去了。各个软件的分类不尽相同,你可以参照它的分类来做,如表11-1所示。总体上,档案要一次性做。做好之后,要陆续追加,这是最最核心的两点。档案是需要维护的,档案到一定时期之后可以做一些整理,比如有一些重复的可以剔掉一些。

表 11-1　家庭档案分类及归档范围

类别	归档范围
1.证件类	房产证、出生证、学生证、毕业证、学位证、工作证、结婚证、身份证、户口簿、护照、会员证、借书证、职称证书、资格证书、聘书、独生子女证、技术资格等级证书及家庭各个成员的其他有关证件
2.日常财务类	存款单、存折、股票、有价证券、保险凭证、借据、经济合同、协议书、贵重物品清单、水暖电费凭证及各类物品发票
3.固定资产类	房屋、宅基地的审批、购买合同及产权证、使用证,土地承包、流转合同、协议等
4.说明书类	各种家用电器的说明书、保修卡、维修单、电路图及维修点地址、联系电话等

类别	归档范围
5.医疗保健类	病历、诊断书、化验单、体检表、血型报告、心电图、脑电图、X 光片、住院记录、医生处方、饮食禁忌等
6.荣誉成果类	各种活动中获得的获奖证书、表彰通报、奖状、奖牌、光荣册、事迹介绍及媒体报道材料等;发明专利、工艺作品等
7.社会交往类	家庭成员、亲朋好友及社会关系的住址、网址、电话号码,同学和老师的名录、名片册、同事名录、来往信件、礼单、贺卡等
8.个人履历类	家庭成员出生、结婚纪念、入学、入团、入党、入伍、应聘、升职、出国、乔迁日期,各项活动中填写表格的复印件、个人简历及家人的自传日记、论文稿件著作(已发表的和未发表的)、子女出生证、入学证、学习成绩单录取通知书、毕业证书、要事记录本等
9.家政大事	家谱族史、家庭重要变迁、家人生死、就业、升迁等要事记录资料
10.旅游物品	旅游合同、景点门票、导游图、旅行线路图、浏览日程表、宾馆介绍、往返车票或机票、浏览日记、考察方案、考察报告等
11.服装物品	家庭成员各种服装及物品的名称、购买时间、品牌、存放位置明细
12.生产技术	农户在种植、养殖、生产经营过程中形成的相关的农业科学技术资料
13.声像类	家庭成员各个时期社会活动中的照片、底片,家人结婚、寿庆、旅游观光、外出考察、聚会娱乐等活动形成的音像带、光盘、电脑软盘等资料
14.收藏类	藏书、收藏品档案、金银首饰、名人字画、集邮册、珠宝玉器、古玩、乐器以及有特殊纪念意义的珍贵物品等
15.综合类	

三、公众历史档案的意义

为什么要做公众历史档案呢? 档案管理有一个前提,档案的数量要比较多,少了可以直接管理,多了才需要分类管理。之所以要做档案分类管理,当然是为了方便我们用,所以有一句话,"档案做的时候比较麻烦,一旦做好之后是很方便的。"

具体地看一下,家庭档案管理到底对我们有什么意义呢? 我们今天为什么要提倡家庭档案管理的这个概念呢?

首先是观念层面、制度层面。以前只有政府才有档案,现在提倡个人、家庭也有档案,这是观念上的更新。另外是机制的确立。家庭档案管理建立之后,特别是电脑软件出现,我们就有一套家庭档案管理的机制,有了机制以后就比较方便。观念、机制建立之后,推而广之,几十年、一百年,我们以后持续做下去,形成个人家庭公众历史档案的风气,那当然是一个很大的变化。

其次是实用性。中国是一个实用至上的民族,做任何事都会想一下这个东西对我有什么实用性。实用是指在生活世界里对我们有什么帮助。你想想看有什么帮助呢? 第一,是我们做任何事情的依据。比如有时候需要维权,我们就需要那个东西。比如退休之后,工龄从哪一年算起,档案里面就有第一手资料,这是维护我们利益的东西。还有一些理财的东西比如股票,还有平时日常生活的开支,如果没有记录,很多地方我们都搞不清楚。有了记录,我们就很清楚这个的月开支,进出账多少,具体出账在哪些方面,我们一查就会非常清楚。做规划的时候,这些东西也都是非常实用的。

当然我们更主要地说档案是个文本,档案在文本世界里面的意义非常伟大。从公众历史角度来提倡公众历史档案,我们主要看重档案的文本价值。按照我们的生活世界和文本世界的一套理论来说,人类在日常社会里面所有的一切,最后一定要形成文本,它才能流传下来,没有文本就没有历史。档案的本质是文本,是进入文本世界的,意味着这些东西是可以流传下去的。我们做历史研究,很多东西是必不可少的。我们今天提公众历史,比如个人史、家族史、社区史,就需要靠公众历史档案来做。如果没有这些资料,我们做的时候就做不好。我们今天为什么在公众历史里面专门列出一个公众历史档案分支,它就是为我们公众史学服务的。

档案是我们写公众历史的第一手资料,它是最直接可靠的第一手资料,是非常重要的。没有公众档案,公众史学是发展不了的。在古代,国史的编纂正是建立在政府档案基础之上的。没有政府档案,我们的国史系统是没法建立起来的。同样的道理,我们今天提倡的公众史,也是需要建立在公众历史档案整理之上的。

除此之外,还有什么用呢?每一段档案背后都有一个故事。看的时候让我们很高兴,会让我们回忆起某一段历史。比如我们拿起一张老照片,一张大学毕业照,一班同学和老师在一起,围着当年的一张毕业照,就有很多东西好讲。21世纪以后,有一年某个档案馆的宣传主题,就叫"档案里的故事"。档案里包含着人的很多故事,我们有了档案以后,就可把人类曾经的很多故事保存下来。这就是我们经常讲的一句话"文本之外无历史",历史的世界是一个文本的世界。

我们也知道,档案保留的人类的信息总是有限的,很多地方往往是一个结论性的东西,比如说毕业证书,就记载某某大学的某某专业,曾经在这里修过几年,它就告诉你一个结果。其背后的故事,档案里面是体现不出来的。档案本身有它的局限,有了口述史以后,档案本身的缺陷就可以弥补,我们就可以围绕档案做一些口述史的调查。口述史和档案两者结合,公众历史的书写就会非常方便。可以这么说,公众历史档案是公众史学发展的基石。

线下教案

➡ 讨论话题:

你们理解的档案是什么?档案有什么用?个人与家族可以有档案吗?为什么个人与家族也要档案?如何让人养成个人档案或家庭档案观念?有哪些观念制约个人或家庭档案工作?为什么要做档案数字化建设?

➡ 案例选萃:

1. 2004的广州,有一个离休干部叫屈干臣,他比较关注档案收集,专门买了一套房子,然后成立个人的屈干臣家庭档案馆。所有档案都已整理成册,并编制了目录,整齐地排列存放在 20 多个大柜子里。一室保存著作手稿,二室保存证件档案、实物、声像档案,三室保存图书资料和企业报刊资料。屈干臣的个人档案馆里保存着中华人民共和国成立前后 60 多年里 20000 多件不同年代的档案资料,折射出主人所经历的时代变迁。它不仅是老屈人生历程的记忆,而且是社会记忆的一个细化和补充。

2. 湖北宜昌市的袁裕校家庭档案馆,是国内目前规模最大的家庭档案馆。他热爱家庭,醉心于档案收集,于 2011 年创办了个人家庭档案馆。他收藏的档案不仅反映了一个普通家庭的历史,更折射了社会变迁、人文传承。他建家庭档案馆是受祖训家风的影响。他从小家里虽穷苦,但家教甚严,这对他以后参加工作、担任一定的领导职务、下海、学摄影乃至致力建家庭档案馆,产生了很大的影响。他当过银行领导,1995 年(33 岁)来到三峡坝区,从事房地产开发,顺利淘到了人生的"第一桶金";之后,见好就收,决定学习摄影;工作之余,谨遵祖训,一直延续从小养成的热心家庭收藏的习惯。自 1983 年起,他开始建立自己的个人档案,一年一本,坚持至今,同时,着手收集整理家庭史料。2009 年 9 月,为庆祝中华人民共和国成立 60 周年,个人出资在宜昌市举办以"见证历史,见证辉煌"为主题的中国首个平民家庭史料展览——"袁裕校家庭史料展"。市政府经慎重研究,同意将长航红光港机厂闲置的原子弟中学校舍无偿借给他建设家庭档案史料教育基地,服务宜昌的文化教育事业。袁裕校下定决心要将这破旧荒芜的小院,改建成中国首个家庭档案馆。2011 年 9 月,建筑面积 4500 平方米的富有时代气息、馆藏实物 20000 余件、图文史料 10000 余件的宜昌市袁裕校家庭档案馆终于建成开馆。

3. 宁海县档案馆数字信息化工作成果突显。自 2010 年经国家发展和改革委员会批准立项以来,总投资 498 万元,截至 2015 年,已建成馆藏系统、馆室系统、影像档案管理点播系统等 3 个档案管理系统及宁海档案信息网。此外,基本完成了数字化扫描工作。已完成了馆藏 577 万页档案的数字化扫描工作,约占应数字化馆藏总量的 93%。同时示范化、规范化数字档案室数量不断增加。目前,宁海县共建成 14 家省级示范数字档案室和 21 家市级规范化数字档案室。2015 年底,宁海县将基本完成存量档案和增量档案的数字化工作。

网站推荐:

家庭档案网 http://www.jtdaw.com/index.html。

课前文选

家庭建档的双向意义

冯惠玲 中国人民大学档案学院教授

近几年,一些地区的档案部门积极推动家庭档案的建设,成效可观,不少实例说明家庭建档在支持公民维权、加强亲情维系、见证社会发展等方面有不可替代的作用。本文选择了另一个视角,从档案对于平民和平民对于档案事业两个向度探讨家庭建档的历史、文化、社会意义。

一、为平民保留历史——让档案反映社会的方方面面

1999 年《中国档案》上刊登了赵跃飞的一篇短文《未见平民史》，感叹在中国历史中几乎看不到社会底层民众的真实生存状态和精神历程而导致了历史的残缺。① 早在 1943 年，小说家乔治·奥威尔就在一篇文章中说过相似的话："当我想到过去就感到恐惧，因为现代文明是以牺牲一代又一代奴隶为代价建立起来的，但是关于这些献身者并没有任何文字记录。"②我本人的历史常识和这些看法也很相似。现代历史与社会研究的视角越来越多地投向平民百姓，中外史学家、社会学家等都希望增加对平民的研究，弥补以往历史的缺憾。

平民在历史中本不应该没有踪迹，因为历史是人民创造的。为什么历史丢弃了平民，平民丧失了历史，原因是深刻而复杂的，其中不可忽视的一条是平民几乎没有历史记录——档案。各国档案馆保存的年代久远的档案中很少有统治者之外的记录，我国档案馆藏也不例外。美国密歇根大学本特利历史图书馆馆长弗朗西斯·布劳因把这种现象称为"档案的空缺"③。

近些年有学者从档案与权力的关系角度分析了造成"档案空缺"的原因，美国学者史蒂文·卢巴（Steven Lubar）认为"档案是一种权力"，因为"生成档案就意味权力的产生，利用档案也是如此。"④特里·库克（Terry Cooke）则引用小说家米兰·昆德拉（Milan Kundera）的一句话加以说明："反抗强权的斗争就是记忆与忘却的斗争"，自古以来，掌权者决定谁可以说话，谁必须保持沉默，即使在档案材料中也是如此。⑤2005 年他在一篇书评中指出档案工作者也拥有选择铭记与遗忘的权力，他说："档案工作者也在参与档案的形成，我们塑造历史，我们行使控制记忆的权力。"⑥还有历史学家认为"档案收集偏心于社会权贵，而忽略卑微人群"⑦。这样的档案选择取向不仅阻碍了个体记录、微观记录进入国家档案信息资源体系，也必然因此而抑制个人、家庭、家族记录的收藏动机和积极性。很多一向自以为清冷寂寞的档案工作者，或许从来没有意识到这个职业受当权者意志的影响以及自身观念的引导，执掌着对社会历史面貌取舍剪裁、甚至生杀予夺的权力。

为了填补由于档案缺失而造成的历史缺失，一些学者大力倡导档案馆要关注平民，面向公众。美国历史学家霍华德·津恩（Howard Zinn）呼吁档案工作者要"创造一个反映普通百姓生活喜好、需求的全新的文献材料世界。"⑧美国著名档案学家，档案后保管理论的先驱杰拉尔德·汉姆（Gerald Hamm）主张档案应该记载"人类生活的方方面面"，"为人类举起一面折射历史的镜子。"⑨库克则更为明确地指出："20 世纪末期公众对档案的认识，或至少是用纳税人资金建立起来的档案馆的认识已经发生了根本变化，即现在档案是属于人民，为人民

---

① 赵跃飞.未见平民史[J].中国档案，1999(1)。

② 转引自[美]兰德尔·吉默森.掌握好档案赋予我们的权力[J].马春兰，译.档案，2007(3).

③ [美]弗朗西斯·布劳因.档案工作者、中介和社会记忆的创建[J].中国档案，2001(9).

④ [美]史蒂文·卢巴.信息文化与档案[J].张宁，译.山西档案，2000(1).

⑤ [加]特里·库克.1898 年荷兰手册出版以来档案理论与实践的相互影响[M]//第十三届国际档案大会报告集.北京:中国档案出版社，1997.

⑥ [加]特里·库克.没有纯真的收藏:对档案鉴定的反思[J].李音，编译.中国档案，2006(9).

⑦ 转引自[美]兰德尔·吉默森.掌握好档案赋予我们的权力[J].马春兰，译.档案，2007(3).

⑧ [美]F·杰拉尔德·汉姆.档案边缘[J].山西档案，1999(1).

⑨ [美]F·杰拉尔德·汉姆.档案边缘[J].山西档案，1999(1).

服务,甚至通常由人民管理。在普通公民看来,档案不仅要涉及政府的职责和保护公民的个人利益,而且更多的还要为他们提供根源感、身份感、地方感和集体记忆。"①这些主张的共同思想是要使档案反映社会各阶层的真实状态,特别是普通民众的生活和历史。

那么,这些百姓喜好的,记载人类生活方方面面的,为他们提供根源感、身份感、地方感的档案在哪里呢?事实告诉我们:它们既存于官,也藏于民。"存于官"是指党和政府部门、各类企事业单位的活动记录中包含的一些有关基层民众的记载——过去档案馆收集、鉴定中常常被忽视的档案门类;"藏于民"是指家家户户的平民百姓自己记录、自己留存的关于自己生活经历的各种资料。两相比较,藏于民的平民资料数量更多,内容更具体、更鲜活:从柴米油盐到生老病死,从求学就业到成长进步,从家族延续到亲友传书——这些就是我们所说的家庭档案。

家庭档案早已有之,家家有之,只不过很多人、很多家随意留弃,随意处置,因其零碎散落而不足以成史。家庭档案是属于个人的、家庭的,也是社会发展的缩影和折射。建立家庭档案的人分布在不同阶层,有高官显贵、贤达名流,更多的则是平民百姓。如果有比较多的家庭保留比较多的生活记录,平民就不再会是历史的空缺。2005 年,国家博物馆、中国民间艺术家协会等向海内外公开征集中国家书,获赠各类家书近万封,主旨就是抢救平民历史和平民文化,而这些家书正是家庭档案的一个门类。"档案不仅对名人负责,也应使所有公民能了解自己的过去。"②建立家庭档案有利于实现这一点。

如果说家庭档案的存史功能是功在长远,那么它对于促进社会和谐的作用则是利在当代。家庭是社会的细胞,个人、家庭的命运往往和民族的兴衰,社会的变迁有着密切的关联,从小家生活的点点滴滴见证祖国进步、社会发展的方方面面,可以引发公民对于国家、民族、社会息息相关、休戚与共的情怀。凭借家庭记录保障个人权益,化解人际矛盾不仅有助于个别事件的解决,当家庭档案进入公众视线,日积月累,春风化雨还会促进平民群体的社会认同感,英国的一则案例就说明了这一点。

20 世纪 90 年代,欧盟国家针对严重制约社会进步的"社会排斥"现象提出了"社会融入"(social inclusion)政策,其重要原则就是将处于边缘状态的人群纳入公共服务之中,使他们提高社会认同度。在英国,档案部门加入了这项政策的实施,提出了"通过档案促进社会融合"的档案行动计划,实施资源访问、受众发展、档案展示等项目提高边缘人群的社会认同度。比如,他们建立了个体、家庭、社区档案的保存网络与机制,将这些公众档案纳入国家档案,或者受国家机构的保护支持,促使个体记忆向公共记忆转化。他们的理由是:包含个体记忆的社会记忆有助于引发民众的社会认同,进而化解"社会排斥",促进公民的"社会融入",实现社会和谐。③ 在这个"社会价值链"中,社会对于平民生活、平民记录、平民文化的接纳和认可成为第一环,牵出了一系列关联的社会价值,并产生了明显的社会效应。

二、共建社会记忆——让方方面面的人关注档案,参与档案资源建设

长期以来,档案对于许多普通百姓是陌生的、有阻隔的、甚至是神秘的,他们少有利用

---

① [加]特里·库克.1898 年荷兰手册出版以来档案理论与实践的相互影响[M]//第十三届国际档案大会报告集.北京:中国档案出版社,1997.

② [美]兰德尔·吉默森.掌握好档案赋予我们的权力[J].马春兰,译.档案,2007(3).

③ 张锦.构建全民记忆的诺亚方舟:英国档案系统社会融入计划思考[J].档案学研究,2007(3).

档案的要求和习惯,也不大关心档案工作的存在和发展,我们把这种现象叫作"社会档案意识薄弱",并力图改变这种状况。意识的形成是一个复杂的过程,唯物主义认为,从根本上说意识来源于物质世界,来源于实践。这就是说,对于未曾接触过的东西,人们很难凭空生成一种意识。因此,提高社会档案意识最好的办法就是让普通公众实实在在地感知档案。当我们把家家户户日常生活中的记录、凭据收集起来,命名为"家庭档案",过去十分生疏的档案便褪去了那层神秘的面纱,变得那样平常、亲近,和人们的生活、工作关系那样密切。由家庭档案推及业务档案、公务档案,"档案"也就进入了这些普通人的视野与意识,这样,家庭档案就成了提高社会档案意识的催化剂。

档案是一种文化,家庭档案则是其中具有明显平民特征的文化。每家每户都有独特的生活轨迹及其独特的记录,只不过大多数家庭不太在意它们的存在,就像流传的山歌、家传的技艺、每年如期而至的传统节日一样。有意识地积累家庭生活的记录,挖掘、享用其中的文化价值,并将之传承后人也算得上是一种文化的自觉,这种文化自觉的普及必然会带来社会档案意识的提升。以热心抢救民间文化遗产著称的冯骥才认为,"在文化上一个重要的觉悟就是对遗产的觉悟,对遗产的觉悟证明人类进入一个新的文明时期了"[①]。

家庭建档有利于提高国家档案资源建设的社会参与度。一个国家不断生成的档案资源分布于社会的各个角落,大众参与有利于资源的建设和共享。目前网上的很多资源是通过互不相识的人们共同努力建设起来的,比如维基百科(Wikipedia)网站系统就是千千万万的参与者以协作式写作构建的巨大的开放式知识库。2006年," YOU"(你)成为 TIME(时代周刊)的年度人物 。TIME 的解释是"你,建立并塑造了新数字时代的民主社会"。主编列夫・格罗斯曼(Lev Grossman)说,这是因为 "人们互相帮助,这不但改变了世界,也改变了世界得以改变的方式"。"你"的力量从网络世界中一点点蔓延至生活的每一个角落,"你"在民主与自由的推动下,一点一点地成长,由弱到强,越来越深刻地影响着个人以外的整个世界。事实上,"你"是指我们中的每一个人,"你"作为年度人物有很多含义,其中最为浅显而普遍的含义是指世界进入了一个大众参与的、有我有你的、平等互动的时代。或许正是根据这样的理念,英国国家档案馆开通了"你的网站"栏目,作为档案馆网上资源的一部分,网站上的内容由利用者提供,鼓励利用者发现更多的文件或者提供文件的其他信息,取得了不错的效果。[②] 青岛市档案馆的网上论坛以及一些地区的档案展览也引发了不少参与者向档案馆提供档案线索或捐赠自己收藏的档案。可见档案馆与公民的互动有利于国家档案信息资源建设。从近几年一些地方家庭建档的实践看,许多家庭乐于通过展览等方式与他人分享自己的记录:某些家庭收藏对国家和社会具有保存价值,可以通过国家登记造册或寄存、捐赠来丰富国家档案资源收藏的不足;此外,拥有个人档案的人常常更愿意关注他人的、社会的档案,有比较强的档案意识,如果我国综合性档案馆推出一种资源共建的方式,家庭档案的拥有者可能会是一批积极的参与者。

拥有家庭档案的人还可能成为档案利用、档案开放的推动者。从根本上说,档案开放是由利用需求推动的,在世界档案事业发展史上,千百年关闭着的档案馆大门是被有着强烈利用需求的历史学家叩开的。热衷于收藏、管理个人及家庭记录的人大多比较关注人生、关注

---

① 吴红,王天泉.为流逝的文明建档——访冯骥才[J].中国档案,2007(2).
② 丁枫.国际档案工作动态[J].中国档案,2007(8).

社会、关注历史、关注变革,很可能对档案报有比较浓厚的兴趣,在利用档案时由此及彼,由微及著,因自己的档案而把眼光投向他人的档案、地区的档案、社会的档案,甚至其他民族、其他国家的档案,成为档案需求比较强烈的人群。笔者在访问英国国家档案馆时发现可接待 200 多位利用者的阅览室几乎座无虚席,经询问该馆工作人员并阅读该馆年报中关于利用状况的统计分析后得知,其中一半以上的利用者是在查阅与个人、家族史相关的档案。原深圳市档案局长朱荣基先生在走访了国外十几个档案馆后,分析了档案利用的特征,也发现有关人生、家世、个人学历和履历、业绩和财产等方面的档案,是人们长久需要查询和研究利用的史料资源。[①] 可见,在档案馆常规的利用者中有相当比例关注家庭、家族历史的人,可以推想,他们中有不少人会拥有自己的档案收藏。

三、双向意义下的家庭档案建设

上述讨论说明,家庭档案对于构建平民历史、平民文化,平民社会认同,以及提高档案事业的社会性都具有长期的、逐渐生长的积极作用,在构建社会主义和谐社会的今天,对这一事物投入更多的关注和扶持无疑是重要的。与此同时,我们也要从家庭档案的规律出发,摸索科学、合理的支持策略。

家庭档案最基本的属性是私人所有,与家庭档案建设相关的一切问题都要以这一性质为基点,除国家特别有规定之外,一个家庭收藏什么、怎样管理、如何利用、如何处置一般都应该由所有人自主决定,取决于所有人的自觉自愿。

各级档案行政管理部门对于家庭建档需要有适当的目标定位和方针政策。其要点一是倡导,鼓励普通百姓关注自己的人生历程,见证社会的世事变迁,留下真实的历史记录。二是指导,给愿意建档的家庭提供咨询服务,协助他们开展相互交流,帮助他们把家庭档案搞得完整一些,规范一些。在国家档案信息资源体系中,私人档案是一种补充,对于档案行政管理部门来说,倡导、指导做好家庭建档是一种职能延展,因此,对这方面事务的介入要积极适度,不要因此影响自身法定职能的履行和主体业务的进展。

包括家庭档案在内的私人档案问题是一个亟待深入研究的领域,私人档案的特殊属性,私人档案与公务档案内涵的交叉重合,对具有社会价值的私人档案的监管,私人档案信息资源的合理利用等问题都需要从理论和实践两个方面进行探索,厘清相关理论和开展相关立法是私人档案问题研究的主要落点。我国越来越广泛的家庭建档实践将对这个领域的研究提出更加迫切的要求,产生更多的例证,从而使研究者获得更加开阔的视野和进行更为深入的思考。

(原载《档案学研究》2007 年第 5 期)

档案工作如何才能真正走向平民化

杨 震 天津静海区档案局

档案曾是统治者的专利,走出深宫是中华人民共和国成立后的事,特别是近 30 年才逐渐走近草根阶层,向平民化发展,但囿于历史的原因,体制的弊端,档案工作走向真正的平民

---

① 朱荣基.哪些档案具有长久利用价值[J].中国档案,1998(11).

化道路还有着很长距离,如何快速走完这段路程,是摆在档案人面前的一个很重要课题。

笔者认为造成现状的原因有三:其一传统意识依然作祟,持"档案是管理者、执政党的档案"认识的人大有人在,特别是档案工作者,甚至档案政策的制定者还有意无意被这种意识左右,自觉不自觉把档案凌驾于平民之上,官本位思想制约着档案工作的深入开展。其二几千年遗传的传统意识形成了档案与平民间难以填平的鸿沟。大多平民认为档案就是"官方红头文件",只有"当官的人"能看,自己无权看,更别说利用了,有困难时根本想不到档案,不能把档案和自己的生活联系起来。形成了一个想用、急用的庞大群体和一个资源闲置的孤立群体,这种割裂的二元化局面严重背离了档案工作的宗旨。其三僵化的管理模式,延续着档案与平民之间一成不变的距离。服务形式依然固守着"坐商"为主的"恋摊"方式,企盼"顾客"盈门,无奈还是"深闺待嫁无人问,平民难求两自卑"的伤心结局。

如何打开崭新局面,急需转变意识:一是打破根深蒂固的传统认识,树立平民也是档案主人的人本思想。把档案的根深植于广大百姓的沃土,才会拥有广阔的发展空间。从中国改革开放30年第二次诠释农村包围城市战略的正确性中汲取成功的经验,档案改革亦应从农民入手,摸索一条适合中国特色的路子,实现档案平民化的一次跃进式革命。以彻底转变意识、自觉降低身份、主动打破隔阂,来实现大档案与大平民的大融合。二是从改变服务中探索拉近与平民距离的新路子,树立档案平民化就是档案生命源的观点。平民档案是大档案的重要组成部分,平民也是档案的主体,充分发挥平民的主动性、积极性、创造性,档案工作才会产生巨大的原动力;档案工作者要高擎服务的旗帜,探索主动服务、延伸服务、扎根服务、永恒服务的新方法,把工作推进到农村前沿,贴近农业、贴紧农民,使档案意识在广大百姓中生根,档案这棵大树才会生机无限。三是尽快消除档案发展一头沉的局面,树立平民档案与机关档案同步发展的观点。科学发展第一要义是发展,档案工作贯彻科学发展观的重要内容应是实现平民档案与机关档案同步发展、协调发展。目前平民档案刚刚起步,与机关档案差距很大,要快速发展,首要的是强化平民内因,激发自觉建档的热情;同时更需机关档案反哺平民档案,发挥机关优势,用先进的经验、良好的模式、支农资金帮助基层,为平民指好路、夯实底、服好务。

怎样取得好的效果,要有得力举措。方法一宣传工作倾向平民。利用各种媒体,采取落雨式、爆炸式等方式加大宣传密度、扩大覆盖面,如采取档案大篷车赶集下乡、入企业巡回展、社区家庭建档专题讲座、送档案书籍进村入户、建档吧、办档案文化休闲广场等,掀起平民档案文化潮流,使档案意识快速渗入千家万户,闯出一条"得民心者得天下"的档案之路。方法二服务目标倾向平民。档案工作应从服务上层机关转向重点服务基层百姓,实现真正的服务民计民生。找准建档工作切入点,形成多点开花,连成片,形成小规模、促成大气候。同时要把档案工作融入各部门工作中,与其捆绑式向下推进,借力助推平民档案快速发展,档案部门还要加大指导力度,把指导的触角吸附在基层,解决平民建档的难点、热点问题,拉动平民档案快速接近机关档案管理水平。方法三整合资源倾向平民。档案馆增容应以快速大量接收民生档案为导向,丰富民生馆藏,优化整合民生资源,用现代化手段实现全民共享,搭成平民也能劲舞的平台,实现平民档案价值的快速转换,使档案也能形成生产力。以"两个体系"建设为目标,利用多种形式,把政策信息、生产信息进行深加工,使编研成果转化成生产成果,为服务增效、加油,让档案馆成为平民想得到、用得上、离不开的"伴侣",铺平档案工作走向大众化、平民化的快速路。

　　总之,实现档案工作平民化之路任重而道远,需规划好短期和长远目标,谋划好突破点,保持好后劲,加强全国各地先进经验交流,互帮互促共同进步,积小成就汇聚大成就,中国档案的发展史才会矗起一个新的里程碑。

(《中国档案》2010 年第 4 期)

课后实务:整理自己的档案

第十二讲 公众文化遗产

线上讲义

回顾历史大致可以分为"古玩—文物—遗产"三个发展阶段。古玩主要是基于个人喜好的收藏。对古玩进行把玩和研究,在中国是有悠久传统的。而文物则是清末中华民国初期国家开始正式介入对古物古迹的保护、管理之后出现的新概念。至于文化遗产,则是 1972年联合国教科文组织出台的《保护世界文化与自然遗产公约》明确界定的。遗产作为历史与祖先的馈赠,成为人类社会可持续发展的宝贵资源。就遗产的保护与利用来说,应该运用政府主导、专家指导、社会参与的现代模式。

公众史学为何要关注公众文化遗产?这是受美国公共史学的影响。美国公共史学一个重要分支是"文化资源的保护与管理"。中国的考古学专业,下面有一个二级学科叫文化遗产与博物馆。所以,公众史学不可能完整地研究考古学,只能结合公众史学的要求,对其中的博物馆文化遗产这部分稍微涉及一下。

一、殊途同归的公众考古学

不知道你有没有注意过,中国和西方都有公众考古学,但是我们走的路却不一样。严格意义上来说,文化遗产保护是从西方传来的。欧美有一个传统,就是保护民间文化资源。中国也有考古学,也有类似的公众考古学,建立在考古学普及基础上。我们中国的公众考古学大概经历了三个阶段。第一个阶段是考古知识的大众化、通俗化宣传,让大家知道考古学是什么。第二个阶段是考古学的大众参与大众消费。第三个阶段,我们鼓励大众慢慢参与进来,让他们也参与文化资源的保护。中国有相关的专家在做,比如复旦大学文博学院的高蒙河教授、中国社会科学院考古研究所的王仁湘研究员,非常重视公众考古学的宣传。2014年 4 月,中国考古学会成立了公共考古专业指导委员会,王仁湘先生是这个专业委员会的主任。还有专门的杂志,比如南京大学的《大众考古》杂志。首都师范大学也创办了年刊《公众考古学》。还有一些机构,比如北京大学有公众考古与艺术中心,首都师范大学有公众考古学中心。

欧洲走在我们前面一点,1972 年,英国人出了一本书《公众考古学》,这本书的出版标志着欧洲公众考古学的确立。英语公众考古学(public archaeology),翻译成中文的时候也有争议,一种是公众考古学,另一种是公共考古学,跟公众史学与公共史学概念的相争有相似的意境。公众考古学在东西方走着不同的路径,西方走的是由下而上,而中国走的是由上而下,所以我把它称为殊途同归的公众考古学。

为什么要重视公众考古学。第一是文物遍布很广。第二是专业考古人员比较少的,它需要更多的人参与来保护,这就是让考古学走出书斋,让更多的人了解的一个原因。这几年中央电视台做了一些考古发掘的现场新闻报道,做得非常成功,收视率也很高。

二、走向广阔的博物馆

文化遗产分为物质遗产与非物质遗产两大类。我们以前讲的博物馆,指的是收藏物质遗产的博物馆。博物馆也是欧洲人的产物,到20世纪以后,慢慢传到中国,中国也慢慢玩起博物馆来。大家想一想,博物馆是怎么来的呢?博物馆建立在文物收藏的基础上,个人、政府、皇家、寺庙,如果收集的东西多了,就需要一个展示的场所,这个展示的场所就是博物馆。博物馆与档案馆的区别在于,档案偏重于各种文本资料,而博物馆偏重于人类使用的各种器物。

20世纪的中国,到处有博物馆。中国的博物馆大部分都是国有博物馆,比如说国家的、省的、市的、县的,各级政府都有博物馆。甚至有一些小的机构组织,比如说大学,都有一些博物馆。很多人参观过博物馆,博物馆给人的感觉就是参观过一次以后,第二次就不太想去,博物馆和普通观众需求之间还有一些距离。

当然,现在博物馆的类型已经很多,除了传统物质层面的博物馆,还有生态博物馆、社区博物馆等。这里特别介绍一下生态博物馆,这个概念很有趣,以前办博物馆的时候,都是把东西搬到某个地方集中起来收藏。生态博物馆,正好相反,东西不要去搬动,就搁在原地方,让它与周边相关的东西组成一个和谐的生存体。很多东西都是在原来的环境中生成的,所以称为生态博物馆。在一些民族村里面看到的一些博物馆当然是生态博物馆,最近也经常看到一些考古发掘就地建立博物馆,这种类型的博物馆也接近生态博物馆。

还有一种非遗馆。非遗这个概念,对中国人来说是很陌生的。"非遗"这个概念完全是从英文单词来的,汉语里面这种"非"的表达方式是没有的,我们找不到更好的表达方式,就把英语直译过来。什么是非遗呢?非遗偏重于非物质的文化。所谓非物质的文化,比如口头的故事类,还有很多民间工艺类,这些共同的特点是很多东西还没有变成物质的东西,很多技术和技巧是靠人来传递的,所以非遗里面有一个"传承人"的概念。现在有各种各样的非遗馆,第一种可称作生态博物馆性质的,第二种是用数字统领的,还有一种是专门建立非遗的实体馆。现在中国非遗的实体馆也慢慢地多起来。

三、深入社区的博物馆

前面已经提到一个概念——社区。什么是社区?按照中国传统的说法,指村,在城里指居委会,这是按照组织形态来划分。社区是指在某一个很小的空间里面,大家都生活在这一个很小的空间。"社区"这个概念是靠人群组合起来的一个小群体。

走入社区的博物馆是什么意思呢?第一种指生态博物馆,比较有名的有福州的三坊七巷,它是目前最大的生态博物馆,这里的商店以及个人居住的地方都保持着原生态,只是稍微做了一些简单的整修而已。还有一种社区博物馆,是在社区里建立专门的机构,这个机构既可以收集,同时也可以展示一些东西。这种博物馆的数量是比较多的,比如说瑞士,个人有些重要的东西,有时候就寄存在社区博物馆里面,另外社区博物馆可以将社区里面很多不用的东西集中起来。

在中国,尤其是当下的浙江,我要向大家介绍一种叫"文化礼堂"的东西。中国古代社会同宗村落往往有一个祠堂,中华人民共和国成立以后,很多祠堂被改成礼堂,用于开会、演出,甚至放电影。20世纪80年代以后,礼堂变少。2012年以后,浙江提出文化建设,其中一项是农村文化基地建设,在浙江就称作"文化礼堂"。大家知道,经济增长以后,人们空闲下来,等到我们口袋鼓鼓囊囊,腰板挺直以后,很多人发现大脑空空如也,不知道该干什么,所以想在浙江农村建立一个地标性的文化建筑,称之为"文化礼堂"。2012年以后,全省各地都做试点,至今已经建立起上千个文化礼堂。这些文化礼堂分为好几种类型,有一部分是新建的,大部分是根据原来的祠堂或礼堂改建而来的。文化礼堂里面很核心的概念叫作"两堂五廊","两堂"指礼堂和会堂,"五廊"为村史廊、民风廊、励志廊、成就廊、艺术廊,是村的历史成就。从公众史学的角度说,我非常推崇文化礼堂,它是我们最基层的文化建设基地,这就是我们所讲的深入社区的博物馆。

四、个人经营的博物馆

20世纪以来,中国最常见的博物馆都是国有的。到了近三十年,情况变了。改革开放以后,很多个人有钱或者有了兴趣之后,开始慢慢做一些收藏。这些收藏越来越多以后,就需要一个场所,这个场所既是一个仓库,又是一个展地,这样就慢慢地有了个人博物馆。今天所知最早的个人博物馆是1996年马未都在北京建立的观复博物馆,被人称为"新中国第一家私人博物馆"。从那个时候到现在,民办博物馆已经走过了二十多年历程。到2014年,根据注册的统计,民办博物馆有456所,占了中国博物馆总量的13%。从这个数量上看,好像比例还不够高。但是你要知道,这个是正式注册的,还有很多民营博物馆是没有注册的。为什么没有注册呢?因为注册成博物馆之后,要受到一套规则的约束,比如传统的博物馆里面的展品是不能卖的,而有些民办博物馆里面的展品,有人喜欢时是可以卖的。也就是他们担心会受到这些束缚,所以很多人没有申请,实际个人博物馆的数量还要大。个人博物馆是很值得提倡的。为什么呢?你想想看,个人经营博物馆共同的特点是专题性,而我们各地的博物馆都是综合性。综合性的特点是面面俱到,但往往是蜻蜓点水。而个人经营的博物馆就不一样,往往都是专题性的。比如说,专门收藏火柴的叫火柴盒博物馆,专门收藏檀木的叫檀木博物馆,还有专门收藏锡器的、收藏家具的、收藏古琴的,它们都是专题性的。这些个人博物馆小而专,可以弥补国有博物馆的不足。这些小型博物馆里面,就某个专题来说,它收藏的东西更全。其次,这些个人都是凭着自己的财富在逐步收集的,收集起来,这些东西都保存下来了,也就是说他们替国家保存了很多东西,不然很多东西都会被大家在无意中扔掉了。所以我们是非常提倡鼓励个人经营的博物馆。他这个钱没有用来搓麻将赌博,而是用去收集一些专门的、专题的文物,当然是好事。

博物馆的经营,现在主要有以下几种类型:第一种是个人博物馆,比如我们宁波有一个家具博物馆,还有紫竹林博物馆。第二种博物馆有一半美术馆的性质,也就是说它两者相兼。第三种叫作主题博物馆。讲到主题博物馆,我们这里要提一下四川安仁镇,有个叫樊建川的人,建立了一个建川博物馆聚落。樊建川曾经当过副市长,后来下海经营房地产。挣钱以后,他就用他所有的资产慢慢来收集各种各样的文物,特别是抗战的文物。个人经营的博物馆,背后是靠钱来支撑的,这个资金来源都是个人的。博物馆做得好不好,除了兴趣爱好之外,很大程度上要看背后的财力支撑。有些博物馆是通过某个专题文物的收藏以后形成点,然后形成链,最后再形成一个小型博物馆。还有一种博物馆是大老板投资的,他们有钱以后,对某个东西有兴趣,再来投资的。譬如中国女首富陈丽华,在北京建立了一个中国紫檀木博物馆,她丈夫、曾扮演唐僧的迟重瑞就当博物馆的馆长。他们俩就住在这个博物馆内,经营这个紫檀木博物馆。总体上,博物馆是不那么好支撑的。所以有句话,称它是一种"优雅的累赘",它很好玩,但是它要靠钱来养着和撑着。

五、博物馆的公众参与

前面我们讲过,很多人参观博物馆以后都觉得不好玩,所以就不去了。这个是参观传统的博物馆后的感受。为什么会这样呢? 传统的博物馆是建立在教育理念上的,它高高在上,要教育公众,所以很多人去过一次之后就不想去了。这是老观念,我们的博物馆已经逐步变化了。2008 年,我们的国有博物馆都不需要门票了,不需要门票之后就会变。首先是进出方便,门槛降低了,任何人想进都可以进。2008 年以后,博物馆就成了一个消费场所,就像我们参观一个旅游景点一样,博物馆成为我们很好的参观地点。特别是夏天的时候,外面天气很炎热,到博物馆参观,是一个很理想的选择,那里面有空调,很凉爽的,又可以了解整个城市主要的一些文物。所以,欧洲人有个特点,到每个地方,首先选择的是看这个城市的博物馆。我们中国人现在也在慢慢变化,很多人到各个地方去旅游的时候,特别是自助旅游的时候,也是首先去博物馆参观,特别是对一些有文化的人来说。

2010 年以后,我们的博物馆又在变化,朝一个观众参与的方向发展。什么叫作观众参与呢? 为什么公众都参与进来? 第一,文物并不存在于深山老林,它遍布全国各地的角落里。特别是北方,一不小心在炕头挖下去就有文物。陕西西安是个千年古都,任何地方挖下去都有文物。第二,文物的保护靠谁? 文物考古人员与保护人员,全国算下来也就不过超过一万人。与十三亿人口来比,这个人数是远远不足的。靠这一小拨人来保护全国这么大范围的文物,难度是很大的。如果普通观众也能够参与进来,让他们了解考古学是什么,知道考古学跟每个人相关,每个人都有责任,人人应成为文化遗产的参与者。这样虽然不一定很快成为文化保护者,但至少不会成为掘墓者。宁波博物馆在公众参与方面应该是做得比较好的。总体上,博物馆和我们老百姓的距离会越来越近。

线下教案

> **讨论话题:**

对文化遗产与普通人关系进行讨论。人人应保护自己身边的遗产。民间的才是大众的,英国提出"大众遗产"的概念。文化遗产不再是远离百姓,不是没有生命的化石,而是直接关系民生幸福指数的文化大餐。文化遗产只有活在民间,才会受到群众的真心追捧。

谈谈你身边应保护而未保护的文化遗产故事。

▶ 经典案例：

南昌西汉海昏侯墓墓主身份确定，公共考古学浮出水面，是 2016 年中国人文学术十大热点之一。

南昌西汉海昏侯墓结束了历时五年的考古发掘工作，出土遗物 10000 余件，包括大量工艺精湛的器物及 5000 余支竹简，其墓主人也确定为西汉第一代海昏侯刘贺。海昏侯墓的多项发掘成果具有独一无二的价值，其中尤以佚失 1800 余年的《论语·知道》的发现最受瞩目。与此前的考古工作沉寂在象牙塔中不同，海昏侯墓的发掘不仅在学术界掀起讨论的热潮，更成为全社会瞩目的文化事件。通过新闻媒体的持续跟进、及时的成果发布会和高水平的公众展览，海昏侯墓"边发掘、边展示"，使考古发掘的成果在第一时间、在更广阔的平台上被公众所了解，及时满足和引导了全民的文化热情。海昏侯墓考古工作已成为近年来逐渐浮出水面的"公共考古"的典型案例，证明优质的考古资源通过公共考古活动，能够有效兼顾专业学术开展和社会文化需求。海昏侯墓考古在公共考古上的积极探索，昭示着考古学开始走向大众。

▶ 视频推荐：

中央电视台四套的《国宝档案》节目。

课前文选

论中国公众考古不是西方舶来品

高蒙河　复旦大学文博学院教授

一、问题的提出

一直有人说，中国公众考古是西方的舶来品，流传甚广，几成定论。譬如即便到了中国公众考古大发展的这两年，还不断有专业杂志刊发一些作者的这类说法。其中便有文章道："公众考古本来是个舶来的概念。20 世纪六七十年代，美国经济高速发展，与之相随的文物破坏事件也急剧增多。于是，考古学界制定了一个全方位的保护计划，命名为'公众考古'。意在通过向公众阐释考古、进行考古教育，来动员他们参与到文化遗产的管理和保护中。随着中国的情况与当年欧美愈来愈相似，'公众考古'也于 21 世纪初在中国落地生根。"[1]

对于类似这种说法，我们认为，首先其是否符合美国考古学史的实际发展进程姑且不论，即便对中国考古发展的历程而言，也与事实颇有出入。如果我们回顾中国考古学的发展历程，举凡中国考古学史中那些考古大众化的典型事例和代表人物，便会发现中国大众考古

---

① 傅湘. 身临其境去考古[J]. 中华遗产，2012(7).

或曰中国公众考古由来已久，自成谱系，在不同的历史时期分别走着自己的路。其次，做没做面向公众的考古工作和有没有公众考古的概念，既不能相互混淆，也不能相互替代。这就如同 20 世纪 80 年代"聚落考古"的概念被介绍到中国来，很多人以为中国从此才开启了聚落考古的工作。实际上，早在 20 世纪 50 年代，中国不但已有了诸如半坡和元君庙等大型遗址和墓地的全面发掘和揭露工作，堪称最早开展聚落考古的典范，而且还在陕西的华县、渭南地区，领考古学术风气之先，做过后来西方聚落考古所推崇的大规模的区域考古调查①。

先有实践，伴有理念，续有概念，有选择地借鉴、吸收和融合外国考古学的优秀经验和成果，中国的聚落考古如此，中国的公众考古亦然。换言之，中国的公众考古既非直接、全盘接受西方公众考古学的产物，更不能被无限缩小，省略至零，并简单盲目地套上西方舶来品的衣帽，乃至造成学史盲区、认知误区，以讹传讹，无视中国考古学大众化自身的客观发展进程、社会历史作用和学科建设价值。

二、中国大众考古的发生和发展

中国的公众考古是伴随着中国考古学的出现而渐次发生的。早在 1927 年，周其昌既著有涉猎考古学成果的《人类的起源和分布（科学丛书）》一书，由上海大东书局出版。而比较集中地向当时的国人传播他们还极为陌生的科学考古知识和理念的文章，则是 20 世纪 30 年代安阳殷墟发掘前后，中央研究院历史语言研究所的《安阳发掘报告（第二册）》中发表的傅斯年《本所发掘殷墟之经过》、李济《现代考古学与殷墟发掘》和董作宾《甲骨文研究之扩大》三篇文章②。他们以讲述安阳考古的发现、过程、目的、价值及其存在的问题等为主旨，适时起到了向社会公众开蒙考古工作、阐释和普及考古学的作用。尤其需要强调的是，这几篇文章并非以考古发掘报告的正文，而基本是以附录的形式刊发于《安阳发掘报告（第二册）》中，表明历史语言研究所考古组的这些前辈们，已经开始有意将考古学术发现与考古社会传播，既相区别又相结合，开启了中国考古社会化、公众化道路的先声。

接下来到 20 世纪 30 年代中期前后，向公众介绍和普及考古发现的论著，渐次增多，诸如裴文中的《周口店洞穴层采掘记》③、开明书店出版的《发掘与探险》、卫聚贤的《中国考古小史》等，初步做到了李济在《中国考古小史》序言中写的那样："使读者一阅而知中国考古学的重要事实。"此后，还有学者计划出版面向大众的系列考古丛书④，到了 1950 年前后，上海怡兴印务局出版了朱彤所著的《大众考古学》一书。

该书主要是介绍古代陶瓷器知识的文物考古科普著作，与后来真正意义上的公众考古相距尚远。但作者之所以颇具创新地将"大众"与"考古学"联名著书，与作者所处的时代变化和考古学发展的社会需求等，都不无关联。他认为："现在考古学的地位，根本改变了，不为帝王将相士大夫这一阶级所利用，应该大众共同努力，以求了解古代一般社会的生活状况，并由发现祖先劳动、艺术的发展情形，而获得社会发展史上的真实材料……我们要将考古学普遍一些，不让它限于这样少数又少数人的范围内，让多数人也知道祖先的文化遗产，不是个人鉴赏而专有的，乃是人们共同所有，并和人类的发展有密切关系的。"朱彤的这种写

---

① 北京大学考古教研室华县报告编写组.华县、渭南古代遗址调查与试掘[J].考古学报，1980(3).
② 李济.安阳发掘报告（第二册）[R].北京：中央研究院历史语言研究所，1930.
③ 裴文中.周口店洞穴层采掘记[R].北京：国立北平研究员地质学研究所，实业部地质调查所，1934.
④ 徐坚.暗流：1949 年之前安阳之外的中国考古学传统[M].北京：科学出版社，2012.

作动机,是与新中国成立后学术界和知识界等面临的全新社会发展形势相适应的。曾有文章分析指出,包括考古学在内的新中国的学术领域,当时面对着两种情势,一是人民成为国家的主人,科学工作者要为人民服务;二是实现工业化成为整个国家的奋斗目标,中央向全国人民发出了"向科学进军"的伟大号召,人民群众学知识、学科学的热情空前高涨。在这样的背景下,考古科普从中华人民共和国成立前的"星星之火",转变为"燎原之势",以"科学大众化"为标志的传统科普进入了蓬勃发展的黄金时代。[1]

正是在这样不断出现和形成的社会大背景下。早在 1950 年,苏秉琦针对向达提出的"我国图书博物馆和考古事业需要加以改造以适应中国经济文化建设"的议题,适时发表了《如何使考古成为人民的事业》一文,提出了考古是人民的事业的著名观点。[2] 这改变了以往考古学家个人自发普及考古知识的实践模式,明确号召全体从业者提高觉悟、转变模式,使考古成为人民的事业。苏秉琦指出,形势所赋予考古学的新方向是公众方向,考古学的新任务是为人民服务。考古学应该为建立中国化的马克思主义理论体系、中国物质文化史和社会主义文化建设服务。

1953 年和 1954 年苏秉琦又连续发表《目前考古工作中存在的问题》和《我从这个展览看到些什么》两篇文章。[3] 进一步阐述了考古与大众的关系:"随着已经开始的国家大规模的基本建设的迅速进行,各地考古材料的出现,将是万分丰富的,考古工作将成为非常繁重而又有很大突击性的工作,这样,仅仅依靠少数专业考古和文物工作人员,是不可能作好的,只有发动群众,依靠广大群众,使考古工作成为全国规模的有组织的群众性工作。"上述几篇文章中所集中表述的考古的群众性、考古的社会性和考古要为现实服务的取向,不但是苏秉琦考古大众化思想萌芽的标志,还促进了中国考古学在科学化的基础上,顺应时代发展,朝着大众化的学科建设方向发展。对此,俞伟超和张忠培在《苏秉琦考古论述选集》的编后记中,总结了苏秉琦当时的认知和做法,认为向社会说明考古学的性质与任务,是考古学的一个义务,也是考古界进行学科自身建设应不断明确的问题。[4]

如果说在此之前的中国考古,还只是半直接地向学术界、知识界和社会文化各界进行一般公众宣传和普及考古的一般理念和知识,那么 1950 年以后,以苏秉琦为代表的考古学家提出的"考古学大众化",便将考古学与社会文化以及公众之间的关系,拉近得更加紧密了。换言之,这既是中国考古学大众化开始形成的学科宣言,也是中国公众考古由相对自发的萌芽阶段,逐渐进入比较自觉的形成过程的时代标志。

在苏秉琦提出考古大众化是考古学的基本任务的同时起,一些著名的考古学家和古人类学家等,也纷纷写作了大量的考古科普著作。[5] 其中贾兰坡和裴文中所作论著数量最多,堪称翘楚,他们分别出版了《中国猿人》《河套人》《山顶洞人》《从猿人脑发展到现代人脑》《"北京人"的故居》《中国猿人及其文化》《旧石器时代文化》《中国石器时代的文化》《人类的起源与发展》等,1953 年二人还合作撰写了《劳动创造了人》,由中华全国科学技术普及协会

① 戎静侃.考古科普著作研究[D].复旦大学硕士毕业论文,2013.
② 苏秉琦.如何使考古成为人民的事业[N].进步日报,1950-03-28.
③ 苏秉琦.目前考古工作中存在的问题[J].科学通报,1953(1).
　苏秉琦.我从这个展览看到些什么[J].文物参考资料,1954(9).
④ 俞伟超,张忠培.苏秉琦考古学论述选集·编后记[M].北京:文物出版社,1984.
⑤ 中国社会科学院考古研究所图书资料室.中国考古学文献目录(1949—1966)[M].北京:文物出版社,1978.

刊行。另外刘咸著有《从猿到人发展史》,林耀华著有《从猿到人的研究》,吴汝康著有《人类的起源与发展》,张孟闻著有《人类从哪里来》,胡厚宣著有《殷墟发掘》等。其中,贾兰坡的《中国猿人及其文化》总印数高达35400册,吴汝康的《人类的起源与发展》的总印数更是达到了创纪录的220550册,这样的发行量使其产生的社会文化的传播效果是相当显著的。通过图书向社会公众传播考古学及其成果的形式,实现了普及程度的最大化,受众面广,影响力强。时至今日图书出版仍是考古向社会大众传播的主要手段。

而今的大众考古或曰公众考古实践,非常强调对非考古专业以外的公众尤其是学生,进行各种"考古教育"或曰"教育考古"。这在20世纪50年代的中国,也都有例可寻。① 例如中国历史参考图谱刊行会1950年出齐了郑振铎编《中国历史参考图谱》,全24辑线装20册,又散装24袋。1957年上海教育出版社推出的姚鉴等编绘的中国历史挂图古代史部分挂图系列,包括《旧石器时代中国猿人的生活》《原始公社总结图——旧石器时代》《新石器时代的定居生活》《原始公社总结图——新石器时代》《商代的甲骨文》《商代的青铜器》《战国时期的铁器》《战国时期的手工业品》《秦统一文字、货币、度量衡》《西汉的农业》《造纸术的发明》等。1957年地图出版社还出版过安志敏编的中国历史挂图《中国石器时代遗址分布图》。

除了文字、挂图为主的图书报刊这种面向社会公众的媒介以外,从20世纪50年代中期到20世纪60年代中期,整个中国文物考古界从中央到地方,还做了大量的将文物考古发现成果通过图录以及陈列展览的方式,更加直观地向社会公众做宣传和普及的工作。如1954年,身为中国文物考古主要领导者的郑振铎就著文《基本建设与古文物保护工作》,并为《全国基本建设工程中出土文物展览图录》作序,他还在第一届全国人民代表大会第四次会议上发言,向与会代表介绍了《党和政府是怎样保护文物的》②,带动了全国文物考古成果的社会化和大众化工作。各地也或结合考古调查,或配合陈列展览,陆续出版了诸如《浙江新石器时代文物图录》《陕西、江苏、热河、安徽、山西五省出土重要文物展览图录》《山东文物选集(普查部分)》《内蒙古出土文物选集》《江苏省出土文物选集》《湖南省出土文物图录》等一大批既有学术性,又有社会文化性,还适合一般公众阅览的图录。③

通过博物馆展览的方式,传播考古学的发现和研究成果,也早在20世纪50年代既有典型案例可书。1959年中国历史博物馆建成开放,将包括考古发现在内的全国的文物考古精品做集中展陈,还出版刊行了《中国历史博物馆通史陈列预展说明》《中国历史博物馆中国通史陈列展品详目及说明》《中国历史博物馆文物选辑》等。④ 而各地的博物馆也多有同样的工作先后开展,其中,素有新中国博物馆建设的里程碑和老大哥之称,属于中国当时四大样板馆之一的安徽省博物馆,1954年动工到1956年竣工,比中国历史博物馆还早建成3年。1958年毛泽东曾到安徽省博物馆参观,并对中国的博物馆事业题词:"一个省的主要城市都应当有这样的博物馆。人民认识自己的历史和创造的力量是一件很要紧的事。"在此前后,

① 郑振铎.基本建设与古文物保护工作[M].北京:中华全国科学技术普及协会,1954.
全国基本建设工程中出土文物展览会工作委员会.全国基本建设工程中出土文物展览图录[M].北京:中国古典艺术出版社,1955.
郑振铎.党和政府是怎样保护文物的[J].文物参考资料,1957(7).
② 中国社会科学院考古研究所图书资料室.中国考古学文献目录(1949—1966)[M].北京:文物出版社,1978.
③ 中国社会科学院考古研究所图书资料室.中国考古学文献目录(1949—1966)[M].北京:文物出版社,1978.
④ 中国社会科学院考古研究所图书资料室.中国考古学文献目录(1949—1966)[M].北京:文物出版社,1978.

周恩来、刘少奇、朱德、邓小平、李先念、叶剑英、陈云、彭德怀、聂荣臻、彭真等也都先后来参观过安徽省博物馆,1961年陈毅不但来参观,还亲笔题写了馆名[1]。这里撮举的国家领导人参观博物馆的事例,意在说明文物考古的社会公众化,不仅只是面对一般的社会百姓,政府领导者也是传播对象之一。他们受到考古文博的影响,往往也会促进考古学包括公众考古的发展,中国的第一个考古遗址博物馆即西安半坡遗址博物馆的兴建,便是这方面的例证。

1954年半坡遗址发掘开始后,1956年陈毅前来发掘现场参观。在举行座谈会的过程中,时任文化部文物局副局长的王冶秋提到要为半坡遗址建立一座博物馆。陈毅马上说:"好啊!就建一个博物馆吧。把它保存起来,向人民群众宣传教育嘛!是好事嘛!"当晚,时任文化部文物局局长的郑振铎再将建博物馆的想法向陈毅提出。陈毅当即同意,发电报给国务院,特事特办,中央一次性调拨建馆经费30万元,陕西又拨款5万元然后开始兴建。1958年半坡博物馆正式建成对外开放,郭沫若题写馆名。[2] 当时主持发掘的考古前辈石兴邦后来回忆说:"在秦兵马俑面世以前,凡中央领导、世界名人来西安时,必看半坡博物馆。"

中国早期考古工作中,在田野考古一线工作和学习的科研院所的学者和大学师生,大多会在考古发掘工地上举办出土文物展览,向当地群众宣传考古工作的作用和意义,普及考古知识,提高群众认识祖国历史文物的价值等。这在当时已经形成了考古界的一个基本的风气,并一直延续,即使"文革"期间也未间断。[3] 譬如上面提到半坡遗址考古发掘到1955年底,中科院考古研究所和北京大学考古专业班同学便在现场举办了小型的发掘成果展览。展览分为现场参观遗址和观看出土文物两部分,展期一个月。工地附近的农民、工人和机关干部以及中小学学生,累计达十多万人前来参观,甚至还有群众前来捐赠自己保存的文物。[4]这次展览轰动一时,为后来建设半坡遗址博物馆打下了群众基础,积淀了良好开端。

在中国的考古大众化初期,除了出版书刊和举办出土文物展览等形式外,中央新闻纪录电影制片厂于1958年配合明代帝王陵墓定陵的考古发掘,拍摄了《地下宫殿》的考古纪录片;1972年开始,陆续拍摄了《满城汉墓》《"文化大革命"期间的出土文物》《考古新发现——马王堆一号汉墓》,以及二号和三号汉墓等。其中马王堆汉墓的拍摄还被写进了世界历史类纪录片史,成为电影传媒史上的经典影片。

三、简单的讨论和小结

通过以上我们对中国考古学发生以来,特别是1950—1970年期间中国考古学大众化早期历程的简单梳理,不难发现:

第一,中国考古面向社会公众的传播时间,起步很早,历程很长,源流清晰,序列有秩,谱系相续,具有原发性和持续性特点。如果确如很多持中国公众考古为西方舶来品说者认为的西方考古学始于McGimsey1972年出版的同名著作 *Public Archaeology* 一书,并且不至有误的话,那中国的考古学大众化还具有先发性特点,甚至走在了西方公众考古兴起之前。

第二,中国考古面向社会公众的传播方式,广泛多样,类别众多。图书报刊、图录挂

---

① 参见安徽省博物馆官网《安博简介》。
② 半坡遗址博物馆:"历程——纪念半坡遗址发现60周年特展",2013年。
③ 参见文物出版社2002年出版的《宿白先生八秩华诞纪念文集》和科学出版社2004年出版的《庆祝张忠培先生七十岁论文集》中的图版照片等。
④ 半坡遗址博物馆:"历程——纪念半坡遗址发现60周年特展",2013年。

图、考古教育、参观活动、陈列展览、考古遗址博物馆建设乃至影片摄制等目前西方公众考古采取的基本范式，在中国考古学大众化的初期，既已多有实践，充分开展，形成规模，渐成气象，具有本土化、群发性和整体结构性等特征。如果西方公众考古不止起步于 20 世纪 70 年代初期，而是也发端较早，那么中国考古大众化的历程，还应该与其共有同步性的特征。

第三，中国大众考古与社会公众的结合方式，具有专家倡导、政府支持、社会和大众参与的特点。这种特点不像有人总结的西方公众考古是政府参与、专家倡导和公众导向那样有先有后的三个发展阶段，而是更多地在个体倡导、群体觉醒、探索实践的过程中，呈现出相伴相生、内外互动、相互融合的方式，尽管有时也会出现以政府、业界和专家倡导为主，社会大众响应为辅的某些不平衡现象。

第四，中国大众考古缘起于向社会大众传播和普及考古学知识及理念，借以凝聚民族感情、增进爱国情怀，同时具有启迪大众之智、丰富文化涵养、提高全民素质等功能，与后来西方公众考古发端于动员社会公众参与文化遗产的管理和保护的初衷相比，各有缘由，各有追求，不尽相同。而目前正在开展的中国公众考古和西方公众考古的目标越来越近，显示出越来越多的殊途同归的特点，具有了某种同归性。

第五，关于被国内很多人在各种场合反复争辩的"public archaeology"之名，究竟该翻译成是"公众考古学"还是"公共考古学"的问题，我们认为二者并不矛盾，实为一个硬币的正反两面，不必强求非要用这一个取代那一个。因为社会化和公众化都是考古需要面对的领域，从考古学科建设角度讲，公众考古和公共考古将是未来相辅相成的两个考古学科分支。在相当长的时间里，中国的公众考古仍将持续大众化的传统，以吸引更多的大众参与和互动为主要走向。

第六，提倡和实践中国公众考古，不能以取代考古学探寻历史发展规律和追求科学真理的学问为代价。尽管公众考古追求将考古学发现成果和考古学研究成果转换为可为社会公众利用的一般知识成果和文化成果，但如何做好利用？则首先要坚持张忠培提出的基本原则，即利用也有层次之分，大致可分为专业学术研究者之利用和非专业人士观赏以陶冶心境、丰富文化涵养和提高素质之利用。古代遗存的基础利用是考古学利用，只有考古学才能认知其价值，才能提出发掘的保护方式、保护级别和应怎样及如何进行保护的要求。[①] 第二，要以他最近为《大众考古》的题词为目标："大众考古的追求，是以考古启迪大众之智，应实行提高前提下的普及，'提高'是源，'普及'是流，源不竭，流长流。"[②]

第七，中国公众考古乃至概念是否由西方传入，其实并非那么重要，这就像考古学从西方传入中国，但并没有因此影响中国考古学的自身发展以及走自己应该走的正确道路，并为世界考古之林做出来自中国的贡献。但从考古学史和学科建设角度厘清中国公众考古的源流和谱系，实事求是地还原中国考古学史的历史进程和学科发展的本来面目，对于更好地开展中国的公众考古又显得鼎为重要。

第八，最后需要指出，我们不但还要继续加强和加深、准确而又正确地对西方公众考古的认知和理解，还要在中国自己走出的大众考古的道路上，不断建立可与西方公众考古进行

---

① 张忠培. 中国大遗址保护的问题[J]. 考古，2008(1).
② 张忠培. 为大众考古题词[J]. 大众考古，2013(3).

交流沟通的体系,充实和发展具有中国特点的,同时又具有世界意义的大众考古乃至公众考古学,并为此做出中国的贡献。凡此,才应该是我们持续追求包括公众考古在内的考古事业的学术价值和社会文化的意义所在。

（原载《东南文化》2013 年 6 期,人大复印资料《历史学》2014 年 4 期转载）

公众考古学:走向广阔与平易的学问之道

王仁湘　中国社会科学院考古研究所研究员,公众考古专业指导委员会主任

中国考古学发展到今天,已经让考古学家们越来越感到,它不再仅仅是属于职业学者的事情了。公众有了解考古学的愿望与权利,考古学也感到有让公众了解的必要,考古学与公众之间的联系愈见紧密。公众考古学在中国的建立,已经有了比较坚实的基础,它是考古学由封闭和神秘走向广阔与平易的学问之道,也是考古学发展的必由之路。

我们注意到,考古学对国民中的许多人来说,还相当陌生。虽然很多人在很大程度上都关注过那些激动人心的重大考古发现,但相当多的人其实并不完全知道考古学究竟是怎么一回事。当一个新发现突如其来,当考古学家自己非常有成就感的时候,他们之中有的人也许并不想理会公众的感受,也不会想起自己对公众应当承担什么义务。不过我们也逐渐感受到,这两方面的状况正在发生明显的改变,这是让人感到欣慰的事情。

对于公众考古学的建立,我有一些很不成熟的思考。我下面的这些话可能一时还不能为业内学者所体谅,但论道的却都是与学者们有关的感受与体验,大家虽然有可能会觉得这是小题大做,但也许还不至于不屑一顾吧。

一、作为考古学家的考古学

（略）

二、作为公众的考古学

考古学是什么,我们想进一步从公众的角度提出讨论。我们想说,考古学是发展的,考古学有传统与现代与未来之分,它不会一成不变。我们的学科经历了由古物学、金石学到考古学的转变,由书斋到田野的转变,由关注物象到关注事象的转变,由关注物到关注人的转变,由关注本体人到关注行为人的转变。目前考古学正在面临一种新的变革,那就是由封闭到开放、由象牙塔到公众普及的转变。

（一）考古学的公众关注度

考古学让考古学家们很容易有自己的成就感,也很容易有神秘感。但究其实质,考古学是通过历史实物遗存研究古代公众行为与思想并借以窥探真实历史的科学,是今人解读古人的科学。既然是研究公众的过去,这门学问就具有了明确的公众性,它原本应该是非常贴近公众的,应当易于为公众理解和接受。

更直接一点说,考古学在一定程度上是由历史文化的遗留物研究过去知识体系的学问,这样的知识体系其主体部分并不一定十分高深,而且它与公众也是非常贴近的,它是当代知识体系的反向延伸。过去是一个个起点,当今这里有一个个止点(不是终点,知识也许不会

有终极）。这样的知识体系对公众来说，他们不会感到非常陌生，也不会拒之千里之外。

基于这样的认识，我们可以说，考古学不应当只是考古学家自己的事，考古学并不是也不应该是不关公众的一门神秘高深的学问。公众对于考古的热情，从他们对近年一些电视直播考古活动的关注度上可以体会到，有人用"万人空巷"来描述直播的吸引力虽不免有些过分，但要说考古直播是仅次于世界杯足球赛直播的最受公众关注的电视直播，应当说是恰如其分的。

人，大多都怀有一颗好奇的心，好奇周围，也好奇过去与未来。一个满怀信心的人对自己年少时代的回忆，常常会令他津津乐道，这回忆会伴随着他坚实的脚步，直到永远。一个生气勃勃的民族对自己久远历史的回味，则会是一种永不衰减的兴致，这历史是民族进步的永不枯竭的源泉。关心自己的过去，关心祖先的过去，关心民族和国家的过去，关心整个人类整个世界的过去，这是一个思维正常和健全的人所具有的天性。

《论语·学而》引曾子语曰：慎终追远，民德归厚矣。慎终追远，是人类礼敬先人、追述传统的优良德行之一。而家宝和国宝，正是"追远"的最好道具。每一个考古发现，都会将公众的思维牵引到遥远的古代，都会成为他们"追远"的一个好机会。

公众既然关注，我们就应该顺应这种需求，在我们与公众之间搭建起一座跨越鸿沟的桥梁。由此我想到，前面提到的考古学家的四个研究程序中，应当再加上一个程序，这就是公众传播程序，这个程序的操作将在后面提及。

（二）考古学的公众适用度

考古学对于公众究竟适用度如何，也就是说它对公众具体有些什么用处呢？这个问题很好回答，也不好回答，不容易回答完整。

就考古发现而言，不同的人群会对不同的发现有不同的兴趣。如天文学家对古代墓室的天象图，地理学家对古代的绢绘地图，建筑学家对古代都城内的夯土台基，冶金史家对古代矿井和炼炉，思想史家对先秦时代的简册文献，美术史家对古物上的绘画与纹样，他们比起常人来会表现出更高的兴致。当然也有公众共同感兴趣的东西，像埃及的金字塔，还有马王堆、三星堆和秦始皇陵兵马俑，都是常人津津乐道的话题。还有里耶的九九乘法表、汉代九宫幻方，连少儿都会表现出浓厚的兴趣。这种兴趣扩展了人们的知识领域，这是考古适用于公众的重要意义之所在。

了解考古是公众提升自身修养的一个方式，在扩大知识领域的同时，还可能会完善认知能力，提高全面客观理解世界的能力。一个普通人具备考古学素养，他会在形象思维中了解历史，认知人类的过去。他就拥有了一双看透历史的眼睛，有了一个由过去看现在与未来的清醒头脑。对于一般的大众来说，认识考古，接触古物，他们接受的是传统文化的熏陶，是民族精神的洗礼，这一点是非常重要的。

中国人素有"好古"的雅风，喜收藏，兴赏鉴。早在青铜时代，文物收藏已成传统。殷商大量埋藏用于占卜的甲骨档案，周代王室则多以名器重宝传之子孙。现代的收藏爱好者队伍有越来越壮大的趋势，而考古知识的熟悉与积累，则是收藏者提高品位的一个重要路径。

既然考古学是关乎公众素养的大事，我们便可以认定了解考古是公众的应当受到尊重的权利，而让公众了解考古则是考古学家应尽的义务。疏通这种相互了解的渠道，我们还有许多工作要做。

（三）考古学的公众参与度

考古学及考古学之外的学者与普通的公众,存在着一种非常密切的关系,他们都有可能是考古学研究的参与者。其实许多相关学科的学者,也是属于公众之列的,所以我们对他们介入考古,也视同公众一般。考古学在很大程度上是可以吸引公众广泛关注与热心参与的学问,这种参与度随着时间的推移将会愈来愈热烈。

对于考古学与学人的局限,有的人是非常冷静的,因为要当一个称职的考古学家很难。要拥有万能的知识,确实很难,难到让你觉得不现实。考古学似乎是万能的,又似乎是无能的。它要涉及许多方面的事物,比任一学科都要庞杂,所以说它是万能的。但它对所涉及的事物一般又不能给出完满的解释,没有准确的答案,显得无能为力,所以我们说它是无能的。由于考古获取的资料包罗万象,涉及许多相关学科,尽管考古学家可以做出方方面面的努力,也不可能包揽一切,把所有的问题都研究透彻。考古学不得不变成一只不断伸长触角的怪兽,它伸向越来越多的领域,它要寻求各方面的支持与帮助。

我们不能希望考古学家都成为万能的学者,在人类庞大的知识库里,我们难道没有觉得自己过于渺小吗?

1. 历史学家的考古学

考古学与历史学的关系最为紧密,正因为如此,考古学常常被当作历史学的附庸,它们有着相同的目标,区别仅在论据的性质以及获取论据的手段。夏鼐先生将考古与历史比作车之两轮,鸟之双翼,正是由大历史学的角度对考古学的一种理解,将考古学与狭义历史学相提并论。

读国分直一和金关丈夫所著的《台湾考古志》,卷首有金关丈夫假拟国分口气说的一段话,说到史学与考古学的区别。他说:"假设内人写信给我,信上并没有特别注明我爱你,那么这封信就不能成为了解内人爱我的史学性资料。可是仔细看这封信,在写我名字的地方有些许潮湿的痕迹。虽然没有用词语表达爱意,但推测这可能是内人曾在我名字上亲吻过,成为了解内人爱我的极佳考古学性资料。这就是史学和考古学的差异。"虽然国分直一可能并没有说过这席话,至少它表达了金关丈夫的意思,考古学与史学的区别还是比较明显的。

在古代,史学中原本也是包容了考古相似内容的。伟大的太史公司马迁著《史记》,其中《五帝本纪》一篇兼采百家之说,追述人类初祖事迹,他曾经"西至空桐,北过涿鹿,东渐于海,南浮江淮",考察五帝遗迹,以近乎现代考古学的艰辛调查,去印证文献与传说。对于现代学术而言,历史学对考古学的关注更是与日俱增,考古学的发达为新史学的发展开辟了一条新的坦途。历史学家在考古学家那里看到的是支离破碎的历史残迹,他们想将这些残断的碎片连缀起来,借以恢复已经湮没无闻的历史片断。但是考古提供给史学家的,往往是一些太过于原始的东西,生涩的表述无法让人亲近。隔岸观火的史学家,他们具有另类的眼光,旁观者清,对考古材料会有精当的解说。更何况现代史家中的后起之秀们有的就是学考古出身,具有良好的考古学修养,他们有时比考古学家们更懂得考古,只是没有田野作业机会而已。

2. 人类学家的考古学

人类学将考古学列为它的一个主要分支,称为考古人类学。人类学与考古学的研究目标相同,关注的问题一致,只是在研究对象与方法上有所区别。这两个学科之间是相通的,可以互为借鉴,互作补充。人类学面对的是富有生气的完备的活材料,而考古学面对的却是没有言语的不完整的死材料,所以考古学不可避免地要借用其他学科包括人类学的理论与方法。而人类学对人类漫长过去的认识,也离不开考古学的帮助。人类学集中在文化和社会现象的研究上,在诸如婚姻、家庭、亲属制度、经济生活、社会生活、政治制度的历史研究上,通过考古学途径获取资料是不能缺少的。

比如人类学和考古学都关注人类的体质形态,体质人类学研究被考古学作为自己一个必备的项目。人类学自然也关注考古所获得的人类学资料,也寻求通过 DNA 分析手段了解人群相互关系和古今人之间的联系。

3.科学史家的考古学

举凡考古所获得的冶金、农业、铸造、建筑、天文、地理、艺术、音乐、医药、陶瓷、印刷等方面的信息,科学史家都是非常感兴趣的,这是文献上见不到的直观论据。他们对这些资料的理解,他们所进行的研究,远非考古学家所能项背。考古学为科学史的研究提供了一个重要的平台,它吸引了科学史家亲近考古学,亲近考古学家。

4.平民百姓的考古学

按一般意义理解,考古学对于学者之外的公众,它的吸引力可能要小一些,也许是可有可无的,或者是知之不觉多,不知不觉少。其实考古发现就在他们的身边,在他的田间地头,在他的墙根屋后,甚至在他的锄头下或者在他的炕头上(有一个农民将 4000 年前的巨型石磬铺在炕上睡觉)。

其实平民百姓与考古的关系是非常密切的,他们常常在第一现场接触到考古资料,发现古代遗址和遗物。许多的平民百姓对考古都曾做出过自己的贡献,许多重要的考古发现最初都是由平民百姓找到线索的,什么三星堆、马王堆,还有秦俑坑、擂鼓墩,哪个不是这样?

我手头没有准确的统计资料,但可以做出一个很基本的估计,就是全中国的考古从业人员,持有发掘证照的,也许超不过 1000 人,加上其他辅助人员,恐怕超不过 10000 人,在 5000~10000 人之间。一个让人们瞩目的行业,只有这样一支非常弱小的队伍。我们需要一个强大的外援队伍,这个队伍的主体是乡村的农民、城市居民,还有中小学生。

许多原本应当是十分重要的考古发现却被平民百姓不留神破坏了,成都金沙遗址是被挖土机挖出来的,司机将大量精美的玉石器挖成了碎片,将包括金光闪闪錾有鱼鸟纹的金冠饰在内的大量稀世珍宝铲出来又埋下去还浑然不知。

那些有意无意地带有破坏倾向的人,按最保守的估计,恐怕要以百万千万计,要超出我们从业人员数万倍甚至数十万倍,这不是一个极大的威胁吗?要化解这种威胁,除了依靠法制的力量,很重要的一点,便是用学科知识进行教化,这个重任对我们从业者来说,是责无旁贷的。所以我们应当用心、用力,通过出版物、电视等媒体多作宣传,要让公众像爱护家产一样爱护历史文化遗产。

除了提供考古线索,公众也会从考古学中吸取精神营养,他们中的一些有心人还会成为业余考古学者,会以特定的视角解开那些千年的疑难问题。我认识一些这样的人,有人确曾在考古研究中做出过自己的贡献。

考古学强调一定程度的公众参与,对学科本身的发展,将会有如虎添翼的功效。各行的学者关注我们,普通的百姓关注我们,也是我们莫大的荣耀。水涨能使船高,民族的整体素质提高了,学科发展的水平自然会得到提升。

三、公众考古学 ABC

公众考古学中的公众,是除考古学家以外的公众,可以是专家学者,可以是农工学商,也可以是妇孺耆老。人人都可以成为考古学家,在一定意义上说,人人都是准考古学家。当然作为公众的考古学,与专业考古匠的考古学是不同的。就像我们常人在家中小炒,你尽可以做出若干种美味来,却不可能与高级厨师匹敌;也许你设计盖一座二层小楼也不在话下,但却不可能与设计院的建筑师平起平坐。

厨师有烹调原理,建筑师有建筑原理,平凡的劳作与高深的科学一样,都有一定之规,有规律、有原理。研究越透彻,懂得越多,就可能做得越好。公众考古学也该有自己的原理,只是我们眼下还提不出太系统的框架来。现在有所作为的领域,主要是考古学向公众的传播。我们需要传播给公众的,有考古发现本身,有考古研究的过程与成果,也有考古学的要义和一般方法。关于考古学研究的公众参与,我们还要细作考量。

(一)考古学的公众传播途径

为了让公众了解考古学在做什么,做了什么,做成了什么,考古学家需要完成一个新程序,即传播程序。考古学向公众的传播,首先要做到亲近公众,不要那么生硬,不要那么八股,更不要那么故弄玄虚。在向公众传播的过程中,我们首先面对的可能是我们自己头脑中存在的陋习,有一种资料垄断的毛病,就是我们的头号敌人。

考古学向公众的传播,要有不同的手段,也要考虑到不同的层次,要尽可能争取更大范围的成果共享。传播包含有灌输的成分,这样的传播是广泛的,你要引领公众完成一种超越——从当代到往古的超越。如何让公众了解考古?除了最直观的博物馆展览,当然主要是依靠各种传播媒体了。最常见的是平面媒体出版物,还有受众更为广泛的电视媒体和公共网络。

最直观的是博物馆的展览,但在我们的国度,光顾博物馆的公众实在是太少了。这当然有各方面的原因,如有社会的经济的局限,也有整体素质的局限。实际上并不是我们的陈列品不精美,可是相当多的人却没有受到吸引,问题究竟出在哪里呢?从国民现实状况出发,我们应当考虑的首先是要取消博物馆的门票,尤其要取消高门票制度,要对学生层面的观众免票开放。教育部门应当根据国情确定学生参观博物馆的最低次数,对于城区和近郊学生要有较高要求。其次是博物馆要增加陈列的生动感和临场感,要体现出一种亲和力。我在香港参观"香港的故事"展览,同是考古与文物展览,给人的印象深过普通展览的十倍百倍,感觉是作了一次穿越时空隧道的旅行。你不能仅仅只是摆上几个有裂纹的罐子,放大几张图片,写几行解说词了事。要把观众的多少作为衡量展览成功与否的一个标准,达不到预定观众数量指标的展览要及时改展。

从平面媒体方面来说,不论是考古资料还是考古研究的过程与结论,都要有不同层面的东西。考古报告应当至少有两个版本,首先是专家版本,也就是传统版本,是考古学家们自己读的原汁原味的传统作品;其次是大众版本,是平易通俗的普及版本。传统的考古报告和大型图录通常只能印到 1000~2000 册,真正对它感兴趣的是专家中的专家,也许最终读者只有几人几十人。面对我们自己虽然印刷得精美无比的著作,会有多大的成就感和自豪感呢,它所能起到的有限作用难道不会令我们汗颜吗?如果将考古报告包装成大众版本,图文并茂,那读者将会是以千以万计。对于后者我们做过一点尝试,这样的著作能够一版再版,可以发行数万册,影响面之广泛,远不是传统报告可以比拟的。由专业化向大众化的转变,除了观念上的转变,其次就是语言文本的转换,我们要由只专注专业研究向同时关注社会大众的需求转变,由程式化描述向故事化叙述转变,由艰深晦涩向平和生动转变,由仅关注结论到同时也关注过程转变,由不关情到动情转变。

现代人类学研究中有影视人类学,除了以图片形式对研究对象进行记录,还广泛采用电影电视的拍摄形式,制作出来的影片不仅是一个学术成果的记录,它的直观性和易于理解,也会引起非人类学者乃至一般公众的兴趣。遗憾的是,考古学至今还没有一部考古学者自己拍摄的考古学成果专题影片。专业的电视工作者虽然有过一些作品问世,但常常不为专家们认可,有时一些过分炒作还招致不少非议。我们应当借鉴影视人类学的成功经验,在考古系设立影视考古学专业,培养新一代的学者式编导,拍摄出学者与公众喜闻乐见的考古专题片,它既可以作为传统纸质发掘报告的一个补充同时发行,也可以略加改编转卖给电视台向公众播出。

网络作为一个覆盖面广的大众传播媒体,是考古学走向公众的桥头堡,它可以以最快的速度实现教研学与公众的沟通,是大众在第一时间了解考古学的平台。考古学家应当发挥网络优势,尽可能缩小与公众之间的距离。

各类媒体其实还可以联合行动,适应公众需求,从公众有可能比较感兴趣的话题入手,做点实在的普及工作。在这个过程中,考古学家应当发挥主体作用。当然考古学的大众化并不等于庸俗化,也不能让伪考古学借机泛滥,不能打着科学的旗号去做违反科学原则的事情。

(二)考古学在商潮中的公众化

近 10 年来,考古已在商业化中加速了公众化的进程。仰韶集团的仰韶酒、泸州的国窖酒、甘肃的皇台酒、成都的水井坊,还有秦俑奶粉等,都是考古学的间接产物。世界名牌中还有斯芬克斯运动鞋、金字塔等。一些考古发现虽然通过商潮进入公众视线,但它们并没有立时成为公众能准确理解和普遍接受的知识,问题出在商家身上。

目前的滚滚商潮更多体现的是商业利益,没有顾及考古学效应,如果在那些考古品牌的酒类包装上印上一些基本知识,多做一点客观的宣传,也许可以让更多的酒徒在酒足饭饱之余多长点见识,多受点文化熏陶。

我们是否还可以将欣赏考古成果作为大众的一种高层次消费呢?这方面一定有许多的事情可以做,如何做好,还可以进一步探讨。

(三)考古学在基础教育中的公众化

最近我得到两个令人鼓舞的消息。北京的一位同行说,他尝试着在一所学校向学生展示龙山文化陶片,学生们放学后在田野里采集了许多陶片,发现了一些遗址线索。内蒙古的一位同行则说,他也曾在一所学校向学生们展示了不容易辨识的细石器,待学生再上学时一人带来一兜细石器。这是很了不得的事情,让我们深有感触,也深受启发。于是我想到,如果在小学高年级或是初中阶段,能在教育部的部署下,结合历史课的教学,只需拿出两三个课时,进行一次"10 片"教育,那效果之显著,一定是可以预期的。我说的"10 片"非常基础,即石片、骨片、陶片、铜片、铁片、瓷片、纸片、布片、竹木片、砖瓦片,通过这些历史遗留的碎片认识存在于自己身边的历史,提高每一个国民的基本素养,同时也起到发现考古线索和保护文物的作用。

考古学也是一门科学，与一般自然科学和技术科学一样，也需要增强公众意识，也需要普及，只是我们没有紧迫感，所以还感觉不到有多大必要。虽然不能像电学那样，普及得越好，让电发挥的效果越好，而且死人也会少。应当像文学、音乐、美术、数学一样，考古学有必要成为公众享受过中等教育人士的一种修养。

人类学家庄孔韶在《人类学通论》一书的序言中有这样一句话："希望大学生听了这门课能把人类学的理念传播给全国各地的朋友。"他盼望有更多的人来了解人类学。培根有一句话说：科学的力量在于公众对它的了解。那么考古学的力量呢？如果它是归之于科学之列的话，它会是例外的吗？它会拒绝公众吗？它会忌讳公众的靠近吗？

请允许我在这里借用《文物天地》杂志的最新广告词来表达这样一种时代的需求：

因为考古人的努力，

一些传说变成了真实的历史，

一些抽象的历史事件变成了可以复原的场景，

专业的考古发掘开始与社会发展及日常生活息息相关。

尊重人们对历史文化遗产的责任心及关注，

尊重人们对自己的民族的重大事件的浓厚兴趣，

尊重人们对寻找探索发现过程的好奇天性。

探索发现背后的秘密，

重建中国人对中国文化的想象。

这些话写得很好。尊重人们的责任心，尊重人们的浓厚兴趣，尊重人们的好奇天性，这是考古学家们对公众应当抱有的最基本的态度。考古发掘与社会发展和日常生活息息相关，这是包括公众和所有有良知的考古学家们的共识。考古其实距离公众很近很近，它本来就该是一门公众可以广泛参与的学问，它的一般学问也非常平易，没有那么神秘。打破了这种神秘与距离感，考古将走向一条广阔与平易的学问之道。公众考古学是考古学发展到今天的一条必由之路，也可以看作是考古学发展走入大众的一个新阶段。

一个听到博物馆这样的字眼便兴奋不已的学龄前儿童，在参观古生物化石陈列时冷不丁地对妈妈说：等你死了就把骨头放在这样的柜子里，我一想你就可以看到你。还有，一个刚入学门的小学生在放学路上检回一个破罐子，说要让研究考古的爸爸帮助考查年代。在他们幼小的心灵里，已经培养起了对古物的一种正确正常的态度，他们只不过略略受了一些熏陶而已。从这两个例证我们可以增加不少信心，孺子可教，如果我们的国民在他们年幼时都能适当接受相关教育，那将会是另一番景象。我们并不必期望每一位未来的国民对中国考古做出多大的贡献，但至少他们不会成为一个负罪的破坏者，或者沦落为可耻的盗墓贼。

近年来我有想写一本书的强烈冲动，这本书的名字叫"公众考古学"。上面的这些话，有的本来是我准备在书中表达的部分内容。当然这书至今并没有动笔，也不知能不能写成，或者将来写成它的作者并不是我，但我相信中国一定会有这样一本书出版，它的首版很可能由科学出版社印行。我知道我在这里所说的话，并不一定完全符合什么"原理"，但我相信在《公众考古学》一书中会包纳这样一些主要内容的。

（原载《庆贺徐光冀先生八十华诞论文集》，科学出版社 2015 年，也见 3N3N 新浪博客 2012 年 3 月 3 日，http://blog.sina.com.cn/s/blog_5628628a0102dxd3.html）

课后实务：集体参观附近的博物馆

由老师当导游，也可小组为单位，参观博物馆。回来后写一篇旅游纪事，加图片或录像。

第十三讲　专家通俗写史

线上讲义

一、公众史学读物的出现

这一讲的中心议题关注的是一个读史问题。读史当然首先是由精英开始的,随着时代的变更,普通民众也开始关注读史问题。以前,站在史家精英的角度关注给普通读者写通俗读物问题,叫作通俗史学。通俗史学最初称为"讲史",宋朝首都开封及另外一些城市里面,有专门的说书场,说书里面很大的一块就是"讲史"。到元朝以后,讲史有了"话本"。到了明朝以后,我们出现了历史演义。历史演义前面是讲,发展到后面就是写下来给他人看,所以演义是一种文本。到了近代,我们又出现了一种新的形态,我们把它称为"历史剧"。从宋朝到现在,大概经历了几个阶段:第一个阶段是讲,第二个阶段是读,到了第三个阶段是看或者听。总的发展趋势是不断形象化、直观化、立体化。

那么,通俗史学到底是属于什么性质的史学? 它当然不属于学术史学,我们可以把它称为"人文史学"。什么是人文史学? 就是用人文的眼光来解读历史。通俗史学的出现,严格说来是通俗娱乐文化兴起后的产物,跟城市的发展有很大关系。中国的城市到了宋朝以后出现了大的转折点,以前都是坊市制度,坊和市是分开的,到了晚上,夜生活相对说来比较平淡。而到宋以后,坊市混合,到处可以开市、开店,这样夜生活就丰富起来了。其中一项娱乐活动是说故事,这是人类的一大嗜好。从近 30 年的发展来看,通俗史学更是城市娱乐文化发展后的产物。随着我们经济的发展,业余生活时间的增多,我们对业余文化生活的要求越来越高。在娱乐文化中,历史消费是很大一块内容。特别是现代媒体,如电影、电视的普及,更加促进了历史影视剧的发展。

二、公众史学读物的种类(上)

哪一些读物适合普通观众来阅读? 传统通俗史学有两大类,一类是普及型,一类是通俗型。这两类定位不完全相同,普及型面向知识大众,而通俗型除了知识大众之外,更深入知识层次更低的普通大众。具体来说,适合公众阅读的一些史学读物,主要有这么几个类型。

第一大类型是历史的演义。演义是中国社会的特产,明清以后这类作品很多,最有名的是《三国演义》。《三国演义》成功以后,各个朝代演义都有一些。演义里面内容也很复杂,如果按照虚实的比重来看,我们可以把它分为两大类型:一种是偏文学的,一种是偏史学的。到了当代社会,特别是近 30 年,演义作品出了不少新的,如《世界史通俗演义》《世界列国史演义》《世界末代皇帝演义》《第二次世界大战演义》,等等。演义已经从中国史发展到世界史。

第二大类型是历史的细说。细说,始于黎东方。黎东方于 20 世纪三四十年代在重庆的时候,曾经开说书场,可以卖门票的,当时很热门。黎东方后来到了美国,把早年讲的东西整理成稿,完成《细说秦汉》《细说三国》《细说元朝》《细说明朝》《细说清朝》及《细说民国创立》几部,其他没完成就过世了。20 世纪 90 年代初,上海人民出版社引进了这套书。为了完整起见,又请了几个史学家补写了《细说两晋南北朝》《细说隋唐》《细说宋朝》,这样前后构成了一套完整的“细说中国历史丛书”。细说体共同特点是以人为中心展开讲故事。后来上海人民出版社又推出一套“细说中国历史人物丛书”,帝王系列有《细说曹操》《细说唐太宗》等,总体上反映也不错。这是我们讲的第二大类型。

第三大类型是历史的趣说,这是易中天发明的。易中天在中央电视台《百家讲坛》讲《品三国》,讲得比较成功,出了实体书《品三国》。除了易中天之外,还有一个很成功的人物叫阎崇年,阎崇年在《百家讲坛》讲《清十二帝疑案》《明亡清兴六十年》《康熙大帝》。《正说清朝十二帝》《正说明朝十六帝》这些书出版以后,我们可以把它称之为“趣说”。所谓趣说,是以人为中心,结合当下人的诠释,用到一些当下的术语,用我们今天当下人能够理解的方式来说过往的故事。这中间讲述了一些很有趣的东西,所以易中天称其为“历史的趣说”。

第四大类型是历史的叙事。比较典型的人物是黄仁宇,真正让黄仁宇出名的一本书是《万历十五年》,这本书拿到中国来出版以后非常成功,好几次再版,印量很大,非常畅销。今天我们很多人谈新的历史叙述法的话,往往以黄仁宇《万历十五年》为典型。

三、公众史学读物的种类(下)

除了黄仁宇之外,我们要推荐的另外一个人物是美国耶鲁大学教授史景迁。他的书在西方年轻人中很受欢迎,上海远东出版社出版了一套“美国史学大师史景迁中国研究系列”,包括很多书,比如说《皇帝与秀才:皇权游戏中的文人悲剧》《王氏之死:大历史背后的小人物命运》《曹寅和康熙:一个皇室宠臣的生涯揭秘》,甚至还有一本书很有趣《胡若望的困惑之旅:18 世纪中国天主教徒法国蒙难记》。胡若望是谁?我们谁都不知道。原来他是广东人,跑到欧洲去后,在西方世界中碰到许多稀奇古怪的事情,史景迁就把他写成一本书。还有一本书很有趣,即《中国皇帝:康熙自画像》,用第一人称讲话。我们以前的历史书都是用第三人称讲话,它竟然以朕怎么样、子女怎么样,这种第一人称来说话。广西师范大学出版社也把这套书引进翻译过来了,增加了几种。关于史景迁的作品,有这两个版本,你们有兴趣的话可以找来看一看。

接下来我们要介绍的重点是《易中天中华史》。易中天,大家都知道他是厦门大学一位古典文学的教授,他在中央电视台《品三国》讲得很成功后,一直有梦想要讲完整的中国史。这部完整的中国史,即后来的《易中天中华史》,一共有 36 卷,每卷 6 万字到 10 万字,准备写好几年。2014 年以来,逐步推出。目前已经出版到第四部宋元的第 18 卷。此书属于畅销书,在每一家机场书店里面,我们都能看到《易中天中华史》。他为什么要写这部书?按易中天自己的说法,这部书的主题是“3700 年以来我们中国人的命运和选择”,也就是说我们中国是怎样一步步走过来的。他说我们要为我们中国未来的走向建立新的文化系统,找到人生的坐标点,实现身份认同。要知道在世界多元文化慢慢交流的状况下,我们需要对中国文化的认同。2012年,很多人第一次听说易中天要写中华史时,都说易中天疯了,历史学家都不敢写这样的书,他一个人竟然敢写36卷本的中华史。这是大家在还没看到书之前的推测。现在书已经出版了,到底怎么样,我们去看一下再说。我在机场找了易中天两本书看了一下,第一卷叫《祖先》,第二卷叫《国家》。看了以后,我改变了以前对他的一些看法。这些书写得不错,至少他有自己的看法,不是东抄抄西抄抄,他是创作,而不是编纂,这点很可贵。更主要的是,他有自己独到的看法,他的文笔不错,在汗牛充栋的中国通史里面,他有自己的位置。他在写的时候,是在世界文化的参照体系里面来讲中华文化的。所以他在讲的时候,很多地方都和外国进行比较,还有很多对当下的思考,这一点很不容易,所以对《易中天中华史》,我是持肯定态度的。

最近中国社科院出版了一套《简明中国历史读本》《简明世界历史读本》。上海人民出版社推出了"细讲中国历史丛书"12卷本。这些说明,我们大家正慢慢重视通俗历史读本的写作。

第五大类型是历史的随笔。近二三十年出版了很多随笔,其中比较有名的是吴思的《潜规则:中国历史中的真实游戏》《血酬定律:中国历史中的生存游戏》,易中天的《帝国的惆怅:中国传统社会的政治与人性》,这些书都写得很成功。吴思的《潜规则:中国历史中的真实游戏》出了以后,今天到处在用"潜规则"这个词。所谓"血酬定律",讲的是开国功臣以拼血方式获得政权,自然应获得相应的回报,这是血酬定律。这些历史随笔都很不错,大家可以找来看一看。

四、通俗普及读物的问题

这几十年来通俗历史读物、普及类读物,已经出了很多很多了。它们取得了不少成绩,的确是普及了很多历史知识,它们的贡献是不可磨灭的。但是在发展的过程中也有一些问题,用更高的眼光来看的话,主要有这么几点。

第一,通俗史学和普及史学这两者怎么互相取长补短。通俗史学仔细划分一下,可分为两大类型,一个叫普及型,一个叫通俗型。普及型属于历史知识的普及,内容严谨,手法灵活。真正的通俗型,内容上可以适当虚构。这两者之间有一些矛盾,我们觉得这两者可以取长补短,也就是说普及类型可以写得更加通俗一点,通俗化作品可以学习普及型更加严谨一点。这样,可能会更好一点。总体上,这两大类型各有各的特点,大概很难完全取代彼此。按照我的观点,两大类型的作者要互相尊重,对于一些学者来说,我们主张做一些普及型的。而完全通俗类的东西,可以交给文艺工作者来做,这样各得其所,可能更好一些。

第二,通俗史学内容要走向民间社会。我们现在的通俗历史热,总体上还处在初级阶段,问题很多。其中一个问题就是,内容上偏重于君史,而民史内容比较少。李小树教授说:"它所讲述的内容与记述的历史,是政治的而不是社会的,是官方的而不是民间的,是上层的而不是草根的,是君史而不是民史。"这也不能怪大家,要知道以前,在相当长时间里,我们的历史作品,按照梁启超的说法是"君史",也就是说留下的内容多是关于君史的内容。所以今天做通俗史学时候,内容难免会受到影响,"民史"的东西比较少。总体上,未来通俗读物的发展，要把重点放在民间，就是说由庙堂转为民间，由官场转为社会，更多地关注下层，关注民众，这样才能符合历史学通俗发展的最高要求。

第三，发展通俗史学要培养一支创作队伍。作品是靠人来写的，人的写作水平直接决定这些作品水平的高低，理论上水平越高的人越能写出好作品。杨念群教授就讲过："比较理想的通俗史写作应当由大学者来写，他拥有坚定的历史观，带有个性的立场，这样才能打动人。"当然这样的大学者不会太多，前面讲过的易中天可以算一位，总体上我们中国缺少这么一支高水平的写作队伍。未来的话，我们需要培养这么一支队伍。通俗史创作人要达到什么要求呢？至少两个方面。第一，要会吸收史学的最新成果。第二，写作水平要比较高。另外，这个队伍可以分流进行培养，比如说，我们可以从原有专业作者群中分流一部分出来，或者从别的行业中引进一部分，另外我们可以在历史学行业里，培养一批不求职称、只求利润的面向市场的史学创作队伍。

第四，通俗史学发展要适应网络、手机的阅读。进入 21 世纪，电脑终端越来越小型化，今天的手机已经不仅仅是手机了，实际上更像是一个移动电脑。手机和网络两者结合，成了今天年轻人最普遍的接收方式，也是最主流的阅读方式。你要想获得大众的支持，一定要生产开发出可以在手机里面阅读的作品。只有占领这个市场，我们历史学才不会边缘化。最近手机商已经开始注重这块，应用商店里面，已经推出"一生必读的历史书"APP 供人下载。还有一种口袋历史书。总体上，我们必须占领大众阅读市场，通俗史学的发展才会有新的生命力。

线下教案

通过专家通俗写史来阐述，重点代表是黄仁宇《万历十五年》、黎东方《细说三国》、《易中天中华史》、"美国史学大师史景迁中国研究系列"、百集大型纪录片《中国通史》。

图书推荐：

1. 黎东方的细说系列，如"细说中国历史丛书"10 册。

2. 黄仁宇《万历十五年》。

3. "美国史学大师史景迁中国研究系列"。

4. 易中天《易中天中华史》。

5. 卜正民主编"哈佛中国史丛书"6 卷本，中信出版社 2016 年。"哈佛中国史丛书"站在风起云涌的 21 世纪，从全球史角度重写"世界中国史"，引导世界重新思考当下中国。丛书上自公元前 221 年秦朝一统天下，下至 20 世纪初清朝终结，分为六个帝国时代——秦汉古典时代、南北朝大分裂、世界性帝国唐朝、宋朝的社会转型、气候变迁影响下元明帝国的兴衰，以及成就斐然、盛况空前的大清王朝，进而串起 2000 年中华文明跌宕起伏的荣辱命运。

6.《讲谈社·中国的历史》，广西师范大学出版社 2014 年。《中国的历史》为日本讲谈社百周年献礼之作，是日本历史学家写给大众的中国通史读本。该系列大致按照从上古至近代的时段来分卷，包括《从神话到历史：神话时代·夏王朝》《从城市国家到中华：殷周·春秋战国》《始皇帝的遗产：秦汉帝国》《三国志的世界：后汉·三国时代》《中华的崩溃与扩大：魏晋南北朝》《绚烂的世界帝国:隋唐时代》《中国思想与宗教的奔流:宋朝》《疾驰的草原征服者:辽·西夏·金·元》《海与帝国:明清时代》《末代王朝与近代中国:清末·中华民国》。

7. 李学勤、郭志坤主编"细讲中国历史丛书"12 册,上海人民出版社 2015 年。该丛书包括《夏史》《殷商史》《西周史》《春秋史》《战国史》《秦汉史》《魏晋南朝史》《隋唐五代史》《宋史》《元史》《明史》《清史》。

➡ 视频推荐:

1. 走向大众的历史,爱课程网,河南师范大学王记录教授
http://www.icourses.cn/viewVCourse.action? courseCode＝10476V003。
2. 百集大型电视纪录片《中国通史》。

➡ 微信公众号推荐:

通俗类历史微信公众号:马勇、黄朴民读史

课前文选

当代史学通俗化研究的回顾与前瞻

王记录　河南师范大学历史文化学院教授

在当代中国,史学通俗化就是把只有少数人掌握的历史知识通过各种通俗易懂的方式普及到广大民众中去,使史学走出象牙塔,走出专业史家的小天地,变成全民的精神财富。它注重流行和传播,强调历史知识的普及和应用。其目的是让广大民众更多地了解和掌握古今中外的历史知识及文化传统,提高民众的文化素养,陶冶民众的情操,提高判断历史是非的能力。在表述方式上,一反学术类历史专著艰深枯燥的语言风格,强调历史语言表述的通俗易懂和易接受,通过大众所喜闻乐见的话语形式,采用文学化的演绎和表达,把纷繁复杂、枯燥无味的历史资料转化为妙趣横生的历史知识,激发人们的阅读(或倾听)的兴趣,使民众可以轻松愉快地理解和接受。

反观当代中国史学通俗化的历程,有三个明显的特征:一是史学通俗化的实践与理论探讨同步进行;二是史学通俗化受社会变动和学术思潮变化的影响,表现为明显的阶段性发展特点;三是新世纪以来源自本土的史学通俗化与来自西方的"公众史学"遭遇,形成合流。回顾当代史学通俗化研究的进路,展望未来的研究趋向,必须把握这三个特征。

新中国成立后不久,为满足广大民众对历史知识的需求,以吴晗为代表的一批史学家特别强调历史知识的普及。一方面,吴晗身体力行,主持编写了"中国历史小丛书"和"外国历史小丛书",成为史学通俗化的积极实践者。另一方面,吴晗还撰写了《论历史知识的普及》《学习历史知识的几个问题》等论文,阐述普及历史知识的重要,论述了历史知识的"普及"与历史研究的"提高"之间的辩证关系,号召史学工作者走出象牙塔,撰写一些民众喜闻乐见的通俗历史读物,切实满足民众对历史知识的需求。当时,吴晗等人所倡导的历史知识的普及,有着明确的价值取向。从指导思想上看,吴晗自觉地把自己的历史知识普及工作纳入马

克思主义史学的话语体系中,强调人民群众是历史的创造者,强调阶级分析法,坚持用唯物史观分析历史问题。从编写原则上看,要求史实准确无误、文字通俗易懂、图文并茂、雅俗共赏。从目的性上看,不仅向民众普及正确的历史知识,而且还向民众宣传唯物主义的历史观。

在"文化大革命"中,由于极左思潮的影响,历史知识的普及工作在实践上出现严重偏差,在理论上没有任何建树。20世纪70年代末的改革开放,使史学通俗化焕发了新的生机。随着大量通俗历史读物出版,对通俗史学的研究也渐趋深入。

20世纪80年代,出现了所谓的"史学危机",史学界开始自我反思史学的出路问题。在这样的背景下,人们认识到史学必须走出象牙塔,通俗化和大众化,把少数人的精财富变成全民的精神财富,这是史学摆脱"危机"的有效途径之一。与此同时,史学界出现了"通俗史学"和"应用史学"这样的术语。尤其是蒋大椿在《基础历史学与应用历史学》一文中提出"应用历史学"的概念,认为应用史学可以把基础史学中的一些东西普及到社会中去,引发了学界关于史学通俗化的热烈讨论。这一时期史学通俗化研究一方面继承了吴晗等人史学通俗化的思想,另一方面又针对当时的"史学危机",有了新的理论创获。这主要表现在两个方面:一是进一步论述了史学通俗化的重要意义;二是史学通俗化被赋予神圣的使命,肩负着教育人的重任。

就第一个方面来讲,早在20世纪80年代初,白寿彝、杨向奎、李侃、刘大年、宋德金、傅璇琮等先生就史学通俗化的重要意义进行了深入讨论。白寿彝在他主编的《史学概论》中指出:"史学的普及工作,实是有关整个民族的历史教育的一件大事。"李侃在《历史·现实·史学工作者》一文中指出历史知识的普及关系到民众利益,"凡是一门科学,它的群众基础愈广泛,群众根基愈深厚,它也就愈容易发展和繁荣",因此,"人民利益和实际需要都说明,轻视历史知识的普及工作是毫无理由的"。刘大年为《历史小故事丛书选辑》作序,认为编写通俗历史读物责任重大,"它直接涉及向我们祖国未来的主人提供怎样的知识,如何促进下一代蓬勃成长的问题"。傅璇琮在《推荐两套历史小丛书》一文中认为,"在新的历史时期,尤其需要对人民群众普及历史知识,用我国和外国历史上劳动人民的首创精神、先进人物、先进事迹和爱国主义传统,激发他们的崇高的使命感和强烈的事业心,为社会主义现代化建设多做贡献"。他们把普及历史知识上升到关乎民族命运的高度来认识,这是前所未有的。

就第二个方面来讲,当时一大批著名史家都论述了史学通俗化的使命感问题,白寿彝认为,普及历史知识就是通过史学工作者的努力,向广大人民群众进行爱国主义、民族团结教育,"这是一项社会主义精神文明建设的重要任务"。苏双碧指出通俗历史读物"对向青少年进行爱国主义教育会起到积极的作用"。高增德在《关于史学为现实服务的问题》中认为:"普及和宣传历史科学知识,提高整个民族的文化素质,这是马克思主义历史学一个极其重要的任务,这亦是为现实服务的主要方式之一。"还有人把通俗历史读物的教化作用提高到政治层面进行认识,"要振作起广大青年的爱国热情,并把这种热情建立在对祖国的深刻了解上,就迫切需要出版一大批爱国主义通俗历史读物,这不能不说是一项非常迫切的政治任务"。1984年,中国史学会组织了首次爱国主义优秀通俗历史读物的评选,其标准就是"作品应具有较高的思想性、科学性、生动性。通过对历史事实准确、生动的记述,能够起到帮读者了解祖国历史,激发爱国热情的作用"。

由此可见,20世纪80年代史学通俗化研究的最大成果就是从理论上解决了通俗史学的历史地位问题,赋予它前所未有的重要意义。肯定史学通俗化承载着弘扬优秀文化遗产、培育人们爱国热情的重要职责,普及历史知识就是让人们通过学习历史,提高素质,树立正确的历史观,增强民族自尊心、自信心,增强对祖国的热爱。

进入 20 世纪 90 年代以后,社会主义市场经济体制确立,经济迅速发展。经济体制的变化和市场经济的发展带来了文化结构的变化和大众文化的发展,20 世纪 80 年代主流文化一枝独秀的局面被打破,以消费和娱乐为核心的大众文化开始崛起,所有这些都重塑了 20 世纪 90 年代人们的书写方式和阅读景观,形成了多元化写作和阅读的风貌。所有这些都使得史学通俗化变得更加扑朔迷离,其传播内容和传播形式有了与 20 世纪 80 年代不同的景象。

这一时期,史学通俗化书写方式发生了变化,出现了通俗史学书写方式的多样化。除传统的通俗历史读物继续保持良好出版势头外,用形象史料来图说历史的作品也受到人们追捧。与此同时,由于受到市场经济商业化的影响,为了追逐经济利益,吸引人们的眼球,很多通俗历史读物把目光盯在历史糟粕上,皇宫秘闻、后妃私事、历史人物的私生活纷纷进入史学通俗化的视野,极为庸俗。很多通俗历史作品不尊重历史,打着还原历史真相的幌子任意编造和杜撰历史,故意标新立异,哗众取宠,任意褒贬人物,颠覆历史,混淆善恶是非。在此之下,史学通俗化的研究又有了新的进展。

其一,继续在学理上论证史学通俗化的重要性和必要性。如黄留珠《时代呼唤通俗史学》、齐世荣《要促进历史知识的普及工作》、张岂之《世纪之交的三点希望——关于中国史学》、张海鹏《普及历史知识首先要尊重历史事实》等文章,均在前人研究的基础上,更加深入地讨论了史学通俗化的目的、原则和方法,进一步深化了人们对通俗史学的认识。

其二,从史学发展史的角度对史学通俗化的历史进程进行了梳理,赋予通俗史学以学科史的地位。如彭卫的《中国古代通俗史学初探》、李小树有关古代通俗史学的系列研究论文、周朝民的《中国近代通俗史学论》、钱茂伟的相关论文等,都把史学通俗化纳入中国史学史学科发展的框架体系中进行论述,弥补了以往中国史学史学科不重视通俗史学研究的缺陷,使史学通俗化具有了学科史的资格。

其三,批判通俗史学的庸俗化倾向。鉴于 20 世纪 90 年代通俗史学领域大量出现内容庸俗、史实讹舛、史观错误的现象,不少史家撰文给予批评,为史学通俗化的发展纠偏。他们认为不少史学通俗化作品正逐步消解着人们对历史和经典的敬畏感,无法引领整个社会向善。史学通俗化要想健康发展,必须提高写作者的道德修养和学识修养,增强他们的社会责任感,尊重历史,对社会、历史及个人负责,使作品达到学术价值和社会价值的统一,能够在普及历史知识的同时阐释人文理念和人文理想。

其四,提出拓宽史学通俗化途径的问题。不少研究者要求拓宽通俗史学的表现形式,扩大通俗史学的表现内容。他们认为以往的史学通俗化的表现形式大多是通俗历史读物,比较单一。但实际上,通俗史学的表现形式可以多种多样,小说、戏剧、电影、电视、音乐、美术等都为历史知识的普及和传播提供了广阔的天地。有的学者还提出创办通俗史学杂志、历史故事报等。

21 世纪以来,随着传媒技术的进步,史学通俗化的途径得到进一步拓展,社会上出现了一股"通俗历史热"的潮流,史学通俗化的成果不断变成"公共话题",出现全民热议的情况。史学通俗化的表现手段日益丰富,多元媒体互动的立体交叉传播模式直接推动了历史知识的普及。历史题材的影像作品受到大众关注,电视讲史深受观众喜爱,历史类图书热销,网络历史作品骤增,出现人人可以书写历史的情况。毋庸置疑,这是自中华人民共和国成立以来史学通俗化最引起人们关注的时期。

和前几个阶段相比,这一时期的史学通俗化研究所取得的成果最多,理论建树也最引人瞩目。这主要表现在两个大的方面。

第一,围绕通俗史学的传播方式、公众写史的利弊以及通俗史学的娱乐化问题展开了热烈讨论。21世纪以来,随着新媒体出现,史学通俗化的传播方式也发生了前所未有的变化。学者们指出,传媒不仅仅加快了历史知识的传播,它还参与历史文本的建构,改变人们对历史的认知。新媒体丰富了图文结合、声文结合的记载方式,完成了历史书写以文字为中心向以形象为中心的转换,把那些只有少数人理解的文字变成了大众可以通过视觉直接领会的影像,使史学通俗化更具娱乐性、视觉性和商品性。与此同时,职业历史学家垄断通俗史学书写的局面被打破,公众写史形成热潮。围绕"平民写史"和"草根写史",人们同样展开了热烈讨论,或是或非,莫衷一是。与之相关,史学通俗化领域的娱乐化现象也日益严重,人们开始追求"时尚""娱乐""休闲""有趣",甚至用"娱乐史学""时尚史学""八卦史学"等概念来称呼和概括新世纪以来的史学通俗化。对此,史学界进行了冷静分析和客观评论,在一定程度上纠正了这一偏向。

第二,在学科建设上取得重大进展。史学通俗化是中国本土的产物,在其发展过程中,出现过历史知识的普及、通俗史学、大众史学等概念,如前所述,在学科建设上也经过了长期的探索。本土的理论探索虽然迈开了史学通俗化向学科建设发展的步伐,但依然未能赋予其学科特性。真正实质性进行学科建设,是美国公众史学概念传入中国,中国本土的通俗史学与西方的公众史学碰撞和融合以后才产生的。美国的公众史学在20世纪80年代末被介绍到中国,但一直没有引起史学界的重视,直到21世纪以来,学界对公众史学的关注度才越来越高,并开始了与中国本土通俗史学的碰撞和结合。以此为契机,人们开始把史学通俗化纳入公众史学的框架中进行思考,在学科建设上取得重大进展。在这一过程中,钱茂伟教授做出了重要贡献。他所撰写的《中国公众史学通论》一书,既重视中国本土史学通俗化的传统,又借鉴西方公众史学的理论与方法,并自觉把中国的史学通俗化与西方公众史学结合起来考虑,构筑了中国式公众史学的学科框架,赋予中国史学通俗化研究以理论和方法论意义。

回顾当代史学通俗化研究的发展历程,我们发现这是一个最具活力的史学研究领域,有着光辉的发展前景。早在20世纪90年代中期,刘祚昌先生就曾非常乐观地说:"21世纪是人类知识飞跃的世纪,也应该是历史知识普及的世纪。"2015年,中国史学会会长李捷又指出要进一步推动史学研究走出国门,推动历史科学的普及工作。由此看来,今后史学通俗化的实践和研究都必须加强,专业史家必须投入其中。其一,进一步推动全民写史,记录历史,保存史料,为后人存史。其二,注重整理、编排和发布小历史书写的成果,使之能够进入当代史研究者的视野。其三,开展通俗史学史的研究,尤其要重点研究当代中国通俗史学的发展。其四,继续进行史学通俗化的理论与方法论建设,推动史学通俗化实践活动向纵深发展。

(原载《中国史研究动态》2016年第3期)

改革开放以来历史知识大众化的特点及发展趋向

王记录

摘要：改革开放以来,历史知识大众化的特点和发展趋向表现在五个方面。从传媒变化看,出现了由单一印刷媒体向影视、网络等多媒体发展的趋向,从而改变了历史知识传播和文本构建的模式,并影响到民众对历史的认知;在书写者方面,出现了职业史家书写向公众书写发展的趋向,公众逐步成为历史知识大众化的主体;在目的性方面,出现从教育人向娱乐人转化的趋向,娱乐休闲逐步消解和取代了爱国主义等高尚意义的诉求;在学科建设上,从学科附庸向学科独立发展,中国本土的通俗史学与西方的公众史学相遇,加快了学科建设的探索;在作品评价上,从学界内部向全民参与发展,历史知识大众化的成果不断变成"公共话题",出现全民热议的情况。

改革开放以来,随着中国经济的发展、政治环境的宽松、社会的宽容、技术的进步和大众文化的勃兴,历史知识大众化也以前所未有的姿态迅速发展,渗透到社会生活的方方面面,表现出自身的特点和发展趋向。下面从传媒变化、书写者、目的性、学科建设、作品评价五个方面进行讨论。

一、传播媒介:从单一媒体向多媒体发展

媒体是历史信息传播的载体。从历史上看,随着社会的进步和传播技术的发展,从无文字时期历史知识的口头传播,到以龟甲、兽骨、简牍、丝帛为载体的历史文献,再到纸质的书籍、报刊,人们获取历史信息的渠道越来越多。随着新技术的出现,广播、电视、电影、网络走入千家万户,历史知识传播的渠道进一步拓宽,人们获取历史知识更为便捷。

改革开放以来,中国大众媒体的发展非常迅速,一个有目共睹的事实是,"20世纪80年代,印刷媒体享有绝对的霸主地位,20世纪90年代以来,电子媒介、数字媒介渐占上风"[1]。进入21世纪,以电视、网络为代表的电子媒体则迅速普及。据国家信息中心《中国数字鸿沟报告》课题组的调研,2004年,中国网民总人数只有9400万,互联网普及率为7.23%,截至2012年底,我国网民规模已达到5.64亿,互联网普及率达到42.1%;随着智能手机的普及,截至2012年底,使用手机上网的网民达到4.2亿;而全国家庭彩电保有量到2012年底已达到5.59亿台[2]。传播技术的改进和传播水平的提升不仅改变着人们的生活方式,也使历史书写和记载的平台更为多元化,使历史的传播渠道更为多样化。根据中国媒体发展的事实,我们可以这样概括改革开放以来历史知识大众化传播形式的变迁:20世纪80年代主要依靠书籍、报刊等印刷媒体传播,那个时代的人们主要靠读书阅报等形式获得历史知识;进入20世纪90年代以后,出现了书籍、报刊等印刷媒体与广播、电视、电影、网络等电子媒体共同传播的局面;及至21世纪,电视、电影、网络等电子媒体超越印刷媒体,在历史知识的传播方面取得了优势地位。

传媒不仅仅传播历史知识,它还参与历史文本的建构。考察改革开放以来历史知识大

① 赵勇.大众媒介与文化变迁[M].北京:北京大学出版社,2010:28.
② 张新红.中国数字鸿沟报告2013[EB/OL].国家信息中心,http://www.sic.gov.cnNews287/2782.htm#_ftn1.

众化的文本生成和传播方式,很容易看出其从单一媒体向多媒体发展的事实。20世纪80年代直到20世纪90年代前期,史学界在讨论历史知识大众化问题时大多只注意历史通俗读物的撰写,还很少有人关注电子媒体在传播历史知识中的作用。比如20世纪80年代,白寿彝先生就撰写多篇文章,号召专家撰写通俗历史读物,把历史知识交给民众,强调通俗历史读物是通俗不是粗俗,撰写者需要具备很高的学术修养等问题[①]。臧嵘提出历史普及是摆脱"史学危机"、发挥史学功能的必由之路,其普及途径有历史教学、历史普及读物以及历史小说、戏剧等形式[②]。20世纪90年代,黄留珠坚持主张史学社会价值实现的途径就是通俗化,通俗史学的表现形式需要拓宽,通俗史学的应用领域需要扩大[③]。张晓校曾严厉批评了当时通俗史学庸俗、媚俗和恶俗的问题,指出不少通俗史学作品缺少科学性和严肃性,变成了庸俗史学[④]。其所指的对象依然多是印刷媒体所形成的通俗史学文本。当时的学者之所以重视通俗历史读物的撰写,是因为其他的传播方式尚未占据主流,充斥整个历史知识大众化市场的主要还是印刷文本。

但是,进入21世纪以来,印刷文本、影像文本、网络文本等各种文本的历史作品蜂拥而出,电视讲述历史、影视再现历史、网络写作历史纷纷出笼,热闹非凡,人们对历史知识大众化的表达方式和认知也随着传播媒体的多样化而发生了重要变化。这主要表现在以下几个方面:

其一,传播层面。随着电子技术的飞跃发展和媒体的发达,大大丰富了人们表现历史的手法,同时也使历史书写更为及时和快速。历史上所发生的一切历史现象,都可以采用摄像、摄影、录音等手段来表达,从而转变成人们乐于接受的精神文化产品。传媒的进步对历史知识的生产和消费方式产生了深刻的影响。比如,互联网数字技术具有多媒体性和互动性,它不仅可以通过声音、影像更为直观地再现历史,丰富历史的呈现形态,而且拓展了互动传播的平台,使公众对历史的接触与参与渠道更加便捷。公众可以随时通过网络对之做出回应,表达自己对历史的看法,这种传播的及时互动性是印刷媒体所无法相比的。

其二,文本构建层面。电子传媒不仅是历史书写的重要工具,而且"改变了传统历史书写的方式及手段"[⑤]。传统通俗历史读物的书写大多借助文字进行,即使辅以插图,也只是作为文字的补充,这就形成了历史书写的线性和一定的抽象性。相对于传统的历史文本书写,电子传媒则大大丰富了图文结合、声文结合的记载方式,完成了以文字为中心向以形象为中心的转换,化抽象为具象,在文本构建上一改以往历史的静态书写,变为动态呈现,更为形象和直观。"使只有少数人理解的文字意义变成了大众可以通过视觉直接领会的影像意义"[⑥]。再者,电子传媒能够"摆脱旧有的精英历史模式,通过民间眼光观察历史,小视觉大视野"[⑦]。现代社会,传媒渗入生活的各个层面,也使原来各种各样被历史宏大叙事所忽视的历史细节有了充分的传播平台。可以这样说,各种媒介形态为各类不同题材的历史内容提供了合适

① 白寿彝.白寿彝史学论集(上)[M].北京:北京师范大学出版社,1994:289.
② 臧嵘.历史教育与历史普及[J].课程·教材·教法,1988(9).
③ 黄留珠.时代呼唤通俗史学[J].学习与探索,1993(6).
④ 张晓校.试论当代史学发展中的通俗史学[J].学习与探索,1996(4).
⑤ 蒋晓丽.传媒文化与媒介影响研究(下)[M].成都:四川大学出版社,2009(32).
⑥ 周兰.纪录片——影像对历史的传播[M].成都:四川大学出版社,2010(35).
⑦ 陈晓卿.历史自有风情[J].现代传播,2001(1).

的传播形式,由此也"促进了书写史学的重新定位"①。

其三,认知层面。随着现代传播工具的普及,史学大众化的书写改变了以往历史文本书写的精英性、严肃性和权威性,已经日常化和生活化。不同的媒体偏好某些特殊的历史内容,每一种媒体都为表达思想和抒发情感的方式提供了新的定位。也就是在这一过程中,现代传媒的娱乐性、视觉性、短暂性和商品性等特点改变了人们对历史的认知,将许多精英书写遮蔽的东西释放,呈现为大众化、狂欢化和影像化,并在一定程度上消解了历史的严谨性和庄重感,甚至颠覆人们对历史的既有看法,使历史精神的传播出现偏差,进而影响受众的历史意识和历史观。也正是因为这样,新世纪以来,人们对各种诸多媒体上的"正说""戏说""臆说"历史的现象表现出愤怒。

二、书写者:从职业史家书写向公众书写发展

改革开放以来历史知识大众化的另外一个发展趋势就是书写者的变化。从 20 世纪 80 年代到 20 世纪 90 年代,历史知识大众化主要由职业史家来完成,这里所谓的职业史家,主要是指高等院校、中学、科研院所的历史教师、历史研究者,他们以历史教学和历史研究为职业,掌握比较丰富的历史知识,故而成为历史知识大众化的书写者和传播者。但是,进入 21 世纪,职业史家垄断大众史学作品书写的局面被打破,众多非历史专业的作者进入大众史学作品的书写领域,而且产生了重要影响。这些作者中有自由撰稿人、公务员、文学艺术工作者以及其他社会科学工作者甚至自然科学工作者,他们并不以历史教学或历史研究为终身职业,但他们对传播历史知识有着浓厚的兴趣,形成了历史知识大众化书写和传播的新景观。

以职业史家的专业特长来做历史知识普及性的工作,早在新中国成立之初就形成了传统。20 世纪 50 年代末 60 年代初,吴晗主持编写"中国历史小丛书"和"外国历史小丛书",就号召从事历史研究的专家学者"应该把提高的成果用通俗可读的文字普及给广大人民,使这些东西为广大人民知识的组成部分"。同时要求"每人就自己的专门论文、专门著作进一步提炼一下,使它通俗化,能为广大人民所接受"②。从中外两套历史小丛书的编委会和编写者来看,基本上都是职业的历史教师或研究人员,一部分还是著名学者,如吴晗、宁可、万绳楠、侯仁之、任继愈、周一良、何兹全、戴逸、邱汉生、贾兰坡、张晋藩、罗哲文、单士元、万国鼎、魏瀛涛、周谷城、齐思和、吴于廑、罗荣渠等等。职业史家参与历史知识的大众化工作,可以保证学术质量,更容易让普通民众信任和喜爱。

吴晗号召历史专家撰写通俗读物的思想被白寿彝所继承,改革开放之初,白寿彝先生就说:"在史学工作者队伍里,应该有思想家、著作家、评论家、文献学家,还应该有善于写通俗读物的专家……如何写出新的历史读物,把正确的历史知识交给广大人民群众,这是一项艰巨的史学工作。"③白先生的言论发表于 1984 年,说明当时人们是把历史知识大众化创作的视野局限在职业史家范围内的,希望职业史家能够走出象牙塔,多写作一些通俗历史读物,把历史知识普及到人民群众中。在印刷媒体占据传媒主流的改革开放初期,职业史家确实

---

① 张广智.影视史学与书写史学之异同[M].学习与探索,2002(1).
② 吴晗.论历史知识的普及[M]//苏双碧.吴晗自书书信文集.北京:中国人事出版社,1993:167.
③ 白寿彝.白寿彝史学论集(上)[M].北京:北京师范大学出版社,1994:289.

垄断了通俗历史读物的书写。1981年，中国青年出版社出版了《中国古代史常识》六个分册，作者有百人以上，"大部分是大学的历史教师和历史研究所的研究人员，也有一些比较知名的史学专家"①。1984年，中国史学会和中国出版者协会举办了全国首次爱国主义优秀通俗历史读物的评选活动，从近2000种出版物中评出了28种优秀作品，无一不是职业历史学家所撰写。"从获奖作品的作者看，既有老一辈的史学家，也有学有专长的中年学者，还有一些近年才崭露头角的青年史学工作者"②。

但是，进入20世纪90年代，随着社会主义市场经济的产生与发展和传媒技术的进步，文化领域也出现了走向市场化的趋势，大众文化迅速崛起。"大众文化在一定程度上实现了文化的大众化和共享化，消解了传统的文化边界和文化规则，使人人都有可能参与、享受、消费文化"③。而历史知识大众化恰恰是大众文化的一部分，在市场经济发展和传媒技术进步的双重作用下，历史书写不仅变得更加自由，而且成为人人都有可能参与、享受和消费的文化。于是职业史家垄断书写和传播大众化历史知识的局面被打破，公众不甘心于只是作为被动的阅读者和视听者，而逐步进入历史知识大众化领域，积极投身历史探索和书写中，不少人成功地在该领域确立了自己的影响和地位，独擅胜场。

试看新世纪以来历史知识大众化的火热场景：历史题材影视剧热播，历史通俗读物热销，电视讲史受到热捧，小历史书写渐兴，民间口述历史渐热，历史名人得到热抢，虚假古迹得以热建。如此等等，在这种大众文化背景下的历史文化消费的狂欢中，又有多少专业史家的身影？

很显然，新世纪以来，公众参与历史书写的程度越来越深，热情越来越高。以网络通俗历史写作为例，几乎每天都有新的写手涌现，作品多到无法统计，粉丝读者更是数不胜数，真正出现了写手多、作品多、读者多的"三多"现象，而这些"热衷于历史写作的写作者，很少是历史专业出身，多数没有经过系统的学术规范的训练"④。再如历史题材影像作品的创作，更少有专业史家介入。除了历史纪录片还比较注意聘请历史学家做顾问以外，其他形式的历史题材影视节目则很少听取历史学家的意见，几乎完全由业余史学爱好者与影视人共同创作录制而成。难怪有学者认为大众历史热的一大特点是"作者业余化"⑤。

新世纪以来，公众写史成为一个潮流，大量充斥网络和报刊的有关"平民写史"和"草根写史"的讨论，也印证了这一事实：写史者非专业史家，而是"平民"和"草根"。2007年创刊的《国家历史》杂志，发刊词的题目就是"我们一起来书写历史"，认为"这是一个'公民写史'的时代，它给了我们每个人一支笔，以打破几千年来被官史和史官垄断的历史书写权和解释权"。近几年来，平民史写作更是成为史学大众化过程中一道亮丽的风景线，一批记录"小民往事"的平民史著作问世，诸如《蹉跎坡旧事》《穷时候，乱时候》《活路》《雨打芭蕉》《平如美棠》《我是落花生的女儿》《从小李到老李》等，这些书的作者大多是"世纪老人"，他们都是普通民众，完全体现了"人人书写历史，并且书写大众的历史"这一观念⑥。

---

① 杨向奎.通俗历史读物的新成果——评《中国古代史常识》[N].人民日报,1982-04-23.
② 中国史学会秘书处.中国史学会五十年[M].郑州：海燕出版社,2004:565.
③ 邹广文.当代中国大众文化论[M].沈阳：辽宁大学出版社,2000:177.
④ 解玺璋.通俗写史的前途和局限[N].人民日报,2009-03-08.
⑤ 邵鸿.传媒时代与大众史学[J].南昌大学学报,2012(2).
⑥ 潘启雯.平民史写作逆袭：丰满正史，亲近可感[N].中国出版传媒商报,2014-03-11.

从改革开放之初职业史家垄断历史通俗读物的书写到新世纪以来公众书写历史的独擅胜场,致使职业史家"缺位"①,其间的转变发人深思。这一是因为社会的进步使民众有了主动参与历史创造活动的激情、叙述历史发展过程的冲动和表达历史思想的可能。二是因为媒体的发达使越来越多的民众有了能够发表自己历史看法的条件。恰如何怀宏所言:"社会的进步赋予了公民写史的可能。而记录和传播技术的演进则给了每个人书写历史的手段。"②自此以后,专业史学家对历史知识生产的绝对支配权和话语权将会不复存在。

三、目的性:从教育人向娱乐人转变

从中华人民共和国成立到改革开放之后的 20 世纪 80 年代,历史知识大众化都有着明确的目的,那就是教育人。尽管随着时代的发展,教育的内容会有所变化,但通过历史知识大众化自上而下地向民众灌输某种思想观念,却是一个共同现象。

在新中国历史上,吴晗主持编撰的"中国历史小丛书"影响巨大,代表了当时历史知识普及的普遍价值取向。该套小丛书"从策划到编写,从编辑到出版,始终将传播正确的历史知识、普及历史教育作为出发点,将宣传马克思主义历史观、发挥历史学的爱国主义教育功能作为目的"③。很显然,吴晗等人就是要通过通俗历史读物的编写对人们进行唯物史观和爱国主义教育。

改革开放初期,历史知识大众化依然被赋予神圣的使命,肩负着教育人的重任。当时一大批著名史家都谈到历史知识大众化的使命感问题,白寿彝先生认为,普及历史知识"是一项社会主义精神文明建设的重要任务","史学工作者的任务,是要对历史遗产的优秀部分进行整理,经过加工,向广大人民群众进行宣传……如爱国主义的思想,民族团结的思想,勤劳、勇敢、不怕牺牲的精神……对历史遗产中的糟粕部分,史学工作者则有责任加以剔除,廓清其消极影响……唯其如此,撰写通俗读物,把正确的历史知识交给广大人民群众,是史学工作者的艰苦而重要的任务"④。彭明认为,在社会主义精神文明建设中,"用历史的经验去教育青年,这种力量是不可低估的"⑤。苏双碧向人们推荐《中国历史故事》一书,特别指出该通俗读物"比较突出近代史上各族人民反抗帝国主义的斗争,以及先进思想家积极向西方寻求真理的历史,对向青少年进行爱国主义教育会起到积极的作用"⑥。编辑家郑一奇更是把通俗历史读物的教化作用提高到政治层面进行认识,"要振作起广大青年的爱国热情,并把这种热情建立在对祖国的深刻了解上,就迫切需要出版一大批爱国主义通俗历史读物,这不能不说是一项非常迫切的政治任务"⑦。1984 年,为了编写出版更多更好的通俗历史读物,中国史学会组织了首次爱国主义优秀通俗历史读物的评选,其标准就是"作品应具有较高的思想性、科学性、生动性。通过对历史事实准确、生动的记述,能够起到帮读者了解祖国历

---

① 李剑鸣.通俗历史,何以职业史家缺位?[N].中国图书商报,2006-08-22.

② 何怀宏.一个全民书写历史的时代可能即将来临[EB/OL].(2014-10-23).新浪文化,http://cul.history.sina.com.cn/zl/shiye/2014-10-23/1745728.shtml.

③ 张越.《中国历史小丛书的》编撰与历史知识的传播[N].中国社会科学报,2013-09-16.

④ 白寿彝.白寿彝史学论集(上)[M].北京:北京师范大学出版社,1994:289.

⑤ 彭明.加强中国现代史知识的普及工作——《中国现代史常识》评介[N].人民日报,1983-03-21.

⑥ 苏双碧.一部颇具特色的故事通史——向青少年推荐《中国历史故事》[N].中国教育报,1985-07-13.

⑦ 郑一奇.编辑心语[M].石家庄:河北教育出版社,2004:49.

史,激发爱国热情的作用",并且指出"运用历史题材进行爱国主义教育,是大有可为的"①。

由此可见,改革开放初期,历史知识大众化承载着弘扬优秀文化遗产、培育人们爱国热情的重要职责,普及历史知识的目的无外乎是让人们通过学习历史,提高素质,增强民族自尊心、自信心,增强对祖国的热爱,对民众进行爱国主义教育,树立正确的历史观等,所有这些都是把教育人作为出发点的。

改革开放以来,随着大众文化的发展,这种在普及历史知识过程中教育人的预设在悄然发生变化,人们不再高悬道德或正义的利剑,公众史学作品考虑最多的不再是如何通过历史知识大众化来提高人们的思想觉悟,而是如何使人们获得娱乐和放松。笔者曾检索新世纪以来有关历史知识大众化的大量文章,发现相关讨论之热烈前所未有,但无论持何种观点,一个不争的事实是,绝大多数人在谈论这一问题时隐去了高尚意义的诉求,消解了爱国价值的文化内涵,而变成对"时尚""有趣""娱乐""休闲"的追求。

历史知识大众化的这种即"时尚"又"娱乐"、能"休闲"且"有趣"的价值追求,充斥着新世纪以来的网络、影视和出版物。人们甚至用"娱乐史学""时尚史学""八卦史学"等概念来称呼和概括它们。有学者指出,"史学的社会化需要娱乐化……就一般民众的历史文化水平和接受特点而言,娱乐化是他们最喜欢、最能够接受的传播方式……他们接受史学社会化的主要目的在于娱乐,虽然这种接受也有学习知识的功能。既然客体有娱乐的需求又有选择的权利,那么史学社会化只有尊重这种需求和权利,采取娱乐化的方式,才能取得预期的效果"②。在这样的需求下,历史知识大众化的目的"一是娱乐,二可激发青少年对历史的兴趣(纯粹胡说的除外),三多多少少普及些历史知识"③。娱乐被排在第一。

通过传播历史知识"娱乐"公众,主要有积极和消极两个方面的表现。

就积极方面而言,这些作品或通过描写,或通过讲述,或通过影视表现,或通过景观展示,均采用了艺术化的演绎和表达。人物刻画栩栩如生,内容描写细致入微,故事铺陈层层推进,场景展示生动直观。这些作品从微观出发,注重生动逼真的历史细节的刻画,打捞历史的碎片,关注权术斗争、人事纠葛、命运沉浮乃至逸事趣闻、爱恨情仇等,赋予历史以丰满的血肉和艳丽的姿色。它们还从普通人的角度对历史进行考量,设身处地地对历史人物报以同情、感慨、崇敬、惋惜等人类应有的感情,勾起民众对现实生活的感悟,从而引起共鸣。它们不站在高处发话,也不进行说教,使人感到亲切平和。这些作品还以历史人物的处境为背景,进行合理的心理分析,剖析他们的所思所想,引导现代人心灵回归④。所有这些,自然就使民众沉浸于大众化史学的"精彩好看"的场景里不能自拔。

就消极方面而言,这些作品存在着内容庸俗、史实讹舛、史观错误等诸多问题。为了追逐经济利益,吸引人们的眼球,一味媚俗,不少作品把目光盯在历史糟粕上,什么皇宫秘闻、后妃私事、历史人物的私生活等,均被人拿来"戏说"。有些作品不尊重历史,打着还原历史真相的幌子任意编造、杜撰和调侃历史,故意标新立异,哗众取宠,任意褒贬人物,颠覆历史,混淆善恶是非。这种"歪说""恶搞""八卦"的历史,很热闹,很"有趣",也很"娱乐",但却失去了历史的真实,消解了历史的精神。难怪有人惊呼"大众史学已经被游戏化"! 这些作品"将

---

①　中国史学会秘书处.中国史学会五十年[M].郑州:海燕出版社,2004:565.

②　尤学工.史学可以娱乐化吗[N].北京日报,2011-01-31.

③　沈彬.草根史学的功与过[N].东方早报,2009-09-10.

④　王记录.近十年来"通俗历史热"现象探析[J],四川师范大学学报,2012(1).

历史审美化、传奇化、娱乐化、八卦化,缺乏冷静的思考、睿智的见识以及对史实应有的尊重"①。"历史俨然成了一个娱乐圈,里面充斥着各种桃色事件、各种比明星隐私还要香艳刺激的名人丑闻事件",活脱脱"一幅'八卦史学'的图景"②。

美国学者尼尔·波兹曼所著《娱乐至死》一书认为,后现代社会是一个娱乐化的时代,电视和电脑正在代替印刷机,文化的严谨性、思想性和深刻性正让位于娱乐和简单快感。可以这样说,改革开放以来历史知识大众化从政治说教、道德训诫、人文理想的阐释向怡情悦性、休闲消遣甚至"戏说""恶搞"的转变,所反映的既是人文价值的失落,也是后现代社会大众文化的基本价值取向。当然,这种娱乐化倾向遭到了专家和民众的共同抵制,人们对历史知识大众化的真实性、科学性、严谨性充满了期待。

四、学科建设:从附庸向独立发展

从学科建设的角度看,改革开放以来历史知识大众化经历了一个由学科附庸向学科独立的发展过程,从最初的不具备任何学科特性的历史知识普及,到近几年公众史学学科框架的提出,历史知识大众化完成了华丽转身。在这一过程中,相关概念和内涵的变化,中西史学的碰撞,都对学科建设起了重要作用。

新中国成立至改革开放初期,所谓历史知识大众化基本上指的是人们用通俗易懂的语言撰写通俗历史读物,把历史知识普及给广大民众,使民众能够更多地了解中外历史。它依附于严肃的历史研究,是在"提高"基础上所进行的"普及",并不存在作为一个学科的理论认知③。

20世纪80年代末以来,围绕历史知识大众化产生了诸多概念,如"通俗史学""大众史学""平民史学""草根史学""娱乐史学""时尚史学"等,这些概念都产生于中国本土,但内涵各有侧重。"通俗史学"的概念产生于20世纪80年代末,它是相对于那些艰深晦涩、居庙堂之高的史学而言的,强调的是内容的通俗易懂,形式的生动活泼,总之以容易为民众接受为目的。"大众史学"是在"通俗史学"概念之下衍生出来的概念,其内涵与"通俗史学"十分接近。"平民史学""草根史学""娱乐史学""时尚史学"等概念是随着新世纪以来"通俗历史热"而产生的。所谓"平民史学""草根史学"是从作者的角度来看问题的,指"平民"或"草根"撰述、讲述或制作的历史作品以及由此而产生的影响等。"娱乐史学""时尚史学"的提法则带有调侃的味道,是指这类史学作品变成了文化消费的"时尚",具有娱乐大众的功能。

围绕历史知识大众化所产生的这些概念虽然较为混乱,但却蕴含着一种倾向,即随着历史知识大众化的发展,"通俗史学"意欲摆脱附庸,展示自身所特有的学科个性。

也就在一过程中,学者们的讨论又从两个方面推进了历史知识大众化学科建设的进度。其一,从学理上探讨历史知识大众化的必要性和重要性,赋予其前所未有的价值和意义。如黄留珠《时代呼唤通俗史学》、齐世荣《要促进历史知识的普及工作》、张海鹏《普及历史知识首先要尊重历史事实》、乔治忠《论历史知识普及工作的基本原则》、汪高鑫《论历史知识社会化的基本原则》、代继华《大众史学的评价标准献芹》以及钱茂伟的专著《史学通论》等,论述

---

① 解玺璋. 大众史学已经娱乐化了[N]. 重庆日报,2007-12-25.

② 孟隋. 被香艳隐私掩埋的通俗史学[N]. 中华新闻报,2008-04-02.

③ 王记录. 当代中国史学的形态、演化及发展趋向[J]. 河南师范大学学报,2014(2).

了历史知识大众化的目的、原则和方法,并基本达成共识。其二,从史学发展史的角度对通俗史学的历史进程进行了梳理,进一步赋予通俗史学以学科史的地位。如彭卫《中国古代通俗史学初探》、李小树的专著《中华史学三千年史》及研究通俗史学的系列论文、钱茂伟的专著《明代史学的历程》、周朝民《中国近代通俗史学论》、王记录主编的《中国史学史》等,都把通俗史学纳入中国史学史学科发展体系中进行论述,弥补了以往史学史学科体系不重视历史知识大众化的缺陷,为建立完善的史学史学科体系提供了学科史的支持。

但是,本土的理论探索虽然迈开了历史知识大众化向学科建设发展的步伐,但依然未能赋予其学科特性。真正实质性进行学科建设,是美国公众史学概念传入中国,中国本土的通俗史学与西方的公众史学碰撞和融合以后才产生的。

"公众史学"(public history)产生于20世纪70年代的美国,20世纪80年代末被介绍到中国,有翻译成"大众史学"者①,也有翻译为"公共史学"者②,更多的人则认为"公众史学"更符合"public history"的本义。但在20世纪90年代,"公众史学"并没有引起史学界的重视,直到新世纪以来,学界对公众史学的关注度才越来越高,并开始了与中国本土通俗史学的碰撞和结合,而中国本土的通俗史学也逐渐被纳入公众史学的话语体系中进行讨论,由此带动了历史知识大众化的学科建设。

在这方面,陈新、李娜、姜萌、钱茂伟做了很多工作。但归纳他们的论述,陈新、李娜更注重公众史学人才培养目标的设想,受美国公众史学体系影响较大。而姜萌、钱茂伟更重视将中国本土的历史知识大众化实践与西方的公众史学结合起来,反映出他们在构建公众史学学科体系时对中国本土的观照。陈新认为公众史学人才培养需要进行"社会道德与价值观分析与培育""传统职业历史学方法论与实践性训练""跨学科的知识储备"以及"公众历史知识生产的组织和课后实务操作"四个层次的训练③。李娜则从课程设置方面进行探讨,认为公众史学人才培养可设置以下研究方向:城市历史保护、公众史学与大众传媒、公众史学与影视、文化遗产史学④。陈新、李娜均从人才培养的角度进行公众史学学科架构。姜萌综合中国本土的"通俗史学"和美国"公众史学"的实际情况,考察了这些概念的异同,认为公共史学应包括口述史学、影视史学、应用史学和历史通俗读物四个部分⑤。钱茂伟在这方面做了更为深入的思考,他尤其重视中国本土通俗史学的传统,自觉把中国通俗史学与西方公众史学结合起来考虑,认为"公众史学的学科框架可以包括五个部分,即通俗史学、应用史学、小历史书写、公众写史、口述史学"⑥。

迄今为止,虽然对公众史学学科建设的讨论远没有达成共识,但中国的历史知识大众化从本土自生到遭遇西方公众史学再到中西结合,从学科附庸到试图独立,其间的发展引人深思。笔者认为,中国史学发展有不同于西方的实际情况,中国史学服务于社会也有不同于西方的形式。当下中国,已经有了面向公众的多重史学实践,诸如丰富多彩的通俗历史读物的书写、电视讲史、口述史学、小历史书写以及在旅游规划、博物馆建设、历史街区建设、文化产

---

① 朱孝远.西方现代史学流派的特征与方法[J].历史研究,1987(2).
② 王渊明.美国公共史学[J].史学理论,1989(3).
③ 陈新.公众史学的理论基础与学科框架[J].学术月刊,2012(3).
④ 李娜.美国模式公众史学在中国是否可行——中国公众史学的学科建构[J].江海学刊,2014(2).
⑤ 钱茂伟.公众史学的定义及学科框架[J].浙江学刊,2014(1).
⑥ 姜萌.通俗史学、大众史学和公共史学[J].史学理论研究,2010(4).

业发展等领域都有着史学的身影。在进行理论总结和学科建设的时候,必须立足本土实际,借鉴西方,走出一条自己的道路。

五、作品评价:从学界内部向全民参与发展

在历史研究领域,一部学术著作的出版或一个学术观点的提出,即便是引起关注,也只局限在学术界内部,不可能进行更大范围的扩散。改革开放初期历史知识大众化作品的命运也大致是这样。当时不少作品发行量很大,如中国青年出版社"印行的通俗历史读物已有5种发行百万册以上,最多的如《中国共产党历史讲话》发行 288.1 万册"①。1984 年评选优秀爱国主义通俗历史读物,"获奖作品中,有相当一部分都在短时间里一版再版,有些书印数达几十万册之多。如《中国古代史常识》(历史地理部分)印了 27 万册,《中华民族杰出人物传》(第二集)印了 42 万册,《中国近代史常识》已发行了 59 万册。这在一定程度上说明这些作品产生了广泛的社会影响"②。尽管按照今天的标准,这些作品都属于畅销书,都可以上畅销书排行榜,但是,由于受当时传媒技术和传播手段的限制,这些作品只是在史学界、编辑界引起关注,有一些著名史学家、编辑家撰写书评向民众推介,而民众更多的是被动接受这些观点,没有更多表达自己看法的渠道,因此不会产生全民参与作品评价的现象。

但是,这种情况在新世纪以来的历史知识大众化领域发生了巨大变化,很多作品的产生都引起全民关注,产生"蝴蝶效应",成了"公共话题",出现了诸多文化"现象"。我们就以当年明月的《明朝那些事儿》和《百家讲坛》易中天讲史为例来说明这一问题。

当年明月不过是一个年轻的海关公务员,因为爱好历史,自 2006 年起在博客上连载长篇通俗历史作品《明朝那些事儿》,三个月时间点击量就超过百万,被出版社看中,遂于 2006年底出版。随后,当年明月乘胜追击,出版了七卷本的《明朝那些事儿》,引起轰动,受到全民关注和评论。

《明朝那些事儿》在 2006—2008 年一直高踞畅销书排行榜前列,多次获得"新浪图书风云榜"最佳图书、"卓越亚马逊图书大奖"、当当网"终身五星级最佳图书",并被翻译成日、韩、英等多国文字出版发行,销量超过千万册,是改革开放 30 年来最畅销的历史读本之一,影响巨大。当年明月利用网络写作的方式,吸引了大批粉丝聚集在自己周围,访问量超过 2.2亿,借助网络点击率制造了匪夷所思的阅读神话。网友不仅阅读《明朝那些事儿》,还随时发表自己的看法,或赞同,或反对,网友与当年明月、网友与网友之间就历史问题进行互动。当年明月还从幕后走向前台,接受电视、报刊的采访,影响更为扩大,产生了连锁效应,《汉朝那些事儿》《唐朝那些事儿》等模仿之作纷纷出笼。打开电脑利用百度搜索《明朝那些事儿》,竟然得到一百多万个结果,百度建立了"明朝那些事儿吧",帖子达七十多万个,并持续更新。围绕《明朝那些事儿》产生了激烈争论,褒贬不一,成了全民的文化娱乐。

和当年明月不同,易中天一开始就占据了传媒的要津,依靠央视《百家讲坛》主讲"品三国"为全民所知,出现了"易中天现象"。"一时间社会上人人争说易中天"③,易中天的微博粉丝达三百四十多万,易中天在《百家讲坛》所讲内容汇成《易中天品三国》一书出版,"自 2006

---

① 郑一奇.编辑心语[M].石家庄:河北教育出版社,2004:50.
② 中国史学会秘书处.中国史学会五十年[M].郑州:海燕出版社,2004:565.
③ 李传印.关于"易中天现象"的若干思考[M]//史学批评与史学文化研究.哈尔滨:黑龙江人民出版社,2009:496.

年7月上市以来,一直雄霸国内各大综合图书排行榜首席,上市半年就已经销售一百三十多万册"①。易中天被戏称为"学术明星""学术超男",不断在各类电视节目上露脸,甚至成为文化类节目的主持人,风光无限。围绕易中天讲史所引起的争议也纷纷出现在网络报刊上,上至专家学者、下至普通民众,都通过各种方式发声,有叫好者,有拍砖者,"易中天现象"成了全民热议的话题。赞扬者认为易中天在象牙塔和民众之间搭建了一座桥梁,在大众传媒上开辟了一条学术与市井结合的新路,推动了历史文化的普及,丰富了大众的精神生活;批判者认为易中天降低了历史文化的品格,快餐式讲史把历史文化低俗化了,调侃媚俗,消解了人们对历史的"敬畏感"。

　　不管是针对《明朝那些事儿》还是针对"易中天现象",公众在讨论问题时往往涉及历史知识大众化的方方面面,诸如精英文化与大众文化、学术性与娱乐化、文学与历史、高雅与通俗、深刻与浅薄等诸多问题,都被拿来议论。公众如此大规模地参与历史知识大众化产品的评价,在改革开放初期几乎是不可能的。当下之所以能做到这些,主要原因我们在前面也讨论过,即社会的进步和媒体的发达,社会进步使人可以较为自由地表达自己的观点,而媒体发达尤其是"网络时代"为公众参与文化建设提供了平等发声的平台。没有这两点,就不可能有全民讨论历史文化现象的情况出现。

(原载《辽宁大学学报》2015年第4期)

课后实务:通俗读物阅读

①　张文红,等.2007年度畅销书分析报告[N].中国图书商报,2008-01-01.

第十四讲　历史的影视再现

线上讲义

20 世纪以来,电影电视是人类一种主要的娱乐方式。电影电视的内容主要是讲故事,讲的故事,无非是当代的故事,或者是古代的故事,其中最主要的是历史剧。历史剧,是我们现代社会最为流行的通俗历史,甚至可以称为我们已经走出校门的国人"重新想象历史的基本方式"。历史剧成为公众历史再教育的基本方式,它不属于学术史学,但可属于人文史学。

一、历史剧发展的轨迹

先来看一下 20 世纪以来历史剧在中国是怎么发展起来的。这个发展过程,我们大体上可以分为这么几个阶段:进入 20 世纪 80 年代,数量不太多,主要是一些电影,譬如说《秦王李世民》《垂帘听政》《火烧圆明园》《杨家将》《诸葛亮》《包公》《努尔哈赤》《末代皇帝》《袁崇焕》等。它的特点是什么呢? 它还是比较尊重史实的。到了 20 世纪 90 年代以后,历史剧的发展几乎占据了电视台的半壁江山,特别是其中的戏说类。除了港台的《戏说乾隆》,我们也出了不少的类似这样的作品,主要是《杨乃武与小白菜》《巾帼悲歌》《庄妃轶事》《格萨尔王》《孔子》《唐明皇》《武则天》《司马迁》《康熙王朝》《雍正王朝》等。到了 21 世纪初,主要有《乾隆王朝》《东周列国·春秋篇》《大明宫词》《太平天国》《孙子兵法》《秦始皇》《汉武大帝》《朱元璋》《走向共和》《郑和下西洋》《卧薪尝胆》《成吉思汗》《江山风雨情》《孝庄秘史》《铁齿铜牙纪晓岚》,等等。到了 2004 年,古装剧开始慢慢地降温了。到了 2006 年,国家广播电视总局下令限制古装剧在中央台的播放。到 2007 年,很多大的古装剧纷纷播放了,比方说《大明王朝1566》《贞观之治》《贞观长歌》《越王勾践》等。到了 2008 年以后,历史剧的题材就有一个大的转折,由传统的帝王剧开始向平民剧转型。可以这么说,历史剧进入草根时代。比较有名的是《乔家大院》《闯关东》《走西口》等。这标志着中国历史剧制作,进入一个成熟时期。

二、要受史与戏的双重约束

历史剧到底要怎么做? 历史剧本质上属于历史的再现。历史再现的方式有好多种,我们平时讲的历史作品,属于比较真的历史再现;而历史剧是一种经过文艺加工的再现,可以称之为"艺术的再现"。历史剧有一个特点,用拟真的手法来再现历史。历史剧很多地方会受到文学的影响,跟着人的性格走,以人为中心来展开细节,这样一种方式当然更接近现实生活。可以这么说,历史书写是历史的真实再现,而历史剧是历史的艺术化再现,两者各有不同的游戏规则和价值评判标准,要把它们区分开来。

作为历史剧,怎么样创作才比较理想。最核心一句话,它要接受历史和艺术双重游戏规则的约束。首先历史剧不能够成为简单的历史复制品,它更需要艺术化的历史想象。用秦晖教授的话说:"我们必须允许它用想象和创作来填充某些故事的细节,刻画人物的情感和心态。这些的话,在我们的历史记载中几乎是没有的,所以我们要允许它做艺术的想象。"其次,虚构得有底线。艺术是要虚构的,虚构是要有个度的,它是有底线的。这个度,这个底线,分寸在什么地方呢? 至少人所公知的、事实的东西,就不能够去虚构。我们只能够对一些阶段性的、过程性的、性格描述等适当做一些虚构,不能够违反这一底线。如果触碰这些底线,那就是娱乐大众的同时,也成为流毒无穷的艺术。第三,我们不能够混淆历史剧和古装剧的界线。历史剧指的是取材于历史事件与历史人物的剧目。它的创作,用毛佩琦教授的话说,应该遵守四条规则:大事不虚、细节精致、剪裁生发、把握本质。这是历史剧创作的基本游戏规则。什么是古装剧呢? 古装剧指的是以古代为背景,即时代背景设置为古代的剧。它也包括架空历史,穿着古装、模仿古人习惯的电视剧。古装剧最大的特点是,穿着古装在历史里面行走。像这种片子,直接标明为古装剧,就比较省事,你不要把两者混淆了。总的来说,历史剧不能反历史,也不能反艺术,这是两条最低的底线。

三、娱乐历史拒绝对号入座

戏说历史剧存在着哪些问题。从 20 世纪 90 年代初,香港的《戏说乾隆》《戏说慈禧》《戏说乾隆续集》传到内地来以后,就开创了 90 年代的戏说历史剧风尚。从此以后,内地也跟着学。这十多年来,好的一些戏说剧,包括《宰相刘罗锅》《康熙微服私访记》《铁齿铜牙纪晓岚》《大汉天子》《还珠格格》《大明宫词》《少年包青天》等。戏说剧有它的贡献,贡献在什么地方呢? 丰富了我们的想象空间。此前都被历史束缚住了,我们都不敢大胆想象。它也有问题,它是商业片、娱乐片,有时候为了讨观众喜欢,胆子比较大,戏说的尺度就比较大,这样就会带来一些问题。

从我的角度来说,第一个问题就是人名是真的,但故事是假的。比如宰相刘罗锅、纪晓岚、乾隆皇帝,这些人物是历史上真有其人的,但是他们的故事是假的,这种方式就不太理想。《绝色双娇》,讲的是明朝中期正德皇帝时的事,用的是假名字,看得很过瘾,最后出来个王阳明,大煞风景。戏说片,用假的名字来戏说就可以了,不需要用真名字。就像欧洲《皇帝的新装》,不知道是哪个朝代哪个国家的皇帝,我们大家都看得很过瘾的。你没有必要给某一个人对号入座。

第二个问题是语言关。人是古人,讲的话是 21 世纪的现代大白话。批评比较多的片子是《汉武大帝》,人是汉朝的人,但讲的话完全是现代的话,就不太理想。当然也有人做了一些尝试,比方说《贞观长歌》,它里面采用的是一种半文半白的讲话方式,这样还行,语言上基本上还是过关的。

第三个问题是思想导向不正确。很多历史剧,在潜移默化中,给我们传递的都是人治、帝王思想、等级思想、裙带观念、江湖义气这些过时的东西。看的人都是当代人,你让当代人每天学这些东西,你什么意思啊? 你要知道历史剧,尽管题材是历史的,但面对的对象不是古代人,而是当下的人和未来的人,所以你的导向要跟当下和未来的时代结合起来。《大明宫词》做得还算不错的。它里面的服装、道具都比较严谨,对人物内容的安排,是站在现代人的角度去重新诠释,比较符合当下的口味。

历史剧,总体上来看,让我们爱恨交加,让我们很难找到一部完全满意的片子。近年的《大秦帝国》,做得还是不错的。

四、历史剧发展的几点思考

从这几十年历史剧的发展来看,我们未来怎么做,我在这里提几点建设性的看法。

第一,就是要提升制作的精细化水平。历史剧有些故事当然可以编,但编得要符合细节,这个历史的细节问题,看上去是个小问题,实际上是个大问题。故事可以虚构,但细节实际上是不能够失真的,不然会影响到一些大的东西。好莱坞电影《珍珠港》,情节非常戏剧化,但是它的细节做得很完美、很真实。故事是虚构的,但它的细节都是非常真实的,这才是历史剧比较理想的一种境界。

第二,我们要用我们当代的历史观重新审视和筛选历史资源。历史剧的创作跟历史的编写都是一样的,凡是编写都有一个编纂的思想问题。历史剧的内容是古代的,但是它的思想是当下的,所以我们编历史剧的时候,必须用当下的一种历史观去审视过往的历史。你会问,什么是当下的历史观呢?当下的历史观,当然和整个时代的发展是吻合的。我们这个时代是现代化的时代,所以现代性是我们最关注的东西。现代性的历史观是什么呢?珍惜生命、尊重人格、追求自由、倡导民主、维护平等、强调公正。所以,我们的创作要符合现代所需要的一些历史的思想,这些是给当下人和未来人看的。在这一方面,孙皓晖的《大秦帝国》是比较成功的。孙皓晖本来是西北政法大学的法学教授,他喜欢秦国的一段历史,辞去了教职,专门写小说,写了五部,这部小说即《大秦帝国》,获得茅盾文学奖。他为什么成功?很重要一点,在指导思想方面,一反传统的崇儒传统,他要求回归到大秦帝国曾经有过的法制这个原点上面去。什么意思呢?当年秦是强调法的,是以法家来治国的。汉以后,实行的是儒家治国的,也就是说把秦以法治国的理念抛弃了。到了21世纪以后,我们强调依法治国,当然要重新回归大秦帝国曾经有过的以法治国的传统。所以他这部小说的宗旨,跟我们当下时代的发展要求是比较吻合的,所以这部书就比较成功。现在已经拍成三部电视剧,大家有机会可以到网上下载来看。这部历史剧是近年来历史剧里面制作得比较精细的作品。它里面的氛围使我们仿佛回到了战国时代,所以《大秦帝国》的制作是非常成功的。

第三,题材要从上层走向民间社会。我们以前讲过,我们以前的历史是君史,到了20世纪要提倡民史,所以今天编历史剧,我们要重现历史的时候,显然不是简单地原封不动地搬原来的历史,而是需要用我们今天民史的一个理念重新去想象的。《乔家大院》《闯关东》《走西口》《江山风雨情》,这些新的、具有草根精神的片子,就取得了很大成功。甚至我们从韩国引进的《大长今》,大家都看得很过瘾。《大长今》反映的是明朝时韩国的一个小皇帝的一些故事,通过一些小人物来反映这段历史。《大长今》这样的片子,典型地符合了我们今天的要求,历史剧的创作要具有民间社会的精神。

第四,要规定历史剧的准入门槛。历史剧要不要有一个准入门槛?它是需要准入门槛的,不是什么人都可以来做的,必须具备一定的素质。你要知道你拍的是历史剧,不是很随意的古装剧或者穿越剧。编剧也好,制导也好,都需要有一定的历史素养。

　　第五,国家要支持历史正剧的拍摄。这几十年,历史剧整个发展趋势是商业化的,在商言商,它当然要追求利润,追求获得观众的认可。但是过度的商业化也会带来不少新问题。在商业化的大潮之外,国家也应该资助拍摄一些代表国家水平的、国家导向的历史正剧。历史正剧代表了一个国家、一个民族的艺术观、审美观和对自身历史的评价和反省,代表着一个国家和民族对公共事业的态度,应该认真对待,国家该投入还是要投入的。比如《贞观之治》,还是比较成功的,它拍得就是比较历史化。这部片子收视率不是太高,但是它就是希望为观众留下一部图像版的历史教科书,没有追求畅销。它可能赚不了钱,但它可以引导良好的社会文化风气。商业公司可以追求商业利益,国家政府应该追求社会利益,政府不能够把自己的职责放弃了。总体上说,大众是多层次的,有高有中有低。有一部分有文化的人,欣赏水平要求会高一些。所以我们历史剧的制作,要满足这一部分观众的要求。

　　总体上来说,我们希望历史剧在现代社会中扮演更重要的角色,它是值得我们重视的,也是我们大家都比较关注的东西。

线下教案

视频推荐:

　　1.《大秦帝国》,已拍 3 部,分别为《裂变》《纵横》《崛起》。电视剧《大秦帝国》讲述了战国时代的秦国经变法而由弱转强,东出与六国争霸的过程。是一部以秦国为主要视点来展现战国时代波澜壮阔的史诗。

　　2.《芈月传》,讲述了中国历史上第一个女政治家芈月极为曲折传奇的人生故事。

　　3.《大明宫词》《大长今》《江山风雨情》《贞观之治》《大明王朝 1566》。

　　4.《乔家大院》《闯关东》《走西口》以及"浙商三部曲"(《向东是大海》《温州一家人》《鸡毛飞上天》)。

案例选萃:

　　有能力的人,也可尝试着从事历史影视剧的生产。2016 年始,华东师范大学等单位联合组织"青史杯"全国高中生历史剧本大赛,文稿 5000 字以内,实际演出 20 分钟以内。四格漫画要 10 幅。这样的剧本创作难度不小。

课前文选

国产历史剧开始理性回归

高媛媛　河北师范大学文学院讲师

历史上到底有无芈月、黄歇这些人？商鞅被车裂是死后受刑还是生前受刑？楚王等佩戴的冕旒冠上的串珠应该是 12 串还是 9 串？近日，随着电视剧《芈月传》的热播，战国历史的种种细节，成为人们茶余饭后热议的话题。

"以史为鉴，可以知兴替"，国人对历史向来抱有崇敬之情，历史剧也一直是观众喜爱的题材。近年来，随着互联网的高速发展、IP 改编的大热，历史剧在数量井喷的同时，也一度出现戏说历史、架空历史的不良创作倾向。

随着市场的自我修复以及创作者水平、观众审美趣味的提高，历史剧创作中的不良倾向得以扭转，出现了《琅琊榜》《芈月传》等别具一格的作品。这些优秀的历史剧，既拒绝前些年流行的戏说套路，也摆脱了教科书式的说教模式，开始让剧作回归艺术的本质，在保证作品娱乐属性的同时，着重提高作品的审美功能。难能可贵的是，这些作品还引发观众对历史的浓厚兴趣，让他们在观剧之余愿意对历史知识和历史细节争一争、辩一辩，甚至重新翻开历史书。所有这些，标志着国产历史题材电视剧创作开始理性回归。

戏说消解了历史意义

1986 年重大历史题材电视剧《努尔哈赤》开播，标志着国产历史题材电视剧的诞生。20 世纪 90 年代，我国历史剧创作步入快速发展时期，陆续出现了根据二十四史和其他可靠史料编排的《唐明皇》《孔子》《武则天》《雍正王朝》等历史正剧。20 世纪 90 年代初的《戏说乾隆》和《戏说慈禧》，开了戏说历史的创作风气。随后，《宰相刘罗锅》《康熙微服私访记》《还珠格格》等取材于民间传说或野史的戏说剧大量出现。

进入 21 世纪，历史剧热度不减，既有《大明王朝 1566》《康熙王朝》《汉武大帝》《大秦帝国》《贞观之治》等历史正剧，也有《铁齿铜牙纪晓岚》《少年包青天》《神医喜来乐》等戏说剧。由于收视的不断走高和创作上相对容易，戏说历史剧逐渐成为历史剧创作的主流。这一时期的戏说剧故事十分精彩，人物塑造也比较成功，最为重要的是在价值导向上基本都宣扬正面、向上的价值观，所以虽然戏说历史但也无伤大雅。

近四五年来，历史剧受众群开始变化，90 后、00 后成为主要观剧人群，又因网络小说改编电视剧风潮渐起，女性观众成为观剧中坚力量。为迎合观众口味，历史剧逐步脱离历史真实，出现了架空历史、解构历史甚至颠覆历史的不良倾向。

以《步步惊心》《美人心计》《宫锁连城》《花千骨》为代表的架空历史的作品，叙事内容从宏大的家国叙事转变为对个人成长的呈现；叙事格局由"国家兴亡，匹夫有责"的大胸怀转变为"相思相望不相亲"的小情感；对历史事件的应用，从真实呈现转变为借用历史外壳表达创作者的主观意愿和价值观。这些剧作，深受消费主义文化的影响，过于注重观赏性，对思想性与历史真实用力不够，一定程度上误导了观众对历史的认知。

用厚重深刻完成转型

经过戏说、穿越、宫斗的野蛮生长阶段，历史剧开始理性回归，近两三年出现了《北平无战事》《琅琊榜》《芈月传》等别具一格的作品。这些作品虽然同样具有很强的娱乐性，但在娱乐与审美、历史真实与艺术创造之间找到了巧妙的平衡点。它们的出现标志着国产历史剧开始理性回归。对这些作品进行归纳总结，可探寻到一些规律性的创作经验。

虽然不能还原真实的历史环境，但上述作品无不摒弃了历史剧创作中杜撰和篡改历史的恶习。这些作品在创作中根据"大事不虚、小事不拘"的原则，依据史实进行合理想象，在场景、器具、着装、礼仪等多方面都尽可能做到有史可依，有迹可循，给观众以身临其境之感。《琅琊榜》为表现隐士的"魏晋风骨"，画面采用冷色调，有意去除华贵的金银铜器，而以线装书、竹简、纱帘取代。《甄嬛传》演员衣服上的所有图案，都是在参考清服饰宝典的基础上根据每个人物的不同个性、品阶、爱好进行设计的。《芈月传》在服装造型上则根据楚国尚红、秦国尚黑、燕国尚白的历史记录，对不同国家的角色设计了不同颜色的服饰。

历史是厚重和多面的，要求历史剧要比一般电视剧的主题更丰富，更深入，要有人性的东西在里面，如导演孔笙曾撰文阐述《琅琊榜》创作目的："在这个执着了12年的信念终于达成的悲怆故事里，友情、忠诚、正义、坚忍、成长等挣脱了重重苦痛晦暗的种种美好所传递出的真、善、美的价值取向，让观众感受到了珍贵的、有价值的情感和精神。"观众观看历史剧多少有些猎奇的目的，好的历史剧作品在满足观众猎奇欲望的时候，还要把现实与历史勾连起来，让观众与历史人物对话，品味历史的意义，吸取历史的经验，共享历史的荣光。唯有如此，观众与历史剧才能"相看两不厌"。

找到审美与娱乐的平衡

历史剧天然地具有传承文化与历史的作用。但正如美国著名学者丹尼尔·贝尔所说："大众文化的花招很简单——就是尽一切办法让大伙高兴。"历史剧在大众文化的洗礼下，呈现出泛娱乐化倾向，这种倾向积极的一面在于历史知识更易普及，缺点在于观众只是被娱乐，可能会失去独立思考的机会。因此，成熟的历史剧必须处理好娱乐与审美、历史与艺术之间的关系。

历史剧的审美观与传统审美文化要一致，要承接优秀的传统文化，如家国一体的观念、"善"与"美"的品质。正如《雍正王朝》对雍正皇帝的一生风雨的真实再现，讲述"得民心者得天下"的政治观。《琅琊榜》中梅长苏和萧景琰的兄弟情，何尝不是俞伯牙和钟子期的高山流水；《甄嬛传》中甄嬛和果郡王的爱情，何尝不是梁山伯和祝英台的"生者可以死，死亦可生"。历史剧是个时光机，观众可以借它在现实和历史之间来回穿梭。高质量的历史剧作品，要让观众深入了解一段历史，包括其思想潮流、社会风俗、衣着服饰、人情交往、代际关系等多个方面，并从中获得历史反思、人生启示和审美享受。当下越来越多的历史剧改编自网络小说，这更要求改编后的文学剧本基础牢固，脉络清晰，逻辑合理，不仅总体框架和脉络要清晰，具体到小的故事线索、历史细节以及配角的生命轨迹，也都需要精心组织。

中国历史上有着数不胜数的历史人物和历史事件，历史剧创作的题材取之不尽、用之不竭，发展前景广阔。当下的历史剧发展与大众文化的发展紧密相关，发展趋势偏向娱乐化、消费化、快餐化,但这并不是说历史剧除了娱乐别无他用。历史剧正在经历"快餐"的深加工,创作人员将历史剧的趣味性和知识性统一起来,使其成为某段历史通俗版的百科全书。

(原载《光明日报》2015 年 12 月 19 日)

影视历史剧离历史有多远

单三娅　《光明日报》文艺部

陈　墨　中国电影艺术研究中心研究员

秦　晖　清华大学历史系教授

陈玉通　中国电影出版社编审

主持人(单三娅,光明日报文艺部):前些年从港台吹来一股历史题材影视作品的戏说风,后来内地的一些影视作品也仿而效之,几乎形成了一种影视创作的样式。戏说剧是否有它在大众娱乐领域存在的价值? 如何看待艺术真实与历史真实? 这些问题纠缠在一起,似乎早有经典阐述,但至今含混不清。我们今天请各位专家来,请大家对这个虽然老掉牙然而依然有必要讨论的问题发表高见。

陈墨(中国电影艺术研究中心):今天的文化环境、艺术观念和历史剧的创作方法与形式比以往都有不同,我们今天再谈这个问题应该有新的角度。首先,我们要界定戏说和胡说的区别。戏说的火热是与目前人们的娱乐需求相适应的,它对严肃的主题有一定的消解作用,但胡说更可怕。如果说戏说的最低价值为零的话,那么,胡说的最低价值就为负数了。历史剧的关键是它的价值取向,胡说剧的问题恰恰就是歪曲历史、宣扬错误的价值取向。

秦晖(清华大学历史系):其实,戏说剧严格说不算历史剧,它只是一种商业片,不过如果戏说畸形繁荣,就成了一种不太正常的文化生态。如果人们一味回避当前改革与社会转型中的现实生活与现实问题,而遁入戏说的过去,这种文化生态是有问题的。套用那个句式来说:"戏说"有问题,但不是"戏说问题"。

陈玉通(中国电影出版社):虽然戏说剧不是历史剧,但戏说之作尚且需要编导有一定的基本功底,而胡说之作,则十之八九是出于编导的无知。

陈墨:确实如此。戏说剧从一开始就标明了它戏说的身份,打明了招牌旗号,大家就有一种预防,就不会把它当真。戏说剧在嘲讽和自讽的双层功能中求得娱乐愉悦,这也是商业时代的一个必然产物。例如《宰相刘罗锅》,开头就打出"不是历史"的字样,大家就不会太当真;而胡说剧则会让观众,尤其让青少年误为信史,比如《雍正王朝》中的某些剧情就属于胡说。一个古代的暴君对读书人采取的灭绝性行动却得到当代编导的充分肯定和赞扬,支持那种"读书人是天下祸害根源"的说法,这是对历史的歪曲,完全没有遵守历史剧的历史观念和人文观念,违背了人道主义的人文价值取向,这就连戏说都不如了。

陈墨:在谈到历史剧的概念时,还有一点要明confirmed:古装剧不见得就是历史剧,反过来古装剧也不一定不是历史剧。历史剧要以历史为依托,而不仅仅是借用历史时代和历史人物,首先是要有真实的历史人物、历史事件及其历史观点。说实在的,从《海瑞罢官》到现在,历史剧的创作并没有真正走上正轨,我们总是希望历史剧能借古喻今、古为今用,这样的期待太过功利,太不尊重历史剧创作的原则。历史剧要受到历史和戏剧双重制约。

历史剧创作的主要误区:没有信史,缺乏信息。历史剧的创作需要编导有相当的历史文化素养和思想艺术功力。

陈玉通:目前历史剧创作的最大问题是缺乏历史,没有信史、信息,在现有的历史剧中大量的是统治者在闪光。鲁迅说过,"一部历史都是成功者的历史",即"成王败寇",那么,那些代表正义、代表真善美和民族良心的失败者们,便从历史中隐去了,随之消失的当然还有不可估量的民族精神、民族文化、足以垂范后世的道德伦理及引人向上的精神力量等等。直到今天,我们的一些历史剧依然在继续传播和维护历代帝王封建统治的统治经,宣扬野心家、阴谋政治家的成功,如何攫取权力、巩固权力、党同伐异,如何稳坐皇位等。这与我国有中国特色的社会主义精神文明建设是何等的不相称。

在这种历史观的指导下,再加上拜金主义的支配,历史自然也就戏说得一塌糊涂了。历史剧的创作需要编导有相当的历史文化素养和思想艺术功力,但是,现在很多电视剧编导的历史文化素养差得让人瞠目结舌,有人简直是史盲。

类似《康熙微服私访》这样的戏说剧,在很大程度上向无知的青少年灌输了"皇帝可爱"的意识,在无形中美化了皇帝和以皇帝为代表的封建专制制度。如此一来,还有什么必要肃清封建主义呢? 邓小平同志在 20 年前说过:"现在应该明确提出继续肃清思想政治方面的封建主义残余影响的任务,并在制度上做一系列的切实改革,否则国家和人民还要遭受损失。"我认为中国的历史剧创作,应该按照邓小平同志的这个精神去搞。但近几年的影视剧却为封建帝王大唱赞歌。历史剧的创作应该以信史为依据,按照审美法则,向观众揭示封建帝制、封建专制集权政体是如何残暴、血腥,如何泯灭人性、扼杀个性,又是如何成为贪官污吏和假恶丑滋生的温床。这样讲并不是历史虚无主义,皇帝并不是一出生就是阴谋家、刽子手,他们也是"传位"的牺牲品,如果把某一帝王本有的人性如何在帝王位置上消磨殆尽、转而变成政治动物这个被异化过程可信地揭示出来,就是上档次的艺术了。可惜到目前为止也没有出现一部这样深刻的力作。

戏说为什么往往好看? 信史剧为什么往往不好看? 因为艺术家们的想象方式出了问题。

主持人:我还有一个困惑,就是我们不能否认,每当一个历史故事到了戏说的时候,往往都比较好看,无论是情节的安排、人物的塑造还是节奏的掌握都挺吸引人;而一旦忠实于历史原貌时,创作者明显地受到了拘束,这是什么原因造成的呢?

陈墨:这里牵涉到一个影视创作的"想象方式"问题。历史剧不是历史教科书,它首先应该是剧,也就是艺术,是真实历史背景下的人的故事,这就需要艺术的想象力。中国文化对"人"的认知始终没有深入,一旦去"想象",就容易陷入简单把人分成好人与坏人、改革派与保守派的童话式的二元对立之中。表现在影视创作中,往往为了求"善"而可以舍去求"真",甚而以道德教化之"善"取代人生故事之"美",这样一来,怎么可能好看?《鸦片战争》没有 40 年前的《林则徐》好看,就是作者的想象方式出了问题,《林则徐》是讲人的故事,而《鸦片战争》则是在做爱国主义的历史报告。而"戏说"之作是怎么好看怎么来,两者的反差当然就更大。其实这种反差并不是必然的。

秦晖:这个问题应当倒过来问:为什么但凡不是戏说而是我们想正儿八经地弘扬某种理念的那些影片大都"不好看"? 既然看不到历史真实,那么与其看那种"假大空"的八股,当然不如看那种没有知识价值至少还有消遣价值的"戏说"。戏说剧本身追求的就是"好看",再加上戏说剧在创作时就没有多少束缚,所以会出现刚才主持人说的那个问题。

至于一些胡说剧收视之火爆,我曾经指出三个原因。除了高投入大制作及声势、频道、时段上的优势外,我以为主要有两条:首先是人们已经厌烦了泛滥已久的戏说式宫廷剧,因而风格迥异的所谓"正剧"实即"胡说"剧有耳目一新之感。其次,经历了 20 年后,我们的改革已进入新的阶段,利益、公正问题凸显,社会出现了新的矛盾,加上某种文化积淀的作用,人们隐约期待有人能以铁腕扫清积弊,赐予社会以公平与安宁。

人文精神的普遍欠缺是当今历史剧的一大缺憾。

陈墨:我曾说过,中国人的心理上有四大梦想:神仙之梦、明君之梦、清官之梦,还有就是侠客之梦。现在的影视作品中还是这些,使人不能不疑惑:历史在哪里?人民在哪里?个人又在哪里?神仙、明君、清官、侠客都是理想道德人格的典范,那么,历史与人性的真实及其人生的美感又在哪里?

传统观念中的历史指的就是二十四史,将历史局限于"官场"和"宫廷";而新历史观认为每个生活在那个历史环境中的人以及他们的身世,都有权利得到历史的关注和青睐,这就是历史学界所称的"新史学",即人文历史。"新史学"把历史从官场放到民间,普通人的境遇已得到新史学的关注,那么历史剧呢?比如说一个古代的商人,关于这个人物在那个环境和时代中的境遇,他的生意、家庭等等,能成为一部历史剧的题材吗?还有,一般人觉得大的、关系国计民生的事是历史,那么一段历史时期中人们普遍的生活方式和生活习惯呢?这其实也是历史。事件再大,也只有暂时性,而人的生活观念和生活传统等却具有更强的时间传承性,也就具有更大的历史价值。

陈玉通:所谓"一切历史都是当代史"是什么意思?我个人理解是要从历史中见到当代,见到当代社会观念、存在形态的历史渊源。但并不是把历史剧搞成影射史剧,牵强附会地借古喻今、讽今。这里我要插一句,就是华人在海外的奋斗史从来没有进入正史,更没有被历史剧光顾过,这也体现了陈墨所言的我们在"人文历史"上的偏离。其实中国人在海外的奋斗、生活经历可谓波澜壮阔,为世界文明做出过很大贡献,有很高的历史研究价值。

陈墨:对,我们似乎已习惯把历史剧界定为"官场"剧,这导致我们的历史剧在题材的选择上走入褊狭。你想,一个将希望寄托在"包公"上的社会怎么可能进步?社会的发展依靠的是法制和每个个人的努力。不过我要说,我不同意这类历史剧,但是我允许它们的存在。因此,我们只能说期待什么、提倡什么,而不能说禁止什么、规范什么。

历史与文学是两个领域,各有其不同的游戏规则与价值评判标准。

秦晖:有人认为历史学家总是喜欢用"历史真实"的大棒敲打文学艺术家。但其实我从来主张历史学对文学艺术应持开明的态度。历史学与文学是两个领域,各有其不同的"游戏规则"与不同的价值评判标准。别说"戏说"类作品和创作类古装剧,就是所谓严肃历史剧,也不能当成真历史来看待和要求。因为历史文学的"严肃"与历史科学的"严谨"并不是一回事。严谨的史学家不能允许编造史实,而对于严肃的历史文学我们只能要求它不篡改、歪曲已知的史实,但必须允许它用想象与创作来"填充"故事细节,刻画人物感情与心态,而这些在现存历史记载中几乎是没有的。我们甚至不能以新史学的进步去要求历史文学或历史剧同时"进步",因为历史科学中的事实真伪有无乃至因果解释的对错是不能含糊的,而文学表达的感情与审美意向可以十分复杂和模糊。因此在历史学中论证"清官救世"是十分陈腐的,但文学艺术领域的"清官戏"仍然有审美价值。比如美国史学界在南北战争这类问题上历来有人做翻案文章,引起主流史学的反驳,但对于像《乱世佳人》这样的"亲南方奴隶主政权"作品,文学评论界自可臧否,史学家却不会有兴趣介入。只有在一种情况下,史学家需要站出来以历史真实驳斥"胡说历史",那就是当作品的价值取向和思想性很糟糕,而且它又标榜以所谓"历史事实"作为价值取向的依据时,史学家出来还历史以真实就成为必要了。《雍正王朝》如果只是"戏说"历史,我不会批评它,如果它只是价值取向有问题,我不会从史学的角度批评它,但它一方面鼓吹趋炎附势的家奴哲学,仇视仗义执言的清议传统,吹捧专制暴君杀言官、诛谏臣的恶行,另一方面又打出"历史正剧"的旗号,否认是在"戏说"历史,历史学家就不能不说话了。

陈玉通:现在历史题材剧不少,但我们的传媒似乎不大有一种经常性的信息反馈,比如相关的历史背景知识和真实的历史是怎么样的,几乎没有介绍。如果一部重大历史题材剧,在社会上造成很大影响,如若媒体报刊只局限于对拍摄花絮、演员个体之类的追踪报道,而不去把真实的历史告诉读者,久而久之就会对我们的读者,尤其是广大历史知识尚嫌贫乏的青少年造成一种误导。陈墨刚才说电视剧不是历史教科书,这是对的,但是,可悲的是,我们今天的青少年有时就是通过历史剧来认识历史的。

主持人:它实际上已经承担了一种历史教科书的作用了。

陈玉通:对,影视作品就是他们主要的了解历史的途径,这也是中国特有的社会现象。

陈墨:我承认你说的这点,但我不主张把这点作为我们讨论历史剧的一个前提。不违背常理,不违背常识,这是历史剧创作的两条底线。让族群记忆存在于历史的教科书之中,而让个人记忆在艺术天地中自由驰骋。

主持人:那么艺术家可不可以把自己的思考加入历史或加到历史人物身上呢?他们能在多大的范围内驰骋艺术思维呢?

陈墨:我认为历史剧的创作应有两条底线,一是不违背常理,即我前面所说的人文价值;二是不违背常识,即起码的历史知识。在这两条底线上,我认为对历史剧的多种创作方式都可接受。至于历史剧的艺术想象和创作的空间,我认为其实很大,根据法国大作家雨果的说法,历史人物也好,虚构人物也罢,无非都是借"暂时的人物"去描写永恒的人性。也就是说,在历史纪年及其历史事件的背后,有人物性格、情感冲突、人性矛盾及其人类心理等等广阔的艺术探索和想象的空间——还是雨果说的:比天空更为广阔的是人的心灵。鸦片战争这段历史之中,包含了多少人的血泪辛酸?无论是皇帝还是大臣,无论是商人还是民众,每一个人都可能是一段精彩故事的主角,每一个心灵中都蕴含着丰富的历史和人性的信息,而电影《鸦片战争》则采用了比较大而空的创作角度。问题不在于没有创作的空间,而在于我们的想象方式不对——我们的艺术构思常常并不是艺术的想象,而是主题思想的演绎。

陈玉通:正是因为影视编导们没有自己独到的对历史的评价,和独到的艺术表现,所以才出现了那么多毫无新意可言的俗劣历史剧。同样是表现历史,法国著名剧作家加缪创作的《卡里古拉传》就绝不是对古罗马暴君的荣辱兴衰的复述,而是他对这一历史人物和历史本身的只属于他自己的评价。

主持人:几位专家能不能从大家都比较熟悉的历史题材的中外影视作品中举出几个这样的例子,既不违背常识和常理,同时又是艺术的?

陈墨:《辛德勒的名单》就是一部很好的历史片。在历史剧的创作上很重要的一点是,不能要求用族群记忆取代或消解个人记忆,就是说不能用一个当今所主导的或者所框定的历史认识去抹杀其他的个体认识。《辛》片的成功之处是,第一,作为犹太民族对大屠杀的族群记忆,它的英雄主人公居然是一个德国人;第二,主人公辛德勒虽然被描写成一个英雄,但却不是一个道德楷模;第三,这部影片不是历史教科书,而是一段精彩的人生故事,它是导演斯皮尔伯格的个人记忆,又蕴含着深厚的人文精神。这部影片感动了全世界。

秦晖:我们还要承认这一点,就是在一个丰富多彩的社会中,文化上的多样性往往又是通过不同的"片面性"的综合来体现的。举个简单的例子,《巴顿将军》堪称历史片中的经典,它反映了战争中的英雄形象,但它是歌颂战争的。同时美国也有大量的"反战"类型作品。如果把"巴顿"型战争片当成绝对的主导,而拒绝那些反战的影视作品,那么则有军国主义之嫌。这两个"片面"相互补充才能形成真正丰富的文化生态。

陈墨:秦晖说的这点就是我说的族群记忆和个人记忆问题,所谓真理其实只是一种意见,真正的真理应是各种意见的综合,各种声音的综合。

秦晖:所谓"片面的深刻"之说,就是这个意思。

陈墨:对,这样才能形成健康的文化氛围。让族群记忆存在于历史的教科书中,而使个人记忆在艺术的天地中能够自由驰骋。只有这样,历史剧才能走上健康发展的道路。

(《新华书摘》2001年第7期,原刊《光明日报》2001年4月25日)

课后实务:历史剧观赏

选择一部历史剧,至少观赏一集。

第十五讲　专家电视通俗讲史

线上讲义

一、专家讲史及出现的背景

21 世纪中国电视节目里面,有一档影响比较大的节目是《百家讲坛》。这十多年,《百家讲坛》成了我们生活中很重要的一部分。据统计,到 2014 年,《百家讲坛》系列有 240 种左右,其中有 100 种是关于历史的,由此可见讲史在《百家讲坛》所占份额之大。

《百家讲坛》是怎么回事?《百家讲坛》是中央电视台科教频道 2001 年开设的栏目,当初的宗旨以讲百科知识为主,尤其是偏重科技。后来发现效果不好,于是请来阎崇年讲历史,结果收视率大升,从此讲史的份额越来越重,《百家讲坛》被人称为"讲史专坛"。在这十多年的过程中,《百家讲坛》也出了不少名人,譬如说易中天、阎崇年、于丹,还有一些历史学者如方志远、钱文忠、商传、胡阿祥,甚至还有一些中学老师如纪连海、袁腾飞,等等。看了《百家讲坛》以后,不知道你有什么样的想法?

《百家讲坛》也有各种各样的批评声音,其中一种声音说,一帮真实的学者在《百家讲坛》讲着虚假的学术。这句话有问题。所谓学者,学术世界和生活世界对它的理解是不一样的。在学术界,指的是在某个领域有专攻的人,它往往是根据小学科的划分来确定的。而在生活世界,所谓的专家没有那么细,指的是在某一个大学科的行家而已,所以要用比较宽的眼光去看。上《百家讲坛》的学者,他们实际上主要是会讲的人,也就是说是有名的老师。《百家讲坛》里面有教授,还有一些编辑,甚至还有一些高级导游也参与讲座,可见它的门槛还是比较低的。只要你会说,又懂一些内容就可以了。

第二个问题,有的人说,《百家讲坛》讲的学术是伪学术。这个问题也有如何看它的问题。《百家讲坛》讲的东西,不是一般意义上的学术创新工作,它实际上是属于学术普及性的东西。我们要区分知识消费与知识生产两个不同概念。《百家讲坛》讲的都是一些知识消费的东西,所以他们讲的东西多是一些专家都知道而普通人不知道的知识。

也有人说《百家讲坛》怎么还是走着我们传统的说书老路,你不能有点创新吗?这也不能怪专家,这是由观众层次决定的。我们讲史面向的对象是普通观众,更精确地说是初中以上水平的观众,他们的文化层次是不高的。所以面对这一拨业余听众,只能讲一些普及的知识。观众的口味捆绑了专家,逼着他们最后也走上了讲史的道路。

这十多年专家讲史风气的出现,只有中国才有,在欧美是不会出现的。为什么中国会出现这样的现象呢？有以下几个因素。

第一个因素是戏说转正说。自20世纪90年代末至21世纪初，电视剧中的戏说风是很浓的。听多戏说以后，大家有时候会提出一些问题，历史上那些东西真的是这样的吗？这个时候需要一些正说来弥补普通读者的历史知识需求。最早做正说比较成功的是阎崇年，讲的是《清十二帝疑案》，显然与三部清朝大戏《康熙王朝》《雍正王朝》《乾隆王朝》有关。

第二个因素，与传统文化的复兴是有关系的。进入20世纪以后，传统文化不断被我们踩在脚下，被我们逐渐抛弃，从此传统文化在我们的生活中渐行渐远。到了21世纪以后，中国重新强大，慢慢地开始有自信。等到经济上强大以后，文化上要求确立民族的自信，所以开始恢复讲中国传统文化。《百家讲坛》讲的多是一些传统文化的东西，正契合了中国传统文化复兴的思潮。

第三个因素，当然与电视媒体自身有关系。近几十年中，在所有的媒体里，电视是最强势的一种，它成了国人生活中最主流的一种娱乐方式，当《百家讲坛》的讲传统文化、讲历史和媒体这种优势相结合的时候，它就慢慢地占据了传播的中心位置，它的影响力自然大。当然了，也和《百家讲坛》本身制作的成功有关。《百家讲坛》的制作，借鉴了传统的说书以及演义的一些特征，中间不断设置一些悬念，吊人的胃口，这些都是《百家讲坛》成功的技术因素。

二、专家讲史的问题与对策

专家讲史讲了十多年后，当然有成功的，也会带来一些问题。《百家讲坛》讲史有哪些问题？主要有这么几个问题。

第一个问题，专家讲史长于说帝王故事而拙于讲平民故事。从阎崇年到易中天甚至刘心武讲《红楼梦》，一路下来讲得最成功的都是帝王故事。《百家讲坛》讲帝王故事讲得比较成功，后来就成为最强势的一种模式，离开这种模式好像就不敢讲了。当然这也不能完全怪那些专家，因为传统史学擅长君史。《百家讲坛》观众圈的形成，讲究一个已有知识结构问题。关于帝王将相，这些名字大家都比较熟悉，普通观众的知识相对会多一些，所以讲帝王戏比较容易成功。但是，帝王戏已经不合时代，这个时代更应讲的是平民，所以我们希望多讲一些平民故事。

第二个问题，历史人物解读的过度同情、过度世俗化。中国是一个世俗社会，往往缺少永恒的信仰对象，很多地方需要把人神化才行。我们擅长于塑造一些典型人物，让这些普通人物逐步神化，然后成为我们各个领域里面学习的榜样。到了当下，我们有一些学者重新解读这些历史人物的时候，他们往往会用今天过度同情、过度世俗化的眼光去解读他。最典型的一个案例，中南大学教授杨雨在长沙电视台讲《酒色财气李清照》。看看这个题目就让人大跌眼镜，李清照是很有名的词人，结果题目却写上"酒色财气李清照"，还不让普通观众一片哗然，你讲的到底是李清照还是李师师？这就有问题。

第三个问题，历史题材有时显得比较单调。《百家讲坛》很长时间很大的篇幅讲的都是帝王戏。当然，我们要用动态的眼光去看它，《百家讲坛》这几年还是有变化的，至少题材上还是在拓展，比如《郑和下西洋600年祭》，它涉及了中外关系尤其涉及我们今天比较时髦的海洋文化。如《塞北三朝》，它就涉及了宋辽金这些少数民族政权。如《隋唐考场》《风云》《彭林说礼》《范进中举》，这就涉及了一些制度层面了。我们再来看，比如说《贞观之治》《盛唐的背影》《从司马到司马》，则涉及了朝代的更替。《国号》涉及了抽象的国名嬗变历史，它专门做了一个专题。《大故宫》涉及明清都城，《大国医》《千古中医故事》《解读中医》《名医是这样成名的》就涉及了中医史，《胡雪岩的启示》《商贾传奇》涉及商人史。以前《百家讲坛》里的题材都偏重古代史，但是它现在也有一些近现代史，比如《回首开国大典》《抗日名将杨靖宇》《我心目中的陈嘉庚》《杨子荣》《焦裕禄》《红旗渠的故事》《写实徐悲鸿》《另类英雄李云龙》，这些都是近现代题材。还有一些军事题材，比如说《王树增解读淮海战役》《王树增解读辽沈战役》《王树增解读平津战役》《军旅作家王树增讲长征》，这就涉及现代革命题材。甚至由中国史涉及外国史，比如说《古埃及文明失落之谜》《二战人物》《古代希腊》，等等。当然了，从目前来看数量上不是太多。

第四个问题，讲史要多层次化、多类型化。以前的电视动辄面向全国的观众。进入 21世纪的公众时代，我们要考虑到，公众本身是一个很复杂的多层次的群体。所以，我们不能用一种固定的模式来看。"受众为王"，今天不能简单化，要把它细化。《百家讲坛》应该多元化，不然的话它的问题会很多。现在反映的问题是什么？有人说，《百家讲坛》的品级一级一级往下掉，说"讲座故事化，故事评书化，评书相声化"，这就有问题。《百家讲坛》在形式方面也可创新，今天都是站在那儿讲，接下来还可以有其他一些形式，比如对讲的形式，就是不错的。对讲形式，一个来提出问题，一个来探讨或集中对某些问题进行探讨，这样可能会更受观众欢迎。总体上说，电视剧有一个收视率问题，它一直强调娱乐受众、受众为王，这个观点今天要重新来反思。我们的电视节目，除了要迎合观众之外，还要想一想如何启发观众，这个问题才是值得我们深思的。

三、专家讲史的社会影响

专家讲史已经过去十多年，它有一些什么影响，可以作一些评估，至少有以下几方面。

第一方面，社会效益比较大。电视面向的是全体的普通观众，《百家讲坛》播出十多年以后，经过专家的精心挑选，历史上有名的一些帝王将相和主要王朝的很多故事都被搬上了银屏。普通大众从电视里面确实获得了不少历史知识，这个贡献是很值得肯定的。另外一方面，《百家讲坛》培养了讲史队伍与听史队伍，推动了国人对中国传统文化的关注，在这方面他们做了很多有益的工作。有人说《百家讲坛》没有推动普通人的思考，这个要求太高了一点。因为普通百姓看电视，就是来消费的，就是来享受的，不是来思考的，所以导向不能搞错了。

第二个方面，《百家讲坛》讲史引导了全国各地的电视与图书馆的讲坛风气。中央台成功后，很多地方台也跟风同类节目，比如说北京卫视的《中华文明大讲堂》、河北卫视的《文化大讲堂》、宁夏卫视的《文化名家塞上行》、陕西卫视的《开坛》、江苏城市频道的《万家灯火》、南京新闻综合频道的《金陵往事》等。除了各个地方台开电视节目之外，很多地方图书馆也开办了大讲堂，譬如说广东岭南大讲堂、浙江人文大讲堂、宁波天一讲堂等。每一个省级、市级图书馆都举办了大大小小的讲堂，定时请专家或各方面的人才来讲百科知识。从这个角度来说，《百家讲坛》功不可没。

第三个方面，讲史促进了讲史类图书销售。《百家讲坛》主讲人在电视讲成功以后，出了实体书。这些书出版后也很成功。譬如说，易中天的书、于丹的书，还有阎崇年的书，实体书的印刷都是上百万册的。甚至讲史类图书成为出版界新的风向。为什么这些作品能够成功？这是电视撞击阅读的结果。前面电视广告做好以后，后面很多人就跟着购买实体书。

第四个，带动了写作式讲史出版风。前面的讲史作品，都是先讲述，后整理成稿。既然讲史受观众欢迎，有些出版社就跟风，直接就把那些写成的作品稍改头换面一下，就称为讲史。有些是真的讲史，比如《许倬云讲史》。有些不完全是，譬如中国友谊出版社的"大家讲史丛书"，是在原来讲稿或书稿基础上整理而成的。上海人民出版社出的"细讲中国历史丛书"，实际上就是一种模仿，它完全是写成的。

总之，《百家讲坛》尤其是专家电视讲史，成了21世纪国人生活中的一道人文风景线。

线下教案

➡ **视频推荐：**

通过观看《百家讲坛》片段，引导学生熟悉专家讲史情况。近年有诸如"《百家讲坛》十大名嘴排行榜"或"《百家讲坛》十大教授"。我综合他们的意见，推荐十个著名讲课人，他们是：

1. 最关键的阎崇年。

阎崇年，北京社会科学院满学研究所所长、研究员。2004年，《百家讲坛》从北京市社科院找来了阎崇年讲《清十二帝疑案》，此前这个"讲坛"的收视一直不温不火，但阎崇年来了后立马扭转局面，节目开始渐渐走上正轨。后来，他又讲过《明亡清兴六十年》等。

2. 最具人气的易中天。

一身已经"过时"的中山装，一口地道的地方口音。学贯中西，将传统文化与现代时尚语言相结合，这个具有八卦精神的教授用一种平民化的方式在电视上讲起了历史故事，让他迅速成了"超级教授"，并已有了庞大的"易粉"群。他独辟蹊径，"妙说"历史，巧妙地运用"通俗"的语言、声情并茂的表演，有趣地还原了历史的本来面目。一段平常的历史从他口中出来活灵活现，像评书一样绘声绘色，又像电影剪辑般精练流畅。他影响了《百家讲坛》，让央视的文化走近了观众。《百家讲坛》影响了他，让他不但成名，还暴富！所以，易中天无疑是《百家讲坛》当之无愧的老大。最著名的是《品三国》。

3. 学术超女于丹。

有了"学术超男"易中天，自然就有"学术超女"。"学术超女"就是于丹。于丹的讲坛，更多的是地地道道的文化。虽然是讲讲"阅读"，但是于丹的重点落在了人生哲理上。最著名的是《〈论语〉心得》。

4. 最悬疑的毛佩琦。

毛佩琦，中国人民大学历史系教授、博士生导师。他在《百家讲坛》主讲的"明十七帝疑案"，收视率排名位于2008年《百家讲坛》所有讲座的第二位，明朝的悬疑故事在他口中一一破解，也掀起了民间"明史热"。

5. 最学术的王立群。

41载积累，61岁一夜成名。王立群和易中天都讲过汉代人物，而作为河南大学教授的王立群所讲内容更有史学家风范。他在节目中显得内敛，所讲内容考据严谨，每堂课结束后都令人感觉回味无穷。王立群走入《百家讲坛》，以他的汉代风云人物系列的《项羽》《吕后》，赢得满堂喝彩。

6. 最另类的纪连海。

纪连海是北师大二附中的高级教师、学科带头人，长期从事历史教学工作，算是一位"教书先生",在央视节目《百家讲坛》上说清史。纪连海的另类首先是身份,他不是专家、教授,而只是一名普通的高中历史老师,而他的讲座风格也另类,看他的节目,跺脚、拍桌子、双手颤抖是常见的事情。他讲的是《正说清朝二十四臣》。

7.讲国史的方志远。

江西师范大学教授,给亟须转型的讲坛注入了一股清新而有力的凉风。历史的深度与力度、逻辑分析的清晰、通俗简洁的语言、知识分子对当下的人文关怀,这是方先生的风格与魅力,也是目前《百家讲坛》所需要的。《国史通鉴》,预计为 4～5 部、100～125 集。第一部《天下大势》共 6 集。

8.讲蒙学的钱文忠。

复旦大学历史系教授。他形象好,如蜡笔小新。他主讲了《玄奘西游记》《钱文忠解读〈三字经〉》《钱文忠解读〈弟子规〉》《钱文忠解读〈百家姓〉》等。

9.能笑着讲的商传。

中国社会科学院历史所研究员,中国明史学会会长。他形象好,声音浑厚,能笑着讲,姿势好。他主讲《永乐大帝》《明太祖朱元璋》。

10.声音浑厚好听的于赓哲。

陕西师范大学教授。他形象好,声音浑厚,讲课有激情。在爱课程网上有《隋唐人的日常生活——由小见大的历史》。《百家讲坛》有《开元盛世》《大唐巾帼传奇》《狄仁杰真相》《发现上官婉儿》《大唐英雄传》。

课前文选

历史讲座热:找到了学术走向公众的路子

杨天石　中国社会科学院近代史所研究员

有那么几年,人们嚷嚷"史学危机"。那些时候,历史学家的著作滞销,读者不读,出版社不愿出。一本书,印个一两千册,还要补贴。没有补贴,书稿就只能永远躺在作者的抽屉里睡觉。这几年,情况变了。历史学家的著作大量出版。大陆历史学家的著作自不必说,台湾历史学家的著作也受到许多出版社的青睐。不少在台湾受到冷落的著作纷纷在大陆获得出版或再版机会。这是令人高兴的现象之一。

令人高兴的现象之二是遍及全国各地的历史讲座热。大学、图书馆、文化馆、学会、网站、电视台,纷纷举办历史讲座。每次讲座,听众踊跃,各阶层、各年龄段的人都有,堪称少长咸集,不仅座无虚席,而且有时连走廊、过道、舞台,凡有空隙的地方都挤满了人。有些讲座,不少人挤在门外,一票难求,只能怏怏离去。

这些现象昭示,史学危机已成过去,史学热正在形成。

何以会出现"史学热"?源于人们对历史真相的追求。曹丕在《典论·论文》中说过:"文章乃经国之大业。"写历史,记录既往,总结经验与教训,"表征盛衰,殷鉴兴废",扬清激浊,褒善刺恶,大概也可以属于"经国"大业之一,因之,读历史,了解历史,不仅可以长知识,长智慧,了解前天、昨天,而且可以帮助人们更深入地理解今天。中国人爱将历史比作镜子,常用这面镜子照一照,可以知道历史的兴替、得失,明辨真伪、是非、善恶、美丑,于己、于人,于社会,于国家,都好处多多。近年来,人们感到既往的历史著作虚假成分、片面成分都太多,因各种需要而隐讳、扭曲的成分也太多,渴望拨开各种云雾和遮蔽,了解历史的真相和全貌,这就是历史讲座之所以受到广泛欢迎的原因。

然而,历史讲座又颇不易举办。首先是选人,主讲者必须是某一方面有精深研究的专家。然后是选题,讲题必须听众有兴趣,又对学术、对社会有所裨益。此后,主讲者进入撰写讲稿阶段。演讲和写文章、写学术著作不同,必须充分顾及听众,做到大众化、口语化,甚至趣味化,这才能抓住听众、吸引听众,使听众能坐得住、听得进,甚至听得津津有味。演讲完毕之后,还必须留出时间,接受听众各种各样的提问、质疑。因此,开讲座、做报告,不仅有益听众,使之避免读罢数万言、数十万言,甚至上百万言而仍难得其要领之苦,而且也大有益于演讲者,它促使演讲者明晰论点,注意表达,讲究语言。过去,人们常常苦于学术局限于少数学人的小圈子,影响细微,而讲座则找到了一条使学术走向社会、走向公众的路子。它把专家直接推到读者面前,使高雅艰深的学术转化为人人可懂、可读的讲词,使提高与普及结合,对于繁荣学术、普及学术、提高社会公众的文化素质、知识修养,功莫大焉。

(文化中国-中国网 http://cul.china.com.cn 2014 年 3 月 3 日)

通俗易懂好记,大众史学就是讲故事

孙立群 南开大学历史学院教授

社会的发展和进步需要历史的借鉴,而历史学科的发展也需要社会的检验。史学功能转换、历史知识大众化是不可逆转的趋势。近年在学国学、讲国学中,读史热悄然兴起,社会各界对史学的兴趣不断提升,不少地方都有专门读史的国学班,通史、断代史、《史记》、《资治通鉴》等成为史学班的热门课题。人们迫切要求系统学习历史(尤其是中国古代史)。我认为史学热是学国学过程中的必然现象,是一件利国利民的大好事!

由于种种原因,史学没有跟上时代前进的步伐

众所周知,传统的史学功能主要是政治性的,即为统治者提供经邦治国的历史经验。一部《资治通鉴》就清楚地告诉我们,这是帮助统治者治理天下的一面镜子,因而传统史学又称为"庙堂史学"。自宋元以来,市民阶层兴起,在他们的文化生活中,讲史成为重要组成部分,这使得面向大众的通俗性讲史活动开始出现并得到迅速的发展。与庙堂史学相比,通俗讲史活动在传播对象上形成明显的差异,即由上层转向下层,由贵族转向民众。正如陆游一首诗所说:"斜阳古柳赵家庄,负鼓盲翁正作场。身后是非谁管得?满村听说蔡中郎。"

本来,当改革开放开始之际,史学的功能也应随之改变,为经济建设服务。然而,由于种种原因,史学没有跟上时代前进的步伐,出现了严重的滞后,其中最明显的表现就是脱离社会大众而变得僵化和官僚化。有调查材料说,在某高校图书馆收藏的 20 世纪 90 年代以来出版的数百本较重要的史学著作中,有 65%多年尚无人借阅过。至于各类期刊上发表的史学论文,有许多无人问津。

历史在文化建设中就像一座大厦的基础

传统文化的根基是历史。不了解历史背景和历史发展过程，学诸子、读经书，往往知其然不知其所以然，不能深入；而学了历史再读诸子，就会有登泰山顶一览众山小、视野开阔之感。学习历史，对青年人更为重要。由于目前高中分文理科，理科生到了高二以后不再学习历史，导致许多青年人、大学生的历史知识很匮乏，很多是初中水平，有的甚至更低。

历史在文化建设中就像一座大厦的基础，不懂历史的人不仅知识结构不完整，甚至人格也不够健全。周恩来总理说："历史对一个国家、一个民族，就像记忆对于个人一样，一个人丧失了记忆就会成为白痴，一个民族如果忘记了历史，就会成为一个愚昧的民族。而一个愚昧的民族是不可能建设社会主义的。"

其实，古人也懂得历史对一个人成长的重要作用，从儿童识字就让他们知晓历史。读蒙学书，在《三字经》《千字文》里，相当篇幅都是讲历史。不懂历史，从个人角度讲是知识的欠缺，从国家角度讲是民族的悲哀！近代思想家龚自珍说："欲知大道，必先为史。灭人之国，必先去其史……夷人之祖宗，必先去其史。"可谓一语中的！

为大众讲历史是时代赋予历史工作者的使命

专业史学工作者为大众写历史，走上社会为大众讲历史是时代赋予我们的神圣使命，是我们责无旁贷的义务，一定要抱着强烈的社会责任感，以严肃科学的态度占领大众史学这个阵地。现在看，大众史学领域确有不少精品，但亦有相当多的伪劣品混杂其内！更有甚者，全然不顾历史时代，对历史人物随意比附，造成历史的错位。面对这种现象，有社会责任感的史学工作者决不能听之任之，应勇敢地站出来，批驳谬说，正本清源，宣传正确史观，为社会文明和进步贡献力量。

社会大众对历史讲座和历史读物的要求，就是通俗易懂好记、贴近实际。无论讲述一个朝代或一个历史人物，都要选取那些与社会大众关系紧密的历史研究内容，既有意义又有可读性、可听性。其实这正是我国历史的传统——史学就是讲故事。历史叙事大众化的一个重要特征，就是将论述变成了讲述。《史记》最精彩的篇章，就是那些回味无穷的故事。没有故事的历史读物、历史讲座，是不会受到社会大众欢迎的。

社会的发展和进步需要历史的借鉴，而历史学科的发展也需要社会的检验。改革开放以来，人民群众的物质生活需求得到前所未有的满足，与之同步，精神文化需求日益强烈，史学功能转换、历史知识大众化是不可逆转的趋势。历史研究最终的目的是解决现实问题，历史学不能仅仅在大学校园、在象牙塔里，专业史学工作者要承担社会赋予的光荣职责，以自身的研究成果让大众来分享，在大众历史热里发挥自己的作用，让社会民众获得科学的历史知识。

历史将会证明，大众化使史学传播生生不息，是史学传播的动力与归宿，史学回归民间是大势所趋。我们相信，中国史学将在大众化的进程中取得更加辉煌的成就。

（《新华每日电讯》2012 年 10 月 12 日）

课后实务：观看《百家讲坛》讲史节目

第十六讲　公众通俗写史

微课

线上讲义

一、历史写手群体的崛起

在相当长时间，人类的写作方式都是用纸笔。到了 20 世纪 90 年代以后，电脑开始流行，用电脑写作逐渐成为我们的主流方式。写了以后要发表，以前都是发在纸刊上的，到了 21 世纪以后，又出现了网络。网络，实际是"动态的信息化的文本世界"。有了网络以后，我们写出来的那些作品就有地方发表了，这是一个非常大的变化。在以前的纸刊时代，我们写好以后，必须通过那些报纸杂志去发表，中间必须经过编辑的控制，杂志有容量的限制性，很多稿子是没有机会发表的。网络是一个虚拟的世界，是一个自由的、开放的、无限的世界，这样，普通人的写作有了一个自由发表的园地。1999 年 3 月，出现了一个网络社区，叫天涯社区，这个社区是比较早成立的一个网络平台。后来天涯论坛逐步细化，到了 2003 年 6 月，出现了一个叫作"煮酒论史"的专栏，这就成为普通观众业余写史的发表园地。在煮酒论史中出了一大拨写手，比较有名的人物有赫连勃勃大王、当年明月。在很长时间内，网络写史的点击量徘徊在几万至几十万。到了 2006 年，出现一个怪现象，当年明月的《明朝那些事儿》，点击量一下子上了百万，这是一个突破，这标志着网络写史受到了更多人的注意。关于当年明月的《明朝那些事儿》点击量一下子超过 100 万，有人置疑可能造假，但没法证明。有一点可以肯定，网络写史开始受到大家的关注。特别是当年明月，又出了实体书。结果出实体书以后，也是非常畅销。从此，这些网络发表的文章，逐步修改以后，进入实体的出版流程。到最近，甚至很多出版社编辑专门跑到网坛中去寻找好的题材。

网络世界中出现的这一批人，专门写通俗历史，后来被称为"草根写史"。草根写史，就是民间历史写手或者历史作家写通俗历史。民间历史写手，对应相对专业的职业历史学家，职业历史学家的目标是历史知识的生产，而业余的历史写手的作品都是通俗化的写作，他们的任务是普及历史知识。一批有名的历史写手，包括当年明月、赫连勃勃大王、雾满拦江、樱雪丸、阿越、森林鹿等一大拨人。这一拨人原来从事和学的专业都是非历史专业，从事的工作各行各业都有，属于典型的业余写史。网络写史的门槛是比较低的，人人都能够进来，当然要写得好也不是那么容易的。

接下去讨论公众通俗写史是怎么一回事。公众写史，精确地说是通俗写史，它不是专业写史，是对经典史书的稀释性的阐述，是一种人文的解读。什么叫人文解读呢？所谓人文解读，就是根据每一个人的知识结构、每个人的生活经历，来发表自己的一些看法。历史学既是科学又是人文，它应该是允许人文解读的。有人会说通俗史学能成为史学么？它当然能成为史学，但是人文解读，不是我们学术意义上的史学。草根与专家的区别在于什么地方呢？关键在于两者作品的学术含金量不一样，业余写手的学术含金量低，专家的学术含金量比较高。

最后，谈一下为什么会有公众业余写史现象。公众网络写史，在20世纪五六十年代是不可能有的，在七八十年代也不会有，这是20世纪90年代末、21世纪以后才逐步出现的现象。它是网络世界的产物。网络是一个文本世界，它是民间的、动态的、开放的，人人都可以去发表，而且在网络上发表不一定要用真名，用笔名就可以了。用笔名的话，普通人的胆子增大，可以放开地写，自由地发表。另一方面，这些作品发表后也有人看，各行各业的人，白天上班很疲劳，晚上下班就想休闲，阅读网络写史作品就是比较好的休闲方式。作为业余观众，他们就希望简单一点，不希望搞得很复杂，这正契合21世纪普通观众的休闲需求。

二、通俗写史特征及类型

第一个小问题，公众通俗写史的大众性。这些公众网络写史有些什么特征呢？从内容主题来说，它不是官方的，也不是学术的，往往是普通老百姓的。作为普通老百姓，他们看世界有自己独到的一套方式和视角，他们使用的语言更多的是生活化的通俗语言，并且往往以人为中心进行解读，这种方式与我们以前做断代史或者通史的方式是不一样的。传统的写史风格都是国家本位的，现在的业余写史是人为本位的。人为本位，正是我们今天所讲的公众史学一个基本的特征。

第二个问题，关于公众通俗写史可信度问题。有人提出，这一拨没有主修过历史专业知识的人，他们拿什么保证所写的历史是可信呢？这个问题的确是值得探讨的。这个问题至少可从几个方面来问答：第一，已有的历史知识体系可以给普通观众提供基本的框架，成为其参照物，让他们不会有大的偏离。第二，公众业余写史时，要参考一些历史读物，已有的传世的历史读物、文献资料本身有专业内容的限制，会影响到他的选择，不会让他离题万里。第三，公众写史也要遵循一定的通俗知识生产规律。网络写史有自己的行规，放在BBS发表，观众可以跟着进行点评，这种双向机制对他来说就是一种约束。如果他胡说八道，观众马上就会指正，那是丢面子的事。网络世界本身有一个双向的、可以互动的机制，它在很多地方是可以对冲的，可以让很多人减少一些失误，所以我们不用担心网络世界会离题万里的。

公众通俗写史最大的贡献在表达方式的更新。樊树志教授说："通俗的非历史研究者写的书，是一种对历史的个人感悟和表达。"所以要求通俗作品有多少学术含金量，这样的要求对他们来说是一种苛求。他们主要是做一些历史知识的普及，而不是历史知识的生产，若以这样的眼光去看的话，我们的心态就会平和一些。

第三个问题，关于公众通俗写史的类型问题。按照传统的文学和历史两分法来区分，我们可以把它分为两大类型，一类比较偏历史的，一类比较偏文学的。偏历史化演义的题材，以中国史居多，世界史比较少一些。在中国史里面，可以把它分为几个系列，比如说"×朝那些事儿"系列，这是从《明朝那些事儿》开始的，此后《唐朝那些事儿》《汉朝那些事儿》《民国那些事儿》跟风出现了。第二大类型叫"另类历史"系列,赫连勃勃大王写得比较多,他写了《华丽血时代:两晋南北朝的另类历史》《帝国的正午:隋唐五代的另类历史》《刀锋上的文明:宋辽金西夏的另类历史》《帝国如风:元朝的另类历史》《纵欲时代:大明朝的另类历史》《亡天下:南明痛史》,还有其他一些另类历史系列。对另类历史系列,作家肖复兴的评价很高,"赫连勃勃大王写的历史一点也不枯燥,因为他是以人来贯穿的,并不是我们以前传统的方式来进行断代史研究"。这就是公众史学的人为本位原则。另外,像雾满拦江《推背图中的历史》《烧饼歌中的历史》等,断代史人物很多很多,我们这里就不一一列举了。在外国史里,杨白劳的《世界历史有一套》等,还有像《草根世界史》,比如说樱雪丸的《世上最强日本史》、曲飞的《逐陆记·世界史上的洲际争霸》,等等。杨白劳的《世界历史有一套》比较有趣,大家不妨拿来看一看,现在已经出了十多册了。比如说《德意志是铁打的》《闻香法兰西》《老大的英帝国》《罗马帝国睡着了》《最冷和最热的俄罗斯》等,我们一看这题目就很有趣。还有那些文学化的历史小说如穿越小说,如阿越的《新宋》、森林鹿《唐朝穿越指南》等。像穿越的话,每个人的情况不一样,森林鹿的作品《唐朝穿越指南》《唐朝居住指南》,还是不错的。她的手法很诙谐,内容还是比较可信的。穿越历史小说,比较受年轻人欢迎。

三、公众通俗写史的意义

这十多年公众网络通俗写史,到底怎么来评价它?

首先要持肯定态度,它拓宽了历史知识的传播渠道,丰富了人们的历史知识。草根讲史,就是用现代人的眼光去看待原来的历史,所以这些作品比较适合当下人阅读。这么多作品出现以后,当然是丰富了我们的历史知识。

第二是它弥补了专业史学研究的盲点。历史研究再怎么做,不可能全部都涉及,一定有很多空白点,这些空白点刚好为普通人从事历史研究留下了空隙。网络写史,是用当今的语言,特别是网络语言去描写历史,他们坚持以人性来写历史的,这样就弥补了现行历史教育和历史研究的一些不足。以前在历史化研究里面,传统君史偏重上层,学术化史学强调客观,摒弃主观情感因素,这种冷冰冰的书不太受现代普通人欢迎。在原来组织本位下,历史研究偏重事件史、组织史的研究,往往会出现"见物不见人"现象,人成了一个符号。网络写史坚持写人的原则,这就弥补了原来历史研究的一些不足。这些图书写得很风趣,弥补了传统历史教育比较枯燥乏味的这一不足。

公众通俗写史也是表达方式的更新。20世纪以后,我们面临着两大转型,第一是由文言文转化成白话文,第二是由文言文转化成今日的网络文。网络写史,用现代的视角去重新解读原来的历史,然后用现代语言写出来,这样的历史比较受现代人欢迎。他们的白话版中国历史,如《明朝那些事儿》,作者特别强调写史即写人,写人即写心,号称"心灵历史写作的开创者",这是有道理的。你想想看,人是受观念支配的,受情感支配的,心灵支配行为,从心灵解读入手来看历史人物行为,这样会更加到位一些,这条路径是比较可行的。《明朝那些事儿》出来后,很受大众欢迎,有些人说找到了当年读金庸小说的那种感觉。

第三,它可激发青少年和文化层次较低的读者对历史的兴趣。公众通俗写史实际上是文言文的白话版,门槛比较低,可以让青少年及文化层次比较低的读者也能看得懂。这样,我们就成功地引导这一拨人看书。现在年轻人读纸本书越来越少了,都是在玩游戏、看视频。这些作品，多少可以引导一拨年轻人进一步关注一些历史。

第四，历史解释权与书写权的开放。以前都是史官在写史，后来是历史学家在写史，这一拨人的数量是非常少的，真的可以讲是"小众写史"。现在很多普通大众也参与进来，写史队伍大为扩大，进入"大众写史"时代。更重要的是对历史解释权和书写权的开放。以前史官与史家垄断着历史的解释权和书写权，现在人人都可以参与进来，这个权力就让度了、开放了，所以这当然是一大变化。

四、公众通俗写史的问题和未来

公众通俗写史里面，历史写手笔下的历史当然是历史，只不过是通俗历史，不是学术历史。既然是通俗写史，普通人写通俗写史，自然也会带来一些问题。

第一个问题是少了专业的约束，多了普通人的胆大。公众网络写史是人文解读，往往会用现在的方式去理解过往的东西，理解方式难免会出现一些问题。另外，专业知识比较少，约束也比较少，有些地方的尺度就会比较大。

第二个问题是没有明确的现代历史观作指导。许倬云教授对《百家讲坛》的人就很有意见，他说："《百家讲坛》那批人不晓得老百姓要什么，仅以讲故事说书的方式来讲，并没有认真地想要把哪个信息传给老百姓。"这句话什么意思？所有的历史编写和历史的解读，背后都是有历史观的，会用当下的历史观解读历史。如果你没有历史观，没有想传递一些新的信息，仅仅是讲故事说书的方式，档次就会比较低。这就要求写通俗历史，也要有正确的或现代的历史观来指导写作。从未来的发展趋势看，要用复杂的眼光来看待网络写史。网络写史这个市场已经很大了，林子大了什么鸟都有，泥石俱下。有人说："我们现在金石俱下，金子不见几块，破铜烂铁倒是一大堆。"这可能是过激的评价。网络写史中，当然有值得肯定的地方。特别是有一个预发表机制，经过一些观众的评判，它会不断地修改，最后正式形成纸本的时候，会成为好的作品。

第三个问题是我们要用发展的眼光来看待公众通俗写史。任何事物发展都是有一个过程的。对中国来说，公众通俗网络写史才十多年时间，目前来说还处于一种初级的状态。未来的发展，它会往中级、高级阶段发展。随着时代的发展，网络写史会越来越成熟，总会留下一些优秀的网络作品。网络写史，实际上是一种预发机制。文章先在网络上做预发表，不断从观众里收集反馈信息，然后进一步地修订，最后可能形成一个比较成熟的纸本。所以我们可以相信，公众网络写史，它是可以培育出优秀作品来的，大家不用担心。

线下教案

➡ **讨论话题：**

什么是历史写手？什么是公众通俗写史？为什么会有公众通俗写史？其特征如何？如何分类？意义如何？未来发展趋势如何？网络写手是以网络为发表平台的文字创造者，他们的作品有三个特点："奇"，即情节和构思要新颖；"快"，即要有更新速度；"俗"，即要通俗幽默、浅显易懂。

图书推荐：

1. 赫连勃勃大王。

赫连勃勃大王，本名梅毅。梅毅是国家一级作家，正高职称。研究生毕业后，从事金融工作十余载。中国互联网历史写作先行者，港台地区称其为"时下大中华地区唯一的中国通史作家"。国内极少的同时受主流文学界承认而又被大众读者认可的历史散文作家。2010年，受《百家讲坛》邀请，主讲梅毅话英雄系列节目，包括《梅毅话英雄之鲜为人知的杨家将》（共 6 集）、《梅毅话英雄之隋唐英雄志》（近 20 集）。

2. 当年明月。

当年明月，本名石悦，1979 年生，中南财经政法大学法律专业毕业，广东顺德海关公务员，隆化县副县长（挂职）。现在国家环保部任职。强调写史即写人、写人即写心。代表作《明朝那些事儿》。

3. 雾满拦江。

雾满拦江，本名崔金生，男。天涯论坛《煮酒论史》版元老级人物，江湖人称老雾。代表有《推背图中的历史》《神奇圣人王阳明》《李鸿章传》《清朝其实很有趣儿》《民国就是这么生猛》《别笑：这是大清正史》等。《别笑：这是大清正史》堪称《明朝那些事儿》之后最诙谐、最麻辣的历史通俗读本。《民国就是这么生猛》，号称"最彪悍""最生动""最有趣""最前卫"。

4. 樱雪丸。

樱雪丸，"史上最强日本史系列"（三部）的作者，本名李镝，国内以通俗调侃手法写日本历史的第一人，曾去日本留学多年，现供职于某日企。出于一种民族的责任感，作者创作了这个系列的书，希望能够通过一种大众喜欢的方式，为国人普及一些日本方面的历史常识。以通俗流畅的笔法讲述了从 1543 年到 1868 年这三百多年间日本的战国乱世。看清"弹丸之国"为何与美、中同列当今强国前三甲，能让我们变得更强。

5. 阿越。

阿越，本名罗煜，1982 年生于湖南，著名网络历史小说《新宋》的作者，从事火车头上的电器检修工作，四川大学历史文化学院在读博士。文风平实细腻，真实感强，与其他架空类小说中相比有质的飞跃。更新极慢，但是精彩程度抵消了读者的怒气，可谓"慢工出细活"。《新宋》分《十字》《权柄》《燕云》三部，现三部都已由花山文艺出版社出版。《新宋》无疑是穿越架空历史方面的巅峰之作，也是穿越小说中不可忽视的一座里程碑，看的时候感觉打开了新世界大门。

6. 森林鹿。

森林鹿的《唐朝穿越指南》《唐朝定居指南》，别看文字俏皮，语气搞笑，写的内容却是严肃可信。她认为"考据严谨"和"剧情发挥"之间并不是简单的矛盾对立关系，感觉剧情创作受考据束缚，只能说明创作者还没有"真正吃透"历史知识，不能正确理解历史人物的思维方式，也没能"自我代入"人物内心，从而创作出符合历史人物形象和事件逻辑的有趣情节。

7. 薛鹏。

薛鹏的《小人物翻转大历史》，由中国国际广播出版社于 2014 年出版。本书讲述的是中国历史上一群小人物的故事。之所以称他们为小人物，是因为他们的身份都很低微，有些人甚至连姓名都没有在历史上留下来。但是正是由于他们的出现使得历史走向发生了变化。这是一群身份各异的小人物，他们之中有故意给项羽指错路的田间农夫，有救了伍子胥性命的渔夫和浣纱女,还有置张飞、关羽于死地的叛将。有因为没有吃到羊肉而将本国将领送给敌国的马车夫,有用一群牛保住了一国命运的牛贩子,还有胡言乱语挑起国战的市井小人。他们在不知不觉中承担起了改变历史命运的重任。当我们真正了解了这些小人物的历史故事之后,不禁会感叹造化弄人。

8. 吕志勇。

吕志勇的《出轨的历史:小人物创造的世界》,由华中科技大学出版社于 2014 年出版。本书通过历史上的各类小人物对历史的各种推进作用,展示了"人不可自轻自贱,应努力奋斗一展自身才华"的主旨。这本书的小人物和我们一样看似渺小,但其实他们影响甚至创造了历史,例如黄道婆、杀了皇帝的厨子。但是也有真心想做好事,为国为民,但最总却事与愿违,例如引狼入室的马植……历史告诉我们:我们大多数人终将是小人物,但这却不能成为我们丢掉历史责任的借口,更不能成为伤害历史的理由。否则,历史将唾弃你千年;反之,历史将弘扬你千年。

课前文选

民间写史与学院史学:对立中的共谋

王艳勤　中南民族大学历史系副教授

摘要:民间写史以叙说历史的新方式、解读历史的新视角、审视历史的新观念吸引了大批读者。民间写手注重讲故事的写法,暗合了学院史学领域对于历史叙事的复兴。历史通俗化是民间写手和专业史家都能参与的一项事业,也是一项共同的责任。对于历史应当怎样书写这一问题的回答,民间写史与学院史学之间并无原则性的冲突,它们都主张尊重历史真实,坚持正确史观。历史的民间书写与学院史学之间的对立只是历史的表象,它们在历史叙述与历史分析的问题上、在历史通俗化的目标和历史书写的标准上尽管不能重合,但至少是有共同语言的,通过对话,由对立走向共谋,是二者共同的历史任务。

21 世纪的前十年,荧屏热播的历史题材影视剧,成就了学术明星的电视讲史、借助点击率生存的民间写史,以电视、网络、出版等现代传媒为主要推手,共同掀起了一股"通俗历史热"的浪潮。在"民间写史""全民读史""公民写史"成为热门话题时,历史学界开始对"历史热"进行思考[①],思考的核心问题指向历史书写。相对于影视作品的艺术特性、电视讲史的学院血统,民间写史以其别样的民间姿态,促使我们思考历史应当由谁来写,为谁而写,怎样书写。

一、民间写史与历史叙事

通常意义上,民间写手以历史爱好者自居。当他们被这样指称或这样自称的时候,背后实际上预设了"官方与民间""专业与业余""正说与戏说""教育与娱乐""死历史与活历史"这

---

① 如王记录的《警惕"历史热"庸俗化》、张晶萍的《"历史热"之冷思考:演义小说不能当真实历史》(《中国社会科学报》2011 年 3 月 24 日)、杨春的《"历史热"中的冷思考——对话历史学雷颐》(《人民政协报》2011 年 2 月 14 日)。

样的二元对立。具体来说,在讨论历史问题时,民间写手通常被认为是不具有历史学的专业背景和专业训练因而是业余的,他们的文字虽说不是小说但也绝不是历史真实,他们的作品是为了娱乐而不是教育大众,他们的写法不同于教科书和史学专著。换句话说,民间写手的文字算不算历史写作,民间写手有没有写史的能力,历史应当由谁来写是需要讨论的。

与民间写史相伴生,网民、出版单位、专业史家等在不同场合以不同方式对这一问题的讨论构成了"历史热"的另一个面相。来自各方的讨论意见不外两种,一种意见认为民间写手的文字压根不能算是历史写作,另一种意见则认为民间写史值得提倡。近几年来,随着民间写史逐步趋于理性,各方讨论的声音亦逐步归于一致:普遍承认民间写手对于历史写作和历史阅读的贡献。尽管民间写手的写史能力参差不齐,但在社会开放度大幅提高、信息传播途径多元有效的今天,历史书写成了每个个体的权利,这个时代因此获得了"草根历史的新时代""全民读史""公民写史"的个性化标签。

知识与权力的运作密不可分,历史知识也不例外。历史真实掌握在谁手中,历史应当由谁来书写,是一个与权力有关的话题。历史学家虽从未停止过将历史真实与权力运作区分开来的努力,但古往今来,官方的正史论述背后都有一只看不见的手——国家权力——在起作用。正所谓哪里有权力,哪里就有反抗。民间写史的兴起是对学院史学的反抗。民间写史以"新"标榜,在很大程度上是相对于学院写史而言的,它表明民间写史与学院写史之间的某种对立。毋庸讳言,今天专业历史学研究占有统治地位的话语之中嵌有意识形态前提,学院史学受到的思想过于周密、理论过于艰深、表达过于晦涩的指责,并非空穴来风。民间写手试图借助消费文化的大潮和网络传输的便利,打破甚至挑战学院史学近乎偏执的话语霸权,让普通大众不仅有权利读史而且有权利写史,让更多的人能够进入史学殿堂。历史的功能之一是让人们在时间的变化与回忆的铺陈中整理自己的生活。因此,相对于学院史学的专业疏证,民间写手的文字更能体现历史写作对于普通民众的意义。从积极的意义上看,这是社会开放度提高和民众历史意识觉醒的表现。与此同时,对民间写史的态度,学院派专业历史学工作者从最初的充满狐疑到今天的热烈肯定,表明在历史写作的问题上二者之间是有共识的。

民间写史获得认可和尊重,首先得益于其写史的方式。正如媒体所宣扬的那样,民间写手竭力以叙说历史的新方式、解读历史的新视角、审视历史的新观念吸引读者的注意。所谓叙说历史的新方式即讲故事的方式,《明朝的那些事儿》出版人曾这样归纳这种新的历史叙述方式:从体裁看,这是一本正说历史,每一个细节和事件都遵循着历史的由来和发展;从写作特点看,作者吸纳了叙议结合、伏笔照应、铺垫悬念等,并穿插了很多类似冯小刚电影中的"冯式幽默",阅读间隙可以读到很多对历史事件或历史人物的精辟评断,做到真正的"好看历史"。民间写史的一个基本信念是历史可以写得很好看,以鲜活的语言、有趣的笔法和富有个性化的评论写史,被誉为继教科书、史料和戏说的叙述方式之后的第四种写史方式。所谓解读历史的新视角,即在重新解读历史的口号下,强调写史即写人,写人即写史。打破"反面人物"妖魔化、"正面人物"清一色高大全的书写规律。尽管依据的仍是史书记载,但重写不是简单的翻译,而是努力使自己融入历史,切身体会历史人物的内心,不但写历史人物做什么,还探究他为什么这么做。审视历史的新观念,即用具有当代气息的新观念审视历史人物和历史事件,赋予历史作品当代意识。

民间写手注重讲故事的写法,暗合了学院史学领域对于历史叙事的复兴。西方史学在

20世纪七八十年代就在实践上和理论上全面走向"叙事的复兴",所谓复兴指的是对传统历史写作方式即讲故事的回归,也即在历史写作中从历史分析向历史叙事复归。其主要原因之一是对西方史学科学化结果的普遍失望,是对史学专业化日益走向历史分析表示不满。

随着史学的专业化,特别是史学日益走向社会科学,故事性逐渐淡化,分析性成为史学主流,叙事方法的地位也就趋于下降。综合性的叙事史不再是文学著述的主要形式,代之而起的是篇幅较小的论文和专著。史家的工作程序,通常是以某个具体的问题为核心,收集证据,展开论证,最后得出结论。尤其是"新史学"研究者,大多不屑于"讲故事",开口必谈的是问题与分析。于是,史学著述就成了"论说文",而不再是"记叙文"。叙事的式微就成了现代史学发展中的一个突出特点,这种趋势发展到极点的结果是,史学著作变成了"研究报告","问题—证据—结论"或"假设—材料—理论"成为一种刻板的史学著述模式。这类弊端在欧美史学界表现得相当突出,人们对史学缺少可读性的批评也十分尖锐,于是出现了"叙事的复兴"[①]的趋向。

西方史学界复兴历史叙事的理论与实践很快被介绍到中国,但由于各种原因中国的学院史学迄今仍是历史分析的天下。易中天说"很多研究历史的人,把历史当作一具尸体,放在解剖台上,用解剖刀一点一点地切割,取出肾脏、肝脏、心脏来研究"[②],在某种程度上就道出了学院史学的尴尬。一本正经的历史写作虽然够真实、够具体,但远谈不上细腻、引人。民间写史恰逢其时,以讲故事的方式挤进历史学家和大众阅读的视野,他们宣称历史写作可以拥有文学品质。在称赞与质疑杂交的喧嚣中,普通大众对这种方式的认可强化了学院史学对历史叙事的迟钝,有人戏称为"山中无老虎、猴子称霸王"。当然,这里无意夸大民间写史与历史叙事之间的关联,二者的契合更多的是一种巧合而非自觉追求,但民间写史的叙事手法无疑是业余对专业所敲的一次警钟。

事实上,民间写史与学院写史有着诡谲的关系。首先,民间写史与学院写史一样,鱼目混珠。其中虽不乏优秀的作品,但来自读者、出版社的众声喧哗以及出版之后带来的名利双收,使越来越多的写手看到了捷径,因而打着编著的名号抄袭、侵权。好在群众的眼睛是雪亮的,忽悠网民的结果是遭到声讨与谴责。其次,民间写史与学院写史的界限并非泾渭分明。一方面学术界包括一些历史学家越来越多地表现出对民间写史的理解和接受,另一方面民间写史的初衷虽是反叛,包括对学院史学、历史教育和传统意识形态的反叛,但越是优异的民间写手被收编的可能性就越大。2006年,当年明月还只是个网络写手,次年就已经加入中国明史学会,在毛佩琦老师指导下研究明史。用当年明月自己的话来说,他已经从原来的业余爱好"转型"为专业研究,在他讲到自己可能是中国明史学会中最年轻的会员时还流露出些许得意。曹升的《流血的仕途》出版后,包括电影导演、央视名嘴、著名杂志主编、北大教授等在内的社会名流纷纷给予高度评价,随着《流血的仕途》成为焦点畅销书,曹升迅速成为名人。《流血的仕途》获得第五届鲁迅文学奖提名。[③]

站在学院史学的角度看,能够将民间写手收归旗下,摒除了文人相轻的意气,营造了一种皆大欢喜的局面。其一,对学院史学来说,吸收了新生的力量,补充了新鲜的血液,似乎也

---

① 李剑鸣.历史学家的修养和技艺[M].上海:上海三联书店,2007:313.

② 易中天.我不是余秋雨[N].南方周末,2005-12-08.

③ 吴波.流血的仕途获得鲁迅奖提名[N].广州日报,2010-07-15.

宣告了学院史学终究高出民间写史一筹;其二,对民间写史来说,经过学院史学整编后其合法性和正当性似乎有了保障;其三,对大众读者来说,民间写手接受招安更多地意味着民间历史作品获得了权威专家的认同;其四,对出版界来说,来自学院史学对民间写史的肯定性评价无疑能够增强出版社的信心并进而保证出版效益。但是,毕竟民间写史和学院写史是历史书写的两种不同路数,一个民族不仅需要通俗历史读物,同时也需要严肃的史学作品。正所谓"娜拉走后怎样",民间写手接受招安后何去何从?民间写史最强劲的生命动力在民间,与其让所谓的草根进化为精英,不如让草根和精英共同构成历史书写立体的生态环境。

很显然,由民间写史而引起关注的"历史应当由谁来写"在今天已经不是问题,民间写史和学院史学更多地在以合作的姿态,共同迎接"全民写史"时代的到来。

二、民间写史与历史通俗化

草根与精英共存共荣并不意味着民间写手与专业史家有"阳春白雪"与"下里巴人"的分工。历史学家不是上帝,民间写手也不是恺撒,对于历史通俗化而言,"让上帝的归上帝,让恺撒的归恺撒"本身就是不成立的命题。

历史通俗化,是将历史知识以深入浅出的方式呈现出来,它的目标是普及历史知识。历史通俗化必须将历史的书写、讲述、阅读的权限向全社会开放。从这个界定出发,民间写手的历史写作在多大程度上算是历史通俗化,有待具体情况具体分析。

首先,民间写史的初衷是解放历史书写,开放历史阅读,暗合历史通俗化的要求。讲故事的写法是对学院史学偏重历史分析远离大众的反拨,之所以受到欢迎,是因为它以娱乐的方式让读者徜徉在历史的长河中,让历史阅读离普通大众不再遥远。历史学家樊树志无奈地说:"尽管历史学家已经意识到历史学家不可能垄断对历史写作的权利,并提出了历史学家们自己拿起笔书写通俗历史作品的策略,但一直以来,历史学者往往研究故纸堆里的学问,写一些枯燥的高头讲章,一方面在历史学培养的过程中,并没有注重写作技巧和文学素养的修炼,另一方面又往往孤芳自赏,有意或者无意地把文章写得高深。所以在大学历史系有一个有趣的现象,经常有不少历史教授退休后才写历史小说,因为往往退休以后,他们才能放下学者的架子,无牵无挂地写历史。"[1]专业史家既然缺席通俗历史的写作,民间写手挺身满足大众对于历史知识的需求顺理成章。

其次,民间写史是对历史教育的贫困的一种反抗,旨在为历史通俗化扫除障碍。理论上,中等历史教育是普及历史知识的重要途径。民间写手的写作动因之一是不满当下的历史教育。有意思的是,各方力量都在不约而同地声讨当下的历史教育。人文学者留白控诉说:"我们所受的可怜的历史教育,使我们不知不觉中降低了历史阅读和书写的标准。这才造成一些畅销书'虽为有识所讥,颇为无知所说(悦)(刘知几《史通》)。出版上的佳绩恰恰暴露了这个时代历史感和阅读品位的双重陷落。与出版界的市场火爆相伴的是,历史书写和阅读终于迎来了它蛰伏已久的荒年。"作家、出版人李黎愤愤地说:"官方的历史课本提供基本教育,并恶狠狠地考你。受到历史教育的人往往只会喜欢'历史小说''历史随笔'等非官方著述,对教科书往往食之无味。"[2]网友"潜水潜到 2008 年"自称是"热心中学教育者",他有

① 李培. 历史图书"山寨化"[N]. 南方日报,2008-12-21.
② 李黎. 做人,不做政治动物[N]. 中国图书商报,2008-01-07.

个宏大的愿望,希望大伙儿能坚持不懈地一起将《明朝那些事儿》直接顶入中学课程,成为每个中学生必备的书! 这种一厢情愿的宏愿虽说有些过激,但也足以引起我们对当前中学历史教育的反思。中学生正值心智的成熟期,许多人的历史知识相当一部分来自中学时代。中学历史教科书对于历史知识的普及以及历史兴趣的培养至关重要。但应试教育指导下的教科书编写和历史教学更多地摧毁了历史兴趣的培养而不是相反。

但是不应忘记,在开放历史权限之前必须保证传播的是历史知识。换句话说,历史书写不仅要对历史事实负责,同时也要对历史阅读负责。首先,有赖于民间写手的道德自律和知识优化。道德自律是个体行为,知识优化则有公共平台。在这里,民间写史再次与学院史学合谋:民间写手历史知识的获得,必须借鉴学院史学的成果。在成功的民间书写中,民间写手与专业史家分享共同的史料,并从专业史学著作中汲取养分。

其次,可以借助大众的阅读智慧。市场条件下,消费作为市场经济的生产、分配、交换、消费四个环节中完成一个循环的终点和开始一个新循环的起点,在市场经济的循环和演变过程中起着极其重要的根本性作用。消费时代的民间写史更多地遵循了市场主义原则,因此历史书写在很大程度上是由历史阅读所决定的。民间写手大约深谙此道,在经由最初的尝试阶段之后,开始联合出版、媒体等进行批量生产。于是出现了一味迎合大众口味的庸俗化倾向,结果使读者产生阅读疲劳。

作为一种知识的历史应该是温吞水,以温婉浸润人的心灵,以平淡累积厚重,太热反倒是不正常的。近十年的“历史热”虽不是幻象,但也渐趋归于理性,表明历史阅读对于民间写史有规范作用。

可见,历史通俗化应当是民间写手和专业史家都能参与的一项事业,也是一项共同的责任。民间写手要加强道德修养,夯实历史学养,避免使历史书写仅剩下讲故事的生动外壳;专业史家与其坐而论不如起而行,除了从事高深晦涩的专业写作,也应当对通俗历史的写作贡献一分力量。

三、民间写史与历史书写的原则

民间写史作为一种文化现象,在事实上参与了历史通俗化、大众历史知识的社会化工作。既然关涉历史,是否要遵守历史书写的一般原则呢? 在对民间写史的热议中,史学工作者达成了如下共识:一方面承认不能以学院历史的标准要求民间写手,另一方面坚持认为能否尊重历史真实和坚持何种历史观是决定民间历史作品生命轨迹的重要因素。

历史学家之间的学术争论首先涉及的是真实性,而方法与资料都是在真实性的语境中受到评价,[①]民间写史就时常生存在这样的语境当中。史学工作者提醒读者,民间写手“普遍没有受过专业训练,没有足够的学术涵养,因此不可能展现客观的历史”,“别把这些通俗读物所写的事情当成历史那回事”[②]。事实上,民间写手的文字受到欢迎和受到质疑的一个共同因素是它是否符合历史真实。在另类当中读出历史的一些粉丝,是切实将其作为窥视历史的一个门径,他们相信这当中反映了历史的真实。尽管是粉丝,他们并不缺少理智,且看

① (波)托波尔斯基.历史叙事之真实性的条件[M]//陈新.当代西方历史哲学读本:1967—2002.上海:复旦大学出版社,2004:145.
② 李培.历史图书“山寨化”[N].南方日报,2008-12-21.

明矾的自我定位:(1)明月的 fans,也有网友认为是明朝的 fans。(2)明矾晶莹剔透,放入水中有净化作用,喻 fans 洁身自好,跟明月的关系是君子之交淡如水。可以说,历史怎么写固然重要,同等重要甚或更为重要的是历史怎么读。《明朝那些事儿》的出版注定会成为一个里程碑事件。这不在于明月的文学功底有多好,而在于这套书以足够有趣的笔法还原了历史原貌,吸引了像我这样每天追踪的读者。可以说,没有《明朝那些事儿》,明矾对于那个朝代的印象,肯定还是些电视剧胡编乱造的片断。资深明矾、历史爱好者公孙扬眉如是说。有趣的是,明矾在此将民间写史和历史题材电视剧相提并论,显然认为前者近乎正史,而后者一概戏说;前者尊重的是历史真实,后者听从的是艺术号令。这种观点正确与否是次要的,关键在于他们在历史真实和艺术真实当中首要重视的是历史真实。

事实上,民间写手不负众望,在自觉的状态下满足了读者的要求。换句话说,民间写手如果没有尊重历史真实的自觉,也就不会有如此众多的读者了。尽管史学工作者毫无异议地将这些作品定性为历史小说,但民间写手当年明月对自己的文字有清醒的定位:不是小说,不是史书,是明札记。编辑的推荐是"真实再现晚明历史,颠覆传统历史观念"。曹昇说,误读或戏说,并不会伤害到历史,但可以误概读者,而对作者而言,久而久之,也就相信自己所写的为真了。因为他已经不在乎历史的真相了。对一个有志于写作的人来说,这是很可怕的。历史的写法会有多种多样,但至少有一点应该是起码的,那就是对祖先的历史抱一种起码的敬意和温情[①]。梅毅则郑重地宣称自己是一个严肃的历史写作者,他的书是一本针砭时弊的杂文[②]。

因此,不管是广大读者的期许还是民间写手的自我定位,他们都认为尊重和追求历史真实是应当遵循的基本原则。民间写史并未就此止步,他们坚持在历史书写中融入自己的感情。这种"以心证史"的方式被称为心灵历史,而当年明月等人也荣获了"新派历史天王"的尊称。从知识论的角度讲,过分注重历史的故事性和趣味性会损害历史的真实性和客观性。意义愈清楚,情感的寄托愈贫乏,情感上的寄托愈丰富,意义愈不清楚。[③]

和学院史学一样,尊重历史事实是民间写史的底线。学院史学的傲慢与偏见固然让历史失去了一些精彩,但它在理智与情感上的把握则值得民间写手借鉴。毕竟作为知识的历史是严肃的。历史真实固然不应该成为限定民间写史的藩篱,但对历史应当保持起码的敬意和同情,这是民间写史避免流于媚俗、史观飘忽的基本保障。

关系民间写史走向与前景的除了保持对历史的敬畏,同样重要的是历史观。到目前为止,由网络走红的民间历史作品大多保持帝王史观,写作对象多是王朝历史,因此频频受到美化帝王历史的质疑。历史是人民创造的,在帝王将相之外应当关注平民的历史。一直以来,学院史学对新史学、微观史的倡导就在朝着这个方向努力。那么,民间写史的帝王史观是否可以不受质疑呢?

实际上,平民百姓书写底层生活史被誉为民间写史的另一个声部。2003 年,陈文将自己的小学作文本、介绍信、病历、工资单等,连同 5 万字的书面记述一起,出版了个人史《吃饭长大》,被称为"中国人口碑历史的先锋试验版本"。之后候永禄的《农民日记》、萧一湘的《天

---

① 曹昇.写历史首先要敬意和温情[N].中华读书报,2007-10-17.

② 梅毅.我是一个严肃的历史写作看[N].郑州晚报,2009-07-24.

③ 金岳霖.知识论[M]//金岳霖文集(第三卷).兰州:甘肃人民出版社,1995:704.

堂脚印》、邹洪安的《个人史：草根百姓的一生》相继加入"另一个声部的历史合唱中去"①。这类作品显然和史学工作者所倡导的口述历史达成了某种程度的共谋。然而从目前读者的反应来看,这类作品受欢迎的程度远远比不上帝王将相的历史。看来,尽管我们不能低估读者的智慧,但大众读史确实需要引导。

相对于帝王史观,男性中心史观更值得警惕。与学院史学一样,民间历史叙事的主体依然是男士,历史舞台的主角也是男士,history(历史)就是"his""story",历史叙述成了男人故事会。在帝王将相的历史中,"戏不够,美人凑",女人成了历史的花边和点缀。女性在历史书写中集体失声,比平民缺席帝王历史更为可憎。我不是女权主义者,也不提倡女性中心的历史书写,但在历史书写中即便不能重视,起码不能无视女性的存在。当然,在历史当中寻找女性的身影可能比在历史当中倾听平民的声音更加困难,但对于作为人学的历史书写来说,缺少她们就是不完整的。

总的来看,民间写史与学院史学之间的对立只是历史的表象,它们在历史叙述与历史分析的问题上、在历史通俗化的目标上、在历史书写的标准上尽管不能重合,但至少是有共同语言的,通过对话,由对立走向共谋,是二者共同的历史任务。

(原载《人文杂志》2013 年第 2 期)

乘"虚"而入：当代中国"网络写史"的可能与限度

桂尚书　宁波大学

进入新世纪以来,不知不觉之间我们步入了一个数字化的网络时代,"数字化生存"正在日益成为人类一种全新的生活方式,"是否加入互联网已经不再是一种选择,而是历史的必然",②而与之相伴随的历史书写与记录模式也即将发生一场革命性的变化。这或许也将使中国的史学面临着一场千古未有之变局,而如何应对这一变局则成为每一个学史之人考察与思考的题中之意。

一、新媒体与新史学

二进制的"数字化"网络时代的到来,使得纷繁复杂的世界万象可以轻易地纳入一系列的编码与程序,"全球化""地球村"也变得不再是遥不可及的水中月镜中花。当代美国社会学家曼纽尔·卡斯特说："我们的媒介是我们的隐喻,我们的隐喻创造了我们的文化内容。由于文化经由中介沟通和发动,因而文化本身,亦即我们在历史上创造出来的信念与符号系统受到新技术系统的影响而有了根本的改变,这种转变还会随着时间的推移日益加剧。"③伴随着网络时代的到来,众多的"网络写手"在网络上开始了一股风头强劲的"网络写史"运动,正是这个数字化网络时代的史学转型的雏形。其实在网络上一开始的书写活动并不是写史运动,或许是因为学科特性的缘故,历史学对于社会最新思潮的反应总是要慢一个节拍。网

① 赵涌漠.草根写史：另一个声部的历史[N].中国青年报,2009-05-20.

② 郭良.网络创世纪·前言[M].北京：中国人民大学出版社,1998.

③ (美)曼纽尔·卡斯特.网络社会的崛起[M].夏铸九,等译.北京：社会科学文献出版社,2001：407.

络时代的到来也是这样,最先在网络上开始书写的都是一些文学活动,比如1998年一部网络小说《第一次亲密接触》的横空出世,便立即红遍大江南北,这部书也被称为"网络上的《泰坦尼克号》",随后兴起的第一代网络写作也多是文学爱好者借助网络这一数字化平台在新的赛博空间里尽享写作的乐趣与快乐——痞子蔡、安妮宝贝、宁财神、李寻欢、慕容雪村、今何在……从稍微晚一些的网络写手中开始涌现一批"网络写史"的写手,当年明月、唐家三少、赫勃连连大王、曹三公子等,他们凭借网络这一全新的数字化媒体平台迅速声名大振。当年明月的《明朝那些事儿》更是在整个史学界乃至社会引起了一股新的"通俗史学"热潮。和大多数网络写手一样,开始的这批网络写史者只不过是抱着一种好玩的心情在网络这一个自由宽松的平台上随意涂鸦,后来是出乎意料地受到了网民的追捧,从此一股"网络写史"的浪潮便一发而不可收。关于中国历史上各朝各代的网络史学作品纷纷问世:《春秋时代的恐龙战争》《铁血战国:激情时代的性情人物》《先秦顶级名将》《门阀旧事:谢安在他的时代》《华丽血时代》《帝国如风:元朝的另类历史》《明朝那些事儿》《极乐诱惑》……数量之多,可谓是"汗牛充栋",俨然已经形成了一部全新的"网络史学二十四史"。这些"网络写史"浪潮下应运而生的作品,在全新的平民化视角下,运用充分的想象力,娱乐消费的写作旨趣、仿真模拟的写作方法、写作语言的叙事化风格等等诸多不同于传统史学的特性在网络时代下迅速形成。

当然,不可否认的是,时至今日,在史学界仍然有一些抱残守缺的人否认"网络写史"这一全新的写史方式,看不到因为"网络写史"而有可能引发的一场史界革命,他们不会也不愿意承认,"网络史学"时代已经到来。数字化网络传媒在写作、发表、流通各方面的全面介入使得人类或许即将进入史学的"读屏时代",文化传播包括史学在内都是与媒介本身息息相关的,"任何媒介对个人和社会的影响,都是由于新的尺度的产生;我们的任何一种延伸,都要在我们的事物中引进一种新的尺度"①。在网络时代的写史运动本身正是暗含着对这一趋势的顺应,正是由于网络和史学写作的结合,从某种程度上产生了"网络史学"②的雏形。在笔者看来,这意味着"网络史学"并不是简单的"在网上"的"史学",譬如——这些年随着互联网的普及,一些史学网站也开始把传统史家的作品传到网上,诸如中国史学网、中国经济史论坛、中国史学评论网等,这不是完整意义上的"网络史学",或者说这没有体现真正的"网络史学"精神。只有加入那些以网络为孕育的温床、真正根植于网络写史运动的"网络写手"们的作品才能成为完整的"网络史学"。在人类的发展历程中,"任何媒介的使用或人的延伸都改变着人际依存模式,正如它改变我们的感觉比率一样"③,数字化的互联网时代的到来形成了全新的人类信息书写与传播的方式。1996年,网络上"西部牛仔"约翰·巴洛在《赛博空间的独立宣言》中说:"我们正在创造一个每一个人都能进入的,没有由种族、经济权力、军事权力或出身带来特权与傲慢的世界;我们正在创造一个每一个人不论在什么地方都能表达他或她的不管多么单一的信仰的世界……我们将在赛博空间中创造一种精神文明。"

---

① (加)马歇尔·麦克卢汉.理解媒介——论人的延伸[M].何道宽,译.北京:商务印书馆,2000:33.

② "网络史学"这个概念目前提的人还很少,因为目前"网络史学"作为一种史学形态来说还太不成熟,但是我们不可以否认的是未来必将是网络史学的天下。目前有辽宁大学历史系教授焦润明教授写过两篇文章提过"网络史学",《网络史学论纲》《网络史学的研究对象和研究方法》,但是焦教授的"网络史学"与我提的网络史学存在很大的不同,在笔者看来,焦教授提的网络史学其实只是一种史学的网络化,而不是全部的"网络史学"。

③ (加)马歇尔·麦克卢汉.理解媒介——论人的延伸[M].何道宽,译.北京:商务印书馆,2000:127.

我们即将迎来的时代是一个数字化的时代,史学改变传统的书写方式而向数字化模式靠拢也将是大势所趋,而对于那些暂时不能理解、不能接受"网络史学"即将到来的人们,我表示理解,但是我要指出的是历史一再地表明:新事物的变革所催生的人类生存形态在其刚开始的时候往往都是不怎么受人待见的,因为这需要人们思想的转变,"在小说刚兴起的时候,人们蔑视他,并理直气壮予以抨击。他们认为小说低俗、不道德。在某种意义上,这并没有错,不过正因为小说具备了这个特点才使其伟大:小说震撼并引导着人们进行新思维"①。正如数字化时代的预言家尼葛洛庞帝所说:"我们无法否认数字化时代的存在,也无法阻止数字化时代的前进,就像我们无法对抗大自然的力量一样。"②我们也无法阻止数字化史学时代的到来,我们所要做的是如何去建构一个数字化时代的史学体系。当然,我知道"网络史学"是一个比较新的领域和概念,这其中还有许多问题有待于学者去思考与回答,我相信这有一个逐步推广与重视的过程。

二、"网络写史"的全新维度

数字化传媒的最大特点就是它的开放性、平等性,正是因为这个因素数字化时代背景下的"网络写史"运动,裹挟着大众文化的浪头冲向传统史学的阵地。这些新的媒介用平民化、通俗化的叙述性言语方式开启了史学写作的新的"民间时代"。以网络为代表的数字化媒介是一个全新的虚拟时空,具有以前的各种媒介所不具备的开放性与包容性,这是一种历史书写的赛博空间,在这样一个虚拟的赛博空间里传统史家垄断话语权的梦想已经成为遥不可及的神话。网络的虚拟空间是去中心化、去权威化的,这里没有中心,而是众多中心和边缘的交叉。这样一种前所未有的开放性,使得网络本身就走的是一种群众路线,"网络写史"的应运而生至少从某种程度上创造了史学面前人人平等的局面,为那些在传统史学一统天下的时代不可能触碰到历史书写的普通人开拓了一个全新的历史写作空间。这种前所未有的数字化时代,历史传播载体的极端方便诱发了"文化民主"③,把历史的话语权交回到民众手中,给予史学重新回归民间的机会,越来越多的人群开始在历史的话语体系中发出来自自己的声音,用自己的体会与感悟去书写自己理解历史。在《善良的暴君——路易十六和法国大革命》中,鲁热上尉写道:

> 1793年1月21日。巴黎一清早就下着冰冷的小雨。大批国民自卫军的士兵布满街头戒严。各条大街上没有了以往的喧嚣热闹,显得死气沉沉的。偶尔有马拉着的大炮经过,传来一两声士兵低沉的口令声。
>
> 香榭丽舍大街的尽头,是个八角形的广场。这个广场原来叫作路易十五广场,现在被革命的人民改称革命广场。广场西北角,矗立着一座细长的、几根大木头搭成的怪物。怪物周围,是几千名全副武装的国民自卫军士兵,几十门大炮对准四周的各个路口。

这种看似充满文学性的描述语言,貌似与传统史学那种严谨的科学化的表述格格不入,但是这在"网络写史"时代却是十分正常甚至是必不可少的。因为合理的想象以及叙事化、通俗化的语言正是"网络写史"的精神以及价值所在,这从某种程度上也是对于现在学院史

---

① (美)列夫·格罗斯曼.21世纪的小说[N].凌云,编译.中华读书报,2009-06-17.

② (美)尼古拉斯·尼葛洛庞帝.数字化生存[M].胡泳,译.海口:海南出版社,1997:269.

③ "文化民主"概念,参考了欧阳有权的《论网络文学的精神取向》(《文艺研究》2002年第5期)。

学当中叙事化语言取向的一种暗合。

"网络写史"的平民化远远还未达到繁荣的地步,从绝对值来说这还是一种小众写史,但是它最起码已经了平民写史的权力与可能。独具慧眼的文学怪才王朔说过:"网络为我们提供了前所未有的自由表达机会,使每一个才子都不会被淹没,今后的伟大作家就将出在这里。"这句话同样适用于史学领域。虚拟网络媒介的发展使得历史的书写权已经有了前所未有的自由,正是这种自由使得各种"网络写史"风起云涌:《明朝那些事儿》《鲜卑帝国》《善良的暴君》等,在天涯论坛"煮酒论史"上比比皆是,这些通俗化的"网络写史"作品自然不可能完全与历史事实相符,但是基本上都还是尊重既有史学研究成果的,何况历史本来是什么样的谁也说不清,"历史的客观性"本身就已经成为一个高尚的梦想而已。而我们现在所提倡的"网络写史"运动,更多地是以一种建设性的学术姿态来加入历史的书写行列。从这种意义上来说,数字化网络技术的发展对传统史学的多方位突破带来了一场从未有过的"写作自由",这必将对未来的史学形态产生难以估量的影响。首先是历史书写载体的变化带来的写作自由,历史书写甚至是人类整个的文化传承经历了口耳相传到结绳记事,有了文字以后,又先后经历了甲骨文、铭文,竹简木简等,最后到纸张的发明和普及化使用,书写工具的变化历来是人类文化传播不断发展的重要原因,而数字化网络媒体作为一种全新的媒介必将继续发挥这样一种功能。"所谓数字化就是克服、消解物质媒介的种种物质特性,用数字比特来替代原子作为新的构成材料,把原子拆解为数字,然后经过信息编码,重新构成一个虚拟的、没有物性的世界。"[①]其次是"网络写史"使得"写出就是发表"成为可能,直接过滤掉了"编辑审稿"这一中间环节,从而使得历史书写获得了很大程度上的解放,减少了很多的限制,获得了更多的自由,而这也正是"网络写史"生命力和活力的来源。"网络写史"的公共空间是一个自由的赛博空间,电子媒介与网络技术为人类培育了全新的写作方式,为人类提供了一个空前开放的自由写作自由发表的平台,固守传统的那些人的话语霸权已经岌岌可危,甚至已经宣布自行坍塌。而由此带来的"思想自由与解放"也是更多人参与进新的写史当中,从不同层面、不同角度对历史做了全方位的记录,使得呈现一幅立体的历史画面成为可能。

三、"网络写史"的深度思考

首先,伴随着"网络写史"的浪潮,越来越多的人加入"网络写史"的运动中来,很多学者提出了"民间写史"的可能,把"网络写史"看作是"民间写史"的范型,想建构一个关于全民写史的宏大体系。但是,我们似乎过于乐观地看待了数字化网络带来的冲击。最先提出这种类似于"民间""全民"的"公共领域"概念的是当代西方著名的思想家哈贝马斯,他指出:"公共领域,我们首先意指我们社会生活的一个领域,在这个领域中,像公共意见这样的事物能够形成。公共领域原则上向所有公民开放。公共领域的一部分由各种对话构成,在这些对话中,作为私人的人们走到了一起,形成了公众。"[②]显然,哈贝马斯所提出的这种公共空间我们目前的社会并不具备,"民间写史""全民写史"离我们还比较遥远。在当下社会生态环境中,所谓的"民间"还没有我们想象中的实际效用和力量。现在的"民间",实际上更大程度上是"官方"与"非官方"的区别。真正的"民间写史"离我们还很遥远,把"网络写史"等同于"民

① 张耕云.数字媒介与艺术[J].美术研究,2001(1).
② (德)哈贝马斯.公共领域[M]//汪晖,陈燕谷.文化与公共性.北京:生活·读书·新知三联书店,1998:125.

间写史"更是谬误百出。在民间主体意识缺位的历史情景下,绝大多数"网络写手"的民间意识是不自觉的,其所谓的民间立场也是模糊不清的。在这里我十分同意曾繁亭教授用的一个概念——"边缘化"。这些"网络写手"们创作的动力很大一部分来自于向中心的突破,而一旦突破成功其"边缘地位"也旋即消失。当然在"民间社会"并未形成的时候畅谈"民间写史",很有必要,但是也许过于前卫,也还有一个推广与孕育的过程,这将是一个漫长的旅程。

其次,由于网络技术的开放性和平等性特征,使得更多的人参与进了"写史"的运动中来,传统的史学话语霸权已经动摇,"网络写史"获得了前所未有的自由度。但是,我们不能忘了,"网络写史"毕竟还是在"写史",其底蕴是"史学",应该包含着史学求真求善的人文追求,而不是"网络",不是"娱乐"。当然史学可以拿来娱乐,因为网络上现在流行的这些通俗的"网络写史"作品本身就是娱乐消费文化的结果。但是,我们可以为了史学而娱乐,却万万不能为了娱乐而史学。"网络"仅是"史学"借助的技术工具,在本质上还是"史学"。现在网上很多的历史穿越小说,本身就应该把历史二字去掉,叫"穿越小说"就好,因为在这些小说中没有起码尊重历史的态度,甚至任意篡改历史。历史可以通俗,但是拒绝恶搞。因此,我想表达的意思是,数字化网络技术是赋予了人们前所未有的"自由",包括写史自由,的确为人类的"写史"提供了巨大的方便,从而也为全方位立体化地书写历史提供了可能,但是作为"史学"的求真求善旨趣,却不能因此而改变,否则"史学"将不再是"史学"。网络技术在很大程度上突破了传统史学的话语垄断,将"写史"的权力还给了民众,但是没有绝对的自由,权利与义务也总是相伴而生。在"网络写史"的过程中,只有恪守着最起码的史学责任感,才有资格拥有写史的自由。而这也决定了,"网络写史"不可能成为一场"全民运动"。

数字化时代的到来是时代的必然,历史大势浩浩荡荡,我们谁也无法阻挡。史学的发展在这样一个时代的背景下,必须适应新的媒介需求,向传统史学话语垄断说"不"。让史学走进"民间",这也是历史发展的必然趋势。但是,诚如前文所述,"全民写史"在目前并不成熟,"民间"概念在当下社会形态并未完全发育。但是,有一点可以肯定,"民间"的力量将越来越大。在可以预见的将来,史学必将与网络紧密地结合在一起,也必将带来史学界的一次大的范型转变,"网络写史"时代的到来或许正在某种程度上召唤着"网络史学"时代的即将到来!

(原载《华人时代旬刊》2013 年第 8 期)

课后实务:教学分析报告

文档名与报告名:"×××(学生名)教学报告"。

要求:写成两千字以上的学习心得总结,先提供电子版本,后打印一份,以供教学存档用。

什么是教学报告? 教学报告应该是对教与学的观察分析报告,是对教学的观察、思考,是对自己的解剖。包括对教学方式的观察分析、对学习方式的观察分析、对教学内容的观察分析、对本人有触动的观念分析、本人学习能力提升之处,以及对教与学进一步改进的设想。

外编:海内外公众史学的沟通

欧美公众史学现状

谁拥有历史——美国公共史学的起源、发展与挑战

王 希

摘要:公共史学兴起于 20 世纪 70 年代的美国,现在已经发展成为当代美国史学研究的新领域。作为一个新兴的史学领域,公共史学激发了一系列的辩论:史学的功能、史学的"公共性"、史学与公民建设以及公共史学与传统专业史学之间的关系等。这些辩论一方面反映了美国社会围绕历史解释权的归属而展开的政治冲突,另一方面也暴露了美国专业史学界面临的多重"危机"。

"公共史学"(public history)是当代美国史学研究的一个新领域,它兴起于 20 世纪 70 年代中叶,现在已经颇具声势和规模。目前,全美近百所大学的历史系都设置了公共史学的研究生学位项目,公共史学课程也进入了许多高校历史系的本科教学。1978 年,美国史学界创办了专业期刊《公共历史学家》(*The Public Historian*)。1980 年,全国公共史学委员会(National Council on Public History,NCPH)成立,它成为来自不同领域的从事公共史学研究和公共历史实践的"公共历史学家"的全国性专业学术团体。尽管在教学课程设置、确立专业规范和评估标准方面,该领域仍处于探索阶段,但是作为一个新兴学科,它开辟了史学研究和史学应用的新途径,对传统的学院派史学提出了严峻的挑战。鉴于国内较少关注美国公共史学的发展,本文将考察它的起源、发展和演变,并就它引发的相关论题,尤其是它与传统史学的关系以及史学与美国公民建设的关系,提出一些看法[①]。可以说,了解公共史学以及美国史学界围绕它所展开的讨论,对于我们思考中国史学在 21 世纪的发展具有重要的启发意义。

---

① 罗荣渠先生于 20 世纪 80 年代初在美国访学期间,曾对当时方兴未艾的公共史学予以关注,并向国内作了简单介绍。(参见:罗荣渠.对美国历史学的状况和动向的思考[M]//美国历史通论.北京:商务印书馆,2009.)原文最初以"当前美国历史学的状况和动向"为题载于《世界历史》1982 年第 5 期。近期关于公共史学的介绍,参见:杨祥银.美国公共历史学综述[J].国外社会科学,2001(1):33-37.

起　源

公共史学在美国史学界的兴起似乎带有某种偶然性。20世纪70年代中期，美国史学界遭遇了一场空前的危机：传统史学博士培养过多，许多史学博士完成学业之后，无法在大学里找到合适的教职，被迫改行，脱离了史学界，造成了人才的极大浪费。根据1977年美国历史学会（American Historical Association）对144所可授予史学博士学位的高校所做的一项调查，1976—1977年获得史学博士学位的1605人中仅有52％的人获得了高等院校的教职，而其中相当一部分人（约37％）获得的仅仅是半职工作，而将近32％的人因在学术界谋职无望，只得离开史学界，到其他行业谋职。① 美国的高等教育与市场经济的联系非常紧密，供需关系明确，史学博士就业无望的状况严重打击了各大学历史系的研究生项目，尤其是对各州立大学历史系造成巨大的潜在伤害。这些学校的学术竞争力处在第二梯队，其毕业生很难与一流大学训练出来的史学博士竞争有限的教职，如果不能找到一条解决研究生就业的出路，其研究生项目就可能面临关门的危机。加州大学圣塔芭芭拉分校（University of California at Santa Barbara）历史系当时就面临这样的困境。

加州大学圣塔芭芭拉分校历史系教授、公共史学的创始人之一罗伯特·凯利后来回忆了他与同事韦斯利·约翰逊曾就此令人担忧的前景在办公室进行数次长谈的情形。当时他们希望找到一条扩大史学研究生就业的新渠道，以便继续吸引爱好历史的青年前来就读，使本系的研究生项目能够继续保持活力，不至于因为市场的因素而遭到校方的裁减乃至撤销。凯利和约翰逊认为，保住研究生项目就将保证"历史系继续成为具有思想活力的地方"，并拓展史学研究和史学教育的前景。② 公共史学便是他们提出的挽救历史系研究生项目的一种办法。

1976年凯利和约翰逊利用从洛克菲勒基金会获得的一笔为期3年的基金，在加州大学圣塔芭芭拉分校开始了公共史学研究生项目的试验。当年该系招收了第一批公共史学研究生，共9人。因为是试验，该系最初只是将公共史学作为学生可以自由选择的学位路径之一（换言之，学生在选完必修课程之后，可以在传统的论文写作和公共史学的训练程序之间进行选择，来决定自己完成研究生学位的路径③）。最初的课程设计，仍然强调传统史学对基础知识、外语、史学方法和史料分析等的专业训练，即便是选择公共史学的学生也必须完成这些基本训练，并通过传统的口试后，方可进入专业训练阶段。公共史学的专业课程主要包括两门高级研讨课，其中一门注重训练学生从事公共史学的能力，另外一门则强调跨学科研究方法的训练。根据凯利的总结，在第一门课上，教授与学生一起讨论公共史学的本质和公共史学家的职业操守（具体说，就是在遭遇外界强大压力的情况下，史学家应该如何坚持求真

---

① Arnita Jones. The National Coordinating Committee：Programs and Possibilities[J]. *The Public Historian*，1978,1(11)：4952.

② Robert Kelley. Public History：Its Origins，Nature，and Prospects[J]. *The Public Historian*，1978,1(11).

关于20世纪70年代的史学危机，参见：Peter Novick. *That Noble Dream：The "Objective Question" and the American Historical Profession*[M]. Cambridge：Cambridge University Press,1992:512-513.

③ 这种做法也非常符合传统的研究生培养方式。一般来说，必修课程结束后写作论文时，学生选择的论文方向或领域往往最终决定该学生的研究定位。

的基本史德)。他们特意请来一些曾在公共领域工作过的历史学家,到课程上现身说法,与学生分享实践的经验。该课还要求学生深入"公共领域"的第一线——地方政府部门、社区、公司、企业和社会团体等地实习,进行"任务导向型"(mission-oriented)的研究,学会与不同的机构、群体(包括政府官员、社会工作者、档案人员、新闻记者等)打交道,从中获得研究材料。该课程还要求学生学习一些行政和管理技巧,包括组织研讨会、编辑简报、为期刊撰稿、写作基金申请报告等,这些技能显然都不在传统史学研究生课程之内。另一门研讨课则注重训练学生如何在历史研究中掌握和运用其他社会科学和统计学的方法。此外,该项目积极鼓励学生拓宽知识面,并特别强调团队合作精神。① 这种训练带给学生一种崭新的研究生经历和感受,相对于本系在传统路径中接受训练的学生而言,公共史学项目的学生之间往往能够建立起一种更为深厚的个人友谊和团队协作精神。课程训练结束后,学生离开学校进行 6 个月的带薪实习(salaried internship),并根据实习的内容,写出研究报告(类似论文)。学生实习的研究项目包括:城市用水权的问题、机场噪音、洛杉矶市文官制度的历史、国家公园管理局的运作等。这些实践为学生毕业后的就业创造了有利条件。该项目最初两届学生在毕业后大都找到了与项目培养目标相吻合的工作。②

通过这个试验项目,凯利和约翰逊摸索出了一些培养公共史学研究生的新方法,也对"公共史学"的概念做了更为清楚的界定。在 1978 年《公共历史学家》的创刊号上,凯利第一次公开使用了"public history"(公共史学)的概念,并对其作了如下定义。

用最简单的话来说,公共史学指的是历史学家的就业(方式)和在学术体制外——如在政府部门、私有企业、媒体、地方历史协会和博物馆,甚至于在其他私有领域中——(所使用的)史学方法。公共历史学家无时不在工作,他们凭借自己的专业特长而成为"公共进程"(public process)的一部分。当某个问题需要解决,一项政策需要制定,以及资源的使用或行动的方向需要更有效的规划时,历史学家会应召而来,这就是公共历史学家。③

可以看出,凯利在此时使用"公共史学"的概念时,主要是指史学知识和史学技能运用于学术界以外的场所中,这些场所包括政府机构、私人企业、大众媒体、各地的民间历史学会或组织,以及各种各样的博物馆等。值得注意的是,他将"公共史学家"的工作视为"公共进程"的一部分。什么是"公共进程"?凯利并没有展开说明,但不难理解。这里的"公共"既可以理解为"公共事务"(如政府部门和社区的决策、由纳税人支持的中小学历史教学等),也可以理解为"公众社会"(包括向公众传播信息和提供知识的媒体、电影、电视、出版业等),还可以理解为"公众文化"(如向公众开放的博物馆、历史遗址、纪念场所或公众纪念活动等)。公共历史学家的工作就是运用历史学家的知识与技能,在"公共领域"中发挥作用。

表面上看,凯利的定义带有一种赤裸裸的现实主义或功利主义的色彩,这在当时的背景下是可以理解的。凯利本人对此也毫不讳言。在《公共历史学家》创刊号的"编者按"中,同为公共史学运动发起人的约翰逊对公共史学的本质和定义做了说明。他提出,公共史学是"一种多维度的新兴史学领域"(a many-faced new field of history),它可以有效地将传统史学训练中缺失的许多内容组合起来,将历史研究的技能运用到学术界之外的更广阔的社会

① Robert Kelley. Public History: Its Origins, Nature, and Prospects[J]. *The Public Historian*, 1978,1(11):24-25.
② Robert Kelley. Public History: Its Origins, Nature, and Prospects[J]. *The Public Historian*, 1978,1(11):26-28.
③ Robert Kelley. Public History: Its Origins, Nature, and Prospects[J]. *The Public Historian*, 1978,1(11):16.

领域。他指出,公共史学的最基本特征就在于它是一种"使公众受惠"(for public benefits)的历史学科。他随即列举了历史学家可以在其中发挥作用的 8 个"公共领域":(1)政府机构(帮助各级政府做出相关的政策分析和评估);(2)商业(研究商业决定的起源,进行政策分析,书写企业成长的历史);(3)研究机构(进行专项和定向研究,包括开展口述历史的项目等);(4)媒体(为电声、电影和印刷媒体的作品提供历史研究和历史知识,从事历史研究和历史书籍的编辑与出版等);(5)历史遗址保护(进行历史遗址的测绘、评估、环境保护等);(6)各地的历史学会和家族史协会、博物馆等(研究地方志、历史展览或地方的历史项目,提供专业咨询,进行史学审查等);(7)档案和历史资料管理(管理和主持历史资料和档案的评估和管理工作);(8)教学(在大学讲授公共史学的课程,培养人才)。① 约翰逊驳斥了将公共史学理解为"实用史学"(applied history)的说法。他认为,将专业史学(academic history)与公共史学的关系类比成自然科学领域中的所谓"基础研究"与"实用研究"的关系是没有意义的。公共史学家的训练无疑会包含"实践"的内容,但他们所从事的工作同样也是一种"基础研究",也是在创造新的知识;他们同样需要具备专业历史学家的训练和技能,他们使用的研究方法以及他们对自己成果的质量要求与传统专业历史学家并无二致。两者的不同之处是他们的工作环境:公共历史学家必须"学会在他们的资助机构和雇主所建议的研究种类中来设想和创造(研究的)题目",他们没有专业历史学家所拥有的随心所欲地选择研究题目的自由。② 即便他们有解决现实问题的目的,凯利和约翰逊对公共史学的原始定义却包含了一种重要思想,即历史学家必须将自己的史学知识与技能应用到与公众相关的事务中去,大学历史系必须承担起一种社会责任,为社会培养掌握历史知识、能够为公众事务提供具体和现实帮助的人才。换言之,史学必须为公众事业服务,历史学家应该在公共领域和公共话语中发出有分量的声音,而不是关起门来躲进象牙塔,自说自话,与现实隔绝。他们所定义的"公共史学"实际上隐含了"公共领域中的史学"(history in public)的含义,但这种理解要到数年之后才逐渐演变成为公共史学的一个核心概念。在论述中,凯利以耶鲁大学美国南部史专家范恩·伍德沃德(C. Vann Woodward)和著名黑人历史学家约翰·霍普·富兰克林(John Hope Franklin)等历史学家对 1954 年布朗诉托皮卡教育委员会案(Brown v. Board of Education of Topeka)的参与为例,来说明公共史学在推动社会进步过程中所发挥的重要作用。③ 但当时,他和约翰逊并没有直接挑战专业史学,也没有把公共史学看成专业史学的对立面。相反,他们更多的是将公共史学看成专业史学的一个分支,看成是接受过专业史学训练的人进入公共领域的一种自然延伸。

---

① G. Wesley Johnson, Jr. Editor's Preface[J]. *The Public Historian*,1978,1(11):6-7.
这些领域基本涵盖了当时主要的公共史学种类,随后几年出版的公共史学教学参考书也基本覆盖了这些领域。如 Barbara J. Howe 和 Emory L. Kemp 编的 *Public History*:*An Introduction*(Malabar:Robert E. Krieger Publishing Company,1986)就涵盖了公共史学的主要领域,包括博物馆、档案馆、口述历史的收集与整理、历史文物和遗址的保护、历史文献的编撰和整理、州和地方史学研究社的管理、联邦与州政府部门的体制史研究、公共政策制定历史的研究、企业史的整理与记录等。

② G. Wesley Johnson, Jr. Editor'S Preface[J]. *The Public Historian*,1978,1(11):8.
事实上,众所周知,专业历史学家对研究题目的选择也越来越受到资助项目的影响。

③ 伍德沃德(1908—1999)和富兰克林(1915—2009)同为美国著名历史学家,分别长期执教于耶鲁大学和芝加哥大学。1954 年美国联邦最高法院通过对布朗诉教育委员会案的判决,宣布在公立学校中实施种族隔离为违宪行为。伍德沃德和富兰克林两人曾以历史学家的身份,对重建时期的国会立法文献进行研究,为协助全国有色人种协进会首席律师瑟古德·马歇尔(Thurgood Marshall)的法庭辩论提供材料。

发 展

其实,在 20 世纪 70 年代早期和中期,除加州大学圣塔芭芭拉分校外,其他一些学校也在探索培养史学研究生的新途径,如奥本大学(Auburn University)当时在历史系设置档案学专业,中田纳西州立大学(Middle Tennessee State University)开设了历史遗址和遗产保护专业等,但圣塔芭芭拉分校的公共史学项目直接提出了公共史学教学的宗旨和方向,对推动公共史学运动的发展起了重要的作用,赋予了公共历史学家一种专业身份认同,[1]由约翰逊等人发起创办的《公共历史学家》则为该领域的发展搭建了一个引人注目的重要学术平台。1978—1980 年间,一系列关于公共史学的讨论会得以举行,这些讨论会吸引了专业历史学家和那些在政府部门、博物馆、档案馆等工作的史学工作者参加。这些会议直接推动了公共史学领域的组织化。1980 年 5 月,全国公共史学委员会(NCPH)成立,成为公共历史学家的专业学术团体。该学会成立后,将《公共历史学家》作为学会的学术期刊,并出版会员简报,召开年会,与包括美国历史学家学会(OAH)和美国历史学会(AHA)在内的全国历史学专业组织建立了合作关系。NCPH 所做的第一件事就是建立一个全国性的公共历史学家的联系网络,鼓励大家相互交流教学经验和研究信息,尤其是交换公共史学的教学大纲、课程设置、实践项目和工作机会的信息。它同时还担负起推广和普及公共史学教育的工作。[2]1981—1985 年间,NCPH 出版了名为《教授公共史学》(Teaching Public History)的季刊,鼓励各高校根据本校的实际情况设计和发展公共史学的教学和研究生项目,推动该领域教学的专业化。1986 年,NCPH 发布了《美国公共史学教育指南》(Public History Education in America: A Guide)的报告,其中列举了美国高校开设的,公共史学项目的名单和情况。1990 年 NCPH 公布的报告指出,当时美国有 54 所大学开设了公共史学专业。[3] 根据 2010 年 NCPH 网站公布的信息,目前开设公共史学专业硕士生项目的美国高校有近 90 所,至少有 7 所大学开设了公共史学的博士学位项目。[4]

公共史学教学的迅速发展要求建立该新学科的教学规范和评估标准。1988 年 NCPH 专门组建了评估委员会(Committee on Accreditation,后改名为"专业标准委员会"),对自称设有公共史学的 150 所大学进行调查并收集资料,但因为学科评估牵扯面甚广,各高校公共史学项目的内容设置并不统一,除此之外,还有其他相关专业的专业性组织的存在(如全国历史遗产保护委员会、美国博物馆学会、美国档案馆员学会等),NCPH 作为一个综合性专业

---

[1] Constance B. Schulz. Becoming a Public Historian[M]// James B. Gardner, Peter S. LaPaglia. *Public History: Essays from the Field* (revised edition). Malabar: Krieger Publishing Company, 2004: 30.

[2] NCPH 最早组织编写的一本指南性著作为由 David F. Trask 和 Robert W. Pomeroy III 编的 *The Craft of Public History: An Annotated Select Bibliography*, Greenwood Press 于 1983 年出版。

[3] Susan Porter Benson, Stephen Brier, Roy Rosenzweig. *Presenting the Past: Essays on History and the Public* [M]. Philadelphia: Temple University Press, 1986: 16.
Constance B. Schulz. *Becoming a Public Historian*[M]. Mdabar: Krieger Publishing Company, 2004: 31.

[4] 设有公共史学博士学位项目的学校有: Arizona State University, University of California at Riverside, University of California at Santa Barbara, Loyola University Chicago, University of South Carolina, West Virginia University, Middle Tennessee State University. 关于设有公共史学研究生(含硕士和博士)项目的美国各大学的名单,参见 NCPH 网站公布的材料: http://ncph, org/cms/education/ graduate-and-undergraduate/.

组织,不便也无法参与这些具体领域的教学评估标准的制定,所以公共史学评估没有得到批准。但是,NCPH 没有放弃对公共史学教学的监督。它设立了专门的教育委员会,负责为公共史学的教学提供平台,并向新建的教学项目提供课程大纲和教学参考资料。2008—2009 年间,NCPH 的"公共史学课程和训练委员会"(NCPH Curriculum and Training Committee)颁布了两项重要的项目建议,分别对公共史学硕士项目和本科项目的课程内容和构成提出了指导性建议。关于硕士项目的建议指出,公共史学的训练与传统的博物馆研究、图书馆学和档案学的训练有很大的不同,尽管公共史学家可能会在博物馆等公共领域就职,但他们的功能是不同的,他们除了掌握史学研究的技能外,还必须具备"一种对利益攸关者的兴趣保持敏感"和"从思想高度来掌控历史内容"的能力。该建议称,一个最理想的公共史学研究生项目应该为学生提供坚实的史学内容和研究方法的基础训练,并以获取教育经验和技能训练为导向。学生必须要为在"公共领域"中实践历史学做好准备,这个领域要求他们对共享的解释权(shared authority)、反省式的教育实践(reflexive educational Practice)、公民参与(civic engagement)、政治敏感(political sensitivity)等价值观具有高度的认同和准备。①

　　尽管各学校的教学计划有所不同,但他们的公共史学教学都具有某些共同特征。根据长期从事公共史学教学的南卡罗来纳大学历史系教授、公共史学项目负责人舒尔茨(Constance Schulz)的总结,美国公共史学教学在目的、主题和构成方面都已经达成了共识。在目的上,公共史学训练学生掌握传统史学研究、解释和写作的技能,帮助他们将这些技能应用于众多的公共领域,使历史知识和历史阐释有助于思考现实问题,并力图准确理解原始历史材料。在主题方面,公共史学教学的指导方针是:了解和理解原始的历史材料并不仅仅局限于文字材料,而是包括建筑物、遗址、场景、文物、口述记忆、影像资料和电子文献等;公共历史学家必须学会在同时兼顾地方、区域、民族国家、文化和主题历史的背景下来思考具体的历史问题及其细节;历史学家的工作经常是团队工作,历史学家必须学会与其他人进行合作。在教学内容方面,公共史学教学应做到:保证学生拥有史学研究和写作的过硬技能,并熟悉至少某一领域的史学发展;学生应掌握在某一公共领域(如博物馆、档案馆、公司或企业、历史遗址)进行研究和工作的理论原则和操作技能;学生应该拥有在专业人员的指导下从事实践的机会。② 从实践的过程来看,这些共识确实得到了贯彻和实施。绝大部分的公共史学项目都设在历史系,保证了扎实的史学训练。几乎所有的公共史学项目都保证给予学生参与实习的机会。

　　与传统的专业历史学家相比,公共历史学家所面对的受众是不同的。他们必须同时面对学术界和学术界以外的"公共领域"中的不同群体。他们的研究不是为了满足自己的知识

　　① NCPH Curriculum and Training Committee, "Best Practices in Public History: The M. A. Program in Public History," prepared April 2008; adopted by the NCPH Board of Directors, October 2008, http://neph. org/ems/wp-content/uploads/ 2009/12/Grad-Undergrad-Best-Prae-Grad, pdf.

　　对于本科的公共史学教学和项目内容要求,NCPH 也提出了相关的建议,参见 NCPH Curriculum and Training Committee, "Best Practices in Public History: Public History for Undergraduate Students," prepared October 2009; adopted by the NCPH Board of Directors, October 2009, http://neph, org/cms/wp-content/uploads/ 2009 /12 / Grad-Undergrad-Best-Prac-Undergrad. pdf.

　　② Constance B. Schulz. Becoming a Public Historian[M]// James B. Gardner, Peter S. LaPaglia. *Public History: Essays from the Field* (revised edition). Malabar: Krieger Publishing Company,2004:32-33.

追求,而是必须为满足现实的需求提供线索和答案。公共历史学家使用的材料必须是多元的、开放的,而不仅仅限于文字史料。许多学校的公共史学教学大纲都反复强调学生必须重视照片、电影、文物、口述历史、建筑结构图、环境状况记录等,并将它们作为历史研究的分析材料。此外,公共史学的研究方法也必须是多元的、跨学科的。许多公共史学的训练项目都特意增加了历史地理、艺术史、民俗学、商业管理、政策研究、图书馆和信息管理学等学科的训练。自然,在公共史学开始兴起的时代,传统的专业史学研究也越来越注重从其他学科引进新的研究方法和技巧。1982 年度美国历史学会主席、哈佛大学历史系教授伯纳德。伯纳德·贝林(Bernard Bailyn)曾呼吁历史学家必须吸取和学习统计学、文学、经济学、心理学、人类学和地理学等学科的研究方法。但正如舒尔茨所指出的,在美国史学界。公共史学的出现对推动交叉学科史学研究模式的发展起了重要的作用。① 这一点也为后来大量出现的公共史学成果所证实。

公共史学的发展并非仅仅局限在教学范围之内,近年来,一些研究专著的出现证明了公共史学对专业史学研究也做出了重要贡献,并对探索和深化公共史学研究方法提供了新思路和新范例。例如约翰·博德纳的《重塑美利坚:20 世纪的公共记忆、纪念活动与爱国主义》结合方兴未艾的公共记忆研究、区域研究、族裔研究和亚文化研究,对不同种类的公共记忆和象征进行了研究,从社区、区域和国家三个层次来观察公共记忆的形成与演变。② 戴维·格拉斯伯格(David Glassberg)曾在约翰·霍普金斯大学接受了传统的专业史学博士训练,但最终成为一名公共史学家。他在科罗拉多州弗德台地国家公园工作数年,积累了丰富的公共史学实践经验。通过研究美国人对不同战争的记忆和表述、新英格兰城镇和加利福尼亚地域的发展,他紧紧把握"地域"(place)的概念,以此来分析美国公众历史感的形成及其内涵,并将自己的研究称之为"新记忆研究"而与传统的记忆研究相区别。在他看来,传统的记忆研究关注一个群体或一种机制对于过去的信仰,而新记忆研究则关注公共领域(public places)中不同历史记忆的交织和冲撞。换言之,"地域"也是一种组织和建构记忆的媒介,而公共史学关注的正是社会、社区和群体的"传统"是如何被编织起来的,即所谓"传统的社会组织化"(social organization of tradition)过程。③ 凯瑟·斯坦顿(Cathy Stanton)则通过考察美国早期纺织业基地洛厄尔国家历史公园,来探讨这个著名国家遗址公园在呈现历史记忆方面所出现的问题以及解决办法。④ 罗伯特·J.科克(Robert J. Cook)则记述和分析不同群体的美国人对内战的不同记忆。⑤ 安·登科勒(Ann Denkler)则将种族关系与公共记

---

① Constance B. Schulz. Becoming a Public Historian[M]// James B. Gardner, Peter S. LaPaglia. *Public History: Essays from the Field* (revised edition). Malabar: Krieger Publishing Company,2004:35;

Bernard Bailyn. The Challenge of Modern Historiography[J]. American Historical Review, 1982, 87(1):1-24.

② John Bodnar. *Remaking America: Public Memory, Commemoration, and Patriotism in the Twentieth Century* [M]. Princeton: Princeton University Press,1992.

③ David Glassberg. *Sense of History: The Place of the Past in American Life*[M]. Amherst: University of Massachusetts Press,2001:8-9.

④ 凯瑟·斯坦顿的近作为 *The Lowell Experiment: Public History in a Postindustrial City*, Amherst: University of Massachusetts,2006 年出版。凯瑟·斯坦顿是一位文化人类学家,但对公共史学的发展十分熟悉,这部著作可以视为一部介于人类学的野研究和公共史学之间的著作,由此可见这两个学科的密切联系。

⑤ Robert J. Cook. *Troubled Commemoration: The American Civil War Centennial, 1961—1965* [M]. Baton Rouge: Louisiana State University Press,2007.

忆结合起来，展示了公共历史学家在表述历史时所面临的挑战。^① 我们同时看到，公共史学的发展已经不再仅限于美国，而且扩展到英国、德国、加拿大、澳大利亚、南非和新西兰等国家，并取得了可观的成果。^② 特别值得提出的是，《公共历史学家》近期刊登了詹姆斯·A. 弗莱士（James A. Flath）的论文，该文考察了中国山东省对历史遗址和博物馆等"公共史学"项目的管理。^③

困　惑

公共史学运动和 NCPH 的建立扩大了"公共史学家"的队伍，但同时也产生了如何定义和定位"公共史学"学科的问题。当凯利和约翰逊在加州大学创建公共史学研究生项目时，他们的主要目标是培养"专业的公共历史学家"（professional public historian），他们仍然是将"公共历史学家"看成是传统的专业历史学家（academic historians）的一个组成部分，而历史学的专业训练则是专业历史学家和公共历史学家共享的身份认同。然而，今天，NCPH 的会员已远远超出了这一范围。该组织的会员背景复杂多样，包括了博物馆的专业人士、历史学顾问、政府部门中的历史学家、档案馆专业人员、历史组织的管理人员、大公司和商业界的历史学家、文化资源管理者、图书馆和博物馆馆藏负责人、电影和媒体制片人、口述历史学家、政策咨询顾问以及对公共史学感兴趣的大学教授和学生、中小学教师等。该组织欢迎任何"在公共领域中从事历史实践"（public practice of history）和对此有兴趣的人士成为其会员。^④ 成员背景的多元化给"公共史学家"的定义带来了困难。与美国历史学会和美国历史学家组织不同的是，NCPH 的会员并不都是接受过历史学专业训练的历史学家。到底什么人可以称之为公共历史学家？即便在公共历史学家内部也存在不同意见，这也是为什么专业历史学家对公共历史学家一直抱有一种敬而远之的态度。

与之相关的是"公共史学"的定义。作为一个开放性（open-ended）的学科，公共史学可以涉及历史研究的任何主题，正如公共史学家自称的"到处都是公共史学的天地"^⑤。它同时又是一个跨学科的领域，它大量借鉴社会学、人类学、统计学、美学、心理学等学科的研究方法。许多其他学科的学者也涉足公共史学的课题。公共史学成了"万金油"（jack-of-all-trade），无所不能。到底什么是公共史学？凯利的原始定义似乎已经不足以覆盖新的内容和

---

① Ann Denkler. *Sustaining Identity*，*Recapturing Heritage*：*Exploring Issues of Public History*，*Tourism*，*and Race in a Southern Town*［M］. Lanham：Rowman &. Litilefield，2007.

Howard Green. A Critique of the Professional Public History Movement［J］. *Radical History Review*，1981（25）：164-171.

Page Putnam Miller. Reflections on the Public History Movement［J］. *The Public Historian*，1992，14（2）：67-70.

② Gerald Sider，Gavin Smith. *Between History and Histories*：*The Making of Silences and Commemorations*［M］. Toronto：University of Toronto Press，1997.

Hans Erik Stolten. *History Making and Present Day Politics*：*The Meaning of Collective Memory in South Africa*［M］. Uppsala：Nordiska Afrikainstitutet，2007.

③ James A. Flath. Managing Historical Capital in Shandong：Museum，Monument，and Memory in Provincial China［J］. *The Public Historian*，2002，24（2）：41259.

④ 这些成员的背景信息来自全国公共史学委员会（NCPH）网站，参见"Who Are We," http://ncph. org/cms/about/who-we-are/。

⑤ Barbara J. Howe，Emory L. Kemp. History Everywhere［M］//Barbara J. Howe，Emory L. Kemp. *Public History*：*An Introduction*，1996：455.

需求,而整个领域又缺乏一个统一和权威的定义。① 在此我们仅举两例:

公共史学"是一种普通群众能够看得见、听得着、读得懂并能解读的历史"。公共史学家依照专业史学的方法,"强调使用非传统的史料和表现形式,重新设置问题,通过这个过程创造一种富有特色的史学实践"。"公共史学也是一种属于公众的史学"……通过强调史学研究的"公共语境"(public context),公共史学培养和训练历史学家,使他们能够将自己的研究转化为学术界之外的听众可以接受的东西。②

公共史学是一种应用史学。它基于这样一种认知:历史不仅仅是在课程上讲授的,而且是在许多不同的地方、通过不同的方式习得的。公共历史学家通过类似于档案馆、历史遗址或历史组织、博物馆、咨询公司、历史图书馆和互联网站等机构,将信息传播给广泛的大众。他们是原始材料或二手材料的提供者,他们经常向需要的人提供信息,便于对方通过展览和研究形成自己对历史和历史事件的看法。③

2007 年,NCPH 董事会根据该组织年会的决议,起草了一个关于公共史学的定义,将公共史学同时界定为一场运动(movement)、一种方法论(methodology)和一种方式(method),其目的是"推动对历史的合作研究与实践",公共历史学家的任务是将"自己的特殊见识"以"易懂的和有用的"方式传递给公众。④ 同时,采用"运动""方法论"和"方法"的说法,说明NCPH 意识到公共史学本身的复杂性和多重性。将该领域的目的界定为"推动对历史的合作研究与实践"则是为了覆盖该组织绝大多数成员所从事的工作。即便如此,这个定义也令许多人不满意。有人认为使用"运动"一词,给公共史学增添了社会运动的色彩。有人则强调公共史学并不需要特殊的方法论,认为公共历史学家首先必须是历史学家,必须接受专业历史学家思考、研究和写作的训练。⑤

多种不同种类"公共史学"的存在为准确界定公共史学带来了极大的困难。20 世纪 80年代中期,苏珊·本森(Susan Benson)等学者就指出至少存在 3 种不同的"公共史学",各自有着不同的起源和目标。一是"文化史学或大众史学"(cultural or popular history),这是一种经过商业包装但与日常生活密不可分的历史信息和历史解读,包括由报纸、电影、流行音乐、电视剧、历史故事、传奇小说、广告、历史遗址、博物馆等媒介所传递的历史信息。这种历史对建构大众社会的历史意识影响最广、最大。这种意义上的历史知识和信息经过商业和艺术手段的包装,将某种隐性的历史观、政治观或意识形态,推销或强加给大众。⑥ 二是由专

---

① 相关讨论参见:Noel J. Stowe. Public History Curriculum:Illustrating Reflective Practice[J]. *The Public Historian*,2006,28(1):39-65.

② http://www. nyu. /gsas/dept/history/publichistory/main, htm.

③ Public History Resource Center. http://www. publichistory. org/what_ is/definition, html.

④ http://www. ncph. org/AboutTheCouneil/WhatisPublicHistory/tabid/282/Default, aspx.

⑤ Cathy Stanton. "What Is Public History?," Redux[EB/OL]. http://www. ncph. org/AboutTheCouncil/WhatisPublicHistory/tabid/282/Default. aspx.

⑥ Susan Porter Benson, Stephen Brier, and Roy Rosenzweig. *Presenting the Past*:*Essays on History and the Public*[M]. Philadephia:Temple University Press,1986:17.

最近,丹麦学者詹森(Bernard Eric Jensen)也注意到所谓"popular history"(大众史学或游行史学)和"public history"(公共史学)之间的交叉性及其定义的模糊性。一些所谓的"大众历史"并没有在公共空间中展示,而另外一些则与"专业史学"(academic history)有异曲同工之处。参见:Bernard Eric Jensen. Usable Pasts:Comparing Approaches to Popular and Public History[M]// Paul Ashton, Hilda Kean. *People and Their Pasts*:*Public History Today*. London:Palgrave,2009:43-44.

业公共历史学家发起的一种把历史研究与公众利益结合起来的运动,目的是通过参与、设计一系列与公共政策、商业历史、文字编辑、档案保护、地方史整理、历史遗址保护等有关的工作,为公众提供一种"更好的"和"更专业的"历史知识。这个意义上的公共史学运动,一方面是为了扩大历史学家在学术界以外的就职机会,另一方面(更为主要的方面)则是对逐渐走人死胡同的专业史学的自我封闭表示抗议和不满。在某种意义上说,这种公共史学最为接近凯利和约翰逊当初发起的公共史学运动的初衷。三是所谓的"人民史学"(people's history),其动力来自过去曾被边缘化的群体书写自己历史的渴望。这些先前的弱势群体为了确立认同,争取政治话语权,提出要整理自己的历史,培育自己的历史观。①

显然,公共史学的内涵已经极大地丰富和扩展。其他种类的公共史学不仅存在,而且影响更大。"公共领域"是一个可以无限延伸的空间,史学进入这一空间,成为"公共领域中的史学",也意味着公共史学家具有了广阔的天地,但同时也面临严峻的挑战。公共史学的早期提倡者、《激进历史评论》(*Radical Historical Review*)主编迈克·华莱士(Michael Wallace)曾将历史博物馆视为"美国当权阶级——不管是自愿的还是不自愿的——配发历史的一种方式"。他认为,博物馆的陈列与展览是一种历史的生产过程:通过对历史材料和文物的选择、排列、展出、解释等程序,博物馆制造出一种观察历史的传统视角,用来"为资本家的事业正名,并对他们掌握的权力赋予一种自然性和必然性"。与此同时,博物馆的展览通过遮掩和删除资本主义社会的起源和发展历程,通过隐瞒和忽视剥削、种族主义、性别主义和阶级斗争,通过抹杀人民大众对历史的创造作用,篡改了人民的历史记忆,"扼杀了参观者们对另外一种社会秩序——无论是过去存在的还是未来应该有的——进行想象的能力"。② 他写下这些文字的时候,正是美国政治进入右翼当政的时代,他担心右翼势力会在人文领域内卷土重来。他呼吁公共历史学家应该进入公共领域,争夺重建美国历史记忆的媒介和平台,抵制那些重新"配发历史"的行动。显然,华莱士等所提倡的公共史学已经触及如何解释历史和谁来解释历史的问题,而这些问题都不再是单纯的学术问题,而是政治问题。NCPH对这些问题的敏感性可想而知,无法做出令人信服的定义也是预料之中的。

挑　战

如果我们注意观察公共史学运动兴起的背景,我们也许能够理解公共史学遭遇的困惑。公共史学与新社会史学之间具有密切的联系,而新社会史在某种意义上则是 20 世纪 60 年代一系列挑战正统权威、正统秩序的运动——民权运动、妇女解放运动、反战运动、反正统文化运动、权利革命等——的产物。这些运动极大地冲击了美国社会旧的权力体制,促成了一

---

① Susan Porter Benson, Stephen Brier, and Roy Rosenzweig. *Presenting the Past*:*Essays on History and the Public*[M]. Philade Phia:Temle University Press,1986:17.

Roy Rosenzweig, David Thelen. *The Presence of the Past*:*Popular Uses of History in American Life*[M]. New York:Columbia University Press,1998:4.

Rebecca Conard. Do You Hear What I Hear? Public History and the Interpretive Challenge[J]. *The Public Historian*, 2000,22(1):16.

② Michael Wallace. Visiting the Past:History Museums in the United States[M]//Susan Porter Benson, Stephen Brier, Roy Rosenzweig. *Presenting the Past*:*Essays on History and the Public*:*Temple University*. Philadelphia:Temple University Press,1986:158.

批新的历史学科——包括非裔美国人历史、女性主义历史、族裔史、新文化史等——在史学界的兴起。种族歧视和性别歧视的(在法律上的)废除以及"平权"政策的实施,使得来自弱势群体的新历史学家得以加入专业历史学家的队伍,并在 20 世纪七八十年代异军突起,逐渐成为新社会史学的主力。相当一批专业公共历史学家(或竭力推动公共史学的专业历史学家)主要来自这股新的力量。①

20 世纪末历史学回归公共领域,或者说历史学家回归公共领域,可以说成为公共史学运动新的灵魂。公共史学运动因而发动了一场具有双重意义的挑战,一种挑战是针对国家公共领域中那些崇尚传统史观、力图维护传统秩序的保守主义势力及其在美国政治体制中的支持者,另一种挑战则是针对史学界内部的传统势力。这是一场界限和立场并非能够绝对清楚地加以区分的斗争。

第一类挑战在 1994 年达到高潮。当年围绕如何展出投放第一颗原子弹的飞机 Enola Gay 的问题,美国展开了一场影响颇大的辩论。负责筹划展览的国家航空航天博物馆原本打算在展出飞机的同时,也展出一些原子弹爆炸后带给日本人民伤害的内容,包括受害者的照片等。但这个设想立刻遭到二战老兵的强烈反对。他们认为,加进这些内容,会使参观展览的人对美军的行为产生怀疑,为此他们组织起强大的游说活动。美国国会为此通过决议,宣称当年以投放原子弹的方式来结束战争是必要的举动,为带来"一个具有仁慈心的结局"起了重要的作用。② 迫于来自政府和二战老兵的压力,博物馆只好修订了原初的展览计划,仅展出了飞机,而对整个事件在当时和后来造成的后果和影响则保持沉默。③

但同年发生的围绕《全国中小学历史教学标准》(以下简称《标准》)的辩论则将历史解释权的归属问题带入美国政治漩涡的中心。这部由专业历史学家起草的《标准》吸收了"新美国史"(new American history)——即以新社会史为基础的美国史学研究——的许多成果和内容,对传统的以白人历史为主、以宣扬崇美主义为主的传统美国史观进行了大量革新,结果引起了保守势力的极大不满。保守派声称,《标准》歪曲了美国历史的本来面目,过分渲染了美国历史上的阴暗面,诋毁了美国历史的光荣传统。支持《标准》的人则认为,《标准》如实地反映了美国历史进程中的成功与失败,尤其反映了不同群体的美国人在美国历史上的经历,在史实、选题、教学方法和教材建议等方面都有重要的突破,对培养美国中小学生的美国史观以及接受和适应多元化美国社会的能力十分重要。这场辩论同样惊动了政界,参议院甚至于 1995 年 1 月通过决议,对《标准》予以谴责,并威胁要停止对起草单位的拨款(《标准》的起草是由美国人文基金会资助)。虽然负责编写《标准》的历史学家最终同意进行修改,但

① Peter Novick. *That Noble Dream*: *The "Objective Question" and the American Historical Profession* [M]. Cambridge University Press,1988:510-512.

Michael Frisch. *A Shared Authority*: *Essays on the Craft and Meaning of Oral and Public History*[M]. Albany: State University of New York Press,1990:17-20.

② U. S. Congress. Senate Resolution 257—"Relating to the 'Enola Gay' Exhibit," Congressional Record,103 Cong. ,2 sess. , 1994:12968, adopted as proposed. , ibid. ,1994:13315.关于 Enola Gay 展览的辩论,参见:History after the Enola Gay Controversy[J]. *Journal of American History*, 1995(82):1029-1144. Edward T. Linenthal, Tom Engelhardt. *History Wars*: *The "Enola Gay" and Other Battles for the American Past*[M] New York: Metropolitan Books,1996:9-209.

③ Martin Harwit. *An Exhibit Denied*: *Lobbying the History of Enola Gay*[M]. New York: Copernicus,1996.

批评和反对的声音并没有因此而停息。①

这场辩论实际上反映了美国社会存在的深层次分歧。就《标准》的辩论而言,反对《标准》的人指责《标准》无视美国的光荣传统和辉煌成就,很少提及盎格鲁-撒克逊民族对美国做出的巨大贡献。他们认为,没有西欧民族的政治思想与传统所奠定的基础,没有类似华盛顿、杰斐逊、爱迪生这样英雄人物的贡献,美国不可能有今日的伟大。支持《标准》的人则认为,美国的政治传统是一个不断发展、积累和完善的过程,不同的种族和群体在分享所谓"美国梦"时曾经是极度的不公平,而正是因为不同群体利用美国政治思想中的"自由"和"民主"思想,为自己的权利而斗争,才使美国历史上的极度不公正得以矫正,美国思想和体制才增添了更富有活力的新内容,传统的美国精神才可以不断地获得新生,并为过去受到歧视的群体所接受和欣赏。②显然,这是两种不同的美国历史观。其实,支持《标准》的人并非是在诋毁美国的传统,相反,他们试图把依据新美国史学所建构的历史观传递给美国民众,帮助他们准确地认识美国的过去,为迎接一个多元化的社会做好准备。这个问题之所以引起如此激烈的交锋,因为它涉及一个重要的问题:谁书写的历史能够进入公共教育体制,并作为公共领域的知识传播到包括中小学生在内的大众。这是一个政治问题。正如格拉斯伯格所说,公共史学所代表的不仅是关于历史的看法,也不仅仅是关于过去、现在和未来之间的关系,它代表的思想涉及"公共"概念本身的定义,涉及"一个政治社会中不同群体之间的关系"。③

并非所有的公共历史学家都赞同左翼历史学家的新社会史观。事实上,上文提到的关于美国历史的两次争论中,历史学家的立场并不一致。一些专业历史学家认为,公共历史学家往往因为其工作的环境和性质,很难坚持史学家的立场,不得不屈从压力,采取机会主义的做法,帮助渲染旧史观,构建传统的"想象的共同体"的神话,制造美国的"国民宗教"(civil religion)。④ 专业史学界的批评隐含了一种担忧,即公共史学不可能坚持其史学立场,无法坚守史学研究客观和中立的底线。芝加哥大学历史学家皮特·诺瓦克(Peter Novick)在他那部影响巨大的讨论美国史学史的著作中,充分表达了这种担忧。他认为公共史学所代表的是一种"特殊的历史"(应读作"受特殊利益驱使的历史学"),它以一种学术的形式包装自己,追求一种看似公正的史学理想。然而事实上,公共史学所从事的研究和实践在很大程度上只不过是一种"私有的历史"(private history)。公共史学家收集材料,为政府部门或大公司提供他们需要的东西,实际上并不能参与决策的过程。即便在博物馆和历史遗址工作的历史学家,也必然考虑普通参观者的感情、口味和知识能力。公共史学家缺乏专业历史学家

① Gary Nash, Charlotte Crabtree, and Ross E. Dunn. *History on Trial*: *Cultural Wars and the Teaching of the Past*[M]. New York: Alfred A. Knopf,1997.

关于美国中学历史教学标准引起的争议与辩论,参见:王希.何谓美国历史? ——围绕〈美国历史教学标准〉引起的辩论[J].美国研究,1998(4):7-40.

② 王希.何谓美国历史? ——围绕《美国历史教学标准》引起的辩论[J].美国研究,1998(4).

③ David Glassberg. *Sense of History*: *The Place of the Past in American Life*[M]. Amherst: University of Massachusetts Press, 2001:10.

④ 关于想象的共同体和公民信仰的相关论述,参见:Benedict Anderson. *Imagined Communities*: *Reflections on the Origin and Spread of Nationalism* [M]. New York: Verso,1991. Robert Bellah. Civil Religions in America[J]. *Daedalus*, 1967,96(1):1-21. Michael Kammen. *Mystic Chords of Memory*[M]. New York: Alfred A. Knopf,1991. Peter Novick. *That Noble Dream*: *The "Objective Question" and the American Historical Profession*[M]. Cambridge: Cambridge University Press, 1988:517.

的学术自由,缺乏他们所拥有的知识系统性和连贯性以及专注而单纯的学术氛围。① 诺瓦克注意到,虽然美国历史学会和美国历史学家组织都接受了公共史学是历史学的一个领域,承认公共历史学家是历史学家队伍的一部分,但这不过是出于"专业上的礼貌",而实际上对公共史学的学术性(learnedness)都持有保留态度。②

对于公共史学运动的倡导者来说,公共史学的目的不仅是让历史回归到公共领域和公众生活中,而且要让"公众"(the public)参与到历史的解释中来,赋予他们解释历史和发出声音的机会。公共史学的积极倡导者、纽约州立大学历史系教授迈克·弗莱希(Michael Frisch)认为,公共史学所代表的是一种"重新界定和重新分配智识权威"的运动,它将历史研究和历史传播的权力分散开来,避免其成为"一种仅供掌控权力和等级所使用的工具"。③ 公共史学不仅要把新的历史知识带给大众,同时还需要挑战历史学界内部对公共史学的"歧视"和不信任。在一些左翼历史学家看来,普通人民创造了历史,但他们并不能从公共领域中获得自己的历史,而专业历史学家又垄断了历史研究和历史解释的权力,即便是研究劳工问题的历史学家也没有途径将自己的研究成果与大众社会广泛分享。许多新史学的实践者一直希望推倒两道墙:"那些将人民与他们的历史分离开来的"和"那些将研究历史的人与曾亲历历史的人分割开来"的墙。④ 对于这些历史学家来说,他们不能继续躲在象牙塔里自成一统,而必须走向社会,承担起构建新的公民信仰的社会责任。

关于史学解释权的讨论隐含着公共历史学家和新社会史学家对美国史学界近百年来实施的"专业化工程"(professionalization project)的猛烈批判。这个所谓的工程始自20世纪初,以建立历史学研究的规范化、专业化为目标,将史学研究与史学写作逐步改造成为一种为专业历史学家所垄断的知识产业。1884年建立的美国历史学会原本是一个同时容纳专业和业余历史学家的组织,在早期(1890—1910)的会员中,大学教授只占1/4,其他成员则包括了来自各地历史学会的负责人和自学成才的业余历史学家,甚至连西奥多·罗斯福(Theodore Roosevelt)也担任过美国历史学会的主席。20世纪20年代之后,几乎所有的学会主席都拥有博士学位。历史学界的旗舰刊物《美国历史评论》(The American Historical Review)也只发表那些使用了所谓"科学的"研究方法并以追求"客观性"为目标的作品。⑤ 史学打着"科学"的旗号,夹带着想象与虚构,堂而皇之地成了专业历史学家的垄断行业,唯

---

① Peter Novick. *That Noble Dream*: *The "Objective Question" and the American Historical Profession*[M]. Cambridge: Cambridge University Press, 1988:512-521.

② Peter Novick. *That Noble Dream*: *The "Objective Question" and the American Historical Profession*[M]. Cambridge: Cambridge University Press,1988:520.

关于美国历史学会(AHA)对历史学家的定义,参见:Thomas Bender, Philip M. Katz, Colin Palmer, and the Committee on Graduate Education of the American Historical Association. *The Education of Historians for the Twenty-first Century*[M]. Urbana: University of Illinois Press,2004:3.

③ Michael Frisch. *A Shared Authority*: *Essays on the Craft and Meaning of Oral and Public History*[M]. New York: State University of New York Press, 1990:20.

④ James Green. *Taking History to Heart*: *The Power of the Past in Building Social Movements*[M]. Amherst: University of Massachusetts Press,2000:1.

⑤ Peter Noviek. *That Noble Dream*: *The "Objective Question" and the American Historical Profession*[M]. Cambridge: Cambridge University Press,1988.

Rebecca Conard. *Benjamin Shambaugh and the Intellectual Foundations of Public History*[M]. Iowa City University of Iowa Press,2002, chapter 1.

有取得同等资格的人,方可进入这一领域。而该领域的规范则由专业历史学家自己拟定,并作为衡量学术地位和学术荣誉(以及随之而来的社会地位和经济酬劳)的评判标准。用米哈尔·瑟度(Michel de Certeau)的话来说,史学家为自己制造了一个地方(大学)、一种分析过程(史学专业)和一种文本(史学话语),以此来生产乃至垄断史学知识,[①]通过垄断知识生产过程而建立起专业历史学家的话语霸权。

随着史学研究越来越专业化,史学也日渐成为一种曲高和寡的"高深"学问。史学内部分工细致入微、研究精细琐碎、界限划分严格、写作生硬刻板,研究成果与大众社会的文化和知识需求变得越来越脱节,也与公民素质培养(尤其是中学历史教育)的需求相去甚远。史学因而也就失去了传统的魅力,在校大学生选择就读历史学专业的人数锐减。史学研究生的训练也只锁定一个目标,即为专业历史学家队伍培养人才,课程设置也都指向这个方向。为了维护"专业化"的尊严和权威,专业历史学家并不关心公共领域,而是热衷于内部的交流,听任业余历史学家在大众文化和大众教育领域中"创造"和"传播"史学知识。20世纪70年代之前,历史学家被迫处于一种"集体失语"的状态。而所谓史学客观性的神话早已受到质疑。应该说,当公共史学兴起的时候,专业史学界实际上已经陷入一种进退两难的困境。

20世纪的最后20年,美国专业史学界一直在积极努力和探索,希望为史学找回"失去的天堂"。应该说,公共史学即代表了这样一种努力。诚然,公共史学的出现与发展有其现实主义的动机,但它的确也代表了史学界内部的一种反思,一种对传统史学教学方式的挑战,一种对专业史学内涵、方法和功能的质疑。这场史学界内部的讨论实际上受到学术界之外许多事件和发展的影响,包括美国社会的种族和性别关系的变化、多元文化主义的兴起、美国国内关于国家核心价值观的辩论、中小学历史教学的内容与质量问题、美国历史记忆的重构、因特网的出现与普及、电子化时代史料保存和传播手段的更新以及全球化等。[②] 这一切都对史学界内部关于公共史学的讨论产生了重大影响,也使讨论的焦点发生了转移,从最初的要不要将公共史学纳入专业史学的范围转向讨论史学的本质、内容、形式以及史学家与大众社会的关系等。这些讨论最终触及"谁应该拥有历史"(Who owns history?)这一深层问题,迄今为止,这是一个远没定论的问题。但有一点是肯定的:专业历史学家长期以来拥有的史学话语霸权已经动摇了。

(原载《历史研究》2010年第3期)

德国的公众史学

孟钟捷 华东师范大学历史学系教授

摘要:公共历史很早便出现在德国,但长期被职业历史学家所忽视和遗忘。直到大众社会

---

① Michel de Certeau. *The Writing of History*[M]. T. Conley trans. New York:Columbia University Press 1988:57. 转引自:Simon Gunn. *History and Cultural Theory*[M]. Harlow:Pearson,2006:44-45.

② 关于电子技术对历史研究和历史资料保存和应用的意义的最新综合研究,参见:Daniel J. Cohen, Roy Rosenzweig. *Digital History:A Guide to Gathering, Preserving, and Presenting the Past on the Web*[M]. Philadelphia:University of Pennsylvania Press,2005. Toni Weller. *Information History An Introduction:Exploring an Emergent Field*[M]. Oxford:Chandos Publishing,2008.

出现、后现代史学浪潮前赴后继以及传播媒体更新换代后,公众史学的学科化任务才摆在德国学界面前。在培养机制上,以职业为导向和以项目为导向的两种公众史学类型各有长短;在问题意识中,历史文化、文化记忆和国际比较成为最重要的三个研究方向。不过,到目前为止,德国公众史学仍然处在起步摸索阶段。

在现代历史学专业化的发源地——德国,同样上演着历史的通俗化与大众化的一幕戏剧。在这里,职业历史学家也经历了从抵制到参与再到积极投入的转变历程。问题是:这种转变是为何以及如何出现的? 德国公众史学的学术关怀又在何处?

一

在西方,历史学家的"职业"与"业余"之间的界分直到 19 世纪末 20 世纪初才出现①。而且即便在兰克学派的鼎盛时期,德国学界依旧产生了如特奥多尔·蒙森(Theodor Mommsen)这样一位获得诺贝尔文学奖的"低劣的科学主义史学家""叙述派"大师②。从这一点而言,德国职业历史学家并不是一开始便把公众拒之以千里之外。

与此同时,德国公众对史学的敬畏虽然与日俱增,但对历史的热情却未曾消退。一本历史小说《争夺罗马》(Ein Kampf um Rom)在 40 年间(1876—1918)居然印刷了 110 版;一位日耳曼学研究者的种族主义小册子《德意志民族的种族学》(Rassenkunde des deutschen Volkes)在书市上也大受欢迎,销售量逼近 30 万册。③到 20 世纪 20 年代,历史传记大行其道,路德维希(Emil Ludwig)的作品销售量更高达 130 万册。④

然而,学界重视读者的潜在意识却随着"古典历史主义"的强化而消融在一种所谓"精雕细琢的学院派文风"之中。德国历史学家越来越有别于法国、英国或美国的同行,不再愿意"为广大的读众而写作"⑤。不仅如此,自觉捍卫历史研究的职业特性,拒斥"跨界逾越者",成为接下去几乎整整一个世纪内的学界共识。正因如此,职业历史学家或者对公共历史的发展视而不见,或者自觉自愿地充当批判者,指摘那些"业余爱好与毫无功底的、无考证特性的五彩斑斓的混合物"⑥,抵制"非历史学家"的那些"缺乏新意"和"毫无一手资料"的"三级好莱坞电影"⑦。

由此,职业历史学家事实上放弃了自己在历史通俗化与大众化中的使命,把公共历史领域让给了他们眼中的"业余历史学家们"。进一步而言,他们虽然不断留意到各时代中出现

---

① Stefan Berger. Professional and Popular Historians. 1800-1900-2000[M]// Barbara Korte, Sylvia Paletschek. *Popular History. Now and Then. International Perspectives*. Bielefeld: Transcript Verlag, 2012:13-29. 此处是 p. 13。

② 安托万·基扬. 近代德国及其历史学家[M]. 黄艳红,译. 北京:北京大学出版社,2010:163.

③ Wolfgang Hardtwig. Die Krise des Geschichtsbewußtseins in Kaiserreich und Weimarer Republik und der Aufstieg des Nationalsozialismus[J]. *Jahrbuch des Historischen Kollegs*, 2011:47-76. 此处是 p. 48-49。

④ Niels Hansen. *Der Fall Emil Ludwig*[M]. Oldenburg: Gerhard Stalling, 1930:9.

⑤ 伊格尔斯. 二十世纪的历史学——从科学的客观性到后现代的挑战[M]. 何兆武,译. 沈阳:辽宁教育出版社,2003:29.

⑥ 这是 20 世纪 20 年代批判"历史小说"的辞藻,引自:Schriftleitung der Historischen Zeitschrift (Hrsg.) *Historische Belletristik. Ein kritischer Literaturbericht*[M]. München und Berlin: Oldenbourg, 1928:7.

⑦ 这是 20 世纪 90 年代批判美国政治学家格德哈根(Daniel Jonah Goldhagen)著作《希特勒的志愿行刑者:普通德国人与大屠杀》(*Hitler's willing executioners. Ordinary Germans and the Holocaust*, New York: Knopf, 1996)的辞藻,分别引自 *Der Spiegel*(1996 年 4 月 15 日)、*Die Zeit*(1996 年 4 月 13 日)。

的"历史热",但仅仅纠结于历史研究"合法性"的固定思维,或只是含蓄承认业余历史学家们"在德语表达上的能力"①,却忽视了"古典历史主义"自身存在的学科危机,而且还对大众社会的出现、后现代史学潮流前赴后继以及传播媒体的更新换代缺乏清醒的认识。对于前者,尼采早已颇具讽刺性地指出:"客观这个名词,就是给它一个最高的解释时,恐怕也不免潜伏着一个幻觉罢?"②而后面三个因素则真正刺激了公共历史如脱缰野马般迅猛增长。

当公众的发言权从政治领域迅速延伸到学术领域,当学界在大众时代不得不一再丧失边界时,职业历史学家突然发现,公共历史的作品已经占领了书市,甚至更大程度上影响着公众的历史意识。在 1964 年柏林历史学家大会上,揭露德国一战罪责的弗里茨·费舍尔(Fritz Fischer)被正统史学家视作叛逆,却获得了在场一千多名观众的支持,"在某种意义上,这本著作连同观众的出场,都证明了(这次辩论)同旧观念和旧信条的割裂"③。

当"人人都是他自己的历史学家"(卡尔·贝克尔语)这一信条伴随语言学转向日益被学界接受时,"业余历史学家们"的自信心同样大增。19 世纪末,一位历史小说家还小心谨慎地遵循史学研究的"科学性原则",特别强调自己的描述拥有着过硬的"科学性凭据"④;到 20 世纪 20 年代,他们已经在思考着创建"新学派"的可能性,如路德维希便直言不讳地谈论自己的历史传记是一种拥有"精神"的历史研究新方式⑤;这种自立门户的趋势几乎延续到 20 世纪末,特别是自媒体时代到来之后。

当历史知识传播的媒介从文本走向视觉载体(电影、电视、纪录片),通过更易体验的渠道(博物馆、旅游),乃至借助网络等新媒体(维基百科、电脑游戏)时,公共历史的影响面显著扩大。1991 年的一次访谈表明,在喜欢历史的德国人中,67%通过电视接触,38%通过电影感受。2008 年,德国电视二台播放的《德意志人》(Die Deutschen)赢得了多达 500 万观众的追捧。⑥

公共历史的发展与兴盛现状,终于引发了职业历史学家的关注。以应对公共历史发展为己任的新学科——公众史学,便是在这样的背景中开启了学科化之路。

二

如美国公众史学的发展那样,德国公众史学的学科化起点同样出现在 20 世纪 70 年代末 80 年代初,也同样受到社会急剧转型、历史编纂学的后现代转向以及历史学毕业生就业紧张形势的促动。不过,德国的特殊性在于,其公众史学不是另起炉灶,而是在一门颇有历史传统的学科内部发展起来的,即"历史教育学"(Geschichtsdidaktik)。就这一点而言,德国

① Wilhelm Mommsen. "Legitime" und "Illegitime" Geschichtsschreibung. Eine Auseinandersetzung mit Emil Ludwig [M]. München, Berlin: Verlag von R. Oldenbourg, 1930.

② 尼采. 历史对于人生的利弊[M]. 姚可昆,译. 北京:商务印书馆,2000:38.

③ Fritz Stern. The Failure of Illiberalism. Essays on the Political Culture of Modern Germany[M]. New York: Columbia University Press Morningside, 1992:149.

④ Martin Nissen. Populäre Geschicchtsschreibung: Historiker, Verleger und die deutsche Öffentlichkeit (1848—1900)[M]. Köln: Böhlau, 2009:269-316.

⑤ Emil Ludwig. Historie und Dichtung[J]. Die Neue Rundschau, 1929,40(1):358-381. 此处是 p. 379.

⑥ Barbara Korte, Sylvia Paletschke. Geschichte in populären Medien und Genres, Vom Historischen Roman zum Computerspiel[M]// Barbara Korte, Sylvia Paletschek (Hg.), History Goes Pop. Zur Repräsentation von Geschichte in populären Medien und Genres. Bielefeld: tramscript, 2009:9-60. 此处是 p. 9,36.

公众史学的学科化发展与历史教育学的改革实践密不可分。笔者已从历时性的角度介绍过不同阶段中的两者联动关系,此处不再赘述。[①] 以下,笔者从类型学的角度,着重讨论把公众史学学科化的两种做法。

第一种做法以特定职业为导向,把公众史学框定在应用学科的层面上。齐格弗里德·夸恩特(Siegfried Quandt)提倡跨学科合作,以便"在社会中以及在社会各团体之间,分析和组织历史信息、交往与经验建构"。为此,他组建了一个名为"历史学与大众媒体"(Geschichtswissenschaft und Massenmedien)的工作团队。该团队由 25 名来自历史学和媒体的代表组成,目的是通过历史学家和记者们的系统合作,来改善各类媒介中的历史呈现。[②]吉森大学历史系从 1984 年开始招生的"历史专业记者学"(Fachjournalistik Geschichte)正是上述合作的重要成果。该项目旨在"传授不同的媒体形式、它们的文化受限性及其历史发展",使学生们"得以用批判性的眼光审视文本、照片、档案和电影,认识采访行动在媒体历史与文化上的受限性,拥有以学术研究(的成果)进行反思性争辩的能力,获得记者职业所需要的特殊知识"。[③]

若从解决毕业生就业问题的角度来看,这种类型的公众史学显然目的明确、成效斐然,否则绝不会存在 30 年之久。不过,若从历史学的专业性而论,它的学术内涵较低,而且主要偏向于传媒学。换言之,它重视的是传授技巧,而非内容本身。

第二种做法以各种项目为导向,把公众史学建立在研究和实践的二元基础上。奥格斯堡大学人文历史系与外语系及艺术系合作,创设"专业教育传授学"(Fachdidaktische Vermittlungswissenschaften)硕士生项目。[④] 该项目结合理论教学,把学生实践活动整合到项目设计中。在 2012—2013 年冬季学期中,学生在完成历史教育学、艺术史和巴伐利亚史的学习后,便被安排去参加一个主题为"狩猎:欧洲史视野下的地区历史"的博物馆布展活动。这项活动源于专业教师所承担的欧盟课题"博物馆的欧洲视野研究"。此后,教师又安排同一批学生介入另一课题"欧洲公众历史学杂志研究"中。[⑤]新世纪以来,柏林自由大学、海德堡大学和曼海姆大学相继设立的"公众史学硕士生项目"也大抵属于这种类型。[⑥] 柏林项目便开宗明义地强调"本项目从专业学术问题出发,但比以往更为强烈地关注到(学术界)同历史争辩的美学、政治与商业维度……旨在传授如呈现技巧、组织规划和项目管理一类的实践能力。"

同第一种做法相比,这种类型的公众史学更体现出历史学的特性,尤其表现了历史教育学的革新成果和新文化史发展的趋向。正因如此,它是目前德国公众史学学科建设浪潮中的主流。但是,它的问题在于,以项目为导向的教学活动往往受限于不稳定的教师队伍。柏

---

① 孟钟捷.公众史学学科建设的可行路径——从德国历史教育学改革模式谈起[J].天津社会科学,2013(3).

② Simone Rauthe. *Public History in den USA und der Bundesrepublik Deutschland*[M]. Essen: Klartext Verlag, 2001:186-187.

③ http://www.uni-giessen.de/cms/kultur/universum/universitaet1/fachjournalistik/Studienschwerpunkt. 2014-01-19.

④ http://www.philhist.uni-augsburg.de/lehrstuehle/geschichte/didaktik/ma_fachdidaktik_vermittlung/2014-01-18.

⑤ http://www.european-crossroads.de/2014-01-17; http://www.museums-exhibiting-europe.de/,2014-01-19.

⑥ http://www.geschkult.fu-berlin.de/e/phm/studium/gegenstand/index.html,2014-01-15. http://www.uni-heidelberg.de/fakultaeten/philosophiezegkhistsem/forschung/HPH_Profil.html,2014-01-03. http://www.geschichte.uni-mannheim.de/studium/studiengaenge/invisible/master_geschichte_wissenschaft_und_oeffentlichkeit/index.html, 2013-12-18.

林自由大学公众史学硕士生项目负责人马丁·吕克(Martin Lücke)教授在接受笔者的访谈中,也坦率地承认了这一点。[①] 每一次项目更新都会带来不同的教师组合,导致培养方案不得不经常变动,进而有可能影响到理论教学板块的设计。对此,连力主推动德国公众史学学科化的波茨坦当代史研究中心教授伊姆加德·楚道夫(Irmgard Zündorf)也十分遗憾地写道:"总体而言,在德语区,还没有出现独立的制度化的公众史学,而是更多受到公众史学影响的、却在完全不同的方案中实施的一些实践活动。"[②]

三

除了培养机制的探索外,学科化还应体现在问题意识的提炼中。倘若公众史学成为一种以公共历史为研究对象的学科,它主要研究哪些问题？在德国这个向来以历史思辨享誉学界的国度中,这一点显然是题中应有之意,而且事实上成为德国公众史学有别于其他国家的特性之一。

简言之,德国公众史学的主要研究问题首先集中在"历史文化"(Geschichtskultur)这一概念中。20世纪80年代,历史哲学家约恩·吕森(Jörn Rüsen)曾讨论过历史学习的四种策略(传统、举例、批判和溯源),以此总结各类历史学习者掌握历史意识的必要过程。[③] 到20世纪90年代,他进一步提出,"历史文化"作为"历史意识在社会生命中具有实践作用的表达",体现出审美、政治和认知三种维度的不同组合形式。[④] 公共历史正是其中的一种组合。公众史学旨在"研究不同文化、商业、国家和社会机构(如大学、中学、博物馆、管理部门、历史协会)以及媒体如何解释历史,如何让训导、消遣、证明、批判、引导、启蒙和其他记忆模式在无所不包的历史记忆统一体中相互影响"[⑤]。它关注的是主体间的互动关系,特别是交流和争议。在这一方面,公众史学争议成为颇受欢迎的选题。[⑥]

与"历史文化"概念息息相关的是20世纪90年代末出现的有关"文化记忆"的跨学科研究。自从法国学者莫里斯·哈布瓦赫(Maurice Halbwachs)提出"集体记忆"的构想后,记忆话题在德国学界长盛不衰。阿斯曼夫妇(Jan Assmann, Aleida Assmann)在文化学和历史人类学的框架下展开了"文化记忆"(kulturelles Gedächtnis)的研究。这种问题意识"致力于

---

① 访谈时间:2012年11月18日,地点:柏林自由大学梅尼克研究所。

② Irmgard Zündorf. Zeitgeschichte und Publilc History[N]. *Docupedia-Zeitgeschichte*, 2010-02-11. https://docupedia. de/zg/Public_History? oldid=75534, 2012-09-12.

③ Jörn Rüsen. Historisches Lernen[M]// Klaus Bergmann etc. *Handbuch der Geschichtsdidaktik*. Düsseldorf: Schwann, 1985:224-229.

ders. Die vier Typen des historischen Erzählen[M]// Reinhart Koselleck, etc. *Formen der Geschichtsschreibung. Traditionen der Geschichtsschreibung und ihrer Reflexion. Fallstudien, systematische Rekonstruktionen, Diskussion und Kritik*. München: Deutschland Taschenbuch, 1982:514-605.

④ Jörn Rüsen. Geschichtskultur[J]. *Geschichte in Wissenschaft und Unterricht*, 1995(46):513-521.

ders. Geschichtskultur als Forschungsproblem [M]// Klaus Fröhlich, etc. *Geschichtskultur*. Pfaffenweiler: Centaurus, 1992:39-50.

⑤ Barbara Korte, Sylvia Paletschke. *Geschichte in populären Medien und Genres, Vom Historischen Roman zum Computerspiel*[M]. p.11.

⑥ 例如 Klaus Große Kracht, *Die zankende Zunft. Historische Kontroversen in Deutschland nach* 1945, Göttingen: Vandenhoeck & Ruprecht, 2005; Frank Bösch & Constantin Goschler (Hg.), *Public History. Öffentliche Darstellungen des Nationalsozialismus jenseits der Geschichtswissenschaft*, Frankfurt / New York: Campus Verlag, 2009.

发现过去联系与同一性之间的关系"①。换言之,它更关注各种文化符号(图片、塑像、仪式等)如何在权力的运作下达到巩固共同体的目的。例如德国社会对犹太大屠杀的记忆便是在历次公众史学争议中被扭转、加深和固化的;相反,把德国人视作二战受害者的那些叙述(如德累斯顿大轰炸、二战后的东部被驱逐者等)则受到压制,被排挤出主流历史意识之外。②在这一方面,德国历史学家们继续紧随法国同行之后,致力于讨论公众历史意识中的"回忆场所"(Erinnerungsorte),如作为革命场所的"圣保罗大教堂",作为自由象征的"瓦特堡",或作为身份认同符号的"浮士德"等。③

全球视野下的公众史学比较研究早已成为德国学界的一种方向。2001 年,西蒙妮·劳特(Simone Rauthe)在杜塞尔多夫大学完成了《美国和联邦德国的公众史学》(*Public History in den USA und der Bundesrepublik Deutschland*)一文④,开创了公众史学领域中国际比较研究的先河。在劳特看来,美国的公众史学缺少理论维度,而德国的公众史学是以专业历史学为导向的,拥有着历史文化研究的理论追求。2010 年,楚道夫撰写了长文《当代史与公众史学》(*Zeitgeschichte und Public History*)⑤,针对当代史专题,讨论了不同国度中公众史学发展的情况。两人不约而同地看到了公众史学在全球范围内兴起的共同趋势,都承认公众史学尽快实现学科化的必要性。

2009 年,德国出现了第一本公众史学教科书《历史与公域:场所—媒介—机构》(*Geschichte und Öffentlichkeit. Orte-Medien-Institutionen*)⑥。该书主编在导言中指出,其目的在于"让学习者不仅在内容上获悉(公众史学)最大程度上的各种表现,而且还获得激励去反思和讨论它"。据此,该书内容事实上反映了新世纪德国公众史学所关注的主要对象。全书分为三部分,共十九章。第一部分"回忆的缘由和形式"包括历史争议、纪念日和周年庆、神话与传说和再现、生活史等四章;第二部分"地点与机构"包括纪念像、街道命名、博物馆、纪念馆、历史代理处、历史旅游和历史工作室等七章;第三部分"媒介"包括历史娱乐片、电视纪录片、公众杂志、报刊、历史专业著作、历史小说、历史青少年文学和电脑游戏等八章。

2012 年 9 月,第 49 届德国历史学家大会专设一个分会场,由"应用史学工作组"(Arbeitsgruppe für angewandte Geschichte)组织论坛,涵盖吉森大学的"历史专业记者学"、海德堡大学公众史学硕士生项目、关于应用史学的利弊之争、国际一战历史资源项目和"处在市民社会与学术之间的应用史学"等五场演讲,讨论主题为"变化中的历史职业领域"。⑦这是历史学家大会这一德国最重要的学术机构首次举办的公众史学专题讨论会。在某种程度上,这或许是意味着德国职业历史学家终于转变立场的信号。

---

① 扬·阿斯曼."记忆"词条[M]//载斯特凡·约尔丹,主编.孟钟捷,译.历史科学基本概念辞典.北京:北京大学出版社,2012:77.

② Aleida Assmann. *Der lange Schatten der Vergangenheit. Erinnerungskultur und Geschichtspolitik*[M]. Bonn: bpd, 2007:183-249.

③ Etienne François, Hagen Schulze (Hrsg.). *Deutsche Erinnerungsorte*[M]. München: C. H. Beck, 2001.

④ Simone Rauthe. *Public History in den USA und der Bundesrepublik Deutschland*[M]. Essen: Klartext Verlag, 2001.

⑤ Irmgard Zündorf, "Zeitgeschichte und Publilc History".

⑥ Sabine Horn, Michael Sauer (Hg.). *Geschichte und Öffentlichkeit. Orte-Medien-Institutionen*[M]. Göttingen: Vandenhoeck & Ruprecht, 2009.

⑦ http://www.historikertag.de/Mainz2012/en/programme/special-events/thursday-september-27th.html, 2014-01-19.

在德国,公共历史已经不是新鲜事,公众史学也踏上了学科化的道路。不过,即便如此,德国学界仍然未能找到一个合适的概念来称呼这一学术新秀。劳特曾在结语中写道:"'公众史学'这一概念是多样性的,它既指一种学习过程,也指对于历史学的公众交往。因此,它缺少精确性,欧洲并没有接受这样的概念。"[①]来自于美国的"公众史学"(public history)或"应用史学"(angewandte Geschichte)虽有市场,但"通俗历史"(Populäre Geschichte)也不乏支持者,如2012年6月德国研究协会(DFG)所资助的一场会议便取名为"在进步乐观主义和文化悲观主义之间的通俗历史和媒介变迁"[②]。再者,"历史的传授"(Vermittlung der Geschichte)或"中学之外的历史学"(außerschulische Geschichte)是"公众史学"的另一个德国名字,特别是在历史教育学比较鼎盛的学府,如奥格斯堡大学。就这一点而言,德国的公众史学仍然处在学科化的初级阶段。

(原载《历史教学问题》2014年第3期)

英国的公众史学

朱联璧　复旦大学历史学系讲师

摘要:直至21世纪初,美国式的公众历史课程才在英国高校集中出现。英国原有公共领域中的历史实践,也自此被纳入公众史学范畴。从发展理路来看,过去十多年英国公众史学的迅猛发展,是建立在外来学科及概念与本土史学传统互动的基础之上的,表现出与传统学科领域紧密结合,较少介入公共事务,形式与内涵多样,以公众为受众,以史学方法为依归的特点。

21世纪后,公众史学实践和相关讨论在英国日益涌现。2006年,伦敦大学历史研究中心(IHR)首次举办名为"历史与公众"的年会,讨论公众史学议题。[③] 2008年,该中心与利物浦大学、利物浦国家博物馆合办了"公众史学"学术会议。[④] 2010年,美国最具影响力的公众史学期刊《公共历史学家》(*The Public Historian*)出版了"英国公众史学专刊",收录了两年前利物浦会议上的8篇论文。专刊引言由原在利物浦大学工作的霍格·胡克(Holger Hoock)教授撰写,清晰梳理了过去十多年来英国公众史学的发展脉络,认为其尚处发展期,仍有很多问题等待厘清。[⑤]

反观国内,对英国公众史学的情况鲜有介绍。因此,本文将在胡克一文的基础上,整理英国语境下公众史学的大致脉络,从其引入英国的过程及实践、课程建设和主要成果三个方面展开。

---

① Simone Rauthe. *Public History in den USA und der Bundesrepublik Deutschland*[M]. Essen: Klartext Verlag, 2001:247.

② http://hsozkult. geschichte. hu-berlin. de/tagungsberichte/id=4344,2014-01-17.

③ IHR Newsletter, Summer 2006, http://www. history. ac. uk/sites/history. ac. uk/files/newsletters/IHR-Newsletter-2006-summer.pdf,2013-12-26. 其他几次会议的情况,见 Holger Hoock, "Introduction", *The Public Historian*, Vol. 32, 3 (2010), p. 10, footnote 9.

④ "Public History Conference, Liverpool, 10-12 April 2008", in: http://www. sas. ac. uk/about-us/news/public-history-conference-liverpool-10-12-april-2008,2013-12-29.

⑤ Hoock, "Introduction", pp. 7-24.

一

要回答英国公众史学的起点在何时,并不容易。英国学者从隔岸观花,到引入美国公众史学的概念,再到以此为名开始实践,过程迂回曲折。美国公众史学肇始之时就经历了专业化(professionalization)、概念化(conceptualization)和制度化(institutionalization)①,伴有明确的方法论解说和"使公众受惠"的意识形态偏向。② 但英国公众史学在这三个方面都进展缓慢,并与遗产保护、博物馆学等历史悠久的学科领域重叠,要辨认其面貌并非易事。

1981年,美国公众史学家韦斯利·约翰逊(Wesley Johnson, Jr.)曾受伦敦大学迈克尔·汤普森(Michael Thompson)之邀在该校演讲,介绍美国的公众史学。讲座后有听众戏谑:"要是三年前你来演讲这个,我们大概会把你丢出去,可现在却迫切想听听。"③此后,约翰逊还造访了谢菲尔德、牛津和剑桥的几所大学,推广公众史学,并在谢菲尔德大学获得最积极的反馈。时任经济史系主任安东尼·沙克里夫(Anthony Sutcliffe)有意沿用美国卡内基-梅隆大学应用史学(applied history)项目的内容,开设英国第一门公众史学课程。沙克里夫还在1982年参与组织了欧洲第一次公众史学会议。1983年,伦敦金仕顿大学的彼得·J.贝克(Peter J. Beck)受邀造访美国,了解公众史学的发展情况,并在《泰晤士报教育增刊》上撰文介绍。④ 约翰逊后来将此行见闻写成论文,1984年发表在《公共历史学家》上。他发现当时对公众史学最感兴趣的多为经济史学者,他们看出其与正在推行的应用史学之间有共通之处⑤,但他也发现这个概念会引起论争,担心公众史学在英国落地后能否生根发芽。⑥ 最终,谢菲尔德大学的公众史学课程不了了之。可见,尽管20世纪80年代英国高校已有接纳美国公众史学课程的迹象,走出专业化的第一步,且是公众史学发展最重要的一步⑦,但并未取得成功。胡克在2010年撰写引言时,约翰逊的见闻被完全忽略。

实际上,在约翰逊造访的时代,英国已有很多面向公众的历史产品和大众史学实践⑧,包括历史遗产保护、电视电台的历史节目、畅销历史读物等,视公众为受众。1895年成立的国家信托(National Trust)就以保护和修缮历史古迹向公众开放为最主要目的。⑨ 20世纪初,

---

① 三者分别指设立公众史学学位并组织相关实践,进行术语解释(包括本体论、方法论和价值论三个层面),建立全国性组织、研究机构和期刊增进交流。

② 关于美国公众史学的内涵与特征回顾,见:王希:谁拥有历史——美国公共史学的起源、发展与挑战[J].历史研究,2010(3).

③ G. Wesley Johnson, Jr. An American Impression of Public History in Europe[J]. *The Public Historian*, 1984, 6(4):87.

④ G. Wesley Johnson, Jr. An American Impression of Public History in Europe[J]. *The Public Historian*, 1984, 6(4):89,93.

⑤ 同一时期经济史学者和应用史学之间的互动,见:Avner Offer. Using the Past in Britain: Retrospect and Prospect[J]. *The Pubic Historian*, 1984, 6(4):17-36.

⑥ G. W. Johnson. An American Impression of Public History in Europe[J]. Springer-Verlag, 1984, 6(4):88-89, 94-95.

⑦ G. Wesley Johnson. Professionalism: Foundation of Public History Instruction[J]. *The Public Historian*, 1987, 9(3):96-110.

⑧ Hoock, "Introduction", p. 9. 有关英国面向公共/公众,但未明确以"公众史学"为名目的实践,可参考:Priscilla Boniface. History and the Public in the UK[J]. *The Public Historian*, 1995, 17(2):21-37.

⑨ "Who We Are", in: http://www.nationaltrust.org.uk/what-we-do/who-we-are/, 2013-12-26. 该机构全称为"国家历史古迹和自然景观信托"(National Trust for Places of Historic Interest or Natural Beauty)。

乔治·麦考莱·屈威廉(George Macaulay Trevelyan)已积极为大英博物馆服务①;20 世纪中期,呼吁缔造人民史的 A. J. P. 泰勒(Taylor)曾为英国广播公司(BBC)主持电视节目。② 20 世纪 70 年代起,以拉斐尔·塞缪尔(Raphael Samuel)为代表的专业历史学者,开始鼓励民众和学者书写大众史,创造新的历史文本。③ 为大众记录历史的口述史学者,也是英国引介和推动公众史学发展的一支力量。《口述史》(Oral History)杂志在 1997 年辟出专题讨论公众史学,并奉塞缪尔为英国的先驱。④

公共历史真正在英国成为一种现象要到 2000 年。当年,在英国出生、在美国任教的历史学家西蒙·夏玛(Simon Schama)撰稿并主持的 15 集纪录片《英国史》(A History of Britain)在 BBC 第一频道首播,引起巨大社会反响。时任工党首相托尼·布莱尔(Tony Blair)甚至和夏玛一起录制参观首相官邸的短片,将其放在唐宁街 10 号的网站上用作宣传。⑤

伦敦大学皇家汉洛威学院的贾斯汀·钱宾(Justin Champion)在评论《英国史》时有过一个微妙的转变。他在 2002 年底撰文评论时,标题中未有"公众史学";几乎同题的论文数月后在另一期刊发表时,多出了"公众史学"一词。⑥ 此举不禁让人猜想,公众史学成为英国学术和日常话语中的词汇,或许就在此时。钱宾后来也成了公众史学的重要推手,号召历史学家走出书斋,书写面向大众的史学。⑦ 2009 年,他在自己工作的学校推出了公众史学授课型硕士学位项目。⑧

英国在 21 世纪初接受了公众史学的原因,或许是变迁的文化和政治(政策)环境。当时,英国面临多个重大历史事件或人物的纪念日,如伊丽莎白一世去世 400 周年、英苏合并 300 周年等,需要重提有关的过去。对民众开放的电子档案数量不断增加,让更多人能通过网络获取史料,也激发了他们对历史的兴趣。工党政府对博物馆等呈现历史的公共机构给予了较多资金支持。⑨ 历任财政大臣和首相的戈登·布朗(Gordon Brown)甚至希望为公众提供一种基于历史的主流的不列颠性(Britishness)解说,以此为核心建设多元文化社会。⑩

---

① Hoock,"Introduction", p. 15.

② "Taylor, A. J. P. (1906—1990)", http://www.screenonline.org.uk/people/id/838462/, 2013-12-27.

③ 王希. 西方学术与政治语境下的公共史学——兼论公共史学在中国发展的可行性[J]. 天津社会科学,2013(3).

④ Jill Liddington. What Is Public History? Publics and Their Pasts, Meanings and Practices[J]. Oral History,2002,30(1):88.

⑤ Jerome de Groot. Consuming History: Historians and Heritage in Contemporary Popular Culture [M]. Oxford:Routledge,2009:17-18.

⑥ Justin Champion. Seeing the Past: Simon Schama's "A History of Britain" and public history[J]. History Workshop Journal,2003(56):153-174. 及"Professor Justin Champion:Publications", in: http://pure.rhul.ac.uk/portal/en/persons/justin-champion(bc6b0767-61c5-407a-aadb-578e3330dd06)/publications.html, 2013-12-26.

⑦ Justin Champion. What Are Historians For[J]. Historical Research, 2008,81(211):168.

⑧ Matthew Reisz. Learn to Tell History with a Popular Touch[EB/OL]. http://www.timeshighereducation.co.uk/407127. article, 2013-12-26.

⑨ Hoock,"Introduction", pp. 11-13. 有关电子资料的讨论,见:Justin Champion. What Are Historians For[J]. Historical Research,2008,81(211):170.

⑩ Gordon Brown. The Golden Thread That Runs through Our History: Liberty, Tolerance, Fair Play—These Are the Core Values of Britishness[N]. The Guardian, 2004-07-08. http://www.theguardian.com/politics/2004/jul/08/britishidentity. economy, 2013-12-27.

但钱宾认为布朗的实践并不成功。① 玛丽·史蒂文斯(Mary Stevens)认为布朗作为历史系毕业生还如此鼓吹单一的历史叙事,有蒙蔽历史复杂性之嫌。② 尽管如此,过去 10 年公众史学在英国的蓬勃发展,无疑已经从丰富的实践和专业化的过程中清晰表现了出来。

二

专业化作为美国公众史学发展的起点,源自历史系研究生的"就业难"。但为何同时代的英国并未出现类似情况?原因或许来自三方面。一是过去几十年来,英国历史学者都潜心书斋,较少考虑历史的实用性问题③,没有专门培养将历史技能运用于社会服务的学生。二是英国高等教育学制较短,博士生集中在 25 至 28 岁毕业。毕业生一旦在学术界就业遇阻,在学校完善的就业指导体系的帮助下,较容易转向其他对历史专业技能要求不高的管理类、金融类和政府服务类工作。三是英国的博士生能申请到的奖学金和资助较美国少,学生规模整体较小,毕业生积压也较少。

作为英国最早开设公众史学兼职授课型硕士项目的学校,牛津鲁斯金学院以成人和职业教育为主,速来强调课程的实用性。1996 年开始的公共历史项目中,学员多半有在公共机构从业的经历。④ 拉斐尔·塞缪尔在设计项目时明确指出,其以写作大众史为导向,强调人类是书写历史活跃的施为者(active agents),主张以过程为中心,由经历来确认的历史写作手法,课程内容涵盖公共领域中的修复工作、口述史和遗产保护。⑤ 在该校公众史学课程负责人希尔达·卡恩(Hilda Kean)多年的努力下,出版了第一本展现英国公众史学(尤其是大众史书写)发展成果的著作。⑥ 该校同时还组织了许多有关公众史学的学术研讨会,但均未以公众史学为名。⑦

21 世纪后,英国三个重要的学术团体都为公众史学项目提供支持。2005 年以来,专为人文学科提供资助的人文研究会(Arts & Humanities Research Council),为各类遗产保护项目提供支持,对象包括大英图书馆和博物馆等。⑧ 皇家历史学会(The Royal Historical Society)的协会目标中,就包括推动公共领域中的史学实践,他们在 2001 年和约克大学历史学系合办了"历史学家和他们的公众"学术研讨会。英国历史学会(The Historical

① Justin Champion. What Are Historians For[J]. *Historical Research*,2008,81(211):172.

② Mary Stevens. Public Policy and the Public Historian: The Changing Place of Historians in Public Life in France and the UK[J]. *The Public Historian*, 2010,32(3):130-131. 关于工党这一时期利用历史推动"不列颠性"政策之有效性评估,亦可见:Rhys Andrews, Catherine McGlynn and Andrew Mycock. National Pride and Students' Attitudes towards History: An Exploratory Study[J]. *Educational Studies*, 2010,36(3):299-309.

③ Justin Champion. What Are Historians For[J]. Historical Research,2008,81(211):168-175.

④ Hilda Kean. People, Historians, and Public History: Demystifying the Process of History Making[J]. *The Public Historian*, 2010,32(3):31, 34-35.

⑤ Hilda Kean. People, Historians, and Public History: Demystifying the Process of History Making[J]. *The Public Historian*, 2010,32(3):27-28, 30-31, 34.
有关塞缪尔对公众史学的贡献,见:Hilda Kean. Public History and Raphael Samuel: A Forgotten Radical Pedagogy?[J]. *Public History Review*, 2004(11):51- 62.

⑥ Hilda Kean, Paul Martin and Sally J. Morgan. *Seeing History: Public History in Britain Now*[M]. London: Francis Boutle, 2000.

⑦ Hilda Kean, Paul Ashton. Introduction: People and Their Pasts and Public History Today[M]// Paul Ashton, Hilda Kean. *People and Their Pasts: Public History Today*. Basingstoke: Palgrave MacMillan, 2009:1.

⑧ Hoock, "Introduction", p. 16.

Association)在 2009 年设立了公众史学委员会并开通网站,为中学教师和学者提供介绍和信息。① 前文提到的 IHR 除举办以公众史学为主题的学术会议外,也定期举办有关讲座,并建立了名为"制造历史"的网站,尽管内容不限于公众史学。②

约克大学为进一步推动与博物馆、展览馆、历史遗迹和媒体的合作研究,以探寻过去的日常生活,在 2006 年建立了有公众史学性质的研究中心③,并在 2012 年 10 月推出了公众史学硕士课程项目。约克与皇家汉洛威的硕士课程颇为相似。首先,二者均依托本校相关研究机构。④ 其次,课程设置都由三部分组成,一是历史系授课型硕士的通修课,即各类史学研究方法的训练,这部分在鲁斯金学院相对较弱;二是公共历史的专业课,都强调课程由公共机构中的专业人士而非大学教员讲授,且鼓励学生前往感兴趣的机构实践,获得感性认识;三是毕业课题,即学生利用实践经验撰写的论文或项目报告书。由于皇家汉洛威学院身处伦敦,有地缘优势,与其合作的机构从数量和类型来说都比约克大学多,课程设置面也比约克大学更广。

美国全国公众史学委员会(National Council of Public History)曾对英国高校开设公众史学课程的情况进行统计⑤,结果表明涉及的高校共 10 所。笔者按图索骥,发现统计结果与现状不符,故罗列 2014 年初的情况。⑥

博士研究方向:布里斯托大学、赫德斯菲尔德大学、赫福德郡大学。

授课型硕士学位:鲁斯金学院、皇家汉洛威学院、约克大学、中兰开郡大学。

授课型硕士研究方向:艾塞克斯大学、布莱顿大学、布里斯托大学、金仕顿大学、利物浦希望大学、曼彻斯特都会大学、诺丁汉特伦特大学。

授课型硕士课程:贝尔法斯特女王大学、曼彻斯特大学、南安普顿大学、普利茅茨大学、谢菲尔德大学、亚伯大学(未用公共历史之名);剑桥大学专题研讨会。

本科学位:赫福德郡大学。

本科课程:埃克塞特大学、曼彻斯特都会大学、诺丁汉特伦特大学、普利茅茨大学。

上述 20 所大学之外,还有些大学开设的方向不在历史系内,却有公众史学之实,如纽卡斯尔大学的遗产管理、旅游及遗产研究专业、东伦敦大学的遗产研究专业、邓迪大学的档案与记录管理专业。也有学校将公众史学实践纳入历史系研究生培养目标,但未有专门课程或学位,如威尔士的斯旺西大学、南威尔士大学。爱丁堡大学历史系虽然未开设课程,但组织了讨论活动。

可见,英国高校公众史学的专业化主要集中在英格兰和威尔士,苏格兰和北爱尔兰的进

① Hook,"Introduction",pp. 10-11.
英国历史学会公众史学子站见:http://www.history.org.uk/resources/public.html。
② 可访问 http://www.history.ac.uk/makinghistory/index.html 以进一步了解,2014-01-03。
③ Institute for the Public Understanding of the Past, http://www.york.ac.uk/ipup/, 2013-12-27.
④ 皇家汉洛威学院的机构名为公众史学、遗产与历史参与研究中心(Centre for Public History, Heritage and Engagement with the Past)。钱宾等人还设立了专门网站,介绍公共历史的研究资料和方法,见:http://www.doingpublichistory.org/index.html。
⑤ 可访问 http://ncph.org/cms/education/graduate-and-undergraduate/guide-to-public-history-programs/,查看统计结果,2014-01-03。
⑥ 由于过去两三年间,公众史学课程在英国高校发展迅猛,加之每个学校在公开网络公布的资料深度不同,笔者上述归纳整理难免有所遗漏,恳请读者指正。

展略为缓慢。各校专业化的程度和方式各异,多是在应用类课程或学位的基础上增加该项或调整培养方案,并谨慎使用"公众史学"之名。教员的足迹遍布各类公共机构和媒体。研究型大学和职业培训型大学均参与其中,地理分布均匀,在英格兰中部、南部相对集中。

相比美国公众史学在专业化后不到十年就开始了制度化,建立了有全国影响力的从业者网络、机构和期刊,英国制度化进程缓慢,甚至尚未开始。虽有很多全国性机构鼓励公众史学实践,但未出现专门机构,也没有相对明确、有足够接受度的概念性或意识形态解释。此外,由于英国公众史学的发展和就业压力缺乏直接关联,各类项目出现的时间尚短,眼下还不足以评价其对英国学术界生态的影响,也不足以评估其对公共事务影响的程度,须留待未来探索。

三

专业化进程的深入,让外来的概念在本土化过程中滑移,新兴研究中便有了新的概念化。英国公众史学的概念化与大众史书写相互牵绊,和历史本身的功用牵绊,也和历史学家应以怎样的角色参与公众史学的问题牵绊。

英国历史学会的网站上,有 3 篇介绍公众史学的短文[①],分别表现出"公共/公众"对"史学"的修饰涉及受众、创造者和所在场域 3 个方面,但都没有美国公众史学中的公共政策或"使公众受惠"的维度,也没有特别强调要表现社会多样性,或为失语的少数群体发声。读者回看前文不难发现,约克大学 2001 年主办的公众史学会议的名称、2006 年设立的机构的名称,以及同年 IHR 组织的会议名称,并未出现"公众史学",只标出了"公共"这个要素。再看《公共历史学家》1995 年刊登的有关英国公众史学的论文——《英国的历史和公众》。[②] 可见,"公众史学"一词中的定语成分及其衍生名词(即 the public),似乎在英国公众史学活动的标题里唱了主角,而非"公众史学"这个整体。这表明英国学术界引入公众史学的接入点在"公共",且本土化过程中对原有概念加以分割,未将公众史学作为一个整体的、有价值导向的概念接受。

那英国学术界谈论的公众史学是什么?杰罗姆·德·古鲁特(Jerome de Groot)的说法颇有代表性,即"非学术和非专业化的历史就是公众史学"[③],如此一来似乎将公众史学和职业历史学家及学术研究对立了起来,但事实并非如此。《公共历史学家》2010 年的专刊里,包括引言在内的 6 篇长文,都力图表明专业学者求真的目标和更好地为公众提供史学产品非但没有矛盾,还可以相互促进。[④]

相比保罗·阿什顿(Paul Ashton)和希尔达·卡恩合编的《人民和他们的过去:今日公

---

① http://www.history.org.uk/resources/public_resources_75.html,2013-12-26.

② Priscilla Boniface. History and the Public in the UK[J]. *The Public Historian*,1995,17(2):21-37.

③ Jerome de Groot, *Consuming History: Historians and Heritage in Contemporary Popular Culture*[M]. New York:Routledge,2008:4.

④ 这 6 篇文章依次为:Hoock, "Introduction", pp. 7-24; Kean, "People, Historians, and Public History", pp. 25-38. Madge Dresser, "Politics, Populism, and Professionalism: Reflections on the Role of the Academic Historian in the Production of Public History"; Robert Lee and Karen Tucker, " 'It's My Park': Reinterpreting the History of Birkenhead Park within the Context of an Education Outreach Project"; Suzannah Lipscomb, "Historical Authenticity and Interpretive Strategy at Hampton Court Palace"; Stevens, "Public Policy and the Public Historian".

众史学》①,会发现专刊的选题带着美国视角,着意公共政策、公共福祉和少数族群的问题。②《人民和他们的过去:今日公众史学》预设读者身处英国学术界,所以第一部分引介了别国公众史学理论和实践,第二、第三部分回顾英国实践。若将这些实践置于诸如博物馆学、地方史的研究框架内,似乎也无不可,且不关心公共政策、少数族群等问题。可见,美国公众史学的价值导向,并非英国公众史学家甄选研究成书的主要考虑。他们选择的是更能展现英国学术界自身积淀的研究。③

从专刊和阿什顿与卡恩的编著中,也能看到英国公众史学依傍的本国源头。例如引领了英国遗产研究的伦敦大学学院教授大卫·洛文塔尔(David Lowenthal)的《过去即为异邦》一书。④ 又如讨论了记忆和历史书写的名作,拉斐尔·塞缪尔的《记忆的剧场》。⑤ 罗汉普顿大学的约翰·托什(John Tosh)与柳德米拉·乔丹诺娃(Ludmilla Jordanova)的名字也在专刊和编著中被反复提及,原因是二位在英国都颇具影响力的学者,近年来着力倡导公众史学。⑥ 胡克在引言中提到,英国的历史学者一直都很担心写作通俗化的历史会牺牲历史本身的复杂性,故质疑大众史或非专业学者的研究。⑦ 这种精英主义论调本身,说明英国公众史学在业内仍面临阻滞,需要一个适宜本土语境的解释。这就是托什与乔丹诺娃为公众史学背书的背景。

二人认为,走向公共领域的史学必须带有专业历史研究推理的方法,托什称之为"实践性历史主义"(practical historicism)。这是应用史学的一种,早在维多利亚时代就已有人提出类似说法。他认为,公众史学可以增强公众和决策者的历史批判意识,公众历史学家应在重要的公共议题上出声,增加学科的重要性,让普通人拥有历史。⑧ 乔丹诺娃更明确地指出,公众史学中的定语就是指"大规模受众、流行和非专业……指向所有人或让所有人都能看到"。⑨ 她反对过分专业化的历史学科,也不支持精英主义的观点,认为公众史学的核心与历史学并无二致,必须保有批判性和警惕,不能变成简单化的大众娱乐产品。她还认为,托什低估了历史影响决策及走向公众的难度,实践中应考虑受众在不同情况下接受历史时的可能差异。⑩

乔丹诺娃的担忧并非空穴来风。尽管专刊中提到了历史学家和其他专业人士如何各展

---

① Paul Ashton,Hilda Kean. *People and Their Pasts Public History Today*[M]. London:Plagrave Macmillan,2009.

② Hoock,"Introduction",p. 24.

③ 此外,二者均未提及有关电视节目中的历史呈现和历史学家的作用,下列研究可作补充:Erin Bell,Anny Gray. History on Television:Charisma,Narrative and Knowledge[J]. *European Journal of Cultural Studies*,2007,10(1):113-133. Tristram Hunt. Reality,Identity and Empathy:The Changing Face of Social History Television[J]. *Journal of Social History*,2006,39(3):843-858. 以及 Groot,*Consuming History* 中的第四部分。

④ David Lowenthal. *The Past is a Foreign Country*[M]. New York:Cambridge University Press,1995. 亦可阅读 David Lowenthal. *The Heritage Crusade and the Spoils of History*[M]. Cambridge:Cambridge University Press,1997. 其他有关遗产研究的讨论,见 Hoock,"Introduction",p. 9,footnote 4 的整理。

⑤ Raphael Samuel. *Theatres of Memory:Past and Present in Contemporary Culture*[J]. London:Verso,1994.

⑥ John Tosh. *Why History Matters*[M]. Basingstoke:Palgrave Macmillan,2008.
Ludmilla Jordanova. *History in Practice*[M]. 2nd Edition. London:Arnold Publishing,2006. 由于乔丹诺娃任职过的学校较多,此处不将她的身份限定在某一学校教员。

⑦ Hoock,"Introduction",pp. 13-14. 胡克对此引述了彼得·曼德勒的观点(Peter Mandler),认为无需有此担心。

⑧ John Tosh. In Defence of Applied History:the History and Policy Website[J]. *History & Policy*,2006(2).

⑨ Ludmilla Jordanova. *History in Practice*[M]. 2nd Edition. London:Arnold Publishing,2006:149.

⑩ Ludmilla Jordanova. How History Matters Now[J]. *History & Policy*,2008(11).

所长推动公众史学项目发展,假设历史学家的专业性被充分考虑的情况下,公众史学就不会受到民粹主义、利益或政治正确的影响,但也有人遇到了困境。这些困境的核心是:若公众史学预设了史学方法论因有益于探寻真相而有了更高的优先级和可靠性,成为公众史学中史学的落脚点,那与公众历史学家合作的专家必须有此共识。这种共识的取得显然不能靠历史学家向合作者灌输自己高人一等的地位,或者坚称即便自己只能给出相对的"真相",历史学的方法论也具有足够的优先性。对此,钱宾将历史的价值归到美学和道德的真相,而非经验和客观的真相①,以赋予历史学天然的可靠性。这种解说是否足以说服来自其他机构和学科的合作者? 尚待未来给出答案。

除了前文已经提到的研究,笔者认为以下作品对了解英国公众史学亦有裨益。第一类是回顾性著作。较早对公众史学文献进行梳理的,有吉尔·林丁顿(Jill Liddington)和西蒙·迪奇菲尔德(Simon Ditchfield),他们以国别和文献类型分野做过简单介绍。② 彼得·J.贝克对英国历史学家和有史学训练背景的畅销小说家在非学术领域的贡献有过专门回顾。③ 希尔达·卡恩和保罗·马丁(Paul Martin)合编的《公众史学读本》,算得上英国视角下对公众史学文献的总回顾,话题丰富,视野广阔,涵括史观、史料和史作三方面,是一本上乘的基础性教材。④

第二类是个案研究。卡恩的《伦敦故事》以大众史的视角将19至20世纪伦敦工人阶级的历史呈现给读者,算得上是有意义的公众史学实践。⑤ 也有些新研究表现出了对少数群体的关怀。⑥ 此外,《劳工史评论》(Labour History Review)、《国际遗产研究期刊》(International Journal of Heritage Studies)、《历史工作坊期刊》(History Workshop Journal)和前文提到的《口述史》,都是了解英国公众史学动态的入口。⑦

美国以外的公众史学,多以舶来品形态出现,于是也在不同情境下经历本土化。在英国,公众史学遇到的是整体安于书斋的史学家群体,形式多样且历史悠久的各类面向公众或处于公共领域的史学实践,有一定学术影响力的大众史传统,较为灵活的高校课程体系。要让历史学者不必担忧公众史学会贬损本学科的价值,不必担忧公众史学产品是为了讨好观众或特定机构,抑或出于特定政治目的而生,鼓励他们与自己的学术背景完全不同的人群对话、合作、相互学习,在高校开设公众史学课程,开展专业化,至少对英国而言,只是第一步。

迈出第一步的目的,是为了让更多人接纳、理解公众史学的意义和价值。意在寻求对历史的开放阐释以及学科外合作的英国公众史学,一面要走出课室,进入公共机构和公共空间,一面要把观众和其他业者带入课室,介绍历史学方法的价值,并获得听众的肯认。后者就需要一种基于本土的概念化,让公众史学站住脚。

在概念化的过程中,公众史学产品的受众同样是公共历史的施为者。创作者和受众同

---

① Justin Champion. What Are Historians For[J]. *Historical Research*, 2008, 81(211):168.

② Jill Liddington, Simon Ditchfield. Public History: A Critical Bibliography[J]. *Oral History*, 2005, 33(1):40-45.

③ Peter J. Beck. *Presenting History: Past and Present*[M]. Basingstoke: Palgrave Macmillan, 2011.

④ Hilda Kean, Paul Martin. *The Public History Reader*[M]. New York: Routledge, 2013.

⑤ Hilda Kean. *London Stories: Personal Lives, Public History*[M]. London: Rivers Oram Press, 2004.

⑥ Alison Oram. Going on an Outing: The Historic House and Queer Public History[J]. *Rethinking History*, 2011, 15(2):189-207.

⑦ Paul Ashton, Hilda Kean. *People and Their Pasts: Public History Today*[M]. London: Plagrave Macmillan, 2009:13.

时在历史内,也在历史外。受众的多样性,注定了他们对历史的解读,更确切说是"再创作"的过程中,会带入自己的经验和认知。这让公众史学走向开放,走向公众,也让公众史学走向不确定。要让不确定的解释保持可靠性,观众和创作者就要共享历史学的方法论。这或许就是对英国公众史学的核心最简略的概括。

(原载《历史教学问题》2014 年第 2 期)

法国的公众史学

肖　琦　华东师范大学历史系讲师

摘要:美国的公众史学运动在法国引发了一些理论上的反思,也取得了一定的实践成绩,但并没有造成更大的影响。究其原因,主要与法国史学自身的公共传统和年鉴—新文化史传统有着密切的关联。在历史研究的认识论和方法论上,这两种传统与公众史学的主张有着许多的相似之处,但也存在差别。此外,法国划分研究型硕士和职业型硕士这样一种制度设计也在一定程度上解决了历史学的基础研究与实际应用之间的矛盾。

Public History 跨越大西洋来到法国是在 20 世纪 80 年代初。与它进入汉语学界一样,这个美国的舶来品在法语学界首先也遇到了一个翻译上的难题。学者们在 Histoire Publique, Histoire Appliquée, Application de l'Histoire, Histoire Pratiqúe, Vulgarisation Historique 这些译名面前举棋不定。[①] 法国的第一家公众史学事务所 Public Histoire,在命名时,就违反了法语的习惯,直接沿用了英语的结构。导致这一现象的原因,主要是英语中的 Public 一词主要有两个层面的意思,一是指这种研究是面向公众、大众的。另一方面是指这种研究选择的主题是有偏向性的,即主要是针对国家或政府的实践、公共决策等。且在美国,这种 Public History 的实践大部分又都是私底下进行的(并非是公开或公共地进行)。所以如果按照法语的习惯,翻成 Histoire Publique 的话,就有了太多公共的(在公共空间意义上)意味。但是如果译成 Histoire Appliquée 的话,似乎又过于狭隘了。当然以上所说这些翻译上的问题主要是考虑到该词在美国的含义。联系到汉语学界目前倾向于用"公众史学"这一提法,笔者今天想着重谈谈法国的"公众史学"。

一

1978 年,美国加州大学历史系教授罗伯特·凯利(Robert Kelly)撰写的《关于公众史学的起源和发展》一文标志着公众史学在美国的诞生。1982 年 9 月,在欧洲范围内关于公众史学的第一次研讨会在荷兰鹿特丹召开。会上唯一一位法国代表是法国国家科研中心下属的"当下历史研究所"(l'Institut d'histoire du temps présent)所长弗朗索瓦·贝达里达(François Bédarida)教授。"当下历史研究所"本身是一个严格意义上的基础研究机构,但在它的协调委员会当中,不乏一些商界和政界人士。该所关注的研究也有着明确的中短期目

---

① Histoire Publique, Histoire Appliquée, Application de l'Histoire, Histoire Pratique, Vulgarisation historique 直译成中文分别是:公共史学、应用史学、历史的应用、实践史学、历史学的普及。

标诉求。诸如,皮埃尔·孟戴斯-弗朗斯(Pierre Mendès France)①的政治战略、经济规划史或 20 世纪妇女史这样的研究课题更容易受到他们的青睐。这就不难解释为何贝达里达教授成为法国公众史学的重要拓荒人了。在他看来,公众史学,就应该促进过去或当下的决策者与历史学家之间的对话;应该大规模地开展对最近的历史,即历史学家本人生活的"当下"的历史的研究,而摒弃那些所谓的历史研究不能研究当代的原则;应该为政治和社会生活的某些部门提供一种看问题的历史视角。② 也正是在贝达里达教授的主持下,一个题为"当下史及其应用:基础研究和应用历史"的研讨班在 1982—1983 年举行,并于次年移师巴黎高师。研讨班的举行极大地促进了法国史学界对公众史学的深入了解和认识。

随后,学者们也就公众史学的方法论问题及学术与市场化的关系做出了富有价值的反思。如菲利克斯·托雷斯(Félix Torres)认为:"企业的历史就是将历史应用到当下,它联系于那个催生其自身的社会需求,它是历史学家伸向相关的集体或企业的一面清晰的镜子,一面可以根据收货人的要求而调整的镜子:这些收货人则可以是决策者、干部或者是广大的公众。通过关注当下,历史恢复了其调查研究的独特功能:重新组织一些已有的知识,再现事实的真实,并帮助理解这些真实。"③ 亨利·罗索(Henry Rousso)撰文系统探讨了美国的公众史运动所引申出来的问题,即历史学的基础研究与应用型研究之间的关系。在他看来,该问题早在 19 世纪就为人提及。当时关于历史学的功用问题,存在一种争论,争论的一方是传统的历史学家们,他们认为历史学是一门纯粹的知识,是一种精神(Morale)。争论的另一方以孔德为代表,他们认为历史学是一门关心社会变革的实证主义的科学,应该预见社会发展方向。然而,该争论发展到现代,或者说历史的应用到现代,则遭遇一个现实问题,即,一方面是经济、文化市场的急速扩张所导致的对历史需求量之激增。但另一方则是历史行业日益的自我封闭和学院化。公众史研究的出现则为解决这一矛盾提供了一种可行的解决办法。当然罗索教授也指出,法国与美国的国情差异,使得公众史学在法国的发展呈现出很多不同的特点。例如,它可能更多地倚赖于国家,而非私人机构;较之美国而言,实用主义从来没有成为法兰西民族的一个特点。在法国,话语永远优先于行动。在此基础上,罗索教授还就历史学的应用与经济学、社会学等其他学科的社会应用的不同之处做了细致的分析,也指出了应用史学的相对危险主要在于研究的客观性问题。④ 对此,2003 年,奥利维耶·杜摩林(Olivier Dumoulin)在《历史学家的社会角色》一书中探讨美国的公众史学运动在法国的发展情况时,也有所涉及。他认为,也许从如何保持历史研究的公正性和客观性的角度来看,与纳税人(国家)签订研究合同,比与私人基金会签订合同展开研究要更加有益于保证历史

---

① 皮埃尔·孟戴斯-弗朗斯(Pierre Mendes-France),法国社会党国务活动家、法兰西第四共和国总理兼外交部长、经济学家。

② Wesley Johnson. Public History in Europe : Maiden Voyage"[J]. *Newsletter of the National Council on Public History*, 1982,2(4):115.

③ Félix Torres. Retour vers l'avenir : l'histoire dans l'entreprise [C]// *Mémoire d'Avenir. L'histoire dans l'entreprise. Actes du 1er colloque d'histoire appliquée aux entreprises organisé par Saint-Gobain et Public Histoire*, Blois, 21-22 mai 1985. *Economica*, 1987:38-39.

④ Henry Rousso. L'histoire appliquée ou les historiens thaumaturges[J]. *Vingtième Siècle, Revue D'histoire*, 1984,1(1):105-122.

学家理想中的自由。[①] 魁北克历史学家马克·里奥皮勒(Marc Riopel)则坚持用"历史的应用"这一概念。他认为,该概念既表明了历史是需要扎实基础训练的学科,同时也表明了其步骤是依据结果在公众中的应用而展开的。[②] 比利时历史学家盖·蔡里斯(Guy Zelis)在2013年第5期的《辩论》(le Débat)杂志上发表了一篇题为"关于公众史学"的文章,文中提出公众史学如何与数字化的时代潮流相结合的问题,发人深思。

除了以上这些理论方面的发掘之外,公众史学在实践上也取得了一些成绩。1983年夏,法国第一家公众史学事务所"Public Histoire"在巴黎十三区创办。该事务所的主要业务是帮助私人、政府、企业或一些公共机构等撰写传记和历史作品等。这些作者本身都是取得了大学历史系学位的职业历史学家。该机构一直存在至今。圣戈班集团、法国国家电力公司、达能集团等知名企业近年来都在进行一系列的企业档案和历史、甚至是口述史的整理工作。当然这些研究除了受到企业的资金资助以外,也受到了法国国家科研中心(CNRS)等公共机构的支持和资助。

在学科建设方面,与美国在高校开设公众史学专业不同,在法国的大学中,并没有相应的学科和课程设置。但是,法国的硕士教育有研究型硕士和职业型硕士两种。研究型硕士主要是以培养从事科学研究型人才为目的导向,与国内目前的硕士设置相类似。职业型硕士则更注重专业化的培训、应用与实践。学生们一般需要到企业或公共机构中进行实习,撰写实习报告,通常获得硕士文凭后,工作的方向是比较明确的。以巴黎一大历史系为例,硕士第一年和第二年都设有职业型硕士[③],主要有国际关系、与塞尔奇-蓬多瓦兹大学(Cergy-Pontoise)合办的国际事务与欧洲建设、知识传播、认知技术与信息管理方向、文化遗产历史与管理五个方向。在某种程度上,这样的学科设置也在试图回应历史的基础研究与历史的应用之间的矛盾。

总体而言,公众史学运动并没有在法兰西国土上得到蓬勃发展。其中原因,除了以上我们说到的法国本身已有的制度设计之外,另外还有两个传统,即法国史学的公共传统和法国史学的年鉴传统,这二者是我们在反思法国公众史学发展状况时所不得不考虑的重要因素。

二

法国史学的公共传统主要有两层意思。一是"公共空间"的"公",即历史学家在公共空间里探讨历史问题,或就某一历史问题展开争论。二是"公家"的"公",这里指的是法国国家主义的传统,即由国家资助和主导历史研究计划的制定和开展。

首先是公共空间的传统。这里又可以在职业历史学家和非职业历史学家之间做一个划分。对于在公共空间讨论历史问题的非职业历史学家而言,在一个有着德雷福斯传统的国度,这个问题是无须更多论证的。我们看到,许多大学本科毕业于历史系或者其他专业的记者、编辑、出版商、作家们都热衷于发表自己对历史的看法,并用自己的方式(写作畅销历史

① Olivier Dumoulin. *Le Rôle social de l'historien. De la chaire au prétoire*[M]. Paris:Albin Michel, 2003:91-123.

② Marc Riopel. Réflexions sur l'application de l'histoire[J]. *Revue d'histoire de l'Amérique française*, 2003,57(1):5-21.

③ 法国硕士第一年和第二年读完分别都会获得一个相应的硕士文凭。但是只有拥有硕士第二年的文凭才能申请继续攻读博士学位。

书)去引导大众对历史的认知,他们身上天然地具备着法兰西知识分子的神圣使命感。

值得注意的是,在职业历史学家领域,也就是在我们认为的学院派历史学发展中,也经历了一个由私走向公的这么一个阶段,即职业历史学家们从学院当中走出来,在公共空间中探讨历史问题。众所周知,从 19 世纪末开始,学院派历史学经历了一个专业化的过程。要成为一位职业历史学家,就意味着要拥有一个大学的历史学位,被其他同事所认可,并拥有一部客观、严肃的学术著作。但这样的历史研究相对来说是在象牙塔里的,历史学家们严格地恪守着学院派的学术标准和原则,缺乏对于学院之外的热点和公共话题的研究兴趣。从 20 世纪 80 年代开始,法国的历史学家们开始利用自己的专业知识,围绕事件的周年纪念,或历史上著名人物的周年纪念,尤其是历史的罪责等问题在公共领域展开探讨。[1] 历史学家们甚至进入法庭,利用自己的专业知识,提供咨询和证词。对此,最著名的一个例子是 1998 年,在莫里斯·帕庞(Maurice Papon)一案[2]的审判中,历史学家马克·奥利维耶·巴鲁赫(Marc Olivier Baruch)作为证人提供证词。而他出任证人的原因,并非因为他自己与该案存在直接联系,而是因为他的历史学博士论文研究的恰恰是维希政权时期的法国公共机构的历史。此后,又陆续有许多历史学家加入对该案件的讨论中来。此案使学院派历史学在大学校园之外,在公共领域中产生了相当影响。[3] 由此,学界也纷纷开始就历史学家的公共责任问题重新进行反思。[4]

其次是法国的国家主义传统对于史学研究的影响。在美国,私人基金会资助学术力度非常大。他们的公共史学项目就得到了来自洛克菲勒基金会的大力支持。这就在学术与市场之间建立了比较完善的产学研机制。此外,美国的学术机构与政府决策部门的关系也是非常紧密的,许多著名学者同时也是政府决策部门乃至国家元首的重要智囊。但法国是一个有着极强的国家主义传统的国度,常常是由国家和一些公共机构来主导一些研究计划的立项和开展。例如,法国国家科研中心(CNRS)是法国最大的科学技术研究机构,隶属于法国国民教育、研究与技术部。该中心的主要任务是从事自然科学、人文科学和社会科学等各个领域的基础研究和应用研究,此外还参与法国国家科技发展总政策的制订。它同 190 所高等学校及大学保持着非常密切的对口协作关系,其四分之三的实验室设在这些大学和高校内。科研中心为这些协作实验室、协作课题组或协作个人提供科研经费。许多有影响力的研究计划几乎无一例外地都得到了来自中心的经费赞助。中心试图规范科研经费和科研项目管理,实行研究项目的合同制改革,同时也碰到了一个问题,即虽然人文科学研究的主要"顾客"是国家,但国家毕竟不是一个无欲无求的赞助人。国家资助的研究不可避免地有其特定的政治和意识形态的倾向,或者说,至少有其鼓励和不鼓励的研究方向,有其鼓励和

---

① 在这方面,比较著名的有皮埃尔·诺拉(Pierre Nora)和他关于记忆史的研究。

② 莫里斯·帕庞被指控在他担任波尔多警察局秘书长的第二次世界大战期间,曾经将超过 1600 名犹太人送入集中营。

③ Marc Olivier Baruch. L'histoire dans le prétoire. Le procès Papon[J]. *L'Histoire dans l'espace public. L'histoire face à la mémoire, à la justice et au politique* (*sous la dir. De Guy Zelis*),Bruxelles:Labor,2005:57-65.

Henry Rousso. L'expertise des historiens dans les procès pour crimes contre l'humanité[J]. *Barbie, Touvier, Papon. Des procès pour la mémoire*,Paris:Autrement,2002:58-69.

④ François Bédarida, Maurice Aymard. *L'histoire et le métier d'historien en France* 1945—1995[M]. Paris : Les éditions de la Maison des sciences de l'homme, 1995.

不鼓励的学科。一项研究政策的制定意味着国家的一种选择、一种偏好。① 这也是基础学科在应用维度上的目的论。

正因为有了以上的公共领域的传统，在法国的史学界，人们谈论更多的是历史学家的公共责任，而非公众史学；在国家主义传统的影响下，法国的历史研究更加倚赖于国家层面的赞助和扶持，而非企业或私人基金会的帮助。在法国政治谱系中，历史学家们整体上处于中间偏左的位置，他们对资本"入侵"学术有着非常的警惕。至于政治权力（或国家）对学术的"入侵"，法国这个以自由、平等、博爱为其立国之本的国家却仍然要努力维持其政治正确性。

<h2 style="text-align:center">三</h2>

法国史学中的另一个重要传统是年鉴的传统。1929 年，一些志同道合的法国历史学家共同创办《经济与社会史年鉴》杂志。他们反对以兰克为代表的旧的史学传统，主张把新的观念和新的方法引入历史研究领域。年鉴学派对法国乃至整个西方史学界都产生了深远的影响。年鉴学派主张拓宽历史研究的领域，历史学家不仅要注意政治史、军事史，也要注意社会其他方面的历史。他们提倡历史学家打破过分专门化所造成的历史研究的狭隘性，主动同其他学科的专家进行合作，运用历史学、历史哲学、社会学、心理学等多学科的方法解释历史。而其中又以与经济和社会学的联姻最为频繁。在这方面的代表作有吕西安·费弗尔（Lucien Febvre）的《腓力二世和弗朗什-孔泰地区：政治、宗教和社会史研究》（1912 年）、马克·布洛克（Marc Bloch）的《法国乡村历史的原始特征》（1931 年）、乔治·勒费弗尔（George Lefebvre）的《法国大革命期间北方省的农民》（1924 年）和《恐怖时期农业问题》（1932 年）、西米昂（F. Semiand）的《工资、社会演进和货币：工资的实证理论试验》（1932 年）和《世界危机和长阶段中的经济变动》（1932 年）等。

进入 20 世纪 70 年代后期，法国史学又开始了其"新文化史"（又称"社会文化史"）的转向。这次转向在年鉴学派将史学的研究领域加以拓宽的基础上，走得更远。社会文化中的饮食、服装、日常语言、身体等都可以被作为一种文化的符号和象征展开历史的演绎，以此揭示人类社会结构的整体关系及其各个侧面。新文化史的主要代表作有勒华·拉杜里（Le Roy Ladurie）1975 年出版的《蒙塔尤：1294—1324 年奥克西坦尼的一个山村》、阿兰·科尔班的（Alain Corbin）《大地的钟声》和《污秽与芳香：气味与法国的社会想象》。进入 20 世纪 90 年代末 21 世纪初，书籍的传播、影像的历史、博物馆史等研究渐渐成了史学研究领域的新宠儿。可见，在这样的语境下，美国公众史学的研究范围本已是法国从年鉴到新文化史这一史学发展脉络的题中之一。这也是为何公众史学运动没有在法国得到更大的反响的第二个重要的原因。

美国的公众史学运动与法国的年鉴和新文化史的传统，从各自的立场出发，同时关注到了将史学的研究对象推广到与社会生活息息相关的各个方面。如果说在美国，这个选择更多体现了美国实用主义精神实质的话，那么在法国，与社会学和经济学不同，这一选择可能更多的是一种价值和判断。同样，在历史学的公共化这一问题上，法国史学的公共传统的出发点是历史学家的责任、知识分子的使命感，甚至是国家主义传统的"惯习"。这也更多的是

---

① Henry Rousso. L'histoire appliquée ou les historiens thaumaturges[J]. *Vingtième Siècle*, *Revue D'histoire*, 1984,1(1):114.

一种价值的抉择。

公共传统和年鉴—新史学传统是法国史学的独特积累。甚至可以说,20 世纪法国史学的发展已经达到了一个很高的高度。这就对任何想在这片土地上扎根的外来史学流派或思潮提出了更加严苛的要求。而法国在研究生教育上将职业型硕士和研究型硕士分开培养的制度设计,也在某种程度上解决了历史学的应用之维。这些都是影响法国公众史学发展的重要因素。

(原载《历史教学问题》2014 年第 4 期)

海内外公众史学的对接

西方学术与政治语境下的公共史学

——兼论公众史学在中国发展的可行性

王 希

摘要:公共史学强调历史学家的公共责任,其所奉行的"共享解释权"和互动性思维等原则包含一种更为民主和包容的态度,对专业史学家所追求的"独立性""真实性"和"客观性"提出了挑战。同时因为多重身份的重叠,公共史学自身也面临诸多困境。在国内开展和推动公共史学必须对相关理论问题做出思考和厘正,尤其是"公共史学"或"公众史学"概念的翻译与定义、公共史学与"官方史学""私人史学"之间的关系、公共史学的种类、"公共空间"和"公众社会"的有效存在,以及历史记忆与社会构建之间的关系,等等。

"致力于维护权威和企图推翻权威的人都寻求历史的支持。"[1]英国历史学家约翰·托什(John Tosh)的这句话寓意深刻,用来形容围绕"公共史学"而引发的辩论十分中肯。

"公共史学"(public history,也译作"公众史学")于 20 世纪 70 年代在美国出现,经过三十多年的发展,已经成为一个比较成熟的历史学科。[2] 除美国之外,公共史学在英、法、德等欧洲国家也很发达,在加拿大、南非、新西兰和澳大利亚等亦成果丰硕。2010 年,多国学者联合创建了"公共史学国际联盟"(International Federation for Public History),并于 2012年 4 月在美国密尔沃基举行了第一次会议。该组织希望建立一个世界范围的学者共同体,以鼓励和推动公共史学的研究与实践。在全球化和信息电子化时代,我们不难想象这个新兴领域拥有的发展潜力以及可能对史学和史学人才培养将产生的重要影响。

中国学者很早开始关注公共史学,但除了陈新教授开设过公众史学课程和香港中文大学设立了"比较及公众史学"硕士研究生项目之外,公共史学尚未进入国内史学界,许多专业学者甚至对此闻所未闻。与此同时,近年来随着经济的发展、普通民众生活水平的提高和意

---

[1] John Tosh. *The Pursuit of History: Aims and Methods and New Directions in the Study of Modern History* [M]. London: Longman, 1992:9.

[2] 关于美国公共史学的起源与发展的详细介绍,参见:王希:谁拥有历史——美国公共史学的起源、发展与挑战[J].历史研究,2010(3).

识形态的松绑，公众社会对历史知识和史学修养的需求明显增加。中央电视台的《百家讲坛》以通俗易懂的方式讲述中国文化与历史，虽然学术界颇有微词，但大众却兴趣盎然。前几年中央电视台制作了《大国崛起》电视片，讲述五百年来"强国"崛起的历史，引起了民间对世界历史前所未有的关注。为满足公众对历史记忆的需求，各种品位和种类的口述史、回忆录节目令人目不暇接。民间历史博物馆成为一种新兴产业。《看历史》杂志举办的"中学生写史"活动更是吸引了几百所中学教师和学生的参与。

这些现象意味着什么？我认为，它们代表了一种来自学术界之外的"历史意识"（或者说"史学冲动"）。这种新的"历史意识"与我们所处的时代有什么联系？对中国社会未来的走向意味着什么？专业历史学家是否有必要或有责任去关注它？本文拟扼要讨论公共史学在西方学界的发展及其在西方社会历史语境下的学术与政治内涵，并就如何在国内推动公共史学发展提出一些想法。

一

公共史学的兴起与 20 世纪 70 年代美国史学界遭遇的就业危机有直接关系。危机激励改革，加州大学圣塔芭芭拉校区（University of California, Santa Barbara）历史系罗伯特·凯利和韦斯利·约翰逊两位教授率先开始改革传统的研究生培养模式，将史学在公共领域中的运用纳入课程训练。1978 年"公共史学"概念被第一次用来描述这种新的史学训练。凯利将其定义为（一种）"历史学家的就业方式（employment）"和一种"多维度的新史学领域"。约翰逊列举了历史学家可以在其中做到学以致用的"公共领域"，包括政府部门、商业机构、智库、媒体、历史遗址、历史学会、博物馆和档案馆等。他们认为，史学研究生不必将在高等院校做专业历史学家（academic historian）视为唯一的就业方式，完全可以进入"公共领域"，提供专业知识的服务，与公众社会分享历史见解，并成为"公共进程"（public process）的组成部分。在他们看来，"使公众受惠"的史学实践就是"公共史学"，从事这种史学实践的历史学家就是"公共历史学家"。凯利和约翰逊的改革带有实用主义的动机，但同时也包含了一种哲学意义：推动专业历史学家回到被他们遗忘的公众社会。[①]

"公共史学"曾经是美国的传统学术领域之一。虽然学科"专业化"（professionalization）——即强调以"科学的"方法和规范进行史学研究——主导了 20 世纪美国史学演进的历程，但在相当长一段时间内专业历史学家并没有与公共领域相分离，也没有回避对公共事务的参与。应该说，在史学专业化的同时，历史学家深入地卷入了美国"国家建构"和"民族建构"的过程。19 世纪末至 20 世纪上半叶重大的史学创作往往针对美国社会面临的重要公共问题，体现了历史学家们异常强烈的现实关怀。自进步运动到冷战，美国历史学家一直有意识地积极参与公共事务，通过研究和写作来影响公共政策。第一次世界大战期间，历史学家参与了联邦政府组织的战时宣传与动员。在罗斯福新政、第二次世界大战和冷战期间，历史学家配

① Robert Kelley. Public History：Its Origins, Nature and Prospects[J]. *The Public Historian*, 1978, 1(1).
G. Wesley Johnson Jr. Editor's Preface[J]. *The Public Historian*, 1978, 1(1).
王希：谁拥有历史——美国公共史学的起源、发展与挑战[J]. 历史研究, 2010(3).

合政府的需要,进行相关历史研究,为政府决策提供咨询,参与爱国主义教育等活动。[①] 用伊恩·蒂勒尔(Ian Tyrell)的话来说,历史学家"利用了'国家'(the state)",而"国家也同样利用了历史学家"。[②] 这种合作关系一直延续到 20 世纪 60 年代,随着新左派、民权运动的发展和新社会史学的异军突起,新一代历史学家对传统史学解释提出了质疑,并以强烈的批判精神提出要与所谓"正统史学"拉开距离。[③] 与此同时,史学人才训练更加强调专业化,史学研究变得更加精细琐碎,致使"学院派史学"自成一统,研究成果很难与大众社会分享,历史学家也缺乏在公共领域施展才华的技能。所以,公共史学并非完全是一种创新。更准确地说,它是一种重新强调历史学家的公共责任,企图恢复历史学家与"公共领域"间联系的努力。

二

凯利和约翰逊的初衷是把公共史学当成专业史学的一个分支,将"公共历史学家"视为专业历史学家的一部分,将他们的史学实践视为专业史学的延伸。然而,公共史学所带来的结果和引发的变革却比他们的预想更为复杂和深刻,同时对传统的史学创作和美国政治文化构成了挑战。

在史学知识的生产和创作上,公共史学家面对公众和社会,在"公共领域"进行史学创作,需要与不同的利益攸关者进行协商和谈判。为了让普通大众能走近历史并理解和欣赏历史,他们需要使用文本之外的非传统材料,需要使用一种大众能够听得懂的话语,需要拥有多方面的才华和技能,而不仅仅是单纯地埋头研究与写作。在议题方面,他们需要设置与公众兴趣和公共需要相关的问题,以开放的心态,倾听来自不同群体的历史解释。在史学功能上,他们需要将史学研究及成果的展示看成是一种智识媒介,用来激励公众参与公民政治和对国家价值观的反思。与专业历史学家相比,公共史学家并不拥有历史知识生产过程的垄断权和思想创作上的"自由",但他们所奉行的"共享解释权"(shared authority)和互动性(interactive)思维等原则却包含一种更为民主和包容的态度,对专业史学家所追求的"独立性"和"客观性"提出了挑战。

与此同时,公共史学往往被视为一种政治敏感的史学实践。先前受到主流历史排斥的群体通过公共史学对传统的国家叙事和集体记忆提出了挑战。事实上,公共史学的起源可以追溯到 20 世纪 70 年代初新左派史学刊物《激进史学评论》(*Radical History Review*)的出版或更早。凯利和约翰逊开创的"公共史学"应该说捕捉到了新左派史学观所提倡的人民

---

① William E. Leuchtenburg. The Historian and the Public Realm[J]. *The American Historical Review*,1992,97(1).

Ian Tyrrell. *Historians in Public：The Practice of American History*, 1890—1970[M]. Chicago and London：The University of Chicago Press, 2005.

② Ian Tyrrell. Historians in Public[J]. *The American Historical Review*, 1992,97(1).

③ Ian Tyrrell. Historians in Public[J]. *The American Historical Review*, 1992,97(1).

历史观,但它对历史学家就业方式和公共领域的强调淡化了新左派史学观的政治性。[①] 而随着多元文化主义的兴起,公共史学也逐渐成为一种社会运动,它的支持者和参与者要求重新"分配"历史,推倒"将人民与他们所创造的历史分离开来的墙"和"将研究历史的人与亲历历史分离开来的墙"。[②] 这种诉求对由"政治精英"和"知识精英"构成的"权力精英"(power elite)形成了一种挑战。

正是因为多重身份的重叠,公共史学自身也面临诸多困境。首先是公共史学的定义。公共史学究竟是什么,它的内容与形式应该如何界定,即使在美国公共史学内部也没有形成共识。凯利的原始概念包括历史学家的就业方式和工作范围("公共进程");全国公共史学委员会(NCPH)认为公共史学是一种将历史学家的特殊见解(insight)以"易懂和有用的"方式传递给公众的实践。其他的定义还包括"普通群众能够看得见、听得着、读得懂并能解读的历史""应用史学""公共空间中的历史学"(history in a public space),以及专业史学与公众之间的桥梁等。此外,公共史学还被等同于"文化史学"(cultural history)、"大众史学"(popular history)或"人民史学"(people's history)。[③] 公共史学的内涵界定之所以产生如此大的分歧,部分原因在于"public"(公共或公众)、"history"(历史或史学)"两个概念的界定。"公共"的含义是什么,范围有多大,是不是包罗万象?"公共"是不是"公众"?"公共"与"官方"(或政府)的关系是什么?"公共"与"非公共"领域的界限何在?不同的公共历史学家对这些问题有不同的解释。"历史"也是有争议的。公共史学中的"history"指的是具体的历史事件还是研究历史的学问,抑或两者兼而有之?这也是历史学家们需要答复的。

这一概念也给美国之外的学者带来诸多的困惑。英国历史学家早在20世纪60年代便开始进行类似于"公共史学"的实践,但他们并未使用过这个概念。英国公共史学创始人拉斐尔·塞缪尔(Raphael Samuel)创办的"史学工作坊"(History Workshop)强调对基层运动和大众文化的研究,并从中提炼出"人民史学"的思想。即使在接受了"公共史学"的概念之后,英国历史学家们仍然强调,英国历史语境中的"公共史学"更多是指那些与"具有现实重要性的问题和事务"相关的史学研究和实践。[④] 而美国的"公共史学"概念则包含了"公民政体"(polity)、"公共权力"(public authority)和"公共企业"(public corporation)等内容[⑤]。

谁是公共历史学家?谁可以成为公共历史学家?这是美国公共史学面临的第二个困境。公共史学最初的定位是相对于象牙塔内自说自话的学院派史学的一种反思和挑战,将公共史学的实践者定义为接受过专业训练的历史学家,即获取了历史学硕士或博士学位的

---

① Ian Tyrrell. *Historians in Public: The Practice of American History*, 1890—1970[M]. Chicago and London: The University of Chicago Press, 2005:154.

关于20世纪70年代新左派史学思想的阐述,参见 Michael Wallace. Visiting the Past: History Museums in the United States[M]// Susan Porter Benson, Stephen Brier and Roy Rosenzweig. Presenting the Past: Essays on History and the Public, Philadelphia: Temple University Press, 1986:158. Warren Leon and Roy Rosenzweig. *History Museums in the United States: A Critical Assessment* [M]. Urbana: University of Illinois Press, 1989. Susan Porter Benson, Stephen Brier and Roy Rosenzweig. *Presenting the Past, Essays on History and the Public*[M]. Philadelphia: Temple University Press, 1980.

② James Green. *Taking History to Heart: The Power of the Past in Building Social Movements*[M]. Amherst: University of Massachusetts Press, 2000:1.

③ 王希. 谁拥有历史——美国公共史学的起源、发展与挑战[J]. 历史研究,2010(3).

④ Priscilla Boniface. History and the Public in the UK[J]. *The Public Historian*, 1995,17(2).

⑤ Chris Healy. Working for the Living Museum of the West[J]. *Australian Historcal Studies*,1990,24(96):153-167.

人。然而,事实上参与公共史学活动的人包罗万象。全国公共史学委员会(NCPH)欢迎所有在公共领域中从事历史实践和任何对公共史学感兴趣的人参加该学会。该组织的成员除了受过正规训练的历史学家之外,还包括博物馆员、图书馆员、档案馆员、在公司或政府部门工作的历史学家、影视业和媒体从业人员、中小学教师等。公共历史学家的身份认同从原来的学历和训练认同转换为职业认同。一些专业历史学家对此不以为然,公共史学家内部对此也莫衷一是。在这一点上,英美两国则非常不同。在英国,专业历史学家往往也是公共历史学家。

公共史学面临的第三个困境是史学的独立性和思想性问题,这也是迄今为止许多专业历史学家对公共史学持保留态度的原因所在。公共史学的实践能够在多大程度上保持其学术性? 史学的真实性和客观性在多大程度上被迫屈从于其他势力(包括来自政府或官方的规则、利益集团的要求以及赞助者的压力等)? 这种担忧不是没有道理的。因为所谓的"公共"或"公众"并不是单一的统一体,而是由数种不同的、以社会和政治特质划分的"公众"组成的。不同的"公众"在参与(无论是支持还是反对)公共史学的项目时带有自己的议程,公共历史学家是作为专家被邀请参加这些项目,他们在这些项目中具有多大的发言权,他们的意见在多大程度上会得到赞助者的尊重并产生权威性的影响,的确是一个问题。专业史学之所以强调"专业化",目的是使历史研究避免受到非学术因素的影响。专业历史学家引以为豪的是学术上的严谨和政治上的"中立"和"独立",这是他们区分自己与其他历史从业者的重要标准。他们认为,一旦历史学家把自己的研究与特殊利益集团捆绑在一起,其研究的客观性和独立性一定是要打折扣的。历史学家皮特·斯坦利(Peter Stanley)曾指出:"历史学家的自主性将随着他(她)的听众范围的增大而降低。"[①]此话生动地展示了公共历史学家面临的困境。对此各国公共历史学家有过同样的感受。20 世纪末美国曾就如何在国家博物馆中展示第二次世界大战时期投放原子弹的美军轰炸机 Enola Gay、如何在弗吉尼亚州威廉斯堡的殖民地遗址公园中展示奴隶制的影响等问题发生过激烈辩论。英美两国历史学家都曾因公立学校历史课本的编写进行过激烈的争辩。公共史学家所面临的不仅是政府和赞助者的压力,还面临公共领域中那些非官方的利益群体的压力。非官方的群体性和个人性历史记忆时常被用来平衡或抵制官方的历史记忆。但这种"非官方历史记忆"与它要抵制的"官方历史记忆"一样,也是一种选择性记忆,同样带有自身的局限性和先入为主的固执己见。公共历史学家如何处理这些不同种类的"带有偏见的记忆",如何做到将专业史学的研究成果、专业史学训练中对严谨和客观的追求与公共领域中的材料和公众的期盼结合起来,可以说是一个巨大的挑战。

其实这也是专业历史学家所面临的问题。专业史学所崇尚的"客观性"和"真实性"早已受到质疑,专业史学本身是在明显的或隐秘的意识形态影响之下对历史材料的一种筛选、排序和解读。不同的是,公共史学带有一种更为现实和明确的政治目标,它的受众不同,它试图构建的不是一个具有同样训练背景的学者共同体,而是一个公民共同体。如前所述,美国公共史学的出现和发展与多元文化主义、新社会史、新左派史学的出现有密切关系,曾被排斥在主流或官方历史叙事之外的群体要求发出自己的声音,要求呈现自己的历史故事,要求参与历史的解释。我们可以把这种现象看成是伴随多元化的洗礼而来的智识反应。在英

① Madge Dresser. Politics, Populism, and Professionalism: Reflectionson the Role of the Academic Historian in the Production of Public History[J]. *The Public Historian*, 2010,32(3).

国，公共史学更是一种由政府支持的、针对国内外环境的变化而做出的反应。超级大国地位的丧失和国内人口结构的多元化等现实变化要求国家和国民调整心态与视野，重新定位英国与欧洲大陆的关系，构建新的公民共同体。① 这是欧美国家在全球化时代面临的共同问题。公共史学所承担的正是这样一种具有深远政治意义的责任。正如小阿瑟·斯莱辛格（Arthur Schlesinger Jr.）所说："历史学并不只是一种学术领域"，它在构建国家的未来中"拥有自己的角色"。② 或许我们可以说，历史学不仅是一种研究过去的学问，更是一种认识当前和构建未来的学问。

三

接下来的问题是：中国怎么办？或者说，中国历史学界怎么办？我们要不要关注公共史学？我们是否需要正视公共领域和公众对于史学的需求？我们是否有勇气和智慧来开创中国的公共史学？我们如何开创一种既能保持专业史学的严谨，又对公众社会具有感召力的公共史学？我们如何培养一批身兼严格专业素养和强烈公共意识的专门人才？我认为这是专业历史学家迟早要面临的问题。事实上，专业历史学家对国内"公共领域"中的各种与历史相关的活动始终是关注的，还有一些历史学家也参与其中。北京大学历史系的教授曾参与《大国崛起》脚本的写作，《百家讲坛》的主讲人中也不乏专业历史学家。但总体而言，专业历史学家对"公共史学"仍然抱着一种敬而远之的态度，历史学界依然致力于追求史学学科的专业化和规范化。尽管史学专业化的进程远未达到成熟的程度，大学培养的史学人才（包括研究生）已经面临就业的困境，但我们也面临一些新的、看上去很有利的形势，除了公众历史意识的增强和对历史知识的需求增加之外，对历史问题解释的多元化也开始被接受和容忍，政府对公共文化事业的支持力度也在加大。这一切促使我们进一步思考历史学家进入公共领域的必要性和可能性。

开展和推动公共史学是需要一些前提条件的。首先是关于"public history"一词的翻译和定义。我和陈新教授曾就此讨论过几次，他主张翻译为"公众史学"，我倾向于"公共史学"，原因是"公共史学"比"公众史学"的含义要广一些。我理解的"公共史学"至少覆盖三种范畴内的史学创作与实践："公共事务"（public affairs）、"公共领域"（public sphere）和"公民文化"（civic culture）。这些范畴所覆盖的内容与"公众"（the public）密切相关，但又超出"公众"的范围。与"公共事务"相关的史学活动包括对与公共权威（如政府部门）和公共政策（如决策、法规、法律等）相关的历史研究与记录。这些史学活动在某种程度上是与政府相关的"官方史学"，但它并不只是面向官方。有的机构如国家博物馆、国家档案馆、国家历史遗址等是"官方"机构，但它们的功能是服务公众的，历史学家在这些机构的活动应该被纳入"公共史学"的范畴。历史遗产和文化遗产的整理通常是由政府召集或由政府出资赞助的，但它的服务对象有一部分是公众。"公共领域"则覆盖服务于公众的媒体、企业、商业等领域。"公民文化"则包括中小学历史教材的编写以及塑造公民素质的大众文化等。

另一个问题涉及"公共空间"和"公共社会"的存在，这是公共史学生存和发展的前提条

① Priscilla Boniface. History and the Public in the UK[J]. *The Public Historian*，1995,17(2).
② Arthur Schlesinger Jr. *The Disuniting America：Reflections on a Multicultural Society*[M]. New York：Norton，1993:45.

件。在一个思想被禁锢、学术研究受到严格控制、史学解释必须遵从官方意志、史学问题不允许辩论的国度,不可能有真实意义上的"公共史学"。目前的中国有没有"公共空间"? 我认为是有的,而且正在不断扩大。在讨论公共史学时,我觉得有两点需要强调,一是"公共史学"与"官方史学"(official history)、"私人史学"(private history)既有区别也有联系。20 世纪中叶美国联邦政府的一些部门设立了历史学家的职位,负责写作部门历史,看上去是一种"官方史学",实际上这些写作是对公共权力机构的历史研究。个人的回忆(尤其是口述史)看上去是个人历史,但因为涉及公共事件,则具有"公共史学"的性质。二是不应把"公共史学"简单地视为一种"反官方史学"或"反政府史学"。在一个现代民主政体中,政府与公众的关系非常复杂,不是简单的对立关系。公共史学是民主社会政治文化的一个组成部分,与政府或政府的目的有千丝万缕的联系。美国公共史学的目的之一是鼓励"公民参与"(civic engagement)。美国每年一度的"宪法纪念日"(Constitutional History Day)和"国民史学活动日"(National History Day)等活动都旨在通过对重要历史问题的辩论而重构国家的核心价值观①。近年来英国兴起的"遗产工业"(heritage industry)则是由政府出资,邀请历史学家、文物专家和影视制作人员,整理英国的古迹,展示和保护英国的历史遗产。与之相关的"大众遗产"(mass heritage)项目则注重通过整理和再现工业化时代普通人的生活和日常故事,来表现一种区别于精英的"人民史学"或"大众史学",展现普通工人对英国工业化的贡献,增强普通民众对国家历史的认同。② 2012 年伦敦奥运会的开幕式表演中所呈现的工业化社会和妇女争取选举权的主题,都可被视为英国"公共史学"的实践。

我觉得,比较理想的公共史学是这样一种史学:它不是一种完全屈从于官方意志或某一特定利益集团的史学,不是一种枯燥无味的、板着一副说教面孔的史学,也不是一种调侃式的"娱乐史学",更不是一种牟利式的"消费史学"。它应该鼓励交流与互动,但又允许独立性的思考;它引发的历史感受与个人的经历密切相关,但又能产生集体的共鸣;它并不毫无理由地排斥官方或个人叙事,但又始终保持一种批判精神。所以,一个优秀的公共史学家必须具备高超的专业素养和政治技能。他(她)需要与包括政府在内的公众社会进行协商和谈判,需要以有力和有效的方式将基于扎实研究之上的知识和见解补充到公共知识之中。他(她)需要带给公众富有启发性的思考,而不只是公众期望获得的答案。

这当然是一个理想的描述,但不是不可以想象和尝试的。随着社会建设步伐的加快,开

---

① 同时要强调的是,这类活动本身也是对国家价值观的一种辩论。譬如 2012 年 National History Day 的议题为:"Revolution, Reaction, Reform in History"。该项目基本上是一个非官方的公共史学活动,鼓励中学生围绕这些主题来设计参赛项目,找出历史上的相关事件,讨论社会变革的模式、思想、形式和结果,但组委会并不设置官方认可的正确答案。

② English Heritage Project 曾获得工党政府的大力支持。政府希望将"传统"从由专家垄断的狭隘定义中解放出来,将其转化为一种包容性更为广泛的传统,使更多的人能够参与到这个过程中,识别那些可以成为所有英国人分享的历史价值。工党政府的政策带有明显的政治意图,它需要获得更大范围的选民的支持,从中我们可以领悟到公共史学、民主政治与公民认同构建之间的微妙关系。

相关讨论参见:

Madge Dresser. Politics, Populism, and Professionalism: Reflections on the Role of the Academic Historian in the Production of Public History[J]. *The Public Historian*,2010,32(3).

Hilda Kean. People, Historians, and Public History: Demystifying the Process of History Making[J]. *The Public Historian*, 2010,32(3).

Mary Stevens. Public Policy and the Public Historian: The Changing Place of Historians in Public Life in France and the UK[J]. *The Public Historian*,2010,32(2).

展公共史学的条件和环境也会随之改善,况且,中国社会已经拥有可利用的体制基础,如各地的地方志办公室、展览馆、博物馆,以及方兴未艾的信息数据库建设等,同时,公众要求参与历史解释的愿望与需求也越来越明显。公众需要历史,历史也需要公众,这是时代的需要,也是未来的需要。

(原载《天津社会科学》2013 年 3 期)

美国模式之公众史学在中国是否可行

——中国公众史学的学科建构

李　娜　浙江大学历史学系研究员

1978 年,罗伯特·凯利教授撰写《关于公众史学的起源、本质与发展》一文,标志公众史学(public history)在美国创立。和韦斯利·约翰逊教授一起,他们改革传统的历史学研究生培养模式,将"公众"(the public)的概念以及史学在公众领域的应用纳入课程教学和技能培训。[①] 虽然在 20 世纪 70 年代公众史学只是被模糊地定义,但过去的三十多年里,它已经在美国发展成为充满活力的学科和积极的社会运动。该领域最权威的学术刊物——《公众历史学家》——从不同的角度,探索这一学科的内涵,介绍最前沿的理论和案例,同时也开始探讨公众史学在美国以外的国家如英国和加拿大的发展。而其中最核心的理念始终如一:从卡尔·贝克的"人人都是他自己的历史学家"[②]到迈克·弗里茨的"共享话语权"[③],都倡导更加宽容的历史解释权,主张与公众对话,共同解释历史;在方法上,多带批判性,强调团队合作与创新精神;最重要的,公众史学是一种反思的历史实践。

公众史学在中国尚属新生事物。在过去的三十多年,尤其是最近十年里,虽然不少具有远见卓识的历史学者都尝试着将公众史学引入本土,但都还停留在探索和介绍阶段[④],公众史学在中国至今还只是一种理念而无实践根基,学术界也没有创立自己的理论框架来指导

① Robert Kelley. Public History:Its Origins, Nature, and Prospects[J]. *The Public Historian*,1978,1(1):8,16-28.

② Carl Becker. Everyman His Own Historian[J]. *The American Historical Review*,1932,37(2):221.

③ Michael H. Frisch. *A Shared Authority:Essays on the Craft and Meaning of Oral and Public History*[M]. Albany:State University of New York Press,1990.

④ 罗荣渠. 当前美国历史学的状况和动向[J]. 世界历史,1982(5).

蒋大椿. 基础历史学与应用历史学[J]. 上海社会科学院学术季刊,1985(1).

王渊明. 美国的公共史学[J]. 史学理论,1989(3).

姜义华. 从"史官史学"走向"史家史学":当代中国历史学家角色的转变[J]. 复旦学报,1995(3).

杨祥银. 美国公众历史综述[J]. 国外社会科学,2001(1).

陈新. 从后现代主义史学到公众史学[J]. 史学理论研究,2010(1).

陈新."公众史学"的理论基础与学术框架[J]. 学术月刊,2012(3).

陈新. 自媒体时代的公众史学[J]. 天津社会科学,2013(3).

王希. 谁拥有历史:美国公众史学的起源、发展和挑战[J]. 历史研究,2010(3).

王希. 西方学术与政治语境下的公共史学:兼论公共史学在中国发展的可行性[J]. 天津社会科学,2013(3).

姜新. 20 世纪美国公共史学与中国应用史学的不同命运[J]. 历史教学问题,2012(1).

孟钟捷. 从德国模式谈公众史学的学科建设[J]. 天津社会科学,2013(3).

实践以及公民对话,更没有形成一套构架完整、学理清晰的学科体系。2013 年 5 月重庆大学人文社会科学高等研究院史学中心主办了"公共史学研讨会",这是全国第一次就公众史学这一领域进行学术探讨。尽管这次会议本质上并没有超越传统史学的路径和话语,对 public history 的中文翻译也没有达成一致①,但得出一个重要启示就是中国公众史学的实践已经走在了理论之前。半年后在苏州召开的"首届全国公共史学会议"证实了这一判断。②苏州会议是公众史学的理论与实践携手的成果,汇集了学界和媒体在公众史学领域的实践者,对于启发公众参与历史的深度和规模都在重庆会议的基础上大大前进了一步。

近十年来,由于新媒体的迅速发展和后现代主义的强烈冲击,历史知识的载体和传播平台日益多元化,公众对于历史内容的需要也急剧上升,打破了传统史学与相关学科的藩篱,学院与公众的距离开始缩短。这已是无可争议的事实。同时,与美国在过去三十多年有序开展的公众史学运动相比,中国有着完全不同的时代语境和与之呼应的历史实践,如民间博物馆、公民记忆计划、中学生写历史、《百家讲坛》、家族历史等。那么,美国模式的公众史学在中国究竟是否可行?

什么是美国模式

公众史学在美国于 20 世纪 70 年代兴起,初衷是为了解决就业危机,即传统史学博士毕业后无法在大学里谋求教职的机会,从而离开学术界,对美国高校尤其是州立大学的历史学高等教育资源造成极大的浪费。美国加州大学圣塔芭芭拉分校历史系的罗伯特·凯利教授和韦斯利·约翰逊教授试图扩大历史系毕业生的就业渠道,在 1976 年利用从洛克菲勒基金会获得的一笔为期三年的基金开始了公众史学研究生项目的尝试。这一项目的课程包括传统史学和公众史学的专业研讨课,要求学生在政府机构、公司、企业、社区等地进行任务导向型研究。除此之外,学生还需要进行为期三个月至六个月的带薪实习,以培养公众史学家所需的包括创新进取、团队合作、批判性思维等一系列基本素质。参加这个实验项目的九名学生在毕业后都顺利地进入相关领域就业,公众史学也随之进入美国历史学界的讨论范畴。③

罗伯特·凯利在 1978 年首次指出公众史学是将史学知识和技能运用于学术界以外的各种场所:"公众史学指的是历史学家的就业方式以及在学术界以外,如政府部门、私有企

---

① 学者们认为"公众史学"和"公共史学"各有千秋。笔者认为"公众史学"回答了公共空间所有权(ownership of the public space)的问题,并能体现与公众对话的平等和多元性,还能体现这一史学实践的人性化。

② 这次会议由上海师范大学公众史学研究中心主办,"新历史合作社"承办,是 2013 年"历史嘉年华"的一部分。

③ 关于美国公众史学的起源,可参阅:

Robert Kelley. Public History: Its Origins, Nature, and Prospects[J]. *The Public Historian*,1978(1):16-28.

Ronald J. Grele. Whose Public? Whose History? What Is the Goal of a Public Historian? [J]. *The Public Historian*, 1981(3):40-48.

Barbara J. Howe. Reflections on an Idea: NCPH's First Decade[J]. *The Public Historian*,1989(11):69-85.

Philip V. Scarpino. "Common Ground: Reflections on the Past, Present, and Future of Public History and the NCPH [J]. *The Public Historian*, 1994(16):11-21.

James. B. Gardner and Peter. S. LaPaglia. *Public History: Essays from the Field*[M]. Malabar, Fla., Krieger Pub. Co. 1999.

Jill Liddington. What Is Public History? Publics and Their Pasts, Meanings and Practices[J]. *Oral History*, 2002,30 (1):83-93.

业、新闻媒体、地方历史协会、各种历史机构，甚至是其他私有领域等，运用史学方法与技能。"①然而这一定义并没有明确公众史学的学科内涵。历史学家在学术界之外从业远远早于 20 世纪 70 年代的就业危机：早在 1916 年，美国农业部就设立了历史办公室。20 世纪 30 年代，不少历史学家已经在工作进度管理部门（The Work Progress Administration）就业，对全国历史文献进行调研，撰写本地和本州的历史。自 1933 年起，不少历史学者参与到美国国家公园局（National Park Service）的历史遗址的解释保护工作。1934 年，美国国家档案局（National Archives）成立，1936 年美国档案学者协会成立，至 20 世纪 70 年代，档案学在美国已经成熟，不仅拥有日益扩大的国家和地区的职业网络，还建立了相关的职业标准。第二次世界大战期间，很多历史学者成为战略决策部门的智囊分析师，同时有人开始使用口述历史的技能用于战争记录和分析。在文化资源管理方面，美国历史保护信托基金会于 1949 年成立，并于 1966 年通过了《联邦历史保护法案》。②

在这样的背景下，公众史学的兴起其实是学院派史学与主张"让历史回到公众"的史学理念分歧日益扩大的必然结果。然而，以客户需求为导向的实践性历史研究一时很难为传统史学所接受，美国史学界最权威的学术期刊《美国历史研究》很少发表相关文章。直到 20 世纪 80 年代，戴维·泰伦（David Thelen）才开始陆续收录发表历史学家在博物馆设计、纪录片拍摄、政策研究、历史遗址保护领域的研究成果。虽然公众史学对社会期许是"让公众参与到历史构建中"③，也为社会"提供了一种更为激进的预示"④，但其多元性和开放性与史学的严谨和公正似乎格格不入，作为历史学的分支学科——公众史学一开始就受到传统史学的质疑和批判："如果历史研究的利益相关方有意忽略或隐瞒过去所犯的错误，这样的研究成果意味着什么？从长远看，客户或任务导向的史学研究最终会让公众史学家屈服于权力。"⑤同时，公众史学的起源与解决就业危机相关，这一实用甚至功利的初衷在后来常常被夸大，认为公众史学既然是应付现实问题，那就很难成为一门专门的学科，因为它没有自己的理论框架、核心命题、研究方法，只是"应用"传统历史的理论成果，最多是传统史学的"延伸"。罗伯特·凯利对公众史学的定义中蕴含的公众进程（public process）与公共空间（public space）也往往被忽略，而这两个关键元素恰恰体现了公众史学的核心。

伴随 20 世纪 70 年代史学职业危机的是新社会史的萌生和发展，这与 20 世纪 60 年代美国的一系列挑战权威和正统秩序的运动密切相关：史学界开始倡导更具包容性的历史解释，主张将女权主义历史、少数族裔史、非裔美国史、新文化史等纳入史学研究范畴，历史学渐渐由上至下，回归公众领域。一方面，公众拒绝曲高和寡的学院派历史，另一方面又对与现实或自身相关的历史充满极大的热情。这既回应了马克思主义的历史观，即在一定的社会权利结构中，人民创造他们自己的历史，又与卡尔·贝克以"人人都是他自己的历史学家"的论点殊途同归：人民总是以自己的历史观来解释过去、现实与未来。因此，公众史学家的

① Robert Kelley. Public History：Its Origins，Nature，and Prospects[J]. *The Public Historian*，1978(1)：16-28.

② Arnita A. Jones. Public History Now and Then[J]. *The Public Historian*，1999(21)：21-28.

③ Ronald J. Grele. Whose Public? Whose History? What Is the Goal of a Public Historian? [J]. *The Public Historian*，1981(3)：40-48.

④ Howard Green. A Critique of the Professional Public History Movement[J]. *Radical History Review*，1981(25)：168，170-171.

⑤ Howard Green. A Critique of the Professional Public History Movement[J]. *Radical History Review*，1981(25)：168，170-171.

主要职责在于发掘这种潜藏的历史感知,帮助人民发现他们自己的历史,并协助他们理解在认知历史和创造历史的进程中自己所扮演的角色。这样,历史学家和公众才能携手参与到历史的书写中,才能从不同维度重新定义历史话语权。①

从 20 世纪 70 年代末到 80 年代末,公众史学蓬勃发展,硕果累累。首先,全国公众史学委员会(NCPH)和美国联邦政府历史协会成立,与美国各州和本地历史研究机构一同为公众史学家们提供学术交流的平台。其次,该领域的核心学术期刊《公众史学家》在 1978 年创刊,刊物介绍公众史学的前沿理论与实证研究,尤其注重相关研究方法的整合以及交叉学科研究。再次,自 1988 年起,《美国历史研究》开始登载关于博物馆陈列的评论文章;在美国史学界颇具声誉的《激进历史评论》自 1987 年起开辟了公众史学专栏。这都标志公众史学开始得到主流史学研究的认可。更引人注目的是,公众史学家成为突破传统史学研究方法的先驱力量,他们在公众史学项目中开拓应用复杂的研究方法。譬如,雪利·布克斯班(Shelly Bookspan)拓展了有毒废物场所用地的研究方法,解释有毒废物政策研究的显著特点之一是追溯在全国范围内对这一领域演进的相关性意识,主张使用不常用的历史文献、图片、地图等资料,进行跨学科分析研究具有潜在污染可能的建筑场所。②

1981 年至 1985 年,NCPH 出版《公众史学教学》,鼓励各高校根据各自专业和学科优势设立公众史学项目。1986 年,NCPH 出版了《美国公众史学教育指南》,建立了该学科的教学规范和评估标准。公众史学教学在专业化的过程中,在教育体制和教学模式上带来了突破性的改革。在教育目的上,公众史学不仅仅是为学院输送教学科研人才,也为博物馆、历史遗址、档案馆、历史协会、口述历史机构、新闻媒体、政府、公司等培养具备专业知识和技能的职业人士;在教育方法上,带批判性,要求在历史实践中及时反思,强调团队合作与创新精神。因此,公众史学的课程设计和教学模式需要超越传统史学的培育框架,自成一套体系,同时需要经过专门培训的师资来发展建设这一学科体系。美国在公众史学创立初期就意识到这一点。1984 年 7 月 5 日至 8 月 3 日在亚利桑那州立大学举行了为期四周的公众史学教师培训。这次培训由美国国家人文学科基金出资,NCPH 主办,旨在介绍公众史学的主要理论、实践、教学方法及课程设计,为高校提供合格的师资,以满足公众史学的教学需求和学科建设。③

在公众史学教学模式上,美国注重培养学生如何与不同类型的公众接触、交流,并与之建立一种职业关系。一方面,注重培养学生具备职业历史学家的素质和技能:掌握历史研究方法,对历史课题进行深入研究、解读和撰写的能力;另一方面,为学生提供机会拓展自己感兴趣的相关领域或方向,引导学生进入不同类型的公共部门,探讨与职业历史学者不同的伦理道德和职业操守,并通过实地调研项目帮助学生获得实际社会经验。公众史学家需要具备的一系列技能和素质,如对历史原真性的敬畏和求证、严谨的历史研究方法、跨文化沟通的能力、田野工作能力、预算与管理能力等以及创新精神、团队合作、外交才能等,都贯穿于课程研讨和实地调研的整个过程。

① Howard Green. A Critique of the Professional Public History Movement[J]. *Radical History Review*, 1981 (25):168,170-171.

② Page Putnam Miller. Reflections on the Public History Movement[J]. *The Public Historian*, 1992(14):67-70.

③ Teaching Public History Program, Mss 21 National Council on Public History Records, Ruth Lily Special Collections and Archives, Indiana University-Purdue University, Indianapolis in 1984.

2001年,美国历史协会成立公众史学专责小组。2002年,美国历史协会和公众史学专责小组共同颁布《历史系学生的职业指南》。2003年颁布的《公众史学年度报告》将公众史学作为传统史学的一个专业分支,详细论述其相关组织结构、学科发展建设、教学体制、课程改革、学生职业发展等方面情况。① 随着公众史学不断组织化、职业化,其定义也在实践中不断被修订。NCPH在2008年将公众史学界定为"一场运动,一种方法论和一种途径或方式,推动历史合作和研究;公众史学家的任务是将自己特殊的见解以浅显易懂的方式传递给公众"。与1978年罗伯特·凯利的定义相比,这一定义前进了很大一步:它不再简单将"公众"与"私有"历史对立,也不再将公众史学家与传统史学家对立。因为公众史学挑战权威和正统,它注定是一种进取和激进的史学。同时,"它关注变化,因此不只是历史学的一个分支学科,它更是一场运动。不少公众史学家从事学术研究,在学院里教书,是某一历史实践领域的专家。但不管是在哪里,公众史学家的工作远比其本人更重要,他们试图让学生或公众接近更真实的历史——这不仅是职业要求,更是一种社会担当,是公众责任。所以,公众史学家总是在与公众交流历史,为公众撰写历史,倾听公众述说历史,与公众一同解释传播历史;他们的工作超越教室和学术会议室的界限"②。公众史学家既不将专业知识庸俗化,也不将之封闭在象牙塔,他们无论在教室、博物馆,还是在历史遗址,都谦卑地倾听公众讲述自己的历史,并不断从中学习,最终,他们为公众历史的书写承担责任。③

美国公众史学的缘起和演进表明,它实质上是一种强调受众的问题、关注点和需求的历史实践。公众史学家并不拥有"公众历史":公众史学的话语权在于公众,公共空间的所有权也在于公众。如果我们再次回溯美国20世纪70年代职业危机的历史背景,不难发现专业人士长期以来对知识的垄断和社会的控制地位受到前所未有的挑战,是因为专业知识似乎并没能有效地解决现实问题,满足社会的需求,更谈不上对社会的道德伦理和健康发展做出应有的贡献。正因为其垄断地位变得岌岌可危,职业人士与客户的关系也开始发生相应的改变。与之相关的理念是德纳·塞恩(Donald Schn)提出的"在实践中反思"和"在现实——即特定的一段时间内,特定的场景下——我们的思维影响我们的行为,对现实进行改变"④。德纳·塞恩进一步提出:在与客户的关系里,我们应该如何界定自己的职业角色?⑤ 公众史学是"公众"的历史,更确切地讲,是各种类型的公众,或是历史事件的相关个人和群体的历史,所以公众应该帮助我们更好地定位。这样的职业关系迫使我们带着相当的紧迫性,将专业技能应用在一系列的社会场景中,在反思式的交谈中重新确定历史话语权。

① Public History, Public Historian, and the American Historical Association: Reports of the Task Force on Public History, Submitted to the Council of the Association, December 2003.

② Robert Weible. The Blind Man and His Dog: The Public and Its Historians[J]. *The Public Historian*, 2006 (28):8-17.

③ Robert Weible. Defining Public History: Is It Possible? Is It Necessary? [J]. *Public History News*, 2008.

④ Donald A. Schn. *The Reflective Practitioner: How Professionals Think in Action*[M]. NewYork: Basic Books, 1983:26.

另可参阅Stowe references Donald Schon, Nicolas Maxwell, and Ernest Lynton关于公众史学是一种反思性实践行为的论述,以及Noel J. Stowe的 "Public History Curriculum: Illustrating Reflective Practice"。

⑤ Donald A. Schn. *The Reflective Practitioner: How Professionals Think in Action*[M]. New York: Basic Books,1983:11-13.

中国公众史学的构建

美国公众史学的理论框架与教学模式源于其特定的历史传统和文化语境,并在实践中不断得到更新修正。公众史学在美国蓬勃发展,其活力、宽容与创新精神既立足于学院,又远远超越了学术的范畴,可谓"他山之石",对这一学科在中国的发展具有极为重要的借鉴意义。笔者认为应该从以下四个方面探索。

(一)作为一个专门领域,公众史学应该建立自己的理论框架和概念体系

尽管跨学科的特性使得这一学科难以定位,但厘清与相关学科的关系仍十分重要。与中国史学界的同仁探讨公众史学的定位时,我常常面临的质疑是:"公众史学的理论在哪里"或"究竟谁有解释历史的方法和权利"。这些质疑的理论前提是:从"公众"产生的那些杂乱无章的"信息"不是真正的知识;只有经过严格史学训练的专业人士才能解读历史、撰写历史、传播历史。但这一理论前提本身就值得商榷。这些质疑涉及理论探索应该从哪里开始,以及如何提出实质性问题。这与公众史学在美国起步时面临的挑战类似。当时,公众史学是为解决历史专业学生就业危机应运而生的,所以很难为正统历史学接受。不少职业历史学家依然理所当然地垄断着历史知识的产生、解释和传播[1],质疑排斥公众史学的实践。

长久以来,我们试图填补公众史学家和传统史学家之间的鸿沟。其实这鸿沟是不存在的假设,因为公众史学,用杰克·霍尔(Jack Holl)的话,"属于另一种不同的历史"[2]。我认为这包括公众史学的服务对象、研究范围、核心命题、调研方法、所依赖和倡导的文化传统等,这些差异决定了从传统历史学的角度来界定公众历史的内涵和外延是行不通的,而公众史学在特定的政治文化语境下是否行得通也并不取决于传统史学家们在学院里辩论的结果。

(二)公众史学与传统史学发展相辅相成,并不矛盾

自媒体的兴起意味着知识产生和获取的途径更多元、更民主、更活跃,意味着历史知识产生、解释和传播提供了更广阔的空间让人人成为历史学家。但这并不意味着人人都能够成为历史学家,如陈新教授所言,"自媒体时代,为人人成为历史学家提供了优越条件,但这并不意味着人人可以轻而易举地成为一个具有史料甄别能力和历史反思能力的历史人,更不能就此认为人人都可以迅速具有一个理想社会所追求的价值观"[3],因为职业历史学的方法和技能仍有着不可替代的作用。对信息或知识的批判性、分析、比较、应用,对历史的深度体验、对历史真实性的求证、对历史环境的尊重和保护,对历史感衍生的社会责任感的形成,都需要经过长期严格的专业训练——历史的严谨、客观、公益并没有也不应该因为公众的参与和自媒体的介入变成消遣,变得容易。

与之类似的是在传统的新闻传媒领域,保守的新闻记者蔑视"社会媒体/自媒体"和由之产生的"公民新闻传媒",担心其职业标准受到挑衅。然而,尽管有各种质疑和担忧,"在自媒

---

① "The one you mention, about winning over 'objective' academic historians at your university, is to be expected and really echoes what goes on here (not every" university in the US is as friendly to public history "as UMass Amherst). The more philosophical one is the place of knowledge generated from the ground up (from the people) in a society that still seems very hierarchical and authoritarian." 与戴维格拉斯伯格的 2013 年 4 月 28 日的通信。

② Jack M. Holl. Cultures in Conflict : An Argument against "Common Ground" between Practicing Professional Historians and Academics[J]. *The Public Historian*,2008(30):30-48.

③ 陈新. 公众史学的理论基础与学术框架[J]. 学术月刊,2012(3).

体时代,公众的博客、微博等个体进行历史表达的空间日益扩大,已经进入新闻传媒界"①。
"公民新闻传媒"为职业新闻记者对社会媒体产生的大量信息作职业评判、筛选、分析提供了
前所未有的工作机会。同样的,我相信公众史学并不对传统历史学者或任何职业人士及管
理机构构成威胁;相反,它提供了更多机会让历史公民化,从而更接近真实,有益于社会的健
康发展。

(三)活跃思辨的公共空间是任何文化发展公众史学的必要条件

既然是发掘被主流历史排斥的部分、被边缘化的集体记忆,公众史学不可避免要挑战权
威,不可避免具有政治敏感性。王希教授谈及开展和推动公众史学的前提"公共空间"和"公
共社会"的存在及其合法性的问题。他认为:"在一个思想被禁锢、学术研究受到严格控制、
史学解释必须尊重官方意志、史学问题不允许辩论的国度,不可能有真实意义上的'公众历
史'。"②今天的中国,这样的公共空间是存在的,公民参与历史的解读与传播是存在的。以城
市历史保护项目为例,虽然受经济利益驱动,有时不顾历史原真性,在民间的历史和记忆交
织产生的建筑景观往往不被重视,不被列为保护对象。但与居住在历史街区的人们交流,口
述历史成为挖掘城市记忆的有效手段,于是我们有机会认识到另一种历史的存在,而这种历
史也需要我们的专业知识,从而得到更好的整理和保护。的确,公众历史项目的命运常常取
决于政治意志,但话语权共享的公共空间不仅存在,而且日益扩大,所以我们应该充分利用
这一活跃思辨的空间。

(四)公众史学案例库的积累是原创性理论产生的土壤,也是构建学科体系的重要前提

具有政治敏感的史学实践也意味着文化的具体性和特殊性。学术界至今没有创立一套
理论框架来指导实践和公民对话,根本原因在于中国内地没有高校建立公众史学项目培养
学生③,没有持续的力量支持公众史学项目。换言之,中国缺乏原创性理论产生的土壤,也缺
乏经过专门训练的师资及具有专业知识和技能的学生。和商学院类似,公众史学教育需要
首先积累大量的案例,尤其是相当数量的高质量的第一手数据,进而对这些实践经验进行批
判分析,搭建中国历史传统和文化语境下特有的理论框架。其次,在这一框架里,培养一系
列相关技能和职业素质,并建立相配套的评估体系,从而最终孕育其特有的学术传统。因
此,在中国建设发展这一学科,应该通过带领学生依靠本地历史资源进行实地调研等项目,
进入与历史相关的公众领域,在实践基础上发现规律,作理论探索。没有本地案例库和相应
的归类分析总结,就不可能在理论方面有原创性的突破。

几点建议

在中国建设公众史学的学科体系,设立相应的本科、硕士、博士项目,逐渐形成一套完整
的教育体系,我认为应力求理论与实践并重,既让学生掌握这一领域的核心命题和实证研
究,接触到最前沿的理论动态,又为学生提供一系列的公众环境以培训相关技能,并通过实
践反思这些理论。具体而言,有以下几点建议。

首先,综合性大学应该充分利用整合各学科资源,立足公众史学的理论与方法,设置相

---

① Citizen Journalism. Foreign Correspondents[J]. *The Economist*,2013(7):61.

② 王希.西方学术与政治语境下的公众史学——兼论公众史学在中国发展的可行性[J].天津社会科学,2013(3).

③ 香港中文大学的"比较与公众历史"项目的侧重点与内地的政治和文化环境尚有不同。

关方向①,例如:

1.城市历史保护:该方向致力于城市历史的解释、管理、保护及规划。

2.公众史学与大众传媒:该方向顺应历史知识的传播解读与各种媒体关联的趋势,致力于通过各种媒体传播历史知识,并撰写历史文学、史学普及读物等。

3.公众史学与影视(影视史学):该方向关注历史电影片、纪录片等撰写与制作;这是目前中国公众史学实践迅速发展的领域,但高素质的专门人才奇缺。

4.文化遗产史学:该方向致力于文化遗产的管理和保护,关注点包括非物质文化遗产、民俗史学、民间文艺史学、博物馆学(文物、遗址、纪念地保护等)等。

其次,公众史学应该本地化。具体包括课程设计里融入本地历史的学习、研究。譬如,城市历史文化保护项目大多发生在本地环境,所以资料收集、数据分析、实地调研也是在本地层面。掌握本地史以及相关研究方法,让学生将项目放在相对宏观的区域范围,并能将口述历史与遗产保护作为公众历史的有机组成部分。同时还应开设适应中国文化,以历史技能为核心的课程。

最后,公众史学的实践与教学需要超越传统教师培训框架的一套专门技能和素养。如前所述,作为一门刚刚新兴的学科,公众史学项目的成败在很大程度上取决于是否有经过专门培训的老师教授课程、指导学生。美国在公众史学发展之初就开设了公众史学教师培训,这次师资培训的参与者后来都积极投入公众史学的教育和学科建设中,为这一学科的发展做出了积极的贡献。我们可借鉴这种培训的理念和模式,通过专家讲座、高级研讨、实地参访等形式,探讨公众史学与相关领域如何交织演绎,如何与公众共享历史话语权。同时还应鼓励从事公众史学实践的人士参与师资培训,现身说法,分享他们的实战经验。

(原载《江海学刊》2014 年第 2 期)

入世的史学:香港公众史学的理论与实践

苏基朗　香港科技大学教授

入世的史学与史学的不可或缺

我今天希望跟大家分享的题目是:"入世的史学:香港公众史学的理论与实践"。首先,分析一下大标题"入世的史学",英文标题是"History of Relevance",意指一种史学其内容和其成果展示对象间有强烈的相关性。史学成果的对象当然是人而不是动物,但相关的是什么人呢?若史学成果对一些人来说是不相关的,那史学对他们来说就是无关痛痒,可有可无的东西,就是"irrelevant to them"。我们的看法简单说就是希望史学成果对社会上所有人都是相关的,而不是只对专业的历史学家和历史系的学生有相关性。要翻译这个意思也不太好办,姑且用了"入世的"史学。我是佛教徒,但信的不是出世的佛教而是入世的佛教,入世

---

① 这里没有列出博物馆和档案馆方向,因为文博系统在中国有单独的培训体系。方向设置可根据各学校现有的学科优势,同时也应考虑学校的地理位置和辐射能力。在地缘上,美国高校的公众史学项目多在大城市中心或近郊,因为这样的地理优势意味着就业机会和职业网络。

的佛教也有人称为"人间的佛教"。简言之，就是希望史学这个东西跟所有人不要断了关系，不要只是史学界中人才相关而对别人都不相关。这个"irrelevant"在英文里是蛮严重的情况，但是在中文里面也不好过，就等于说这个东西对世道人心，对于社会的改善，或者对大多数人都没有什么关系，完全脱离了人世，那也可以是非常严重的问题。

小标题就是具体的实践。香港史学界有一样理念叫"公众史学"，背后有一些理论，一些想法，也有一些实践的经验。这个实践是20世纪最后一年——1999年在香港中文大学历史系推出的，到现在香港中文大学历史系还在实践这个东西。我离开中文大学3年了，现在跟大家讨论的是十多年前的情况，香港中文大学历史系现在的理论和实践，可能已经有很大的差异，所以还得先说明历史的背景。

我是20世纪70年代在香港新亚书院接受本科生的教育，后来去澳大利亚读过3年书。1982年回到香港，做学生行政管理。几年之后去了新加坡，变成历史老师，回到本业。但记忆之中，一直到20世纪80年代，在香港的大学里没有人会想到一个问题，就是问"历史学为什么要存在？""历史系为什么要存在？"因为香港那时候只有两所大学，一所叫作香港大学，一所叫作香港中文大学，这两所大学里都有历史系。当时大概没人有这种问题意识，一所大学有历史系好像是天经地义，理所当然的事。问的可能反而是："你作为一所大学，怎么可以没有历史系？"一到了20世纪90年代，我们突然发现这个问题不但要问自己，更重要的是，我们的大学拨款机构和大学领导要问我们。我们不可能不回答，回答不了经费就没了。但是在回答的时候，就发现不容易答出来。你不能说天经地义，因为没有人会接受，因为香港大部分的大学领导都是搞科技或经济的，他们的自然主义是没有天的。好像一晚之间，我们就面对这种说是困境也好，说是新的境界也好的现实，就有这种新的问题一定要好好解答。然后我们发现几十年来所受的训练里面，从来没有教我们怎么回答这个问题，所以我们要重新寻找答案。总的来说，在香港大学界我们回答这个问题不算太成功。香港现在有8所公立大学里，只有4所是有历史系的，就是有一半是没有历史系的。我们现在看看美国最好的25所大学，只有1所没有历史系，那是加州理工大学，连麻省理工都有。这是香港很努力地学西方办大学的经验。所以说史学的相关性是什么这个问题，在香港变得很重要，我们一定要回答，我们如果不能好好回答，后果可以很严重。刚才说如果有一半的大学是没有历史系的，你也可以说一半大学已经有历史系。一半可以是很多也可以是很少，我们搞史学的觉得很少，大部分香港的大学领导人却可能觉得太多。我1972年进中文大学，那一年中文大学录取的一年级新同学有600个，里面有60个是历史专业的，是10%；今年中文大学录取的一年级新同学有3000个，里面历史系不到50个，是2%，这是irrelevant的一个体现。

那么再说下去，就是传统中国的史学。我们回过头看传统中国的历史是不是irrelevant的呢？对历史专业以外的人是否有关？答案是当然有关。《资治通鉴》、司马迁、孔子、二十四史……这些我们大家都耳熟能详，不用细说。中国传统史学主流不是irrelevant的，中国传统历史学从来都是对世界有关的，不是离开世界的学问，不是光为历史专业的人所创造的知识。光给专业历史学家看的专业历史，可能是20世纪我们从西方学回来的，不是我们的史学传统。这是学西方，但是学西方是不是真的学到家，还是有点疑问的。西方是不是这样的？西方的历史学有一套求真相的功夫没有问题，百年来我们学这方面是学得不错。但西方史学求真相为了什么，他们求真相的结果是影响了世界，改变了世界，包括了我们在内的世界。不是他们求真相的方法本身改变了我们的世界，是他们求真相的目的和对求得的真相的应用,改变了世界。这套改变世界的史学,我们学来就差得很远。现在我们拿来批判西方的理念,基本上也还是从西方搬回来的为主。也有一些人认为为了改善世界,求真相就不用太认真,另一些人认为要求真相就不要太功利地希望改变世界,好像真相跟入世是零和游戏一样。这不是中国史学的传统,也不是西方史学的主流。

20 年来香港史学教育的危机

上面讲到香港中文大学历史系十多年前开始面对的困难,就是怎样跟管理大学与财务的人讲一套他们能听进耳的道理,说香港的大学教育不能没有了史学。当我 1999 年接手做系主任时,当务之急就是要应付历史系这一急速萎缩的大山。我们当时的回应就是开设"公众史学"。现在回头看,当时到底发生了什么事?有人总喜欢诉诸坏人当道,数典忘宗,"灭人之国先毁其史"之类的抱怨。那是不是真有一些坏人突然冒出来对付我们?我当时说哪里有什么坏人?都是希望把教育搞好的好人。问题出在我们的大学教育一直盲目地跟着西方走。西方 20 世纪 70 年代开始,20 世纪 80 年代已经相当流行的一种说法,就是大学需要问责 accountability。问责这个东西一开始非常好,谁能说问责不好?没有人会怀疑的。但是一直问下去就糟糕了,越问越变质,变成教育第二,问责第一。教育变成为问责服务。所有大学的账务要问责,大学账务里面每一门学科、每一个单位、每一种经费、每一块钱都要问责。我们是公费大学所以向公众问责,私立的要向家长问责、向学生问责,如果人家捐款给你的要向捐款人问责,什么都是问责。香港一直努力学西方,所以我们也很努力地学了这一套。问题是我们学的可能不是最好的一套。回头看,我还希望我们应该学美国,因为美国在这个东西上较其他西方国家还是先进些。原因在哪里呢,因为我们学的一套,在其来源国家并不单为了问责,主要还是要省钱,因为国家财政匮乏所以要省大学教育经费,美其名曰问责。削了经费没话说的。我们香港不缺钱,也要来这一套的时候,本土化的问题就出来了,即是用省钱的方法来处理患不均的局面,后果可以想象。每一分钱都要价值衡量,每一样东西都要算,你在账务上,计算学历史用了多少成本以后再问我,它值多少钱?那我们就说不出来。市场式问责思维就是什么都用钱来计算。拿了 100 块工资,100 块价值在哪里需要问责,每样东西都要折算成金钱价值,而且要价值回报绝对化、最大化,要问机会成本是多少,100 块不用在这里而用在别的地方为什么不好,等等。这样的大学教育思维对历史学肯定是重大的危机,因为很多教育成果真没法用钱来折算的,历史教育的成果不幸地也属于这一类。我为这种情况造了一个英文词——education businessization,就是所有东西到大学里面都要化为一个商业式的价值,就是教出来的学生都要有一种商业的估价,目的就是要问责。香港大学教育法理上多半不算是牟利事业,所以不好说是商业化 commercialization,就是教育的目的原来并非为了赚钱。更贴切点姑称之为"教育商价化"。这事影响就太大了,香港的大学在教育全球化的大潮下,大都往这个方向走。历史系的危机在这种全球化加本土化的环境之下,如何幸免?

另外一个词也是我造出来的——engineerization。Engineering 就是工程,工程是改变我们世界的一种主要手段,现在的趋势是教育也要工程化,但就是要教育学生学好工程学,最怕的就是把工程教育变成工程。那个是什么意思呢?在工程学里面,一流的工程学是学创新的,学创造新的操作手册,学创造新的东西。二流的工程学是学操作的一致性,产品的同一性、规律性。香港大学很多管理人将大学工程化,但往往追求的是二流的一致性、同一性、规律性,不鼓励创新、个性、变化。他们追求的更多是教育结果铁板一块,学生都一个模样,这样工程产品可以标准化,效率化,好、快、多、省,符合工程的工具思维,系统思维。所以我姑名之为教育工程化 education engineerization,产品素质好看,教育数据精彩,可是教出来的学生是否一流,还要待历史判断。历史教育若走二流路线,专责培养一流的历史知识操作员,不受淘汰或边缘化也不是容易的事。西方顶尖的大学如牛津、剑桥、哈佛、耶鲁里面的历史系又如何? 上述的各种挑战,在教育全球化的巨浪涌击之下,他们也不会不受影响。最近哈佛出版了一个报告,是关于人文学科危机的检讨报告,当然包括了历史科。即是说连哈佛也会有这样的人文学科危机感,其他学校就更不用说,在美国所有大学的历史系实际上都会面对不同程度的危机。只是在香港来说,这个全球性的危机,因为本土化变本加厉而已。原因在哪里? 就是刚才所说的 accountability,businessization 及 engineerization,都是把西方第二流的东西搬回来的结果。他们第一流的学府还不至于这样矮化自己的历史、文化和教育。他们对自己的历史、文化和教育可以批判,可以改造,但还不致问责化、商业化和工程化。

上面说的史学危机,好像都是别人强加诸我们的。但史学教育或史学界本身有没有问题? 这个问题非常复杂,讨论的人很多,今天我只想提一条。我的问题是:我们的历史学,不管是研究还是教学,到底有没有灵魂? 若说我们的历史没有灵魂(history without soul),听来真难接受。我们研究历史怎么可以没有灵魂? 问题是我们史学的灵魂是什么? 灵魂在哪里? 换个中国传统的问法,就是我们史学的体是什么? 体在哪里? 这个体是体用的体。我们过去一百年学了西方一套又一套的史学理论和方法回来,那些是西方历史学的“体”? 还是他们的“用”呢? 或者说,我们学了他们什么灵魂回来,可以或已经成为我们的灵魂呢? 这个问题若不能好好回答,就变成没有灵魂的史学,或有用无体的史学。只有方法、规范等工具价值而缺少灵魂的史学,在以工具理性为前提的问责化、商价化以及工程化的弱肉强食过程里,自然会因为身为弱者而渐渐无处容身。中文大学历史系当时的办法,就是想法子重新建立一个体,有体有用,然后借以攀越当前的危机大山。20 世纪末香港中文大学历史系的课程改革,不是从上而下,而是从下而上的。全系教授名额由 16 名剧减到 12 名,学校规划是继续削下去。当时剩下的 12 名教授一起开会,决定要听天由命还是背水一战。结果大家决定为学科抗争到底。手段不是上街,是课程改革。当时大家将自己的研究重点成果都放在桌子上,看有什么理念可以整合起来,凝聚出一股新的科研力量,可以与时并进,不受历史巨轮的淘汰。当时幸亏从美国加州大学圣塔芭芭拉分校回来的梁元生教授,他推介了母校的 Public History 课程。经过详细的研究和讨论,最终大家一致决定往这个方向走。从此一走下来便是 15 年。

在美国 public history,听说是拿来作“救亡”的,就是很多历史系没有学生了,结果在 20世纪七八十年代就出了一个潮流,叫作“Public History”。加州大学圣塔芭芭拉分校就是一个典范的例子,他们推出 Public History 课程后吸引了很多学生。他们主张历史学不能脱离群众,要结合博物馆,要用各种媒体来走近群众,研究的内容因而也得是群众所关心的,尤其是地方的文物掌故和地方史学,可以配合群众的乡土之情,结果反应十分理想。

我们在香港也推出类似的东西,但是我们的做法并不是完全抄美国,因为我们实际上是回归到中国史学的入世传统,美国那种利用博物馆及各式各样媒体的史学形式,基本上是一种“用”,我们是借用了西方 public history 的“用”。可我们的“体”,却并非来自 public history 的地方史取向,而是中国传统历史那一套,从孔子到司马迁到司马光到章学诚,都没有离开的一套。我们走的完全是中国传统历史学的"体",而用的是西方 public history 的"用"。可以说是中学为体,西学为用。中文该怎么说 public history,当时也颇费周章。最终集体智慧选择了"公众历史"而决定放弃较时髦的"公共历史"。原因很多,最重要的是前者更能体现以人为本的传统史学精神。

要说明什么是公众史学,后来我们借用了林肯的名言,但改为"History for the People, of the People, and by the People"就是说公众史学首要之务是为了公众,希望大家日子过得好一点;其次是内容是和公众相关的,不是无关痛痒的;最后是史料和方法也不能离开公众,要让公众理解和信服,不能服众的史学,只是专家之学,不能称为公众史学。

当时课程的详情已经变得不重要,无须在这里细说,但在 1999 年的香港中文大学历史系宣传刊物上,以下的两段文字,大体可以窥见一斑。

"如《新世纪的历史系课程及其毕业生》中说:为了面对即将来临的 21 世纪,以及我们社会当前和接踵而至的各种严峻挑战,历史系在大学本科课程方面做出了重大的改革。新课程充分发挥历史学训练作为一门高度综合性学科的特点,以学生为本位,以世界为视域,以事业为导向,辅以学术上的多元及跨学科训练,务求增强学生的宏观视野、包容心灵、创新思维,以及处变能力。

我们的教育目标是让每位学生探索、培养及发挥其个人志趣与特长,为学生创造知识及思维条件,使他们能在自己选择的事业上尽展抱负。他们所具备的史学识见,可以为身处的团体和社会提供独特贡献,包括纵深广阔的思考范畴和勇于开创承担的活力。这些条件无疑也将帮助他们争取更宽阔和灵活的事业选择空间。"

另一篇谈课程特色《活学活用、各展其才、兼容并蓄——比较史学与公众史学》的文章中说:从以上的教育目标与理念出发,历史系设计了全新的课程,特色是活学活用、各展其才、兼容并蓄。所谓"活学活用",即强调历史知识及历史学训练对学生的实用性,希望他们日后能活用于事业并对社会做出贡献。"各展其才"就是给予学生最大的选课自由,让他们各就个人的背景、专长、志趣及事业取向来选修科目,发展所长。同时,历史系又"兼容并蓄"地设定了 4 个以事业取向为主导的选科组合:研究、教育、文化(传播、出版、博物馆等)及行政,以供学生自由选择。每个组合至少要修读一定数量的主修科目及相关辅助学科,目的是让学生及早考虑毕业后要从事什么行业,促使他们对准目标主动学习,并在学习过程中不断反省,完善自我。其次,我们把汉语世界高等教育沿用已久的历史学科知识分类方法彻底改变。从前主要分为世界史和中国史两类,现在将两者合并为一般历史,教授以国家和地区单位的历史文化知识;再加入比较历史和公众历史两个新类别,这两个领域同时成为历史系计划发展的两个卓越教研领域。比较史涵盖古今中外历史的比较及跨文化研究。公众史则是西方近年新兴的教研领域,强调跨学科及多元的历史知识对现实社会的贡献,包括改善社会的功能,以及解决当代问题的效用。科目包括法制史、性别史、族群史、环境史、企业史、档案史、古迹文物的保存和管理等。同时,这个领域也配合中国 2000 年来经世致用的主流史学统统精神,充分反映中文大学历史系的一贯特色:古今并重、中外兼容。香港中文大学历史系走出了这一步后获得一定的成果,学生素质改变了,学校对历史系的看法也改变了。可谓打开了一条新的路,渡过了危机。在香港这个对人文学科十分恶劣的环境来说,算是一个成功的转型。后来累积了本科公众历史教育的经验,系里再开办一个硕士班,近十年来,教育出来的学生每年都超过 100 个，全是成人学生，里面各行各业的人都有，教员、编辑、官员、公安、消防、律师、医生、经理、会计师、工程师、企业家，等等。有位投资银行经理，读完以后继续进修，后来成为香港大学法学院一位专门研究法律历史的教授。这是培养人才，很多人都因此而产生了兴趣，也对历史学有了新的体验，新的看法。当他们回到原来的专业岗位，会把这些新的看法带回去。这样，社会对历史学的态度会有些转变，会转变得快些。这是我们当时的梦想和期待。

因为时间关系，今次的报告就到这里。谢谢大家！

（原载裴宜理、陈红民合编：《什么是最好的历史学》，杭州：浙江大学出版社，2015 年）

本土化是中国公众史学必由之路

王记录

20 世纪 70 年代，公众史学（又称公共史学、大众史学等）在美国兴起并迅速发展。80 年代末，这一概念被引入中国。21 世纪以来，公众史学研究逐渐成为热门话题，史学工作者在该领域投注了大量心血，相关论著不断出现。与此同时，忽视中国史学发展具体实际、横向移植美国公众史学模式的现象也不免存在。如何构建中国公众史学的学科体系，成为史学界必须思考的问题。

具备本土实践基础

公众史学的主要目的是让史学走出象牙塔，面向公众需要和社会需求。从这个角度讲，中国早就有以史学服务社会大众的传统，只是由于文化差异，中国学者使用了"通俗史学""应用史学"这类词汇，而美国学者则使用"公众史学"这一概念。翻开中国史学史，史学应用于社会生活的事例随处可见。

在古代史学发展中，历史知识的普及和传播一直没有间断。特别是宋代以后，普及性质的史书兴起，节选、摘录、改编旧史的史钞大量出现。这些史钞删繁就简，内容丰富，形式灵活，语言简洁明快，通俗易懂，在社会上广为流传。历史演义作品也日渐增多，这类作品附会历史人物和事件，虽有虚构，但故事性强，受众广泛。宋代还出现了说话人"讲史"，即以口头讲说的方式传播历史知识，极大地适应了普通民众对历史知识的需求。此外，在中国古代史学中，虽然有关帝王将相的历史占据主导地位，但描写普通民众的历史并未灭绝，历代史家撰写了大量族谱、家谱、年谱和传记，使家族史、个人史的书写成为传统。这些都是当今中国公众史学建设可资借鉴的丰厚遗产。

自从新史学产生以后，史学界更加注重普及历史知识，通俗历史读物成为人们关注的热点。改革开放以来，中国史家提出"应用史学"这一概念，史学以更为开放的姿态融入社会，为广大读者服务，迄今已有面向公众的多重史学实践。可以说，中国公众史学不仅拥有自身的学术渊源和史学遗产，而且还具备本土实践基础。

史学界曾经详尽地梳理过美国公众史学的发展历程和运作模式，却很少有人认真总结中国公众史学的丰富遗产。只要我们稍加留意就会发现，中国同样具有公众史学传统。

走本土化发展之路

要构建中国公众史学的学科体系,必须深挖中国本土的史学资源和遗产,立足本土,借鉴西方,走出一条自己的道路,而不是照搬照抄美国公众史学的模式,更不能亦步亦趋。

20世纪70年代末以来,公众史学逐渐成为美国历史学领域最具活力的学科之一。美国公众史学注重史学在公共领域的应用,强调公众共享历史话语权,体现"人人都是自己的历史学家"这一理念,具有较为明确的学科体系。

中国公众史学必须认清自我,立足本土,借鉴国外先进经验,走自己的道路。虽然公众史学传统在中国古已有之,但存在实践先行、理论滞后的特点,在理论总结和体系构建上长期缺乏自觉。美国公众史学则是理论与实践并行,自觉地构建了其学科体系。国外先行者的经验固然对我们有用,我们必须汲取和借鉴。但是,借鉴不是照搬,而是要立足本土史学实际,构建中国的公众史学学科体系。

中国史学的发展道路与美国有别,中国史学服务于社会也有不同于美国的形式。因此中国公众史学的发展路径也不可能与美国完全一致。从西方其他国家公众史学的发展来看,也都经历了一个本土化的过程。

理论与实践相结合

公众史学在中国的发展面临两个重要问题,一是多学科对话,二是理论和实践相结合。这两个问题涉及中国公众史学学科体系的构建,不可不论。

多学科对话包括两个方面,一是中西史学观念的对话。从公众史学的角度看,史学必须走出象牙塔,服务于社会和公众,这是中外史家的一致看法。但是,由于社会背景和学术背景不同,公众史学如何服务于社会,中西史家的看法存在很大差异,其争论涉及公众史学的理论与实践、新媒体与历史传播、口述史学、公众史学与博物馆等诸多问题。中国学者必须重视这种对话,这对中国公众史学的发展有着启迪作用。二是跨学科的对话。公众史学与普通历史学的不同之处,就是它涉及的领域更为广泛,触及区域地理、新闻传媒、博物馆学、城市规划与设计、管理学、艺术学、政治学、经济学、心理学等诸多领域,是多学科合作的结果。无论其理论形态还是实践操作,都离不开多学科的对话与合作。可以说,如果没有多学科对话与合作,公众史学很难获得发展。

理论与实践相结合,是深化当下中国公众史学研究的具体途径。中国公众史学面临的问题既表现在理论上,也表现在实践上。就理论来讲,史学界在很多问题上远未达成共识。就实践来讲,公众史学不是书斋里的学问,必须走向社会,进行实践。公众史学存在的价值和意义就在于参与现实社会的创造活动,其生命力就在于面向公众和公众参与。只有不断进行实践,才能为理论建设提供案例,二者相互作用,方可促进中国公众史学的发展。

(原载《中国社会科学报》2016年6月3日)